JN411767

제2판

M&A 계약의 해부

주식매매계약서 및 주주간계약서의 작성 방법과 유의사항

김성민

박영사

제2판 머리말

먼저 책을 출판한 지 2년이 채 지나지 않았는데 개정판을 낸 것에 독자들에게 심심한 사과를 드린다. 많은 저자들이 책을 세상에 내놓을 때는 시대와 장소를 초월하는 정수(精髓)만을 담기를 원한다. 하지만 법과 계약은 항시 변화하는 사회 현상을 대상으로 하고, 시간의 흐름에 따라 사회와 함께 변화하기 때문에 그러한 변화를 놓치고 싶지 않은 욕심도 내려놓기 어렵다. 상반된 마음의 끊임 없는 갈등 속에 새로운 내용을 추가하고 불필요한 내용을 지우기를 반복한 결과 개정판이 나오게 되었다. 하염없이 신판을 기다리거나 불필요하게 개정 직전에 구판을 사는 일이 없도록 앞으로 개정은 가능한 3년 주기로 할 예정이라는 것을 미리 말씀드린다.

최근 상법이 개정되었고 이사의 충실의무에 주주의 이익 보호를 명시한 것이 가장 큰 주목을 받았다. 언론과 업계에서는 이사의 책임 범위가 늘어났다며 호들갑을 떤다. 그런데 원래부터 회사의 주인은 주주이고, 이사는 주주의 이익을 보호하였어야 한다. 오랜 기간 법원은 회사의 이익과 주주의 이익을 구분하고 이사는 회사의 이익을 보호하여야 한다는 법리를 따랐는데, 과연 주주의 이익과 분리되는 회사의 이익이라는 것이 존재하는지 의문이 제기되어 왔고, 이제야 법문언이 제자리로 돌아왔다고 생각한다. 이사의 충실의무는 우호적인 M&A보다 적대적인 M&A에서 더 첨예하게 문제 되겠지만, 앞으로 전반적으로 M&A나 회사 운영에 대한 주주의 관여 범위나 한계에 많은 영향을 미칠 것으로 예상된다.

책을 출판하면서 목표로 하였던 독자들로부터 좋은 호응을 많이 받았다. 이제 막 법조인의 길에 들어선 신입 변호사들로부터는 계약서의 기본 틀과 주요 쟁점을 이해하는 데 도움이 되었다는 말을, M&A 사건을 처리하는 법관들로부터는 계약서 조항의 맥락과 실무의 고민을 엿볼 수 있어 유용하였다는 말을 들었다. 무엇보다 계약서를 작성하고 협상하는 기업 실무자들로부터는 왜 들어가는지 알 수 없었던 계약서 조항을 이해하고 변호사와의 간극을 좁히는 데 도움이 되었다는 평가를 받아 뜻 깊었다. 여전히 부족한 부분이 많지만, 계속 경험을 쌓고 연구에 매진하면서 좋은 책으로 가꾸어 나가기를 기대한다. 책에 대한 의견은 sm0215@gmail.com으로 보내주기 바란다.

세월이 참 빠르다. 언제나 내 삶을 지탱해 주고 있는 가족들에게 사랑하고 또 고맙다는 말을 전한다.

2026년 2월

김성민

초판 머리말

이 책은 기업인수합병(mergers & acquisitions; M&A) 계약, 그중에서도 주식매매계약과 주주간계약의 기본 구조와 내용을 다룬다. M&A 관련 업무에 종사하는 기업 실무자, 이에 대해 법률 자문을 하거나 관련 분쟁을 해결하는 법조인, 이에 대해 연구하고 관심을 갖고 있는 법학전문대학원 교수와 학생들을 주된 독자로 상정하고 집필하였다.

필자가 처음 M&A를 접한 것은 law firm에서 근무한 지 2년 정도 지났을 무렵이다. 신입 변호사로서 모든 업무가 새롭고 M&A가 무엇인지 잘 알 리 없었다. 실사라는 단어조차 생소한 채 실사 업무에 투입되었고, 실사보고서 작성례를 보고 선배 변호사에게 물어보면서 업무를 배웠다. 연차가 올라가면서 계약서 작성, 협상, 거래구조 검토까지 업무의 외연을 확장하였으나 업무를 배우는 방법은 주로 선배 변호사들이 앞서 작성한 문서들을 참고하고 그들의 지식과 경험을 도제식으로 전수받는 것이었다. 뛰어난 선배 변호사들 덕분에 M&A라는 거대한 수풀을 헤쳐나갈 수 있었으나, 필자가 전체 숲을 제대로 보고 있는지, 놓치는 문제는 없는지 의구심이 계속 들고 손에 확실하게 잡히는 느낌을 가질 수 없었다. 그러던 중 계약서를 작성하면서 미국변호사협회(American Bar Association)에서 출판한『Model Stock Purchase Agreement with Commentary』라는 책을 접하였고, 우리나라에도 이와 같이 체계적으로 M&A 계약에 대해서 정리한 책이 있으면 좋겠다고 생각하게 되었다.

주지하다시피 현재 실무에서 많이 볼 수 있는 M&A 계약서는 미국과 영국에서 사용되는 계약서를 바탕으로 우리나라 현실에 맞게 수정하면서 발전해 온 것이다. 아직 국내 소규모 회사 간 M&A에서는 보다 간이한 형식의 계약서가 사용되기도 하지만, 위와 같은 영미식 계약서를 사용하는 것이 어느 정도 보편화되었다고 볼 수 있다. 이러한 계약서를 사용하게 된 지 어느덧 상당한 기간이 흘러 사례가 늘고 개별적인 조항이나 쟁점에 대한 학계 연구와 법원 판례도 제법 축적되었는데, 계약서 전체를 조항별로 분석한 책은 찾기 어렵다. 사실 실무에 종사하는 많은 사람들이 이런 책의 필요성에 대해서 공감하고 있었으리라 생각한다. 그러나 하루하루 시간을 쪼개며 치열하게 업무를 처리하느라 여유가 없어서, 또는 자신의 업무 비법을 다른 사람과 공유하고 싶지 않아서, 또는 자신이 알고 있는 것이 단편적이라 정확한지 확신이 없어서 차마 책을 쓰지 못하였을 것이다. 운이 좋게 필자는 여유가 생겨서 관련 문헌과 판례를 폭넓게 검토하고 그동안의 경험과 평소의 생각을 정리할 수 있었다. 그렇기에 이 책은 모두가 할 수 있지만, 아무도 하지 못한 작업의 산물이라 할 것이고, 필자가 그 출발선을 끊은 것에 대해 뿌듯함을 느낀다.

M&A는 복잡하고 어렵다. 변호사는 M&A를 자문하고 지원하는 과정에서 수많은 법률 문제에 직면하고 이를 해결해야 한다. 기본적으로 회사를 대상으로 하는 것이기에 회사법을, 또 계약서를 작성하는 것이기에 계약법을 통달하고 있어야 한다. 또 증권, 투자, 상장회사와 관련된 내용은 증권법을, 회사 근로자와 관련된 내용은 노동법을, 거래가 시장경쟁에 미치는 영향과 관련된 내용은 경쟁법을, 이외에도 대상이 되는 기업이 활동하는 산업에 따라 적용되는 여러 법을 어느 정도 이해하고 있어야 한다. 이에 이 책에서 M&A 계약의 조항별로 발생할 수 있는 법적인 쟁점들을 최대한 망라하여 분석하고자 노력하였다.

또 실무적인 관점에서 M&A 계약서를 작성할 때 유의해야 할 사항들도 다루고자 하였다. 계약은 당사자들이 스스로 구속되기로 한 약속이고 당사자들 사이의 관계를 규율하는 법이나 다름 없다. 따라서 계약서를 어떻게 작성하는지는 매우 중요하다. 그런데 계약은 체결 당사자가 어떤 지위에서 어떤 목적으로 체결하는지에 따라 내용이 달라진다. 또 계약은 대립하는 당사자들이 협상을 통해서 그 내용을 정하기 때문에 어느 당사자의 입장과 이익을 대변하는지에 따라서 같은 내용이더라도 미묘하게 차이를 둘 수 있다. 계약서에 어떤 내용을 어떻게 기재할지, 그것이 계약을 이행하는 데 어떤 영향을 미치는지, 분쟁이 발생했을 때 어떤 내용이 자신에게 유리한지를 아는 것이 도움이 될 것이다.

책을 쓰면서 빠른 속도로 발전하는 과학기술로 인해 위기감을 갖지 않을 수 없었다. 빅데이터를 통해 개인 혼자서 할 수 없는 방대한 양의 정보를 분석할 수 있고, 인공지능을 통해 주요 조건만 입력하면 계약서를 쉽게 작성할 수 있는 시대가 도래하고 있음을 직감하였기 때문이다. 과연 '개인이 쓴 책이 질적으로 우수하고 사람들에게 도움을 줄 수 있을지, 시대의 흐름에 따라 빅데이터와 인공지능에게 의존하는 것이 더 효율적인 선택은 아닌지'라는 생각이 이따금씩 들었다. 그럼에도 불구하고 계약서의 미세한 문구 작성은 물론 경계선 상에 있는 난제에 대한 법적인 판단에 있어서는 컴퓨터가 살아 있는 사람의 혜안을 따라올 수 없다는 믿음이 있기에 끝까지 책을 마무리할 수 있었다.

책에 수록된 계약서 예시 조항은 공개된 자료들을 취합하고 참고하여 새로 작성한 것이며 실제로 사용된 계약서가 아니다. 또 책의 내용도 전적으로 필자 개인의 의견이며 필자가 소속된 조직이나 그 소속 변호사들의 의견과는 무관하다. 하지만 필자가 소속된 조직의 훌륭한 변호사들 및 상대방 대리인으로 만난 변호사들과 함께 일하면서 경험을 쌓을 수 있었기에 이 책을 집필할 수 있었으므로 이들에게 무한히 감사드리며, 혹시 내용에 존재하는 오류가 있다면 이는 전적으로 필자의 연구가 미진한 탓이다. M&A는 관련 이론이나 지식도 중요하지만 오랜 기간 다양한 거래를 처리함으로써 형성되는 경험과 연륜을 무시할 수 없다. 그런 의미에서 필자보다 앞서 M&A를 수행한 수많은 전문가들의 경험과 연륜이 책의 내용에 묻어나야 비로소 책이 완성될 수 있다. 집단 지성을 통해 책이 계속 발전해 나가기를 기대하며, 책에 대한 의견은 sm0215@gmail.com으로 보내주기 바란다.

사랑하는 가족의 배려가 없었다면 이 책은 세상에 나올 수 없었다. 인생의 황금기라 할 수 있는 미국 생활 중 책을 집필할 수 있게 지속적으로 독려하고 응원해 준 아내와 두 아들에게 고맙다는 말을 전한다.

2024년 8월

김성민

목차

제1장 서론

제2장 주식매매계약

제3장 주주간계약

예시 조항 목록

주식매매계약

주주간계약

사례 목록

제1장

서론

1. M&A 절차 개요
2. 주식매매계약의 기본 구조
3. 주주간계약의 기본 구조
4. 계약서 작성의 기초

제1장 서론

1. M&A 절차 개요

기업인수합병(mergers and acquisitions; M&A)은 여러 이해관계인이 관여하는 거래이다. 매도인, 매수인, 대상회사와 같은 당사자들 사이에서 직접 거래가 이루어지지만, 거래 과정에서 거래의 전반적인 절차를 관장하는 주관사, 법률, 세무, 재무 등 쟁점에 대해서 검토하는 각종 자문사, 거래 자금을 지원하는 투자자 또는 여신기관, 거래를 승인하거나 거래에 대해 각종 부담을 부과하는 정부기관 등 다양한 이해관계인이 관여하게 된다. 따라서 M&A가 성공적으로 완수되기 위해서는 각 이해관계인이 해당 거래의 목적을 명확하게 인지하고 각자의 역할을 다하면서 다른 이해관계인과 협업할 필요가 있다.

M&A는 주식매매, 영업양도, 합병, 분할 등과 같이 기업을 인수하거나 조직변경하는 거래가 핵심이다(이와 같이 핵심이 되는 거래를 계약서에서는 흔히 "본건 거래" 또는 "본 거래"로 칭한다). 그러나 거래가 성공적으로 이루어지기 위해서는 거래 전후로 여러 단계의 절차를 거치게 된다. 이러한 절차는 개별 거래마다 다르고 다양한 요인으로부터 영향을 받는데, 일반적으로 볼 수 있는 절차를 단순화하면 아래와 같다.[1)]

거래구조 검토 → 양해각서 협상 및 체결 → 실사 → 본계약 협상 및 체결 → 거래종결

1) 입찰로 진행되지 않는 M&A 거래를 중요한 절차 위주로 단순화한 것이다. 주식회사법대계 III(천경훈 집필부분), 617면은 조금 더 세분화하여 인수대상의 결정 → 인수방식의 결정 → 기업 가치평가 → 기밀유지계약 체결 및 협상개시 → 양해각서 체결 → 기업실사 → 본계약 협상 및 체결 → 거래종결로 도식화한다.

가. 거래구조 검토

우선 M&A를 할 필요가 있는 경우 어떠한 방법으로 거래할 것인지 거래구조를 검토하고 설계하게 된다. 특히 거래구조를 검토할 때에는 그러한 거래구조를 취하는 것에 법상 또는 계약상 제약은 없는지, 매도인이 거래를 하는 이유나 목적은 무엇이고 거래 이후 책임으로부터 완전한 해방(이른바 clean exit)을 도모하고자 하는지, 매수인은 거래자금을 어떻게 조달할 것인지, 매수인은 거래 이후에 대상회사를 어떻게 운영할 것인지, 당사자들은 얼마나 조속하게 거래를 완료하여야 하는지, 어떻게 하면 당사자들에게 비용과 부담이 가장 적게 발생하는지 등을 다각도로 검토하여야 한다. 특히 법률자문사는 각 거래구조별 소요절차나 시간, 제약 등을 비교·검토하고, 세무자문사는 거래구조별로 당사자에게 발생할 조세부담 등을 검토하여 당사자들이 의사결정하는 데 도움을 준다.

기업을 인수하는 방법은 매우 다양하나, 안타깝게도 상법은 기업인수 방법을 따로 체계적으로 정리하거나 설명하고 있지 않다. 따라서 상법 곳곳에 산재하는 여러 가지 방법을 적절하게 선택하고 또 조합하여야 한다. 실무에서 가장 일반적으로 사용되고 가장 단순한 방법은 대상회사의 주식을 매매하는 것이다. 조금 더 절차적으로 복잡하지만 책임을 일부 단절시키거나 세제상 혜택을 받기 위하여 대상회사의 영업을 양수도할 수도 있다.

대법원 2005. 7. 22. 선고 2005다602 판결

"상법 제42조 제1항의 영업이란 일정한 영업목적에 의하여 조직화된 유기적 일체로서의 기능적 재산을 말하고, 여기서 말하는 유기적 일체로서의 기능적 재산이란 영업을 구성하는 유형·무형의 재산과 경제적 가치를 갖는 사실관계가 서로 유기적으로 결합하여 수익의 원천으로 기능한다는 것과 이와 같이 유기적으로 결합한 수익의 원천으로서의 기능적 재산이 마치 하나의 재화와 같이 거래의 객체가 된다는 것을 뜻하는 것이므로, 영업양도가 있다고 볼 수 있는지의 여부는 양수인이 유기적으로 조직화된 수익의 원천으로서의 기능적 재산을 이전받아 양도인이 하던 것과 같은 영업적 활동을 계속하고 있다고 볼 수 있는지의 여부에 따라 판단되어야 한다."

추가 설명: 유의할 점은 위와 같이 "유기적 일체"로서 "하나의 재화"와 같이 거래의 객체가 된다고 하여 "영업"이라는 하나의 객체가 포괄적으로 승계되는 것은 아니라는 것이다. 즉, 영업양도는 영업을 유기적 일체로서 취급하고 그렇기 때문에 이를 구성하는 전체가 이전되어야 성립하는 것이지만, 영업을 구성하는 자산은 모두 개별적으로 이전(즉, 특정승계)하는 절차를 거쳐야 한다.

또한 이러한 이전을 위해서는 명시적이든 묵시적이든 영업을 양수도하는 계약이 체결되는 것이 전제되어야 한다.

두 회사를 합병하는 경우 직접 사업을 하는 회사 간에 합병하기도 하고, 아니면 사업을 하지 않는 껍데기 회사를 설립한 후에 해당 껍데기 회사와 대상회사를 합병하여 완전 자회사를 만들기도 한다. 여러 사업 중 일부만을 매각하고자 하는 경우에는 해당 사업 부문을 분할한 후에 분할신설회사의 주식을 상대방에게 매각할 수도 있고, 아니면 일부 자산만을 선택적으로 매각할 수도 있다. 자금조달이 원활하지 않다면 거래 대가로 자신이 소유한 다른 회사 주식을 이전할 수도 있고, 주식을 교환하면서 대상회사를 완전자회사로 만들기 위해서 포괄적 주식교환을 할 수도 있다. 결국 앞서 말한 여러 가지 사정들을 고려하여 가장 적절한 거래구조를 고안하는 것이 필요하다.

나. 양해각서 협상 및 체결

다음으로 양해각서(Memorandum of Understanding; MOU) 또는 의향서(Letter of Intent; LOI)를 협상하고 체결한다. 양해각서를 체결하지 않고 당사자들이 협의한 대강의 거래조건인 term sheet만 서로 교환하다가 실사를 진행하기도 하나, 이렇게 진행할 경우 거래조건에 대한 기대치가 달라 중도에 거래가 중단되기도 하고 그러한 중단으로부터 아무런 보호를 받지 못하게 된다. 양해각서는 당사자들이 서로 이해하고 있는 거래의 기초를 명확하게 하고, 거래를 진행시키기 위한 기본사항들을 정하는 계약이다.[2] 주로 거래방법, 거래목적물과 잠정적인 대금, 거래진행에 관한 사항을 포함하는데, 거래진행에 관한 사항에는 매수인을 위한 매수인의 실사 기간과 권한, 배타적 협상권, 매도인을 위한 매수인의 비밀유지의무, 양 당사자의 비용 분담에 관한 내용을 포함한다.

배타적 협상권(exclusivity)[3]은 일정한 기간 동안 매도인이 매수인 이외의 제3자와 거래하지 못하도록 하는 매수인의 권리이다. 매수인 입장에서는 다수의 다른 잠재적 매

2) 송종준, 4면은 이를 "원칙에 있어서의 합의(agreement in principle)"라 하고, 이동진(2012), 111면은 이를 "교섭계약"이라 한다.

3) 주식매매 거래에서는 배타적 협상권 조항이 문제 되는 경우가 많지 않으나, 합병과 같이 회사가 당사자인 거래에서는 제3자와의 거래를 제한하는 내용의 거래보호조항(deal protection clause)이 유효한지, 이사의 선관주의의무 또는 충실의무에 반하는지 여부가 문제 될 수 있다. 이에 거래를 계속하는 것이 주주의 이익에 반하는 경우 거래로부터 해방될 수 있는 조항(이른바 fiduciary out 조항)을 추가하기도 한다. 김지환(2016), 355-403면 참고.

수인이 있는 경우 그들에 우선해서 협상하여 거래를 성사시킬 수 있고, 다른 잠재적 매수인과의 가격 경쟁으로 인한 출혈을 방지할 수 있다. 매도인 입장에서는 여러 잠재적 매수인이 있는 경우 가격 경쟁을 통한 최선의 조건을 얻을 수 있는 기회를 포기하는 것이지만, 일정한 기간만 매수인에게 배타적 협상권을 부여함으로써 매수인을 심리적으로 압박하고 거래 절차를 촉진할 수 있다.[4] 배타적 협상권의 핵심은 제3자와의 거래를 제한하는 것이고, 거래를 유인하거나 청약하거나 협의하는 것까지 확대하여 제한하고, 직접적인 거래는 물론 간접적으로 거래에 방해가 되는 거래 또는 거래와 양립할 수 없는 거래를 하는 것까지 제한하기도 한다. 또한, 제3자와의 거래 제한 이외에 매수인과 성실하게 협상하도록 하는 내용을 추가할 수도 있다. 통상 매도인에게 성실하게 협상하도록 규정할 뿐 확정 계약을 체결할 의무까지 부과하지 않기 때문에 이 조항으로 계약 체결까지 강제하기는 어렵다. 다만, 매도인이 배타적 협상권을 위반하고 제3자와 거래한 경우 매수인은 손해배상을 청구할 수 있을 것이다.[5]

비밀유지에 관한 사항은 매도인 및 대상회사의 이익 보호를 위해서 중요하므로 별도의 계약서로 떼어내어 비밀유지계약(non-disclosure agreement; NDA 또는 confidentiality agreement)을 체결하기도 한다. 비밀유지계약은 M&A에 국한되지 않고 다양한 거래에서 활용되는데, 실사 등과 같이 거래를 하는 과정에서 제공되는 회사의 비밀정보를 보호하기 위한 목적에서 체결된다. 비밀유지계약을 체결함으로써 매도인과 대상회사는 부정경쟁방지 및 영업비밀보호에 관한 법률상 인정되는 영업비밀 침해에 대한 구제수단에 더하여 보다 넓은 범위의 구제수단을 보장받을 수 있게 된다. 또 매수인이 대상회사의 경쟁사업자인 경우 거래진행 과정에서 정보가 제공됨으로써 경쟁당국으로부터 부당한 공동행위를 한다는 오해를 받을 우려가 있으나, 비밀유지계약을 통해 정보제공 범위나 목적을 명확하게 한정함으로써 그러한 오해의 소지를 제거할 수도 있다.[6] 비밀유지계약에는 통상 비밀유지의무를 부담하는 당사자의 범위, 비밀정보의 범위, 금지되는 행위와 허용되는 행위, 보호 기간과 계약 종료 시 필요한 조치, 계약 위반 시 손해배상 등과 같은

4) 실무상 매도인은 여러 잠재적 매수인이 있는 경우에는 배타적 협상권을 부여하지 않고 그렇지 않은 경우에만 부여할 것이므로, 정작 매수인은 필요 없는 경우에만 배타적 협상권을 갖게 된다는 지적도 있다. Harrison, 42면.

5) 통상 양해각서에 포함된 배타적 협상의무 위반에 대해 이행이익까지 배상받기는 어려울 것이다. 일본 사례로 東京地判平成18年2月13日(判時1928号3頁). 반면, 확정 계약까지 체결된 후 배타적 협상의무 위반으로 거래가 무산된 경우 이행이익 배상이 인정될 수 있다. 미국 사례로 WaveDivision Holdings LLC v. Millennium Digital Media Systems LLC, C.A. No. 2993-VCS (Del. Ch. 2010).

6) 정영철, 831, 832면.

내용을 구체적으로 포함한다.

양해각서는 거래의 기본사항들만 정하는 계약이기 때문에 법적인 구속력을 일부 조항에 한정하여 제한적으로만 부여하거나 완전히 구속력이 없도록 하는 경우(non-binding)가 대부분이고, 그렇기 때문에 자문사들의 관여 없이 당사자들이 직접 초안을 작성하여 체결하는 경우도 빈번하게 있다. 반면, 거래 진행 사실이 외부로 유출(leakage)되지 않도록 할 필요가 있거나, 거래 규모나 기회비용 등이 커서 거래 실패 시 소요된 비용을 보전할 필요가 있거나, 거래 과정에서 회사 운영에 방해가 되지 않도록 할 필요가 있는 경우 등에는 법적 구속력 있는 조항을 포함한 계약을 체결할 필요가 있고, 그 경우에는 법률자문사가 초안을 작성하고 협상을 거쳐 체결하기도 한다. 특히 우리나라에서는 워크아웃기업이나 회생기업에 대한 입찰(bidding) 방식의 매각절차에서 구속력 있는 양해각서를 체결하는 사례가 많다.[7)]

통상 계약을 체결할 때 그 계약이 법적 구속력이 있는지 여부를 계약서에 명시하지 않지만, 양해각서는 본계약을 체결하기 전에 기본사항만을 정하는 계약이어서 구속력이 인정되는지 여부가 불분명할 수 있다. 법적 구속력이 있는 계약이 체결되었다고 보려면 계약의 목적사항이 충분히 특정되고 당사자들이 법적으로 구속될 의사하에 합의한 것이어야 할 것이고,[8)] 이는 구체적인 사정에 따라 달라질 것이다. 다툼의 여지를 줄이기 위해 양해각서가 법적 구속력이 있는지, 어떤 조항이 법적 구속력이 있는지 양해각서에 직접 명시해 둘 필요가 있고, 만일 법적 구속력이 있다면 양해각서에 적용될 준거법이나 분쟁해결방법에 대해서도 정할 필요가 있다.

일반적으로 양해각서를 체결하면서 매수인이 금전을 지급하는 예는 매우 드물지만, 회생절차가 진행 중인 기업에 대한 M&A를 진행할 때에는 입찰에서 우선협상대상자로 선정된 자에게 양해각서를 체결하면서 인수대금의 일정 비율 상당 금액을 이행보증금으로 지급하도록 하는 경우가 대부분이다.[9)] 그런데 양해각서는 거래 초기 단계에 체결되고 본계약의 체결 및 이행으로까지 이어지지 않을 가능성도 제법 있기 때문에 위 이행보증금의 반환을 둘러싼 분쟁이 발생할 가능성이 높다. 따라서 이행보증금의 법적 성

7) 천경훈(2011), 149, 150면; 워크아웃기업이나 회생기업의 M&A에서 법적 구속력이 있는 형태로 체결되는 이유는 양도인들의 우월적 지위나 협상력 때문만 아니라, 주관기관이나 관리인의 협상권에 존재하는 제약, 협상 결렬 시 양도인이 갖는 부담, 매각절차를 안정적으로 구성할 필요 등에 원인이 있다. 우호적 M&A의 이론과 실무 1(양시경, 강은주 집필부분), 122–125면.

8) 이동진(2012), 112면.

9) 정영철, 860면.

격,[10] 이행보증금의 반환 또는 몰취 사유, 이행보증금의 귀속관계에 대해서는 다툼의 여지가 없게 명확하게 기재할 필요가 있다.

양해각서만 체결하고 거래를 진행하다가 중도에 거래가 중단되거나 파기되는 경우도 심심치 않게 볼 수 있다. 이 경우에 만일 거래를 진행하는 과정에서 발생한 비용 등을 상대방으로부터 보전받고자 한다면 그러한 비용보전에 대해서 양해각서에 명시해 두는 것이 바람직하다. 양해각서에 그러한 조항이 없거나 양해각서 자체가 체결되지 않았다 하더라도 판례상 계약교섭의 부당한 파기로서 불법행위에 해당하여 신뢰이익 상당 손해배상이 인정될 여지가 있다는 점을 유의해야 한다.[11]

다. 실사

양해각서나 의향서를 체결한 후에는 본격적으로 대상회사에 대한 실사(due diligence; DD)를 진행한다. 실사는 대상회사가 어떤 회사인지 면밀하게 파악하는 과정이고, 법률, 세무, 재무 실사 등 분야를 나누어 로펌, 회계법인, 컨설팅 회사 등이 수행한다. 법률실사의 경우 대상회사의 구조나 형태가 어떠한지, 대상회사를 운영함에 있어 어떤 제약이 있는지, 그동안 회사를 운영하면서 발생한 법적인 책임이 있는지, 향후 법적인 책임을 부담할 수 있는지를 검토하며, 회사 일반, 인허가, 영업계약, 금융계약, 공정거래, 인사노무, 부동산, 환경, 지식재산 등 주제별로 검토하는 것이 일반적이다. 세무실사의 경우 회사가 지금까지 적법하게 조세를 모두 납부하였는지, 향후 영업 과정에서 발생하는 조세 부담은 어떠한지, 해당 M&A 거래를 통해서 발생하는 조세 부담은 어떠한지 등을 검토하고, 재무실사의 경우 회사가 어떻게 영업을 하고 어떻게 이익을 창출하는지, 회사의 현재 가치와 미래 가치가 어떻게 되는지, 재무구조를 개선할 여지가 있고 어떻게 개선할 수 있을지 등을 검토한다. 일반적으로 법률, 세무, 재무 실사를 하지만 이 외에도 거래의 특수성이나 회사의 필요에 따라 회계 실사, 영업 실사, IT 실사, compliance 실사와 같은 심화 실사를 별도로 하기도 한다. 가령, 미국 정부의 인허가를 기초로 영업을 하거나 미국 회사와의 거래 비중이 높은 회사의 경우 미국 부패방지 법령인 FCPA(Foreign Corrupt Practices Act) 위반 사실이 있거나 미국 정부의 제재(Sanctions) 대상인 경우 재무

10) 이행보증금의 법적 성격이 손해배상액 예정인지 위약벌인지에 관하여 많은 논의와 판례가 집적되어 있다. 자세한 논의는 박정제(2018), 102-107면 참고.

11) 대법원 2003. 4. 11. 선고 2001다53059 판결 등; 우호적 M&A의 이론과 실무 1(양시경, 강은주 집필부분), 132-134면; 이동진(2012), 139-145면.

적인 영향이 매우 크기 때문에 compliance 실사를 하는 경우가 많다. 실사는 그 자체로 목적이 있다기보다는 그 결과를 바탕으로 거래대금을 산정하고, 향후 발생할 책임을 누가 어떻게 부담할지 계약서에 반영하는데 의의가 있으므로 실사를 할 때에는 이러한 목적을 염두에 두면서 해야 한다.

실사를 위해 정보를 제공할 때에는 대상회사의 중요한 정보나 비밀이 외부에 유출되어 대상회사가 손해를 입을 가능성, 경쟁업체 간의 정보교환이 독점규제 및 공정거래에 관한 법률(이하 "공정거래법")에서 금지하는 부당한 공동행위를 용이하게 하거나 그러한 협의를 의심받을 수 있는 위험, 대상회사가 체결한 비밀유지계약을 위반할 가능성, 미공개중요정보를 제공하여 내부자 거래에 해당할 가능성, 상장회사의 경우 특정인에게만 정보를 제공하여 공정공시 의무를 위반할 위험, 기타 개인정보 보호법 등 정보보호 관련 법령을 위반할 가능성 등을 유의하여 정보 제공의 범위와 절차를 정해야 할 것이다.[12] 우리나라에서는 실사를 위해 자문사를 선정하는 경우 매수인과 자문사가 함께 대상회사의 정보에 직접 접근하는 경우가 많으나, 미국이나 일본 등에서는 매수인의 자문사가 대상회사와 비밀유지계약을 체결하고 자문사만 대상회사의 정보에 접근하여 그 검토 결과를 매수인에게 제공하거나, 매수인 회사 내에서도 정보에 접근할 수 있는 자를 제한(이른바 clean team 구성)함으로써 위에서 언급한 각종 위험이나 법 위반 가능성을 줄이는 방법도 종종 이용한다.

한편, 주식매매 거래는 주주와 잠재적 매수인 사이의 거래이고 회사가 당사자가 아니므로 회사에 대한 실사가 제한될 수 있음에 유의해야 한다. 지배주주가 지분을 매각하는 경우 회사와 지배주주 사이에 이해상충이 있음에도 회사가 무조건 협조하는 것은 이사의 충실의무에 반할 수 있다(상법 제382조의3). 소수주주가 지분을 매각하는 경우에도 회사로부터 협조를 받기 어려울 수 있다. 회사 입장에서는 엄밀히 말하면 주주나 잠재적 매수인에게 회사 내부 정보를 제공할 법적 의무는 없고, 지나치게 광범위하게 정보를 제공할 경우 이사의 비밀유지의무 위반이 문제 될 수 있다(상법 제382조의4). 따라서 회사 입장에서는 절차가 진행되기 전에 이사회에서 해당 거래가 회사에 미치는 영향이나 실사 협조 여부 등을 결의해 두는 것을 고려할 수 있다.[13]

한편, 실사는 본계약 체결 전에 하는 것이 일반적이지만, 예비실사나 본실사를 본

12) 주식회사법대계 Ⅲ(천경훈 집필부분), 626-628면.

13) 주식회사법대계 Ⅲ(천경훈 집필부분), 629, 630면.

계약 체결 전에 하고, 확인실사를 본계약 체결 후에 하는 것과 같이 단계적으로 하기도 한다. 이례적이기는 하지만 급하게 진행되는 거래에서는 실사 진행 중에 본계약을 체결하고 실사 완료를 거래종결의 조건으로 두기도 한다.

대법원 2016. 7. 14. 선고 2012다65973 판결

> "확인실사의 완료 여부를 최종계약의 체결이 아닌 그 거래종결의 선행조건으로 정하였다고 하여 그것이 사적 자치의 합리적인 범위를 벗어나 계약불체결의 자유를 본질적으로 침해하거나 양해각서의 본질에 반하여 무효라고 볼 수 없"다.

매도인이 설정한 거래 일정이 촉박하고 당사자들 모두 빨리 계약을 체결하고 싶은 반면 해당 회사에 대한 예상밖의 새로운 사실이나 위험이 발견될 염려가 적은 경우 매수인 입장에서는 본계약 체결 전에는 기초적인 문서들만 확인하고 이후에 보다 자세하게 검토할 수 있다. 또 회사에 영업비밀이나 민감한 정보들이 많을 경우 매도인 입장에서는 계약 체결 전에는 제한적인 정보들만 공개하고 어느 정도 거래가 확실시되는 때 더 많은 정보를 공개할 필요가 있다. 입찰에 부치는 경우에도 굳이 모든 입찰참여자에게 모든 정보를 완전히 공개하기보다는 일부 정보만 공개하였다가 우선협상대상자에게만 보다 자세한 정보를 공개하는 것이 회사의 영업비밀을 보호하고 여러 당사자의 비용, 시간, 노력을 절약할 수 있다. 이와 같이 단계적으로 실사를 하는 경우 본계약을 체결하면서 실사 결과 예상밖의 위험이 발견되는 경우 매수인이 거래를 종결하지 않을 수 있도록 하는 조항(이른바 diligence out 또는 DD out)을 넣는 것을 고려할 수 있지만, 이런 조항은 거래종결의 확실성을 약화시키고 매수인에게 쉽게 거래를 파기할 수 있는 구실을 줄 수 있기 때문에 매도인 입장에서 이를 수용할 때에는 신중할 필요가 있다.

실사가 어느 정도 진행되면 각 실사를 담당한 자문사는 실사보고서(due diligence report)를 작성하여 의뢰인(주로 매수인)에게 보고한다. 실사보고서가 항상 마지막 단계에 한 번 제출되는 것은 아니고, 중간보고와 최종보고로 나누어 중간보고 시 실사 진행 상황이나 주요 발견사항을 공유한 후 추가 실사를 하여 최종보고를 하기도 한다. 시간과 자료가 매우 한정되어 있는 경우 수시로 실사보고를 하면서 별도로 최종 실사보고서를 작성하지 않기도 한다.

라. 본계약 협상 및 체결

실사를 모두 마쳤다면 거래를 하기 위한 계약을 체결한다. 물론 계약은 구두로 체결할 수도 있고 묵시적 계약도 인정될 수 있지만, 기업인수와 같은 복잡한 거래에서 계약서 없이 계약이 체결되는 경우는 발견하기 어렵다. 오히려 M&A 계약서는 다른 어느 계약서들보다도 상세한데, 그 이유는 기업을 인수하는 절차적인 측면에서 준수해야 할 사항이 많고, 회사에 필연적으로 위험과 책임이 존재하는데 그러한 위험과 책임을 어떻게 다룰지, 이를 당사자 간에 어떻게 배분할지, 어느 일방이 상대방에게 배상하도록 할지, 아니면 계약을 파기할 수 있게 할지 등을 정해야 하고, 또 기업인수 과도기나 기업인수 이후에 회사를 어떻게 운영할지 등을 정해야 하기 때문이다.

계약서 초안을 누가 작성하느냐는 일률적으로 정해진 바는 없으나, 매수인 또는 투자자 측에서 작성하는 경우가 더 많아 보인다. 다만, 입찰에 부치는 경우에는 매도인이 기본 계약서를 작성하여 입찰참여자들에게 제공하면서 수정안(mark-up)을 최소화하여 제출하도록 요구하기도 한다. 결국 당사자 및 법률자문사 간에 협의하여 정할 문제인데, 협상하는 과정에서 타협하고 일부 조항을 양보하게 되는 것을 감안하여 자기에게 보다 유리한 조건들을 최대한 많이 넣을 수 있도록 먼저 계약서 초안을 작성하는 것이 유리할 것이다.

M&A를 전문적으로 하는 투자회사가 아닌 이상 일반인에게 M&A는 인생에 한 번 있을까 말까 하는 흔치 않은 경험이기 때문에 협상하는 것도 서툴 수 있고 때로는 감정적으로 대응하다가 거래가 파기되는 위기에 직면할 수도 있기 때문에 제3자인 법률자문사의 도움을 많이 받는다. 협상 결과는 거래의 특수성이나 변호사 개개인의 경험과 역량에 따라 천차만별일 것이나, 협상에 임하기 전에 M&A 동향이나 해당 업계의 일반적인 관행을 확인하고,[14] 또 만일 상대방이 과거에 유사한 거래를 한 전력이 있고 과거 거래 조건을 확인할 수 있다면(가령, 상장회사여서 계약 조건이 DART에 공개되어 있는 경우) 이를 확인하여 협상에 활용하는 것이 도움이 될 수 있다.

---

14) 미국에는 중요한 거래조건들이 어느 선에서 정해지는지 통계를 내고 분석한 서비스들이 다수 존재한다. 대표적인 예로 미국변호사협회(American Bar Association)에서 발표하는 M&A Deal Points Studies 참조(https://www.americanbar.org/groups/business_law/about/committees/mergers-and-acquisitions/deal-points/). 다만, 이러한 통계자료를 활용하는 데에는 조심할 필요가 있는데, 상대방으로부터 거래의 특수성을 반영하지 못한다는 반박에 쉽게 무너질 수 있고, 또 어느 한 사항에 관하여 특정 통계자료를 활용할 경우 자칫 다른 사항에 있어서는 자기에게 불리한 통계자료를 수인해야 하는 상황에 직면할 수도 있다.

마. 거래종결

거래종결(closing)은 M&A의 finale라 할 수 있는데, 주식양도나 영업양도, 합병 등 M&A 거래가 완료되기 위해 필요한 절차를 모두 취하여야 한다. 특히 영업양도나 자산양도의 경우에는 개별 자산을 이전하는 절차(동산 인도, 부동산 등기 이전, 지식재산 등록 이전, 근로관계 이전 등)를 모두 거쳐야 하기 때문에 그러한 절차가 모두 차질 없이 이루어질 수 있도록 필요한 절차를 사전에 꼼꼼하게 검토하고 정리해 둘 필요가 있다. 계약서의 거래종결 조항에 거래종결 당일에 취해야 할 행위들을 정하는 것이 일반적이나, 거래종결 조항 외에 다른 조항에 포함된 행위들이나 계약서에 명시되어 있지 않지만 당사자가 취해야 하는 행위들이 있을 수 있기 때문에 실무에서는 흔히 closing checklist라는 것을 작성하여 거래종결을 준비한다. 또 외국 당사자가 포함된 거래에서는 closing memorandum이라는 것을 작성하여 거래종결을 마친 후에 예정된 거래종결절차를 모두 마쳤음을 양 당사자가 확인하기도 한다. 이때 거래종결을 위해 성취되어야 할 조건들이 모두 성취되었음을 확인하거나 일부 성취되지 않았더라도 상대방이 이를 면제해 주었다는 점을 확인함으로써 추후 이에 반하는 주장을 하지 못하도록 하려는 목적도 있다.

계약이 체결됨과 동시에 거래가 종결될 수 있는 거래도 있지만, 법상 어떤 거래를 하기 위해서는 일정한 절차를 거치도록 요구하여 계약 체결과 거래종결 사이에 일정한 간격을 두어야 하는 거래도 있다. 가령, 주식매매의 경우 주권을 인도하기만 하면 주식을 양도할 수 있기 때문에 동시종결이 가능하나, 영업양도나 합병의 경우 상법상 주주총회를 거쳐야 하기 때문에(상법 제374조, 제522조) 주주총회 소집 및 개최를 위한 시간이 필요하다. 그런데 주식매매와 같이 동시종결이 가능한 경우에도 많은 경우 계약 체결과 거래종결 사이에 일정한 기간을 둔다. 이러한 기간이 필요한 이유는 여러 가지가 있을 수 있지만 몇 가지만 살펴본다.

첫째로 정부승인이나 제3자승인이 필요한 경우이다. 특히 가장 흔하게 볼 수 있는 것은 이른바 경쟁당국으로부터 받아야 하는 기업결합 승인(이른바 merger clearance)이다. 우리나라에서도 공정거래법에 따라 일정 규모 이상의 기업결합(여기에는 합병뿐만 아니라 주식매매, 임원겸임, 영업양수도 등도 포함된다. 공정거래법 제11조 참조)에 대해서는 공정거래위원회에 기업결합신고가 필요하고, 특히 대규모 기업결합은 사전에 기업결합 승인이 필요하다. 해외에서 사업을 영위하는 회사라면 우리나라뿐만 아니라 해외 경쟁당국으로부터도 이와 유사한 승인을 받아야 할 수 있으며, 이를 준비하는 과정부터 최종 승인을 받기까지 상당한 시간이 걸린다. 기업결합 승인 외에도 금융업 등과 같이 정부의 인허가를 바탕으로 사업을 하는 회사가 M&A를 하는 경우에는 관계 정부당국으로부터 승인을 받아야 하는 경우들이 있는데, 승인을 받기 전에 충분한 기간을 두고 정부와 협의할 필요가 있다. 한편, 정부승인 외에도 회사가 체결한 계약에서 M&A를 하기 위해서 계약 상대방의 동의나 상대방에 대한 통지를 요구하는 경우들도 있다. 따라서 그러한 동의나 통지를 모두 완료하기 위해서 계약 체결 후 거래종결까지 일정한 기간을 둔다.

둘째로 매수인이 매수 주체를 설립하고 자금을 조달하는 데 시간이 필요한 경우이다. 매수인이 자연인이거나 이미 설립된 법인인 경우도 있지만, 해외 기업이 국내 기업을 인수하기 위해서 국내에 법인을 설립하거나 국내 기업도 기업인수를 위해 별도 법인을 새로 설립할 수 있다. 특히 사모펀드가 M&A를 하는 경우에는 업무집행사원(General Partner; GP)이 먼저 계약을 체결한 후 사모집합투자기구(Private Equity Fund; PEF)나 투자목적회사(Special Purpose Company; SPC)를 설립하여 매수인 지위를 승계하도록 하기도 한다. 한편, 매수인이 거래 대금을 외부 제3자, 주로 여신기관이나 투자자로부터 조달하기도 하는데, 이들 제3자와 계약을 체결하고 해당 여신이나 투자를 받기 위한 조건을 충족하고 자금을 인출하거나 투자를 받는 데 시간이 든다.

셋째로 매도인 입장에서 실사 결과 발견한 위험을 치유하는 데 시간이 필요한 경우이다. 매수인이 실사를 하여 발견한 위험 중 치유가 불가능한 것은 거래대금에 반영하거나 향후 해당 위험이 실현되었을 때 손해배상을 받는 등의 방법을 취하지만, 치유가 가능하고 또 반드시 치유가 필요한 경우에는 매도인으로 하여금 거래종결 전에 치유하도록 요구할 수 있다.

2. 주식매매계약의 기본 구조

이 책은 위에서 살펴본 M&A 절차 중 본계약 협상 및 체결 단계에 작성되는 계약서에 대해서 살펴본다. 특히 법률 자문을 제공하는 법조인 입장에서 계약서를 작성하는 방법과 고려해야 할 법적 쟁점들을 다룬다.

M&A는 여러 가지 유형이 있기 때문에 "M&A 계약"이라는 단일한 계약이 있지 않고 또 어느 한 유형의 거래라고 해서 일률적으로 정해진 구조와 내용을 갖고 있지도 않다. 논

의의 편의상 이 책에서는 주식회사[15]에 대한 M&A 중 가장 간단하고 또 자주 이용되는 주식매매 거래에서 체결되는 주식매매계약에 대해서 분설하고,[16] 합병이나 영업양도 등 다른 유형의 계약에 대해서는 중요한 차이만을 본문이나 각주에서 간단히 언급하기로 한다.

주식매매계약도 매매계약의 하나이기 때문에 매매계약이 성립하기 위한 기본 요건들인 당사자, 매매목적물, 매매대금이 특정되어 있거나 특정 가능해야 한다.[17] 따라서 당사자가 누구인지, 매매목적물은 어느 회사의 주식 몇 주인지, 매매대금은 얼마인지를 정하여야 하고, 주식과 매매대금을 언제 어디에서 어떤 방법으로 양도 및 지급할지에 대해서 정하여야 한다(**당사자, 매매목적물과 매매대금 조항, 거래종결 조항**).

이에 더하여 주식을 매매하는 목적은 결국 주식을 거래함으로써 기업을 매각하고 인수하는 것이기 때문에 이와 같은 "기업인수"와 관련된 특수성을 계약에 반영할 필요가 있다. 특히 기업은 일반 물건과는 달리 수많은 인적·물적 자원으로 구성되어 있고 계속해서 영업활동을 하고 있으므로 이러한 인적·물적 자원이나 영업활동의 범위와 내용, 그에 따른 위험을 빠짐없이 전부 파악하는 것은 불가능하다. 이에 매수인은 자신이 인수하려는 기업에 관하여 일정한 사항을 보장할 것을 매도인에게 요구하고 기업에 존재하는 위험을 상호 배분한다(**진술 및 보장 조항**).

앞서 설명한 바와 같이 계약 체결과 거래종결 사이에 일정한 기간을 두는 경우들이 많은데 당사자들은 그 사이에 발생하는 일정한 변수에 따라 거래종결을 하지 않을 여지를 남겨두기도 하고 이를 거래종결의 조건으로 포함한다(**선행조건 조항**). 또한 거래종결 여부를 좌우하지는 않으나 거래종결을 전후로 일방 당사자에게 일정한 행위를 하도록 하는 등 의무를 부담시키기도 한다(**확약 조항**). 가령, 기업인수를 위한 실사를 하는 과정에서 상호 협력하거나 준수해야 할 사항을 정하거나 계약 체결과 거래종결 사이에 회사를 어떻게 운영할지에 대해서 정하는 것이다.[18]

---

15) 회사의 종류 중 가장 많은 비중을 차지하는 것은 주식회사다. 국세청에서 운영하는 국세통계포털(TASIS)의 법인세 신고현황 자료에 의하면, 2024년 기준 총 신고 법인 수 1,058,498개 중 주식회사는 1,008,022개가 있어 약 95.2%에 이른다(https://tasis.nts.go.kr/websquare/websquare.html?w2xPath=/cm/index.xml).

16) 박용린, 5면에 의하면 2010년부터 2022년까지 국내 M&A 거래 자료를 분석한 결과 인수 방식 중 구주인수 거래가 건수 기준으로 64.2%, 규모 기준으로 51.7%를 차지하여 가장 큰 비중을 차지한다.

17) 대법원 2021. 1. 14. 선고 2018다223054 판결.

18) "선행조건(condition precedent)"과 "확약(covenant)"이라는 용어는 영미 계약에서 사용되는 용어를 직역한 것이고 이미 우리나라에서도 실무상 관행적으로 사용되고 있다. 다만, 우리나라 법에 맞는 용어를 사용한다면 선행조건은 "거래종결의 조건"으로, 확약은 "기타 의무" 정도로 수정해서 사용하는 것이 가장 적합할 것이고 이 책에서는 이러한 용어들을 혼용하기로 한다. 아래 92면 '선행조건의 의의 및 법적 성격' 및 179면 '확약의 의의 및 법적 성격'

계약을 위반할 경우에 당사자들에게 인정되는 구제책은 크게 특정이행, 손해배상, 계약해제 내지 해지로 나누어 볼 수 있다. 특히 당사자들은 손해배상의 기간이나 한도를 둘러싸고 협상을 치열하게 한다(**손해배상 조항**). 민법상 손해배상은 실손해(의무 위반이 없는 상태와 있는 상태의 차이) 배상을 원칙으로 하나, 회사 운영 과정에 존재하는 위험이 언제 실현될지 예측하기도 어렵고 그 위험이 실현될 경우 발생하는 손해도 매우 크기 때문에 실손해를 전부 배상하도록 할 경우 매도인 입장에서는 거래의 목적을 달성하지 못하고 오히려 거래 전보다 더 손실을 입는 상황에 처할 수 있다. 따라서 매도인은 계약상 부담하는 진술 및 보장의 존속기간이나 그 위반에 따른 손해배상금액을 한정하는 경우들이 많다.

이 외에도 주식매매계약은 일반적으로 전문, 정의 조항, 해제 조항, 준거법 등 기타 조항들을 포함하는바, 주식매매계약에 포함되는 조항들을 전반적으로 정리하면 아래와 같다.[19]

1. 서문 및 당사자
2. 전문
3. 정의
4. 매매목적물과 매매대금
5. 거래종결
6. 선행조건
7. 진술 및 보장
8. 확약
9. 손해배상 또는 면책
10. 해제
11. 기타

부분 참고.

19) 이와 같은 조항 구성은 기본적으로 영미, 특히 미국의 관행에서 유래한 것이나, 우리나라의 기업인수 실무에서도 유사한 구조의 계약이 보편적으로 사용된다. 주식회사법대계 III(천경훈 집필부분), 645면.

유의할 점은 위 각 조항들은 각각 독립적으로 기능하는 것이 아니라 상호 유기적으로 기능하고, 따라서 협상 과정에서 어느 한 조항을 수정하는 경우 다른 조항에 어떤 영향을 미치는지 잘 살펴봐야 한다는 것이다. 가령, 정의 조항은 계약 전반에 걸쳐서 사용되는 용어를 정의하는 것이기 때문에 어떤 용어의 정의를 수정할 경우 다른 조항에서도 그 수정을 수용할 수 있을지, 만일 수용할 수 없다면 어떻게 그 공백을 메울 것인지 검토해야 한다. 진술 및 보장 위반은 손해배상 사유가 될 뿐만 아니라 선행조건 불충족 사유가 되기도 하는데 어느 범위의 진술 및 보장을 선행조건으로 포함시킬지, 그 위반 전부를 포함시킬지, 중대한 위반만 포함시킬지, 아니면 중대한 부정적인 영향을 미치는 경우로 한정할지 등을 함께 고려해야 한다. 확약 위반도 주로 손해배상 사유가 되지만 선행조건이나 해제 사유가 될 수도 있으므로 다른 조항에서 확약 조항을 인용하고 있다면 확약 조항의 수정에 신중하여야 한다. 거래종결 전에 이루어져야 하는 확약 사항이 있고 그러한 확약이 충족되었음을 명확하게 확인할 필요가 있다면 그 입증 서류를 거래종결 시 제공해야 하는 서류(closing deliverable)에 포함시킬 수도 있으므로 거래종결 조항과 확약 조항이 상호 연결되어 있기도 하다.

한편, 어떤 내용을 선행조건, 진술 및 보장, 확약 조항 중 어디에 포함시키는 것이 가장 적절한지도 계약서 작성 시 고민할 필요가 있다. 가령, 매수인이 생각하기에 대상회사가 어떤 인허가를 취득하는 것이 반드시 필요하다고 생각할 경우 이를 각 조항에 반영한다면 아래와 같이 될 것이다.

선행조건: 매수인이 거래종결을 할 의무는 회사가 거래종결 전에 [인허가]를 취득하는 것을 조건으로 한다. 진술 및 보장: 매도인은 거래종결 시 회사가 [인허가]를 적법하게 취득하여 보유하고 있음을 진술 및 보장한다. 확약: 매도인은 거래종결 전까지 회사로 하여금 [인허가]를 취득하도록 한다.

이와 관련하여 i) 매도인이 통제할 수 있는 사실 내지 상태는 진술 및 보장에, ii) 매도인이 통제할 수 있는 행위는 확약에, iii) 매도인이 통제할 수 없는 사실이나 행위는

선행조건에 넣는 것이 합리적이라고 보는 견해가 있으며,[20] 일응 납득이 가는 견해이다. 가령, 매도인이 통제할 수 없는 사항을 진술 및 보장이나 확약에 넣을 경우 매도인 입장에서는 자신이 통제할 수 없는 사항으로 인하여 손해배상과 같은 법적 책임을 질 여지가 있기 때문에 선행조건에 넣는 것이 합리적일 것이다. 매도인이 통제할 수 있는 사항이라 하더라도 그것이 어떤 사실이나 상태와 관련된 것이 아니라 매도인의 행위를 요구하는 것이라면, 매도인이 어떻게 진행될지 모르는 미래에 대해서 예측하고 이를 진술보장하도록 하기보다는 매도인으로 하여금 직접 그 행위를 하도록 의무를 부과하는 확약에 포함시키는 것이 보다 직접적이고 명확할 것이다.

다만, 위와 같이 구분하는 것이 항상 용이하거나 타당하지는 않다. 위에서 든 예시만 보더라도 인허가를 취득하기 위해서 매도인이 어떤 요건을 구비하여 인허가 신청을 하여야 하기 때문에 이를 매도인이 통제할 수 있는 행위라고 볼 수도 있고, 특정 시점에 회사가 인허가를 보유하고 있는 상태에 초점을 맞춘다면 이는 매도인이 통제할 수 있는 사실로 볼 수도 있다. 반면, 만일 해당 인허가를 부여하는 것이 행정청의 전적인 재량에 달려 있어 그 취득 여부가 불분명하다면 이는 매도인이 통제할 수 없는 사실로 볼 수도 있다. 설령 매도인이 통제할 수 없다고 하더라도 매수인 입장에서는 매도인이 해당 인허가 취득에 실패할 경우 단순히 거래종결을 하지 않는 것을 넘어서 매도인에게 일정한 책임(손해배상이나 그간 발생한 비용에 대한 보전 등)을 부담시키기를 원할 수 있고, 이 경우에는 그 내용을 진술 및 보장이나 확약에 동시에 넣는 것도 생각해 볼 수 있다.

이처럼 어떤 요구사항을 선행조건, 진술 및 보장, 확약 등 어느 조항에 넣을지는 결국 그러한 요구사항의 성격을 파악하고, 그것이 충족되지 않을 경우의 위험을 어떻게 부담하고 어떤 효과를 부여할지까지 고려하여 당사자 간에 협의하여 정할 문제이다.

3. 주주간계약의 기본 구조

주식매매 이후에 회사의 주주가 다수로 구성될 경우, 주주들 간에 향후 회사를 어떻게 운영할지나 각자 보유한 지분을 처분할 때의 법률관계에 대해서 정할 수 있는바 이때 체결되는 계약이 주주간계약이다. 이 책에서는 주식매매 거래와 연계하여 체결되

---

20) Adams, 4-9면.

는 주주간계약을 다루지만, 주주간계약은 신규로 회사를 설립할 때 체결될 수도 있고 신주인수 거래에 수반하여 체결될 수도 있다. 대등한 지분을 갖고 신규로 회사를 설립할 때에 체결되는 계약은 "합작회사계약" 또는 "합작투자계약"이라고 부르기도 한다. 전환사채나 신주인수권부사채 등 주식연계사채를 인수하면서 회사에 투자한 투자자와 주주가 계약을 체결할 수도 있는데, 이때 투자자는 주주가 아니므로 "투자자간계약" 또는 "투자계약"으로 부르기도 한다. 이와 같은 계약들도 이 책에서 다루는 주주간계약에 포함되는 조항들을 다수 포함하면서 해당 법률관계 특유의 조항들이 추가된다.

주주간계약은 주식매매계약, 신주인수계약 등과 같이 회사의 지분을 취득하는 계약과 통합하여 하나의 계약으로 체결될 수도 있다. 특히 벤처기업 등 소규모 회사에 대한 투자의 경우 회사의 지분을 취득하는 내용과 지분 취득 이후의 법률관계에 관한 내용을 투자계약서라는 하나의 계약에 모두 담는 경우가 많다.[21] 그러나 지분 취득에 관한 법률관계와 지분 취득 이후의 법률관계는 당사자가 다른 경우가 많고, 지분 취득 법률관계는 통상 거래가 종결된 후에는 가격조정이나 손해배상책임 등과 같이 극히 일부 내용을 제외하고는 모두 소멸해야 하는 반면, 지분 취득 이후의 법률관계는 당사자가 그 지분을 유지하는 한 계속 효력을 유지하기 때문에 이 둘을 하나의 계약에 포함시킬 경우 계약의 효력이나 해제 또는 해지에 관한 조항이 복잡하거나 잘못 작성될 우려도 있다. 더욱이 회사가 투자를 다른 시점에 여러 차례 받을 경우(이를 series A, B, C…로 부르거나 round A, B, C…로 부르기도 한다) 지분 취득에 관한 계약은 각 투자마다 최대한 간소화해서 체결하고, 지분 취득 이후의 법률관계에 관해서는 하나의 주주간계약을 만들어 두고 새로운 투자가 이루어질 때마다 그 투자자를 당사자로 참가시키는 방법을 취하는 것이 보다 편리하고 기존 투자자와 신규 투자자의 권리 사이의 충돌을 방지하는 데 용이하다. 이 책에서는 주식매매계약과 주주간계약이 별도로 체결되는 것을 전제로 설명하기로 한다.

주주간계약은 회사의 주주들 사이에 체결되는 채권적 합의이다. 주주간 합의할 수 있는 내용은 무궁무진하므로 일률적으로 어떤 내용이 포함되고 어떤 구조를 갖는다고 단정하기 어려우나, 주주간계약을 체결하는 이유를 살펴보면 주주간계약에 주로 어떤 내용들이 포함되는지 가늠할 수 있다.

---

21) 벤처기업에 대한 투자 시 사용할 수 있는 투자계약서는 한국벤처캐피탈협회, 한국엔젤투자협회, 한국액셀러레이터협회에서 배포한 투자유형별 투자계약서를 참고할 수 있다. 한국벤처캐피탈협회 웹사이트 일반자료실 "개정 벤처투자 계약서(CN 계약서 포함) 자료('23.12)" (https://www.kvca.or.kr/Program/board/listbody.html?a_gb=board&a_cd=12&a_item=0&sm=4_3&tm_num=1&page=1&tm_num=1&po_no=6553).

주주는 회사에 대한 지분적 권리인 주식을 소유하고, 자신이 소유한 주식을 자유롭게 처분할 수 있으며(상법 제335조 제1항 본문), 주주총회에 참석하여 의결권을 행사하는 방법(상법 제369조 제1항)으로 회사에 대한 주주로서의 권리를 행사한다. 따라서 매수인이 회사의 주식을 취득하더라도 상법에서 인정되는 바에 따라 법률관계를 규율하면 되므로 주주들 간에 반드시 어떤 합의를 할 필요는 없고 많은 거래가 주주간계약 없이 진행되기도 한다.

그러나 상법상 회사 운영 권한이 이사회와 주주총회로 나뉘어 있는 데다가 기본적으로 회사의 업무집행은 이사회를 중심으로 이루어지고 주주총회 권한은 제한적이다. 더욱이 소수주주가 지배주주를 견제할 수 있는 법적 수단(가령, 상법 제363조의2 주주총회 목적사항 제안, 제366조의 주주총회 소집청구, 제385조의 이사 해임 청구, 제402조의 이사에 대한 유지청구, 제403조의 대표소송, 제466조의 회계장부열람청구)은 제한적이고 그 요건도 엄격하며 절차도 복잡하다. 따라서 소수주주가 지배주주를 견제하거나 회사 운영에 보다 적극적으로 참여하기 위하여 법에서 보장되지 않은 여러 가지 권리나 구제수단을 마련할 실익이 있다.[22] 이와 같이 소수주주의 권리를 강화할 경우 잠재적인 투자자로부터 투자를 유인하는 결과를 가져올 수 있다.[23]

또한 주주들로서는 다른 주주가 누구인지에 따라 회사의 경영방침과 운명이 결정될 수 있기 때문에 주주 구성의 완결성(integrity)을 유지할 필요가 있고, 이를 위해서 주식의 처분을 제한할 필요가 있다.[24] 만일 어느 주주가 주식을 처분한다면 다른 주주에게 먼저 매수하거나 그러한 주식 처분 과정에 함께 참여할 수 있도록 함으로써 가능한 주주 구성의 완결성을 유지하도록 하는 장치를 마련할 필요가 있다.

한편, M&A 이후에 직접 그 회사를 운영할 동종 업계의 전략적 투자자(Strategic Investor; SI)라면 계속해서 그 회사를 운영하면서 이익을 실현할 것이지만, 단기적인 차익 실현을 도모하는 재무적 투자자(Financial Investor; FI)라면 투자를 들어가는 때부터 투자 회수(exit)를 어떻게 할지 미리 설계할 필요가 있다. 투자를 회수하는 것은 결국 해당

22) 다만, 이와 같이 소수주주에게 법상 인정되지 않는 권리나 이익을 보장할 경우 강행규정이나 판례에서 인정하는 기본 원칙(가령, 주주평등의 원칙)에 반하는 문제가 발생할 수 있으므로 주의해야 한다. 대법원 2023. 7. 13. 선고 2021다293213 판결 참고.

23) 우호적 M&A의 이론과 실무 2(이동건, 류명현, 이수균 집필부분), 322, 323면.

24) 주식양도를 완전히 금지하는 정관 규정이나 주주들 사이의 약정은 주주의 투하자본 회수의 가능성을 전면적으로 부정하는 것으로 무효이나 완전히 금지하는 것이 아니라 일부 기간이나 방법을 제한하는 것은 유효하다. 자세한 내용은 342면 '주식처분제한' 부분 참고.

회사의 지분을 매각하는 것이고, 이러한 지분 매각은 다른 주주 등 특정인에게 매각하는 것과 시장에서 불특정 다수에게 매각하는 것이 있다.

이상에서 살펴본 바와 같이 주주간계약은 i) 회사 경영과 관련하여 법에서 보장되지 않은 권리나 구제수단을 주주에게 부여하기 위해서, ii) 주식 처분에 관한 사항을 규율하기 위해서, iii) 투자 회수 방법을 마련하기 위해서 체결한다. 이 책에서는 위에서 살펴본 주주간계약 체결의 이유를 고려하여 예시적으로 주주간계약에 포함될 수 있는 조항들을 다루기로 하고, 크게 회사의 운영에 관한 조항, 주식의 처분에 관한 조항, 투자 회수에 관한 조항으로 나누어 분석하기로 한다.

먼저 회사의 경영에 관한 조항으로는 회사 운영 기관으로서 이사회의 구성 및 운영, 기타 경영진의 선임, 각종 위원회의 설치 및 운영에 관한 내용(**기관 구성 및 운영 조항**), 회사 경영에 대한 투자자의 참여를 높이기 위하여 어떤 주주나 회사가 일정한 행위를 할 때 다른 주주의 동의를 받도록 하거나 다른 주주에게 통지하도록 하거나 협의하도록 하고, 일정 주기로 소수주주에게 일정한 자료를 제공하도록 하는 내용(**동의 조항, 자료제공 조항**), 또 주주의 권리나 이익에 직접적인 영향을 미치는 배당과 신주의 발행 등 기타 회사 경영 관련 내용이 포함될 수 있다.

주식 처분에 관한 조항으로는 주식 처분을 제한하고, 양도할 때 다른 주주에게 우선해서 매수할 수 있는 권리를 부여할 수 있다(**주식처분제한 조항, 우선매수권 조항**). 이 외에 다른 주주가 주식을 처분할 때 자신의 주식을 함께 처분하도록 요구할 수 있는 동반매도권(tag-along right) 또는 공동매각권(co-sale right), 어느 주주가 주식을 처분할 때 다른 주주의 주식을 함께 처분할 수 있는 동반매도청구권(drag-along right) 또는 강제매각권(forced-sale right), 일정 기간 내에 다시 주식을 매수할 수 있는 매도청구권(call option)을 부여할 수 있다(**동반매도권 조항, 동반매도청구권 조항, 매도청구권 조항**).

투자 회수에 관한 조항으로는 시장에서 매각하기 위해서 회사를 일정 기간 내에 상장(initial public offering; IPO)하고 상장할 때 자신의 지분을 매출에 참여시키는 내용, 일정 기간 후에 다른 주주에게 주식을 매도할 수 있는 매수청구권(put option) 등을 포함할 수 있다(**상장 조항, 매수청구권 조항**).

이 외에도 주주간계약도 통상 손해배상 조항, 계약의 효력 조항, 기타 조항을 포함하는바, 이상에서 살펴본 주주간계약에 포함될 수 있는 내용을 전반적으로 정리하면 아래와 같다.

1. 서문 및 당사자

2. 전문

3. 정의

4. 회사의 경영

5. 주식의 처분

6. 투자 회수

7. 손해배상 등

8. 계약의 효력

9. 기타

주주간계약은 기업지배구조와도 밀접한 관련이 있다. 기업지배구조는 다양한 의미로 사용되는데, 좁게는 회사의 의사결정권한을 누가 얼마나 갖느냐를 정한 것을 의미한다. 그런데 주주간계약은 상법상 주주가 갖고 있는 권한을 제한하거나 확대하고, 이사회나 주주총회의 권한을 특정 주주에게 이전시키거나 특정 주주가 견제할 수 있도록 하고, 이사, 감사, 미등기임원을 선임하고 각종 위원회를 설치하여 특정 사항을 결정할 수 있도록 하는 등의 내용을 포함한다. 따라서 주주간계약의 내용을 구성할 때에는 거시적인 관점에서 기업지배구조를 어떻게 가져갈지를 함께 생각해 볼 필요가 있다.

한편, 이처럼 주주간계약은 기업지배구조의 문제를 다루기 때문에 상법과의 충돌문제가 발생한다. 상법은 회사의 의사결정기관으로서 주주총회와 이사회의 권한에 대해서 정하고 있는데, 상법에 반하는 주주간계약이 효력이 있는지, 상법에 있는 단체법 관련 조항들은 모두 강행규정인지, 주주간계약의 개별 조항들이 효력이 있도록 하기 위해서 어떻게 해야 하는지 고민해야 한다.

나아가 주주간계약을 작성할 때에는 주주간계약에 포함된 각종 권리나 의무의 강제 방안과 계약 위반에 따른 구제수단도 항상 염두에 두어야 한다. 자고로 계약은 강제이행이 가능한 범위 내에서만 의미가 있기 마련이다. 주주간계약에도 주식매매계약과 유사하게 손해배상이나 면책 조항이 포함되기도 하나, 주주간계약을 위반하였을 때 직접적인 손해가 발생하지 않거나 손해액 산정이 어려운 경우가 대부분이어서 손해배상 조항이 실효성이 없을 때가 많다. 또 주주간계약은 회사가 당사자로 참여할 수도 있지만 기본적으로는 주주들 사이에 체결한 계약이므로 이를 위반하였다는 이유로 상법상 인정되는 단체법상 행위의 하자를 다투는 구제수단(가령, 주주총회 결의 취소)을 이용할 수 있는지 여부에 대해서는 논란이 있다.[25] 이 때문에 일반적인 손해배상이 아니라 위약벌이나 손해배상액 예정을 넣을 수도 있겠으나, 주주간계약을 위반하였다는 이유로 과도하게 무거운 위약벌을 부과하거나 부당히 과다한 손해배상액을 예정하는 것은 그 합리성을 의심받을 수 있을 뿐만 아니라, 실무상으로도 이를 수용하기 어려운 경우가 많다.

따라서 주주간계약에 있는 조항을 위반하였을 때에는 그 구제 역시 주주간계약 내에서 해결할 수 있게 약정하는 경우가 많다. 가령, 상대방이 회사의 운영에 대하여 당사자의 동의를 받아야 함에도 불구하고 동의를 받지 않은 경우에 당사자가 선임할 수 있는 이사의 수를 늘린다거나, 상대방의 주식양도가 제한되어 있음에도 불구하고 당사자 동의 없이 처분하였을 때 당사자가 가진 지분을 상대방에게 매각할 수 있도록 하는 것이다. 이런 의미에서 회사의 경영, 주식의 처분, 투자 회수에 관한 조항들은 각각 독립적으로 작용하는 것이 아니고, 어느 한 조항이 위반되었을 때 다른 조항이 구제수단 기능을 하는 등 상호 연결되어 있다고 할 수 있다.

4. 계약서 작성의 기초

계약서는 처분문서이기 때문에 다른 특별한 사정이 없는 한 문언대로 해석한다.

대법원 2015. 10. 15. 선고 2012다64253 판결

> "계약당사자 사이에 어떠한 계약내용을 처분문서인 서면으로 작성한 경우에 문언의 객관적인 의미가 명확하다면 특별한 사정이 없는 한 문언대로의 의사표시의 존재와 내용을 인정하여야 하며, 문언의 객관적 의미와 달리 해석함으로써 당사자 사이의 법률관계에 중대한 영향을 초래하게 되는 경우에는 문언의 내용을 더욱 엄격하게 해석하여야 한다."

25) 자세한 내용은 311면 '기관 구성 및 운영'의 의결권구속계약 위반 시 구제수단 설명 부분 참고.

따라서 추후 분쟁 발생 시 논란의 여지를 줄이고 당사자들이 의도하지 않은 결과가 발생하지 않도록 하기 위해서는 제3자가 보더라도 다른 해석의 여지가 없도록 명확하게 계약서를 작성할 필요가 있다. 특히 분쟁을 해결하는 법원이나 중재인 입장에서는 거래 진행 경과나 당사자 사이에 주고받은 교신 내용을 모두 알 수 없기 때문에 실체에 부합하는 판단을 받고자 한다면 계약서가 법률관계를 정확하게 반영하고 있어야 한다. 이하 계약서 작성 시 유의할 점들에 대해서 살펴본다.

가. 간명한 문장 사용

계약서에 사용하는 문장은 가능한 간결하고 명확하여야 한다. 당사자들이 협상하면서 자신에게 유리한 조건을 번갈아 넣거나 예상치 못한 여러 상황을 모두 포함하고자 하는 경우 한 조항에 여러 문장을 넣고 단서에 단서를 추가하는 등 조항이 매우 복잡해지는 것을 자주 볼 수 있다. 그러나 가능하면 한 조항은 하나의 문장으로 구성하고, 불가피하게 여러 문장을 넣어야 할 경우 무엇이 원칙이고 무엇이 단서인지 명확하게 기재할 필요가 있다.

외국 M&A 계약에서 자주 사용되는 상투적인 문구들, 가령 “for the avoidance of doubt”, “including, but not limited to,~”, “and/or”을 우리나라 계약서에서 그대로 사용하면서 “명확하게 하기 위하여 부연하자면”, “~을 포함하나 이에 한정되지 아니함”, “및/또는” 등과 같은 문구들을 사용하고는 하는데, 이는 우리나라 문법에 맞게 수정하는 것이 바람직하다. 위에서 든 예시들을 바로잡아 본다면, 먼저 “for the avoidance of doubt”와 같이 부연설명을 하는 문장은 본문 자체를 명확하게 수정하거나, 불명확한 단어를 정의 조항에서 보다 자세하게 설명하거나, “또한”, “특히” 등과 같은 문구로 대체할 수 있다. “including, but not limited to,~”는 우리나라 문법상 “포함”이라는 개념은 “함께 들어간다”는 것을 의미하고 한정되는 것이 아니기 때문에 굳이 “이에 한정되지 아니함”은 추가할 필요가 없고 “~포함함”과 같이 넣는 것으로 충분하다. “및”은 열거된 것을 모두 포함하고 “또는”은 열거된 것 중 어느 하나를 선택적으로 지칭하는 개념이므로 해당 문맥에 맞게 하나만 쓰면 되는 것이고 이를 “및/또는”으로 표현해야 하는 경우는 드물다.

이 외에도 쓸데없이 문장을 길게 만들거나 불필요하게 법률 용어를 사용하는 것도 삼가는 것이 바람직하다. 의미가 같다면 단순히 동사로 간결하게 표현하는 것이 명사와 동사의 결합 형태로 표현하는 것보다 좋다. 가령, “진술 및 보장을 제공한다”는 “진술 및 보장한다”로 기재하는 것이다. 또 권리와 의무에 대해서는 단순히 “~할 수 있다” 또는 “하여야 한다”로 기재하면 충분하고, “~할 의무가 있다”, “~할 권리가 있다”고 기재할 필요는 없다. 어느 부분에서는 “~하여야 한다”고 하고, 어느 부분에서는 “~할 의무가 있다”고 하여 혼용하면 그 둘 사이에 어떤 의미 차이가 있는지 의문이 제기될 수 있다.

나. 완결성 구비

계약서를 작성하다 보면 신경써야 할 것이 많기 때문에 당연한 것들을 빠뜨리는 경우들이 있다. 특히 여러 당사자들이 존재하는 경우에 계약서 전문에서 당사자 일부만 그룹화하여 표시하는 경우들이 있는데, 그런 경우 어떤 권리나 의무를 어느 당사자에게 부여할 것인지, 일부 당사자에게만 부여하고 있다면 나머지 당사자는 의도적으로 배제한 것인지, 나머지 당사자들에 대해서는 별도 조항에서 다룰 것인지 아니면 그대로 침묵하여도 충분한지를 판단해서 개별 조항상 권리·의무의 주체를 정확하게 정해서 넣어야 한다.

당사자가 통제할 수 없는 사실이나 상태에 대한 것이 아니라면 주어가 누락되지 않도록 하는 것도 주의해야 한다. 가령, 확약 조항에 “대상회사와 A 사이에 체결된 계약이 해지되지 않았다”라는 조항이 들어가 있다면, 이것이 위 계약이 어느 누구에 의해서라도 해지되었다면 매도인이 책임을 부담해야 한다는 의미인지, 매도인이 해지하지 않아야 할 의무를 부담한다는 의미인지, 매도인은 대상회사로 하여금 해지되지 않도록 주의의무를 부담한다는 의미인지 등 논란의 여지를 남길 수 있다. 따라서 주어를 생략하지 않고 여러 당사자 중에서 누가 어떤 의무를 부담하는 것인지 명확하게 할 필요가 있다. 특히, 대상회사의 행위와 관련된 것이지만 매도인이 경영권을 행사하는 주주로서 대상회사의 행위를 통제할 수 있는 경우에는 “매도인은 회사로 하여금~ 하도록 한다”는 표현을 사용하여 매도인의 의무임을 명확히 하는 표현을 사용할 수 있다.

요건과 효과, 의무와 구제수단 등이 명확하게 규정되고 상호 잘 대응하고 있는지도 검토할 필요가 있다. 상대방에게 의무를 부담시키는 데에 치중한 나머지 정작 그 의무를 위반한 경우의 효과나 구제수단에 대해서는 간과하고 누락하는 실수를 저지르지 않도록 해야 한다. 또 같은 조문이 여러 항으로 구성되어 있는 경우에 각 항이 병렬적인 관계인지, 아니면 일반/특수 관계인지에 따라서도 의미가 달라질 수 있으므로 유의해야 한다.

다. 외국 법개념 사용 신중

우리나라 법률에서 사용되지 않는 외국의 법개념을 사용할 때에는 그러한 개념이 우리나라 법상 어떻게 해석될 것인지 미리 신중하게 생각한 후에 사용할 필요가 있다. 예를 들면 "best effort", "material breach", "indemnification", "reckless" 등은 국내법에서 일반적으로 사용되는 용어는 아니다. 모두 그대로 번역하여 "최선의 노력", "중대한 위반", "면책", "무모한" 등으로 계약서에 넣고는 하는데, 실제로 분쟁이 발생할 경우에 어떻게 해석될지 의문이 제기될 수 있다.

물론 그중에는 이미 한국 법원에서 분쟁의 대상이 되어 법적 판단을 받은 것들도 있다. 대표적으로 "최대한 노력"한다는 표현은 다른 특별한 사정이 없는 한 법적 의무를 구성하지 않는다는 것이 대법원 판례의 입장이고,[26] 이러한 입장에 따르면 이와 유사한 표현들인 "reasonable effort(합리적인 노력)"나 "commercially reasonable effort(상업적으로 합리적인 노력)" 모두 특별한 사정이 없는 한 법적인 의무를 구성하지 않는다. 다만, 이와 같이 판례가 있는 경우라 하더라도 모든 측면에서 의문이 해소되었다고 보기 어려운데, 가령 위에서 법적인 의무가 없다는 것이 행위의 결과뿐만 아니라 절차적인 측면에서의 의무까지 부인하는 것인지, 아무런 노력조차 하지 않았을 때의 효과는 어떤 것인지, 그런 경우에도 아무런 법적 책임이 없는 것인지, 아니면 법적 책임에까지 이르지는 않지만 신의칙이나 공평의 원칙 등과 같은 일반 원칙에 대한 판단에 고려될 수는 없는지 등 여러 가지 문제는 계속 남아 있기 때문이다.[27]

계약에 포함된 법개념의 해석도 계약해석의 문제이기 때문에 결국 당사자가 해당 법개념에 대해서 의도한 의미가 무엇인지를 파악하는 것이 중요하다. 그리고 그러한 의도를 파악함에 있어서는 국내법에 사용되는 유사한 법개념과 해당 외국법 개념이 유래한 외국에서의 해석이 어떻게 되는지를 참고할 수 있을 것이다.[28] 이 책에서도 영미 계약 실무나 미국 분쟁 사례를 상당수 포함하였는데, 그러한 실무나 사례가 그대로 국내 계약 해석에 적용되어야 한다는 것은 아니다. 다만, 우리나라 M&A 계약서 작성이나 협상 실무가 영미의 영향을 받았기 때문에 영미 계약서 조항의 쓰임새를 참고할 수 있고,

---

26) 대법원 1994. 3. 25. 선고 93다32668 판결.

27) Best effort 조항의 의미에 대해서는 권영준(2014), 67-106면; ABA, 212-214면.

28) 김성민(2016), 83, 84면; 김우성(2017), 314면은 법률행위 해석에 있어 민법 제106조에 따라 영미식 계약서의 용례가 사실상의 관습에 준하여 고려될 수 있다고 한다. 다만, 영미 계약의 해석이 우리나라에서 사실상의 관습에까지 이르렀는지 여부에 대해서는 사안별로 다툼의 여지가 있을 것이다.

계약을 둘러싼 분쟁상황은 국가를 초월하여 유사하게 발생할 수 있기 때문에 미국이나 일본 등 해외 분쟁 사례를 알고 있으면 계약서 작성에 도움이 될 것이다. 미국 분쟁 사례는 미국 내에서도 회사법이 비교적 잘 발전한 것으로 알려진 델라웨어 주 사례들을 주로 살펴보기로 한다.

라. 정의된 단어 및 조항 인용 점검

거의 대부분의 계약서는 앞에 정의 조항을 두고 있는데, 이러한 정의 조항이 단순히 약어(가령, 너무 긴 법령명을 단축하는 것)를 만드는 목적이 아니라 일반적으로 사용되는 단어의 의미를 한정하거나 확장하려는 목적으로 사용된 때에는 해당 단어가 사용된 모든 문장들이 이상이 없는지, 당사자에게 불필요하게 큰 부담을 주는 것은 아닌지, 당사자 사이에 상호 의미를 동일하게 이해하고 있는지 확인할 필요가 있다. 예를 들면, "제한부담"을 정의하면서 법상 권리 행사에 제약이 될 수 있는 질권, 저당권, 유치권 등과 같은 물권적 권리뿐만 아니라 채권적인 청구권이나 매도청구권 등과 같은 계약상 권리까지 포함하고 더 나아가 제3자로부터의 권리 주장이나 진술과 같은 것까지 포함한다면, 대상회사의 자산에 이러한 제한부담이 없다는 것을 당사자가 진술보장하는 것은 자칫 불필요한 위험까지 모두 떠안는 결과를 초래할 수 있다. 또 다른 예로 "정부기관" 안에 한국거래소와 같은 "자율규제기관"을 포함한다고 정의한다면 이러한 자율규제기관 안에 어떠한 기관까지 포함되는지, 법령상 근거가 있는 기관을 의미하는 것인지, 정부기관의 감독을 받는 기관을 의미하는 것인지, 법령상 규제할 수 있는 권한을 정부기관으로부터 위탁 내지 위임받은 경우를 의미하는지 등 다양한 해석이 가능하고 당사자 사이에 불필요한 분쟁이 발생할 수 있으므로 보다 의미를 분명하게 할 필요가 있다.

간혹 정의 조항에서 정의를 내린 용어와 유사하지만 미세하게 다른 의미를 가진 용어를 구분해서 사용해야 하는 경우가 있다. 영문 계약서에서는 정의된 단어만 대문자를 쓰기 때문에 그 구분이 용이한 반면(가령, 정의된 개념인 "Material Adverse Effect"의 범위에 대해서 다툼이 있어 진술 및 보장 조항 중 일부에 한하여 "material adverse effect"와 같이 소문자로 표현하는 등), 국문 계약서에서는 대문자/소문자 구분이 없어서 그 구분이 어렵다. 이에 국내 계약서에서도 정의된 모든 단어에는 따옴표를 붙여 차이를 두거나, 정의된 용어와 유사하지만 미세하게 조사만을 달리하여 표현(가령, "중대한 부정적 영향"과 "중대하게 부정적인 영향")하는 등의 방법을 사용하기도 한다. 다만, 이와 같이 조사만 미세하게 달리

되어 있는 경우 이것이 의도적으로 정의된 용어와 차이를 둔 것인지 아니면 단순한 오타인지를 사후적으로 판단하기 어려울 수 있으므로 의도적으로 차이를 둔 것이라면 그 협상 경위나 내용을 잘 남겨둘 필요가 있다.

가장 마지막으로 조항 번호를 제대로 인용하고 있는지도 꼭 살펴보아야 한다. 특히 일부 의무 위반에 대해서만 위약벌 등과 같은 제재를 부과한다거나, 일정한 요건 충족 시 일부 조항만 해제하는 등 계약 전체가 아닌 일부에 대해서만 효과가 발생하는 조항이 있다면 조항 번호 하나 차이로 당사자들이 의도한 것과 전혀 다른 효과가 발생할 수 있다. 이러한 조항 인용 실수는 당사자들이 별로 신경쓰지 않지만, 있을 경우 추후 분쟁의 소지가 되고 해당 계약서를 작성한 법조인의 신뢰도에 큰 타격을 입히는 사항이다.

제2장

주식매매계약

1. 서문 및 당사자
2. 전문
3. 정의
4. 매매목적물과 매매대금
5. 거래종결
6. 선행조건
7. 진술 및 보장
8. 확약
9. 손해배상 또는 면책
10. 해제
11. 기타
12. 기명날인
13. 첨부

제 2 장

주식매매계약

1. 서문 및 당사자

서문

본 주식매매계약(이하 **"본 계약"**)은 O년 O월 O일(이하 **"본 계약 체결일"**) 아래 당사자들 사이에 체결되었다.

1. OOO에 본점을 두고 있는 주식회사 OOO (이하 **"매도인"**)
2. OOO에 본점을 두고 있는 주식회사 OOO (이하 **"매수인"**)

(이하 매도인 및 매수인을 개별적으로 **"당사자"**, 총칭하여 **"당사자들"**)

가. 당사자의 특정

일반적으로 계약서는 계약의 명칭, 체결일자, 계약 당사자를 명시하면서 시작한다. 해당 계약과 계약 체결일자는 추후 계약 본문에서 자주 인용되기 때문에 "본 계약", "본 계약 체결일"로 약칭하는 것이 일반적이다.

주식을 매매할 당사자는 매도인과 매수인이며, 계약서 전체에 걸쳐 매도인은 "매도인"으로, 매수인은 "매수인"으로, 매도인과 매수인을 개별적으로는 "당사자"로, 총칭해서는 "당사자들"로 약칭한다. 대상회사는 통상 당사자에서 제외되지만, 이례적으로 추가되는 경우도 있다. 대상회사가 대상회사에 관한 진술 및 보장을 직접 하거나 대상회사의 행위가 요구되는 확약을 하기 위한 목적이다. 그러나 매수인 입장에서도 대상회사의 주식을 취득하면 대상회사와 이해관계를 같이 하게 되므로 대상회사가 진술 및 보장이나 확약을 위반하였더라도 대상회사를 상대로 손해배상을 구하는 것이 오히려 자기에게 손해가 될 수 있다. 이런 점을 고려하면 대상회사를 당사자로 포함할 실익이 크지 않을 수 있다.

당사자는 법인일 수도 있고 자연인일 수도 있는데, 통상 법인인 경우에는 등기된 본점 소재지로, 자연인인 경우에는 주민등록이 된 주소로 특정을 한다. 간혹 성급하게 계약서를 작성하면서 인터넷 검색으로 나오는 회사 주소를 기재하는 경우가 있는데, 인터넷상 주소는 정확한 주소가 아니기 때문에 등기된 주소를 확인하여 추가할 필요가 있다. 나아가 적법한 대표자로서 서명 또는 날인 권한이 있는 자를 확인하고, 회사가 해산 등과 같은 중요한 상태 변경이 없는지를 확인하기 위한 목적에서도 계약 체결 직전 등기 열람은 기본 중에 기본이라 할 수 있다.

당사자가 자연인인 경우에는 주소뿐만 아니라 생년월일을 함께 기재하여 당사자를 특정하기도 한다. 과거에는 주민등록번호를 기재하여 특정하기도 하였으나, 법령에서 주민등록번호의 처리를 요구하거나 허용한 경우가 아닌 이상 주민등록번호 이용은 금지되므로 계약서에 당사자 특정을 위한 목적으로 주민등록번호를 기재하는 것은 허용되지 않는다(개인정보 보호법 제24조의2). 같은 맥락에서 당사자 특정을 위해 계약서 말미에 주민등록증 사본을 첨부하는 경우에도 주민등록번호 뒷자리는 가려서 첨부하도록 해야 한다.

벤처기업 또는 스타트업(start-up)에 대한 소규모 투자가 늘어나면서 조합이 당사자로 관여하는 거래도 자주 볼 수 있다. 실무상 조합명만 당사자로 기재하는 경우도 있으나, 벤처투자조합, 개인투자조합, 민법상 조합은 모두 법인이 아니고 다수의 당사자가 계약으로 맺어진 단체에 불과하므로, 법적으로는 개별 조합원이 모두 계약의 당사자가 된다.[1] 따라서 당사자 표시도 조합명과 조합의 업무를 집행하는 업무집행조합원과 그 주소를 기재해야 할 것이고 별지로 개별 조합원을 모두 명시하는 것이 바람직하다.

나. 미성년 당사자

흔한 경우는 아니지만 당사자 중에 미성년자가 포함되어 있는 경우가 있는데, 그 경우에도 당사자 표시는 다른 당사자와 동일하게 표시를 한다. 다만, 계약 서명 또는 날인은 미성년자가 법정대리인 동의를 얻어서 하기보다 법정대리인이 미성년자를 대리하여 하는 것이 일반적이고 법정대리인과의 관계를 증명하기 위하여 가족관계증명서 등을

---

1) 이러한 점을 간과하였다가 50인 이상의 조합원으로 구성된 조합에 증권을 발행하면서 증권신고서를 제출하지 않아 제재를 받은 사례도 있다. 금융감독원, '투자조합에 대한 청약권유시 공시위반 유의사항 안내' 보도자료(2023. 11. 9.자).

계약서에 첨부한다.

미성년자가 계약상 여러 권리/의무의 주체가 되더라도 현실적으로 미성년자가 권리를 행사하거나 의무를 부담할 것을 기대하기는 어려우므로, 계약서의 기타 조항 부분에 법정대리인이 미성년 당사자를 대리하여 계약 협상, 체결, 이행할 권한이 있다는 점, 미성년 당사자가 권리의 주체인 경우에 법정대리인이 미성년 당사자를 대리하여 권리를 행사할 수 있다는 점, 미성년 당사자가 통지의 대상 내지 의무의 주체인 경우에 법정대리인에게 통지함으로써 미성년 당사자에 대한 통지가 이루어진 것으로 보고 법정대리인이 그 의무를 이행할 경우 미성년 당사자가 의무를 이행한 것으로 본다는 점을 규정함으로써 계약의 원활한 이행을 도모하기도 한다. 더 나아가 법정대리인이 미성년 당사자와 같은 측 계약 당사자라면 해당 법정대리인으로 하여금 미성년 당사자의 의무를 보증하도록 하거나 연대하여 모든 책임을 부담하도록 하는 것도 고려할 수 있다.

다. 보증인

주식매매 거래도 보증인을 추가할 수 있으며 매도인과 매수인 모두 자기의 의무를 보증할 자를 추가하는 것이 가능하다. 보증은 보증인의 기명날인 또는 서명이 있는 서면으로 하여야 하는바(민법 제428조의2 제1항), 통상 별도 서면으로 하기보다 주식매매계약의 당사자로 추가하는 방법으로 한다. 또 보증인으로서 보증의무를 부담하게 하는 방법 외에 단순히 계약 당사자로 추가한 후에 연대책임 조항을 추가하여 계약상 의무(가령, 진술 및 보장 의무 위반에 따른 손해배상의무)에 대해서 연대책임을 부담시키는 방법도 자주 사용된다.

특히 계약 당사자가 법인으로서 계약 이행 후 소멸할 운명에 처해 있다면 더욱 더 거래대금의 최종 목적지를 찾아서 보증하도록 요구할 필요가 있다. 이는 PEF 또는 PEF가 설립한 SPC가 매도인인 경우에 자주 문제 된다. PEF나 SPC가 매도인인 경우 대상회사의 주식을 처분하여 투자를 회수하면 그 수익을 사원들에게 분배한 후 해산하여 소멸할 수 있다. 그런데 만일 거래 이후에 매도인의 진술 및 보장 위반이 발견되면 매수인은 손해배상을 받아야 하는데 거래 상대방이 이미 소멸하였다면 손해를 보전할 방법이 없게 된다. 이에 매수인 입장에서는 PEF를 운용하고 투자를 회수하면서 수익을 얻은 GP로 하여금 매도인의 의무를 보증하도록 요구하거나, 만일 PEF가 fund of funds 구조를 취하고 있다면 실제 투자를 집행한 master fund 윗단의 feeder fund 등 그 윗단에 계속 존재하는 회사로 하여금 보증하도록 요구하는 경우들이 있다.

다만, 실무상으로는 GP나 윗단의 회사들의 경우 다른 여러 PEF 및 portfolio 회사를 운용하거나 연결되어 있기 때문에 어느 한 PEF 및 portfolio 회사로부터 발생한 위험을 다른 PEF 및 portfolio 회사에 전이시키기를 원치 않고, 그렇기 때문에 이러한 보증을 하거나 연대책임을 부담하는 경우는 많지 않다. 오히려 당사자인 PEF는 존속기간이 많이 남아 있다거나, 거래종결 이후에 손해배상책임을 부담하게 될 경우 설령 사원들에게 수익을 분배한 이후라 하더라도 그 수익을 추급하여 다시 돌려받아서 이를 재원으로 손해배상을 할 수 있다는 논리로 보증이나 연대책임을 부담하지 않는 방향으로 설득하는 경우가 많다. 이 경우 매수인 입장에서는 해당 주식매매 거래의 당사자가 아닌 상대방 PEF의 사원들을 대상으로 직접 손해배상을 청구할 수 없다는 점, PEF 정관상 사원들로부터 이미 분배한 수익을 환급받을 근거가 명확하게 있어야 한다는 점, 설령 그러한 근거가 있다고 하더라도 만일 사원이 이에 자발적으로 응하지 않는다면 손해배상을 받기 어려울 수 있다는 점 등을 고려해야 할 것이다. 이론적으로는 PEF가 사원들로부터 수익을 환급받을 권리가 있고, 매수인이 PEF를 상대로 손해배상청구권을 갖고 있으면, 매수인이 채권자대위권(민법 제404조)을 행사하여 PEF의 권리를 대신 행사하는 방안도 고려해 볼 수 있다. 그러나 시간이 많이 경과한 이후라면 이미 PEF의 해산은 물론 청산절차까지 모두 마쳤을 것이기 때문에 이미 존재하지 않는 PEF를 대신하여 그 권리를 행사할 수 있는지 문제가 있다. 잔존 법률관계가 존재하는 한 애초에 청산이 완료되지 않았고 PEF도 존속한다고 주장할 여지도 있겠으나,[2] 이는 다른 한편으로는 법적 안정성을 훼손하는 것이기 때문에 법원에서 PEF는 이미 소멸하였다고 인정하거나 PEF의 권리를 대신 행사하는 것을 다른 이유를 들어 부인할 염려도 있다.

2) 대법원 2001. 7. 13. 선고 2000두5333 판결; 대법원 2025. 10. 16. 선고 2023다226170 판결.

2. 전문

전문

전 문

주식회사 OOO (이하 **"대상회사"**)는 OOO에 본점을 두고 있으며, OO을 주된 사업으로 영위하고 있다.

매도인은 본 계약 체결일 현재 대상회사 발행 기명식 보통주식 O주(발행주식총수 기준 O%; 이하 **"대상주식"**)를 소유하고 있다.

본 계약에서 정한 조건에 따라 매도인은 대상주식을 매수인에게 매도하고자 하며, 매수인은 대상주식을 매도인으로부터 매수(이하 **"본건 거래"**)하고자 한다.

이에 당사자들은 아래와 같이 합의한다.

전문은 계약 조항에 앞서 당사자 및 대상회사의 지위, 해당 거래에 이르게 된 경위나 동기, 해당 거래의 개요를 기재하는 부분이다. 전문은 통상 당사자의 권리나 의무를 정하는 것은 아니고 단순한 사실을 기재하는 것이기 때문에 계약서 작성에 반드시 필요하지 않고 생략할 수도 있다.

그럼에도 불구하고 전문은 몇 가지 기능을 하는데, 먼저 분쟁해결기관이나 감독당국 등 제3자가 계약 체결 경위나 동기를 이해하는 단서가 된다. 특히 계약에 이르게 된 경위나 동기는 계약을 해석할 때 고려하는 요소 중 하나이므로 중요하다.[3] 다음으로 동기의 착오를 이유로 취소할 수 있는 단서가 되기도 한다. 동기의 착오는 당사자가 동기를 의사표시의 내용으로 삼을 것을 상대방에게 표시하고 의사표시 해석상 동기가 계약의 내용이 되는 경우에 취소할 수 있는데,[4] 전문에 당사자가 계약에 이르는 동기가 기재되어 있다면 그 동기가 계약의 내용이 되었다고 볼 여지가 있다. 예를 들면, 대상회사가 현재 주된 사업으로 어떤 사업을 영위하고 있고 매수인이 그 사업을 그대로 승계하여 영위하기 위하여 본건 거래를 한다거나, 인허가 사업을 하기 위하여 설립된 준비법인으로서 그 인허가를 신청해 놓은 상태라거나, 매도인이 매수인에 대해서 어떤 채무를 부담하고 있고 그러한 채무를 대물변제하기 위한 목적으로 대상회사의 주식을 매매한다

3) 대법원 2008. 3. 13. 선고 2007다76603 판결 등.

4) 대법원 1989. 12. 26. 선고 88다카31507 판결 등.

거나 하는 내용은 당사자들이 거래를 하는 경위나 동기로서 계약의 기초가 된다. 다만, 이와 같이 어떤 동기가 계약의 내용이 되었다고 하더라도 항상 착오를 이유로 취소할 수 있는 것은 아니고, 그 내용이 중요하고 착오를 한 당사자에게 중대한 과실이 없어야 할 것이다(민법 제109조). 또 전문에 기재된 동기가 애초에 확정된 사실이 아니고 변경 가능한 사실이라거나, 그 사실이 진실하지 않은 경우에 발생할 수 있는 위험을 누가 부담할지에 대해 계약 본문에서 구체적으로 정하고 있다면, 계약 본문에서 정한 바에 따라 해결해야 할 것이지 전문에 기재된 동기의 착오를 이유로 취소할 수는 없을 것이다.[5)]

해당 계약이나 거래가 일련의 거래나 여러 계약 중 일부에 불과한 경우에는 그러한 일련의 전체 거래 및 계약들을 전문에 명시하는 것이 바람직하다. 이는 해당 거래를 처음부터 관여하지 않은 제3자, 특히 분쟁해결을 하는 법원이 해당 계약이 전체 거래에서 어떤 지위를 차지하고 있는지를 이해하고, 나아가 전체 그림을 이해하기 위해서 어떤 계약들을 살펴봐야 하는지 알려주는 역할을 한다.

한편, 영미 계약서를 그대로 번역하는 과정에서 "아래의 조건을 약인으로 하여 계약을 체결한다"와 같은 표현을 쓰는 경우들이 있는데, 국내법상 계약 체결을 위해서 약인(consideration)이 요구되지 않으므로 국내법을 준거법으로 하는 계약에서 위와 같은 표현은 삼가야 한다.

3. 정의

§1 – 정의

제1조 (정의) 본 계약에서 사용하는 아래 용어는 본 계약에서 달리 정의하지 않는 한 아래와 같은 의미를 가진다.

가. 정의의 필요성

계약 전반에 사용되는 용어들에 대해서는 한 조항에서 일괄적으로 정의해 두는 것이 효율적이고 해당 계약을 검토하는 사람들이 용어의 의미를 확인하는 데에도 편리할 것이다. 이미 의미가 명확하고 당사자들이 이해하는 의미가 동일하다면 굳이 정의가 필

5) 금융투자상품 거래, M&A 거래 등 위험한 거래에서 착오 취소를 인정할 것인지에 대해서는 김성민(2025), 125–165면.

요 없겠지만, 일반 개념 내지 추상적인 개념이어서 의미를 보다 분명하게 할 필요가 있거나, 일반적으로 이해되는 개념을 좁히거나 넓힐 필요가 있다면 별도로 정의를 두는 것이 바람직하다.

특히 M&A 계약서는 매수인 중심으로 작성 또는 수정되면서 매도인의 의무나 책임과 관련된 조항들이 다수 들어가게 되는데, 매도인의 책임 범위를 넓힐 목적으로 용어의 정의를 넓히는 경우가 많다. 이와 같이 용어의 정의를 일반적으로 넓히기 위해서 "등", "기타 이와 유사한", "기타 이에 준하는" 등과 같은 표현을 사용하기도 하는데, 이러한 표현은 해당 용어의 의미를 다시 불분명하게 만들기 때문에 가능한 지양할 필요가 있다. 이하 자주 정의되는 개념들에 대해서 살펴본다.

나. 정의 예시

1) 기준재무제표

§1 – 정의 – 기준재무제표

"기준재무제표"는 대상회사의 O년 O월 O일 현재 및 O년 O월 O일부터 O년 O월 O일까지 사이의 연결재무제표를 의미한다.

"기준재무제표"는 재무제표 관련 진술 및 보장에서 주로 사용된다. 실사 단계에서 대상회사의 재무상태를 검토하기 위해서 제공받거나 확인한 과거 재무제표들이 정확하다는 보장을 받는 것이다. 매매대금 조정이 이루어지는 거래에서도 대상회사의 재무제표나 재무정보가 필요한 경우가 있기는 하나, 이때 사용되는 재무정보는 주로 거래종결일 직전에 별도로 작성된 자료에 기초하므로 진술 및 보장의 대상이 되는 기준재무제표와는 다를 수 있다.

참고로 주식매매계약에서는 재무제표 자체가 계약서에 첨부되거나 계약 본문에 재무제표 내용이 언급되는 경우는 드물고, 진술보장을 받는 재무제표를 어느 일자를 기준으로 할지, 재무제표의 범위를 어떻게 할지만 정하는 것이 일반적이다. 반면, 어떤 거래의 경우에는 재무제표를 계약서에 첨부하기도 하는데, 가령 회사 사업 일부를 분할하여 분할신설회사를 매각하는 거래의 경우 분할기일에 분할신설법인의 재무상태가 어떻게 될지 중요하기 때문에 추정 분할재무제표를 계약서에 첨부하고 그 정확성에 대해서 진술보장하는 것이 일반적이다.

재무제표는 특정한 날짜를 기준으로 작성되는 것(재무상태표)과 특정 기간을 기준으로 작성되는 것(손익계산서, 자본변동표, 현금흐름표)이 있으므로 기준재무제표의 정의에서도 특정 일자와 기간을 모두 명시하는 것이 제일 정확하다. 물론 실무상 "2020. 12. 31. 자"라고 하면 "2020. 12. 31. 현재 및 2020. 1. 1.부터 2020. 12. 31.까지 사이"를 기준으로 작성된 재무제표로 받아들여지지만 계약서는 가능한 정확하게 기재하는 것이 바람직하다. 어느 일자 및 기간의 재무제표까지 기준재무제표에 포함할지는 당사자들이 협의해서 정할 문제이다. 특히 매수인 입장에서 가장 최근 사업연도의 것만 정확성을 보장받으면 되는지, 아니면 대상회사의 과거 history나 실적 변화가 중요하여 3개년 것을 모두 보장받아야 하는지, 아니면 거래 일자가 연말에 치우쳐 있을 경우 직전 사업연도보다 더 최근에 작성된 최근 분기의 것에 대해서도 보장받아야 하는지와 같이 매수인이 안심할 수 있는 범위에 따라 달라진다.

재무제표는 특별한 사정이 없으면 재무상태표, 손익계산서, 자본변동표, 현금흐름표 및 재무제표에 대한 주석을 포함하는 것으로 해석된다.[6] 따라서 이들 구체적인 서류를 굳이 열거할 필요는 없다. 한편, 회사가 작성하여 관리하는 재무제표가 아니라 회계법인의 감사를 받은 감사보고서(여기에 재무제표가 첨부됨)를 대상으로 하는 경우도 있고, 회계법인의 검토를 받은 재무제표를 대상으로 하는 경우도 있고, 회사가 작성하여 관리하는 재무제표에 대해서 회사의 임원(주로 재무담당 임원인 CFO)의 확인을 거친 재무제표를 대상으로 하는 경우도 있는바, 개별 거래에 따라 어느 범위까지 포함할지를 정해야 한다. 나아가 종속회사가 있는 경우에는 통상 연결재무제표에 대해서 보장을 받으나, 경우에 따라서는 대상회사만의 별도재무제표만 포함하는 경우도 있다.

2) 법령

§1 – 정의 – 법령

"법령"은 법규성을 가지는 대한민국 또는 외국의 헌법, 법률, 시행령, 시행규칙, 조약, 협약, 명령, 규칙, 조례를 의미한다.

6) 주식회사 등의 외부감사에 관한 법률 제2조 제2호, 같은 법 시행령 제2조, 상법 제447조 제1항, 같은 법 시행령 제16조 제1항 참고.

일반적으로 법령이라 하면 헌법, 국회에서 제정된 법률, 법률과 동일한 효력을 갖는 국제 조약, 법률을 보충하는 시행령(대통령령) 및 시행규칙(총리령 또는 부령)을 의미하며,[7] 이와 같이 좁은 의미로 해석하더라도 문제가 없어 별도의 정의 조항을 두지 않는 경우도 많다. 반면, 법령을 조금 넓은 의미로 사용하고자 하는 경우 법령의 범위에 정부기관 내부적인 효력만을 갖는 행정규칙(가령, 훈령, 고시, 지침)과 특정 지방자치단체에 한하여 효력이 있는 조례를 포함하기도 하고, 더 나아가 그 장소적 범위를 국내를 넘어 외국의 것까지 포함하기도 하며, 포괄적으로 "법규적 효력이 있는 규범"을 의미한다고 정하기도 한다.

tip

매수인 tip: "법령"이 사용되는 주요 조항은 법령 준수에 관한 진술 및 보장 조항이기 때문에 매수인 입장에서는 법령의 의미를 넓히는 것이 유리할 수 있다. 특히 대상회사가 외국에서도 사업을 하고 있다면 법령의 범위에 외국 법령도 포함됨을 명시할 필요가 있다.

매도인 tip: 매도인 입장에서는 법령의 의미를 지나치게 넓힐 경우 예상하지 못했던 대상회사의 법령 위반 사항에 대해서까지 책임을 부담할 수 있으므로 합리적인 수준에서 의미를 제한하는 것이 바람직하다. 특히, 매도인이 대상회사뿐만 아니라 대상회사의 자회사에 대해서까지 진술보장을 하고, 대상회사나 자회사가 해외에서도 사업을 하고 있다면, 매도인이 잘 알지 못하는 영역에서 사소한 법령 위반이 발견되어 책임을 부담할 수 있다. 따라서 매도인 입장에서는 법령의 의미를 제한하거나 법령에 대해서 따로 정의를 두지 않는 것이 유리하다.[8]

법령의 범위 안에 법규라고 볼 수 있는지 의문이 있는 정부기관의 행정명령이나 처분 등 구속력 있는 조치, 법원의 판결 및 결정, 중재인의 중재판정까지 포함하기도 하는데, 이러한 것들은 제외하는 것이 바람직하다. 애초에 법령 준수에 관한 진술 및 보장은 대세적 효력이 있는 법규범을 위반하지 않았다는 점을 보장하기 위한 것이고, 매도인이나 대상회사 등 개별 당사자에게만 효력이 미치는 조치나 분쟁은 소송(법적 절차 또는 쟁송)에 관한 진술 및 보장으로 다루는 것이 더 일반적이다. 나아가 이러한 정부기관의 처분이나 법원의 판결 등을 위반하지 않았다는 것의 의미도 애매한데, 가령 해당 처분이나 판결에 대해서 현재 행정소송이나 상소를 통해서 불복 중이라면 위반이라고 볼 수

7) 법제처 국가법령정보센터 홈페이지(law.go.kr) 및 법령 등 공포에 관한 법률 참고.

8) 이 외에도 매도인 실사를 통해서 법령 위반 사실을 미리 인지하고 있다면 공개목록을 통해서 책임 범위에서 제외시키거나, 법령 위반을 "중요한" 법령 위반으로 한정할 수도 있는바, 자세한 내용은 아래 148면 '법령 준수' 부분 참고.

있는 것인지, 나아가 대상회사에 대한 처분이나 판결이 아니라 대상회사와 동종업계에 있는 회사에 대한 처분이나 판결이고 대상회사가 그 처분이나 판결의 내용에 반하는 행위를 하고 있는 경우에는 위반이라고 볼 수 있는지 논란의 여지가 있을 수 있다.

당사자들은 법령의 개념을 확장하는 것이 다른 조항에 미치는 함의를 충분히 고려할 필요가 있다. 법령은 법령 준수에 관한 진술 및 보장 외에도 주로 어떤 권리나 의무의 예외나 한도로 사용하는 경우들이 많다. 예를 들면, 계약의 집행 가능성에 대한 예외로서 일반 채권자들의 권리에 영향을 주는 법령에 의하여 제한될 수 있다거나, 비밀유지의 예외로서 관련 법령에서 허용하는 범위 내에서는 계약의 내용을 외부에 공개할 수 있다고 규정하는 것이다. 이 경우 오히려 법령의 범위를 넓히게 되면 예외의 범위가 확장되어 당사자들이 의도치 않은 결과(가령, 위 예시에서 계약의 집행 가능성이 부인되는 것을 허용하거나, 계약의 비밀유지가 저해되는 결과)를 수인해야 할 수도 있다. 이러한 결과를 방지하기 위하여 이와 같이 의무의 예외나 한도를 규정하는 경우에는 법령 대신 "법률"이라는 용어를 사용하기도 한다.

3) 소송

§1 – 정의 – 소송

"소송"은 정부기관에서 진행 중인 소송, 신청, 보전, 집행, 중재, 행정심판, 조사, 수사 및 이에 부수하는 제반 절차를 의미한다.

"소송"은 주로 소송에 관한 진술 및 보장 조항에 사용되는 용어이며, 대상회사나 회사의 주요 경영진을 대상으로 하는 분쟁이 존재하지 않는다는 점을 보장하기 위한 목적으로 사용된다.

통상 소송이라고 하면 법원이 재판에 의하여 분쟁을 해결하는 절차를 의미하고, 소송 내에서의 절차로 볼 수 있는 조정이나 재판상 화해까지는 포함한다. 그러나 소송의 의미를 좁게 보면 비송사건으로 분류되는 신청, 소송 전후로 이루어지는 보전 및 집행, 판결과 동일한 효력을 갖지만 법원 외 분쟁 해결절차인 중재, 소송에 앞서 이루어지는 행정심판이나 행정기관에 의한 조사나 수사기관에 의한 수사 등은 모두 제외된다. 이에 매수인 입장에서는 소송의 개념을 확장하고자 하고, 매도인 입장에서는 최대한 제한하는 것이 유리하다(매수인/매도인 tip은 위 '2) 법령' 부분과 동일). 소송의 개념을 확장하는 경우에는 용어가 갖는 의미에 부합할 수 있도록 "소송" 대신 "법적 절차"라는 용어를 사용하는 경우도 흔히 발견된다.

여기서 더 나아가 정부기관이 주체가 되어 진행하는 절차 외에도 (주체를 한정하지 않은 채) "청구", "내용증명 발송/수령", "위반통지", "민원제기"까지도 소송이나 법적 절차의 정의에 포함하는 예도 있다. 이렇게 되면 개인에 의해서 제기되는 모든 의혹 제기나 분쟁까지 포함될 수 있는데, 이는 진술 및 보장의 범위를 지나치게 확대하는 것이어서 매도인이 이를 수용함에 있어서는 신중하여야 하고, 설령 수용하더라도 해당 절차의 관장 주체를 정부기관으로 한정하는 등 범위를 제한할 필요가 있다.

4) 알고 있는

§1 – 정의 – 알고 있는

"알고 있는"은 부장급 이상 임직원이 알고 있는 것을 의미한다.

M&A 계약에서 당사자의 인식(국내법상 "악의") 여부는 주로 진술 및 보장을 제한할 때 사용된다. 예를 들면, "매도인이 알고 있는 한 대상회사에 소송이 제기될 우려가 없다"고 보장하는 것이다. 이와 같이 진술 및 보장의 범위를 당사자가 알고 있는 범위로 제한하는 것을 흔히 knowledge qualification이라고 한다. 이 외에도 당사자, 특히 매수인이 거래종결 전에 진술 및 보장 위반을 알고 있는지 여부에 따라 손해배상청구 가부를 달리하기도 하는데 이때에도 "알고 있는"의 정의가 중요하다(알고 있는 경우에도 손해배상청구가 가능하다고 하는 조항을 sandbagging 조항, 알고 있는 경우에는 손해배상청구를 못한다고 하는 조항을 anti-sandbagging 조항이라고 부른다).[9]

알고 있는지 여부는 당사자가 개인인 경우에는 해당 개인을 기준으로 판단하면 된다. 반면, 당사자가 법인인 경우에는 누구를 기준으로 판단할지 문제 된다. "알고 있는"에 대한 특별한 정의가 없는 상황에서 만일 매도인 내부 직원은 알고 있는데 이사나 경영진은 모르고 있는 경우에도 매도인이 알고 있다고 볼 수 있는가? 채무자가 타인을 사용하여 계약을 이행하는 경우 피용자의 고의나 과실은 채무자의 고의나 과실로 보기 때문에(민법 제391조), 직원이 알고 있는 경우 매도인도 알고 있는 것으로 보아야 하는 것

9) 자세한 내용은 232면 '매수인의 악의' 부분 참고.

아닌지 의문이 제기될 수 있다. 그러나 "악의"와 "고의"는 개념상으로나 기능상으로나 다르기 때문에 위 민법 조항을 알고 있는지 여부를 판단할 때 그대로 적용하는 것은 적절치 않다. 일반적으로 법인의 경우 대표자, 대표권(내지 대외적인 업무집행권한)을 갖고 있는 자, 또는 적법하게 권한을 위임받은 대리인을 기준으로 악의 여부를 판단하여야 할 것이고,[10] 위 사례에서도 내부 직원이 대표권이나 대리권을 갖고 있지 않는 한 법인은 알고 있다고 보기 어렵다. 이처럼 아무런 정의를 두지 않는다면 법인의 악의를 입증하기 위해서 그 법인의 내부 직원이 대표권이나 대리권을 갖고 있었다는 점을 입증하거나 아니면 그 내부직원이 대표자에게 보고하여서 대표자까지 알고 있었다는 점을 입증하여야 하는데, 전자와 같은 경우는 드물 것이고 후자는 입증이 쉽지 않다(정황증거에 의존해야 하는 경우가 많음). 이 때문에 법인의 악의를 입증해야 하는 입장에서는 입증의 편의를 도모하기 위해서 대표권이나 대리권을 수여받지 않았다 하더라도 일정한 직책이나 직급을 가진 임직원이 알고 있으면 법인이 알고 있는 것으로 확장하는 것이 필요하다.

tip **매수인 tip:** Knowledge qualification은 주로 매도인이 자신의 진술 및 보장 범위를 제한하기 위해서 추가하는 것이므로 매수인 입장에서는 "알고 있는"의 범위를 최대한 확장하는 것이 유리할 것이다. 그렇다고 법인이 알고 있는 것으로 간주되는 임직원의 범위를 무한정 확장하는 것은 매도인이 동의하지 않을 것이므로, 실사 과정에서 대상회사의 업무를 누가 실제로 처리하고 가장 실무에 밝은지, 대상회사에서 쟁점이 되는 사항을 누가 전반적으로 관장하고 인식하고 있는지를 파악하여 그런 임직원들이 포함되도록 임직원의 범위를 설정할 필요가 있다. 궁극적으로 "알고 있는"의 범위를 얼마나 넓게 정의하는지는 알지 못하는 위험을 누가 부담할 것인지의 문제와 연결되는데, 매수인 입장에서는 매도인이 대상회사의 사정을 더 잘 알고 있고 더 쉽게 조사해서 알 수 있으므로 매도인이 그 위험을 부담해야 하고 위 정의를 넓게 하는 것이 타당하다고 주장할 수 있을 것이다.[11]

10) 불법행위로 인한 손해배상청구권의 단기소멸시효 기산점으로서 손해 및 가해자를 안 날은 통상 대표자가 이를 안 날을 뜻한다(대법원 2012. 7. 12. 선고 2012다20475 판결). 사용자책임 관련 피해자의 악의 또는 중과실을 판단함에 있어 법인의 경우 업무를 집행하는 대표이사 또는 이사, 포괄적인 지배인이 악의인 경우 법인의 악의와 동일시할 수 있다(서울고등법원 2003. 4. 24. 선고 2002나35241 판결). 대리인이 선임된 경우 악의 여부는 대리인을 기준으로 결정한다(민법 제116조 제1항).

11) ABA, 29면.

"알고 있는"은 달리 정의가 없으면 실제 인식한 경우, 즉 악의인 경우를 의미하고, 합리적인 주의를 기울이면 인식할 수 있었던 경우, 즉 선의/과실인 경우까지 포함하지는 않는다. 매수인이 매도인의 책임을 강화하기 위하여 선의/과실인 경우까지 포함할 수 있고, 그 경우에는 "알고 있는"의 정의에 합리적인 주의를 기울이면 알 수 있었던 경우(이른바 constructive knowledge)를 추가한다. 나아가 어떠한 경우에 과실이 있는지를 조금 더 구체화해서 "합리적인 또는 적절한 조사를 하면 알 수 있었던 경우"로 정의하기도 하고, 당위적인 의미를 추가해서 "해당 직책에서 직무를 수행함에 있어 합리적으로 알았어야 하는 경우"로 정의하기도 한다.

한편, "알고 있는"은 통상 당사자인 매도인 측이나 매수인 측이 알고 있는지 여부를 나타내기 위해서 사용하는데, 대상회사의 진술 및 보장과 관련해서는 주주인 매도인이 대상회사에 관한 사정을 잘 알지 못하기 때문에 대상회사 측이 알고 있는 경우까지 범위를 확장하는 경우가 있다. 이와 관련하여 주식매매계약서에 "매도인의 이사 및 대상회사의 이사가 알고 있는 범위 내에서" 어떤 진술 및 보장이 정확하다고 규정하고 있는 경우에 매도인의 이사와 대상회사의 이사 어느 한쪽만 알고 있어도 진술 및 보장 위반 책임을 부담하는지, 둘 다 알고 있는 경우에만 진술 및 보장 위반 책임을 부담하는지 문제 된 사례가 있다. 대법원은 계약 협상 과정에서 원래 매도인이 제시한 계약서 초안에서는 매도인의 이사가 알고 있는 범위 내에서만 매도인이 책임을 부담하고 있는 것으로 되어 있었는데, 매수인이 손해배상의 범위를 확대하기 위하여 대상회사의 이사의 인지 요건을 포함시킨 것이기 때문에 매도인의 이사와 대상회사의 이사 둘 중 어느 하나만 알고 있으면 손해배상책임을 부담시키려는 것으로 해석해야 한다고 판시하였다.[12] 본래 "및"이라고 하면 그 전후로 언급된 것을 모두 충족(즉, and의 의미)해야 한다는 의미인데, 계약 체결 경위에 비추어 문언과 다른 해석을 한 사례이다. 계약서를 작성하는 입장에서는 다툼의 여지가 없게 "또는"으로 명확하게 기재하는 것이 바람직할 것이다.

위에서 언급하였듯이 악의와 고의는 다르다는 점을 주의해야 한다. 예를 들면, 실사 과정에서 매도인은 관여하지 않고 대상회사의 직원이 매수인에게 거짓 진술을 하거나 거짓 자료를 제공하였다고 하자. 계약상 사기가 있는 경우 손해배상액 제한이 적용되지 않도록 정하고 있는 경우 매수인은 매도인의 사기를 입증함으로써 손해배상액 제한을 피하려 할 것이고 이를 위해 사기의 고의를 입증해야 한다. 이때 매도인이 "알고

12) 대법원 2018. 7. 20. 선고 2015다207044 판결.

있는"의 정의에 대상회사 직원이 알고 있는 경우를 포함하고 있다고 하더라도 대상회사 직원의 악의만으로 바로 매도인에게 사기의 고의가 있다고 단정지을 수는 없다. 물론 위 사례에서 구체적인 사정에 따라 매도인에게 대상회사 직원의 행위와 결과에 대한 미필적 고의가 인정될 수 있지만, 이는 "알고 있는"의 정의와는 무관한 것이다.

5) 영업일

§1 – 정의 – 영업일

"영업일"은 토요일, 일요일이나 대한민국의 공휴일을 제외한 날을 의미한다.

계약에서 기간을 산정하는 조항은 여러 군데 들어가는데 이때 단순히 "일"이라고 하면 달력일을 의미하며 기간의 기산점이나 만료점 등 산정은 민법에 의한다(민법 제155조 내지 제161조). 그런데 M&A 거래에서는 업무를 하는 시간을 기준으로 기간을 산정하는 것이 보다 현실적이고 타당한 경우들이 많아 달력일과 구분되는 개념으로 "영업일"이라는 용어를 사용한다. 주식매매계약에서는 주로 거래종결일이나 확약의 이행일, 계약 위반 시정 기한 등을 산정할 때 이 용어가 사용된다.

영업일이라는 용어가 간혹 법령(가령, 자본시장과 금융투자업에 관한 법률(이하 "자본시장법"), 은행법 등)에서 사용되는 경우에도 무엇을 의미하는지 따로 정의하고 있지 않다. 실무상으로는 "대한민국에서 시중은행이 영업을 위하여 개점한 날(즉, 토요일, 일요일이나 대한민국의 공휴일을 제외한 날)을 의미한다"고 정하는 것이 거의 정착되어 있는 것으로 보이나, 본문에 있는 "시중은행이 영업을 위하여 개점한 날" 기준도 명확한 것이 아니어서, 차라리 괄호 안에 있는 "토요일, 일요일이나 대한민국의 공휴일을 제외한 날"이라고만 정의하는 것도 가능해 보인다.

당사자 중 어느 일방이 외국에 소재한 경우에는 해당 당사자가 소재한 국가나 도시도 영업일 판단의 기준 장소로 추가할 수 있다. 이때 대한민국과 외국 중 어느 한 국가만 기준으로 하거나 대한민국 또는 외국 어느 한쪽이라도 공휴일이면 영업일에서 제외되도록 정의내릴 수 있다.

6) 우려

§1 – 정의 – 우려

"우려"는 소송의 원인이나 기타 문제들이 서면(전자문서를 포함)으로 주장 또는 제기되었거나 주장 또는 제기될 것이라는 점을 기재한 서면통지가 있는 경우를 의미한다.

"우려"는 주로 진술 및 보장 조항에서 사용된다. 매수인이 현재 확실하게 발생한 사실뿐만 아니라 잠재적으로 발생 가능한 사실에 대해서도 보장(주로 대상회사에 소송이나 분쟁 기타 문제가 발생할 우려가 없다는 보장)을 받고자 하는 경우에 사용된다.

물론 이에 대해서 아무런 정의 조항을 두지 않는 것도 가능하고, 그 경우 법원은 우려의 일반적인 의미에 기초하여 해석하고, 객관적인 정황에 따라 우려가 있었는지를 판단할 것이다. 이런 점들을 생각해 보면, 우려의 정의를 어떤 문제가 주장 또는 제기될 것이라고 "합리적으로 예견할 수 있는 경우"라고 정의내리는 것은 큰 의미가 없다. 왜냐하면 이와 같이 정의를 내리더라도 결국 합리적인 예견가능성은 객관적인 정황을 기초로 판단할 것이고 이는 우려에 대해 아무런 정의를 내리지 않는 경우와 차이가 없기 때문이다.

따라서 우려에 대해서 정의를 내리는 것은 그런 합리적인 예견가능성이 언제 인정될지 보다 구체화하거나 제한할 때 실익이 있다. 실무상으로는 i) 어떤 문제가 서면으로 제기된 경우로 한정할지 구두로 제기된 경우까지 포함할지, ii) 어떤 문제가 주장 또는 제기된 경우만 포함할지 아니면 어떤 문제가 곧 주장 또는 제기될 것이라는 점이 기재된 통지를 받은 경우까지 포함할지, iii) 회사 내부 보고나 기타 서면이 있는 경우까지 포함할지, iv) 예견가능성이 있던 경우까지 포함할지 등에 따라 의미를 제한한다.

tip **매도인 tip:** "우려"의 정의를 매도인에게 유리(가장 제한)한 순으로 예시 조항을 열거하면 아래와 같다.

- 소송의 원인이나 기타 문제들이 서면으로 주장 또는 제기된 경우를 의미한다.
- 소송의 원인이나 기타 문제들이 서면으로 주장 또는 제기되었거나 주장 또는 제기될 것이라는 점을 기재한 서면통지가 있는 경우를 의미한다.
- 소송의 원인이나 기타 문제들이 서면 또는 구두로 주장 또는 제기되었거나 주장 또는 제기될 것이라는 점을 기재한 서면 또는 기타 통지가 있는 경우를 의미한다.

- 소송의 원인이나 기타 문제들이 서면 또는 구두로 주장 또는 제기되었거나 주장 또는 제기될 것이라는 점을 보고, 결재, 또는 이에 준하는 업무처리 방식과 과정을 통해서 통상적인 주의를 기울였다면 알 수 있었던 경우를 의미한다.
- 소송의 원인이나 기타 문제들이 서면 또는 구두로 주장 또는 제기되었거나 주장 또는 제기될 것이 합리적으로 예상되는 경우를 의미한다.

7) 정부기관

§1 – 정의 – 정부기관

"정부기관"은 대한민국 또는 외국의 행정기관, 사법기관, 입법기관과 그로부터 법령에 따라 권한을 위임받은 자를 의미한다.

"정부기관"은 다른 조항 본문에서 사용되기보다는 "정부승인", "소송(또는 법적 절차)", "조세" 등을 정의할 때 보조적인 개념으로 사용되는 경우가 많다. 정부기관이라고 하면 단순히 행정기관만 의미하는지,[13] 아니면 사법기관, 입법기관 등 다른 국가기관까지 모두 포함하는지 논란이 있을 수 있기 때문에 통상 이들 다른 국가기관까지 모두 포함하고, 이들 국가기관으로부터 권한을 위임받은 자까지 포함하는 것으로 정의한다. 나아가 대상회사나 자회사가 외국에서도 사업을 하는 경우에는 외국 정부기관도 사업에 영향을 미치기 때문에 외국 정부기관까지 포함할지 여부를 당사자들 간에 협의하여 규정하는 것이 바람직하다.

문제는 여기서 더 나아가 "감독기관", "(자율)규제기관" 또는 "중재기관"을 포함하는 경우이다. 이들 감독기관이나 규제기관, 중재기관이라는 것이 무엇을 의미하는지 일반적인 의미가 정립되어 있지 않고 법령이나 다른 근거가 명확하지 않기 때문에 의미를 더 한정하거나 구체화하는 것이 필요하다. 가령, "법령에 근거"하였다거나 "법령에 따른 권한을 행사하는"과 같은 단서를 다는 것이다. 더 바람직한 것은 실사 결과 대상회사의 사업이나 운영에 영향을 미치는 자율규제기관(대표적으로 언급되는 것이 한국거래소이다)이 있으면, 그러한 기관들만 정부기관에 포함된다고 직접 열거하는 것이다.

"공공기관"을 정부기관에 포함하는 경우도 있는데, 공공기관에 대해서 다른 특별한

13) 참고로 정부조직법도 "행정기관"만을 규율하는 법이다.

정의가 없다면 공공기관의 운영에 관한 법률에 따른 공공기관을 의미한다고 보아야 한다. 위 법률에 따른 공공기관은 공기업, 준정부기관, 기타공공기관으로 구분되고, 또 기획재정부장관이 매년 지정하도록 되어 있는데,[14] 그 범위가 상당히 넓기 때문에 정부기관 범위에 공공기관이 포함됨으로써 정부승인이나 소송 등 개념이 얼마나 확장될지, 그로 인하여 당사자에게 미치는 영향이 무엇인지 검토한 후에 포함 여부를 결정하여야 할 것이다.

마지막으로 정부기관에 입법, 사법, 행정기관에 "준하는 권한을 행사하거나 기능을 하는 사람"을 포함하는 것이 실무상 관행인 것으로 보이는데, 이들 기관으로부터 법률상 권한을 위임받은 자인지 여부는 명확한 반면, 이들 기관에 준하는 권한을 행사하거나 기능하는지 여부는 불분명하고 기준도 없어서 삭제하는 것이 바람직하다.

8) 정부승인

§1 – 정의 – 정부승인

"정부승인"은 관련 법률에 따라 요구되는 정부기관에 의한 승인, 허가, 인가, 면허, 동의, 정부기관에 대한 등록, 보고, 신고, 통지를 의미한다.

"정부승인"은 선행조건 조항에서 본건 거래와 관련하여 정부기관으로부터 받아야 하는 승인을 모두 받았다는 점을 규정하는 경우, 확약 조항에서 당사자들이 본건 거래와 관련하여 정부기관으로부터 승인을 받음에 있어 협조해야 한다는 점을 규정하는 경우, 그리고 진술 및 보장 조항에서 대상회사가 사업을 영위하기 위하여 필요한 인허가를 모두 갖추었다는 점을 규정하는 경우 등 다양한 경우에 사용된다. 특히 본건 거래와 관련된 것은 "정부승인"이라는 용어를 사용하고, 대상회사의 사업과 관련된 것은 "인허가"라는 용어를 사용함으로써 둘을 구분하는 경우가 있지만,[15] 실무상으로는 정부승인과 인허가의 개념을 모두 넓혀서 사용하면서 이 둘을 구분할 실익이 크지 않기 때문에 어느 한 용어만 사용하는 것이 더 일반적으로 보인다.

위에서 설명한 두 가지 경우를 모두 포함하기 위하여 가능한 넓은 정의를 사용하는

---

14) 공공기관의 운영에 관한 법률 제4조 내지 제6조 참조. 공공기관 지정현황은 기획재정부에서 운영하는 공공기관 경영정보 공개시스템(ALIO) 홈페이지(alio.go.kr)에서 확인할 수 있다.

15) 영미 계약서에서도 본건 거래와 관련된 정부승인은 "Consent", "Approval" 등의 용어로 정의하고, 대상회사의 사업과 관련된 인허가는 "Authorization", "License" 등의 용어로 정의하여 이 둘을 달리 사용하는 경우도 있지만, 구분 없이 동일한 용어를 사용하는 경우도 있다.

데, 정부기관이 어떤 행위를 허락하기 위해서 하는 처분인 승인, 허가, 인가, 면허, 동의를 포함하고, 또 개인이 정부기관에 대해서 허락을 받기 위해서 하는 행위인 등록, 보고, 신고, 통지를 포함하는 것이 일반적이다. 다만, 위에서 설명한 바와 같이 "정부기관"의 정의를 넓게 하는 경우 자칫 사적인 단체에 임의적으로 요구되는 보고, 신고 등까지 포함될 수 있으므로, 이를 제외하기 위하여 법률상 요구되는 정부승인으로 한정하는 경우가 많다.

9) 제3자승인

§1 – 정의 – 제3자승인

"제3자승인"은 본 계약의 체결 및 이행과 관련하여 대상회사가 체결한 계약상 요구되는 제3자로부터의 동의, 승인 또는 제3자에 대한 통지를 의미한다.

"제3자승인"은 주로 매수인 측 거래종결의 선행조건으로 매도인이 중요한 제3자승인을 모두 거쳤을 것을 요구하는 경우, 확약에서 매도인이 제3자 승인을 받을 의무를 규정하는 경우 등에 사용된다.

먼저 개념상 구분해야 할 것이 매도인이나 매수인과 같은 당사자가 받아야 하는 승인과 대상회사가 받아야 하는 승인이다.[16] 당사자, 특히 매도인은 대상주식을 처분하는 것과 관련하여 다른 투자자나 대주 등의 승인을 받아야 할 수 있다. 가령, 매도인이 다른 주주와 주주간계약을 체결하여 매도인이 대상주식을 처분할 때 다른 주주로부터 동의를 받아야 한다든지 다른 주주가 우선매수권이나 동반매도권을 갖고 있다면 그 다른 주주가 본건 거래에 동의한다거나 우선매수권이나 동반매도권을 행사하지 않고 본건 거래를 승인한다는 확인을 받아야 본건 거래를 문제 없이 진행할 수 있다.[17] 또 매도인이 대출을 받으면서 대상주식을 담보로 제공하여 주권을 대주에게 교부했다면 대상주식 위에 설정된 담보를 해지하고 처분하는 것에 대한 동의를 받아야 한다.

이와는 달리 대상회사가 체결한 계약상 대상회사의 경영권이 변동되거나 최대주주가 변경되는 경우(이른바 change of control; COC)에 대상회사가 계약 상대방으로부터 동

16) 합병이나 영업양수도 거래에서는 이 둘이 구분되지 않는다.

17) 이와 같이 다른 주주로부터 주주간계약에 따른 권리를 행사하지 않는다는 확인이나 동의를 받기보다는 그 주주간 계약 자체를 거래종결 전에 해지하도록 요구하는 경우도 많다.

의를 받거나 계약 상대방에게 사전에 통지하여야 할 의무를 부과하고 있을 수 있다. 특히 어떤 계약이 대상회사의 매출이나 영업이익에서 차지하는 비중이 크거나 그 계약의 상대방이 회사의 주요 고객사여서 계속적인 이익 창출을 위해서 반드시 유지되어야 하는 계약이라면, 그 계약이 본건 거래로 인해서 해지 기타 종료되지 않도록 하여야 하고 계약상 요구되는 동의 또는 통지 의무를 다하여야 한다. 따라서 매수인은 대상회사에 대한 계약 실사를 하면서 이러한 COC 조항을 꼼꼼하게 검토하고, 필요시 계약서에 선행조건 및 확약으로 반영하여야 한다.[18)]

일반적으로 제3자승인을 정의할 때 당사자가 받아야 하는 승인만 포함하고 대상회사가 받아야 하는 승인은 따로 조항을 두는 것으로 보이나, 이 둘을 모두 포함하거나 대상회사가 받아야 하는 승인만 포함하는 것도 가능하다. 따라서 제3자승인의 정의를 내릴 때 당사자가 받아야 하는 것인지, 대상회사가 받아야 하는 것인지, 둘 다 받아야 하는 것인지 명확하게 하는 것이 바람직하다.

다음으로 제3자승인이 포함하는 승인의 범위가 어떻게 되는지, 승인이 요구되는 정도가 어떻게 되는지 검토가 필요하다. 즉, 어떤 승인의 경우 승인을 받지 못하면 주식매매 거래 자체를 진행하지 못하거나 진행할 경우 무효가 되는 것이 있을 수 있고, 어떤 승인의 경우 승인을 받지 못하면 단지 당사자나 대상회사가 손해배상책임이나 계약 해지 등 불이익을 받을 뿐 주식매매 거래 자체가 불가능하지는 않은 것이 있을 수 있다. 특히 "필요적 정부승인"의 정의를 따로 두는 계약에서 필요적 정부승인은 전자를 의미하는 경우가 많은 반면, 제3자승인은 COC 조항에 따라 승인을 받지 않으면 대상회사가 불이익을 입는 경우까지 포함하기 위해 전자와 후자를 모두 포함하는 의미로 사용하는 경우가 많다. 어느 것까지 포함하느냐에 따라 당사자가 승인을 받아야 하는 범위가 달라지므로 정의를 내릴 때 신중할 필요가 있다. 만일 전자로 한정하고자 한다면 "본 계약의 체결 및 이행을 위하여 당사자가 사전에 받아야 하는"으로, 후자까지 포함하고자 한다면 "본 계약의 체결 및 이행과 관련하여 [당사자/대상회사/당사자 및 대상회사]가 체결한 계약상 요구되는"으로 기재하여 차이를 둘 수 있다.

마지막으로 제3자로부터 받아야 하는 승인의 내용을 보다 구체화해서 표현할지 여부도 고려하여야 한다. 통상 대상회사가 체결한 계약상 COC 조항은 계약 상대방의 동

18) 한편, 주식매매 거래와는 달리 자산양수도 거래에서는 양도제한 또는 계약상 지위이전금지(anti-assignment) 조항이 문제 된다. 자산양수도 거래에서는 다른 자산들과 함께 계약 자체가 양수인에게 이전되기 때문이다. Brown & Giles, 82면.

의 또는 승인을 받거나 사전에 계약 상대방에게 통지할 것을 규정하고, 제3자승인의 정의도 이러한 동의, 승인, 통지 정도만 명시하는 사례가 많다. 그러나 COC 조항이 이처럼 동의, 승인을 받거나 통지하는 등 작위의무 형태가 아니고, COC가 있으면 계약 상대방이 계약을 해제 내지 해지할 수 있다고 규정하거나, 자동으로 계약이 해지된다고 규정하거나, 기한의 이익이 상실된다고 규정하는 등 불이익을 가하는 형태로 되어 있을 수 있다. 이러한 경우에는 그 계약 상대방이 본건 거래에 대해서 동의하였다거나 승인하였다고 하더라도 그것만으로 자신이 계약상 갖게 되는 해제권이나 해지권도 행사하지 않는다거나 계약의 자동해지나 기한의 이익 상실을 원용하지 않는다는 의사표시를 하였다고 보기 어려울 수 있고 추후 분쟁의 소지가 있을 수 있다. 따라서 그러한 분쟁의 소지를 미연에 방지하기 위해서는 제3자승인의 범위 내에 본건 거래로 인하여 제3자가 갖게 되는 해제권, 해지권 기타 일체의 권리를 포기하고 자동해지, 기한의 이익 상실 등 일체의 이익을 원용하는 것을 포기하는 의사표시를 받는 것을 포함할 필요가 있을 것이다.

10) 제한부담

§1 – 정의 – 제한부담

"제한부담"은 소유권, 수익권, 사용권, 의결권, 처분권 등 각종 권리에 대한 법령상 또는 계약상 부담, 제약, 제한 또는 유보를 의미한다.

"제한부담"[19]은 여러 조항에서 사용되지만, 제일 중요하게는 거래종결 시 매도인의 의무에 관한 조항에서 사용된다. 매매 대상이 되는 대상주식이 다른 사람을 위한 담보로 제공된 바 없고, 주식을 처분하거나 해당 주식의 소유자로서 권리를 행사함에 있어서 아무런 제한이 없다는 점을 규정하기 위해서 매도인이 대상주식을 "제한부담이 없는 상태로" 이전한다고 규정하는 것이다. 이 외에도 진술 및 보장 조항에서 매수인이 대상주식을 제한부담이 없는 상태로 취득한다는 점을 재차 확인하기도 하고, 대상주식을 제외한 회사의 주식들도 제한부담이 없다는 점, 대상회사의 자산에 제한부담이 없다는 점 등을 진술 및 보장하는 데 사용되기도 한다.

19) 일반적으로 영미 계약서에서는 "Lien"이라는 용어를 사용한다. "제한부담"이라는 용어 대신 "제한" 또는 "부담"이라는 용어에 대해 정의를 내리는 경우도 있으나, "제한"이나 "부담"은 일반적인 의미(가령, "의무를 부담"한다거나 "권리를 제한하는 법적 절차"가 없다는 등)로 계약서 다른 곳에서 사용되는 경우들이 종종 있어서 이와 구별하기 위해서라도 "제한부담"이라는 용어를 쓴다.

대상주식을 매매하는 거래이므로 대상주식이 어떠한 하자도 없어야 한다는 것은 당연한 요구라 할 수 있다. 매수인은 본건 거래 이후 주주로서 의결권 등 권리를 행사하거나, 배당 등을 통해서 수익을 얻거나, 양도 등 처분할 수 있어야 하므로, 주식에 하자가 없다는 것은 위와 같이 권리를 행사하거나, 수익을 얻거나, 처분하는 것에 대해 법령상 또는 계약상 제한이 없다는 것을 의미한다. 나아가 주식은 "사용"한다는 개념이 어색하지만 지식재산이나 기타 자산은 사용할 수 있는바, 이때 제한부담은 이러한 사용에 대한 제한(대표적으로 용익물권들이 이에 해당한다)도 포함할 수 있다. 결론적으로 제한부담은 소유권, 수익권, 사용권, 의결권, 처분권 등 각종 권리에 대한 법령상 또는 계약상 제한을 의미한다고 정의하는 것이 일반적이다.

tip **매수인 tip**: 매수인으로서는 위와 같은 정의만으로 충분하다고 판단할 수도 있겠지만, 위 정의로는 "사실상" 제한은 포함되지 않는다는 점을 한 번 생각해 볼 필요가 있다. 가령, 부동산을 누군가 무단으로 점거하고 있는 경우에 사용이 제한됨에도 불구하고 이를 법령상 또는 계약상 제한이라고 해석하기에는 무리가 있다(물론 그 점거가 오랜기간 계속되어 시효에 걸린다면 법령상 제한이 있다고 볼 수 있지만 시효에 걸리기 위해서는 장기간이라는 요건을 충족해야 한다). 따라서 이러한 사실상 제한까지 포함하기 위해서 "법령, 계약 기타 그 발생원인을 불문하고" 물건이나 권리에 대한 사용, 수익, 처분을 제한하는 것이라고 범위를 넓히는 것도 생각해 볼 수 있지만 이렇게까지 범위를 넓힌 예가 흔하지는 않다.

매도인 tip: 대상주식을 제한부담 없이 이전하는 의무 관련해서는 위와 같이 제한부담의 정의를 포괄적으로 하더라도 당사자들이 일반적으로 예상하거나 기대하는 범위 내의 정의라 할 수 있다.

반면, 대상주식을 제외한 대상회사의 나머지 주식이나 대상회사의 자산의 경우 어떠한 제한부담이 있을지 매도인이 완벽하게 확인하기 어려울 수 있다. 가령, 다른 주주가 자신이 소유한 주식을 담보로 제공하였거나 제3자와 해당 주식에 대해서 어떤 약정을 하여 우선매수권이나 동반매도청구권, 동반매도권이 붙어 있을 수 있으나 이러한 정보는 외부에 공개되는 것이 아니어서 매도인이 파악하고 있지 않을 수 있고, 특히 계약상 비밀유지의무 때문에 정보를 완전히 파악하는 것이 불가능할 수 있다. 또 어떤 자산에 대해서 제3자가 시효에 의해서 권리를 일부라도 취득하였을 수 있고, 어떤 지식재산은 오래 전에 제3자가 발명에 관여하였거나 우연히 제3자의 지식재산과 권리 범위가 중복되거나 하여 그 사용, 수익에 제한이 있을 가능성이 있다.

이에 매도인은 가능하면 모든 권리 행사에 대한 제한이 아니라 소유권, 사용권, 처분권에 대한 제한과 같이 제한되는 대상 권리를 줄이거나(의결권이나 수익권에 대한 제한은 제외), "계약상" 제한이나 아직 현실화되지 않은 잠재적인 제한 발생 사유는 제외하는 것을 고려할 수 있다.[20]

11) 조세

§1 – 정의 – 조세

"조세"는 정부기관이 부과하거나 정부기관에 납부하는 국세, 지방세, 관세 기타 모든 종류의 세금, 가산금, 공과금, 부담금, 수수료 및 이와 관련된 부대비용을 의미한다.

"조세"는 주로 조세 관련 진술 및 보장에서 사용된다. 외국 당사자가 관여하는 거래의 경우 국내 당사자의 원천징수의무라든지, 외국 당사자의 국외투자기구 신고라든지, 조세조약에 따른 비과세/면제 신청서 작성, 제출 등에 대해서 자세한 조항을 두고 그 조항에서 조세라는 용어가 사용되기는 하나, 이러한 조항에서 사용되는 조세 용어는 조세 관련 법령에서 사용하는 조세 개념과 일치하고 개념을 확장할 필요가 없기 때문에 논란의 여지도 적다.

조세 관련 진술 및 보장은 대상회사가 정부기관에 납부해야 할 금전적 부담이 없다는 것을 보장하기 위한 목적이므로 세법에서 규정하고 있는 국세, 지방세, 관세, 원천징수세, 가산세, 공과금 등보다 조금 더 넓게 확장하여 사회보장제도에 따라 국가에 납부하는 각종 부담금이나 행정절차에 수반되는 수수료나 부대비용을 포함한다고 정의하는 것이 일반적이다. 한편, 과징금, 과태료, 벌금과 같이 범칙행위나 범죄에 대해서 부과된 금전적 부담의 경우 이미 충당부채로 인식되어 재무제표 관련 진술 및 보장으로 다루거나, 현재 분쟁이 계속중이라면 소송 관련 진술 및 보장으로 다룰 여지가 있어서 조세의 범위에 포함시키지 않는 것이 더 일반적인 것으로 보인다. 그러나 이러한 과징금, 과태료, 벌금에 대해서도 명확하게 이미 납부하였다거나 존재하지 않는다는 보장을 받을 필요가 있다면 이들도 조세 개념에 포함시킬 수도 있다.

---

20) 이 외에도 매도인은 실사를 철저히 하여 대상주식이나 자산 등에 예상치 못한 제한부담이 없는지 확인하여 공개목록에 포함시킬 필요가 있고, 자산이나 지식재산에 대한 진술 및 보장에 knowledge qualification을 다는 것을 고려해 볼 수 있다.

12) 중대한 부정적 영향

§1 – 정의 – 중대한 부정적 영향

> **"중대한 부정적 영향"**은 개별적으로 또는 다른 사유와 함께 전체적으로, 대상회사의 영업, 자산, 부채, 재무상태, 경영상태에 중대한 부정적인 영향을 초래하거나 초래할 것으로 합리적으로 예상되어 당사자의 거래 여부 판단에 영향을 미칠 수 있는 일체의 사유, 사건, 영향 또는 변경을 의미한다.

"중대한 부정적 영향(Material Adverse Effect; MAE)" 또는 "중대한 부정적 변경(Material Adverse Change; MAC)"은 선행조건 또는 계약 해제 사유로 중대한 부정적 영향이 없을 것을 규정하는 경우(이른바 MAC out), 선행조건으로서 당사자의 진술 및 보장 위반이 없을 것을 규정하면서 그러한 진술 및 보장 위반이 중대한 부정적 영향으로 인한 것으로 한정하는 경우, 진술 및 보장의 하나로서 중대한 부정적 영향이 없을 것을 보장하는 경우, 확약에서 대상회사의 운영 관련 동의 항목을 중대한 부정적 영향이 있는 경우로 한정하는 경우 등에 사용된다.

MAE의 정의를 살펴보기에 앞서 먼저 M&A 계약 곳곳에서 사용되는 "중대한(또는 중요한)", "중대하게(또는 중요하게)"의 의미가 무엇인지, 모든 곳에서 같은 의미로 통용되는지 살펴볼 필요가 있다. 이 용어는 영미 계약에서의 "material" 또는 "materially"라는 용어를 번역해서 들여온 것인데, MAE뿐만 아니라 진술 및 보장을 제한하기 위해서 사용되기도 하고(이른바 materiality qualification; 가령, "대상회사는 사업을 영위함에 있어 관련 법령을 <u>중요한</u> 측면에서 준수하고 있다"), 해제 사유를 제한하기 위해서 사용되기도 하며(이른바 material breach; 가령, "계약을 <u>중대하게</u> 위반한 경우"), 일정한 정의를 제한하기 위해서 사용되기도 한다(가령, "<u>중요</u>계약", "<u>중요</u>소송"). 그런데 과연 어느 정도 되어야 중대한지에 대해서는 일률적인 기준이 없다.

이에 대해서 "material"의 의미를 i) 만일 그러한 사실을 알았거나 그러한 사실이 발생했다면 거래를 하지 않았을 정도(즉, 해당 거래 여부를 좌지우지할 정도)로 중요하다는 의미(이하 "강한 의미"라고 함)[21]와 ii) 그러한 사실이 당사자의 주의를 불러일으킬 정도로 중요하다는 의미(이하 "약한 의미"라고 함)로 크게 두 가지로 구분하여 설명하는 견해가

---

21) 이는 자본시장법 제174조의 미공개중요정보의 중요성의 정도(투자자의 투자판단에 영향을 미치는 정도)에 상응한다. 자본시장법 제174조 제1항 및 대법원 1995. 6. 29. 선고 95도467 판결 참조.

있다.[22] 이 견해는 위 용어를 계약 곳곳에 사용할 때 어떻게 해석될지 혼란을 가져올 수 있으므로 계약서 정의 조항에서 어떤 의미인지 명확하게 정의를 내리고, 특히 강한 의미로 사용할 때에는 "Material"을 사용하되 약한 의미로 사용할 때에는 대체 용어로 "Significant"를 사용하자고 한다.[23] 이와 같이 명확하게 개념을 구분하고 그에 따라 다른 용어를 사용한다면 추후 계약 해석상 다툼의 여지를 조금이라도 줄일 수 있을 것이며, 만일 국내 계약에서도 정도에 따라 구분하고자 한다면 "현저한", "중대한", "주요한", "상당한"과 같은 다른 용어들을 구분해서 사용할 수 있을 것이다. 다만, 실무상으로는 "현저한"이나 "상당한"이라는 표현은 잘 쓰지 않고, 오히려 같은 계약서에서 "중대한"과 "중요한"을 구분해서 쓰는 경우는 있다.

별도로 정의를 내리지 않고 동일하게 "중대한"이라는 용어를 사용하는 경우에는 결국 당사자가 해당 용어로 의도한 의미가 무엇인지 파악해야 할 것인데, 특히 해당 용어가 사용된 조항과 그 기능이 무엇인지를 중요하게 고려해야 할 것이다. 예를 들면, 선행조건으로 MAE를 규정하고 있거나 계약 해제 사유로 중대한 계약 위반을 규정하고 있는 경우, 이는 당사자에게 계약을 파기할 수 있는 권한을 주는 것이므로 이때의 중요성은 거래 여부를 좌지우지할 정도(강한 의미)로 해석하는 것이 보다 자연스럽다.[24] 반면, 단순히 진술 및 보장의 범위를 제한하기 위해서 materiality qualification을 두었다면 진술 및 보장 위반 시 일차적으로는 손해배상을 받는 것에 그치게 되므로 이때의 중요성은 당사자의 주의를 환기시켜서 손해배상을 청구할 수 있는 정도(약한 의미)로 해석하는 것이 보다 자연스럽다.

다시 MAE의 정의로 돌아와, 실무상 MAE는 대상회사의 영업 등에 중대한 부정적인 영향을 초래하거나 초래할 것으로 예상되는 사건, 사유, 영향 또는 변경으로 정의하는 경우가 많으나, 이러한 정의는 동어 반복에 가까워 중요성 판단에 큰 의미를 갖지 않는다. 오히려 앞서 설명한 바와 같이 중요성의 정도가 강한 의미인지 약한 의미인지 구분하는 것은 실익이 있으므로 만일 강한 의미라면 "당사자의 거래 여부 판단에 영향을 미칠 수 있는"과 같은 문구를 넣는 것을 고려해 볼 수 있다.

MAE에 해당하는지 여부는 당사자들이 약정한 정의에 따라 달라질 것이나, 궁극적으로는 구체적인 사정을 고려하여 결정하게 될 것이다. 중요성 판단을 할 때 양적인 측

---

22) Adams, 41, 42면.

23) Adams, 43면.

24) 같은 견해: 우호적 M&A의 이론과 실무 2(신영재, 황병훈 집필부분), 193면.

면(가령, 부정적인 영향이 지속되는 기간, 회사의 매출, 자산, 수익 등 실적에 대한 영향)과 질적인 측면(가령, 회사나 사업 특성상 일정한 주기로 실적 악화와 반등이 반복되는지, 투자자가 전략적 투자자인지 재무적 투자자인지, 장기 투자인지 단기 투자인지)을 모두 고려하게 되는데,[25] 그럼에도 그 기준이 불명확하기 때문에 다툼의 여지가 없도록 보다 뚜렷한 기준을 제시하는 것도 가능하다. 가령, 중대한 부정적인 영향이 발생하여 얼마의 기간 동안 대상회사의 순자산가액(또는 총자산 또는 매출액)이 몇 % 이상 감소하는 경우로 정의하는 것이다. 자본시장법상 주요사항보고에 맞추어 자산총액의 10%를 기준으로 삼는 경우들이 있으나, 공시의 기준을 MAE 판단에 그대로 사용할 이유는 없고 당사자들이 합의하여 정할 수 있다.[26]

통상 대상회사에 단기적으로만 부정적인 영향을 미치고 곧 회복될 수 있는 경우는 MAE가 부정될 것이다.[27] 따라서 만일 장기적인 대상회사 운영을 목적으로 거래하는 것이 아니어서 단기적인 영향만으로도 중대한 부정적 영향을 인정하고자 한다면(가령, 단기에 투자 회수를 계획하는 사모펀드 투자) MAE 정의에 그러한 내용을 명확하게 추가하는 것을 고려해야 할 것이다.[28] 또한 부정적인 영향을 미치는 기간의 장단뿐만 아니라 회복 가능성이라는 측면도 고려할 수 있도록 정의에 반영할 수 있을 것이다.[29]

또 한 가지 유의해야 할 점은 실무상 자주 정의되는 MAE는 대상회사에 발생한 부정적인 영향, 즉 "효과"를 의미하는 것이 아니라, 그러한 부정적인 영향을 미칠 수 있는 사유, 사건, 상황, 즉 "원인"을 의미한다는 것이다.[30] 매수인으로서는 계약 체결 이후 대상회사의 매출이나 실적이 매우 악화되었다면 바로 MAE가 발생하였다고 주장하며 거래종결을 피하고 싶을 것이나, 일반적으로 사용되는 MAE 조항의 주된 기능은 대상회사에 발생한 재무적인 영향을 당사자 간에 직접 분배하는 것이 아니라(이는 매매대금 조정 조항이나 면책 조항을 통함), 대상회사에 영향을 미칠 수 있는 각종 위험을 당사자 간에 배분하여 거래종결 여부를 결정하는 것이다. MAE가 쟁점이 된 사건에서 회사의 재무에

---

25) ABA, 32면.

26) 우호적 M&A의 이론과 실무 2(신영재, 황병훈 집필부분), 194면.

27) 미국 판례도 상당한 기간(durational significance) 영향을 미쳤는지 살펴본다. In re IBP, Inc. Shareholders Litigation, 789 A.2d 14 (Del. Ch. 2001); Bardy Diagnostics, Inc. v. Hill-Rom, Inc., C.A. No. 2021-0175-JRS (Del. Ch. 2021); Level 4 Yoga, LLC v. CorePower Yoga, LLC, C.A. No. 2020-0249-JRS (Del. Ch. 2022) 참고.

28) Weinstein et al. posting(2022. 4. 10.)

29) Miller posting(2021. 12. 21.)

30) Miller(2021), 121면.

얼마나 부정적인 영향이 발생했는지도 자주 살펴보나, 이는 중요성을 충족하는지 여부를 판단하기 위해 사후적으로 발생한 사정을 고려하는 것이다.[31] 따라서 MAE가 발생했다고 주장하기 위해서는 회사에 부정적인 영향을 미친 사실들을 주장하고 그러한 사건이 회사에 얼마나 부정적인 영향을 미치는지 또는 미칠 수 있는지를 함께 주장해야 할 것이다. 이런 측면에서 보면, MAE를 우리나라 계약서에 기재할 때에는 "중대한 부정적 사건"이라고 기재하는 것이 더 정확한 표현일 수 있다. 이와는 달리 대상회사에 발생한 부정적인 영향이나 효과 자체를 MAE로 보려면, MAE의 정의를 그와 같은 취지로 수정해야 할 것이다.

tip **매수인 tip:** 매수인 입장에서는 실사를 하거나 계약을 체결하는 시점과 거래종결 사이에 대상회사에 부정적인 사건이 발생할 경우 거래를 더 이상 진행하지 않을 여지를 조금이라도 높이기 위해서 MAE의 개념을 일반화시키고 범위를 넓히는 것이 유리하다(MAE가 매도인 의무의 선행조건으로도 포함되어 있고 매수인이 계약의 구속력을 높이고자 하는 상황이라면 범위를 좁히려 할 것임). 이에 개별적으로는 중대하지 않지만 여러 사유를 종합적으로 살펴보면 중대하다고 볼 수 있는 경우까지 포함하고,[32] 현재 대상회사에 중대한 부정적 영향을 초래하는 경우뿐만 아니라 이를 초래할 것으로 합리적으로 예상되는 경우까지 포함하는 것이 유리할 것이다.[33] 또한 만일 대상회사가 자회사가 있고 자회사가 대상회사의 사업이나 가치에 중요한 부분을 차지하고 있다면 자회사에 중대한 부정적 영향을 초래하는 경우도 포함하는 것을 고려할 수 있다.

한편, 매수인이 인수금융을 하는 경우 인수금융 계약이 열거하고 있는 MAE가 M&A 계약상 MAE와 상이한 경우, 매수인은 대주가 인수금융 계약상 MAE를 이유로 대출을 거절하여 자금을 조달하지 못한 반면, M&A 계약상으로는 MAE에 해당하지 않아

31) 궁극적으로 부정적인 결과가 발생하지 않았다 하더라도 MAE가 인정될 수도 있다. 대상회사를 상대로 소가 제기된 경우 설령 사후적으로 대상회사가 승소하였다 하더라도 계약 체결 시점에 MAE가 있었다고 본 사안으로 서울고등법원 2019. 12. 20. 선고 2018나2037053 판결. 상고심(대법원 2020. 5. 14. 선고 2020다208775 판결)에서 상고기각 확정.

32) 어차피 법원은 MAE 여부를 판단함에 있어 여러 사정을 종합적으로 고려할 것이기 때문에 이러한 문구를 포함하는 것이 큰 실익은 없다. 우호적 M&A의 이론과 실무 2(신영재, 황병훈 집필부분), 195면.

33) MAE의 정의에 중대하게 부정적인 영향을 "미치는" 사유뿐만 아니라 "미칠 수 있는" 사유까지 포함하였다는 점에서 MAE를 넓게 판단한 사안으로 서울고등법원 2019. 12. 20. 선고 2018나2037053 판결. 상고심(대법원 2020. 5. 14. 선고 2020다208775 판결)에서 상고기각 확정.

이행을 거절할 수 없는 상황에 직면할 위험도 있다.[34] 이에 MAE 조항을 검토할 때에는 인수금융 계약상 정의와 함께 살펴볼 필요가 있다.

매도인 tip: 매도인은 매수인이 사소한 변경을 갖고 트집을 잡는 것을 방지하기 위해 가능한 중대한 부정적 영향의 범위를 좁히는 것이 유리하다.

이를 위해서 부정적 영향이 발생하는 대상을 "자산, 부채, 재무상태"로만 한정하는 것도 방법이다. "영업, 사업, 경영상태" 등은 지나치게 포괄적이어서 제외하고, "전망, 추정" 등은 장래에 관한 것으로서 예측 불가능하기 때문에 제외되어야 한다고 주장할 수 있다.

또 중대한 부정적 영향에서 제외되는 항목(carve-out)들을 열거하는 경우가 많은데, MAE를 둘러싼 협상은 이러한 제외 항목을 중심으로 이루어지는 경우가 많다. 제외 항목으로 자주 언급되는 것으로는 i) 일반적인 정치, 경제, 사회 환경의 변화, ii) 대상회사가 속한 산업의 일반적인 변화, iii) 금융시장 또는 증권시장의 일반적인 변화, iv) 천재지변, 전쟁 기타 불가항력 사유,[35] v) 법령, 회계기준의 변경, vi) 본 계약의 협상, 체결, 이행, 공표에 따라 발생한 사항, vii) 본 계약에서 예정하거나 허용하고 있는 변화, viii) 매수인에게 공개되거나 매수인이 이미 알고 있는 사항, ix) 대상회사에 단기적, 일시적 영향만 있는 사항, x) 대상회사의 영업실적, 재무성과 등에 대한 예측이나 전망을 달성하지 못하였다는 사실 등이 있다. 특히 i) 내지 v)는 어떤 외부적인 요인이 대상회사뿐만 아니라 다른 회사들에도 일반적으로 미치는 영향이라면 이를 이유로 매수인이 계약을 파기하지 못하도록 하기 위한 것이다. 이에 이러한 제외 항목에 대해서는 다시 그러한 일반적 변화가 동종 사업을 영위하는 다른 회사들에 비하여 대상회사에 차등적으로 더 많은 영향을 미친 경우는 예외(즉, 예외에 대한 예외)로 두자고 매수인이 요청하는 경우들이 있다.[36]

위 예외들과 관련해서 특정 사건을 직접 명시하는 경우들이 있는데, 가령 i)이나 iii) 관련해서는 IMF 경제위기, iv) 관련해서는 미국의 9·11 테러, Covid-19, 팬데믹(pandemic)을 기재하는 것이다.

이러한 예외에 해당하는 사실과 그로부터 파생된 일련의 사실들은 중대한 부정적

34) 정영철, 1075면.

35) 일반 계약에서는 불가항력(force majeure)이 계약상 의무를 면제하는 사유로 종종 포함되는 반면, M&A 계약에서는 불가항력이 MAE의 예외로 규정되어 계약의 구속력을 높이는 기능을 한다는 점은 특이하다.

36) 이때 단순히 "동종 사업을 영위하는 회사"와 비교할 것인지, "동일한 상황에 처한 동종 사업을 영위하는 회사"와 비교할 것인지도 차이가 있을 수 있다. Bardy Diagnostics, Inc. v. Hill-Rom, Inc., C.A. No. 2021-0175-JRS (Del. Ch. 2021) 참고; Subramanian et al.(2021), 1474-1476면은 최근 이와 같은 차등적 영향을 미치는 경우 예외를 두는 조항이 늘어났다면서 비교군이 되는 회사를 명확하게 정하는 것이 바람직하다고 한다.

영향에서 제외된다.[37] 따라서 중대한 부정적 영향을 부인하는 당사자(주로 매도인)가 예외에 해당하는 사실을 입증하면, 중대한 부정적 영향을 주장하는 당사자(주로 매수인)로서는 예외에 해당하는 사실을 제외한 다른 사실들만으로도 회사에 중대한 부정적 영향을 미칠 정도라는 점을 입증해야 할 것이다. 매수인 입장에서는 예외들에 대해서는 중대한 부정적 영향이 있다고 주장할 수 없게 되므로 그 범위와 효과에 대해서 신중하게 검토할 필요가 있다. 가령, 대부분의 주식매매계약에 통상적인 사업과정에 따라 대상회사를 운영한다는 확약이 포함되므로, 대상회사를 통상적인 사업과정에 따라 운영하였다면 그 결과가 아무리 대상회사의 영업 등에 막대한 손실을 가져오더라도 위 vi)에 따라 중대한 부정적 영향이 있다고 주장할 수 없게 될 수 있다.[38]

만일 매수인이 자회사에 중대한 부정적 영향이 있는 경우까지 정의에 포함시키려고 한다면 자회사에 발생한 사유가 대상회사의 가치에 중대한 영향을 미치는 경우로 한정하거나, 대상회사와 자회사의 사업 전체에 부정적인 영향을 미치는 경우로 한정하는 것도 MAE의 범위를 좁히는 방법 중 하나이다.

한편, MAE의 정의 안에 당사자의 계약상 의무 이행을 법률상 불가능하게 하거나, 중대하게 위법하게 하거나, 현저히 곤란하게 하거나 지연 또는 방해하는 경우, 나아가 어느 일방의 계약 이행을 강제하는 것이 불공정해지는 경우를 포함하는 경우도 있다. MAE는 대상회사의 영업 등에 미치는 영향을 중심으로 발달된 개념이고 당사자의 계약 이행 가부와 관련하여 발달된 개념은 아니어서 이를 MAE의 개념 안에 포함시키는 것이 어색하지만, 당사자들이 이를 MAE 정의 안에 넣고자 한다면 가능할 것이다. 다만, 많은 계약이 선행조건으로 MAE와는 별개로 계약의 이행을 제한하거나 금지하는 법령이나 정부기관의 조치가 없다는 것을 규정하고 있기에 같은 내용을 MAE에 중복해서 포함시킬 필요가 적다. 또 포괄적으로 당사자의 계약 이행을 현저하게 곤란하게 하거나 지연, 방해하는 경우, 불공정해지는 경우 등으로 정의할 경우 그 기준이 모호할 뿐만 아니라 MAE의 범위가 지나치게 확장될 수 있다는 점도 주의하여야 한다.

MAE가 쟁점이 된 국내 판례는 많지 않은데,[39] 서브프라임 모기지(subprime mortgage)

---

37) Miller(2021), 124-130면.

38) ABA, 34면.

39) 미국에서는 MAC이 쟁점이 되어 판단한 판례들이 제법 많은데 구체적인 사안별로 심도있는 분석을 한다. 대표적으로 MAC 관련하여 자주 언급되는 판결로 In re IBP, Inc. Shareholders Litigation, 789 A.2d 14 (Del. Ch. 2001) 참고. 이 판결에서 법원은 MAC 여부를 판단함에 있어서는 당사자들이 거래하는 전체 맥락을 고려해야 한다면서, 장기적인 전략하에 회사를 매수하는 매수인 입장에서는 한 분기 실적 추정치를 달성하지 못한 것은 덜

금융위기나 Covid-19 팬데믹 등으로 인하여 세계 경제 전반이 악화된 시기에 일방 당사자가 계약 이행을 거절하면서 계약 해제 사유 또는 선행조건에 포함되어 있는 MAE 또는 그와 유사한 내용의 해석이 문제 된 사례들이 있고, 대체로 법원은 MAE 인정에 인색해 보인다.[40] 아래 쌍용건설 사건과 대우조선해양 사건은 인수 대상인 회사에 발생한 부정적인 영향보다는 매매 당사자인 매수인에게 발생한 부정적 영향이 문제 된 사건이다.

사례 검토

쌍용건설 사건

2008년 동국제강(원고)을 포함한 컨소시엄이 한국자산관리공사 등(피고)으로부터 쌍용건설을 인수하기 위해서 양해각서를 체결하고 이행보증금을 납부하였는데, 원고가 양해각서 해제 등을 주장하며 이행보증금의 반환을 청구한 사건이다.

이 사건에서는 주식매매계약상 MAE가 문제 된 것은 아니고 양해각서상 해제 사유로서 "천재지변, 법령, 정부기관의 조치 기타 불가항력적인 사유로 인하여 본 양해각서에 따른 거래의 이행이 불가능해지거나 불법화되는 경우"와 "기타 일방 당사자에게 본 양해각서상의 의무를 이행할 수 없음이 객관적으로 명백한 경우"의 해석이 문제 되었다.

원고는 양해각서 체결 후 세계적인 금융위기, 환율 급등, 실물경제의 침체, 건설업계의 유동성 위기, 쌍용건설의 주가 폭락 등을 들어 위 해제 사유에 해당한다고 주장하였으나, 1심은 별다른 설명 없이 이러한 사정만으로는 위 해제 사유에 해당한다고 보기 어렵다고 판단하였고 항소심에서 그 판단이 유지되었다.[41]

흥미로운 것은 항소심에서 원고가 주식매매계약서 초안 및 수정본을 바탕으로 한 새로운 주장이다. 피고가 공개입찰절차에서 최종입찰대상자들에게 제시한 주식매매계약서 초안은 대상회사의 총자산의 10% 이상 감소와 총부채의 10% 이상 증가를 '중대한 부정적 변화'로 정의하고 이러한

중요하고, 상업적으로 합리적인 기간(월 단위보다는 연 단위) 동안 회사의 수익 능력에 영향을 미칠 정도로 사업 또는 운영 결과에 부정적인 영향을 미쳤는지가 중요하다고 보았다.

40) 미국 법원도 대체로 매도인에게 유리하게(즉, MAC를 인정하지 않는 방향으로 엄격하게) MAC 조항을 해석해 왔다. ABA, 31면; MAC을 인정한 극히 드문 사례로 Akorn, Inc. v. Fresenius Kabi AG, C.A. No. 2018-0300-JTL (Del. Ch. 2018) 판결이 있다. 델라웨어 법원에서 Covid-19 팬데믹을 이유로 MAC을 인정한 사례도 찾기 어렵다. Micheletti et al. posting(2022. 5. 23.)

41) 서울중앙지방법원 2010. 12. 31. 선고 2009가합7903 판결(1심); 서울고등법원 2012. 3. 29. 선고 2011나21169 판결(항소심; 2012. 4. 17. 확정).

중대한 부정적 변화가 발생할 경우 거래종결의 선행조건 미충족으로 매매대금 지급을 거절할 수 있게 규정하고 있었는데, 원고는 자산 또는 부채의 변동이 10%보다 작은 경우에도 중대한 부정적 변화에 해당될 수 있다는 수정의견을 제출하며 위 정의 조항을 삭제하였다. 실제로 쌍용건설의 총부채가 10% 이상 증가하였는데, 원고는 쌍용건설의 부채가 10% 이상 증가하였으므로 중대한 부정적 변화가 발생하였고, 양해각서는 본계약인 주식매매계약을 체결하기 위한 것인데 본계약인 주식매매계약이 종결될 수 없음이 명백함에도 주식매매계약의 체결을 강요하는 것은 신의칙에 반하므로 결국 해제 사유에 해당한다고 주장하였다.

이에 대해 항소심은 체결되지 않은 주식매매계약 규정을 들어 양해각서의 해제사유로 삼을 수 없고, 총부채뿐 아니라 매출액과 영업이익도 증가하였다는 점, 주식매매계약 초안상 중대한 부정적 변화 정의 조항은 원고의 수정의견으로 삭제된 점, 주식매매계약 초안상 정의 조항은 통상적인 사업과정에 의한 경우를 중대한 부정적 변화에서 제외하고 있었는데 이러한 부채 증가는 쌍용건설의 정상적인 건설사업 수행 과정에서 발생한 것이라는 점에서 중대한 부정적 변화로 인정하는 것이 부당하다고 판시하였다.

사례 검토

대우조선해양 사건

2008년 한화케미칼(원고)을 포함한 컨소시엄이 한국산업은행 등(피고)으로부터 대우조선해양을 인수하기 위해서 양해각서를 체결하고 이행보증금을 납부하였는데, 원고가 양해각서 해제 등을 주장하며 이행보증금의 반환을 청구한 사건이다. 이 사건에 대한 판결은 이행보증금의 법적 성격이 손해배상액 예정인지 위약벌인지, 감액을 인정할 것인지 등의 쟁점을 다룬 판결로 자주 소개된다.

양해각서상 해제 사유로서 “국내 금융시스템의 마비 상태가 상당기간 지속되어 대부분의 금융거래가 중단됨에 따라 본 양해각서에 따른 거래의 종결이 불가능한 경우”의 해석이 문제 되었는데, 1심은 서브프라임 모기지 금융위기로 인하여 원고 컨소시엄이 자금조달에 있어 다소 어려움을 겪을 수 있는 상황이 있었지만, 단순 경제상황의 변동으로 인하여 주식 인수자금의 조달이 어려워진 상황만으로는 금융시스템이 마비되었다거나 대부분의 금융거래가 중단되었다고 할 수 없다고 판시하였고 항소심 및 상고심에서 그 판단은 그대로 유지되었다.[42)]

42) 서울중앙지방법원 2011. 2. 10. 선고 2009가합132342 판결(1심); 서울고등법원 2012. 6. 14. 선고 2011나26010 판결(항소심); 대법원 2016. 7. 14. 선고 2012다65973 판결(상고심).

아시아나항공 사건

2019년 에이치디씨현대산업개발과 미래에셋증권(피고들)은 금호건설(원고)이 보유한 아시아나항공(원고) 주식을 매수하고 아시아나항공이 발행하는 신주를 인수하는 내용의 주식매매계약 및 신주인수계약을 체결하면서 피고들은 원고들에게 계약금을 지급하고, 피고들은 계약 해제 시 계약금반환청구권을 담보하기 위해 계약금이 예치된 계좌의 예금반환채권 위에 질권을 설정하였다. 피고들은 2019년 말 감사보고서상 아시아나항공의 부채와 영업손실이 대폭 증가하자 아시아나항공의 공정하고 투명한 회계처리에 대해 의구심을 표하며 이행을 거절하였고, 원고들은 피고들의 거래종결의무 위반을 이유로 위 계약들을 해제하고, 피고들에 대한 계약금반환채무가 존재하지 않는다는 확인, 원고들 예금반환채권 위에 설정된 질권 소멸 통지, 계약 이행을 신뢰하고 지출한 실사비용 내지 자문료 일부에 대한 손해배상을 청구한 사건이다.

계약서상 거래종결의 선행조건으로 i) 진술 및 보장이 중요한 면에서 정확할 것, ii) 확약을 중요한 면에서 모두 이행할 것, iii) 기준일 이후 중대하게 부정적인 영향이 발생하지 아니할 것을 규정하고 있었고, i)과 ii)와 관련하여서는 진술 및 보장이 부정확하거나 확약을 이행하지 않더라도 그로 인하여 중대하게 부정적인 영향이 발생하지 않았다면 조건이 충족된 것으로 본다고 규정하고 있었다. 피고들은 i)과 관련하여 기준재무제표가 부채규모에 관하여 적정하게 반영하고 있지 못하여 재무제표 관련 진술 및 보장을 위반하였고, 실질적 운영자가 회사 경영 관련 형사사건에서 유죄를 선고받았는바 특수관계인 거래 관련 진술 및 보장을 위반하였으며, 이러한 진술 및 보장 위반들로 인하여 아시아나항공의 영업상태 등에 중대하게 부정적인 영향이 초래되었다고 주장하고, ii)와 관련하여 아시아나항공이 피고들 동의를 받지 않고 추가 자금 차입 등 결정을 하거나 주력 사업을 여객운송 중심에서 화물운송 중심으로 변경하는 등 통상적인 사업과정을 벗어나 사업을 운영하여 확약을 위반하였다고 주장하였고, iii)과 관련하여 아시아나항공의 재무상태 및 영업상태가 극심하게 악화되고 코로나로 인하여 중대하게 부정적인 영향이 발생하지 않을 것이라는 선행조건이 충족되지 않았다고 주장하였다.

그러나 법원은 i)과 관련하여 위 진술 및 보장을 위반한 사실이 없다고 판시하면서, 더 나아가 중대하게 부정적인 영향이 발생하였는지 여부와 관련하여 아시아나항공의 부채총계 및 부채비율이 증가한 사실이 있으나, 이는 회계기준 해석의 변경에 대응한 아시아나항공의 회계정책 내지 회계추정의 변경에 기인한 것으로 계약상 중대하게 부정적인 영향에서 제외되는 사유에 해당할 뿐만 아니라, 회계정책 변경으로 일시적인 부채비율 상승이 있으나 아시아나항공의 변제금액이 증가한다고 볼 수 없고, 신용등급에 별다른 영향이 없으며, 시간이 지남에 따라 영업이익률이 개선되므로 실질적으로 아시아나항공의 기업가치에 악영향을 미친다고 보기도 어렵다고 보아 중대하게 부정적인 영향도 없다고 보았다. 또, ii)와 관련하여 확약을 위반한 사실이 없다고 판시하면서, 아시아나항공의 화물운송 확대 등 경영상 조치로 인하여 오히려 적자폭을 줄일 수 있었다는 등의 이유로 중대하게 부정적인 영향이 발생하였다고 보기 어렵다고 판단하였다. 마지막으로 iii)과 관련하여서도 아시아나항공의 재무상태 및 영업상태가 악화되기는 하였으나, 중대하게 부정적인 영향의 정의에 비추어 재무상태 또는 영업상태의 악화 그 자체로 중대하게 부정적인 영향이 발생했다고 볼 수 없고, 재무상태 또는 영업상태가 악화된 것은 코로나 바이러스의 확산으로 인한 것인데, 코로나는 천재지변 또는 회사 또는 그 계열회사가 속한 산업의 일반적인 환경의 변화에 해당하여 중대하게 부정적인 영향에서 제외되는 사유에 해당하므로 결론적으로 선행조건이 충족되지 않아서 거래종결의무가 없었다는 피고들 주장을 배척하였다. 이에 따라 법원은 피고들이 거래종결의무가 있었음에도 이행을 거절하였고, 피고들의 귀책사유로 주식매매계약 및 신주인수계약이 적법하게 해제되었다고 판단하고, 원고들의 채무부존재확인, 질권소멸통지, 손해배상청구를 모두 인용하였다.[43]

13) 중요계약

§1 – 정의 – 중요계약

"중요계약"은 대상회사가 당사자인 계약으로서 아래 계약을 의미한다.

1.000

"중요계약"은 계약준수 관련 진술 및 보장에서 대상회사가 체결한 중요계약을 위반한 바 없다고 보장하는 경우나 확약에서 대상회사의 운영 관련 동의를 받아야 하는 항목으로 중요계약의 체결, 갱신, 해제, 변경 등을 규정하는 경우 등에 사용된다. 이 외에도 선행조건으로 대상회사가 체결한 계약 중 거래종결 전에 반드시 계약 상대방의 동의를 받거나 갱신되어야 하는 계약을 지칭하기 위해서 중요계약 개념을 사용하는 경우도 있지만, 이러한 목적으로는 제3자승인 관련 선행조건 조항에서 한정적인 계약 목록을 작성하는 것이 더 일반적이다.

중요계약을 정의할 때 계약 체결일 또는 거래종결일 현재 유효한 계약으로 제한하는 경우가 있다.[44] 이는 계약준수 관련 진술 및 보장에서 매도인이 계약을 위반한 바 없다고 보장하는 범위에서 이미 종료하거나 무효인 계약은 배제하기 위한 목적으로 생각된다. 그런데 앞서 언급하였듯이 중요계약 개념은 진술 및 보장 조항뿐만 아니라 확

43) 서울중앙지방법원 2022. 11. 17. 선고 2020가합594655 판결(1심); 서울고등법원 2024. 3. 31. 선고 2022나2052981, 2023나2019837, 2023나2027739 판결(항소심); 대법원 2025. 3. 13. 선고 2024다234796, 2024다234802, 2024다234819 판결(상고심); 자세한 논의는 김성민 게시글(2025. 4. 30.) 참고.

44) 국내 계약에서는 일반적이지 않지만 영미 계약에서는 "계약" 자체에 대해서도 정의를 내리는 경우들도 있다. 특히 매수인 입장에서 대상회사가 여하한 방식으로 의무를 부담하거나 부담하기로 일방적으로 약속한 경우 등까지 포함하도록 개념을 확대할 수 있다. ABA, 16면.

약 조항에서 대상회사의 운영 관련 동의를 받아야 하는 항목 중 하나로 열거되는데, 중요계약의 체결을 동의 항목으로 명시하는 경우 이는 필연적으로 아직 체결되지 않은 상황을 전제로 하므로 계약 체결일 또는 거래종결일 현재 유효하다는 전제와 상충되게 된다. 따라서 이러한 확약이 있는 계약에서는 위와 같은 제한을 넣는 것이 부적절하다.

중요계약의 범위를 설정할 때에는 크게 i) 자회사 포함 여부, ii) 금액 기준, iii) 계약 유형에 유의해야 한다. 통상 중요계약은 대상회사가 당사자인 계약을 지칭하나, 만일 자회사가 중요하거나 자회사를 통해서 사업을 하는 회사라면 자회사가 당사자인 계약도 포함하는 것을 고려할 수 있다. 매도인은 이와 같이 자회사를 포함할 경우 진술 및 보장의 범위가 넓어지고, 자회사를 운영할 때 매수인이 관여할 수 있는 재량이 늘어난다는 점을 인지하고 이를 수용할지 여부를 정해야 한다.

중요계약에서도 무엇이 중요한지 여부가 문제 될 수 있고,[45] 논란의 여지를 피하기 위해서 금액 기준을 넣는 경우가 많다. 이때 일괄적으로 모든 유형의 계약에 동일한 금액 기준을 넣을 수도 있지만, 대상회사의 사업에 따라 계약 유형별로 중요도에 차이가 있을 수 있으므로 계약 유형에 따라 금액 기준을 달리하는 것이 보다 합리적이고, 실사 과정에서 확인한 과거 거래금액을 참고하여 기준을 설정하여야 할 것이다. 금액 기준은 단일 거래대금을 기준으로 제시할 수도 있고, 반복적 계약이나 계속적 계약의 경우에는 연간 거래대금을 기준으로 제시할 수 있다. 한편, 흔하지는 않지만 금액 기준 외에 계약 기간을 기준으로 제시하는 경우도 있다.

마지막으로 계약 유형은 대상회사의 사업분야와 관련된 것만 열거할 수도 있지만, 회사가 체결할 수 있는 다양한 계약을 유형별로 망라하는 경우가 더 많다. 여기에는 물품/서비스 구매 또는 공급 계약, 차입/신용공여(대여, 보증, 담보제공 기타 자금 지원) 계약, 부동산, 동산 기타 자산의 처분, 구매, 사용 계약, 일정한 자본적 지출(CAPEX)을 요하는 계약, 특수관계인과의 계약, 합병, 분할, 영업양수도, 주식매매 등 조직개편, 기업인수합병, 투자 관련 계약, 지식재산 관련 계약, 노동조합 또는 근로자와 집단적으로 체결한 계약, 화해 또는 조정 계약, 대상회사의 경영 관련 계약, 경업금지, 유인금지 기타 영업활동을 제약하는 내용이 포함된 계약 등이 있고, 조금 더 포괄적으로 대상회사의 이사회 또는 주주총회의 승인을 받아야 하는 계약이나 그 불이행이 대상회사에 중대한 부정적 영향을 가져올 수 있는 계약 등을 명시하는 경우도 있으나 매도인으로서는 이와 같

45) 중요성 판단기준과 관련해서는 50면 '중대한 부정적 영향' 부분 참고.

이 범위를 넓히는 것에 신중하여야 할 것이다.

참고로 주식매매계약과 함께 주주간계약을 체결하는 경우 중요계약의 범위나 대상회사의 운영 관련 동의를 받아야 하는 항목을 양 계약상 일치시키기도 한다(주식매매계약은 계약 체결일부터 거래종결일까지 사이를 규율하고, 주주간계약은 거래종결일 이후를 규율함). 따라서 거래종결일 이후에도 중요계약의 체결, 갱신, 변경 등 관련 제약을 받을 수 있다는 점을 염두에 두고 중요계약의 범위를 설정해야 할 것이다.

14) 통상적인 사업과정

§1 – 정의 – 통상적인 사업과정

"통상적인 사업과정"은 대상회사의 과거 사업 관행에 부합하는 사업과정을 의미한다.

"통상적인 사업과정(Ordinary Course of Business; OCB)"은 매도인이 계약을 체결한 이후에 예상 밖의 행위를 하지 않도록 제약을 가하고, 다른 한편으로는 계약을 체결하여 곧 회사의 주주 내지 경영진에서 벗어남을 기화로 회사 운영을 방임하는 것을 방지하기 위한 목적으로 고안된 개념이다. 이에 따라 위 용어는 특정한 시점 이후에는 대상회사가 통상적인 사업과정에 따라 운영되었음을 보장하는 경우와 확약으로 계약 체결일부터 거래종결일 사이에 대상회사를 통상적인 사업과정에 따라 운영한다고 규정하는 경우 등에 사용된다.

모든 회사마다 사정이 다르기 때문에 무엇이 통상적이냐를 일률적으로 정하는 것은 불가능하다. 다만, 무엇을 기준으로 통상적인지 여부를 판단할지는 정할 수 있는데, 대상회사의 과거 사업 관행에 (질적, 양적, 빈도 측면에서) 부합하는 경우를 의미한다고 정의내리는 것이 가장 일반적으로 보인다. 이러한 정의하에서는 추후 그 의미에 대해서 다툼이 발생할 경우 과거 회사의 운영 방식이나 운영 사례가 입증자료로 요구될 것이다.

"통상적"인지 여부는 "합리적"인지 여부나 "적법"한지 여부와는 관계가 없다. 따라서 어떤 행위가 위법하다거나, 부당하다거나, 비합리적인지 관계 없이 과거의 사업 관행에 일치하는지 여부를 기준으로 판단해야 할 것이다.[46] 만일 합리성 기준을 적용하고자 한다면 정의 조항에 명시할 필요가 있다.

46) AB Stable VIII LLC v. MAPS Hotels and Resorts One LLC, C.A. No. 2020-0310 (Del. 2021). 이 판결에서 문제 된 OCB에 대한 자세한 논의는 윤석준(2022), 36-43면 참고.

또 경우에 따라서는 누구의 과거 사업 관행을 기준으로 판단하는지 명시하지 않는 경우도 있는데, 그 경우에는 특별한 사정이 없는 한 대상회사를 기준으로 판단하게 될 것이다. 다툼을 방지하기 위해 "대상회사"의 과거 사업 관행에 부합해야 한다고 명시하는 것이 바람직하다. 이와는 달리 대상회사뿐만 아니라 대상회사의 자회사의 과거 사업 관행을 기준으로 하거나, 대상회사가 속한 업계 표준을 기준으로 하거나, 동종 내지 유사 업계에 속한 다른 회사 또는 유사한 상황에 처한 다른 회사의 행위에 비추어 통상적인지 여부를 판단하고자 한다면 그와 같은 점을 명시하여야 할 것이다.

tip **매도인 tip**: 통상적인 사업과정을 과거 사업 관행에 부합하는 "적법한" 사업과정으로 정의를 내리는 경우가 있다. 그런데 이와 같이 적법성을 요건으로 추가하게 될 경우 통상적인 사업과정 관련 진술 및 보장이 법령 준수 관련 진술 및 보장과 중복되고 법령 준수 관련 진술 및 보장의 범위를 확장할 수 있음을 유의해야 한다. 즉, 이러한 적법성 요건이 추가되어 있는 경우 대상회사의 업무행위 중 일부라도 소송 등 여하한 방법을 통하여 위법하였다는 것이 확인되면, 바로 통상적인 사업과정을 하지 않은 것으로 인정될 수 있게 된다. 그런데 통상 법령 준수 관련 진술 및 보장에는 materiality qualification이 붙는 반면, 통상적인 사업과정 관련 진술 및 보장에는 materiality qualification이 붙지 않기 때문에 매도인의 책임 범위가 확장되는 결과를 가져올 수 있다.

한편, "적법한" 대신 "정상적인"을 수식어로 추가하는 경우도 있는데, 정상인지 비정상인지 여부는 적법성 여부보다 더 모호한 개념이고, 일면 "비정상"은 "위법"보다 더 넓게 해석될 여지가 있어서 역시 매도인이 이를 수용할 때에는 신중을 기하여야 한다.

15) 특수관계인

§1 – 정의 – 특수관계인

"특수관계인"은 상법 시행령 제34조 제4항에 따른 특수관계인을 의미한다.

특수관계인 또는 계열회사와의 거래는 상법상 특수관계인에 대한 신용공여,[47] 공정거래법상 부당지원행위,[48] 세법상 부당행위계산 부인[49] 등 여러 가지 문제를 내포할 수 있으므로 실사 단계에서 자세하게 검토하며, 계약 체결 단계에서는 특수관계인과의

47) 상법 제542조의9.

48) 공정거래법 제45조 제1항 제9호.

49) 법인세법 제52조, 소득세법 제41조 및 제101조.

거래가 독립당사자 간 공정한 거래조건(이른바 arm's length)으로 체결되었다는 진술 및 보장을 하는 경우가 많다.

"특수관계인"의 범위는 모든 법률이 동일하게 정하고 있지 않고 각 법률마다 조금씩 차이가 있다. 당사자들은 본 계약에서 지칭하는 특수관계인의 범위를 자율적으로 설정할 수 있는데 통상 어느 한 법률에서 규정하고 있는 특수관계인을 의미한다고 정의를 내린다. 특수관계인의 범위로 자주 언급되는 법률로는 상법 시행령 제34조 제4항, 금융회사의 지배구조에 관한 법률 시행령 제3조 제1항, 공정거래법 시행령 제14조 제1항, 국세기본법 시행령 제1조의2, 법인세법 제2조 제12호 등이 있다.

다. 불필요한 정의

정의를 내릴 필요가 없거나 부적절함에도 실무상 관행적으로 정의를 내리는 경우들도 있다. 이러한 것들은 불필요하게 계약서 지면만 늘리는 것이므로 제외하는 것이 바람직한데 실무상 자주 언급되는 불필요한 정의들을 살펴본다.

먼저 다른 조항의 본문 자체에서 정의를 내리고 있는 용어들이다. 가령, 거래종결에 관한 조항에서 "본건 거래의 종결(이하 "거래종결")은 O년 O월 O일(이하 "거래종결일") 오전 10시에 OOO에서 한다"라고 기재하고 있다면, 굳이 정의 조항에서 "거래종결이란 제O조에서 정한 의미를 가진다", "거래종결일이란 제O조에서 정한 의미를 가진다"라고 중복해서 기재할 필요가 있는지 의문이다. 물론 정의 조항이 색인(index)으로서 기능을 갖기를 원한다면 이와 같이 개별 조항에서 정의를 내리고 있는 용어들도 모두 정의 조항에 포함시켜서 찾기 쉽게 할 수 있겠지만 불필요하게 계약서 분량만 늘리는 것에 지나지 않다.

유사한 취지로 법령명을 단순히 약칭하는 경우도 정의 조항에 포함시킬 필요는 없다. 가령, "공정거래법은 독점규제 및 공정거래에 관한 법률을 의미한다"라고 하는 것인데, 이와 같은 법령명은 해당 법령명이 사용되는 조항에서 약칭하면서 이하 같다고 기재하면 충분하다.

다음으로 의미가 그 자체로 명백한 것들이다. 가령, "원"에 대해서 대한민국의 법정통화인 원화를 의미한다고 규정하는 것인데, 달리 다른 나라 통화를 지칭한다고 볼 사정이 없는 한 "원"은 당연히 대한민국 법정통화를 의미하므로 이를 별도로 정의할 필요는 없다. 특히 당사자도 모두 대한민국 국적이고, 준거법도 한국법인 계약이라면 다른 나라 통화라고 해석할 이유가 없다. 참고로 중국 통화인 元의 공식 표기도 "원"이 아니라 "위안"이고, ISO의 공식 통화 표기도 Chinese Yuan을 약어로 하여 "CNY"로 표기하고 있기 때문에 다른 사정이 없다면 원화를 위안화와 혼동할 여지도 없다.

"사람"에 대해서도 "개인, 법인, 조합, 단체, 비법인사단이나 재단 또는 정부기관을 의미한다"고 정의를 내리는 경우가 있다. 그런데 정작 많은 계약서들이 "사람"이라는 용어 자체를 계약서 본문에 사용하지도 않으면서(오히려 우리나라 계약서에서는 "인"이나 "자"로 기재하는 경우가 더 많다) 이러한 정의 조항을 두는데 이는 누군가 영미 계약서상 "Person"을 우리나라 계약서에 그대로 번역해서 들여오면서 시작된 오류가 아닌가 생각된다. 민법상 "인"은 자연인(사람)과 법인으로 구분되면서 이 둘을 모두 포함하는 개념이기에 계약서에서 "인" 또는 "자"라고 사용하면 되고, 굳이 "사람"이라는 용어를 사용하면서 여기에 법인 등을 포함하여 민법상 개념과 혼동을 불러일으킬 필요는 없다. 물론 조합, 단체, 비법인사단이나 재단, 정부기관과 같이 민법상 인으로서의 지위를 갖지 못하는 경우를 포함하는 개념을 만들 필요가 있다면 이를 "인" 또는 "자" 용어의 정의를 확장함으로써 가능하겠지만, 이와 같이 "인" 또는 "자"에 조합, 단체, 비법인사단이나 재단, 정부기관을 포함할 실익이 있는 경우는 거의 없다고 해도 과언이 아니다.

마지막으로 너무나도 당연하지만 해당 계약서에서 실제로 사용되지 않는 용어들도 정의를 내릴 필요가 없다. M&A 계약서는 매우 길고 어느 정도 정형화되어 있기 때문에 처음부터 새로 작성하지 않고 기존 다른 거래에서 사용된 계약서를 기초로 수정하여 작성하는 것이 일반적인데, 간혹 이전 거래에서는 중요하게 사용된 용어가 해당 거래에서는 중요치 않거나 전혀 사용되지 않아서 정의가 필요없게 됨에도 불구하고 이를 놓치고 그대로 포함시키는 경우도 심심치 않게 발견된다.

4. 매매목적물과 매매대금

§2(1)–(2) – 매매목적물과 매매대금

제2조 (매매목적물과 매매대금) (1) 본 계약에서 정한 조건에 따라 매도인은 대상주식을 매수인에게 매도하고 매수인은 대상주식을 매도인으로부터 매수한다.

(2) 매수인이 매도인에게 지급해야 할 대상주식의 매매대금은 OOO원(이하 **"매매대금"**)이다.

가. 매매목적물과 매매대금의 특정

매매목적물과 매매대금의 특정은 매매계약이 성립하기 위해서 필요하다.

대법원 2021. 1. 14. 선고 2018다223054 판결

"계약이 성립하기 위해서는 당사자 사이에 의사의 합치가 있어야 한다. 이러한 의사의 합치는 계약의 내용을 이루는 모든 사항에 관하여 있어야 하는 것은 아니지만, 그 본질적 사항이나 중요 사항에 관해서는 구체적으로 의사의 합치가 있거나 적어도 장래 구체적으로 특정할 수 있는 기준과 방법 등에 관한 합의는 있어야 한다." (중간 생략) "매매계약은 매도인이 재산권을 이전하는 것과 매수인이 대금을 지급하는 것에 관하여 쌍방 당사자가 합의함으로써 성립하므로 매매계약 체결 당시에 반드시 매매목적물과 대금을 구체적으로 특정할 필요는 없지만, 적어도 매매계약의 당사자인 매도인과 매수인이 누구인지는 구체적으로 특정되어 있어야만 매매계약이 성립할 수 있다."

추가 설명: 매매목적물과 대금은 이를 특정할 수 있는 기준과 방법에 관한 합의가 있으면 충분하나 당사자는 구체적으로 특정되어 있어야만 매매계약이 성립한다.

주식매매계약의 매매목적물은 매도인이 소유하고 있는 대상회사의 주식이며, 매도인과 매수인이 각 1인일 경우 통상 전문에 기재되는 거래의 개요 부분에서 간단하게 특정할 수 있고 그 경우 매매목적물 조항에서 다시 특정할 필요는 없다. 반면, 매도인과 매수인이 다수일 경우 어느 매도인이 어느 매수인에게 몇 주씩 매도하는지 구분해서 전문에 모두 기재하기는 어려우므로 매매목적물 조항에서 구체적으로 기재하고 표 형식으로 일목요연하게 정리하고는 한다.[50]

---

50) 참고로 영업양수도계약에서는 이전되는 자산의 범위를 상세하게 열거하며 그 구체적인 내역은 계약서에 별도로 첨부하기도 한다. 근로관계가 이전되는 경우에는 이전되는 근로자들도 특정하여야 하는데, 이와 같이 근로자들을 특정하는 과정에서 개인정보 보호법 위반 여부가 쟁점이 되기도 한다.

대상주식은 계약 체결일에 이미 존재하는 주식일 수도 있으나 그렇지 않을 수도 있다. 가령, 매도인이 계약 체결일 현재 대상회사의 전환주식을 소유하고 있는데 매수인은 보통주식을 매수하고 싶을 경우 계약 체결 시 매매목적물은 보통주식으로 특정하고, 매도인으로 하여금 거래종결일 전까지 전환주식을 보통주식으로 전환할 의무를 부과할 수 있다(여기에 더해 전환주식을 보통주식으로 전환할 것을 선행조건으로 요구할 수도 있다). 또한 대상회사의 주식을 다수의 주주가 소유하고 있는데 매수인 입장에서 거래를 단순화시키고, 주주들 입장에서 소수주주들은 책임을 부담하고 싶지 않을 경우 매도인을 1인(통상 최대주주)으로 통일시켜서 거래를 진행할 수도 있을 것이다. 이 경우 거래 당사자가 될 매도인으로 하여금 언제까지 다른 주주들이 소유한 대상회사 주식을 매수할 의무를 부과하고, 매매목적물은 다른 주주들이 소유한 대상회사 주식을 모두 포함시킬 수 있다.

매매대금은 매수인이 대상주식의 매수 대가로 매도인에게 지급할 금액이며, 계약서에는 액수와 통화를 기재한다. 이것도 당사자가 수인인 경우에는 어느 매수인이 어느 매도인에게 얼마씩 지급할지 구분해서 기재하여야 한다. 기업 가치평가(valuation) 결과를 명시하기 위해서 1주당 가액이 얼마인지 함께 명시하는 경우도 있다. M&A 거래에서 당사자들에게 가장 중요한 것 중 하나가 바로 매매대금이고, 따라서 매매대금을 정하기 위한 기업 가치평가가 중요하다. 기업 가치평가 방법론은 이 책의 목적이나 논의의 범위를 벗어나므로 다루지 않으나, 거래를 하는 상업적인 맥락이나 이유를 이해하고 당사자의 이해관계를 충분히 반영하기 위해서는 법조인도 기업 가치평가 방법론과 해당 거래에서 사용된 방법을 이해해 둘 필요가 있다. 주식매매 거래에서 지배주주가 주식을 매도할 때에는 매매대금에 경영권 프리미엄이 붙는 경우가 많다.[51]

매매대금은 확정된 금액을 기재하는 것이 가장 간단하나 매매대금 산정 방식을 기재하는 경우도 있다. 회사가 보유한 현금이나 부채가 계속해서 변동되고 매매대금을 산정할 때 유동적인 재무상태를 반영하고자 할 경우 일정한 기준금액에 거래종결 시점의 재무상태를 반영하여 매매대금을 산정하는 산식을 기재하고는 한다(가령, 기준금액 + 거래종결 시점 보유 현금 - 거래종결 시점 부채). 이와 같이 거래종결 시점을 기준으로 반영한 재무정보가 정확한지 여부에 대해서는 거래종결 후에 다시 검토하여 조정하는 절차를 거치는 것이 일반적이다. 한편, 매매대금이 확정금액이 아니고 조정될 여지가 있다면, 우선 조정 전 금액(이를 "기준매매대금"이라 칭하기도 한다)을 명시하고 몇 항에 따라 조정

51) 천경훈(2011), 147-149면.

된 금액을 확정 매매대금으로 한다고 기재한다.

매매대금은 현금으로 지급하는 것이 대부분이고 매도인 입장에서는 즉시 사용할 수 있는 현금을 선호한다. 그러나 매수인이 자금을 즉시 조달할 수 없다거나 일부 대금 지급을 연기하고자 하는 경우에는 주식이나 배서금지어음(non-negotiable note)을 교부함으로써 매매대금 지급에 갈음하는 경우들도 있다. 특히 매도인이 배서금지어음을 교부받는 경우에는 일정기간 어음 상당 금액의 수령이 연기되는 것이고 매수인의 무자력에 노출되는 것이므로 이를 보전받기 위해서 이자를 지급받고, 어음이 지급될 때까지 매수인에게 일정한 행위를 하거나 하지 못하는 의무를 부과하고, 추가로 어음 지급을 위한 담보를 요구하기도 한다. 이에 관해서는 별도의 어음 발행 계약을 체결하는 것이 일반적이다.

나. 계약금 또는 에스크로

1) 계약금

§2(3) – 매매목적물과 매매대금 – 계약금

> (3) 매수인은 본 계약 체결일에 매매대금의 10%에 해당하는 OOO원(이하 **"계약금"**)을 매도인이 지정한 은행계좌에 즉시 결제가능한 원화로 송금하는 방법으로 매도인에게 지급한다. 계약금은 거래종결 시 매매대금으로 충당된다. 계약금은 민법 제565조에 따른 해약금이 아니며, 매수인은 이를 포기하고 본 계약을 해제할 수 없고 매도인은 매수인에게 그 배액을 상환하고 본 계약을 해제할 수 없다.

당사자 간 대등 당사자로 결합하는 합병계약에 계약금 지급이 포함되는 경우는 거의 없는 반면, 주식매매계약이나 영업양수도계약에는 계약금 지급이 종종 포함된다. 계약금은 i) 매도인이 일정한 자금을 미리 지급받아 자금 여유를 갖게 하는 기능, ii) 매수인이 일정한 자금 능력이 있음을 보장하는 기능, iii) 거래종결이 이루어지지 않을 경우 매수인이 계약금을 반환받지 못하는 부담을 줌으로써 매수인으로 하여금 가능한 거래종결을 하도록 하고 거래종결의 확실성을 높이는 기능, iv) 매수인의 계약 위반 등으로 매수인이 매도인에게 손해배상을 할 필요가 있는 경우 계약금을 몰취하거나 계약금으로 손해배상금을 충당하도록 함으로써 손해배상 절차를 간소화하는 기능 등을 수행한다. 위 i) 기능에 주안점을 두고 있는 경우 계약금 대신 "선급금"이라고 부르기도 한다.

계약금 금액은 당사자 간 협의하여 정할 문제이고 당사자들의 협상력이나 매수인의 자금 사정, 자금 조달 계획 등에 따라 달라질 것이다. 실무상으로는 통상 매매대금의 5~20% 사이에서 정하는 것으로 보인다.

계약금은 통상 매도인이 지정하는 매도인 명의 계좌로 이체하고 매도인이 즉시 인출하여 사용할 수 있도록 별다른 제한을 두지 않지만, 제3의 에스크로 계좌로 이체한 후에 거래종결 또는 해제 시점까지 양 당사자 모두 인출을 제한하는 경우도 있다.

tip **매수인 tip:** 매수인 입장에서는 거래종결이 이루어지지 않을 경우 계약금을 반환받을 수 있어야 하고 매도인이 거래종결 전에 계약금을 사용하는 것을 제한하고 싶을 수 있는바, 이 경우에 매수인은 아래와 같은 방법들을 고려할 수 있다.

첫째, 매도인으로 하여금 거래종결 전에는 계약금을 인출하지 않도록 약정하는 것이다. 이 경우 계약조항에 "매도인은 거래종결 전에는 계약금을 인출하지 않는다"고 추가로 규정하기만 하면 되고, 별도로 에스크로(escrow) 약정이나 질권 설정 절차를 거치지 않아도 되기 때문에 절차가 간단하다. 그러나 이와 같은 약정만으로는 매도인이 실제로 계약금을 계좌에서 인출하는 것을 막을 수 없고, 다만 인출할 경우 매도인의 계약 위반에 대해 손해배상청구를 하고 강제집행 절차를 거쳐야 하는 번거로움이 있다.

둘째, 계약금을 지급함과 동시에 계약금반환청구권을 담보하기 위하여 계약금이 지급된 계좌(정확하게 말하면 매도인의 예금반환채권) 위에 매수인을 위한 질권을 설정하는 것이다. 별도의 질권설정계약을 체결하고 계좌개설은행으로부터 질권설정승낙서를 받아야 하는 등 절차가 다소 번거롭지만, 질권이 설정되어 있는 한 계약금 인출을 실제로 막을 수 있고 문제 없이 거래종결이 되었을 때 질권 소멸도 손쉽게 가능하다는 장점이 있다. 이 방법을 취할 경우 통상 당사자가 체결할 질권설정계약서도 주식매매계약서 뒤에 첨부한다.

셋째, 계약금을 매수인의 동의 없이는 인출이 불가능한 에스크로 계좌로 이체하는 방법이다. 중립적인 제3자에 의해 계약금을 관리하고 계약금의 인출 목적을 명확하게 한정할 수 있다는 점에서 가장 안전하고 합목적적으로 계약금을 관리할 수 있는 방법이고, 외국 당사자가 있는 거래에서 흔히 사용된다. 그러나 은행 등 에스크로 기관까지 당사자로 포함하여 에스크로 계약을 체결하여야 하고(계약의 복잡성에 따라 은행 내부적으로 소요되는 절차나 시간이 상당할 수 있음), 에스크로 관련 별도 비용이 들 수 있으며, 자금 인출이나 반환 등 에스크로 해지도 질권 소멸보다는 절차가 복잡하다는 단점이 있다.

계약금이 지급되면 이후에 계약금이 어떻게 사용되는지도 명확하게 규정할 필요가 있다. 예정대로 거래종결이 이루어진다면 계약금은 매매대금으로 충당될 것이다. 거래종결이 이루어지지 않을 경우 계약금은 매도인이나 매수인 중 어느 일방에게 귀속되어야 할 것인데, 이에 대해서는 매매대금 조항에서 다루기보다는 해제 조항에서 다루는 것이 더 일반적으로 보인다. 거래종결이 이루어지지 않을 경우 어떠한 사유로든지 간에 계약금은 반환된다고 규정하는 경우도 있으나, 통상 거래종결이 이루어지지 않거나 계약이 해제된 귀책사유가 매도인에게 있는지, 매수인에게 있는지, 아니면 어느 당사자의 귀책사유도 아닌지 등에 따라서 계약금이 누구에게 귀속될지를 정한다.[52]

민법 제565조에 따라 계약 당시에 지급된 계약금은 당사자 간에 다른 약정이 없는 한 교부자는 이를 포기하고 수령자는 그 배액을 상환하여 매매계약을 해제할 수 있는 해약금으로 해석된다. 그러나 주식매매계약에서 지급되는 계약금은 위와 같이 해제의 여지를 열어두기 위한 목적이 아니라 반대로 거래종결의 확실성을 높이기 위한 목적으로 사용되는 경우가 많기 때문에 당사자들은 계약금이 민법 제565조에 따른 해약금이 아니라는 약정을 하는 것이 일반적이다.

2) 에스크로

에스크로는 위에서 살펴본 바와 같이 매수인이 지급한 계약금의 반환을 보장하기 위하여 사용하기도 하지만, 매도인이 지급받은 매매대금 일부를 정해진 목적으로 사용하도록 제한하기 위해서도 사용한다. 예를 들면, 거래종결 후 매매대금 조정이 이루어지는 거래에서 매도인이 매수인에게 반환할 금액이 있는 경우에 에스크로 금액에서 반환하도록 하는 것이다. 또 거래종결 후에 매도인의 진술 및 보장 위반이 발견될 경우 손해배상을 할 자금이 매도인에게 있어야 하는데, 만일 매도인이 매매대금을 모두 탕진하면 현실적으로 매수인은 손해배상을 받기 어려우므로 매도인이 지급받은 매매대금 중 일부는 추후 매수인에게 지급할 손해배상금으로 사용할 수 있도록 일정 기간(가령, 진술 및 보장의 존속기간 동안) 에스크로를 해 놓기도 한다. 매도인의 무자력으로부터 매수인을 보호하기 위하여 매수인의 매매대금 지급을 나중으로 연기하는 방법(deferred payment)이나 현금 대신 배서금지어음을 발행하는 방법도 있다.[53] 그러나 이러한 방법은 역으로 추후

52) 자세한 내용은 271면 '계약금 및 위약금에 관한 사항' 부분 참고.

53) 송종준, 18면.

매수인의 자금조달을 보장할 수 없어서 매도인 입장에서 다른 담보를 제공받지 않는 이상 수용하기 쉽지 않을 것이고, 에스크로가 중간 타협책으로 활용될 수 있을 것이다.

해외에서는 에스크로 전문회사들이 다수 존재하나, 국내에서는 통상 은행이 에스크로 기관(escrow agent)이 된다. 에스크로를 하기 위해서 매도인과 매수인, 에스크로 기관이 에스크로 계약을 별도로 체결하며, 매매대금의 지급 및 사용처와 관련된 중요한 계약에 해당하므로 통상 주식매매계약 체결 시점에 당사자들 사이에 에스크로 계약 조건을 모두 정한 후에 주식매매계약에 에스크로 계약 양식을 별도로 첨부한다. 국내은행들은 대부분 당행에서 사용하는 표준적인 에스크로 계약서 양식을 마련해 두고 있다. 다만, 그 내용이 상당히 간단하게 되어 있고 개별 거래마다 요구되는 특유한 조건들을 반영하지 못하는 경우가 대부분이어서 당사자들이 별도로 마련한 양식을 사용하는 사례가 적지 않다. 이와 같이 당사자들이 별도로 마련한 양식을 사용할 경우 은행 내부 검토 절차와 은행과의 협상을 거쳐야 하기 때문에 계약 체결이 지연될 우려도 있다는 점을 유의해야 한다.

에스크로 계약은 어디까지나 본건 거래인 주식매매에 부수하여 체결되는 계약이다. 따라서 에스크로 계약을 체결하기 위한 주요 내용은 주식매매계약에서 규정하고 에스크로 계약은 주식매매계약에서 정한 범위 내에서 세부사항을 정하는 것이 바람직하다. 이에 주식매매계약에서는 에스크로 기관, 에스크로 금액, 에스크로 시기, 에스크로 인출 내지 해지 사유 등을 규정하고, 에스크로 계약을 작성할 때에는 주식매매계약에서 정한 조건을 벗어나지 않도록 할 필요가 있다. 에스크로 계약에서는 위에서 정한 사항들 외에 에스크로 된 자금에서 발생한 이자의 귀속, 에스크로 인출을 위하여 취하여야 할 절차 및 인출 여부에 대한 다툼이 있는 경우 이의 제기 절차, 에스크로 기관의 주의의무, 에스크로 서비스 제공 비용 등에 관한 사항 등을 주로 검토한다.

다. 매매대금의 조정

1) 매매대금 조정의 필요성

소규모 거래이고 계약 체결과 거래종결이 동시에 이루어지거나 그 간격이 짧은 경우에는 거래종결일에 매수인이 매도인에게 확정 매매대금을 지급하고 바로 거래가 완료된다. 반면, 거래규모도 크고 계약 체결과 거래종결 사이에 상당한 간격이 있는데 대상회사의 재무상태가 유동적이라면 매매대금을 조정할 필요가 있을 수 있다. 매수인은 기본적으로 대상회사가 일정한 재무상태에 있다는 전제하에 매매대금을 정하고 거래를 추진하기 때문에 그 재무상태가 변경될 경우 그 변경 부분을 반영하고자 할 것이기 때문이다.

물론 매수인이 예정한 재무상태를 맞추기 위해서 항상 매매대금 조정이 필요한 것은 아니다. 거래종결 시점에 회사가 일정한 재무상태에 있다는 전제하에 잠정적인 매매대금을 정하고 거래종결 이후에 재무 자료를 검토하여 조정하는 방법(이를 completion accounts mechanism 또는 closing accounts mechanism이라 함)을 취할 수 있으나, 가장 최근 재무제표를 기초로 매매대금을 확정하고 따로 조정하지 않는 방법(이를 locked box mechanism이라 함)을 취할 수도 있다.[54] Locked box mechanism을 취하는 경우 매매대금 산정의 기초가 된 재무제표 기준일부터 거래종결일까지 사이에 현금 유출(leakage)을 막고 그러한 유출이 있는 경우에는 이를 보전해 주는 조항을 별도로 두기도 한다. 매매대금 조정을 할지 여부는 실사 기준일과 거래종결일 사이에 얼마나 시간적 간격이 있는지, 회사의 자본이나 자산이 얼마나 유동적인지, 매수인이 회사의 운영에 얼마나 관여할 수 있는지, 조정 절차를 위한 비용을 부담할 의사가 있는지, 거래종결 이후 분쟁 가능성이 얼마나 되고 얼마나 빠른 단절을 원하는지 등 제반 사정을 고려해서 정할 문제이다.

2) 매매대금 조정 종류와 방법

매매대금 조정은 거래종결 전에 이루어지는 것과 거래종결 후에 이루어지는 것으로 나눌 수 있다. 거래종결 전에 이루어지는 것은 주로 매도인이 계약 체결 전에 매수인에게 재무제표를 제공하였는데, 거래 종결 전에 그 재무제표에 기재된 정보가 잘못되었던 것으로 판명되거나 실사 결과 그 재무제표에 있는 항목(매출, 자산 등)이 상당히 변동되는 경우에 매매대금을 미리 조정하고, 매수인은 그 조정된 매매대금을 매도인에게 지급하게 된다.[55] 이때 매수인은 계약 체결 전에 실사를 이미 진행한 경우라도 위 조정을 위해서 계약 체결 후 거래종결 전에 추가실사 또는 확인실사를 하고는 한다.

거래종결 후에 이루어지는 것은 거래종결 시점에 매수인이 상정한 회사의 가치 내지 상태를 보장하기 위한 것으로 볼 수 있다. 매수인은 일정한 날을 기준일로 하여 회사의 기업가치를 평가하고 매매대금을 설정한다. 그러나 실제 거래종결 시점에는 회사의 기업가치가 변동될 수 있기에 그 변동에 따른 매매대금을 조정하는 것이다. 구체적으로는 거래종결 시점에 회사의 총자본(shareholder equity), 순자산(net asset), 순운전자본(net

54) 각 방법의 장단점은 M&A ESSENCE, 184-187면 참고.

55) 이러한 조정은 회생절차나 구조조정절차에서 이루어지는 M&A 거래에서 자주 발견할 수 있다. 우호적 M&A의 이론과 실무 2(이병기 집필부분), 306면, 312-319면 참고.

working capital) 등 특정 재무항목이 어느 정도일 것이라고 당사자들이 합의한 후에 거래종결 시점에 그 금액이 더 높아진 경우에는 그 초과분을 매수인이 매도인에게 추가 지급하고, 그 금액이 더 낮아진 경우에는 그 미달분을 매도인이 매수인에게 돌려주는 방법이 자주 이용된다.[56] 특히 최근 들어서는 순운전자본을 바탕으로 조정하는 조항을 넣는 사례를 많이 볼 수 있는데, 이는 매수인이 거래종결 직후에 바로 매도인이 대상회사를 운영하였던 것과 동일하게 대상회사를 운영할 수 있는 상태에 있도록 하기 위한 것이다.[57] 매수인으로서는 재무실사를 바탕으로 일회성 항목들을 제외한 일상적인 수준(normalized level)의 순운전자본을 구하여 이를 목표순운전자본(Target Net Working Capital)으로 설정하고, 거래종결 시점의 순운전자본과의 차이를 조정한다. 순운전자본은 결국 유동자산에서 유동부채를 뺀 것이라 할 수 있는데, 이때 어떤 항목들이 유동자산 및 유동부채에 포함되는지와 관련하여 당사자 간에 분쟁이 있을 수 있다. 따라서 순운전자본을 계산하는 방법에 대해서 미리 당사자 간에 합의하여 이를 계약서의 별지로 첨부하는 것이 바람직하다.

tip **매도인 tip**: 거래종결 후 조정은 매매대금이 증가할 여지도 있지만 대부분의 매매대금 조정은 매수인의 이익을 위해서 도입되는 경우가 많다. 따라서 매도인으로서는 매매대금 조정을 수용하더라도 자신의 이익을 최대한 도모하기 위해서 아래와 같은 방법들을 매수인에게 제안해 볼 수 있다.

첫째, 만일 매수인이 대상회사의 지분 일부만을 취득하는 거래라면 조정 역시 매수인이 취득하는 지분에 비례하여 이루어지도록 하는 것이다. 가령, 기준재무제표의 매출이나 자산이 감소한만큼 매매대금을 감액하더라도 그 감소액에 매수인이 취득하는 지분율을 곱하여 매매대금을 감액하는 것이다.

둘째, 조정금액의 최소와 최대를 설정하는 것이다. 매매대금 변동폭이 지나치게 클 경우 당사자들이 사전에 매매대금을 합의할 실익이 적어지고 당사자들의 예측가능성도 벗어나게 되어 다툼의 가능성도 높아진다. 따라서 가능한 조정을 억제하기 위해 조정금액이 기준매매대금의 일정 비율 미만인 경우에는 조정하지 않도록 하고, 조정하더라도 기준매매대금의 일정 비율을 초과할 수 없도록 규정하는 것이다.

56) 총자본을 바탕으로 조정하는 조항 예시는 ABA, 63-75면, 순자산을 바탕으로 조정하는 조항 예시는 우호적 M&A의 이론과 실무 2(이병기 집필부분), 308면, 운전자본을 바탕으로 조정하는 조항 예시는 Brown & Giles, 32-34면 참고.

57) Brown & Giles, 33면.

3) 매매대금 조정 절차

거래종결 전 조정이든 거래종결 후 조정이든 조정을 위한 절차를 계약서에 자세하게 규정할 필요가 있다.

만일 조정을 위해서 추가적인 실사가 필요하다면, 통상 실사를 하는 기간, 범위 및 한계를 규정한다. 실사 기간은 특히 거래종결 전 조정이 이루어지는 경우에는 거래종결일을 대략적으로라도 예측하고 그 전에 조정이 이루어지도록 일정을 세울 필요가 있다. 실사를 마쳤다고 바로 조정이 이루어지는 것이 아니고 매수인이 실사 결과를 검토하고 반영하여 매도인에게 매매대금 조정 요청을 보내고 이에 대하여 매도인이 검토하여 조정 요청을 수용할지 여부를 결정하고, 만일 다툰다면 분쟁해결기관에 의해서 조정에 대해서 확정적인 판단을 받기 위해서 시간이 소요되는 것까지 고려하여야 하므로 실사 기한을 거래종결일에 너무 가깝게 정하면 당사자들의 예상을 벗어나 거래종결일이 지연되는 결과를 초래할 것이다.

실사 범위는 계약 체결 전에 어느 정도 실사를 했는지, 조정 사유가 무엇인지에 따라 달라질 것이다. 통상 매매대금 조정은 회사의 재무상태를 기초로 하므로 계약 체결 전에 이루어지는 완전한 실사(full-blown due diligence)까지 요구되지는 않고 영업, 회계, 재무 실사 정도만 하더라도 충분할 수 있지만, 경우에 따라서는 법률이나 세무 실사까지 필요한 경우도 있다. 한편, 매수인 입장에서는 매매대금 조정을 위해서 실사를 할 필요가 있어서 매도인의 실사 협조의무를 규정하는 것이 일반적이다. 하지만, 대상회사 입장에서도 실사에 대응하기 위한 시간과 노력이 소요되고 더욱이 거래종결이 안 될 가능성까지 고려하여야 하므로 대상회사의 영업에 방해가 되지 않고 영업비밀이 침해되지 않도록 실사에 일정한 한계를 둘 필요가 있다. 이에 매수인의 실사를 허용하더라도 대상회사에 직접 방문하는 것은 제한하고 오로지 서면 자료 요청 및 답변 제공 절차로만 실사를 진행하든지, 담당자에 대한 인터뷰를 금지하거나 횟수를 제한하든지, 대상회사의 거래처와의 연락은 대상회사 임직원 동석하에서만 가능하게 하는 등의 방법을 고려할 수 있다.

매매대금 조정을 하기 위해서 통상 매수인이 조정을 위한 요청서(이하 “조정 요청서”)를 작성하여 실사 기한으로부터(거래종결 전 조정) 또는 거래종결일로부터(거래종결 후 조정) 일정한 기간 내에 매도인에게 제출하도록 규정한다. 조정 요청서를 누가 작성하는지와 거래종결 시점의 재무 자료(재무상태표일 수도 있고, 조정의 기준이 되는 항목만 포함하는 보다 간이한 자료일 수도 있음; 이하 "종결 재무자료")를 누가 작성하는지는 구분해야 한다. 즉, 거래종결 후 조정 절차를 두고 있는 계약에서 i) 매도인이 거래종결 직전에 종결 재무자료를 작성하여 매수인에게 제공하고, 매수인이 거래종결 후에 매도인으로부터 제공받은 종결 재무자료를 검토한 후에 매도인에게 조정 요청서를 보낼 수도 있고, ii) 매수인이 거래종결 직후에 종결 재무자료를 작성하고 당사자들이 합의한 재무상태와 차이가 있는 경우에 종결 재무자료와 함께 조정 요청서를 매도인에게 보낼 수도 있다. 이처럼 종결 재무자료는 매도인이나 매수인 중 어느 누구라도 작성할 수 있는 것이고 당사자들이 협의하여 정할 문제이다. 종결 재무자료를 작성함에 있어서 어떻게 작성할지 다툼이 발생할 수 있는 부분에 대해서는 구체적인 기준이나 산정 방법을 별지로 작성하여 계약서에 첨부하기도 한다.

매수인이 조정 요청서를 매도인에게 제출하면 매도인은 이를 검토하여 그대로 수용할지 아니면 다툴지를 결정해야 한다. 매도인이 다투는 경우에도 바로 제3의 기관에 맡겨서 분쟁해결을 도모하기보다는 우선 당사자들이 일정한 기간 동안 신의성실에 따라 협의하여 조정 여부 및 금액을 합의하도록 하는 것이 일반적이다. 법원이든 회계법인이든 제3의 기관이 관여하게 되면 그만큼 추가로 거래비용이 증가하고 거래의 완료도 지연되어서 양쪽 모두에게 손해가 될 수 있기 때문이다.

당사자들이 협의하였음에도 합의에 이르지 못한 경우에는 제3의 기관에 의하여 분쟁을 해결하여야 하는데 전문성이나 소요되는 시간 등을 고려하여 법원보다는 전문가로 하여금 검토하고 결정(이른바 expert determination)하도록 하는 경우가 많고, 대상회사의 이사회나 독립된 위원회에게 맡기는 경우도 있으나 중립적인 외부 전문가에게 맡기는 경우가 더 많다. 이때 단순히 외부전문기관이나 회계법인이 조정금액을 결정한다고만 약정하면 전문가 결정 과정에서 다툼이 있을 수 있으므로, 그 과정에서 발생할 수 있는 문제들에 대해서 미리 검토하고 전문가 선정 절차, 전문가 검토 범위, 전문가 결정 방법과 효력, 전문가 비용 분담 등에 대해서도 가능한 구체적으로 정하여야 할 것이다.

tip **매수인 tip:** 어느 전문가를 선임할지 가능한 구체적으로 정할 필요가 있다(가령, 특정 회계법인 또는 4대 회계법인 중 하나). 그런데 당사자들 간에 특정 회계법인을 전문가로 지정하더라도 정작 그 회계법인이 업무수행을 거절할 수 있다. 당사자들이 미리 지정한 전문가가 거절하는 경우 어느 일방이 다른 전문가를 지정할 수 있는지 아니면 양 당사자가 다시 추천한 사람 가운데 협의하여 지정할지, 또 반드시 공동으로 선임해야 하는지 아니면 상대방이 선임 절차에 협조하지 않으면 일방이 선임할 수 있는지, 전문가가 갖추어야 할 자격요건이 있는지, 전문가 비용은 당사자 간에 어떻게 분담할지 등 세부적인 선정 절차를 고민하고 미리 계약서에 규정할 필요가 있다.
또 전문가의 결정과 관련하여서도, 전문가가 검토하는 자료의 범위가 어떻게 되는지, 전문가가 당사자에게 자료를 요청할 권한이 있고 당사자는 이에 응할 의무가 있는지, 전문가는 당사자들로부터 받은 자료에만 기초하여 검토할 수 있는지 외부에 공개된 자료를 함께 검토할 수 있는지, 당사자가 자료를 전문가에게 제공하는 기한이나 횟수는 어떻게 되는지, 전문가의 검토 기한이 있는지, 검토 완료 시 어떠한 형태로 그 결과를 당사자에게 전달할지 등도 정해 두어야 차질 없이 전문가 결정이 이루어질 수 있다.

한편, 계약에서 달리 정하지 않는 한 전문가는 조정금액 등 계약에서 특정한 사실을 결정하는 자이지 법적인 판단을 하는 분쟁해결기관이 아니다.[58] 이러한 점을 명확하게 하기 위해서 계약서에는 전문가가 중재인에 해당하지 않는다고 주의적으로 기재하기도 한다. 전문가가 결정할 수 있는 사항의 범위에 대해 다툼이 있거나(가령, 매매대금 조정으로 해결할 것인지 면책으로 해결할 것인지) 계약에서 정한 전문가 선정 절차, 전문가 결정 과정 등에 하자가 있는 경우 전문가에게 스스로 그 문제를 해결하게 할 수는 없고, 법원이나 중재인과 같이 계약에서 정한 분쟁해결기관을 통해 확인을 구해야 하고,[59] 필요시 그 판결이나 결정에 따라 다시 전문가에게 의뢰하는 과정을 거쳐야 할 수 있다는 점도 유의하여야 한다.

4) 매매대금 조정의 효력

당사자 간 합의로 매매대금이 조정되면 조정 후 매매대금이 확정 매매대금이 된다. 이에 따라 거래종결 전 조정의 경우 해당 조정 후 매매대금을 거래종결일에 매수인이 매도인에게 지급하면 되고, 거래종결 후 조정의 경우 조정된 금액만큼을 매수인이 매도인에게 추가 지급하거나 매도인이 매수인에게 반환하면 되는데, 이때 추가 지급 내지

58) Jason Terrell v. Kiromic Biopharma, Inc., C.A. No. 2021-0248 (Del. 2023).
59) 분쟁해결기관이 전문가의 결정을 어디까지 재검토할 수 있는지 다툼의 여지가 있을 수 있다. Favia et al. posting(2025. 9. 17.)은 법원의 검토 영역과 전문가 결정의 영역을 구분하였는데, 전문가가 결정하면서 명백한 오류를 범하였는지 여부를 법원의 검토 영역으로 분류하였다. 그런데 이는 전문가의 결정이 최종적이어서 소송 기타 방법으로 다툴 수 없다는 기재에 반한다는 문제가 있다.

반환을 언제까지 해야 하는지 계약서에 명시하는 것이 바람직하다.

매매대금 조정 여부 및 범위에 대해 다툼이 있어서 법원을 통해 분쟁을 해결하는 경우 통상의 민사소송 절차에 따르고 판결이 확정되어야 매매대금 역시 최종적으로 확정된다. 반면, 외부전문기관 또는 회계법인을 통해서 분쟁을 해결하는 경우 일반적으로는 그러한 외부전문기관 또는 회계법인의 결정이 최종 결정으로서 당사자를 구속하며, 그 결정에 대해서는 당사자가 소송 기타 방법으로 다투지 못한다고 규정하여 다시 법원 소송절차로 가는 것을 막는다. 이런 규정에도 불구하고 소가 제기될 경우 부제소합의가 불공정하다거나 반사회질서 행위에 해당한다고 볼 만한 특별한 사정이 없는 한 각하된다.

한편, 매매대금 조정과 손해배상은 개념상 구분되는 것이고 통상 절차도 따로 두고 있으므로 구분해서 청구하는 것이 원칙이다.[60] 매매대금이 이루어지는 근거와 손해배상이 이루어지는 근거가 중첩되지 않는 경우에는 매매대금 조정금액을 바로 당사자에게 발생한 손해액으로 볼 것은 아니다.

서울고등법원 2020. 9. 10. 선고 2018나2033686 판결

주식매매계약 체결 전에 매도인이 매수인에게 회사의 재무제표를 제공하였고, 계약 체결 후 매수인이 실사를 하여 위 재무제표 기준일을 기준으로 차이가 나는 조정순자산가액을 매매대금에서 조정하기로 하되, 조정순자산가액이 재무제표상 순자산가액의 15% 미만인 경우에는 조정하지 않기로 하였다. 실사 결과 조정순자가액이 위 15%에 미치지 않아 매매대금을 조정하지 않은 채 거래종결이 되었다. 이후 매수인은 매도인의 진술 및 보장 위반을 이유로 손해배상을 청구하였는데, 계약상 손해액이 매매대금의 1%를 초과하는 경우에만 손해배상을 하도록 정하고 있었고, 매수인은 위 조정순자산가액에 위 진술 및 보장 위반에 따라 조정되지 못한 순자산가액을 합한 가액을 손해액으로 주장하였다. 법원은 "이 사건 매매대금 조정 조항에 따라 매매대금을 조정하지 못한 손해가 이 사건 진술 및 보장 조항 위반에 따른 직접적인 손해에 해당한다고 볼 수도 없다", "회계법인이 대상회사의 순자산가액을 조정한 것은 피고들의 진술 및 보장 조항 위반과는 관련이 없고, 단지 회계평가 방법의 차이에 따라 자산 및 부채에 대한 평가를 달리 한 것에 불과하므로, 이를 피고들의 이 사건 진술 및 보장 조항 위반에 따른 직접적인 손해라고 볼 것도 아니다"라고 판시하고, 진술 및 보장 위반에 따른 손해액만으로는 매매대금의 1%에 미치지 못한다는 이유로 매수인의 청구를 기각하였고, 상고심(대법원 2024. 10. 25. 선고 2020다273007 판결)에서도 상고를 기각하였다.

60) 우호적 M&A의 이론과 실무 2(이병기 집필부분), 310-312면.

그러나 매매대금 조정과 손해배상의 관계는 일률적인 것이 아니라 구체적인 사실관계에 따라 달라질 수도 있다는 점에 유의하여야 한다. 즉, 이 둘이 중첩되는 부분이 있을 수 있고 그 경우 매매대금 조정을 통해서 손해배상이 함께 이루어지거나 반대로 손해배상을 통해서 매매대금 조정의 효과를 달성할 수도 있다. 특히, 기준재무제표에 잘못된 부분이 발견되거나 일정 시점 이후에 특정 항목에 변경이 발생한 경우 조정사유에 해당할 수도 있지만 기준재무제표가 정확하다거나 일정 시점 이후 중대한 부정적 영향이 없었다는 진술 및 보장 위반에 해당하여 손해배상사유가 될 수도 있다. 이 경우 계약서에서 특별히 어느 한쪽만 청구할 수 있다고 정하거나 당사자들이 어느 한쪽만 청구하는 것을 의도하지 않는 한 매수인으로서는 매매대금 조정이나 손해배상 중 어느 하나를 선택할 수 있다고 보아야 한다.[61] 통상 손해배상의 경우 진술 및 보장 항목별 최소손해액(de mimimis), 총손해액기준(basket), 총손해액한도(cap) 등과 같은 금액적 제한이나 절차상 제한이 있을 수 있으므로 매수인 입장에서는 조정절차를 통해서 해결할 수 있는 것이 유리할 것이고, 매도인 입장에서는 이와 같이 중첩되는 범위 내에서는 매수인이 손해배상만을 구할 수 있도록 제한하는 것이 유리할 것이다.

매매대금 조정을 통해서 배상받지 못한 손해가 있는 경우에는 달리 계약에서 매매대금 조정 이후 손해배상청구를 제한하고 있다거나 당사자들이 매매대금 조정 절차를 통해서 해당 쟁점에 대해서는 추가로 이의를 제기하지 않기로 합의하였다고 볼 만한 사정이 있지 않은 이상 추가로 손해배상을 구할 수 있을 것이다. 매수인이 실사를 통해 진술 및 보장 위반 사실을 알 수 있었음에도 매매대금 조정에 반영되지 않은 경우이더라도 마찬가지이다. 매수인이 비록 실사 기회를 갖고 있었다 하더라도 그러한 실사를 통해 대상회사에 존재하는 모든 위험을 발견하기는 어렵고, 매매대금 조정 여부나 범위에 대해서 당사자 간에 의견이 일치하지 않아서 매매대금에 반영되지 않을 수 있기 때문에 단순히 매수인이 실사를 통해 그 위험을 알 수 있었고 매매대금 조정 시 반영되지 않았

61) 같은 견해: 이재규(2024), 442면; 반면, 매매대금 조정과 면책이 모두 적용될 수 있는 사안에서 면책으로 해결해야 한다고 판시한 Northern Data AG v. Riot Platforms, Inc. and Whinstone US, Inc., C.A. No. 2023-0650-LWW (Del. Ch. 2025) 참고. 매매대금 조정 과정에서 종결 재무상태표에 기재된 매출채권과 매입채무의 범위에 관하여 다툼이 발생하여 계약에서 정한 절차에 따라 전문가인 공인회계사가 결정하였다. 그러나 법원은 위 분쟁 사항이 채권이나 채무에 관한 진술 및 보장과 관련된 사항이고, 계약상 진술 및 보장 위반에 대해서는 면책이 유일한 구제수단이라고 규정하고 있는 점, 만일 회계 관련 진술 및 보장에 관한 다툼이 매매대금 조정으로 해결될 수 있다면 면책 조항에 있는 금액 한도가 무의미해질 수 있다는 점 등을 고려하여 위 분쟁 사항은 면책으로 해결되어야 한다고 판단하고 전문가 결정을 취소하였다.

다는 사정만으로 사후적으로 손해배상청구가 제한되어서는 안 된다.[62] 반대로 매매대금 조정을 통해서 이미 매매대금에 반영된 부분이 있다면 그 부분에 대해서는 손해가 없는 것이므로 손해배상을 구할 수 없을 것이다.

라. 기타

1) 현금 외 다른 대가

주식에 대한 대가로 현금이 아닌 다른 자산을 양도하는 경우도 종종 있다. 특히 매수인이 성장가능성이 높은 회사이고 매도인이 대상회사에 대한 투자를 매수인에 대한 투자로 변경(이른바 rollover)하고자 하는 요구가 있는 경우 매도인은 매수인에게 대상회사 주식을 양도하고, 매수인은 매도인에게 매수인 회사 주식을 교부하기도 한다. 이처럼 대가로 매수인 회사 주식을 교부하는 경우 그 주식의 가치를 어떻게 평가할 것인지, 매도인이 매수인 회사에 대해서 실사할 것인지, 매수인이 매수인 회사에 대해서 진술 및 보장을 제공할 것인지 등을 검토하여야 한다.[63]

매수인이 매도인에게 매수인 회사 주식을 교부하는 방법은 i) 상법상 주식의 포괄적 교환을 하는 방법(상법 제360조의2), ii) 일반 신주를 발행하는 방법, iii) 자기주식을 이전하는 방법 등이 있다.

상법상 주식의 포괄적 교환은 어떤 회사("완전모회사")가 다른 회사("완전자회사")의 발행주식 총수를 취득하면서 완전자회사의 주주들에게 완전모회사의 주식을 교부하는 것이다. 그런데 이 절차는 완전자회사의 발행주식 100%를 취득하는 것을 전제로 하므로 일부만 취득하는 거래에서는 활용할 수 없다.[64] 또한 주식의 포괄적 교환을 위해서는 상법에서 정하고 있는 사항을 포함한 계약서를 작성하여 주주총회 특별결의를 받아야 하고(상법 제360조의3), 반대주주의 주식매수청구권이 인정되는 등(상법 제360조의5) 여러 가지 절차상의 제약이 있기 때문에 일반적인 주식매매계약을 체결하면서 이러한 포괄적 교환 절차를 병행하는 경우는 찾기 힘들다.

일반 신주를 발행하는 방법은 현금 조달 또는 타이밍(timing) 문제가 있다. 즉, 여기

62) 서울고등법원 2020. 7. 8. 선고 2019나2008328 판결. 상고심(대법원 2024. 9. 12. 선고 2020다258190 판결)에서 상고기각 확정.

63) Harrison, 67면.

64) 반면, 주식의 포괄적 교환으로 인하여 완전모회사가 완전자회사 주주들에게 지급하는 대가가 완전모회사 주식으로만 구성되어야 하는 것은 아니며, 일부는 현금이나 다른 자산으로 지급할 수 있다. 상법 제360조의3 제3항 제4호 참고.

서 논의하는 신주 발행은 대상회사의 주식에 대한 대가로 매수인의 신주가 지급되는 것이다. 만일 신주발행을 거래종결 시점에 동시에 진행하게 된다면 매도인은 매수인의 신주에 대한 납입을 현금이 아닌 대상회사 주식, 즉 현물로 하는 것이 된다. 이와 같은 현물출자는 일정한 예외에 해당하지 않는 이상 검사인의 조사 또는 감정인의 감정 등 검사 절차를 거쳐 법원의 인가를 받아야 하는바, 법원에 의해 가치평가의 적정성을 심사받게 되는 부담이 있음은 물론 법원 인가를 받기까지 상당한 기간이 소요될 수 있다. 따라서 가능한 현물출자 절차를 거치지 않기 위해서는 현금을 한바퀴 순환(즉, 매수인이 현금으로 매매대금을 온전히 지급하고, 매도인은 지급받은 현금으로 신주인수대금을 납입)시키거나, 아니면 거래종결일과 신주발행일을 충분히 이격시킨 후에 매도인이 보유한 매수인에 대한 매매대금 채권을 매수인 회사 주식으로 출자전환하는 방법을 취할 수 있을 것이다. 다만, 전자는 매수인이 일시적으로라도 현금을 조달해서 매도인에게 지급해야 한다는 단점이 있고, 후자는 매도인이 거래종결 시점에 대가를 모두 지급받지 못하고 신주 발행이 될 때까지 기다려야 한다는 단점이 있다. 어느 경우든 구체적으로 신주 발행을 위해서 필요한 절차를 주식매매계약에 구체적으로 명시해 둘 필요가 있다.

매수인이 자기주식을 이미 소유하고 있다면 자기주식을 이전하는 방법이 절차상 가장 간단하며, 매수인은 주식매매계약 체결에 관한 이사회를 진행하면서 자기주식 처분에 관한 이사회를 동시에 진행하면 된다(상법 제342조). 참고로 매수인이 상장회사라면 자기주식의 처분에 관하여 여러 가지 제약사항이 있는바, 이러한 제약사항에 저촉되지 않도록 하여야 한다. 가령, 일정한 예외에 해당하지 않는 한 취득 후 6개월 이내에는 처분할 수 없다는 점(자본시장법 시행령 제176조의2 제2항 제6호), 이사회에서 결의하여야 할 사항이 비상장회사에 비하여 상당히 많다는 점(자본시장법 시행령 제176조의2 제1항), 자기주식 처분에 대해서는 주요사항보고서 공시도 해야 한다는 점(자본시장법 제161조 제1항 제8호) 등이다. 나아가 매수인의 자기주식을 취득하려는 매도인이 외국인이라면, 외국인이 자신이 소유한 대상회사 주식과 교환으로 국내 상장회사의 주식을 장외에서 취득하는 것은 자본시장법 및 외국환거래법 규제상 쉽지 않다. 이 때문에 실무상 당사자들은 직접 주식을 교환하지 않고 먼저 매도인이 대상회사 주식에 대한 대가로 매수인으로부터 현금을 지급받고, 다시 매도인이 그 현금으로 매수인의 자기주식을 취득하는 방법을 이용한다.

2) Earn-out

일부 매매대금을 거래종결 시 지급하지 않고 일정한 기간 경과 후에 중요 사건(milestone)이 발생하거나 일정한 조건(주로 회사의 매출이나 이익 등 실적과 연계된 조건)을 달성하면 추가로 지급하는 약정을 할 수 있다. 이때 지급되는 대금을 영미 계약에서는 earn-out이라 부르고 특히 상장회사에서는 contingency value right이라고 부르기도 하는데, 국내 계약에서는 일반적으로 통용되는 용어는 없는 것으로 보이고 조건부대가, 성과금액, 추가대금 등 다양하게 부르고 있다.[65)]

Earn-out은 기본적으로 매도인과 매수인의 대상회사에 대한 가치평가, 특히 장래 가치에 대한 기대가 다르다는 점으로부터 출발하여 양자의 차이를 메꾸기 위한 장치라 할 수 있다. 즉, 매도인은 대상회사가 일정한 기간 내에 매출이나 이익이 상당히 늘어나 기업가치도 향상될 것이므로 매매대금을 더 높게 받아야 한다고 생각하고, 매수인은 매도인이 예측한 것보다는 기업가치가 적게 향상될 것이므로 매매대금을 더 낮추어야 한다고 생각하는 경우, 일정한 기간 경과 후에 일정한 조건을 달성하는 경우에만 추가로 대금을 지급하도록 약정함으로써 매도인과 매수인이 타협하는 것이다.[66)] 또 earn-out은 매도인이 대상회사의 경영자로 계속 남아 있는 특수한 상황에서는 매도인으로 하여금 계속하여 대상회사를 최선을 다하여 운영하도록 동기 부여를 하는 기능도 한다. 이때 거래종결 후에 대상회사와 매도인이 별도의 경영 관련 계약이나 선임계약을 체결하면서 earn-out 조항을 넣을 수도 있지만, 경영 관련 계약이나 선임계약에서 성과금을 지급하는 것은 대상회사인 반면 earn-out은 주주가 되는 매수인이 지급하는 것이라는 점에서 차이가 있다. 매수인이 인수하는 대상회사의 가치가 향상되는 것이고 주식매매계약에 기하여 매수인이 그 이익을 취득하는 것이므로 매수인이 earn-out을 지급할 정당한 이유가 있는 것이다.

위와 같이 earn-out 조항은 계약 체결 시점에 매매대금에 대한 당사자들 기대의 간극을 메꾸는 역할을 하지만, 나중에는 earn-out 조건의 성취 여부에 대해서 다툼이 발생하기 쉽다는 점을 주의해야 한다. 거래종결 이후에는 대상회사가 매수인의 지배하에 들어가기 때문에 매수인이 earn-out 지급을 회피하기 위해서 회사 운영을 방임하거나

---

65) 미국의 어느 연구에 따르면 생명과학 분야 기업인수 거래의 60%가 earn-out을 두고 있고, 기타 분야 기업인수 거래의 20-30%가 earn-out을 두고 있다고 한다. Weinstein et al. posting(2021. 11. 30.)

66) Brown & Giles, 34면.

불필요한 지출을 늘릴 가능성도 있고, 이미 대상회사와 연결고리가 끊긴 매도인으로서는 대상회사가 어떻게 운영되고 있는지, 실적 자료가 정확한지 등을 확인할 방법도 없어 지급조건이 충족되지 않았을 때 이를 다툴 여지가 높아진다. 이에 매수인이 조건 성취를 방해한 의심이 들면 매도인은 매수인이 신의성실에 반하여 조건 성취를 방해하였으므로 조건이 성취된 것으로 보아야 한다고 주장할 수 있다(민법 제150조 제1항). 또 매도인은 earn-out을 지급받기 위해서 대상회사의 임직원을 접촉하거나 과거에 가졌던 지위를 이용하여 부당하게 영향력을 행사하려고 할 수도 있다.[67]

이러한 다툼을 방지하기 위해서는 매도인이 대상회사의 운영에 관여하거나 정보를 제공받아야 하나, 이미 대상회사의 주주로부터 벗어난 매도인이 계속 대상회사의 운영에 관여하는 것은 부당하고, 더욱이 회사 운영 시 여러 가지 요소들을 고려해야 할 텐데 매수인으로 하여금 대상회사를 운영하면서 오로지 earn-out 조건 성취를 최우선 과제로 삼으라고 요구하는 것도 부당하다. 결국 계약서를 작성할 때 매도인과 매수인은 각자의 이익을 대변하는 조항들을 넣게 되는데, 매도인은 직접적은 아니더라도 간접적으로 매수인의 회사 운영에 간섭할 수 있는 내용을 넣고, 매수인은 매도인이 간섭할 수 있는 한계가 어디까지인지에 관한 내용을 넣어 계약서 조항이 다소 난잡해질 수 있다. 또한 아무리 조항을 상세하게 쓰더라도 경계선이 불분명한 행위들이 있을 수 있어서 분쟁이 발생하기 쉽다는 것을 유의해야 한다.

tip **매도인** tip: 매도인이 포함시킬 수 있는 내용은 아래와 같은 것이 있다.

- 매수인이 대상회사를 일정한 수준 이상으로(가령, “신의성실에 따라” 또는 “상업적으로 합리적인 최선의 노력을 다하여” 또는 “통상적인 사업과정에 따라”) 운영하여야 한다는 점[68]
- 매수인이 대상회사의 실적자료나 운영에 관한 기록을 어떻게 보관하고 매도인의

67) Pacira Biosciences, Inc. v. Fortis Advisors LLC, C.A. No. 2020-0694-PAF (Del. Ch. 2021)은 피인수회사의 전 임직원 겸 주주(피고) 3인(인수 이후에도 한 명은 피인수회사의 consultant로, 한 명은 인수회사의 Senior Director로 근무함)이 earn-out을 지급받기 위해 인수회사(원고)의 내부 정보를 상호 공유하고, 피인수회사의 전 외부 자문인을 접촉하고, 원고 임직원에게 영향력을 행사한 사안이다. 다만, 계약서에는 원고가 피인수회사를 전적으로 운영할 수 있는 권리와 피고들이 일정한 조건 충족시 earn-out을 지급받을 수 있는 권리가 규정되어 있었을 뿐, 피고들이 조건 성취를 위해 어떠한 행위를 하지 말아야 할 의무에 대해서는 규정하고 있지 않았다. 원고는 피고들이 회사 운영을 방해하지 않을 의무를 위반하였으므로 earn-out을 지급할 수 없다고 주장하였으나, 법원은 위 계약서가 이러한 의무를 명시하고 있지 않다는 이유로 원고 주장을 배척하였다.

68) 여기서 더 나아가 매수인이 취해야 하는 구체적인 조치나 계획까지 명시하도록 요구할 수도 있으나, 매수인 입장

요청이 있을 경우 공개해야 한다는 점
- 매도인에 대한 earn-out 조건 성취나 지급을 방해하는 행위를 해서는 안 된다는 점
- 매수인이 earn-out 조건 성취에 방해가 되거나 지장을 초래할 수 있는 행위를 하기 전에는 매도인과 사전에 협의해야 한다는 점

매도인 입장에서는 이러한 내용이 포함되지 않았을 때에는 매수인이 "신의성실에 반하여 조건 성취를 방해하는 행위"를 하였음을 입증하여야 하는데 무엇이 그러한 행위인지 불분명하고 법원의 재량에 따라 결정되게 된다. 반면, 위와 같이 구체적인 조항을 둔다면 매도인은 위 조항에 반할 경우에 매수인이 신의성실에 반하는 행위를 하였다고 주장함으로써 일응의 구체적인 기준을 제시하는 셈이 된다.

매수인 tip: 매수인이 포함시킬 수 있는 내용은 아래와 같은 것이 있다.

- earn-out 조항에도 불구하고 매수인과 대상회사는 대상회사를 독립적으로 운영하고 주요한 경영행위(가령, 주요한 투자, 인력 감축, 배당 등)를 하는 것은 여하한 경우에도 금지되지 않는다는 점
- 매수인이나 대상회사는 earn-out을 지급하는 것을 목적으로 대상회사를 운영할 필요가 없다는 점
- earn-out 지급은 순수하게 조건 성취 여부에 따라 달라지며 그러한 조건이 성취되지 않으면 지급되지 않을 수 있음을 매도인이 확인한다는 점
- 매도인은 earn-out 조건을 성취하기 위하여 대상회사 임직원, 고객, 자문사, 정부기관 기타 제3자를 접촉하는 등 부당하게 영향력을 행사하거나 노력하지 않는다는 점[69]

Earn-out 기간 동안은 매도인과 매수인이 일종의 합작사업을 하는 관계에 있다고 볼 수도 있다. 매수인이 기업을 인수하여 경영하지만 매도인 역시 추가 대금을 지급받을 수 있는 권리를 보유하고 있기 때문에 양자가 공동의 이익을 추구하고 있는 셈이다. 따라서 earn-out 기간이 남아 있는데 매수인이 제3자에게 기업을 매각할 경우 매도인은 예상치 못하였던 제3자가 기업을 경영하게 되는 것이어서 이를 수용하기 어려울 것이다. 이처럼 매수인이 earn-out 기간 중 제3자에게 주식이나 기업을 매각할 경우 매도인

에서는 언제든지 그러한 조치나 계획을 변경할 권한을 유보하려 할 것이다. Weinstein et al. posting(2021. 11. 30.)

69) 이와 같이 무엇이 금지되는지 명시하는 대신 무엇이 허용되는지 명시하는 방법을 취할 수도 있다. 가령, 매도인으로 하여금 earn-out 조건 성취를 위해 노력할 수 있으나 이는 매수인에게 관련 정보를 제공하거나 매수인 또는 대상회사의 특정 담당자에게 제안하는 행위로 한정된다고 규정하는 것이다. Weinstein et al. posting(2021. 11. 30.)

에게 earn-out을 즉시 지급할 것을 규정할 필요가 있다.[70]

상장회사가 주식매매 거래를 주요사항보고 등으로 공시해야 하는 경우(자본시장법 제161조) earn-out을 매매대금에 포함하여 공시해야 하는지 논란의 여지가 있다. 조건 성취 여부에 따라 지급 여부가 불분명하고 단계적인 조건에 따라 지급 금액이 달라질 경우 금액을 특정하기도 어렵기 때문에 정확한 earn-out을 매매대금에 포함시키는 것이 어려울 수 있지만, 투자자들의 투자판단에 중요한 정보일 수 있기 때문에 조건이 성취되었을 때 최대로 지급될 수 있는 금액을 매매대금에 포함하고 대금지급조건이나 기타 투자판단과 관련한 중요사항에 earn-out의 개요를 기재하는 것이 바람직하다.

3) 상계금지

매도인과 매수인이 기존 거래관계가 있었다면 매수인이 매매대금을 지급하는 대신 매도인에 대한 채권으로 상계하려고 할 수 있다. 또 매수인은 거래종결 이후에 진술 및 보장 위반을 이유로 매도인에 대해 손해배상채권을 가질 수 있고, 거래종결 이후에 매도인에게 추가로 지급하여야 할 금전이 있는 경우(가령, earn-out) 위 손해배상채권과 상계하려고 할 수 있고 상계를 명시적으로 허용하는 규정을 두기도 한다.[71] 따라서 매도인이 매매대금 등을 온전히 지급받고자 한다면 본 계약에서 정하고 있는 바를 제외하고는 상계 기타 어떠한 명목으로든지 공제 등 감액되지 않는다고 규정할 필요가 있다.

5. 거래종결

가. 거래종결의 일시 및 장소

§3(1) – 거래종결

제3조 (거래종결) (1) 본건 거래의 종결(이하 **"거래종결"**)은 제4조에서 정한 거래종결의 조건이 모두 성취되었음을 전제로 O년 O월 O일(단, 이때까지 거래종결의 조건이 모두 성취되지 않은 경우에는 거래종결의 조건이 모두 성취된 날로부터 O영업일이 경과한 날) 오전 O시에 OOO에서 이루어진다. 이하 거래종결이 이루어지는 날을 **"거래종결일"**이라 한다.

70) Harrison, 82면.

71) Harrison, 250, 251면.

거래종결은 일응 대상주식의 매매라는 본건 거래가 완료되는 것(또는 그 순간)을 의미하지만 때로는 거래종결을 위한 일련의 절차나 과정을 의미하기도 한다. 따라서 계약서에 거래종결의 일시를 명시할 때에도 어떤 의미로 사용할지 정한 후에 일관되게 사용하는 것이 바람직하다. 분할이나 합병, 영업양수도 등과 같이 대상회사나 대상회사의 사업 자체가 변경되는 거래에서는 인허가, 회계, 조세, 계약 관리 등 측면에서 변경시점을 특정일의 0시부터로 간주하는 것이 간편하기 때문에 거래종결 일시도 특정일의 0시(때로는 전날 23시 59분)로 명시하는 경우가 많다. 반면, 주식매매 거래에서는 윗단의 주주가 변경되는 거래이고 이러한 주주 변경은 특정일 몇 시에 이루어지든 영향을 받는 법률관계가 거의 없으므로 이 경우 거래종결의 일시는 거래종결을 위한 절차, 가령 당사자들이 거래종결의 조건이 모두 성취되었음을 확인하고, 거래종결 서류들을 서로 교환하고 매매대금이 입금되는 것을 확인하기 시작하는 시간 정도로 이해하고 당사자들이 만나기 편한 오전 10시나 오후 2시 정도로 명시하는 경우가 많다.

거래종결의 장소는 당사자 중 어느 한쪽의 본점 소재지나 당사자를 대리하는 대리인의 사무실 등 적절한 장소를 기재한다. 과거에는 당사자 및 그 대리인들이 한 장소에 실제로 모여서 거래종결 절차를 진행하는 것이 일반적이었으나, 전자문서 작성이나 온라인을 통한 업무처리가 일상화된 후부터는 전자문서를 이메일로 교환하는 등 가상(virtual)으로 거래종결 절차를 진행하는 경우도 늘어나고 있다. 특히 Covid-19 팬데믹으로 인하여 사람들 간 접촉이 어려운 시기를 거치며 가상으로 거래종결을 하는 사례가 상당히 늘어났다.[72] 우리나라에서는 가상 거래종결을 상정하고 있는 경우에도 일단 계약서에는 거래종결 장소를 임의로라도 기재해 두는 것이 실무인 것으로 보이나, 보다 정확하게 계약서에도 당사자들이 거래종결 서류를 이메일, 우편, 팩스 등의 방법으로 교환하고, 거래종결에 필요한 행위를 이행함으로써 거래종결이 원격으로 이루어진다고 명시하는 것이 바람직하다.

거래종결 일시나 장소에 특정 일시와 장소를 명시하는 것에 더하여 “또는 당사자들이 달리 합의하는 일시 및 장소”에서 이루어질 수 있다고 규정하는 경우가 많은데, 원래 계약은 당사자들이 언제든지 다른 내용으로 합의할 수 있으므로 위와 같은 문구는 사족에 불과하고 굳이 추가하지 않아도 될 것이다. 다만, 거래종결은 거래종결의 조건이 모두 성취됨을 전제로 이루어지는데, 당사자들이 임의로 정한 일시까지 거래종결의 조건

72) 미국에서는 이러한 가상 거래종결이 더 일반적이라고 한다. Brown & Giles, 35면.

이 모두 성취되지 않을 수 있으므로 그러한 경우에는 "거래종결의 조건이 모두 성취된 날로부터 O일이 경과한 날"을 거래종결일로 추가할 수 있다.[73]

참고로 계약서에 명시된 특정일을 거래종결일로 지칭하지 않도록 주의하여야 한다(즉, "O년 O월 O일(이하 "거래종결일")"과 같이 기재하지 않아야 함). 선행조건이 성취되지 않는다거나 다른 사정으로 거래종결이 연기될 수도 있고, 그 경우 거래종결일도 거래종결 조항에 명시된 특정일이 아닌 다른 날이 될 수 있으므로 거래종결일은 실제로 거래종결이 이루어지는 날을 의미하도록 하여야 한다.

나. 동시이행

§3(2)–(3) – 거래종결

(2) 매도인은 거래종결일에 매수인이 아래 제3항에 따른 이행을 함과 동시에 아래 각호의 사항을 이행하여야 한다.

1. OOO

(3) 매수인은 거래종결일에 매도인이 위 제2항에 따른 이행을 함과 동시에 아래 각호의 사항을 이행하여야 한다.

1. OOO

계약상 특별히 정하고 있지 않더라도 매매계약의 당사자는 서로 견련관계에 있는 의무와 관련하여 동시이행의 항변권이 있다(민법 제536조). 따라서 매도인과 매수인의 이행기일을 달리한다는 특별한 사정이 없는 이상 양 당사자는 거래종결일에 동시이행을 하여야 할 것이다. 거래종결 시 매도인과 매수인의 이행사항을 명시할 때 상대방이 의무를 이행함과 동시에 이행한다고 명시하는 것은 주의적으로 기재하는 것이다. 이때 견련관계 또는 동시이행관계는 본건 거래인 대상주식의 이전과 매매대금의 지급 사이에서만 인정되는 것은 아니고, 동일한 원인으로부터 발생하는 다른 의무(가령, 본건 거래에 기하여 현직 이사 및 감사가 사임하도록 할 의무)에 대해서도 인정될 것이다.

73) 거래종결일과 거래종결기한의 관계에 대해서는 258면 '거래종결기한' 부분 참고.

대법원 2018. 7. 24. 선고 2017다291593 판결

> "동시이행의 항변권은 공평의 관념과 신의칙에 입각하여 각 당사자가 부담하는 채무가 서로 대가적 의미를 가지고 관련되어 있을 때 그 이행에 있어서 견련관계를 인정하여 당사자 일방은 상대방이 채무를 이행하거나 이행의 제공을 하지 아니한 채 당사자 일방의 채무의 이행을 청구할 때에는 자기의 채무 이행을 거절할 수 있도록 하는 제도이다. 이러한 제도의 취지에서 볼 때 당사자가 부담하는 각 채무가 쌍무계약에서 고유의 대가관계에 있는 채무가 아니더라도, 양 채무가 동일한 법률요건으로부터 생겨서 대가적 의미가 있거나 공평의 관점에서 보아 견련적으로 이행시킴이 마땅한 경우에는 동시이행의 항변권을 인정할 수 있다."

거래종결의 조건으로 규정된 사항들도 대상주식의 이전이나 매매대금의 지급과 같은 주된 의무와 동시이행 관계에 있는지 문제가 될 수 있다. "선행"조건이라는 표현 때문에 마치 선행조건은 거래종결일 전에 주된 의무를 이행하기에 앞서 모두 성취되어야 하는 것으로 오해할 수 있으나, 반드시 그런 것은 아니고 개별 계약에서 거래종결 조항과 선행조건 조항을 어떻게 규정하고 있는지에 따라 달라질 것이다. 많은 계약이 거래종결일에 최종적으로 선행조건 성취와 주된 의무 이행이 함께 이루어질 것을 정하고, 거래종결 서류로 선행조건 성취를 입증하는 서류를 제공하도록 함과 동시에 선행조건에는 계약상 의무(여기에는 주식의 이전과 매매대금 지급이 포함됨)를 이행할 것을 포함하여 거래종결과 선행조건 성취가 동시에 이루어지는 것을 전제로 규정하고 있는데, 이런 경우에는 선행조건에 규정된 사항들도 주된 의무와 동시이행 관계에 있다고 할 수 있다.[74] 반면, 거래종결이 선행조건 성취로부터 일정 기간 이후에 이루어지도록 정하고 있다면 선행조건 성취가 선행되어야 함은 당연하다.

매도인이나 매수인이 다수인 다수당사자 계약에서는 복수인 당사자 중 일부가 채무이행을 거절하거나 선행조건을 성취하지 못하거나 기타 문제가 있어서 거래종결을 못하는 경우 다른 당사자들 사이에서는 그대로 거래종결을 할지 문제 된다(가령, 매도인 1과 매도인 2가 매수인에게 주식을 매도하는 거래에서 매도인 1이 주식을 이전하지 못하게 되는 경우 매도인 2는 주식을 이전해야 하는지). 계약상 특별히 명시하고 있지 않는 이상 개별 매도인 또는 개별 매수인은 각자 주식을 매매하는 것이기 때문에 단지 하나의 계약서가 작성되었다고 하여 상호 의무의 이행을 조건부(즉, 다른 모든 당사자의 의무 이행을 조건으로자기도 의무를 이행함)로 해석할 이유는 없다.[75] 그런데 통상 매도인 측도 자기가 가진 주식

---

74) 대법원 2013. 6. 13. 선고 2011다73472 판결.

을 전부 매각하지 않고는 완전한 투자 회수가 불가능하고, 매수인 측도 매도인 측이 가진 주식을 전부 매수하지 않고는 대상회사 경영에 차질이 있을 수 있으므로, 이와 같이 복수인 당사자 중 일부라도 거래종결이 이루어지지 않으면 다른 당사자들의 거래종결도 이루어지지 않는 것으로 거래종결 조항에서 규정하는 경우가 많고, 이 경우 선행조건 조항에서도 다른 당사자들의 의무 이행을 조건으로 넣기도 한다.

다. 거래종결 행위 및 서류

거래종결 조항에는 매도인과 매수인 각자가 거래종결일에 상대방에게 이행해야 할 사항과 제공해야 하는 서류를 명시한다. 거래종결 서류는 거래종결일에 당사자들이 교환하여야 하는 서류이지만, 거래종결일 당일 원활하고 신속한 절차 진행을 위해서 통상 거래종결일 전에 모든 서류를 준비하고, 내용이 중요한 서류는 사전에 그 사본이나 초안을 제공하여 검토할 수 있게 하고(필요할 경우 수정을 요청하여 반영하도록 함), 당사자들이 미리 자신의 대리인에게 원본을 제공하여 맡겨두었다가 거래종결일에 거래종결의 조건이 모두 성취되었음을 확인하면 상대방에게 제공하도록 지시하는 것이 일반적인 실무이다.

1) 매도인 측 의무

§3(2) – 거래종결 – 매도인 측 의무

1. [대상주식을 표창하는 주권을 매수인에게 교부하는 방법으로 대상주식을 제한부담이 없는 상태로 매수인에게 이전 / 제한부담이 없는 상태로 대상주식을 계좌대체 방법으로 매수인이 지정한 증권계좌로 이전(매수인은 거래종결일 3영업일 전까지 매도인에게 매수인 명의의 증권계좌 정보를 제공하여야 함)]
2. 매수인이 대상주식을 소유한 대상회사의 주주임을 명시한 주주명부를 매수인에게 교부
3. 매매대금에 대한 영수증을 매수인에게 교부
4. 본 계약의 체결 및 이행을 승인하는 내부수권서류를 매수인에게 교부

75) 계약을 해제하는 경우 민법 제547조에 따라 복수인 당사자들 사이에 불가분성이 인정되나, 계약 해제의 불가분성이 인정된다고 하여 당연히 계약 이행까지도 상호 조건부로 이루어져야 한다고 해석하기는 어렵다. 계약 해제의 불가분성에 대하여는 아래 266면 '해제권자 및 해제절차' 부분 참고.

5. 대상회사의 이사 및 감사의 사임서 및 사임등기에 필요한 서류를 매수인에게 교부
6. 매수인이 지정한 자를 이사 및 감사로 선임하는 내용의 공증된 주주총회 의사록 사본 및 기타 선임등기에 필요한 서류를 매수인에게 교부

매도인의 제일 중요한 의무는 대상주식의 양도이다. 주식의 양도는 원칙적으로 주권을 교부하는 방법으로 하고(상법 제336조 제1항), 주식이 전자등록되어 있는 상장주식이라거나 한국예탁결제원에 예탁되어 있는 경우에는 계좌대체를 하는 방법으로 한다(자본시장법 제311조 제2항, 주식·사채 등의 전자등록에 관한 법률 제30조). 주권을 교부하는 경우에는 거래종결일에 매수인 및 그 대리인이 주권에 기재되어야 할 사항이 모두 기재되어 있는지 확인하고, 주권번호도 주주명부에 기재되어 있는 것과 일치하는지 대조하며, 주권 이면에 매수인의 성명과 주소를 배서하고 대상회사가 날인하도록 한 후 주권을 교부받는다. 계좌대체 방법의 경우에는 매도인이 매수인의 계좌정보를 알아야 하므로 사전에 매수인이 매도인에게 계좌정보를 제공하여야 하는 점에 대해서 계약서에 명시한다.

주식이 주권도 발행되어 있지 않고 전자등록도 되어 있지 않은 경우에는 지명채권 양도의 방법에 준하는 방법으로 양도할 수 있다. 지명채권 양도는 당사자들 사이의 합의만으로 가능하다. 이때 매수인은 주식매매계약서, 영수증, 확인서 등을 통해 양수 사실을 증명함으로써 단독으로 대상회사에 대하여 명의개서를 청구할 수 있다.[76] 그러나 주식매매에 따라 매도인은 매수인이 그 주식에 관하여 완전한 권리 내지 이익을 누릴 수 있도록 할 의무를 부담하고, 이에 따라 회사 이외의 제3자에 대해서도 주식의 양도를 대항할 수 있도록 해 줄 의무를 부담하므로,[77] 실무적으로는 제3자에 대한 대항력을 갖는 방법으로 양도하도록 약정한다. 통지에 의해 양도할 경우 도달 여부에 대해서 다툼이 있을 수 있으므로 통지보다는 승낙을 받는 방법을 취하고, 제3자에게 대항할 수 있도록 확정일자 있는 증서에 의하도록 하는 것이 일반적이다. 이 경우 매도인이 매수인에게 제공하는 서류는 대상회사가 작성한 주권미발행확인서와 확정일자 있는 주식양도승낙서이다. 참고로 회사성립 후 또는 신주 납입기일 후 6개월이 경과하기 전에는 주권 발행 전 주식양도가 효력이 없으므로(상법 제335조 제3항) 이때에는 대상회사로 하여금 주권을 발행하도록 하고 그 주권을 교부하는 절차로 진행하여야 함을 주의하여야 한다.

---

76) 주식회사법대계 I(장경찬 집필부분), 818면; 김/노/천, 214면; 대법원 2019. 4. 25. 선고 2017다21176 판결 등.

77) 대법원 2012. 11. 29. 선고 2012다38780 판결.

주식의 이전은 주주명부에 기재하지 않으면 회사에 대해서 대항하지 못하므로(상법 제337조 제1항) 통상 매수인은 자신을 대상주식에 관한 주주로 명시한 주주명부도 대상회사의 날인을 받아서 제공하도록 매도인에게 요구한다. 단순히 매수인이 주식양도 사실을 회사에 통지한 것만으로는 회사에 명의개서를 요구한 것으로 볼 수 없기 때문에 명의개서는 별도로 이루어져야 한다.[78]

매매대금에 대한 영수증은 매매대금이 입금되는 것을 확인한 후에 교부하며, 계약금을 지급받은 것이 있으면 해당 영수증에 그 사실을 함께 기재하기도 한다.

최대주주가 변경되거나 경영권이 이전되는 거래에서는 기존 주주가 선임한 임원들을 모두 교체하는 경우가 많고 이를 위해서 현직 이사 및 감사들은 사임하고, 매수인이 지정하는 자들을 신규 이사 및 감사로 선임하는 절차가 필요하다. 현직 이사 및 감사로부터는 사임서와 사임등기에 필요한 서류들을 받아야 하는데, 매도인이 제공하는 서류들로 사임등기를 문제 없이 마칠 수 있는지 사전에 반드시 확인하여야 한다. 현직 임원들은 중도에 퇴사하게 되어 불만이 있을 수 있고 매수인과는 아무런 연결고리가 없고 협조할 이유도 없어 거래종결일 이후에 매수인이 서류 미비 등으로 다시 접촉하여 서류를 제공받는 것이 용이하지 않을 수 있기 때문이다.

매수인이 지정하는 이사 및 감사를 선임하기 위해서는 주주총회를 개최하여야 하는데 주주총회 개최 시기를 둘러싸고 당사자들 간에 이견이 있을 수 있다. 매도인 입장에서는 돌발상황으로 인하여 거래종결이 되지 않을 가능성이 있는데, 그럼에도 불구하고 거래종결 전에 주주총회를 개최하여 매수인 측 임원을 선임하는 것을 주저할 수 있다. 매수인 입장에서는 비록 경영권 인수 이후에 주주총회를 개최하여 임원을 교체할 수 있지만 그렇게 되면 짧게나마 매도인 측 임원이 대상회사를 운영하는 기간이 있게 된다.

이러한 양자 간의 이해를 절충하기 위하여 i) 거래종결 전에 주주총회 일자를 거래종결일로 하는 주주총회 소집통지를 하게 하고, 거래종결일에 매도인이 매수인에게 의결권위임장을 교부하여 거래종결일 당일에 개최되는 주주총회에서 매수인이 자신이 원하는 이사 및 감사를 선임하도록 하는 방법을 취하기도 한다. ii) 만일 비상장회사의 100% 지분을 매각하는 거래라면 매도인이 거래종결 전에 아무런 조치도 취하지 않고 매수인이 거래종결일에 바로 주주총회 소집기간을 단축(이를 위해 주주인 매수인이 주주총회 소집기간 단축동의서를 작성해야 함)하여 주주총회를 개최하여 임원을 교체할 수도 있다.

---

78) 대법원 1995. 7. 28. 선고 94다25735 판결.

iii) 이 외에 거래종결일 전에 주주총회를 개최하되 거래종결이 되는 것을 조건으로 결의를 하는 방법도 이용되기는 하나,[79] 이 경우에는 그러한 조건부 주주총회 결의를 바탕으로 이사 선임 등 등기를 하는 데 문제가 없는지, 필요한 서류가 무엇인지 사전에 확인해 둘 필요가 있다.[80] iv) 마지막으로 편법이기는 하지만 주주구성이 단순하고 거래종결이 거의 확실시되는 거래에서는 간편하게 거래종결일에 이사 및 감사를 선임하는 내용의 주주총회 결의가 있다는 전제하에 주주총회 의사록을 준비하고, 거래종결이 이루어지면 그 주주총회 의사록을 매수인에게 교부하고 거래종결이 이루어지지 않으면 해당 의사록을 파기하고 주주총회가 없던 것으로 간주하는 방법도 이용된다.

이 외에 비록 진술 및 보장을 통해서 보호받을 수 있기는 하지만 계약의 적법한 체결 및 이행을 확인하기 위하여 매도인의 내부수권서류(가령, 매도인 회사의 이사회에서 계약의 체결 및 이행을 승인하였음을 보여주는 이사회의사록)를 제공하도록 요구하기도 하고, 대상회사에 미납 세금이 없음을 확인하기 위하여 대상회사에 대한 국세완납증명서를 제공하도록 요구하기도 한다. 또 외국인 매수인이 관여하는 거래의 경우 일정한 법적인 사항(가령, 법인의 설립 및 존속, 주식의 적법한 발행 여부, 계약의 집행가능성 등)에 대해서 매도인 측 법률자문사로 하여금 법률의견서(legal opinion)를 작성하여 매수인에게 제공할 것을 요구하는 경우도 있다.[81]

2) 매수인 측 의무

§3(3) – 거래종결 – 매수인 측 의무

1. 매매대금에서 계약금을 차감한 금액을 매도인이 지정한 은행계좌에 즉시 결제가능한 원화로 송금하는 방법으로 매도인에게 지급(매도인은 거래종결일 3영업일 전까지 매수인에게 매도인 명의의 은행계좌 정보를 제공하여야 함)

---

79) 주주총회 결의에 조건을 붙일 수 있는지 여부에 관하여 견해가 대립하나, 조건이 명확하게 특정되어 단체적 법률관계를 불안정하게 할 우려가 없다면 허용된다고 보는 데 이견이 없다. 김/노/천, 337면; 이철송, 584면도 원칙적으로 결의에 조건을 붙일 수 없다면서도 주식양수도계약이 종결되는 것을 조건으로 한 임원 선임 결의는 회사에 혼란을 야기한 바 없으므로 유효하다고 한다.

80) 우호적 M&A의 이론과 실무 2(이영민, 김태오 집필부분), 238면은 실무상 주주총회 의사록과 함께 새로 선임될 임원의 취임승낙서, 기존 임원의 사임서, 거래종결사실을 증명하기 위한 대표이사 작성의 진술서 정도 요구되고 계약서 사본이 요구될 가능성도 배제할 수 없다고 한다.

81) 정영철, 1146면; 국내 당사자만 관여하는 M&A 계약에서 요구되는 경우는 드물지만 인수금융 계약이나 IPO 시 인수계약에서는 자주 요구된다.

2. [대상주식을 표창하는 주권의 수령을 확인하는 영수증을 매도인에게 교부]
3. 본 계약의 체결 및 이행을 승인하는 내부수권서류를 매도인에게 교부

매수인의 제일 중요한 의무는 매매대금을 지급하는 것이다. 만일 계약금을 계약 체결 시 지급하였다면 매매대금에서 계약금을 차감한 금액만 지급하면 되는데, 계약 체결과 거래종결 사이에 간격이 큰 경우에는 계약금 원금뿐만 아니라 계약금에 발생한 이자를 함께 차감하여 지급하는 것으로 규정하기도 한다. 매도인이 복수인 계약에서는 매수인의 편의를 위해서 매도인 대표를 지정하여 그 대표 명의의 계좌로 매도인들에 대한 매매대금 총액을 지급하고, 매도인 대표가 매도인들 간에 분배하는 절차를 거치기도 한다.

당사자가 외국인이어서 매매대금이 해외에서 송금되는 경우 거래종결일 당일 송금이 가능한지 여부를 확인할 필요가 있고, 만일 당일 송금이 불가능하면 사전에 국내은행에 계좌를 개설하거나 국내 법인에 에스크로를 해 두었다가 지급하는 방법을 고려할 수 있다. 매매대금이 과다하고 매도인과 매수인 은행이 다를 경우 한 번에 송금이 불가능하고 매매대금을 분할하여 여러 차례 송금해야 할 수 있는데 거래종결 절차를 오후 늦게 시작하면 당일 매매대금 전액을 송금하지 못할 우려도 있다. 따라서 사전에 은행과 협의하여 매매대금 전액을 송금하는 데 어느 정도 시간이 필요할지 확인해 두는 것이 안전하다. 아니면 지준이체를 통해서 한 번에 고액의 매매대금을 이체할 수도 있는데 이 경우에는 지준이체를 위해 은행에 어떤 정보를 제공해야 하는지, 지준이체가 가능한 시간이 언제인지 미리 은행에 확인할 필요가 있다. 계좌이체를 위해서는 매수인이 매도인의 계좌정보를 알아야 하므로 사전에 매도인이 매수인에게 계좌정보를 제공하여야 하는 점에 대해서도 계약서에 명시한다.

매수인이 제공받는 매매대금 영수증에 대응하여 매도인도 매수인에게 주권을 수령하였음을 확인하는 영수증을 요구하는 것이 일반적이다. 다만, 대상주식이 전자등록된 주식인 경우 주식의 이전 여부를 온라인상으로 쉽게 확인하고 증명할 수 있으므로 따로 영수증을 요구하지 않는 경우가 더 많다.

매수인이 매도인 회사의 내부수권서류를 요구하는 경우에는 이에 대응하여 매도인도 매수인 회사의 내부수권서류를 제공하도록 요구한다.

매수인이 계약금 반환을 담보하기 위하여 매도인 명의 계좌 위에 질권을 설정해 놓은 경우[82]에는 거래종결일에 매수인이 질권 소멸을 위해 필요한 서류를 매도인에게 제공하도록 한다.

6. 선행조건

§4(1)–(2) – 거래종결의 조건

제4조 (거래종결의 조건) (1) 매수인이 거래종결을 할 의무는 아래 각호의 조건이 모두 성취되는 것을 조건으로 한다.

1. OOO

(2) 매도인이 거래종결을 할 의무는 아래 각호의 조건이 모두 성취되는 것을 조건으로 한다.

1. OOO

가. 선행조건의 의의 및 법적 성격

선행조건(condition precedent)은 당사자들의 거래종결 의무가 발생하기 위해 성취되어야 하는 조건이다. 선행조건이 있다면 후행조건(condition subsequent)도 생각할 수 있지만 일반적으로 후행조건을 따로 규정하지는 않는다. 사후적으로 계약을 무효로 돌리는 조건은 결과적으로 계약해제 사유와 같은 것이어서 이는 해제 조항에서 다루면 충분하기 때문이다.[83] 결국 M&A 계약에서 사용되는 조건은 모두 거래종결 전에 성취되어야 하는 조건들 뿐이고, 굳이 우리나라 법에서 사용되지 않는 "선행"조건이라는 용어를 쓸 이유는 없기 때문에 "거래종결의 조건" 정도로 기재하는 것이 바람직하다.[84]

계약 체결과 동시에 거래종결을 하는 거래에서는 선행조건을 규정하지 않는 것이 일반적이지만, 계약 체결과 거래종결 사이에 일정한 간격을 두는 거래에서는 대부분 선행조건을 규정한다.[85] 선행조건을 두는 이유도 이러한 시간적 간격과 관련되어 있다.

---

82) 위 68면 '계약금' 부분 참고.

83) Restatement (Second) of Contracts에서도 이러한 후행조건을 조건으로 다루지 않고 계약의 종료(termination) 문제로 다룬다. 미국사법의 이해(공영진 집필부분), 139면.

84) 영미 계약에서도 condition precedent를 condition으로만 표현해도 충분하다는 견해로는 Adams, 71면.

85) 이러한 간격을 두는 이유에 대해서는 위 11면 '거래종결' 부분 참고.

첫째로 시간적 간격을 초래한 사유(즉, 거래종결을 연기하게 된 사유)를 해소하기 위한 것이다(아래 예시 조항 제4조 제1항 4, 5호가 여기에 해당함). 가령, 거래종결을 위하여 정부승인이나 제3자승인을 받을 필요가 있어서, 또는 실사 결과 발견한 위험을 치유할 필요가 있어서 거래종결을 미룬 경우에 그러한 승인을 받거나 위험을 치유하는 것을 거래종결의 조건으로 규정하는 것이다. 둘째로 시간적 간격으로 인한 차이를 메꾸기 위한 것이다(아래 예시 조항 제4조 제1항 1, 2, 3, 6호가 여기에 해당함). 다른 말로 계약 체결 시점의 합의 내용과 현상을 거래종결 시까지 유지하기 위한 것이다. 가령, 계약 체결과 동시에 거래종결이 된다면 진술 및 보장의 기준시점이 문제 되지 않는다. 반면, 거래종결 시점이 뒤로 미루어지면 계약 체결 시에 했던 진술 및 보장이 거래종결 시에 그대로 유지되지 않을 수 있기 때문에 계약 체결 시점에 제공된 진술 및 보장이 거래종결 시에도 정확할 것을 조건으로 규정하는 것이다. 물론 당사자는 진술 및 보장의 기준시점으로 계약 체결일뿐만 아니라 거래종결일을 포함하는 방법으로 보호받을 수도 있다. 그러나 이 경우 당사자가 거래종결 시 상대방의 진술 및 보장 위반을 발견하더라도 상대방에 대해 손해배상청구권만 가질 뿐 거래종결 자체를 거부할 수 없으므로 선행조건으로 포함하는 방법보다 약하게 보호받는다.

선행조건은 거래종결의 확실성이나 구속력을 약화시킨다는 측면에서 거래를 빠르게 진행하고자 하는 당사자들이라면 별로 반기지 않고 최대한 간단하게 줄이고자 할 것이지만, 가격 유동성이 큰 시장이라거나 경제 상황이 급변하는 시절이어서 더 좋은 조건으로 거래하거나 불리한 사정 발생 시 거래를 회피(walk away)할 가능성을 열어두고 싶은 당사자라면 선행조건을 최대한 엄격하고 상세하게 늘리려고 할 것이다. 일반적으로 매도인은 이미 대상회사를 처분하기로 의사결정을 하고 최대한 조속히 매매대금을 받으면 좋은 입장이기에 선행조건을 적게 넣으려 하고, 매수인은 대상회사 취득으로 인하여 만에 하나 있을 위험을 최대한 제거해야 하는 입장이기에 선행조건을 많이 넣으려는 경향이 있다.

선행조건의 법적 성격에 관하여 조건이 성취한 때에 거래종결 의무의 효력이 발생하는 정지조건으로 보는 것이 일반적이지만,[86] 조건이 성취되지 않으면 거래종결을 거절할 수 있는 항변권으로 보는 견해도 있다.[87] 정지조건으로 보는 경우 조건 성취에 따

86) 미국사법의 이해(공영진 집필부분), 141면; 우호적 M&A의 이론과 실무 2(천경훈 집필부분), 42면.
87) 우호적 M&A의 이론과 실무 2(이영민, 김태오 집필부분), 216면.

라 권리를 행사하려는 자에게 입증책임이 있고,[88] 항변권으로 보는 경우 조건 불성취에 따라 권리 행사를 저지하려는 자에게 입증책임이 있다는 점에서 약간의 차이가 있을 수 있으나, 결국 소송에서는 어떤 사실이 존재한다는 적극적 사실을 통해 이익을 받는 당사자가 그 사실을 주장하고 입증하게 된다는 점에서 실질적으로 큰 차이는 없다. 위에서 살펴본 바와 같이 선행조건은 거래를 회피하기 위한 수단으로 추가된다는 점에서 항변권으로 보는 견해도 납득할 수 있으나, 실무상 계약서에 일반적으로 사용되는 문구는 정지조건에 가까운 것으로 보인다. 따라서 당사자들이 다르게 정하지 않은 이상 선행조건에 대해서는 정지조건에 관한 법리가 적용될 것이다.

통상 M&A 계약에 포함되는 선행조건은 당사자의 거래종결 의무가 발생하기 위한 조건이지 계약 전체의 효력이 발생하기 위한 조건이 아니다. 따라서 해당 조건의 성취 여부는 거래종결 의무의 발생 여부를 좌우할 뿐 다른 조항의 효력에는 영향이 없다. 민법상 조건에 관한 규정(제147조 내지 제151조)은 법률행위(계약) 전체에 붙는 조건을 전제로 한 규정들이지만, 법률행위 일부에 붙는 조건도 허용되므로 거래종결 의무가 발생하기 위한 조건들에도 민법 규정들이 준용된다.

나. 선행조건 성취 또는 불성취의 효과

선행조건이 성취되면 그 조건이 붙은 약정의 효력이 발생하므로 당사자는 그 약정상 의무를 이행해야 한다. 계약이행의 측면에서 본다면 선행조건이 성취되면 당사자는 상대방에 대해서 특정이행을 구할 수 있고, 이를 이행하지 않을 경우 강제집행을 구할 수 있다는 것이다. 이때 선행조건이 성취되는 것은 실제로 그 조건이 성취되는 경우뿐만 아니라 상대방이 그 조건 성취를 방해하여 법적으로 조건이 성취된 것으로 간주되는 경우도 포함한다(민법 제150조).[89]

그런데 이와 같이 조건이 성취된 것으로 간주되는 경우에는 강제집행이 어려운 경우도 있을 수 있다는 점을 유의해야 한다. 가령, M&A를 위해 정부승인을 받아야 하고 이를 선행조건으로 추가한 경우에 상대방이 정부승인을 받는 것을 방해하여 조건이 성취된 것으로 주장할 수 있더라도 현실적으로 그 정부승인을 받지 않는 이상 거래종결을

88) 대법원 1983. 4. 12. 선고 81다카692 판결.

89) 미국에도 당사자가 계약을 불이행하여 자신의 의무에 붙은 조건이 성취되지 않는데 기여하였다면 그 당사자는 조건 불성취를 주장할 수 없다는 법리로서 prevention doctrine이 존재한다.

하지 못하거나 거래종결을 하더라도 무효로 판단될 수 있다. 또, 만일 매수인이 자금조달을 위해 대출을 받는 것을 선행조건으로 추가한 경우에 매수인 스스로 그 대출을 받으려는 노력을 하지 않아 매도인은 해당 조건이 성취된 것으로 주장할 수 있더라도 매수인이 대출을 받지 못해 자금이 없는 이상 소송으로 매매대금 지급을 구할 실익이 없게 된다.[90] 따라서 당사자들로서는 개별 조건별로 그것이 성취되지 않았을 때 상대방의 방해행위가 있었다면서 성취되었다고 주장할 실익이 있는지, 아니면 다른 구제수단을 마련할 필요가 있는지를 검토해야 한다. 가령, PEF가 매수인인 거래에서 통상 PEF는 사원들로부터 출자를 받고 여신기관으로부터 대출을 받아서 자금을 조달하고, 그러한 자금조달을 받는 것을 거래종결 조건으로 추가하는 경우가 있다. 이때 매도인 입장에서는 매수인이 자금조달을 받지 못한 경우에 계약이행을 구하는 것이 실익이 없을 것이므로 매수인이 자금조달 실패 시 위약금을 지급하도록 하고, 그 GP로부터 보증(이른바 fund guarantee)을 받는 등의 방법을 고려할 수 있을 것이다.[91]

선행조건이 성취되지 않는 경우의 효과에 대해서는 선행조건 조항에서 따로 규정하지 않는 것이 일반적이지만 거래종결 의무에 대한 정지조건이므로 거래종결을 할 의무가 발생하지 않는다. 그런데 매수인 측 선행조건과 매도인 측 선행조건을 구분해서 규정하고 어느 한쪽에만 조건으로 규정되어 있는데 만일 그 조건이 성취되지 않았다면 그 법적효과가 어떻게 되는가? 가령, "중대한 부정적 영향이 없을 것"을 매수인 측 선행조건으로만 규정하고 있는데 중대한 부정적 영향이 발생하였다고 하자. 그 경우 문언상으로는 매수인 측 거래종결 조건이 성취되지 않았으므로 매수인이 거래종결을 할 의무는 없다. 반면, 매도인 측 거래종결 조건에는 포함되어 있지 않기 때문에 (다른 조건이 모두 성취되었다면) 매도인은 그대로 거래종결을 할 의무, 특히 주식을 이전할 의무를 그대로 부담하는지 의문이 제기되는 것이다.

그런데 주식매매계약에서 거래종결은 양 당사자가 모두 의무를 이행하는 것을 전제로 한 개념이지 어느 일방만이 의무를 이행하는 것을 의미하지는 않는다. 만일 이와

90) Snow Phipps Group, LLC v. KCAKE Acquisition, Inc., C.A. No. 2020-0282-KSJM (Del. Ch. 2021)은 계약상 매도인이 특정이행을 구하기 위해서 매수인이 대출을 받는 것이 조건으로 되어 있었는데 매수인이 대출을 받으려는 노력을 하지 않았고, 매도인은 매수인이 조건 불성취를 주장할 수 없다며 매수인의 계약이행을 구한 사안이다. 이 사안에서도 매수인이 대출을 받지 못하였으므로 매도인이 계약이행을 구할 실익이 있는지 의문이 있었으나, 원래 매수인에게 대출해 주기로 약속한 기관들이 본래 약속한 조건으로 대출해 줄 의향이 있었고, 또 그와 유사한 조건으로 대출을 받을 수 있는 상황이라는 점을 고려하여 법원은 그대로 계약이행을 명하였다.

91) Salerno et al. posting(2021. 5. 27.)

같이 어느 일방만이라도 조건을 성취하면 그 의무를 이행하는 것을 예정하였다면 그러한 점을 보다 분명하게 계약에 명시하는 것이 바람직하다. 통상 거래종결 조항에서도 거래종결은 선행조건 조항에 규정된 매도인과 매수인 양 당사자의 선행조건이 모두 성취되는 것을 전제로 이루어진다고 규정하고, 더욱이 각 당사자의 의무는 상대방의 의무와 동시이행을 한다고 규정하기 때문에 어느 한쪽의 선행조건이 성취되지 않았다고 하여 다른 당사자만 거래종결 의무를 다해야 한다고 해석하는 것은 불합리하다.

따라서 선행조건이 성취되지 않았을 때에는 그 선행조건이 성취되지 않은 당사자가 거래종결을 하지 않는 것이 허용되고, 그로 인하여 발생하는 결과에 대해서는 어떠한 책임도 부담하지 않는다는 의미를 가지며, 이때 상대방 역시 거래종결을 할 수 없게 되는 것이다. 물론 선행조건이 성취되지 않은 당사자는 그 조건을 포기하고 그대로 거래종결을 하는 것도 허용되고, 이때 상대방은 그 조건이 성취되지 않았음을 항변하지는 못한다.

위와 같이 선행조건이 성취되지 않았다고 하여 계약이 자동으로 해제되는 것은 아니고 일반적으로는 해제 조항에 거래종결기한을 규정하여 그 기한까지 거래종결이 되지 않으면 그때 계약이 해제되도록 한다. 물론 계약에 따라서는 이와 같은 거래종결기한도 따로 명시하지 않고 선행조건 불성취도 치유될 수 없어서 거래종결이 장기간 이루어지지 않는 사안들도 있는데, 그런 경우에는 양 당사자가 거래를 이행하는 것이 불가능해져서 묵시적으로 합의해제된 것으로 보는 경우도 있을 것이다.

한편, 조건이 성취되지 않은 경우에도 그 조건 성취로 이익을 받을 당사자는 해당 조건을 포기할 수 있다. 민법은 기한의 이익 포기에 관한 조항(민법 제153조 제2항)만 두고 조건의 포기에 관한 조항은 따로 두고 있지 않으나, 당사자가 권리를 포기하는 것도 가능한데 권리에 붙은 부관인 조건을 포기하는 것이 불가능하다고 볼 이유가 없다. 물론 포기는 해당 조건의 성취로 이익을 받을 당사자가 포기해야 효력이 있으므로, 만일 어떤 조건이 매도인과 매수인 모두의 이익을 위해서 존재하는 것이라면, 양 당사자 모두가 포기해야 해당 조건의 불성취에도 불구하고 거래종결에 나아갈 수 있을 것이다.

이와 같이 상대방이 어느 조건을 성취시키지 못하였음에도 불구하고 당사자가 이를 포기하고 계약을 이행한 경우 조건 불성취에 대해 책임이 있는 상대방을 상대로 손해배상도 청구할 수 없는지 문제 될 수 있고, 이는 해당 조건 포기와 함께 손해배상청구권까지 함께 포기한 것인지 아니면 손해배상청구권은 유보하였는지에 대한 의사해석의 문제이다.[92] M&A 계약서의 기타 조항에 일반적으로 포기 관련 조항이 추가되고 여기에는 어느 권리의 포기가 다른 권리에는 영향을 미치지 않는다는 내용이 포함된다. 이러한 조항에 비추어 보면, 어떤 조건을 서면으로 포기하고 거래종결을 하겠다고 명시하였다고 하더라도 다른 조항에 명시된 손해배상청구권까지 당연히 포기한 것으로 보기 어렵다고 해석될 가능성이 높다. 그러나 어떤 조건을 포기하면서 이와 관련해서 일체 권리를 행사하거나 주장하지 않겠다고 명시하였다거나 당사자의 행위에 비추어 해당 조건 불성취에 대해서 사후적으로 문제삼지 않겠다고 추단할 수 있는 사정이 있다면 손해배상청구권까지 포기하였다고 볼 여지가 있고, 경우에 따라서는 신의칙의 파생원칙인 금반언의 원칙에 반하여 허용되지 않는다고 볼 수도 있다. 어느 경우든 조건을 포기하는 서면이나 거래종결절차와 효력에 대해서 확인하는 closing memorandum에 선행조건 포기의 취지와 효과를 명확하게 기재하는 것이 바람직하다.

다. 매수인 측 선행조건

위에서 설명한 바와 같이 매수인은 거래로 인한 위험을 최대한 제거하고 안전한 회사를 인수하기 위해서 자기에게 필수적이라고 생각되는 조건들을 추가한다. 어떤 조건을 추가할 수 있는지 별다른 제한이 없고 개별 거래마다 사정이 다르기 때문에 선행조건의 내용도 매우 다양할 수 있다.

대표적으로 거래종결 시점에 진술 및 보장이 정확할 것, 거래종결 시점까지 이행하여야 할 확약 기타 의무를 이행하였을 것, 계약 이행 등을 금지하는 정부기관 조치가 없을 것, 정부승인을 받았을 것, 중요한 제3자승인을 받았을 것, 중대한 부정적 영향이 없을 것 등과 같은 조건들이 있다.

이 외에도 기존 이사 및 감사의 사임과 신규 이사 및 감사의 선임을 조건으로 추가하는 경우도 있다. 다만, 임원의 교체는 거래종결과 함께 또는 거래종결 이후 이루어지는 후속조치이지 이를 거래종결을 위한 조건으로 추가할 필요는 없다고 보는 경우도 많다. 그 경우에는 선행조건 조항에서 관련 내용을 제외하고 거래종결 조항에 거래종결 서류로 임원 교체에 필요한 서류 제공을 추가하고 확약 조항에 임원 교체를 위한 주주총회 개최를 추가한다.[93]

92) 우호적 M&A의 이론과 실무 2(이영민, 김태오 집필부분), 219, 220면.

93) 자세한 내용은 위 89면 '거래종결 행위 및 서류'의 '매도인 측 의무' 부분, 아래 196면 '거래종결 전 확약'의 '주주

만일 주식매매와 함께 다른 거래 또는 계약이 진행될 필요가 있다면 그러한 거래의 종결 또는 계약 체결을 조건으로 추가하기도 한다. 대표적으로 매수인이 매도인으로부터 구주를 매수함과 동시에 대상회사로부터 신주를 인수하는 경우 신주인수 거래종결을 구주매매 거래종결의 조건으로 추가하기도 한다. 또 매도인이 대상회사의 주식을 일부만 처분하여 계속 주주로 남는 상황이라면 매도인과 매수인 사이에 주주간계약이 체결되는 경우가 있는데, 주식매매계약 체결 시점에 주주간계약 협상이 마무리되지 않았다면 주주간계약 체결을 주식매매계약 거래종결의 조건으로 추가하기도 한다.

대상회사가 정부기관의 인허가를 바탕으로 사업을 하는 회사이고 본건 거래로 인하여 대상회사가 새로운 인허가를 받아야 하거나 기존 인허가 관련 별도의 승계 절차가 필요하다면 (주식매매에 대한 정부승인과는 별도로) 대상회사의 신규 인허가 취득 또는 기존 인허가 승계를 조건으로 추가할 수 있다.

일반적이지는 않지만 계약 체결 전에 충분한 실사를 하지 않은 상황이라면 매수인이 만족할 수 있는 충분한 실사를 완료할 것 또는 실사 결과 중대한 부정적 영향 또는 기업가치에 중요한 변경을 미치는 사항이 발견되지 않을 것을 조건으로 추가하기도 한다(DD out 조항).[94] 그러나 이 조건은 보다 구체적인 기준을 설정하지 않는 이상 매수인이 임의로 거래종결을 피할 수 있는 여지를 늘리기 때문에 거래종결의 확실성을 원하는 매도인 입장에서는 받아들이기 쉽지 않고, 차라리 충분한 실사를 모두 완료한 후에 이 조건을 제외한 채로 계약 체결을 하는 경우가 더 많다. 이를 추가하더라도 실사 결과 발견된 거래종결을 거부할 수 있는 사유(위반된 진술 및 보장 항목이나 발견된 사유로 인하여 대상회사에 미치는 손해액)를 구체적으로 특정하고, 또 실사가 충분치 않았다는 점을 일정한 기간 내에 고지하는 경우에만 조건 불성취를 주장할 수 있도록 하는 것을 고려할 수 있다.[95]

한편, 영미 계약에서는 매수인이 매매대금을 지급하기에 충분한 자금조달이 완료될 것을 선행조건으로 추가하는 경우도 있다. 이는 매수인이 제3자로부터 투자를 받거나 여신기관으로부터 대출을 받아서 자금을 조달하는 경우 외부 요인에 의해서 자금 조달에 실패한 경우 거래종결 의무로부터 벗어나기 위해서 추가하는 것이다. 그러나 이러한 조건을 추가하면 거래종결의 확실성이 저해되기 때문에 매도인이 수용하기 어려울 것이

총회 개최' 부분 참고.

94) 실사 결과에 따라 거래를 회피하는 방법으로는 선행조건 조항에 추가하는 방법 외에 해제 조항에 추가하는 방법도 있고 결과적으로 큰 차이는 없다.

95) 우호적 M&A의 이론과 실무 2(이영민, 김태오 집필부분), 243면.

고 국내 계약에서는 선행조건에 추가하는 경우가 드물다. 이를 추가하더라도 매도인 입장에서는 매수인이 자금조달에 실패한 것에 대해서 책임을 부담시키기 위해서 진술 및 보장 조항에 매수인의 자금조달능력에 대한 보장을 추가하고 이를 위반하여 거래종결을 하지 못한 경우 위약금을 지급하도록 규정할 수 있다.[96)]

한편, M&A 거래의 유형에 따라 다양한 선행조건이 추가되기도 한다. 가령, 합병계약에서는 합병에 반대하는 주주의 주식매수청구권(appraisal right) 행사로 인하여 대상회사가 지급할 대금이 일정 금액을 초과하지 않아야 한다는 조건이 추가된다.[97)] 그런데 주식매수청구권 행사 시 주식의 매수가액에 대해서 당사자 사이에 합의되지 않는 경우에는 법원이 매수가액을 정하게 되고(상법 제374조의2 제4항) 매수가액이 확정될 때까지 장기간이 소요될 수 있기 때문에 위와 같이 주식매수청구권 행사로 인한 지급 대금을 기준으로 설정할 경우 선행조건 충족 여부가 장기간 미정으로 남는 문제점이 있을 수 있다. 따라서 보다 이른 시점에 명확하게 판단할 수 있는 기준을 설정하고자 한다면 합병에 반대하는 주주의 지분율을 기준으로 설정하는 것을 고려해 볼 수 있다. 이 외에도 채권자보호절차 중 변제 또는 담보 제공을 요구한 채권자의 채권액이 일정 금액을 초과하지 않아야 한다거나, 언제까지 주주총회의 승인을 받아야 한다는 조건을 추가하기도 한다. 영업양도에 관한 계약에서는 특정 핵심인력의 근로관계가 이전되어야 한다거나, 전체 근로자 중 일정 비율 이상의 근로관계가 이전되어야 한다는 조건을 추가하기도 한다.

위에서 살펴본 것처럼 매우 다양한 내용의 선행조건이 있을 수 있기에 전부 다루는 것은 불가능하고 아래에서는 대표적인 것들을 중심으로 설명하기로 한다.

1) 진술 및 보장의 정확성

§4(1) – 거래종결의 조건 – 매수인 측 조건 – 진술 및 보장의 정확성

1. 제5조에 규정된 매도인의 각 진술 및 보장이 중요한 측면에서 본 계약 체결일 및 거래종결일 현재(단, 진술 및 보장이 특정 시점 또는 기간에 관한 것일 경우에는 그 시점 또는 기간 현재) 정확할 것

---

96) 우호적 M&A의 이론과 실무 2(이영민, 김태오 집필부분), 241면.

97) 다만, 거래 실패를 통해 매매차익을 노리는 투자자들에 의해 주식매수청구권이 행사될 우려가 있어서 상장회사 합병 거래에서는 이러한 선행조건이 추가되는 경우는 드물다고 한다. Harrison, 144면.

계약 체결과 거래종결 사이에 간격이 있는 거의 모든 M&A 계약은 진술 및 보장이 거래종결 시에 정확할 것이라는 선행조건을 포함한다. 앞서 설명한 바와 같이 매수인은 매도인이 제공한 진술 및 보장이 계약 체결 시뿐만 아니라 거래종결 시에도 유지될 것을 요구할 필요가 있기 때문이다. 진술 및 보장의 정확성을 거래종결 시에 다시 한 번 더 요구하는 조항을 bring-down 조항이라고 부르며, 이것이 선행조건에 포함되어 있는 경우에는 bring-down condition이라 부른다. 이러한 bring-down 조항을 진술 및 보장 조항과 선행조건 조항 중 어디에 두는지에 따라 계약 체결 시 정확했던 진술 및 보장이 거래종결 시 정확하지 않게 되었을 때 매수인이 취할 수 있는 구제수단이 달라진다.[98] 진술 및 보장 조항에만 포함되어 있다면 거래종결 시 진술 및 보장이 부정확하다는 것을 발견하더라도 거래종결은 하되 손해배상만 청구할 수 있고, 선행조건 조항에도 포함되어 있다면 거래종결 자체를 거부할 수 있게 된다.

거래종결의 조건으로서 진술 및 보장이 거래종결 시에 정확할 것을 요구하는 것은 당연하나, 계약 체결 시에도 정확할 것을 요구할지는 당사자들이 협의해서 정할 사항이다. 물론 진술 및 보장 조항에서 기준시점을 계약 체결 시로 규정하면 계약 체결 시 진술 및 보장의 정확성을 어느 정도 담보할 수 있으므로 선행조건으로는 계약 체결 시를 기준시점에서 제외하더라도 크게 문제 되는 경우는 없다. 이례적으로 계약 체결 시에는 진술 및 보장이 부정확하다가 그 하자가 치유되어 거래종결 시에 정확해지는 경우가 있을 수 있는데, 이런 경우에 계약 체결 시 정확성을 요구하는지 여부에 따라 매수인이 거래종결을 거부할 수 있는지 여부가 달라질 수 있다. 그러나 이처럼 계약 체결 후 거래종결 전에 하자가 치유되었다면 애초에 "중요한 측면"에서의 위반이 아니었다고 볼 여지가 있다.[99]

당사자들의 협상에 따라 진술 및 보장이 모든 면에서 정확하다고 할지, 아니면 중요한 측면에서 정확하다고 할지, 아니면 중요한 진술 및 보장(이른바 근본적 진술 및 보장(fundamental representations and warranties))은 모든 면에서 정확하고 나머지 덜 중요한 진술 및 보장은 중요한 측면에서 정확하다고 할지 등 정확성이 요구되는 수준을 정한다. 이 조건은 매수인에게 진술 및 보장 위반을 발견했을 때 손해배상청구에서 더 나아가 거래 자체를 파기할 수 있는 권한을 주는 것이기 때문에 materiality qualification을 붙이는 경우가 더 많으나, 만일 거래종결까지의 기간이 짧고 매도인이 제공한 진술 및 보장의 범위가

98) 우호적 M&A의 이론과 실무 2(천경훈 집필부분), 37, 38면.

99) Harrison, 140면.

제한되어 있다면 materiality qualification을 달지 않더라도 매도인에게 크게 불리하지 않을 수 있다. 반면, "중요한 측면"이라는 것의 의미도 애매하기 때문에[100] 사소한 진술 및 보장만으로 매수인이 거래종결을 회피할 가능성도 있는바, 매도인 입장에서는 "중요성"의 의미를 "중대한 부정적 영향"과 연계시켜서 진술 및 보장 위반이 있더라도 중대한 부정적 영향이 없다면 중요한 측면에서는 정확한 것으로 본다는 내용을 추가할 수 있다.

Materiality qualification을 다는 경우 이른바 이중의 중요성(double materiality) 문제를 해소하기 위한 문구(가령, "진술 및 보장에서 "중요한 측면에서", "중대하게" 기타 이와 유사한 문구를 추가한 경우에는 해당 진술 및 보장이 모든 측면에서 정확할 것")를 추가할지 여부도 가끔 문제 된다. 이중의 중요성 문제는 개별 진술 및 보장 조항에서 materiality qualification을 두고 있는데 선행조건에서 다시 materiality qualification을 두게 되면 중요성의 의미가 보다 강화되므로 그러한 경우에는 이 선행조건을 성취하기 위해서 요구되는 진술 및 보장의 정확성의 수준이 훨씬 더 반감될 수 있다(결과적으로 웬만한 진술 및 보장 위반만으로는 double materiality 요건을 충족하지 못하게 되어 매수인은 거래종결을 하여야만 한다)는 문제를 일컫는다. 그러나 중요하다는 것을 이중으로 언급한다고 하여 중요성 충족 여부의 판단기준이나 결과가 달라진다고 보기 어렵고, 실무상으로도 이것이 문제 된 사례를 찾아보기 어렵다. 따라서 굳이 이중의 중요성을 해소하기 위한 문구는 추가하지 않아도 될 것이다.[101]

2) 확약 기타 의무의 이행

§4(1) – 거래종결의 조건 – 매수인 측 조건 – 확약 기타 의무의 이행

2. 매도인이 본 계약에 따라 거래종결일 이전까지 이행하여야 하는 의무를 중요한 측면에서 이행할 것

위 진술 및 보장의 정확성과 더불어 본 계약에서 거래종결 시까지 이행하도록 규정하고 있는 확약 기타 의무를 이행할 것도 거의 모든 M&A 계약에 포함되는 선행조건이다.[102] 계약 체결 당시에 거래종결 시까지 당사자가 작위 의무이든 부작위 의무이든 이

100) 자세한 내용은 위 50면 '중대한 부정적 영향' 부분 참고.

101) Adams, 81–83면도 미국 판례상 이 문제가 언급된 적이 없고 단지 실무가들의 상상력이 만들어 낸 산물에 불과하다고 하며, 이를 계약에서 다루지 않더라도 아무런 위험이 없다고 설명한다.

102) 아래 179면 '확약의 의의 및 법적 성격' 부분에서 설명하듯이 확약은 결국 당사자들의 의무와 다르지 않기 때문에 "확약 기타 의무"라고 하지 않고 단순히 "의무"라고 기재하더라도 무방하다.

행하기로 합의하였으니 그 합의를 그대로 준수하여야 한다는 생각에 기초한 것이다.

가령, 매도인이 계약 체결 시부터 거래종결 전까지 통상적인 사업과정에 따라 대상회사를 운영하기로 확약하였는데 이를 위반한 경우에 이 조건이 성취되지 않았다는 이유로 거래종결을 거부할 수 있을 것이다.[103)]

위 '진술 및 보장의 정확성' 부분에서 논의한 materiality qualification에 대한 논의가 동일하게 적용된다.

3) 거래 금지 없음

§4(1) – 거래종결의 조건 - 매수인 측 조건 – 거래 금지 없음

3. 본 계약에 따른 의무 이행이나 거래종결을 제한하거나 금지하는 법령, 소송, 처분, 명령 기타 정부기관의 조치가 존재하지 않을 것

계약 체결과 거래종결 사이에 계약상 의무의 이행이나 거래종결을 제한 내지 금지하는 입법·사법·행정적 조치가 존재하지 않아야 한다는 조건이다. 원래 사회질서에 반하는 계약은 무효이고(민법 제103조), 쌍무계약에서 어느 당사자의 채무가 양 당사자의 책임 없는 사유로 이행이 불가능(이른바 후발적 이행불능)하게 되면 채무자는 상대방의 이행을 청구하지 못하게 되는바(민법 제537조), 정부기관의 조치로 의무 이행이나 거래종결이 불법화되거나 이행이 불가능해지면 양 당사자를 거래종결 의무로부터 해방시켜주는 것이라 할 수 있다.

다만, 일반적으로 선행조건으로 포함되는 내용은 위 민법 조항에서 규정하는 반사회질서 행위나 후발적 이행불능보다는 더 넓은 개념이라 생각된다. 가령, 계약에서 정하고 있는 어떤 의무의 이행을 금지하는 입법이 이루어졌으나 해당 입법이 강행규정이 아닌 단속규정에 불과한 경우, 아니면 어떤 의무를 이행할 경우 형사처벌까지는 아니고 과태료만 부과되는 경우 그러한 입법을 두고 해당 거래가 사회질서에 반하게 되었다거나 이행불능의 상황이 되었다고까지 보기는 어려울 것이다. 또 다른 예로, 매도인이 소유한 대상주식에 대해서 제3자의 신청에 의해 처분금지가처분이 내려진 경우 그러한 가

103) 미국에서 통상적인 사업과정에 따른 대상회사 운영 확약 위반을 이유로 거래종결 거부를 인정한 사례로 AB Stable VIII LLC v. MAPS Hotels and Resorts One LLC, C.A. No. 2020-0310 (Del. 2021), 부정한 사례로 Snow Phipps Group, LLC v. KCAKE Acquisition, Inc., C.A. No. 2020-0282-KSJM (Del. Ch. 2021); Level 4 Yoga, LLC v. CorePower Yoga, LLC, C.A. No. 2020-0249-JRS (Del. Ch. 2022) 참고.

처분은 상대적 효력과 보전적 효력을 갖는 것에 불과하기 때문에 역시 사회질서에 반한다거나 매도인과 매수인 사이의 거래종결이 이행불능에 이르렀다고 볼 수 있을지 의문이 있다. 그럼에도 불구하고 위 두 가지 예 모두 매수인 입장에서는 거래를 그대로 진행할 경우 일정한 행정상 불이익을 입거나 매수한 주식을 빼앗길 위험에 처해질 수 있기 때문에 그대로 거래종결을 진행하는 것이 부당할 것이고 이 선행조건이 성취되지 않았다고 주장할 수 있어야 할 것이다.

위와 같이 당사자가 의도하는 것이 보다 넓게 계약 이행을 어렵게 만드는 사정을 포함시키고자 하는 것이라면, 선행조건을 기술할 때 거래종결이나 거래를 "제한"하거나 "금지"하는 것에서 더 나아가 "방해"하거나, "지체"시키거나, "장애"를 가져오거나, "저지"하거나, "불법화"시키는 조치 등으로 계약 이행을 어렵게 만드는 사정들을 더 세분화해서 규정할 수 있다.

정부기관의 조치 중 거래를 금지하는 "소송"이 존재하지 않을 것으로 기재하는 대신 "판결, 결정"이 존재하지 않을 것으로 기재하는 경우도 있는데, 이렇게 될 경우 거래금지를 구하는 소나 신청이 제기된 것만으로는 거래종결을 거부할 수 없게 된다는 점을 유의해야 한다. 또 정부기관의 조치 중 "소송"만 열거하고 있다면 통상 소송의 정의에 분쟁성 조치만 포함되어 있는 경우가 더 많기 때문에 거래를 금지하는 입법이나 정부기관 명령은 제외될 수 있다는 점을 유의해야 한다.

> tip **매수인 tip**: 주식매매계약의 핵심은 대상주식을 매매하는 거래이므로 해당 거래를 제한하는 조치가 없는 것을 선행조건으로 규정하는 것이 일반적이다. 다만, 주식매매계약에 여러 가지 부수하는 다른 의무들을 확약 조항에 추가하는 경우들이 있고 매수인 입장에서는 그러한 의무들이 차질 없이 이행되는 것 또한 중요할 수 있는바, 그런 경우에는 대상주식의 매매뿐만 아니라 다른 기타 의무들의 이행 역시 제한하는 조치가 없을 것을 명확하게 정할 필요가 있다.

4) 정부승인

§4(1) – 거래종결의 조건 – 매수인 측 조건 – 정부승인

4. 본건 거래에 관한 기업결합신고가 공정거래위원회로부터 승인되었을 것

주식매매 거래에서 주로 문제 되는 정부승인은 i) 기업결합 시 경쟁당국으로부터 받아야 하는 기업결합 승인, ii) 강하게 규제되는 인허가 사업(가령, 금융, 방송, 항공)에서 주주 변경이나 사업양수도 시 요구되는 승인, iii) 외국인이 당사자이거나 해외에서 영위하는 사업과 관련하여 외국인의 재산 취득, 외국인의 자금 이동, 기타 자국 이익 보호를 위해 요구되는 승인 등이 있다. 각종 공시는 정부기관에 의한 것 또는 정부기관에 대한 것이라고 보기는 어렵기 때문에 정부승인에 포함된다고 보기는 어렵다. 자본시장법 제161조에 따른 주요사항보고서 제출은 법조항상 금융위원회에 제출하는 것으로 되어 있어서 정부기관에 대한 것이 아닌가 의문이 제기될 수 있지만, 실질적으로는 DART를 통해서 일반 대중에게 공개하는 것이고 나아가 각 주요사항이 발생한 다음 날까지 공시하도록 되어 있어서 이를 거래종결 전에 이루어져야 하는 정부승인의 하나로 취급하지 않는다.

기업결합 승인은 대규모 M&A 거래에서 가장 자주 문제 되는 선행조건이다. 공정거래법상 특수관계인과의 합산 자산총액 또는 매출액이 3,000억원 이상인 회사와 300억원 이상인 회사가 기업결합을 하는 경우에 공정거래위원회에 기업결합신고가 필요하고, 특히 당사회사 중 어느 한 회사의 자산총액 또는 매출액이 2조원 이상인 경우에는 기업결합 전에 승인이 필요하다(공정거래법 제11조).[104] 해외에서 사업을 영위하는 회사라면 해외 경쟁당국으로부터도 이와 유사한 승인을 받아야 할 수 있기 때문에 이 경우 매수인 입장에서는 계약서상 정부기관의 정의 안에 외국 정부기관을 포함시키고, 각 해외 법률자문사를 통해서 해외에서 기업결합 승인이 필요한지, 경쟁제한성 등을 이유로 승인이 안 될 가능성이 있는지, 승인을 받기 위한 절차나 기간은 어떻게 되는지 확인할 필요가 있다.[105]

> tip **매수인 tip:** 주식매매 거래에서 정부승인은 주로 주식을 취득하려는 매수인이 받아야 할 의무가 있는데, 정부승인을 받을 수 있다는 보장이 없기 때문에 이를 매수인 측 선행조건으로 추가한다. 그런데 매수인은 정부기관의 결정이 언제 어떻게 나올지 모르는 상황에서 장기간 거래종결 의무를 미정인 채로 둘 이유가 없으며, 더욱이 계약금까지 지급한 상황이라면 장기간 계약금이 묶여 있어서 경제적으로도 손해이다. 이에 따라 각 국가에서 정부승인을 받기 위하여 소요되는 일반적인 기간을 검토하여 계약서상

104) 법문상으로는 "승인"이라고 규정하지 않고 같은 법 제9조(경쟁을 실질적으로 제한하는 행위)에 해당하는지 심사하여 그 결과를 통지한다고 규정하고 있으나, 실질적으로는 공정거래위원회의 사전 승인이 요구되는 것과 같고 실무상으로도 계약서에 승인이라 기재한다.

105) 미국의 중요한 경쟁당국 심사는 2011년 평균 7개월에서 2022년 평균 1년으로 길어졌고, 유럽의 중요한 경쟁당국 심사는 2022년 평균 20개월 정도 소요된다고 한다. Fraidin et al. posting(2022. 5. 25.)

선행조건에 정부승인을 받아야 하는 기한을 명시하거나 계약 해제 사유로 거래종결기한을 도과한 경우를 두는 것을 고려할 수 있다. 매수인이 반드시 거래를 진행하고자 하는 의지가 강한 경우에는 그러한 기한을 연장할 수 있는 여지(가령, 매수인이 일정한 기간을 정하여 기한 연장을 몇 차례 요청할 경우 기한 연장이 됨)를 남겨놓을 수 있다. 또한 그와 같이 정부승인을 받지 못하거나 지연된 것에 대해서 매수인에게 어떤 제재나 추가적인 부담이 가해지지 않도록 확약이나 면책 조항을 면밀히 살펴볼 필요가 있다.

매도인 tip: 정부승인을 받지 않을 경우 그 불이익은 통상 매수인이나 대상회사가 부담하므로 매도인이 매도인 측 선행조건으로 정부승인을 추가할 실익은 크지 않다. 하지만 매수인이 정부승인을 받지 못하여 거래종결 의무가 없는 경우에는 매도인도 거래종결 의무를 부담할 이유가 없기 때문에 통상 이 조건은 양쪽 모두의 선행조건으로 포함하는 식으로 진행된다.

정부승인을 받아야 하는 자는 매수인임에도 불구하고 만일 매수인의 거래종결 조건으로 정부승인을 추가할 경우, 매수인이 의도적으로 정부승인을 받기 위한 노력을 덜 하거나 정부기관의 요청에 불성실하게 응함으로써 정부승인을 받지 못하고 결과적으로 walk away할 수 있는 구실을 줄 수 있다. 이에 매도인으로서는 매수인에게 적극적으로 정부승인을 받도록 할 의무를 부과할 수 있는바, 이를 이른바 hell or high water(이하 "HOHW") 조항이라 부른다. Hell or high water은 원래 어떤 어려움이 닥치더라도 반드시 그 일을 해내겠다는 문구 "come hell or high water"에서 비롯된 것이다. 이 조항이 M&A 계약에서 사용될 때에는 주로 기업결합 승인과 관련하여 논의되지만 보다 넓게 정부승인을 받아야 하는 의무에도 동일하게 적용될 수 있다.

HOHW 조항은 선행조건보다는 확약 조항에 매수인이 정부승인을 받기 위해서 필요한 모든 조치를 취하여야 한다는 취지로 규정하게 된다.[106] 이때 HOHW 조항의 실효성을 높이기 위해서 선행조건에도 "매수인이 본건 거래에 관하여 공정거래위원회로부터 기업결합 승인을 받았을 것"과 같이 매수인의 의무임을 분명하게 기재를 하고, 더 나아가 만일 공정거래위원회로부터 일정한 조치를 취하는 조건하에 승인을 받은 경우에는 (매수인이 확약 조항을 통하여 그러한 조건에 필요한 조치를 이행한다는 전제하에) 선행조건은 성취된 것으로 본다고 규정하는 것도 가능할 것이다.

106) 자세한 내용은 아래 194면 '정부승인' 부분 참고.

정부기관에서 일정한 조건하에 승인을 하는 경우들이 있다. 예를 들면, 기업결합신고의 경우 공정거래위원회는 경쟁제한성이 높다고 판단할 경우 기업결합 승인을 하면서 일정한 시정조치를 취하도록 명할 수 있다(공정거래법 제14조 제1항). 매수인과 대상회사가 동종 사업을 영위하는 등 경쟁제한성이 높은 거래이거나 대규모 기업 간 M&A여서 사회적인 이목을 끄는 거래인 경우와 같이 조건부 승인이 나올 가능성이 있다면 그러한 조건부 승인을 받은 경우 선행조건이 성취된 것으로 볼지 여부에 대해서 계약서에 기재할 필요가 있다. 매도인은 기업을 매각하면 그만이므로 조건부 승인만으로도 선행조건이 성취된 것으로 규정하려 하겠으나, 매수인 입장에서는 조건부 승인이 나온 경우 거래종결 후 대상회사 운영이나 기업가치에 중대한 영향을 미칠 수 있으므로 선행조건이 성취되지 않은 것으로 규정하는 것이 유리할 것이다.[107)]

한편, 최근 들어 자국의 산업기술을 보호하기 위하여 외국인의 투자나 M&A를 제한하는 사례가 늘고 있어 주의해야 한다. 우리나라에서도 외국인이 국가핵심기술을 보유한 회사의 지분 50% 이상을 취득하거나 영업을 양수하거나 자금을 대여하는 방법으로 지배적 영향력을 행사할 수 있게 되는 경우 사전에 산업통상자원부의 승인을 받거나 신고를 하여 수리되어야 하는데(산업기술의 유출방지 및 보호에 관한 법률 제11조의2), 사전에 이러한 승인을 받는 데 지장은 없는지 검토하고, 승인을 받기 위한 절차를 전체적인 거래 일정 수립 시 고려하여야 한다.

특히, 강하게 규제되는 인허가 사업이나 외국인의 재산 취득이 규제되는 사업, 해외사업을 영위하는 회사가 관여된 경우 해당 사업을 규제하는 국내외 정부기관의 입장을 사전에 정확히 파악할 필요가 있다. 법령뿐만 아니라 정부기관에서 발표한 사업계획이나 가이드라인, 유권해석, 비공식 입장 등을 다양하게 검토하고, 필요시 본건 거래에 대해서 직접 정부기관 담당자를 만나 미리 협의 작업을 거쳐야 할 수도 있다. 특히, 해외 사업의 경우 대상회사가 직접 해외에서 사업을 하지 않더라도 자회사를 통해서 사업을 하는 경우 해외 규제가 적용되어서 거래가 지연되거나 중단되는 불상사가 발생할 수도 있다.[108)]

계약서에는 어떤 정부승인이 필요한지 세부적으로 명시하지 않고 "본건 거래에 관

---

107) 우호적 M&A의 이론과 실무 2(이영민, 김태오 집필부분), 224면은 시정조치를 구조적 시정조치와 행태적 시정조치로 구분하여 행태적 시정조치만 부과된 경우 승인이 된 것으로 보고, 구조적 시정조치가 부과된 경우 승인이 안 된 것으로 보는 것도 고려해 볼 수 있다고 한다.

108) 매그나칩반도체와 중국계 사모펀드 와이즈로드캐피털의 합병이 미국 외국인투자위원회(Committee on Foreign Investment in the United States; CFIUS)의 승인을 받지 못하여 거래가 무산된 바 있다. 매일경제 2021. 12. 14.자 기사 "美 제동에… 매그나칩 中매각 결국 무산" 참고.

한 정부승인을 모두 받았을 것"과 같이 일반화시켜서 기재하는 경우가 많다. 하지만 이렇게 기재해 놓고 정작 검토해 보면 필요한 정부승인이 아예 없는 경우도 있고, 어떤 경우에는 양 당사자 모두 모르고 있다가 거래종결 직전에 알게되어 거래에 지장을 초래하는 경우도 있다. 이에 가능하면 양 당사자나 그 대리인들이 거래에 필요한 정부승인이 무엇인지 사전에 검토하고 상호 공통의 이해를 바탕으로 필요한 정부승인을 구체화해서 기재하는 것이 더 바람직하다.

5) 중요한 제3자승인

§4(1) – 거래종결의 조건 – 매수인 측 조건 – 중요한 제3자승인

5. 별지 4(1)에 기재된 중요한 제3자승인이 완료되었을 것

정부승인과 함께 중요한 제3자승인을 받을 것을 조건으로 추가하는 경우가 다수 있다. 먼저 용어부터 살펴보자면, 선행조건으로 요구되는 제3자승인을 "필요적 제3자승인"으로 별도로 정의를 내리는 경우들이 많다. 그런데 제3자승인은 정부승인과는 달리 해당 주식매매 거래가 종결되기 위해서 반드시 필요한 경우가 많지 않다(다른 말로 해당 제3자승인을 받지 않더라도 주식매매는 가능하고, 다만 당사자나 대상회사가 일정한 불이익을 받는 것에 그치는 경우가 많음). 그런 의미에서 선행조건으로 제3자승인을 요구하는 것은 그러한 불이익이 발생하지 않기 위해서 당사자가 받기를 원하여 추가하는 것이므로 "필요적"이라는 용어를 사용하기보다는 "중요한" 제3자승인이라고 표현하는 것이 더 적절하다고 생각한다.

중요한 제3자승인을 선행조건으로 추가할 때에는 제3자승인과 관련된 정의 조항과 확약 조항을 함께 살펴볼 필요가 있다. 즉, 정의 조항에서 "제3자승인"과 "필요적(또는 중요한) 제3자승인"을 구분하고 있는지, 제3자승인이 당사자가 받아야 하는 승인을 의미하는지, 대상회사가 받아야 하는 승인을 의미하는지, 아니면 둘 다 의미하는지, 제3자승인이 본건 거래를 종결하기 위하여 반드시 필요한 것으로 한정되는지, 아니면 본건 거래로 인하여 승인이 요구되는 경우까지 포함하는지 살펴보아야 한다.[109]

선행조건은 성취되지 않을 경우 계약이 파기되는 중대한 결과를 초래할 수 있으므로 선행조건으로 추가되는 중요한 제3자승인의 범위는 좁게 설정하는 것이 일반적이다.

---

109) 자세한 내용은 위 45면 '제3자승인' 부분 참고.

이에 통상 본건 거래를 종결하기 위하여 당사자가 반드시 받아야 하는 승인이나, 대상회사가 체결한 계약 중에서도 매우 중요하고 거래종결 이후에도 계속 유지될 필요가 있어서 대상회사가 거래종결 전에 받아야 하는 승인 등으로 그 범위를 한정한다. 특히 대상회사가 체결한 계약이 다수이고 COC 조항을 대부분 포함하고 있다면, 그중에 매우 중요하여 거래종결 전에 반드시 동의를 받아야 하는 계약들만 엄선하여 별지에 열거하는 것이 매도인 입장에서는 부담도 덜고 거래종결의 확실성을 보장할 수 있는 방법일 것이다. 더 나아가 매도인 입장에서는 제3자의 동의를 얻기 위해서 최선의 노력을 다하였음에도 불구하고 제3자로부터 동의를 받지 못한 경우에는 자신의 잘못이 아니므로 선행조건이 성취된 것으로 본다는 조항을 두는 것이 더 유리하겠으나, 매수인 입장에서는 무엇이 최선의 노력인지 불분명하기도 하고 중요한 제3자승인을 단순한 노력 의무를 다하였다는 이유로 면제해 주기는 어려우므로 그러한 조항을 수용하기 쉽지 않을 것이다.

위와 같이 선행조건으로 추가하는 중요한 제3자승인은 특정한 계약들과 관련하여 요구되는 승인으로 한정하더라도, 다른 덜 중요한 계약에 따라 매도인이나 대상회사가 본건 거래로 인하여 받아야 하는 승인을 누락해서는 안 되므로 그러한 것들은 확약 조항에서 매도인이 승인을 받을 의무를 규정할 때 모두 포괄할 수 있도록 규정하여야 한다.

제3자승인의 정의상 대상회사가 외부 제3자와 체결한 계약뿐만 아니라 내부 근로자와 체결한 단체협약에 따라 요구되는 승인도 포함될 수 있다. 그러나 실무상 이와 같이 근로자 대표나 노동조합과 체결된 단체협약에 따라 경영권 변동이나 최대주주의 변경 등에 대해서 노동조합의 동의를 받도록 하고 있는 경우 그러한 동의를 받을 것은 별도의 선행조건으로 열거하는 경우가 더 많다. 그런데 단체협약에서 M&A에 대해 금지하거나 노동조합 등의 동의를 받도록 하는 조항은 그 자체로 유효한지 여부가 문제 될 수 있다는 점을 참고할 필요가 있다. 특히, 합병이나 영업양수도와 같이 대상회사가 직접 당사자가 되는 거래에 대해서는 단체협약의 대상이 된다고 볼 여지가 있지만 주식매매의 경우 애초에 대상회사가 당사자가 되지 않고 더욱이 근로관계에 직접 영향을 미치지도 않기 때문에 이에 대한 단체협약이 효력이 있는지 의문이 있다.[110] 만일 노동조합의 동의를 받지 않고 거래를 강행하고자 한다면 애초에 단체협약의 효력이 부인된다는 전제하에 노동조합의 동의를 선행조건으로 열거하지 않을 수도 있다. 그러나 통상 매수인 입장에서는 안정적인 경영을 위해 기업인수 후 대상회사와 노동조합 사이에 갈등이 발

110) 자세한 논의는 기영석(2015), 44-49면 참고.

생하는 것을 최대한 방지할 필요가 있으므로 선행조건으로 열거하여 동의를 받도록 요구할 것이다.

선행조건으로 이와 같이 중요한 제3자승인을 받을 것을 추가하는 경우에는 거래종결 서류로 명시되어 있지 않더라도 중요한 제3자승인 관련 필요 조치를 완료하였음을 입증할 수 있는 서류(계약 상대방으로부터 받은 동의서나 승인서, 계약 상대방에 대한 통지 이메일 등)를 매수인에게 전달하는 것이 일반적이다.

6) 중대한 부정적 영향 없음

§4(1) – 거래종결의 조건 – 매수인 측 조건 – 중대한 부정적 영향 없음

6. 본 계약 체결일 이후 중대한 부정적 영향이 발생하지 않았을 것

매수인은 계약 체결 시점을 기준으로 대상회사의 기업가치를 평가하여 매매대금을 산정하고 그 시점의 대상회사를 인수하는 것을 전제로 하므로 대상회사의 상태가 거래종결 시점에도 유지되기를 원한다. 하지만 기업은 계속하여 사업을 영위하고 그 과정에서 변경이 없을 수 없기 때문에 사소하게 부정적인 변경이 있다는 이유만으로 거래종결을 거부하도록 허용하는 것은 거래종결의 확실성을 해치게 된다. 이에 대상회사가 중대한 부정적 영향을 받은 경우에 거래종결을 거부할 수 있도록 중대한 부정적 영향이 없을 것을 거래종결의 조건으로 규정할 수 있고, 이를 이른바 MAC out 조항이라 한다.

물론 계약 체결 이후에 중대한 부정적 영향이 있다고 하더라도 그 위험을 반드시 매도인이 부담할 필연적인 이유는 없고, 매수인이 부담하게 하고자 한다면 이 조건을 삭제하면 된다. 일반적으로는 계약 체결 이후에 중요한 경영사항에 대해서 매수인의 동의를 받도록 하는 확약 조항을 두기 때문에 매수인이 경영에 관여하면서 발생한 변경에 대해서는 매수인이 어느 정도 책임을 져야 한다고 보는 것도 나름 합리적이다. 더욱이 대상회사의 상태가 부정적으로 변경되었을 때 이를 거래에 반영하는 방법으로는 선행조건으로 규정하는 방법 외에도 매매대금을 조정하는 방법도 있고, 그대로 거래종결을 하되 진술 및 보장 위반을 이유로 손해배상을 청구하도록 하는 방법도 있다.

결국 이 조건을 추가할지 여부는 매수인이 계약 체결 시점 이후 대상회사의 경영에 얼마나 많은 권한을 갖는지, 대상회사에 부정적인 영향이 있을 때 매매대금이 조정될 여지가 있는지, 진술 및 보장의 범위가 얼마나 넓은지 등을 고려하여 당사자들 협상으

로 정할 문제이다. 이 조건이 추가되어 있지 않은 경우에도 법원은 신의칙의 파생원칙으로서 사정변경의 원칙을 인정하고 있으므로 당사자들로서는 계약 체결의 기초가 되었던 사정의 변경을 주장하면서 계약 이행을 거절할 수도 있을 것이다.[111] 그러나 사정변경의 원칙은 계약의 구속력에 대한 예외로서 극히 제한적으로 인정될 것이고 M&A와 관련해서 사정변경의 원칙을 인정한 사례는 아직 없는 것으로 보인다. 한편, 이 조건이 추가되어 있는 경우에도 중대한 부정적 영향이 있음을 너무 쉽게 인정하면 당사자들이 기회주의적으로 행동하고 계약의 구속력이 무력화되는 결과를 초래할 수 있으므로 법원에서도 중대한 부정적 영향을 인정하는 데 매우 신중한 편이다.[112]

라. 매도인 측 선행조건

§4(2) – 거래종결의 조건 – 매도인 측 조건

1. 제5조에 규정된 매수인의 각 진술 및 보장이 중요한 측면에서 본 계약 체결일 및 거래종결일 현재 정확할 것
2. 매수인이 본 계약에 따라 거래종결일 이전까지 이행하여야 하는 의무를 중요한 측면에서 이행할 것
3. 본 계약에 따른 의무 이행이나 거래종결을 제한하거나 금지하는 법령, 소송, 처분, 명령 기타 정부기관의 조치가 존재하지 않을 것
4. 본건 거래에 관한 기업결합신고가 공정거래위원회로부터 승인되었을 것

매도인은 매수인에 비하여 거래종결을 할 유인이 더 많기 때문에 매도인 측 선행조건은 매수인 측 선행조건과 같거나 더 적게 규정하는 것이 일반적이다. 위 매수인 측 선행조건에서 설명한 진술 및 보장의 정확성, 확약 기타 의무의 이행, 거래 금지 없음, 정부승인 조건은 통상 매도인 측 선행조건에도 그대로 포함되고, 이때 materiality qualification이라든지 거래 금지의 범위에 관해서는 매수인 측 선행조건 조항과 상호 동일하게 규정한다.

중요한 제3자승인은 매도인 측 선행조건에는 포함시키는 경우도 있고 안 하는 경우도 있다. 당사자가 계약 이행을 위해서 반드시 받아야 하는 제3자승인이라면 양쪽 선행조건에 모두 포함시키는 것이 필요하겠지만, 대상회사의 COC 관련 제3자승인과 같이

111) 대법원 2021. 6. 30. 선고 2019다276338 판결 등.

112) 우리나라에서 중대한 부정적 영향이 있다는 이유로 거래종결 의무가 없다고 인정한 사례는 찾아보기 어렵고, 미국도 마찬가지다. 위 56면 이하 '중대한 부정적 영향' 부분에 설명한 사례 검토 및 각주 40 참고.

매수인이 기업인수 이후 대상회사의 이익을 보호하기 위해서 요구하는 승인에 대해서는 매도인은 이해관계가 없기 때문에 매수인 측 선행조건에만 포함시켜도 충분하다. 다만, 매도인 입장에서도 제3자승인을 받지 않고 거래를 그대로 진행할 경우 매도인에게 어떠한 불이익이 가해질 수 있는 상황인지 충분히 검토하고 가능하면 매도인 측 선행조건에도 포함시키는 것이 보다 신중한 접근일 것이다.

중대한 부정적 영향이 존재하지 않는다는 조건은 주로 매수인 측 선행조건으로만 추가하고 매도인 측 선행조건에서는 배제한다. 거래종결 전까지는 매도인이 대상회사를 운영하고 있으므로 매도인이 중대한 부정적 영향을 주장하면서 거래를 회피할 여지를 주어서는 안 되기 때문이다.

7. 진술 및 보장

§5(1)–(2) – 진술 및 보장

제5조 (진술 및 보장) (1) 매도인은 본 계약 체결일 현재(단, 각호에서 시점 또는 기간을 달리 명시한 경우에는 그 시점 또는 기간 현재) 아래 각호와 같이 매수인에게 진술하고 보장한다.

1. OOO

(2) 매수인은 본 계약 체결일 현재 아래 각호와 같이 매도인에게 진술하고 보장한다.

1. OOO

가. 진술 및 보장의 의의 및 법적 성격

진술 및 보장(representations and warranties)은 일정한 사실(진술)과 그러한 사실이 정확하고 상대방이 신뢰할 수 있다는 약속(보장)이라고 할 수 있다.[113] Warranty를 보장, 보증, 품질보증, 담보 등 다양하게 번역하나, 민법상의 보증과 구분하기 위해서 이 책에서는 보장이라는 용어를 사용하기로 한다. 진술 및 보장은 M&A 계약을 중심으로 논의되고 있으나 M&A 계약뿐만 아니라 대출계약, 부동산계약, IPO 시 인수계약 등 다양한 계약에서 사용되는 것이다. 주로 계약 당사자나 계약 목적물의 상태가 중요한 계약에서 사용된다고 할 수 있다.

M&A 계약에서는 한 기업이 계약 목적물이 된다. 기업은 그 운영 과정에서 법률이

113) 미국사법의 이해(심인혜 집필부분), 540면.

나 계약을 위반하여 책임을 부담하거나 경제적으로 손실을 입는 등 여러 가지 위험이 따르기 마련이다. 그런데 기업은 수많은 인적·물적 자원으로 구성되어 있고 계속해서 영업활동을 하여 수시로 그 상태가 변화하기 때문에 설령 매수인이 실사를 한다고 하더라도 그 기업의 상태를 완벽하게 파악하는 것은 불가능하다. 이에 매수인으로서는 자신이 인수하려는 기업에 관하여 일정한 상태에 있을 것을 요구하고 이를 진술 및 보장 조항에 담는 것이다. 진술 및 보장에 포함되는 것들은 매도인이 위험을 부담하게 되고, 포함되지 않는 것들은 매수인이 인수 이후에 위험을 부담하게 되므로 진술 및 보장은 기업에 존재하는 위험을 당사자들 간에 배분하는 기능을 한다.

서울고등법원 2012. 6. 21. 선고 2008나19678 판결

> "진술 및 보증 조항(representations and warranties)은 기업을 매매목적물로 하는 매매계약에 있어서 당사자 자신(주로 매도인)과 그 매매목적물인 대상기업에 대한 일정한 사항 내지 정보를 상대방(주로 매수인)에게 진술하여 확인하고 이를 보증하는 제도로서, 계약체결 및 이행 과정을 통하여 ① 인수대상에 대한 정보의 제공, ② 거래종결의 선행조건 또는 해제의 사유, ③ 거래종결 이후의 면책 또는 위반에 따른 손해배상책임의 근거와 같은 역할을 수행하며, 그중 M&A 계약이 실행된 이후에 있어서는 매매목적물인 대상기업에 진술과 보증을 위반한 사항이 있는 경우 그에 따른 경제적 위험을 매도인과 매수인 중 누가 부담할 것인지를 정하고 손해배상 내지 면책을 제공함으로써 실질적으로는 매매가격이 사후 조정되는 효과를 가져오는 역할을 하는 것이다."

원래 영미법상 진술은 과거 또는 현재의 사실을 진술하는 것이고 보장은 그러한 진술이 현재 또는 미래에 진실하다고 약속하는 것으로 서로 구분되고, 진술은 불법행위법, 보장은 계약법에서 각각 중요한 기능을 하는 개념이다. 하지만, M&A 실무상 진술과 보장을 따로 규정하거나 어느 하나만 언급하는 경우는 찾아보기 어렵고 거의 항상 함께 사용한다.[114] 또한 보장의 효과로서 어떤 사실이 정확하지 않을 때 책임을 지게 되지만, 통상 진술 및 보장 조항에서는 책임을 진다는 점에 초점을 맞추기보다는 책임의 전제가 되는 사실을 기재하는 것에 초점을 맞추고, 사실이 정확하지 않을 때의 법적 효과는 다른 조항들에서 규율한다. 따라서 진술 및 보장 조항은 일정한 법적 효과를 가져오는 "사실의 기재"에 초점이 맞추어져 있다고 할 것이다. 그런 의미에서 이 조항에 법적 효과를 함께 기재하는 것은 어색하다. 가령, 매도인이나 매수인이 다수일 때 그러한 복수인 당사자들이 "연대하여" 진술 및 보장한다고 기재하는 경우들이 있는데, 연대책임은 법적

114) 미국 실무에서도 진술과 보장의 구분이 중요하지 않다. ABA, 77면; Harrison, 88면.

효과에 관한 것이지 사실에 관한 것이 아니기 때문에 그러한 기재는 진술 및 보장 조항에서 사용하기보다는 손해배상 또는 면책 조항에서 사용하는 것이 더 적절할 것이다.

진술 및 보장은 이미 발생한 사실의 기재이기 때문에 예측, 전망, 추정, 계획 등과 같이 확정되지 않은, 장래에 발생할 수 있는 사실과는 친하지 않고, 미확정 장래 사실은 명시적으로 진술 및 보장에서 제외된다고 규정하기도 한다. 만일 장래에 발생할 수 있는 위험도 포섭하고자 한다면 진술 및 보장 조항에 명확하게 기재되어 있어야 한다.

나. 진술 및 보장 위반 책임의 법적 성격과 그 효과

진술 및 보장 위반[115] 책임의 법적 성격이 무엇인지에 대해서는 채무불이행 책임에 해당한다는 견해,[116] 약정하자담보책임에 해당한다는 견해[117] 등이 있고, 대법원은 진술 및 보장을 위반하여 매수인에게 손해를 입힌 경우에는 매도인이 계약상 의무를 이행하지 않은 것에 해당하므로 일종의 채무불이행 책임이 성립한다고 판시하였다.[118]

그런데 앞서 설명한 바와 같이 진술 및 보장은 당사자 또는 기업이 일정한 상태에 있다는 사실을 기재하고 그러한 사실이 정확하지 않을 경우에 어떤 책임을 부담하겠다는 약속이므로, 그러한 사실이 정확하지 않게 되면 위 약속에 따른 책임(약정 책임)을 부담하는 것으로 보는 것이 타당하다.[119] 대법원은 진술 및 보장이 정확하지 않게 되면 매도인이 계약상 의무를 이행하지 않은 것이라고 판시하고 일종의 채무불이행이 된다고 보았는데, 매도인이 이행하지 않은 "채무"나 "의무"라는 것이 무엇인지 명확하지 않다. 일반적으로 "채무"는 채권에 대응하는 의무로서 여기서 채권은 급부, 즉 채무자의 행위를 목적으로 하는 권리이다.[120] 그런데 진술 및 보장은 어떠한 행위를 요구하는 것이 아니기 때문에 이를 전통적인 의미의 채무로 보기 어렵다. 또 전통적으로 의무 또는 급부는 적극/소극 여부에 따라 작위 의무와 부작위 의무로, 그 성질에 따라 하는 채무와 주는 채무로 나누지만,[121] 어떠한 사실이 정확하지 않다는 것은 위 어느 분류에도 포섭시키기 어렵고 이를 의무 위반

115) 정확한 표현은 "진술 및 보장이 정확하지 않고 이를 위반한 경우"인데, 실무에서는 이를 진술 및 보장 위반으로 표현하기에 이 책에서는 동일하게 사용하기로 한다.

116) 김태진(2009), 49면; 임철현(2019), 179면.

117) 김홍기(2009), 78, 79면; 이동진(2016), 173-186면; 이상헌(2020), 382-385면.

118) 대법원 2018. 10. 12. 선고 2017다6108 판결; 대법원 2019. 6. 13. 선고 2016다203551 판결 등.

119) 같은 견해: 송종준, 15면; 천경훈(2009), 89면; 서완석(2014), 107면; 김우성(2017), 318면.

120) 곽/김, 채권총론, 10, 11면.

121) 곽/김, 채권총론, 26, 27면.

으로 볼 수 있는지 의문이다.

한편, 진술 위반(misrepresentation)은 영미법상 불법행위 책임을 발생시키는 것인데,[122] 매도인이 어떠한 사실을 진술하여 매수인이 이를 믿고 계약을 체결하였고 추후 그 사실이 정확하지 않은 것으로 밝혀졌을 때에는 마치 사기행위에 준하여 불법행위에 해당한다고 구성하는 것도 가능하다.[123] 다만, 이러한 불법행위 책임까지 인정하려면 단순히 기업에 어떤 위험이 존재하는지 정확하게 파악하지 못한 상태에서 위험 배분 차원에서 매도인도 그 위험을 부담하겠다는 의미로 진술하는 것을 넘어서, 매도인이 그러한 진술이 거짓이라는 것을 이미 알고 있었고 매수인은 그 진술이 없었다면 계약을 체결하지 않았을 텐데 매도인이 그러한 진술을 하면서 적극적으로 계약 체결을 유인한 경우에 해당하여야 할 것이다. 이러한 요건을 모두 충족하여 불법행위 책임이 성립한다면, 계약상 규정하고 있는 손해배상 또는 면책 조항이 아닌 민법 제750조가 적용될 것이다.

마지막으로 진술 및 보장 위반으로 인한 책임을 하자담보책임으로 보는 견해는 진술 및 보장 위반을 민법상 제도 내에서 설명하려는 노력이 엿보이지만, 민법상 하자담보책임은 매매 대상 목적물에 하자가 없어야 한다는 전제하에서 출발하는 반면, M&A 계약상 진술 및 보장은 모든 기업에는 위험이 존재할 수밖에 없다는 전제하에서 출발하는 것이라는 점에서 그 전제부터 다르다는 점을 간과한 것이다. 또한 민법상 하자담보책임은 매매목적물에 발생한 하자에 대한 책임인데, 엄밀히 말하면 주식매매 거래에서 매매목적물은 주식이지 기업이 아니기 때문에 기업에 존재하는 하자를 마치 주식에 하자가 있는 것처럼 의제한 후 민법상 하자담보책임으로 규율하는 것이 타당한지 의문이 있다.[124] 따라서 진술 및 보장 위반 책임에 대해서 계약서에서 달리 정하고 있지 않은 경우에 하자담보책임에 관한 조항이 적용된다고 보는 것은 타당하지 않다.

---

122) 부실표시로 더 자주 번역되며, 부실표시를 근거로 성립된 계약의 효력에 관하여는 계약법에서, 부실표시로 인하여 발생한 손해배상에 대해서는 불법행위법에서 논의하는 것이 일반적이다. 미국사법의 이해(김승재 집필부분), 353면.

123) 김태진(2014), 440면은 기업가치를 과장하거나 계약 체결에 이르는 중요한 사실을 알면서도 숨기고 투자를 유도하거나 재무상황이 악화되다가 파산하는 사정을 알고 있으면서도 나중에라도 이를 알리지 않는 등 기망이 있으면 불법행위로 인한 손해배상책임이 문제 될 수 있다고 한다. 다만, M&A계약에서 명시하지 않은 고지의무를 다하지 않았다는 이유로 불법행위 손해배상책임을 인정하는 것은 신중해야 한다. 아래 174면 '진술 및 보장 조항 부재 시 효과' 부분 참고.

124) M&A와는 별개로 금융계약에서도 진술 및 보장 조항이 자주 추가되는데 이러한 금융계약에서는 거래 목적물의 성상보다는 차주의 자력이나 신용 등 차주의 사정에 관한 내용이 주로 추가되고, 이런 경우에는 진술 및 보장 위반이 하자담보책임이 아님이 보다 분명하다. 임철현(2019), 172면.

대법원 2007. 6. 28. 선고 2005다63689 판결

"이 사건 금고가 (중간 생략) 소송에 패소함으로써 이 사건 금고의 부채가 증가하였다 하여도 그 사실만으로는 이 사건 계약의 매매목적물인 주식 자체에 어떠한 하자가 있다고 할 수는 없다."

추가 설명: 비교 판결로 서울중앙지방법원 2006. 8. 24. 선고 2005가합85097 판결이 있다. 이 판결에서는 회사의 자산이 대차대조표상 자산에 미치지 못한 것을 주식에 하자가 있다고 보았다. 그런데 이 판결은 모든 회사의 하자가 바로 주식의 하자가 됨을 인정한 사례는 아니고, 매매목적물인 주식의 가치를 회사의 순자산을 기초로 평가하였다는 것을 전제로 회사의 자산이 부족한 것은 주식이 갖추어야 할 성질을 갖추지 못하여서 하자가 있다고 본 것이다. 물론 매도인이 대상주식을 적법하게 소유하고 있다거나 대상주식 위에 제한부담이 없다는 진술 및 보장을 위반하는 경우에는 매매목적물인 주식에 하자가 있는 것으로서 하자담보책임에서 말하는 하자가 있다고 볼 수 있다.

대법원 2012. 3. 29. 선고 2011다51571 판결

"원고의 이 사건 청구는 피고들의 이 사건 진술·보장 조항 위반을 이유로 한 손해배상청구일 뿐 민법상 하자담보책임에 따른 손해배상청구가 아님이 명백하므로, 원심이 이 사건 청구가 민법상 하자담보책임의 제척기간을 준수한 것인지 여부 등에 관하여 따로 판단하지 아니하였다고 하더라도 거기에 상고이유로 주장하는 바와 같은 하자담보책임이나 그 제척기간에 관한 법리오해 등의 위법이 없다."

서울중앙지방법원 2013. 12. 13. 선고 2011가합128117 판결[125)]

"진술 및 보증 조항은 그 연혁적·이론적 배경이 영미법계 국가에 있고, 그 적용 범위 등에 있어서 진술과 보증의 대상이 되는 사항의 범위가 계약의 목적물에만 그치지 않고 계약 당사자 자신에 대한 사항과 같이 당해 계약에 관한 사항 전반에 대해 미치는 점, 매도인뿐만 아니라 매수인도 진술 및 보증의 주체가 되는 점," (중간 생략) "그 위반에 따른 책임의 범위와 존속기간도 모두 당사자의 합의에 따라 정해지는 점 등 우리 민법상 일반적인 하자담보책임과는 차이가 있다. 따라서 당사자의 약정이 없는 부분을 해석함에 있어 우리 민법상 하자담보책임에 관한 규정을 그대로 적용하는 것은 부적절하다."

---

125) 대우건설 사건 1심 판결.

결론적으로 진술 및 보장 위반에 따른 책임을 약정 책임으로 본다면, 결국 그 법적 효과 역시 당사자들이 약정한 대로 발생한다고 보아야 한다. 일반적으로는 진술 및 보장 위반이 있는 경우 i) 선행조건이 성취되지 않아 거래종결이 되지 않는 효과(다만, 대부분 중요한 측면에서 정확하지 않은 것으로 제한함), ii) 손해배상 내지 면책을 하도록 하는 효과, iii) 계약이 해제되는 효과(다만, 대부분 중요한 위반으로 한정하고 치유 기회를 부여함)를 갖는 것으로 약정한다. 드물지만 단순히 진술 및 보장 조항만 두고 있고 달리 선행조건 조항이나 손해배상 조항을 두고 있지 않은 경우에는 일반 민법상의 법리에 따른 효과가 인정될 수 있을 것이다. 가령, 진술 및 보장을 위반한 것이 계약의 중요 부분의 착오에 해당하는 경우에는 민법 제109조에 따른 착오에 의한 취소가 인정될 여지가 있을 것이다.[126]

다. 진술 및 보장의 범위

1) 진술 및 보장의 당사자

먼저 누가 누구에게 진술보장하는 것인지 정해야 한다. 매도인과 매수인이 각 1인만 있는 계약의 경우 통상 매도인이 매수인에게, 매수인이 매도인에게 상호 보장하는 것으로 규정한다.

반면, 매도인이나 매수인이 다수인 다수당사자 계약에서는 그러한 복수인 당사자 전부가 상대방에게 진술보장하는 것으로 할지, 아니면 복수인 당사자를 대표하는 자를 지정하여 해당 대표자만 진술보장하는 것으로 할지를 정해야 한다. 복수인 당사자 중 미성년자가 있어서 해당 미성년자까지 책임을 부담시키도록 하는 것이 부적절하다거나, 복수인 당사자 중 어느 당사자가 처분 내지 취득하는 지분이 다른 당사자에 비하여 월등히 많아서 해당 당사자만 책임을 부담하더라도 충분한 경우, 복수인 당사자 중 어느 당사자가 실질적으로 회사 운영에 관여하지 않는 금융기관이나 재무적 투자자인 경우 등에는 이와 같이 일부만 진술보장하는 사례가 있다.

이처럼 복수인 당사자 중 일부에게만 진술 및 보장에 따른 책임을 부담시키고자 한다면 계약서에 이를 명확하게 기재해야 한다. 즉, 진술 및 보장 당사자를 일부 당사자로 한정하고, 손해배상, 면책, 위약금 조항의 책임 주체도 일부 당사자로 한정한 후에 복수의 당사자들이 각자 분할책임을 부담한다는 점을 명시하여야 할 것이다. 진술 및 보장 조항

126) 우호적 M&A의 이론과 실무 2(천경훈 집필부분), 44면.

에서는 일부 당사자로 한정하더라도 손해배상, 면책, 위약금 조항에서 모든 당사자의 연대책임을 규정한다면 진술 및 보장 조항에서 당사자를 한정한 의의가 사라질 것이다.

서울고등법원 2024. 3. 31. 선고
2022나2052981, 2023나2019837, 2023나2027739 판결[127)]

> 주식매매계약 및 신주인수계약의 매수인 및 인수인 중 하나인 미래에셋증권은 자신이 재무적 투자자의 지위에 있고 다른 매수인 및 인수인인 에이치디씨현대산업개발이 계약의 조건 및 이행 여부를 결정하였기 때문에 자신은 채무불이행 책임을 부담하지 않는다고 주장하였다. 그러나 법원은 위 계약서에 미래에셋증권과 에이치디씨현대산업개발이 모두 독립하여 진술 및 보장 조항이나 확약 조항에 따른 의무와 선행조건을 충족할 경우 거래종결의무를 부담하도록 기재되어 있는 점, 미래에셋증권과 에이치디씨현대산업개발이 체결한 합의서에 비추어 보더라도 미래에셋증권을 아시아나항공의 인수 및 경영에 전혀 관여하지 않는 단순한 재무적 투자자라고 볼 수 없는 점 등에 근거하여 미래에셋증권도 거래종결 거절에 따른 책임을 부담한다고 판시하였다.

2) 진술 및 보장의 기준시점

통상 당사자가 진술보장하는 기준시점을 기재하는데, 계약 체결일만 기재하는 경우, 거래종결일만 기재하는 경우, 계약 체결일과 거래종결일을 함께 기재하는 경우, 기준시점을 기재하지 않는 경우가 있고, 최근 들어서는 매수인 보호를 위하여 계약 체결일과 거래종결일을 모두 기재하는 경우가 대다수인 것으로 보인다.[128)]

원래 진술 및 보장은 해당 진술 및 보장을 하는 시점까지 발생한 사실을 기초로 작성하는 것이고, 진술 및 보장을 하는 시점은 계약 체결일이므로 진술 및 보장에 들어가는 내용도 계약 체결일을 기준으로 작성하는 것이 자연스럽다. 그러나 매수인 입장에서는 결국 인수하는 시점에 진술 및 보장 위반이 없는 것이 중요하고, 계약 체결일과 거래종결일 사이에 진술 및 보장 위반 사항이 발견되는 경우에 단순히 거래종결을 거부하는 것 외에 거래종결을 하면서 손해배상을 청구할 수 있기를 원할 수 있으므로 거래종결일을 기준시점으로 하거나 계약 체결일과 함께 거래종결일을 기준시점으로 명시할 실익이 있게 된다.[129)]

---

127) 아시아나항공 사건 항소심 판결. 상고심(대법원 2016. 7. 14. 선고 2012다65973 판결)에서 상고기각 확정.

128) 미국에서는 계약 체결일만을 기준시점으로 하는 것이 더 많다고 한다. Adams, 13, 14면.

129) 미국 일부 주에서는 진술 및 보장 위반에 따른 면책 청구를 하기 위해 매수인의 신뢰를 요구하므로, 설령 기준시점으로 거래종결일을 명시하고 있더라도 거래종결 전에 진술 및 보장이 정확하지 않다는 것을 알고 있었다면 거

tip **매도인 tip:** 계약 체결일뿐만 아니라 거래종결일까지 기준시점으로 기재할 때에는 주의할 점이 있다. 원래 진술 및 보장은 해당 진술 및 보장을 제공하는 시점인 계약 체결일까지 발생한 사실을 기초로 작성하는 것이다. 만일 거래종결일을 기준시점으로 명시한다면, 이는 계약 체결일부터 거래종결일 사이에 아무런 변화가 없다는 가정하에 그와 같이 명시하는 것이고, 매도인은 계약 체결일부터 거래종결일 사이에 어떠한 예측 불가능한 상황이 발생하더라도 그 책임을 부담하겠다고 약정하는 것이나 다름 없게 되므로 주의를 요한다.[130]

또한 만일 진술보장 범위에서 제외하고자 공개목록을 작성하였다면, 계약 체결일과 거래종결일 사이에 공개목록이 변경되었을 수 있으므로 거래종결일 기준으로 공개목록이 정확한지 확인하여 변경된 사항을 반영한 공개목록을 다시 상대방에게 제공하고 이를 기록으로 남겨야지 진술보장 범위에서 제외될 수 있다. 이를 위해서는 사전에 계약서에 공개목록 갱신에 관한 근거조항을 둘 필요가 있다.

매수인 tip: 매수인 입장에서는 계약 체결일과 거래종결일을 기준시점으로 함께 기재하는 것이 가장 유리한데, 매도인의 입장이 강경하여 거래종결일을 기준시점으로 기재할 수 없는 경우 매수인은 어떻게 보호받을 수 있는가?

우선 대부분의 선행조건 조항이 거래종결 시 진술 및 보장의 정확성을 조건으로 추가하고 있기 때문에 거래종결 전 진술 및 보장 위반이 발견된 경우 매수인의 거래종결까지 강제되지는 않을 것이다. 그럼에도 불구하고 매수인은 최대한 계약 체결 시점의 현상을 그대로 유지하는 것이 중요하므로, 확약 조항에서 대상회사의 운영 관련 동의사항을 세부적으로 기재하고 협의사항도 추가하는 등 경영에 관여하는 범위를 넓히는 것을 고려할 수 있다.

또 만에 하나 진술 및 보장 위반이 발견될 경우 아무리 사소한 것이더라도 매수인으로 하여금 즉시 통지하도록 함과 동시에 (치유가 가능한 경우) 거래종결 전에 치유하도록 하고, 만일 매수인이 통지하지 않은 경우에는 손해배상을 하도록 하는 조항을 추가할 수 있다.

마지막으로 대상회사의 임원으로 하여금 계약 체결일에 진술보장한 사실들이 거래종결 시에도 정확하다는 확인서(이른바 closing certificate)를 제공하도록 하는 것을 거

래종결을 한 후 면책 청구를 하는 것이 부인될 수도 있다고 한다. ABA, 83, 288면.

130) 늘푸른상호저축은행 사건 참고.

래종결의 조건으로 추가하는 것도 고려할 수 있다. 국내 M&A 계약에서는 이와 같은 확인서를 제공하는 것이 흔치 않지만, 외국 당사자가 포함된 M&A 계약이나 IPO 인수계약에서는 자주 볼 수 있다. 물론 이와 같이 임원이 확인한다고 하여 대상회사가 진술보장한 것과 동일한 효력이 있다고 보기는 어려우나,[131] 경영에 깊게 관여하는 임원(CEO 또는 CFO)으로 하여금 이러한 확인서를 작성하도록 하는 것은 심리적 압박을 주어 간접적으로 진술 및 보장의 정확성을 담보하는 역할을 할 수 있을 것이다.

기준시점을 기재하지 않는 경우에는 특별한 사정이 없는 한 계약 체결일을 기준시점으로 보아야 할 것이다.[132] 또한 개별 진술 및 보장 항목에서 다른 기준시점을 명시한 경우(가령, 재무제표의 정확성 관련 진술 및 보장)[133]에는 그 기준시점이 적용되는 것은 당연하지만 이를 본문에 따로 명시하는 것이 일반적이다.

3) 진술 및 보장 항목

일반적으로 매도인의 진술 및 보장은 매도인 본인에 관한 사항과 대상회사에 관한 사항으로 구분한다. 매도인에 관한 사항은 매도인이 계약을 체결하고 이행하는 데 문제가 없다는 점을 보장하기 위한 항목들이다. 반면, 대상회사에 관한 사항은 대상회사의 현재 상태와 함께 대상회사에 위험이 존재하지 않는다는 점을 보장하기 위한 항목들이다. 매수인의 진술 및 보장은 매수인이 계약을 체결하고 이행하는 데 문제가 없다는 점을 보장하기 위한 항목들이며, 주로 매도인에 관한 사항과 상호 대응하는 내용으로 규정한다.

매도인의 진술 및 보장 중 매도인에 관한 사항과 매수인의 진술 및 보장은 아무리 간단한 M&A 계약이더라도 포함하는 것이 일반적이다. 반면, 매도인의 진술 및 보장 중 대상회사에 관한 사항은 포함하지 않는 경우도 있고, 포함하더라도 그 항목이나 항목별 내용이 대상회사마다 천차만별이다. 매도인이 clean exit을 하고자 하는 경우(가령, PEF가 투자 회수를 위해 매도하는 경우)에는 대상회사에 관한 사항은 전혀 포함하지 않는 경우가 많다. 대상회사에 관한 사항을 포함하더라도 대상회사에 대한 위험은 가능한 부담하

131) 해당 확인서에서 임원의 확인을 대상회사가 진술보장한 것으로 본다고 기재하더라도 그 확인서가 대상회사가 작성한 것이 아닌 이상 대상회사의 진술보장과 동일한 효력을 갖는다고 보기는 어렵다. 주식매매계약서의 면책 조항에서 임원의 확인서에 위반된 사항을 면책 사유로 규정할 경우에는 면책 청구가 가능하겠지만, 면책 조항에서 이렇게까지 규정하는 경우는 흔치 않다.

132) 같은 견해: 우호적 M&A의 이론과 실무 2(천경훈 집필부분), 36면.

133) 대법원 2024. 9. 12. 선고 2020다258190 판결.

고 싶지 않아 주식매매 거래의 이행을 위해서 반드시 필요한 사항(회사의 설립 및 존속, 자본구성, 법령 등 위반 없음)으로 제한하는 경우도 있다. 대상회사에 대한 위험을 부담하더라도 일반적인 항목만 포함하는 경우도 있고, 대상회사의 사업분야나 최근 감독당국의 규제동향에 맞추어 특수한 항목(가령, 특수관계인 거래, 제조물책임, 환경, 지식재산, 개인정보 등)을 더 세세하게 규정하는 경우도 있다. 매도인과 매수인 중 누가 우위인가에 따라 진술 및 보장의 범위가 영향을 받기도 한다. 매수인 우위의 시장에서는 넓은 범위의 진술 및 보장이 이용되지만, 매도인 우위의 시장에서는 진술 및 보장을 넓게 요구하는 것이 어렵게 된다.[134] 결국 어떤 진술 및 보장을 포함시킬지는 해당 거래의 맥락이나 대상회사를 실사한 결과 발견된 위험들을 고려하여 당사자 간에 협의하여 정할 문제이다.

진술 및 보장 항목 중에는 일부 중복되는 부분이 있을 수 있다. 가령, 어떤 법령을 위반해서 정부기관의 조사가 이루어지고 과징금까지 부과된 경우 재무제표 관련 진술 및 보장, 법령준수 관련 진술 및 보장, 소송 관련 진술 및 보장과 모두 관련되어 있다. 이때 매수인이 관련된 진술 및 보장 항목 위반을 전부 주장할 수 있는지, 아니면 어느 하나의 진술 및 보장 항목(가장 구체적인 것 또는 가장 밀접한 관련이 있는 것) 위반만 주장할 수 있는지 여부에 대해서 다툼이 발생할 수 있다.[135] 만일 전자와 같이 해석한다면 어느 하나의 진술 및 보장에 각종 제한(knowledge qualification, materiality qualification 등)이 붙어 있더라도 다른 진술 및 보장 항목 위반을 주장함으로써 그러한 제한을 피할 수 있게 된다. 의사해석의 문제라 할 것이나 실무상으로는 매수인이 폭넓게 보호를 받기 위해서 가능한 진술 및 보장 항목도 다양하고 폭넓게 추가하고, 분쟁이 발생한 경우에도 동일한 사실에 대해서 여러 진술 및 보장 항목 위반을 주장하면 법원은 이들에 대해서 전부 판단하는 실정이다. 계약서에 달리 명시하고 있지 않다면 매수인은 관련된 진술 및 보장 항목을 전부 주장할 수 있다고 보는 것이 타당하며, 이를 보다 분명히 하고자 한다면, 계약서에 개별 진술 및 보장 항목은 독립적으로 적용되고, 동일한 사실에 대해서 여러 진술 및 보장이 적용될 수 있다는 점을 명시할 수 있겠다.

---

134) 허영만(2006), 19면.

135) DCV Holdings, Inc. v. ConAgra, Inc., 889 A.2d 954 (Del. 2005)은 대상회사가 담합하여 경쟁법을 위반한 것에 대해서 매수인이 미공개채무 없음 관련 진술 및 보장 위반과 법령준수 관련 진술 및 보장 위반을 주장한 사안이다. 그러나 법원은 법령준수 관련 진술 및 보장이 더 구체적인 조항이라는 이유로 법령준수 관련 진술 및 보장 조항만 적용된다고 보고, 이 진술 및 보장은 매도인의 knowledge qualification이 붙어 있는데 매도인의 악의가 입증되지 않았다는 이유로 매도인의 책임을 부정하였다.

4) 진술 및 보장의 제한

진술 및 보장을 제한하는 가장 일반적인 방법은 기준시점을 제한하는 것, knowledge qualification을 다는 것, materiality qualification을 다는 것이다.

i) **기준시점 제한**: 기준시점은 진술 및 보장 조항 본문에서 계약 체결일 또는 거래종결일로 정하게 되고 개별 진술 및 보장 항목에서 필요에 따라 다른 일자 또는 기간으로 정한다. 그런데 일정한 기간을 기준으로 정하면 매도인은 해당 기간에 대해서 진술보장한 것이 되어 계약 체결일이나 거래종결일만을 기준으로 정한 때에 비하여 부담이 늘 수도 있다. 가령, 법령준수 진술 및 보장 관련하여 "과거 5년간" 법령을 준수하고 있다고 할 경우 단순히 "계약 체결일 현재" 법령을 준수하고 있다고 기재하는 것에 비하여 더 부담이 될 수 있다. 다만, "계약 체결일 전에"라고 기재할 경우 계약 체결일 이후의 기간은 진술 및 보장에서 제외될 것이고, 기간을 기재하되 그 기간을 짧은 기간으로 단축해서 기재한다면 해당 기간을 벗어난 시점에 발생한 위험에 대해서는 매도인이 책임을 지지 않으므로 유리할 수 있다.

ii) Knowledge qualification: 다음으로 매도인 또는 매수인이 "알고 있는 한" 어떤 사실이 없다고 기재함으로써 당사자의 인식을 요건으로 추가하여 진술 및 보장의 범위를 제한할 수 있다.[136] 그런데 진술 및 보장의 내용에 따라 위 제한을 추가하는 것이 적절한지 먼저 살펴볼 필요가 있다.

객관적인 사실로서 판단의 여지가 없고 진술보장을 하는 당사자의 통제 영역에 있어서 그 확인도 비교적 쉽다면 여기에 knowledge qualification을 다는 것은 부적절하고 상대방이 수용하기도 어렵다. 가령, 회사의 설립 및 존속이나 자본구성과 같은 사실은 객관적인 사실로서 유동적이지 않고 매도인이 대상회사를 운영하면서 쉽게 파악할 수 있는 것이므로 여기에 위 제한을 다는 것은 부적절하다.

이와는 달리 어떤 사실이 숨겨져 있어 쉽게 파악할 수 없는 경우이거나 제3자의 통제영역에 있는 것을 당사자가 판단하는 경우 등에는 위 제한을 다는 것을 고려할 수 있다.[137] 가령, 환경 오염의 경우 토지 아래에 매설되어 있는 오염원 및 그로 인한 피해가 발생하기까지 장기간이 소요되고 이를 사전에 쉽게 파악하기 어려우므로 환경 관련 진술 및 보장에는 위 제한을 다는 경우가 있다. 회사를 상대로 소송이 제기될 우려가 없다

136) "알고 있는"의 정의에 대해서는 38면 참고.

137) Adams, 53, 54면.

거나 사업 영위에 필요한 정부승인이 취소될 우려가 없다는 등 어떤 우려가 없다는 진술 및 보장은 대부분 제3자가 어떤 행위(위 예에서 제3자가 소를 제기하거나 정부기관이 정부승인을 취소하는 것)를 취할 가능성에 대해서 당사자가 판단하는 것으로서 확실성이 떨어지기 때문에 위 제한을 다는 경우가 많다.[138]

다만, 위와 같이 어떤 사실이 숨겨져 있다거나 제3자의 통제영역에 있다고 하더라도 여기에 반드시 knowledge qualification을 달아야 하는 것은 아니고, 이와 같은 숨은 위험 또는 외부 위험을 매도인과 매수인 중 누가 부담할 것인지라는 위험 배분의 문제이므로 당사자들이 협의하여 정하여야 할 것이다.

iii) Materiality qualification: 마지막으로 진술보장하는 사실을 "중요한 측면"으로 제한하는 것이다.[139] 당사자가 모든 측면을 파악할 수 없거나 모든 측면을 보장할 수 없는 경우에 사용된다. 가령, 회사가 당사자로서 체결한 계약을 위반한 바 없다는 점 관련해서 회사가 체결한 계약이 수도 없이 많고 이를 전부 파악하기 위해서는 불필요하게 많은 시간과 노력이 소요된다면 "중요계약"을 위반한 바가 없다거나 계약을 "중요한 측면에서" 준수하고 있다고 기재함으로써 보장 범위를 제한하는 것을 고려할 수 있다. 또 다른 예로 회사가 사업 영위와 관련된 법령을 준수하고 있다는 점 관련해서 미미한 과태료가 부과되는 사소한 법령 위반 여부까지 전부 파악하고 보장하는 것은 불가능할 뿐만 아니라 그러한 위험은 사업 영위 과정에서 통상적으로 감수해야 하는 것으로 볼 수 있기 때문에 거의 예외 없이 위 제한이 붙는다.

어느 정도가 중요한지 여부는 기준이 모호하기 때문에 이러한 제한을 추가하기에 앞서 더 구체적으로 기재하거나 객관적인 수치로 제한이 가능한지 먼저 검토하는 것이 바람직하다. 가령, "중요계약"이라고 하기에 앞서 계약을 별지에 열거하거나 거래대금 얼마 이상의 계약으로 특정해 볼 수 있고, 대상회사를 상대로 한 "중요소송"이 없다고 하기에 앞서 소가 얼마 이상의 계약이 없다고 금액 기준을 추가해 볼 수 있다.

---

138) "우려"의 정의를 최대한 객관적으로 파악할 수 있는 사실로 한정한다면 knowledge qualification을 삭제하자는 주장도 가능하다.

139) "중요한"의 정의에 대해서는 50면 '중대한 부정적 영향' 부분 참고. 진술 및 보장에서는 거래 여부를 좌지우지할 정도라기보다는 당사자의 주의를 환기할 정도의 의미로 해석되는 경우가 더 많을 것이다.

tip **매도인 tip:** 위에서 설명한 기준시점 제한, knowledge qualification, materiality qualification 등은 모두 개별 진술 및 보장 항목별로 그 범위를 제한하는 것이다. 개별 항목별로 이러한 제한을 추가할지 여부를 매수인과 협상하는 것은 그 자체로 많은 노력이 필요하고, 때로는 매수인의 강경한 입장에 막혀 추가에 실패할 수 있으며, 개별 항목별로 어느 것을 우선순위로 두고 양보할지를 결정하는 것도 쉽지 않다. 이러한 난점들을 고려하여 진술 및 보장 개별 항목별로 협상하는 대신 다른 조항을 수정제안함으로써 한꺼번에 해결하는 방법도 있다.

가령, 손해배상의무가 발생하는 de minimis나 basket을 추가하거나 금액을 상향조정하게 되면, 매도인 입장에서는 진술 및 보장 위반으로 매수인에게 손해가 발생하더라도 해당 금액까지는 일종의 안전지대(buffer)가 생기는 것이므로 진술 및 보장을 보다 강화하더라도 매도인이 수용할 수 있게 된다. 만일 이미 de minimis나 basket이 추가되어 있는 상태이고 손해배상보다는 매수인이 사소한 진술 및 보장 위반을 트집삼아 거래종결을 회피하는 것이 우려되는 것이라면, 선행조건으로 추가되는 진술 및 보장의 정확성을 보다 완화해서 규정하는 것을 고려해 볼 수 있다. 즉, 진술 및 보장이 중요한 점에서 정확할 것으로 규정하면서 진술 및 보장 위반이 있더라도 중대한 부정적 영향이 없다면 중요한 점에서는 정확한 것으로 본다고 규정하는 것이다.

라. 진술 및 보장의 예외

1) 공개목록

진술 및 보장은 거래 또는 회사에 대해 특정 위험이 존재하지 않는다는 사실을 진술하고 보장하는 것인데, 어떤 위험은 이미 발견되어서 존재하고 있는 것이기 때문에 진술 및 보장의 범위에서 제외할 필요가 있다. 이와 같이 이미 존재하는 위험을 상대방에게 공개한 목록을 공개목록(disclosure schedule)이라고 부르며 이는 진술 및 보장의 예외로 기능하여 공개목록에 기재된 사실과 관련하여서는 상대방이 그 책임을 추궁할 수 없게 된다.[140] 이와 같은 책임 면제 기능 외에도, 통상 공개목록은 공시에서 제외되기 때문에 회사에 대한 부정적인 사실을 비밀로 유지시켜 주는 기능도 있고, 또 진술 및 보장 조항 본

140) 우호적 M&A의 이론과 실무 2(천경훈 집필부분), 34면은 중요 자산 목록 등과 같이 분량상 계약 본문에 기재하기에 적절치 않은 경우에 사용되는 별첨 문서도 공개목록으로 설명하나, 이와 같이 편의상 뒤에 따로 빼놓은 별지(attachment)는 진술 및 보장의 예외에 해당하는 공개목록과는 기능이 다르다.

문에 대해서는 법률자문사가 협상하도록 하면서 회사의 사정을 잘 아는 당사자들은 공개목록에 집중하도록 함으로써 효율적으로 계약서를 작성할 수 있게 하는 기능도 한다.

서울중앙지방법원 2007. 12. 18. 선고 2002가합54030 판결[141)]

> "M&A 계약에서 정보공개목록(Disclosure Schedule)은 진술과 보증 조항에 따라 공개가 요구되는 정보들을 모아서 기재하는 부분으로, 매수인은 이를 이유로 계약을 종결하지 아니하거나 면책을 청구할 수 없으며, 이를 가격에 반영하게 된다." (중간 생략) "계약 협상시 매도인이 자신이 할 진술과 보증의 내용에 어떤 사실이 위반될 것 같은 경우 그 사실이 진술과 보증의 대상에서 제외되기 위하여는 상대방에게 해당 사실을 알리거나 관련 자료를 제공·공개하는 것만으로는 부족하고, 계약서에 진술과 보증의 대상에서 적극적으로 제외한다는 내용의 문구와 함께 당해 사항을 명시해야 할 것"이다.

공개목록은 주로 매도인이 대상회사에 존재하는 위험을 매수인에게 알리기 위한 목적으로 작성하는바, 매도인이 대상회사의 현황을 정확히 파악하여 관련 사실을 빠짐없이 공개목록에 포함시킬 필요가 있다. 매도인 측 대리인이 선임되어 있고 매도인 실사를 진행한 경우라면 그 대리인이 공개목록을 작성할 수도 있겠지만, 통상 실사와 계약 체결 사이에 변경된 사항들이 있을 수 있기 때문에 계약 체결 직전에 공개목록이 가장 최신 현황을 반영하고 있는지는 당사자가 마지막으로 확인하는 것이 바람직하다.

매도인이 공개목록을 작성할 때 어느 정도 구체적으로 작성해야 하는지 정해진 기준이 없고 불명확한 경우가 많다. 최소한 그 기재를 통해서 진술 및 보장 대상에서 제외하려고 하는 사실이 무엇인지 특정하고 매수인이 그 의미를 추가로 문의 및 조사할 정도로는 기술되어 있어야 한다고 설명할 수 있으나,[142)] 실제 작성 과정에서 매도인은 최대한 포괄적으로 기재하려 할 것이고 매수인은 최대한 구체적으로 기재해달라고 요청하여 갈등이 발생할 수 있다. 진술 및 보장이나 공개목록 작성 시점에는 어떤 사실로 대상회사에 발생할 손해나 책임의 구체적인 금액까지 특정하는 것이 불가능한 경우가 많으므로 그러한 점까지 구체적으로 기재할 것은 아니겠으나(구체적 금액을 기재하더라도 확장 가능성을 열어두는 것이 매도인에게 유리하다), 적어도 진술 및 보장에 대응하는 개별 사실의 기재는 필요할 것이다.[143)] 예를 들면, 계약을 위반한 사실이 없고 그러한 진술 및 보장

141) 한화에너지 사건 1심 판결.

142) 우호적 M&A의 이론과 실무 2(천경훈 집필부분), 35, 36면.

143) 공개목록에 충분히 기재되었는지 개별 진술 및 보장 항목별로 구체적으로 판단한 사안으로 대법원 2016. 6. 10.

에 대한 예외로 공개목록을 작성할 때 단순히 "OO와 체결한 물품공급계약"이라고만 기재하면 위 OO와 체결한 모든 물품공급계약에 존재하는 모든 계약 위반에 대해 면죄부를 주는 셈이 되어 매수인이 수용하기 어려울 것이다. 따라서 "OO와 체결한 O.O.O. 자 물품공급계약 관련 미지급금 O원" 등과 같이 계약 위반으로 인정될 수 있는 사실을 보다 구체적으로 기재하는 것이 필요하다.

매수인은 공개목록에 기재된 사항에 대해서는 진술 및 보장 위반에 따른 손해배상청구를 할 수 없게 된다. 하지만 공개목록에 기재된 사항은 추후 대상회사가 책임을 부담하거나 대상회사에 손실이 발생할 수 있는 사항들이므로 매수인 입장에서는 적절한 대응이 필요하다. 만일 그 위험이나 손실이 실현될 가능성이 매우 낮거나 그 영향이 미미하여 감수할 수 있는 정도라면 따로 계약서에 반영할 필요가 없지만, 실현 가능성도 높고 영향도 작지 않다면 공개목록에 기재된 위험이나 손실이 실현되지 않도록 하기 위한 조치를 확약 조항에 추가하거나 실현된 경우 특별손해배상을 받거나 사후적인 가격조정이 가능하도록 계약서에 반영해야 할 것이다. 실무상 계약서 본문에 대한 협상에 치중한 나머지 공개목록은 급하게 계약 체결일 직전에 작성하고 검토하는 경우가 많은데, 공개목록에 기재될 경우 매도인 책임의 예외가 되고 다른 조항 수정이 필요할 수 있다는 점을 고려하여 매수인은 충분한 시간 여유를 두고 검토할 수 있도록 매도인에게 일정 기간 전에 공개목록을 공유하도록 요청해야 할 것이다.

공개목록을 계약서에 포함시키는 경우에는 진술 및 보장의 기준시점도 유의하여야 한다. 만일 진술 및 보장의 기준시점이 계약 체결일로만 되어 있다면 계약 체결 시 공개목록을 계약서에 첨부하는 것으로 충분하다. 반면, 진술 및 보장의 기준시점이 계약 체결일 및 거래종결일로 되어 있다면, 매도인 입장에서는 계약 체결일과 거래종결일 사이에 변경된 사항을 공개목록에 반영하여야지 책임에서 벗어날 수 있다. 예를 들면, 공개목록에 기재된 것을 제외하고는 대상회사를 상대로 하는 소송이 없다고 진술보장한 경우 계약 체결일에는 계약 체결일까지 진행 중인 소송만 공개목록에 기재되어 있을 것이고, 계약 체결일과 거래종결일 사이에 종결되거나 새로 제기된 소송이 있으면 이를 반영해야 한다. 만일 공개목록 갱신을 허용하지 않는다면 계약 체결일부터 거래종결일 사이에 새로 발생한 위험에 대해서는 매도인이 부담하게 된다.

그런데 계약서에 공개목록을 갱신할 수 있는 근거가 없는 경우들이 많다. 실무상으

선고 2014다83067 판결의 1심인 서울중앙지방법원 2012. 7. 27. 선고 2010가합12420 판결과 항소심인 서울고등법원 2014. 10. 30. 선고 2012나71567 판결 참고.

로는 계약상 근거가 없더라도 매도인이 거래종결일에 갱신된 공개목록을 매수인에게 제공하고 이를 진술 및 보장의 예외로 인정하는 경우도 있는데, 이렇게 할 경우 추후 매수인이 계약 체결 당시 제공된 공개목록만을 유일한 공개목록으로 주장하여 분쟁이 발생할 여지가 있다. 따라서 매도인 입장에서는 위와 같이 갱신된 공개목록을 매수인에게 제공하고 그와 같이 제공한 사실을 입증할 수 있는 방법(가령, 이메일로도 발송하여 근거를 남긴다든지, 매수인으로부터 갱신된 공개목록을 수령하였다는 확인서를 받음)을 강구할 필요가 있고, 보다 직접적으로는 거래종결일 전에 매도인이 공개목록을 갱신하여 매수인에게 제공할 수 있다는 근거조항을 계약서에 포함시킬 수 있다. 매수인 입장에서는 이와 같이 공개목록 갱신을 허용하게 되면 계약 체결과 거래종결 사이에 발생하는 위험들이 모두 공개목록에 포함됨으로써 매수인이 그 위험을 부담하는 결과가 초래될 수 있다는 점을 주의해야 하고,[144] 중대한 부정적 영향이 있는 등 예측하지 못한 부담이 발생하는 경우에는 갱신이 허용되지 않는다고 규정하거나 거래종결을 하지 않을 수 있는 다른 방안을 강구해 두는 것을 고려해야 할 것이다. 또 매수인으로서는 공개목록 갱신을 허용하더라도 이는 계약 체결 이후 새로 발생한 사항을 반영하는 것만 허용하고, 계약 체결 이전에 이미 발생한 사항이 잘못 기재되어 있어서 수정하는 것까지 허용하지 않도록 주의해서 검토할 필요가 있다.[145]

공개목록을 작성할 때에는 통상 계약서의 개별 진술 및 보장 항목 번호를 함께 기재하여 공개목록에 작성된 사실이 어떤 진술 및 보장 항목에 대한 예외로 작성된 것인지를 알 수 있게 한다. 하지만 동일한 사실이 여러 진술 및 보장과 관련되어 있을 수도 있는바(가령, 계약 위반 사실이 우발채무나 소송 관련 진술 및 보장과도 관련될 수 있음), 매도인 입장에서는 공개목록에 기재된 사실이 특정 조항번호를 인용하고 있는 경우에도 전체 진술 및 보장의 예외에 해당한다고 명시하는 것이 유리할 것이며, 아래는 예시 문구이다.

공개목록에 기재된 사항들은 공개목록의 인용조항에도 불구하고 본 계약상 관련된 모든 진술 및 보장에 대한 예외에 해당한다.

144) 공개목록 갱신권을 광범위하게 허용하면 진술 및 보장 위반의 기준시점을 거래종결 시까지 연장하는 bring-down 조항을 무력화할 수 있다는 견해로는 우호적 M&A의 이론과 실무 2(천경훈 집필부분), 39면.

145) 허영만(2006), 23면.

2) 공개 사실 및 실사자료에 포함된 사실

매도인으로서는 공개목록에 명시적으로 포함된 사항 외에도 공시 등을 통해서 외부에 공개된 사항이나 실사 기간 동안 매수인에게 제공된 자료에 포함된 사항에 대해서도 매수인이 이를 알고 있고 관련 위험을 감수한다는 전제하에 계약을 체결하는 것이므로 매도인이 책임을 부담하지 않는다고 생각하기 쉽다.

그러나 외부에 공개되었다 하더라도 일반인이 쉽게 찾거나 알기 어렵게 되어 있는 경우(가령, DART와 같이 일반적인 공시시스템에 공시된 것이 아니라 특정 정부기관 홈페이지에서 검색해야지만 알 수 있는 경우)가 있을 수 있기 때문에 매수인이 당연히 알고 있다고 단정하기 어렵고, 매도인이 매수인보다 쉽게 정보에 접근할 수 있는 위치에 있음에도 매수인에게 검색 실패로 인한 위험을 떠안게 하는 것은 부당하다. 또한 실사자료에 포함된 사항이라 하더라도 산발적으로 제공된 수많은 자료에 기재된 사실을 매수인이 전부 알기란 불가능하고, 더욱이 제공된 자료 표면상으로는 그에 따른 위험을 알기 어렵고 다른 자료와 결합하거나 추가적인 분석을 해야지만 위험을 알 수 있는 경우들도 있기 때문에 역시 실사자료에 포함된 사항이라는 이유만으로 매도인이 관련 책임으로부터 벗어난다고 보는 것은 부당하다.

따라서 외부에 공개된 사항이나 실사자료에 포함된 사항이라는 이유만으로 바로 진술 및 보장의 예외로 되는 것은 아니며, 이들을 예외로 두기 위해서는 계약서에 명시적으로 진술 및 보장에서 제외된다는 조항을 두어야 할 것이다. 이러한 명시적인 조항이 없다고 하더라도 anti-sandbagging 조항이 있다면 이 조항을 통해서 매도인은 손해배상 책임으로부터 벗어날 여지는 있으나, anti-sandbagging을 하기 위해서는 단순히 어떤 사실이 외부에 공개되었다거나 실사자료에 포함되었다는 것에서 더 나아가 매수인이 그 사실을 알고 있었다는 것까지 입증되어야 하기 때문에 입증부담 측면에서 차이가 있다.

마. 매도인에 관한 매도인의 진술 및 보장

1) 적법한 체결

§5(1) – 진술 및 보장 – 매도인 진술 및 보장 – 적법한 체결

1. **적법한 체결**: 매도인은 본 계약을 체결하고 그에 따른 의무를 이행하기 위하여 필요한 권한과 능력을 가지고 있다. 매도인은 본 계약을 체결하고 본 계약에 따른 의무를 이행하기 위하여 필요한 이사회결의 등 적법하고 유효한 내부수권절차를 거쳤다. 본 계약은 매도인에 의하여 적법하게 체결되었으며, 매도인에 대하여 본 계약의 조건들에 따라 집행할 수 있다.

매도인이 계약을 적법하게 체결하고 이행할 수 있음을 보장하는 내용인데, 주로 매도인에게 계약을 체결할 권한과 능력이 있다는 점, 매도인이 회사인 경우 계약을 체결하기 위해서 필요한 내부수권절차를 거쳤다는 점, 그리고 매도인에 대해서 계약 내용에 따라 집행할 수 있다는 점 등을 기재한다.

매도인의 권한과 능력과 관련해서 실무상 매도인에게 계약을 체결할 권한, 능력, 자격이 있다고 명시하는 경우들이 많은데, 각 단어의 의미에 대해서 자세히 들여다본다. 먼저 "권한"이라는 것은 타인을 위해서 일정한 행위를 할 수 있는 힘을 의미하는 것으로서 주로 타인을 위해서 권리를 행사하는 대리인이나 타인의 기관으로서 의사결정을 하는 대표자나 이사 등과 관련하여 사용하는 개념이다. 따라서 엄밀히 말하면 매도인이 자기 자신을 위해서 계약을 체결하는 맥락에서 매도인이 계약 체결 권한이 있다고 기재하는 것은 적절치 않고, 미성년자를 대리해서 계약을 체결하거나 한 매도인이 다수의 매도인을 대리하여 계약을 체결하는 맥락에서 사용하는 것이 적절하다.[146] 다만, 정상적인 경우에 매도인 회사를 대표하여 계약을 체결할 권한을 가진 것은 대표이사인데, 회사에 대해 회생이나 파산절차가 진행 중일 때에는 제3자인 관리인이나 파산관재인이 계약 체결 권한을 갖게 된다(채무자 회생 및 파산에 관한 법률 제56조, 제384조 참고). 따라서 매수인이 계약 체결 권한을 갖고 있다는 진술 및 보장은 이와 같이 제3자인 관리인이나 파산관재인이 아닌 회사의 대표자가 적법한 권한을 갖고 계약을 체결하였다는 의미로 선해할 수 있다.

---

146) 이러한 점을 고려해서인지 "권한"이라는 용어를 "권리"로 대체하여 사용한 계약서들도 보이는데, 계약을 체결할 권리가 있다는 것은 너무 포괄적인 기재이고, 해당 주식을 처분할 권리가 있다는 의미라면 이는 주식 소유권에 관한 진술 및 보장에서 다루면 충분하다.

"능력"은 민법상의 개념으로서 자연인은 생존한 동안 권리능력이 있으므로(민법 제3조) 권리능력이 문제 되는 경우는 없다. 반면, 미성년자이거나 후견이 개시되었을 경우 의사능력이 없거나 행위능력이 제한되어 계약 체결의 효력이 문제 될 수 있으므로 그러한 능력을 모두 보유하고 있음을 보장받을 필요가 있다. 법인은 법률과 정관에서 정한 범위 내에서 권리능력을 갖는다(민법 제34조). 따라서 매도인이 계약을 체결할 능력이 있다는 진술 및 보장은 매도인의 주식매매를 위한 계약 체결이 매도인의 정관에서 허용하고 있는 행위라는 것을 의미한다. 통상 실사를 통해 정관을 확인하므로 법인의 능력이 문제 되는 경우는 많지 않다.

이 외에 계약을 체결할 "자격"이 있다고 기재하는 경우도 있으나, 자격이라는 것은 지나치게 포괄적인 의미를 갖고 있고 정확히 어떤 법률상의 근거를 갖고 있는지 불분명하다. 법령에서 특정한 인허가를 받고자 하거나 대주주가 되기 위해서 일정한 요건을 요구하는 경우들이 있고 그런 경우에는 자격 유무가 문제 될 수 있겠으나, 이는 계약을 체결하고 이행하는 것과는 다른 문제이다. 계약의 적법한 체결과 관련하여 자격이 문제 되는 경우는 상정하기 어렵기 때문에 이 개념을 사용하는 것은 적절치 않아 보인다.

그런데 계약을 체결할 권한과 능력이 있다는 진술 및 보장은 위반하더라도 계약상 인정되는 구제수단을 이용하지 못할 수 있다는 점은 주의할 필요가 있다. 왜냐하면 계약 체결 권한이나 능력이 없게 되면, 애초에 계약 체결 여부나 유효성이 다투어져 계약상 인정되는 진술 및 보장 위반에 따른 구제수단들도 이용할 수 없게 될 것이기 때문이다.[147] 물론 이러한 진술 및 보장을 이유로 계약 외적으로 인정되는 불법행위 책임을 주장할 여지는 있겠으나 계약상 구제수단에 비하여 상대적으로 인정되기 어려울 것이다. 따라서 실제로 계약을 체결할 권한과 능력이 있는지 여부는 사전에 실사를 통해서 확인하거나 법률자문사를 통해 확인하여야 할 문제이지 계약상 구제를 받을 수 있는 문제는 아니라 할 것이다.

매도인이 자연인인 경우에는 문제 되지 않지만 회사인 경우에는 내부수권절차를 거쳐야지 계약이 적법하게 체결된다. 회사의 업무집행은 이사회의 결의로 하는 것이 원칙이기 때문에(상법 제393조 제1항) 주식매매 및 그에 부수하는 거래에 대해서 이사회 결의가 필요하고, 대표이사가 아닌 자가 계약 체결 과정에서 일정한 행위를 한 것에 대해서도 내부 전결위임규정 등을 통해서 수권이 이루어져야 하므로, 이러한 점들에 대해서

147) 허영만(2006), 23면.

보장하는 것이다. 합병, 영업양도 등 거래의 경우 이사회 결의 외에 주주총회 결의도 필요한데, 주식매매 거래인 경우 원칙적으로 주주총회 결의가 필요 없으나 그 주식 양도로써 매도인 영업의 전부 또는 일부를 양도하거나 폐지하는 것과 같은 결과를 초래하는 경우에는 영업양도로서 주주총회 결의가 필요하다는 것은 주의할 필요가 있다.[148)]

집행가능성(enforceability)에 대한 내용은 국내 당사자 간에는 크게 의미가 없으나, 외국 당사자가 포함된 거래에서 해당 외국 당사자의 투자 여부를 결정하는 데에는 상당히 중요한 요소에 해당할 수 있다. 따라서 이 진술 및 보장을 받는 것은 물론 법률자문사로부터 법률의견서를 받기도 한다.

2) 법령 등 위반 없음

§5(1) – 진술 및 보장 – 매도인 진술 및 보장 – 매도인의 법령 등 위반 없음

> 2. **법령 등 위반 없음**: 매도인이 본 계약을 체결하고 그에 따른 의무를 이행하는 것은 매도인에게 적용되는 대한민국 법령, 매도인의 정관, 매도인이 당사자인 계약에 위반되지 않는다.

위 적법한 체결에 관한 진술 및 보장과 유사하게 계약을 이행하는 것이 법령, 정관, 계약에 위반되어 문제 될 소지가 없다는 점을 보장하는 내용이다. “본건 거래”가 법령 등에 위반하지 않는다고 기재하는 경우도 있는데, 그 경우에는 본건 거래의 정의에 따라 이 진술 및 보장이 다루는 범위가 좁아질 수 있다는 점을 주의해야 한다. 통상 본건 거래는 주식을 매매하는 거래만 포함하고, 계약에 포함된 다른 의무들은 포함하지 않기 때문에 매수인 입장에서는 계약에 포함된 다른 의무들까지 포함할 수 있도록 “본건 거래”의 정의를 넓히거나 본 계약을 이행하는 것이 법령 등에 위반하지 않는다고 기재할 필요가 있다.

법령이나 계약은 그 범위가 포괄적이어서 “대한민국” 법령이나 “중요한” 법령 또는 계약으로 위반 대상을 제한하거나 “중요한 측면에서” 위반한 점이 없다고 하여 위반 정도를 제한하는 경우들이 다수 있다. 또한 정관은 보다 범위를 넓혀 대상회사의 “조직서류”나 “기타 내부 규정”에 위반되지 않았다고 기재하기도 한다. 반면, 당사자가 자연인인 경우에는 정관이라는 것이 있을 수 없으므로 정관 위반이 없다는 내용은 제외한다.

계약을 체결하고 그에 따라 의무를 이행하는 것이 법령, 특히 강행법규에 위반하는

148) 대법원 2025. 10. 16. 선고 2019다236385 판결.

경우에 그 의무부담행위는 무효가 된다. 이때 당사자가 법령 등 위반 없음 진술 및 보장을 제공하였다면 상대방은 원칙적으로 진술 및 보장 위반을 이유로 손해배상청구를 할 수 있겠지만, 만일 진술 및 보장 약정에 따른 손해배상채무를 이행하는 것이 강행법규가 금지하는 것과 동일한 결과를 가져온다면 진술 및 보장 조항 위반을 이유로 손해배상을 청구할 수 없다.[149] 다만, M&A 계약은 주식이나 자산을 이전하는 내용인데, 그러한 주식이나 자산을 이전하는 것이 강행법규를 위반하는 것이더라도 진술 및 보장 위반을 이유로 금전적 손해배상을 청구하는 것이 강행법규에서 금지하는 행위가 실현되는 결과를 초래하거나 그에 준하는 결과를 초래하는 경우는 드물 것이므로 손해배상청구가 금지되지 않을 것이다.[150]

3) 정부승인

§5(1) – 진술 및 보장 – 매도인 진술 및 보장 – 매도인의 정부승인

3. **정부승인**: 매도인이 본 계약을 체결하고 그에 따른 의무를 이행하기 위하여 매도인이 받아야 하는 정부승인은 없다.

매도인이 본 계약 체결 및 이행과 관련하여 받아야 하는 정부승인에 관한 내용이다. 이 진술 및 보장은 주식매매 거래를 위해서 필요한 정부승인이 없는 경우에 그러한 정부승인이 없다는 점을 확인하고 보장하는 데 의미가 있다. 만일 거래를 위해서 필요한 정부승인이 있다면 거래종결의 조건으로 추가하는 것이 일반적이기 때문에 이 진술 및 보장을 추가하지 않는 경우도 많다. 다만, 필요한 정부승인을 빠짐 없이 매수인에게 알린다는 목적으로 어떤 정부승인을 제외하고는 본건 거래를 위하여 필요한 정부승인이 없다고 기재하거나, 어떤 정부승인은 본건 거래 또는 본건 거래의 종결을 위해서 받아야 하는 정부승인의 완전한 목록이라고 기재하기도 한다.

149) 대법원 2019. 6. 13. 선고 2016다203551 판결. 농업협동조합은 농업협동조합법에 따라 차입에 준하는 보증을 하는 것이 엄격히 금지됨에도 불구하고, 농업협동조합이 타인의 제품매매의무에 대한 2차적 매매의무를 부담하고 그러한 의무를 부담하는 것이 설립근거법에 위반하지 않는다는 보장을 한 사안에서 2차적 매매의무를 부담하는 것은 강행법규 위반으로 무효이고, 진술 및 보장 위반에 대한 손해배상의무를 부담하는 것도 강행법규가 금지하는 것과 동일한 결과를 가져온다는 이유로 허용될 수 없다고 판시하였다.

150) 같은 견해: 백숙종(2022), 1520면.

4) 주식 소유권

§5(1) – 진술 및 보장 – 매도인 진술 및 보장 – 주식 소유권

> 4. **주식 소유권**: 매도인은 대상주식을 적법하고 유효하게 소유하고 있고, 대상주식에 어떠한 제한부담도 설정되어 있지 않다.

매도인이 대상주식을 적법하고 유효하게 소유하고 있다는 내용이다. 먼저 짚고 넘어가야 할 것으로 "소유"와 "보유"의 개념은 다르다. 소유는 자기 명의로 법적인 소유권을 갖는 경우를 의미한다. 보유는 소유보다는 조금 더 넓은 의미로 쓰이지만 그 의미가 명확한 것은 아니다. 상법상으로는 타인 명의이지만 자기 계산으로 소유하는 경우를 포함하는 의미로 쓰이기도 하고(상법 제360조의24), 주식을 소유한 경우, 주주권 행사에 관한 위임을 받은 경우, 주주권을 공동으로 행사하는 경우 등의 의미로 쓰이기도 한다(상법 제542조의6). 반면, 자본시장법상으로는 자기 계산으로 소유하는 경우뿐만 아니라 인도청구권을 갖는 경우, 의결권을 갖는 경우, 취득 또는 처분 권한을 갖는 경우 등을 포괄하므로 개념이 더 넓다(자본시장법 시행령 제142조). 따라서 계약서를 작성할 때에는 이러한 차이를 유의하여 정확한 용어를 사용해야 할 것이다.

민법상 타인 소유의 물건을 목적물로 하여 매매계약을 체결하는 것도 가능하나 그럴 경우 매도인이 타인으로부터 목적물을 취득하지 못하면 이행불능이 된다. 따라서 매수인 입장에서는 계약 체결 시점은 물론 거래종결 시점에도 매도인이 대상주식을 소유하고 있도록 보장받는 것이 안전하다. 만일 매도인이 계약 체결 시점에는 대상주식을 소유하고 있지 않으나 거래종결 전에 대상주식을 제3자로부터 취득하여 매수인에게 매도하는 거래구조를 취하고자 한다면 기준시점을 "거래종결일 현재"로 한정해서 보장을 받되, 선행조건이나 확약 조항에 매도인이 제3자로부터 대상주식을 취득할 의무를 부여하는 것이 필요하다.

대상주식을 제한부담이 없는 상태로 이전한다는 내용은 거래종결 조항에도 포함되지만 주식 소유권에 관한 진술 및 보장에도 포함시킨다. 만일 대상주식이 계약 체결 시점에 타인에게 담보로 제공되어 있는 상태라면 구체적인 담보 내역을 공개목록에 기재하여야 할 것이고, 통상 거래종결 전에는 담보를 해지하여 대상주식을 이전하므로 그때 공개목록에서 담보내역을 삭제한다.

5) 소송 없음

§5(1) – 진술 및 보장 – 매도인 진술 및 보장 – 소송 없음

> 5. **소송 없음**: 매도인에 대하여 본건 거래를 금지하거나 제한하는 소송이 존재하지 않고, 그러한 소송이 제기될 우려도 없다.

본건 거래 자체를 금지하거나 제한하는 소송이 진행 중인 것이 없다는 내용이다. 예를 들면, 제3자가 대상주식과 관련하여 처분금지가처분을 신청한 상태라면 본 진술 및 보장을 위반한 것이 된다. 아래 대상회사에 관한 진술 및 보장에도 소송 관련 진술 및 보장이 포함되지만 이 조항에 포함되는 진술 및 보장은 주식매매 거래 자체의 종결을 방해할 수 있는 위험에 관한 것이라는 점에서 더 중요하다.

위에서 설명한 적법한 체결, 법령 등 위반 없음, 주식 소유권, 소송 없음에 관한 진술 및 보장은 만일 그중 어느 하나라도 위반될 여지가 있다면 애초에 계약 체결 자체를 보류하고 해당 위반의 소지를 모두 치유하고 거래를 진행하는 것이 보다 안전할 것이다.

6) 자료의 정확성

§5(1) – 진술 및 보장 – 매도인 진술 및 보장 – 자료의 정확성

> 6. **자료의 정확성**: 매도인은 매수인이 합리적으로 요청한 매도인 및 대상회사에 관한 중요한 자료 및 정보를 누락 없이 완전하게 제공하였고, 매도인이 매수인에게 제공한 자료 및 정보는 중요한 측면에서 거짓의 기재 또는 표시가 없다.

매수인에게 제공된 대상회사에 관한 정보나 자료가 완전하고 정확하다는 내용이다. 거래를 준비하고 거래를 종결할 때까지 매도인은 매수인에게 대상회사에 관한 여러 자료나 정보를 제공하고, 매수인은 매도인이 제공한 자료를 바탕으로 대상회사에 대한 가치평가 및 매매대금을 산정하며, 계약서상 거래종결의 조건, 진술 및 보장, 확약 등에 어떤 내용을 반영할지 결정한다. 그런데 매수인으로서는 매도인이 제공한 자료가 진정한 자료인지, 그 자료에 포함된 정보가 모두 정확한지, 그 자료 외에 달리 요청하거나 문의한 사항과 관련된 자료가 없는지 확인할 방법이 없다. 이에 이 진술 및 보장을 추가함으로써 매수인이 거래 여부를 결정하는 기초가 되는 자료들의 완전성과 정확성을 보장받을 필요가 있다.

tip **매도인 tip:** 위와 같이 매수인 입장에서는 자료의 정확성을 보장받을 필요가 있으나, 매도인 입장에서는 이 진술 및 보장을 수용하는 것에 신중하여야 한다. 첫째로 매도인은 대상회사의 주주에 불과하기 때문에 대상회사에 대한 자료 접근이 제한되어 있거나 모든 정보를 알지 못할 수 있다. 둘째로 이 진술 및 보장은 상장회사의 부실공시책임의 기준과 유사한 내용인데,[151] 상장회사의 경우 다수의 이해관계자가 있고, 이러한 이해관계자들이 개별적으로 상장회사의 자료에 접근하거나 인터뷰 등을 진행할 수 없고 그렇게 하는 것이 바람직하지도 않기 때문에 법으로 정보의 정확성을 보장하는 것인바, 대상회사가 비상장회사이거나 주식매매 거래를 하는 경우에 동일한 수준의 보장을 하는 것은 부적절하다고 볼 수 있다. 마지막으로 애초에 진술 및 보장이라는 것이 실사를 한 후에도 여전히 남아 있는 위험을 대비하기 위해서 보호수단을 추가하는 것이기 때문에 매수인으로서는 실사를 통해서 파악한 상태를 기초로 대상회사에 대한 진술 및 보장을 통해서 보호를 받아야 하지 제공된 모든 자료 자체의 완전성과 정확성까지 요구하는 것은 부당한 측면이 있다.[152] 더욱이 공식 실사 절차에서 제공된 자료뿐만 아니라 거래 진행 과정에서 구두로 제공된 정보까지 포함한다면 그 범위가 지나치게 넓어 매도인이 책임을 질 위험이 높아진다.[153] 이러한 이유들 때문에 매도인은 매수인이 제기하는 의혹이나 의문이 있으면 추가로 자료를 제공하거나 인터뷰를 할 수 있도록 해 주고 이 진술 및 보장은 제외하는 것으로 협의해 볼 필요가 있고, 실무상으로도 매도인의 강한 반발로 포함되지 않는 경우가 더 많다.

매수인 tip: 매도인의 입장에도 불구하고 매수인 역시 거짓이나 누락된 자료를 기초로 거래 여부 판단을 할 수는 없으므로 자료의 정확성 보장은 중요하다. 만일 매도인의 반발이 심하다면 이 진술 및 보장은 제외하더라도, 각종 진술 및 보장(가령, 정부승인, 소송, 부동산, 중요계약, 지식재산 등)에 별지를 통해서 대상회사의 현황에 관한 정확한 기재를 하도록 하고, 그 기재가 정확하고 완전하다는 보장을 추가하는 것을 고려할 수 있다. 나아가 자료의 정확성을 담보하기 어렵다는 이유로 다른 진술 및 보장의 내용도 보다 강화하는 쪽으로 하나의 협상 수단으로 활용할 수도 있다.

---

151) 공시서류 중 중요사항에 관하여 거짓의 기재 또는 표시를 하거나 중요사항을 기재 또는 표시하지 아니할 경우 민사상 손해배상책임은 물론 형사처벌까지도 받을 수 있다. 자본시장법 제125조, 제444조 제13호. 미국에서는 이를 10b-5 rule이라고 한다.

152) Brown & Giles, 114, 115면.

153) ABA, 190면.

통상 정확성을 보장하는 대상은 실사 시 제공된 자료로 한정되지 않고, 제공된 시기 여하를 막론하고 대상회사에 관하여 제공된 자료, 대상회사에 대한 질의응답, 실무자와의 인터뷰 내용 등이 모두 포함되고, 매수인이 "합리적으로 요청한" 자료들로 한정하는 경우도 있다.

또 보장하는 내용은 위와 같이 제공된 자료가 완전하다(누락하지 않았다)는 것과 정확하다(진실하다, 거짓이 없다, 사실과 다른 내용이 없다)는 것을 포함하는 것이 일반적이고, 더 나아가 제공된 배경과 맥락에 비추어 의미를 오도하지 않았다는 것까지 포함하는 경우도 있다.

바. 대상회사에 관한 매도인의 진술 및 보장

1) 대상회사의 범위 설정

먼저 매수인이 취득하는 주식은 대상회사의 주식일 뿐이더라도 대상회사가 여러 자회사(또는 종속회사)를 두고 있고 자회사를 통해서도 사업을 영위하고 있는 경우라면 매수인은 자회사에 존재하는 위험도 고려해야 한다. 따라서 이런 경우에는 진술 및 보장이 필요한 자회사 범위를 정하여 정의 조항에 열거하고, 매도인으로 하여금 대상회사와 함께 자회사에 관해서도 진술보장하도록 하는 것이 일반적이다.

자회사가 있다고 하여 항상 전부 진술 및 보장 대상에 포함시키는 것은 아니고, 해당 자회사가 영위하는 사업의 내용, 그 사업이 대상회사 기업집단의 사업에서 차지하는 중요성, 자회사의 매출 또는 수익 비중 등을 종합적으로 고려하여 당사자 간에 협의하여 결정한다. 통상 대상회사와 자회사를 통칭할 경우에는 "대상회사 등"이나 "대상회사 그룹"과 같이 기재하고, 대상회사에 한정할 경우에는 "대상회사"로만 기재하여 구별한다.

여러 자회사가 국내외에서 여러 사업을 운영하고 주주나 경영자로서 불측의 책임을 부담할 위험도 높다면 회사가 보유한 자회사의 목록을 기재하여 그 목록에 기재된 자회사가 완전한 자회사 목록이라는 진술 및 보장을 포함하기도 한다.

2) 회사의 설립 및 존속

§5(1) – 진술 및 보장 – 매도인 진술 및 보장 – 회사의 설립 및 존속

7. **회사의 설립 및 존속**: 대상회사는 대한민국 법률에 따라 적법하게 설립되고 유효하게 존속하는 주식회사이다.

대상회사가 적법하게 설립되어 유효하게 존속하고 있다는 점과 함께 회사의 형태를 확인하는 내용이다. 이 진술 및 보장은 대상회사가 국내회사라면 등기를 통해서도 확인할 수 있는 내용이기 때문에 크게 의미는 없다. 반면 외국회사의 경우 회사의 설립, 존속, 형태 등을 확인할 수 있는 자료가 없거나 있더라도 공신력이 부족한 경우도 있기 때문에 이 진술 및 보장을 받을 필요가 있다. 이에 외국회사가 어느 나라의 법에 따라 설립되었고 그 나라의 법에 따라 인정되는 법인 형태로 설립되고 존속 중이라는 점을 기재한다. 매수인은 현재 존재하는 법인 형태 그대로 대상회사를 인수할 것이고, 대상회사가 법인으로서 실체를 제대로 갖추고 있어야지만 주주인 매수인은 유한책임을 부담하게 될 것이다.[154]

이 진술 및 조항에 회사가 사업을 영위하고, 자산을 소유 및 사용하는 데 필요한 능력과 자격을 갖추고 있다는 내용을 포함하는 경우도 있다. 그러나 통상 사업을 영위하는 데 필요한 정부승인에 대해서는 별도 정부승인 관련 진술 및 보장에서 다루기도 하고, 회사의 능력은 통상 회사 정관에서 매우 포괄적으로 사업 목적 범위를 규정하기 때문에 문제 되는 경우가 거의 없다고 해도 과언이 아니다. 따라서 특별히 능력과 자격 보유 여부가 불명확하거나 소유나 사용이 제한되는 자산을 보유하고 있지 않다면 포함시키지 않더라도 무방하다.

한편, 영미 계약에서는 매도인이 계약 체결과 함께 정관, 이사회규정 등 회사의 조직서류와 주주총회 의사록, 이사회 의사록 등 회사의 주요 의사결정 서류를 완전히 제공하였다는 점을 포함시키기도 한다.[155] 앞서 설명한 자료 제공의 완전성 관련 진술 및 보장을 보완하는 기능을 하며, 매도인이 자료 제공의 완전성 관련 진술 및 보장을 제공하지 않는 경우에는 이처럼 실사 과정에서 제공받은 자료를 별지로 모두 열거한 후 그 자료가 완전한 목록이라는 진술 및 보장을 포함시키는 것이 더욱 중요해진다.

154) Brown & Giles, 47면.

155) ABA, 84면.

3) 자본구성

§5(1) – 진술 및 보장 – 매도인 진술 및 보장 – 자본구성

8. **자본구성**: 대상회사의 수권주식 총수는 O주, 발행주식 총수는 보통주식 O주, 1주의 액면금액은 O원이다. 대상주식은 적법하게 발행되었고 그 주금이 전액 납입되었다. 공개목록 5(1)8. 기재 사항을 제외하고 대상회사는 전환사채, 신주인수권부사채 기타 대상회사의 주식으로 전환 또는 교환될 수 있는 증권을 발행하지 않았고, 주식매수선택권을 포함하여 주식 또는 위 증권의 발행을 청구할 수 있는 권리를 제3자에게 부여하거나 부여할 의무를 부담하고 있지 않다.

위 회사의 설립 및 존속과 함께 회사의 현황에 관한 대표적인 진술 및 보장이다. 이 진술 및 보장은 i) 회사의 자본구성을 확인하고, ii) 매수인이 취득하는 대상주식이 유효하다는 점을 보장받고, iii) 매도인의 지분이 전체 지분에서 어느 정도 차지하는지 확인하고 그러한 지분율이 희석될 염려가 없다는 점을 보장받는 것이 목적이다.

회사의 수권주식 수나 발행주식 총수, 1주당 액면금액은 모두 법인 등기를 통해서 확인하여 기재하면 되고, 신주발행이나 액면분할 등을 동반한 거래가 아니라면 크게 문제 될 만한 부분은 없다. 보통주식만 발행되어 자본구성이 단순하다면 예시 조항처럼 본문에 바로 기재하면 되지만, 여러 종류주식이 발행되었거나 소수주주가 누구인지 명확하게 특정할 필요가 있다면 별지를 만들어 주주의 성명, 주주가 소유한 주식 종류, 주식 수, 최대주주 또는 대상회사와의 관계 등을 표로 정리하기도 한다.

주식발행 과정에서 정관을 위반하거나 주식발행 절차를 위반할 경우 신주발행무효 사유가 되므로(상법 제429조) 주식이 적법하게 발행되었다고 기재함으로써 주식발행 과정에서 실체적·절차적 하자가 없다는 것을 보장한다. 주식발행의 효력은 주금이 납입되어야 발생하므로(상법 제423조 제2항) 주금이 모두 납입되었다고 기재함으로써 주식발행의 효력이 발생하였고, 주주가 추가로 납입책임을 부담하지 않는다는 것을 보장한다.[156] 매수인은 대상주식만을 취득하므로 대상주식에 한정하여 적법하게 발행되고 주금이 완납되었다고 보장하는 것으로 충분할 수 있으나, 매수인 외에 다른 주주가 다수 존재하는 경우 대상회사가 지분관계 관련하여 분쟁에 휘말릴 위험이 없도록 발행주식 전부에 대해서 보장하는 경우도 있다.

다음으로 지분이 희석될 가능성이 없다는 점을 보장받기 위해서 주식으로 전환 또

156) 영미 계약에서는 이와 같이 회사가 주주로 하여금 추가로 납입할 것을 요구할 수 없다는 것을 non-assessable이라고 표현한다.

는 교환될 수 있는 증권(대표적인 예로 전환사채, 신주인수권부사채)을 발행하지 않았고, 주식 발행을 청구할 수 있는 권리(대표적인 예로 주식매수선택권)가 제3자에게 부여된 바 없다는 점을 기재한다. 이미 그러한 증권이나 권리를 발행하거나 부여한 경우뿐만 아니라 발행하거나 부여하는 내용의 계약을 체결하여 대상회사가 그러한 의무를 부담하지 않는다는 점까지 보장하는 것이 일반적이다. 다만, 모든 주주들이 상법에 따라 지분 비율에 따라 신주인수권을 갖고 있는 것(상법 제418조 제1항)은 추상적 권리에 불과하므로 이 진술 및 보장에 반하지 않는다고 보는 것이 일반적이고 이를 명확하게 하기 위해 주주들이 법령상 갖는 신주인수권은 예외라고 직접 명시하기도 한다. 이미 제3자에게 발행되어 있는 전환사채, 신주인수권부사채, 주식매수선택권 등이 있는 경우에는 이를 공개목록에 포함시키고, 거래종결 전에 매수인이 이들 증권을 함께 매수하거나 대상회사로 하여금 사채를 상환하도록 하는 등 소멸시키는 방법을 강구하기도 한다.

4) 법령 등 위반 없음

§5(1) – 진술 및 보장 – 매도인 진술 및 보장 – 회사의 법령 등 위반 없음

> 9. **법령 등 위반 없음**: 매도인이 본 계약을 체결하고 그에 따른 의무를 이행하는 것은 대상회사에 적용되는 대한민국 법령, 대상회사의 정관, 대상회사가 당사자인 계약에 위반되지 않는다.

매도인에 관한 진술 및 보장에서 다룬 것(예시 조항 제5조 제1항 제2호)과 유사한 내용이지만 매도인이 본 계약을 체결 및 이행하는 것이 "대상회사"에게 적용되는 법령, "대상회사"의 정관, "대상회사"가 당사자인 계약에 위반되지 않는다는 내용이어서 차이가 있다.

정관 위반 관련하여 대상회사 정관에 주식양도 시 이사회 승인을 받도록 하는 규정이 있는지 살펴볼 필요가 있다. 해당 규정이 있다면 주식양도에 관한 이사회 승인을 받도록 하거나 정관을 개정하여 해당 규정을 삭제하여야 이 진술 및 보장 위반에 해당하지 않을 것이다.

실무상 본 계약의 체결 및 이행이 법령이나 계약에 "위반"하지 않는다고 기재하는 것이 일반적이나, 이것이 어떤 의미인지, 매수인은 이런 기재만으로 충분히 보호받을 수 있는지 검토할 필요가 있다. 가령, 본건 거래로 인하여 대상회사가 보유하고 있는 인허가가 취소되지는 않지만 추가적인 조건이 설정되거나 법령 위반까지는 아니지만 감독당국의 재량에 따라 금전적인 부담이 부과될 수 있는 경우가 있다. 또 대상회사가 체결한 계약상 본건 거래를 체결하는 것이 어떤 의무를 위반한 것은 아니지만 추가로 금전을 지급할 의무가 발생할 수도 있다. 이러한 경우에 대해서는 단순히 법령이나 계약을 위반하지 않았다고 기재하는 것으로 충분하지 않을 수 있다.[157)]

따라서 법령을 위반하지 않았다는 것에서 더 나아가 정부기관으로부터 이의가 제기되거나 정부기관이 대상회사나 대상회사가 보유한 자산에 대해 제한부담을 설정하거나 기타 조치를 취할 사유가 되지 않는다는 내용으로 확장하는 것도 가능하다. 또 계약을 위반하지 않았다는 것에서 더 나아가 기한의 이익 상실 사유가 되거나 기타 계약 상대방에게 금전을 지급하거나 일정한 의무를 부담할 사유가 되지 않는다는 내용으로 확장할 수 있다.

단순히 계약을 위반하지 않는다고만 기재하는 경우에는 대상회사가 체결한 계약 중 COC 조항이 있는 계약을 어떻게 취급할지 문제 될 수 있다. 가령, 대상회사가 체결한 계약에 COC 조항이 있는 경우에 주식매매로 경영권 변동이나 최대주주 변경이 이루어진다면 이를 계약 위반이라고 할 수 있는가? 만일 그렇다면 COC 조항이 있는 계약은 모두 공개목록에 기재하여 예외로 두어야 하는가? 먼저 주식매매계약 체결 시점에는 아직 경영권 변동이나 최대주주 변경이 없으므로 계약 위반이라 할 수 없다. 거래종결 시점에는 경영권 변동이나 최대주주 변경이 이루어지므로 COC 조항에서 요구하는 동의, 통지 등 조치를 취하여야 할 것인데 이때에는 선행조건이나 확약 조항에서 그러한 조치를 취하도록 요구하는 경우가 대부분이고 이에 따라 그러한 조치를 모두 취하였다면 역시 계약 위반이라고 볼 수 없다(반대로 그러한 조치를 취하지 않으면 애초에 거래종결 자체가 되지 않을 가능성이 높다). 결론적으로 대상회사가 체결한 계약에 COC 조항이 있다는 이유만으로 이 진술 및 보장 위반이 되는 것은 아니고 또 거래종결 시점에 COC 조항에 따라 요구되는 조치를 모두 취하였다면 공개목록에 포함시킬 필요가 없게 된다. 반면, 본 계약의 체결 및 이행이 대상회사가 당사자인 계약에 위반되지 않는다는 것에서 더 나아가 그 계약상 동의, 통지 등 조치가 요구되지 않고, 기한의 이익 상실 사유 또는 계약 해지 사유에도 해당하지 않는다고까지 보장한다면, 이는 계약 체결 시점이든 거래종결 시점이든 COC 조항에 따라 그러한 동의 등이 요구되고 기한의 이익 상실 사유 등에 해당하므로 COC 조항이 있는 계약들을 공개목록에 모두 열거하여 예외로 두어야 할 것이다.

157) ABA, 88-90면.

5) 재무제표

§5(1) – 진술 및 보장 – 매도인 진술 및 보장 – 재무제표

10. **재무제표**: 기준재무제표는 한국채택국제회계기준(K-IFRS)에 따라 작성되었으며, O년 O월 O일 현재 대상회사의 재무상태 및 O년 O월 O일부터 O년 O월 O일까지 기간 대상회사의 재무성과 및 현금흐름을 중요성의 관점에서 공정하게 표시하고 있다. (i) 기준재무제표에 반영된 것과 (ii) O년 O월 O일 이후에 통상적인 사업과정으로 인하여 발생한 것 외에는 대상회사의 회계처리기준에 따라 재무제표에 반영되거나 주석사항에 기재되었어야 하나 기재되지 않은 부채나 채무는 존재하지 않는다.

재무제표가 한국채택국제회계기준(K-IFRS)이든 일반회계기준(GAAP)이든 그 기준에 따라 제대로 작성되었고 재무제표에 기재되지 않은 부외부채가 존재하지 않는다는 내용이다. 이 진술 및 보장은 아래 다루는 법령준수 관련 진술 및 보장과 함께 가장 포괄적이고 중요한 진술 및 보장이라 할 수 있으며, 따라서 이 진술 및 보장 위반이 문제 된 사례들도 제법 있다.[158]

재무제표는 매수인이 대상회사의 가치를 평가하여 매매대금을 산정하는 기초가 되기 때문에 중요하다. 가치평가를 하면서 대상회사의 자산, 부채, 현금흐름 등 재무정보를 참고하게 되고 그러한 재무정보가 기록된 자료가 바로 재무제표이기 때문에 재무제표가 대상회사의 재무정보를 제대로 반영하고 있지 않다면 대상회사에 대한 가치평가와 매매대금 산정이 잘못될 수 있다. 그 정보의 정확성을 보장받아야 하는 기간(기준재무제표가 포함해야 할 기간)은 일률적으로 정해진 바는 없고, 해당 거래를 진행하고 매매대금을 산정함에 있어 대상회사의 과거 history나 실적 변화가 중요한지 등을 고려해서 정할 문제이다.[159]

통상 재무제표가 한국채택국제회계기준(K-IFRS), 일반회계기준(GAAP), 아니면 대상회사가 채택한 회계처리기준 중 어느 하나에 따라 작성되었다고 기재하고, 이러한 회계기준을 위반하였는지 여부는 회계적인 관점에서 판단하게 된다. 다만, 대상회사의 업종에 따라서는 법령이나 감독당국에서 추가로 회계처리 방법을 정하거나 권고하는 경우도

---

158) 김태진(2014), 440-445면은 하급심 판례를 분석한 결과 부외부채나 우발채무 등 수치에 있어서 차이가 나는 경우 진술 및 보장 위반으로 인정한 사례들이 많고, 다만 회계처리상의 견해 차이인 경우에는 진술 및 보장이 아니라고 한 사례들이 있다고 한다.

159) 위 34면 '기준재무제표' 부분 참고.

있다(대표적인 예로 금융업). 이런 경우에는 재무제표가 관련 법령이나 정부기관의 행정명령, 지도 등에 따라 작성되었다는 점을 추가로 기재하기도 한다. 회계기준을 적용함에 있어서는 일정 부분 평가자의 견해나 가치 판단의 차이가 존재할 수 있기 때문에 이러한 평가나 판단의 영역에 속하는 부분은 사실에 관한 진술 및 보장 위반이 아니라고 판단될 여지가 있다. 반면, 법령이나 정부기관의 가이드라인은 조금 더 구체적이고 명확한 기준을 제시하고 있다는 점에서 매도인 입장에서 재무제표 작성 시 준수해야 하는 기준이 더 분명하고 엄격해진다는 점에 유의하여야 한다.

사례 검토

늘푸른상호저축은행 사건

웅진금융제일(매수인)은 늘푸른상호저축은행(은행)의 주주들(매도인)로부터 은행 주식 100%를 매수하였다. 주식매매계약에는 은행의 재무제표가 일관되게 적용되는 한국의 기업회계기준 및 상호저축은행업 회계처리준칙, 상호저축은행업 감독규정, 상호저축은행업 감독업무 시행세칙에 따라 작성되었다는 재무제표 관련 진술 및 보장과 은행이 법령(이에 근거한 감독당국의 행정명령, 지도 포함)에 따른 경영건전성 기준을 준수하고 있다는 법령준수 관련 진술 및 보장이 포함되어 있었다. 매수인은 이행종결일을 기준으로 재무제표에 반영되지 않고 추가 설정되어야 하는 대손충당금이 있다며 추가로 설정되어야 하는 대손충당금 금액 상당의 손해배상을 청구하였다.

항소심[160]은 회사의 재무상황과 관련된 것이더라도 회계처리방법상 시각 차이에 기인한 것이고 일반적으로 인정된 회계처리 기준과 관습에 위반된다고 단정할 수 없는 경우에는 단순 회계처리상의 견해 차이이지 진술 및 보장 위반으로 보기 어렵다고 판시한 후 이 사건에서 문제 된 대출채권에 대해서 은행이 적립한 대손충당금과 매수인이 대출채권에 관하여 설정해야 한다고 주장하는 대손충당금이 차이가 있더라도 이는 그 대출채권에 관한 자산건전성 분류 등에 관한 회계처리상의 견해 차이에 기인한 것에 불과하여 진술 및 보장 위반이 아니라고 판단하였다.

그러나 대법원[161]은 주식매매계약에서 기업회계기준뿐만 아니라 상호저축은행업 감독규정, 상호저축은행업 감독업무 시행세칙은 물론 감독당국의 행정명령과 지도에 따른 경영건전성 기준을 준수하였음을 진술 및 보장하였다는 점, 상호저축은행 감독업무 시행세칙은 자산건전성 분류기준을 두고 각 건전성 단계에 적합한 사례를 예시로 열거한 점, 위 예시는 실무상 상호저축은행 회계처리의 명확한 기준으로 기능하고 있다는 점 등을 고려하여 문제 된 대출채권에 관하여 자산건전성 분류기준의 예시에 정한 사유가 있음에도 그 기준보다 높게 분류하여 대손충당금을 적게 적립하였다면 진술 및 보장 위반으로 보아야 한다고 판시하였다. 나아가 매도인은 계약 체결

160) 서울고등법원 2015. 8. 13. 선고 2014나2011015 판결.

161) 대법원 2019. 1. 31. 선고 2015다243811 판결.

일 및 거래종결일을 기준으로 진술 및 보장을 한 경우, 계약 체결일과 거래종결일 사이에 금융감독원이 대손충당금 적립 방법에 대한 행정명령 또는 지도를 변경하였다면, 그러한 변경에 따른 위험은 매도인이 부담해야 하는 것이므로 변경된 대손충당금 적립 방법에 따라 적립하지 않은 것은 금융감독원의 행정명령과 지도에 따른 경영건전성 기준을 준수하였다는 진술 및 보장을 위반한 것이라고 판시하면서 위 원심을 파기환송하였다.

파기환송심은 기준의 추상성과 불명확성 등으로 자산건전성 분류에 일정 부분 가치판단이 개입될 여지가 있다 하더라도 적어도 명문화된 감독당국의 자산건전성 분류기준인 시행세칙에서 정한 예시의 준수 여부는 진술 및 보장 대상이 된다고 판시하고, 문제 된 대출채권별로 자산건전성을 잘못 분류함으로써 대손충당금이 과소하게 설정되었는지 여부를 살펴본 후 일부 주요한 측면에서의 진술 및 보장 위반을 인정하여 매수인의 청구를 일부 인용하였고, 상고심에서 상고기각으로 원심 확정되었다.[162)]

재무제표가 일정한 회계기준 등에 부합하게 작성되었다는 것과 회사의 재무상태를 공정하게 표시하고 있다는 것은 합쳐서 작성할 수도 있고(가령, "기준재무제표는 한국채택국제회계기준에 따라 ~을 공정하게 표시하고 있다"), 분리해서 작성할 수도 있다(가령, "기준재무제표는 한국채택국제회계기준에 따라 작성되었고, ~을 공정하게 표시하고 있다). 회계기준에 부합하더라도 회사의 재무상태를 공정하게 표시하지 않는 경우가 있을 수 있는지 여부에 따라 위와 같이 분리해서 기재하는 것이 실익이 있는데,[163)] 통상적으로는 회계기준에 부합하여 작성되어 있으면 회사의 재무상태를 공정하게 표시하고 있다고 볼 수 있을 것이다.

최근에는 감사보고서의 표현과 동일하게 기준재무제표가 회사의 재무정보를 "중요성의 관점에서 공정하게" 표시하고 있다고 보장받는 것이 일반적인 것으로 보이는데, 이렇게 되면 감사보고서에서 적정의견을 받을 수 있는 상태라는 것을 보장받는 것과 실질적으로 동일한 의미를 갖게 된다.[164)] 경우에 따라서는 이보다 더 강화된 보장을 받고자 "중요성의 관점에서"를 삭제하거나, "공정하게" 대신 "적정하게", "적법하게", "정확하게", "누락없이 완전하게"로 기재하기도 하는데, 이와 같이 수정하는 것이 문언상 차

162) 서울고등법원 2020. 7. 8. 선고 2019나2008328 판결(파기환송심); 대법원 2024. 9. 12. 선고 2020다258190 판결(상고심).

163) ABA, 98면은 이 둘을 구분하는 것이 실익이 있다는 전제로 설명한다.

164) 여기서 "중요성"은 materiality qualification에서 사용되는 "중대한"과 다르게 회계적인 관점에서 파악한다. 대법원 2016. 6. 10. 선고 2014다83067 판결의 1심인 서울중앙지방법원 2012. 7. 27. 선고 2010가합12420 판결 참고. 계약서에서 "중대한"이란 5,000만원 이상을 의미한다고 규정하고 회계장부의 정확성 관련 진술 및 보장에서 "중요성의 관점"에서 정확하다고 규정하고 있던 사안에서 "중대한"이라는 문언과 "중요성의 관점"을 동일한 의미로 해석하기 어려워 위 진술 및 보장에 중대성 제한을 적용할 수 없다고 판시하였다.

이는 있으나 책임 유무를 좌우할 정도로 유의미한 차이가 있는지 문제 된 사례는 아직 없는 것으로 보인다.

tip **매수인 tip:** 만일 대상회사에 분식회계 사고가 있었거나 해당 업계에서 그러한 사고가 발생할 가능성이 높다면 이 진술 및 보장을 보다 강화할 필요가 있다.

i) 먼저 기준재무제표에 감사/검토받은 재무제표뿐만 아니라 감사/검토받지 않은 가장 최근 분기 재무제표까지 포함하고, 그 재무제표를 직접 계약서에 첨부하면서 해당 재무제표가 해당 기간에 대한 정확하고 완전한 재무제표임을 보장받는 것이다. 감사받지 않은 재무제표에 대해서는 사업연도 말의 감사에 의하여 조정이 가능함을 단서로 달 수 있는데, 무한정 조정이 가능하면 이 진술 및 보장이 의미가 없어지므로 통상적, 반복적 조정으로 한정하기도 한다.[165]

ii) 두 번째로 재무제표 작성의 기초가 된 회사의 장부에 대해서까지도 보장받는 것이다. 즉, 재무제표를 작성하는 과정에서 누락되거나 잘못 기재된 부분이 없도록, 재무제표가 회사의 장부와 기록을 정확하게 반영한 것이고, 회사의 장부와 기록도 회사의 자산, 부채 등 재무정보를 정확하게 반영하고 있고, 회사는 그러한 장부와 기록을 적법한 과거 관행에 따라 일관되게 유지하고 있다고 보장받는 것이다. 특히 회사가 재무제표에 대해서 회계법인으로부터 감사를 받지 않고 있다면 이러한 장부에 대한 진술 및 보장이 상대적으로 중요하다.[166]

iii) 세 번째로 내부통제 측면에서 회사가 적절한 내부회계관리제도를 설계 및 운영하고 있다고 보장받는 것이다. 원래 내부회계관리제도는 주식회사 등의 외부감사에 관한 법률에 따른 외부감사 대상이 되는 회사가 갖추어야 하는 것인데, 그 대상이 되지 않는 경우에도 동등한 수준의 내부회계관리제도를 운영하고 있음을 보장받는데 의의가 있다. 내부회계관리제도에 포함되어야 할 내용은 위 법률 제8조를 참고할 수 있다.

iv) 마지막으로 여러 해의 재무제표를 검토하는 경우 중간에 회계정책이나 기준이 변경될 경우 실질적인 회사의 재무상태에 변화는 없으면서 재무제표상으로만 개선되거나 악화된 것처럼 인식될 수 있다.[167] 이러한 점은 회계실사를 하면서 발견되어야 하는 부분이기는 하나 특히 마지막 감사보고서 작성 기준일 이후의 기간 동안에는 재무제표 작성에 적용되는 회계원칙, 회계기준 및 이에 대한 해석이 변경되지 않았다는 점을 보장받는 것이 안전하다.

165) 허영만(2006), 25면.

166) ABA, 96, 100면.

167) 아시아나항공 사건에서도 리스부채에 대한 회계기준 변경으로 계약 체결 이후 부채 및 영업손실이 증가한 감사보

재무제표에 대한 진술 및 보장과 함께 회사가 부담하는 부채 또는 채무에 대한 보장을 포함시키는 경우가 많고, 특히 부외부채(또는 미공개채무)가 없다는 보장은 재무제표 관련 진술 및 보장과 함께 기재하든 따로 독립된 항으로 기재하든 계약에 포함하는 경우가 많다. 이 진술 및 보장은 크게 두 부분으로 나누어 볼 수 있는데, i) 재무제표의 기준일 및 그 이전 기간에 대해서는 재무제표에 반영되었어야 하는 부채가 재무제표에 모두 반영되어 그 외의 부채는 없다는 것이고, ii) 재무제표의 기준일 이후 기간에 대해서는 모두 통상적인 사업과정에 따라 발생된 부채만 있다는 것이다. 따라서 만일 통상적인 사업과정과 관련 없이 발생한 부채(그 확실성이나 측정가능성이 부족한 우발부채든 충당부채든 모두 포함)가 있다면 이는 공개목록에 기재하여야 할 것이다. 여기서 더 나아가 재무제표에 반영된 채무 중 현재 불이행 또는 지체 중인 채무가 없다는 내용을 포함시키기도 한다.

위와 같이 기준일 기준으로 어떤 채무나 부채가 없다는 진술 및 보장은 해당 기준일 현재 존재하는 채무나 부채에 적용되는 것이다.[168] 따라서 기준일 이전에 채무나 부채 발생의 기초가 되는 사정이 존재하였다 하더라도 그러한 사정으로 인하여 기준일 이후에 발생한 채무나 부채는 (설령 그 기초가 되는 사정을 매도인이 기준일에 이미 알고 있었다 하더라도) 진술 및 보장의 대상에서 제외된다.[169] 만일 이러한 채무나 부채도 진술 및 보장 범위에 포함시키고자 한다면 우발채무나 부외부채를 발생시킬 수 있을 것으로 합리적으로 예상되는 사정이 존재하지 않는다고 기재하여 보장 범위를 넓힐 필요가 있다.

회사의 채권에 대한 진술 및 보장은 흔히 포함되는 것은 아니지만, 만일 대상회사가 소액채무자가 많다거나 미회수채권이 많이 발생할 수 있는 사안이라면 포함시킬 수 있고, 특히 단기간 내에 회수가 예상되는 매출채권(accounts receivable)에 대해서 포함하는 경우가 종종 있다. 이때 보장하는 내용으로는 회사의 기준재무제표에 반영된 채권은 모두 진정한 거래(bona fide transaction)에 따라 발생한 유효한 채권이라는 점, 채권 위에 제한부담이 설정되어 있지 않다는 점, 회사의 채권이 할인판매된 바 없다는 점, 회사의 채권은 소송 등 법적인 절차를 통하지 않고 통상적인 사업과정에 따라 회수가 가능하다는 점, 회사가 지난 몇 년간 통상적인 사업과정에 따라 모든 채권을 회수할 수 있었다는 점 등이다.

고서가 공시되자 매도인이 공정하고 투명하게 회계처리를 하여 왔는지 다툼이 발생하였다.

168) 미국에서도 동일하게 해석한다. ABA, 113면.

169) 서울고등법원 2011. 12. 14. 선고 2011나34776 판결. 기준일 이후 부인권 행사로 대상회사의 채무가 나중에 원상회복된 사안에서 우발부채 관련 진술 및 보장 위반 책임을 부정하였다.

회사가 미수금 확보를 위한 절차를 게을리한다고 하더라도 채권이 소멸하는 것이 아니고 계속 추심이 가능하므로 회수가 불가능하다고 볼 수 없고 재무제표가 정확하다는 진술 및 보장 위반에 해당하지 않는다.[170] 또, 통상의 영업활동 중에도 매출채권 중 일정 비율 부실채권이 발생할 수 있기 때문에 적절히 대손충당금을 설정한 이상 단순히 매출채권 중 일부가 회수되지 않았다는 사유만으로는 우발채무에 해당한다고 볼 수 없고 재무제표가 정확하다는 진술 및 보장 위반에 해당하지 않는다.[171] 따라서 미회수채권이 있다는 이유로 책임을 묻기 위해서는 채권 회수에 대한 진술 및 보장이 포함되어 있어야 할 것이다.

이때 채권의 회수와 관련해서는 "채권은 변제기 내에 회수될 것이다"와 같이 장래의 사실에 대해서 진술보장할 수도 있고, "채권은 통상적인 사업과정에 따라 회수가 가능하다"와 같이 현재 정황을 기초로 회수 가능성에 대해서 진술보장할 수도 있다.[172] 매수인 입장에서는 전자와 같이 장래에 회수될 것이라고 명확하게 보장받는 것이 유리하겠으나, 매도인 입장에서는 단정하기 어려운 미래 사실에 대해서 보장하기 쉽지 않을 것이다. 또 후자와 같이 회수 가능성에 대해서 보장하는 경우에도 회수 가능성을 어떻게 판단할 것인지에 대해서는 당사자들 사이에 다툼이 발생할 가능성이 높다. 이 진술 및 보장 위반을 주장하는 매수인으로서는 계약 체결 당시에 이미 채무자가 이행거절을 하고 있었다거나 도산하여 변제능력이 없었다는 등 객관적인 사실을 입증할 수 있어야 할 것이다.

매수인 입장에서는 미회수채권에 대해서 이와 같은 진술 및 보장을 받는 것에서 더 나아가 일정 기간 내에 회수되지 않은 채권은 직접 매도인이 대상회사로부터 매수하도록 하는 확약 내지 특별면책 조항을 추가하는 것도 고려해 볼 수 있다. 이때 매수인이 매도인에게 지급하는 대상주식의 매매대금 중 일정 금액을 미회수채권 매수를 위한 목적으로 에스크로 계좌에 넣어두고 일정 기간 경과 후에 미회수채권의 매매대금으로 충당하도록 약정할 수도 있다.[173]

---

170) 대법원 2016. 6. 10. 선고 2014다83067 판결.

171) 서울고등법원 2009. 12. 23. 선고 2009나8576 판결.

172) 어떤 진술 및 보장이 회수가능성과 같이 장래의 전망에 대한 진술 및 보장인지는 진술 및 보장 문언에 대한 검토가 필요하다. 미국 사례로 In re Dura Medic Holdings, Inc. Consolidation Litigation, C.A. No. 2019-0474-JTL (Del. Ch. 2025) 참고. 회사의 회수금액이 재무제표의 기재, 특히 청구 대비 회수율 25.7%에 기초한 것이라는 진술 및 보장은 매도인이 회사의 회수금액을 어떻게 산정했는지 진술 및 보장한 것이지, 회사의 실제 청구 대비 회수율이 25.7%이 될 것이라고 진술 및 보장한 것이 아니라고 하였다.

173) ABA, 107-109면.

마지막으로 제조업 등을 영위하는 회사의 경우 재무제표 관련 진술 및 보장과 별도로 재고자산(inventory)에 대한 진술 및 보장을 더 상세하게 추가하는 경우도 있다. 그런데 재고자산은 수시로 양이 변동되고 재고자산을 평가하는 방법도 다양하기 때문에 구체적인 평가 기준과 방법을 명시하지 않는 이상 다툼이 발생할 가능성이 높다는 점을 유의해야 한다.

6) 변경사항 없음

§5(1) – 진술 및 보장 – 매도인 진술 및 보장 – 변경사항 없음

11. **변경사항 없음**: O년 O월 O일부터 본 계약 체결일까지 대상회사는 통상적인 사업과정에 따라 사업을 영위하였으며, 중대한 부정적 영향이 발생하지 않았다.

특정일로부터 계약 체결일 또는 거래종결일까지 사이에 대상회사가 통상적으로 운영되어 왔고 특별히 문제 될 만한 사항이 없었다는 내용이다. 특정일 이전의 기간에 대해서는 충분한 객관적인 자료를 받고 재무제표 관련 진술 및 보장을 받기 때문에 매수인이 회사의 상태나 위험을 파악하고 안심할 수 있지만, 그 이후 기간에 대해서는 안심할 수 없기 때문에 통상적인 방법으로 회사를 운영하고, 특별히 부정적인 사건이 발생하지 않았다고 보장받는 것이다.

여기서 제일 중요한 부분은 보장의 기준이 되는 시점이다. 매수인은 시기를 최대한 이른 시점부터로 설정하려 할 것이고, 매도인은 최대한 나중 시점부터로 설정하려 할 것이다. 실무상으로는 매수인에게 제공된 감사받은 재무제표의 기준일로 설정하는 경우가 많으나, 감사받지 않은 재무제표라도 신빙성이 있다면 그 재무제표의 기준일로 설정할 수도 있고, 아니면 재무제표와 무관하게 실사할 때 제공된 여러 자료들의 작성 기준일로 설정할 수도 있다. 또한 종기는 계약 체결일까지로 명시하는 경우도 있고, 거래종결일까지로 명시하는 경우도 있다. 거래종결일까지로 명시하는 경우에는 대상회사가 계약 체결일부터 거래종결일 사이에 통상적인 사업과정에 따라 운영되도록 강제하는 효과가 있을 것이다.

대상회사가 통상적인 사업과정에 따라 사업을 운영하였다는 것은 일반적인 기재이기는 하나 매수인 입장에서는 대상회사가 그동안 어떻게 운영되어 왔는지 완전히 알지 못하고, 추후 이를 입증하는 데에도 한계가 있을 수 있다.[174] 이에 매수인이 특별히 원치 않는 행위들(가령, 자본적 지출을 요하는 투자행위나 배당, 장차 회사에 부담을 줄 수 있는 근로자들의 임금체계나 복지정책 변경 등)은 대상회사가 하지 않았다고 구체적으로 열거하는 것도 방법이고, 확약 조항에 대상회사 운영 관련 매수인의 동의를 받아야 하는 항목을 참고하여 기재할 수 있다.[175]

또 중대한 부정적 영향이 발생하지 않았다는 것 역시 일반적인 기재여서 중대한 부정적 영향의 정의에 따라 분쟁의 소지가 있을 수 있는바, 매수인으로서는 중요성 여부와 관련하여 수치화할 수 있는 구체적인 기준을 기재하도록 요구할 수 있다. 예를 들면, 대상회사 재산에 얼마 이상의 손실, 손해, 피해가 발생하지 않았다고 기재하는 것이다. 이러한 구체적인 기준을 중대한 부정적 영향의 정의에는 넣지 않고, 진술 및 보장 조항에만 넣는 경우도 있다.

7) 법령준수

§5(1) – 진술 및 보장 – 매도인 진술 및 보장 – 법령준수

12. **법령준수**: 대상회사는 과거 5년간 사업을 영위함에 있어 관련 법령을 중요한 측면에서 준수하였으며, 정부기관으로부터 법령 위반에 대한 통지를 받지 않았다.

대상회사가 법령을 준수하여 사업을 영위하였다는 내용이다. 사실상 모든 법적 위험을 포괄하는 일반(catch-all) 조항이고, 재무제표 관련 진술 및 보장과 함께 가장 자주 문제 되는 진술 및 보장이라 할 수 있다.

"관련" 법령이라고 할 때 대상회사에 적용되는 모든 법령인지, 대상회사의 사업에 적용되는 법령인지, 대상회사의 주된 사업에 적용되는 법령인지 애매한 면이 있다. 매수인 입장에서는 관련 법령의 범위가 넓게 해석될 수 있도록 의도적으로 이와 같이 기재하고, 매도인 역시 특별히 관련 법령의 범위를 좁히고자 할 의사가 없으면 관행에 따라 이러한 표현을 수용한다. 대법원은 건축, 토목사업을 주된 사업으로 하는 회사가 사업을

174) 통상적인 사업과정의 정의에 대해서는 위 61면 '통상적인 사업과정' 부분 참고.

175) 아래 187면 '대상회사의 운영' 부분 참고.

수행하는 과정에서 인력을 고용하는 것이 필수적이고 인력고용에 있어서는 장애인 고용에 관한 장애인 고용촉진 및 직업재활법을 반드시 준수해야 하므로 이 법이 관련 법령에 해당한다고 보았다.[176)]

이런 일반 조항이 있음에도 불구하고 다른 진술 및 보장에서도 구체적인 법률 위반이 없다고 보장하는 경우들이 있는데(가령, 인사노무, 조세, 환경 관련 진술 및 보장) 그렇게 하는 실익은 무엇인가? 첫째로 아래에서 설명하는 바와 같이 이 조항에서는 materiality qualification을 다는 경우가 대부분인 반면, 다른 개별 진술 및 보장에서는 그러한 제한을 달지 않는 경우도 있어서 보장 범위에 차이가 있다. 둘째로 각 진술 및 보장 별로 존속기간이 다르고(가령, 법령준수 관련 진술 및 보장은 일반 존속기간인 1년 6개월이나 2년을 적용하면서 인사노무, 조세, 환경 관련해서는 각 법령에서 정한 소멸시효 또는 제척기간을 따르는 경우가 많음) 손해배상책임 제한 조항이 적용되는지 여부도 달리 할 수 있기 때문에 차이가 있다.

tip **매수인 tip:** 최근에는 대상회사가 법령을 준수하는 시점이나 기간을 명시하지 않는 사례들이 늘고 있다. 이렇게 될 경우 진술 및 보장 조항 본문에서 정한 기준시점(계약 체결일 또는 거래종결일)에만 법령을 준수하고 있으면 되고, 과거에 법령을 위반하였지만 현재는 치유된 사항은 설령 현재 그에 따른 책임을 부담하고 있거나 제재가 이루어지더라도 이 진술 및 보장 위반이 아닌 것으로 해석될 것이다. 이에 만일 과거에도 계속해서 법령을 준수하였음을 보장받고자 한다면 "과거부터 계속하여" 법령을 준수하였다고 명시할 필요가 있다.

또 "법령을 준수하고 있다"는 것과 "법령 위반의 사실이 존재하지 않는다"는 것은 미세하게 다른 의미를 가질 수 있다. 전자는 법적인 평가이고 후자는 사실의 문제이기 때문이다. 매수인 입장에서는 진술 및 보장 범위를 넓히기 위해 "법령 위반의 사실이 발생하지 않았고, 법령 위반으로 인정될 수 있는 사유가 존재하지 않는다"고 기재하는 것도 고려해 볼 수 있다.

매도인 tip: 매도인 입장에서는 과거 모든 기간을 모두 보장하기는 부담스러울 수 있으므로, 최근 관행대로 아예 법령을 준수하는 시점이나 기간을 명시하지 않도록 하거나 기간을 명시하더라도 일반적인 법정 책임기간(가령, 상사소멸시효인 5년)보다는 짧은 기간으로 단축시키는 것이 유리하다.

또한 이 진술 및 보장에는 materiality qualification이 달리는 것이 일반적이지만, 여

176) 대법원 2018. 7. 20. 선고 2015다207044 판결.

기에 추가적으로 “어떤 법령 위반이 중대한 부정적 영향을 초래하지 않는 경우는 제외”하는 것도 고려해 볼 수 있다.

실사 결과 법령 위반 사실이 발견되면 이를 별지 공개목록에 기재하여 책임에서 제외하는 것도 고려해 볼 수 있다.[177] 그러나 이와 같은 처분문서에 대상회사가 법령을 위반하고 있다는 것을 기재할 경우 추후 계약서가 법원이나 정부기관에 제출될 경우 매도인이나 지배주주가 법령 위반을 알고 있었다거나 자인하는 증거로 사용될 우려가 있다. 이에 공개목록에 법령 위반 사실을 기재하기보다는 확약 조항을 통해 거래종결 전에 법령 위반을 치유하도록 하거나 공개목록에 기재하는 경우에도 법령을 위반하고 있다고 기재하기보다는 법령 위반 가능성이 있는 사실관계만을 기재하는 것이 안전하다.

실체적으로 법령을 위반한 바가 없다는 점과 더불어 절차적으로도 법령 위반 관련하여 정부기관으로부터 통지를 받지 않았다는 점을 추가하는 경우가 많다. 이러한 통지가 있었는지 여부는 법령 위반이 인정되는지 여부와는 달리 사실 여부가 명확하고 또한 정부기관을 통해서 입증하기도 쉽기 때문에 이를 진술 및 보장에 포함시키는 것이다. 보장 범위를 넓히기 위해 아직 통지를 받지 않았지만 매도인이 알고 있는 한 그러한 통지를 받을 우려가 없다고 추가하는 경우도 있다.

8) 정부승인

§5(1) – 진술 및 보장 – 매도인 진술 및 보장 – 회사의 정부승인

13. **정부승인**: 대상회사는 사업 영위에 필요한 정부승인을 적법하게 취득하여 보유하고 있으며, 매도인이 알고 있는 한 위 정부승인의 취소, 철회, 결격, 무효, 정지, 변경을 초래할 수 있는 사유는 존재하지 않는다.

대상회사가 사업을 영위하는 데 필요한 인허가, 면허, 승인 등 정부승인을 취득하여 유효하게 보유하고 있다는 내용이고, 당사자들이 본건 거래를 위해서 받아야 하는 정부승인과는 구분되는 것이다.

대상회사의 사업에 어떤 정부승인이 필요한지는 매수인이 실사 단계에서 파악해야 한다. 통상 매도인 측에서 먼저 회사가 취득하여 보유하고 있는 정부승인 목록과 관련

177) 우호적 M&A의 이론과 실무 2(천경훈 집필부분), 31면.

증서를 매수인에게 제공하고, 매수인은 대상회사의 사업에 비추어 해당 정부승인이 사업을 영위하는 데 충분한지, 모두 유효한지, 취소 등으로 인하여 사업에 지장을 초래할 사유는 없는지 검토하게 된다. 대상회사가 어떠한 정부승인을 보유하고 있는지 매수인이 보장받을 필요가 있는 경우에는 이 진술 및 보장에 대상회사가 보유하고 있는 정부승인을 별지를 통해 열거하는 경우도 있고, 더 나아가 대상회사가 보유하고 있는 정부승인이 대상회사의 사업을 영위하는 데 완전하고 충분한 것이라는 점을 보장받기도 한다. 만일 대상회사의 사업 영위에 필요한데 아직 갖추지 못한 것이 있다면 선행조건 또는 확약 조항에 해당 정부승인의 취득을 추가하는 것을 고려하여야 한다.

정부승인 중에 일정한 조건이 달려 있는 경우도 있고, 정부승인을 유지하기 위해서 일정한 요건을 충족해야 하는 경우도 있다. 이러한 조건이나 요건을 불충족하면 정부승인이 취소, 철회, 결격, 무효, 정지, 변경되어 결론적으로 해당 정부승인을 원래 상태대로 보유하지 못하게 될 우려도 있는바, 그럴만한 사유가 없다는 점을 추가하는 것이 일반적이다. 더 명확하게 그러한 취소 등과 관련된 통지를 받은 바 없다고 기재하기도 한다.

한편, 정부승인과 조금 다른 것으로 정부로부터 보조금을 지원받거나 공과금을 면제받는 등 일정한 지원을 받고 있을 수도 있다. 자칫 "정부승인"에 이러한 지원도 포함된다고 생각하기 쉽지만 일반적인 정부승인의 정의에는 포함되지 않은 경우가 대부분이다. 따라서 그러한 정부지원을 정부승인 정의 안에 포함시키거나, 정부지원이 계속 유지될 것이라는 점에 대해서는 진술 및 보장 조항에 별도로 추가할 필요가 있다.

9) 소송

§5(1) – 진술 및 보장 – 매도인 진술 및 보장 – 소송

14. **소송**: 공개목록 5(1)14. 기재사항을 제외하고 대상회사를 상대로 진행 중인 소송은 존재하지 않고, 매도인이 알고 있는 한 그러한 소송이 진행될 우려도 없다.

대상회사를 상대로 하는 소송이 진행 중이지 않고 새로 진행될 우려도 없다는 내용이다. 만일 이미 진행 중인 소송이 있다면 공개목록에 포함시킨다. 또 과거 소송 내역도 대상회사가 취약한 부분을 파악할 수 있는 중요한 정보 제공 기능을 수행하므로 과거 일정 기간(3년 또는 5년)의 소송 내역을 별지로 열거하고 해당 기간 동안 진행된 소송의 완전한 목록임을 진술 및 보장하도록 하는 경우도 있다.

통상적으로는 대상회사가 책임을 부담할 수 있는 대상회사가 피고인 소송만을 진술 및 보장 범위에 포함시키나, 만일 대상회사가 일체의 법적인 분쟁에 휘말리고 있는 것을 피하고 싶은 매수인이라면 대상회사가 원고인 소송도 포함시킬 수 있고, 그 경우에는 “대상회사가 당사자인 소송”으로 기재하면 된다. 나아가 추후 대상회사가 사용자 책임을 부담할 수도 있기 때문에 가장 넓게 보장받고 싶다면 대상회사가 당사자인 소송뿐만 아니라 대상회사의 전·현직 이사, 임직원, 대리인 등이 당사자인 소송까지 포함하기도 한다. 다만, 이렇게 되면 매도인이 보장하는 범위가 지나치게 넓어질 수 있고 임직원이 개인 자격에서 한 행위로 발생한 소송까지 포함될 수 있으므로 매도인 입장에서는 이사, 임직원, 대리인이 대상회사의 업무와 관련하여 한 행위로 발생한 소송으로 한정하는 것이 바람직할 것이다.

이 진술 및 보장은 통상 소송이 진행 중이지 않다고 진술보장하는 것이고 소송의 결과까지 묻지는 않는다. 따라서 설령 사후적으로 대상회사가 승소하여 대상회사에 어떠한 피해가 없더라도, 기준시점에 소송이 진행 중이었음에도 소송이 없다고 진술보장했다면 진술 및 보장 위반에 해당한다. 매도인이 소송의 원인사실이나 분쟁 가능성을 알고 있는 경우까지 모두 공개하기를 원한다면, 소송이 진행될 우려가 없다는 진술 및 보장까지 받기도 한다.

소송은 소가 또는 청구금액을 통해서 대상회사에 미치는 금전적 영향이 비교적 명확하게 확인될 수 있다. 이에 따라 진술 및 보장에도 구체적인 금액을 기준으로 명시할 수 있다. 가령, 개별적으로 또는 합하여 대상회사에 O원 이상의 금전적인 부담을 줄 수 있는 소송이 존재하지 않는다고 기재하는 것이다. 이처럼 금액 기준을 설정할 때에는 해당 소송이 일부 청구로서 확장될 가능성이 있는지, 해당 소송의 당사자 외에 다른 당사자가 동일 청구원인으로 소를 제기할 가능성은 없는지 등을 고려해야 할 것이다.

소송 관련 진술 및 보장을 위반하였다 하더라도 그 위반에 따른 손해배상액을 산정하는 것은 어려운 문제이다. 대상회사를 상대로 일정한 금액을 청구하는 소송이 진행 중이더라도 아직 그 결과가 나오지 않은 경우 또는 가처분과 같이 비금전적인 결정이 있었던 경우에는 진술 및 보장 위반이 인정된다고 하더라도 손해 및 손해액을 입증하는 것이 쉽지 않을 수 있다.[178]

---

178) 대상회사에 소송이 존재하지 않는다고 진술보장하였으나 대상회사를 상대로 가처분 결정이 있었고 그 가처분과 관련하여 조정이 이루어진 경우 조정으로 인하여 대상회사가 손실을 입은 금액을 손해액으로 인정한 사례로 대우건설 사건 참고.

tip **매수인 tip:** 대상회사가 당사자인 소송이 아예 없는 것이 이상적이겠지만, 만일 소송이 많다면 대상회사에 영향이 큰 소송을 분간하는 것이 중요하다. 주로 금전적 지출이 심한 소송이나 대상사업을 영위하는 것에 장애가 되는 소송들이 중요한 소송일 것이다.

금전적 지출이 심한 소송의 경우 예상되는 지출 금액이 어느 정도인지 분석하는 것이 중요하고, 그러한 지출이 재무제표의 충당부채로 계상되어 있는지 확인하는 것도 필요하다. 만일 금전적 지출이 거의 확실하게 예상되고 그러한 금전적 지출이 대상회사의 가치에 영향을 미칠 정도라면, 일정한 기간을 정하여 그러한 기간 내에 해당 소송에서 패소할 경우 대상회사가 부담하게 되는 금액에 대해서 매도인에게 보전 내지 면책해 줄 것을 요구하거나, 매매대금을 감액하는 방법을 취할 수 있다.[179] 만일 소송의 승패가 불분명하다면, 매매대금에서 위 금액 상당은 에스크로를 하였다가 승소가 확정되는 경우에 해지 및 인출할 수 있도록 하는 것도 방법이다.

대상사업을 영위하는 것에 장애가 되는 소송은 그 분쟁이 원만히 해결될 수 있는 것인지, 해결하기 위해서 어느 정도의 기간이 걸릴 것인지를 분석할 필요가 있다. 만일 분쟁이 원만히 해결될 수 있는 것도 아니고 대상회사의 주력 사업을 중단하게 될 위험이 있다면 소송이 종결될 때까지 거래종결을 연기하거나 매수인이 매도인에게 대상주식을 되팔 수 있는 장치를 고안하는 것이 바람직할 것이다.

10) 유형자산

§5(1) – 진술 및 보장 – 매도인 진술 및 보장 – 유형자산

15. **유형자산:** 대상회사는 소유하거나 사용하는 유형자산에 대하여 적법한 소유권 또는 사용권을 가지고 있으며, 공개목록 5(1)15. 기재사항을 제외하고 위 유형자산에 제한부담이 설정되어 있지 않다.

자산에 관한 진술 및 보장과 관련하여 자산은 크게 유형자산과 무형자산(지식재산)으로, 유형자산은 동산과 부동산으로 구분할 수 있는데, 특히 부동산이나 기타 등록 가능한 공장기계 등이 주요 자산인 회사가 아닌 이상 동산과 부동산은 유형자산으로 묶어서 보장하기도 한다. 회사의 자산에는 무형자산이나 계약상 권리 등도 포함되기 때문에 단순히 “자산”이라고만 기재할 경우 그 보장 범위에 대해서 다툼이 있을 수 있으므로

179) Brown & Giles, 68면.

가급적 "유형자산"으로 기재하는 것이 바람직하다.

유형자산에 대하여 진술 및 보장을 받는 목적은 그러한 유형자산을 주식매매 거래 이후에도 계속해서 사업에 사용할 수 있도록 하기 위한 것이다. 따라서 회사가 소유하고 있는 유형자산의 경우 적법하게 소유하고 있다는 것을, 소유하고 있지 않은 유형자산의 경우 적법한 사용권(임대차, 전세권, 지역권, 지상권 등)을 갖고 있다는 것을 보장받고, 그러한 사용에 공개목록에서 공개한 사항을 제외하고는 어떠한 제한도 없다는 것을 보장받는 것이 최소한의 요구이다. 공개목록에 포함된 제한부담과 관련해서는 시가가 높은 부동산의 경우 회사의 채무를 담보하기 위해 부당하게 높은 저당권이 설정되어 있지 않은지, 임대차를 하고 있다면 보증금반환채권 위에 질권이 설정되어 있지 않은지를 주의 깊게 살펴볼 필요가 있다.

tip

매수인 tip: 위에서 요구한 수준에서 더 나아가 i) 유형자산이 그 사업목적에 적합한 상태 및 기능을 가지고 있다거나, ii) 통상적인 마모를 제외하고는 정상적인 운영상태에 있다거나, iii) 적절하게 유지 및 보수되었고 추가적인 유지 및 보수가 필요하지 않다거나, iv) 통상적인 사업과정에 따라 요구되는 경우를 제외하고는 그 상태를 유지하기 위해 추가적인 지출이 요구되지 않는다는 등의 강화된 보장 내용을 추가할 수 있다. 얼마나 강한 수준으로 추가할지는 매수인이 실사 과정에서 파악한 대상회사의 자산 상태나 사업 분야의 특성을 고려하여 매도인과 협의하여 결정하여야 할 것이다.

매도인 tip: 설령 매수인의 요구를 수용하여 강한 수준으로 보장하는 경우에도 어떠한 내용은 추가하는 데 신중할 필요가 있다. 대표적인 예로 대상회사가 보유하고 있는 유형자산이 사업을 영위하는 데 충분하다거나 본건 거래 이후에도 대상회사는 통상적인 사업과정에 따라 유형자산을 사업에 사용할 수 있다는 진술 및 보장이다. 어떤 사업을 영위하는 데 충분한지 여부는 주관적인 평가의 문제로 다툼의 여지가 있다. 또한 본건 거래 이후에도 대상회사가 해당 유형자산을 문제 없이 사용할 수 있다는 내용도 장래에 발생할 일이기 때문에 진술 및 보장에 포함시키기 부적절하고 언제까지 사용할 수 있다는 것인지도 불분명하다.

유형자산 중 부동산에 대해서 더 강하게 보장하는 경우에는 회사가 소유하거나 사용하고 있는 부동산 목록을 별지를 통해서 전부 열거하기도 한다. 이때 매수인은 회사가 소유하고 있다고 열거한 부동산 목록이 실사 과정에서 부동산 등기를 통해서 파악한 목록과 일치하는지 비교하고 누락된 것이 없는지 살펴봐야 한다.

회사가 소유하고 있지 않으나 사용하고 있는 부동산에 관해서는 임대차계약서 등 사용 관련 계약서를 살펴보아 회사가 사용하고 있는 부분이 계약서에 기재된 부동산과 일치하는지, 사용기간이 곧 만료할 염려는 없는지, 본건 거래로 사용권이 박탈될 가능성은 없는지 살펴보고, 만일 계속 사용하지 못하게 될 가능성이 있다면 적절한 대책을 세울 필요가 있다. 가령, 적법한 사용권을 갖추지 못한 부동산이 있는 경우 사용권을 취득하도록 하고, COC 조항이 있는 경우 본건 거래에 대해서 임대인 등 소유자가 해제권을 행사하지 않는다는 확인을 받도록 하는 것이다(제3자승인 관련 선행조건 조항에 추가). 사용기간이 곧 만료할 부동산과 관련하여서는 관련 계약상 자동갱신 조항이 있어 갱신될 여지가 없는지, 묵시적 갱신이 인정될 여지가 없는지(가령, 주택임대차보호법 제6조, 농지법 제25조 등 특수한 목적의 부동산에 대해서는 특별법에 따라 묵시적 갱신이 인정될 수 있다), 갱신이 불가능할 경우 대체 부동산을 구하는 것이 용이한지 등을 사전에 검토할 필요가 있다.

동산을 소유하거나 사용하는 것이 어떤 법령을 위반하는 경우는 상당히 드물지만, 부동산을 소유하거나 사용할 때에는 여러 부동산 관련 법령(국토의 계획 및 이용에 관한 법률, 부동산 거래신고 등에 관한 법률, 도시개발법, 도시 및 주거환경정비법, 택지개발촉진법, 주택법, 산업입지 및 개발에 관한 법률, 산업집적활성화 및 공장설립에 관한 법률 등)에 따른 제약이 있을 수 있고 관련 법령을 위반하는 경우도 적지 않다. 가령, 부동산을 취득하거나 개발하는 과정에 허가가 요구되는데 이를 받지 않았거나, 부동산의 사용용도를 위반하였거나, 부동산이 속한 지역 내지 지구에서의 행위제한을 위반하는 것이다. 이에 따라 부동산에 대해서는 대상회사의 부동산 사용이 관련 법령을 위반하고 있지 않다는 점에 대한 내용을 추가하는 경우가 있다. 또한 적법한 사용권을 보유하고 있다는 보장 내용에 포함되어 있기는 하나 대상회사가 경계침범을 하지 않고 있다거나 제3자가 대상회사를 상대로 경계침범을 주장하고 있지 않다는 내용도 주의적으로 추가하기도 한다.

11) 계약준수

§5(1) – 진술 및 보장 – 매도인 진술 및 보장 – 계약준수

16. **계약준수**: 대상회사는 중요계약을 준수하고 있으며, 매도인이 알고 있는 한 중요계약의 위반, 해제, 해지, 취소, 무효를 초래할 수 있는 사유는 존재하지 않는다.

대상회사가 체결한 계약을 준수하고 있으며 계약 위반으로 인하여 책임을 부담하거나 계약관계가 해제 등으로 소멸될 만한 사유가 없다는 내용이다. 매수인은 대상회사를 실사할 때 대상회사가 체결한 계약들을 검토한다. 가능하면 대상회사가 체결한 모든 계약서를 제공받아서 검토하고, 만일 지나치게 계약서가 많다면 일정 규모 이상의 계약서를 제공받거나 계약 유형별로 샘플 계약서를 제공받아서 검토한다. 매수인은 계약서를 검토함으로써 대상회사의 사업을 이해할 수 있게 되나, 단순히 계약서를 검토하는 것만으로는 계약 내용대로 이행되고 있는지, 달리 해제 등으로 소멸될 만한 사유가 있는지 여부까지는 확인이 불가능하다. 이에 이 진술 및 보장을 통해서 계약 준수 여부에 대해 보장받는 것이다.

중요한 것은 중요계약의 범위 설정이다.[180] 만일 회사가 체결한 계약이 많지 않다면 굳이 중요계약이라는 개념을 사용하지 않고 모든 계약을 대상으로 할 수 있겠지만, 통상 회사가 체결한 계약이 매우 많고 매도인이 대상회사의 사업에 중요치 않은 계약들에 대해서까지 전부 위험을 떠안기에는 부담이 있기 때문에 사업에 중요하다고 생각되는 계약들만 따로 열거하는 것이 일반적이다. 어떤 유형의 계약을 포함시킬지는 대상회사의 사업 내용에 따라 맞춤화해서 규정해야 할 것이다. 이와는 달리 "중요계약"에 대해서 별도 정의나 별지 목록을 두지 않는 경우도 있으나, 이렇게 되면 중요계약의 범위에 대해서 당사자 사이에 다툼이 발생할 수 있고, 거래종결의 확실성을 추구하는 매도인 입장에서나 위험을 보장받고자 하는 매수인 입장에서나 바람직하지 않다.

위에서 설명한 바와 같이 매수인 실사 시 계약서를 샘플만 제공받아서 검토하는 경우가 많은데, 실사 시 검토한 계약의 범위가 계약준수 관련 진술 및 보장을 받는 중요계약의 범위와 일치하지 않을 수 있다. 매수인 입장에서 중요계약에 해당하는 계약서를 빠짐없이 검토하고자 한다면, 진술 및 보장에 매도인이 중요계약의 계약서를 매수인에게 모두 제공하였다는 점을 추가로 기재하는 것을 고려할 수 있다.

중요계약을 대상회사가 준수하는 것 외에도 계약 상대방이 계약을 준수하고 있는 것도 중요한데, 계약의 위반 사유가 존재하지 않는다는 점은 대상회사뿐만 아니라 계약 상대방에게도 적용되므로 이로써 계약 상대방의 계약 준수를 함께 보장받을 수 있게 된다. 계약 위반, 해제, 해지, 취소, 무효 사유가 존재하지 않는다는 것에서 더 나아가 이러한 해제 등 통지를 계약 상대방으로부터 받은 바 없다는 내용을 추가하기도 한다.

---

180) 중요계약의 범위에 대해서는 위 59면 '중요계약' 부분 참고.

한편, 매수인 입장에서는 중요계약이 그대로 유지된다는 전제하에 대상회사의 재무 상태를 추정하고 가치평가를 하였을 수 있다. 이런 경우 매수인 입장에서는 중요계약이 종료하거나 그 내용이 변경되지 않아야 하기 때문에 대상회사가 중요계약을 파기하거나 그 조건을 변경하거나 새로 체결하기 위한 협의나 협상을 진행한 바 없다는 보장을 추가로 받는 것을 고려할 수 있다. 또 실무상 대상회사가 체결한 계약에 자동갱신 조항이 없고 기간 만료로 계약이 곧 종료될 수 있는 경우에 어떻게 대응할지 자주 문제 된다. 이러한 경우 매수인은 직접 또는 매도인을 통해 계약 상대방을 접촉하여 해당 계약을 갱신할 의사가 있는지, 갱신한다면 조건이 그대로 유지될지 등을 사전에 확인하여 대응 방안을 마련하여야 한다. 거래종결 후 확약 조항에 매도인으로 하여금 중요계약이 갱신될 수 있도록 하거나 종료되는 계약을 대체할 수 있는 계약이 체결되도록 최대한 협조한다는 내용을 추가할 수 있다.

중요계약의 범위를 한정하였음에도 여전히 사소한 위반이 있을 수 있고 이를 보장 범위에서 제외하고자 한다면 매도인 입장에서 materiality qualification을 다는 것을 고려할 수 있고(가령, 중요계약을 "중요한 측면에서" 준수하고 있다고 기재), 아니면 계약 금액 및 계약 위반 시 발생할 수 있는 예상 손해액을 고려하여 매도인의 손해배상의무가 발생하는 de minimis를 높일 것을 매수인에게 제안해 볼 수도 있다.

12) 특수관계인 거래

§5(1) – 진술 및 보장 – 매도인 진술 및 보장 – 특수관계인 거래

> 17. **특수관계인 거래:** 대상회사와 그 특수관계인 사이의 계약 또는 거래는 특수관계 없는 제3자와의 거래에서와 같은 공정한 조건(arm's length)으로 체결되거나 이루어졌다.

특수관계인과의 거래가 공정한 조건으로 이루어지고 있다는 내용이다. 앞서 설명한 바와 같이 특수관계인과의 거래는 상법상 특수관계인에 대한 신용공여, 공정거래법상 부당지원행위, 세법상 부당행위계산 부인 등 다양한 측면에서 문제 될 수 있으며,[181] 결국 특수관계인에게 보다 유리한 조건을 부여하거나 특수관계인으로부터 대상회사가 혜택을 제공받는 것이 문제 되므로 독립한 제3자와의 거래와 동등한 조건으로 거래가 이루어질 필요가 있다.

---

181) 위 62면 '특수관계인' 부분 참고.

매도인으로서는 모든 거래가 arm's length로 체결되어 있으므로 이 진술 및 보장을 하지 않겠다고 주장할 수 있겠지만, 어떤 거래가 arm's length인지 여부는 단순히 가격뿐만 아니라 해당 당사자와의 기존 거래 관행, 해당 업계의 관행, 물가 상승, 원자재 가격 변동, 시장점유율, 배타적 공급 여부, 계약 유지 필요성 등 다양한 요소에 영향을 받을 수 있기 때문에 이를 실사 단계에서 확정적으로 판단하기는 쉽지 않다. 특히 대상회사가 대규모 기업집단에 속해 있거나 계열회사와 거래를 많이 하는 경우에는 거의 예외 없이 이 진술 및 보장을 추가한다.

13) 조세

§5(1) – 진술 및 보장 – 매도인 진술 및 보장 – 조세

18. **조세**: 대상회사는 적법하게 기한 내에 납세신고를 하였고, 법령상 납부하여야 하는 조세를 모두 납부하였으며, 법령상 원천징수하여야 하는 조세를 원천징수하여 모두 납부하였다. 대상회사는 세무조사 기타 조세 관련 절차가 진행 중이지 않고, 매도인이 알고 있는 한 그러한 우려도 없다.

대상회사가 과세의 기초가 되는 신고를 모두 하였고, 납무의무가 있는 조세를 모두 납부하였으며(만일 원천징수의무가 있으면 원천징수하여 납부), 세무조사 기타 조세 관련 절차가 진행 중이지 않다는 내용이며, 이 진술 및 보장의 목적은 본건 거래 이후에 대상회사가 추가로 납부할 조세가 없다는 것을 보장받기 위한 것이다.

대상회사가 적법하게 모든 조세를 납부하였는지는 세무 실사를 통해서 검토할 부분인데, 만일 매수인이 실사 결과 추가 납세 가능성이 있는 부분을 발견하였다면 이 진술 및 보장을 추가함으로써 보호받을 필요가 있다. 다만, 납세 규모가 크지 않고 추후 세무조사를 통해서 확정될 필요가 있는 경우에는 매수인 인수 이후에 그대로 대상회사가 부담하기로 협의할 수도 있는데, 그런 경우에는 materiality qualification을 달거나 공개목록을 통해서 예외로 두기도 한다.

세무조사는 정기세무조사와 특별세무조사로 나뉘는데, 정기조사는 통상 일정 규모 이상의 수입, 자산이 있는 회사를 대상으로 5년 등 일정한 기간을 두고 정기적으로 이루어지기 때문에(국세기본법 제81조의6 제2항 제2호 참고) 대상회사가 가장 최근에 세무조사를 받은 것이 언제인지 확인하는 것이 중요하다. 세무조사를 받게 되면 세무당국에서 과거 수년간의 장부와 기록을 가져가 보관하면서 수개월에 걸쳐 검토 및 조사(이른바 영치조사 또는 예치조사)를 하기 때문에 일상적인 영업에 지장을 초래할 수 있다. 이에 세무조사나 그 결과에 불복하는 절차, 기타 조세 관련 절차가 진행 중이지 않고, 그러한 우려도 없다는 보장을 추가한다.

이 진술 및 보장을 보다 구체화하고 강화하기 위해서 대상회사가 납세신고를 하지 않은 관할 세무당국으로부터 조세가 부과된 바 없다는 점, 납부기한이 아직 도래하지 않은 미납 조세가 없다는 점, 납부기한이 연장된 조세가 없다는 점, 조세 관련 대상회사의 자산이 압류되거나 기타 제한부담이 설정된 바 없다는 점 등을 추가하기도 한다.

14) 인사노무

§5(1) – 진술 및 보장 – 매도인 진술 및 보장 – 인사노무

19. **인사노무**: 대상회사는 인사노무 관련 법령, 취업규칙을 포함한 내규, 근로계약을 중요한 측면에서 준수하고 있으며, 그에 따라 근로자에게 제공할 의무가 있는 임금, 수당, 상여금, 성과급, 퇴직금 등 금원을 모두 지급하였거나 법령에 따라 요구되는 바에 따라 적립하고 있다. 대상회사 소속 근로자 외에 대상회사 근로자로 간주되거나 대상회사가 고용의무를 부담하는 자는 존재하지 않는다. 대상회사에는 노동조합이 없고, 근로자들과 단체협약을 체결하지 않았다. 대상회사는 본건 거래로 인하여 근로자에게 퇴직, 위로, 보상 기타 명목으로 금원을 지급할 의무가 없다.

인사노무 관련 진술 및 보장은 크게 i) 인사노무 관련 규범의 준수, ii) 임금 등 금원의 완전한 지급, iii) 외부인력의 근로자성 부인, iv) 단체 법률관계 등의 내용으로 구성된다.

먼저 인사노무 관련 회사가 준수해야 하는 규범으로는 법령, 취업규칙, 인사규정, 징계규정, 임금규정, 퇴직금규정 등 회사 내부 규정, 노동조합 등 근로자 단체와 체결한 단체협약, 개별 근로자와 체결한 근로계약 등이 있다. 상당 부분이 법령준수 관련 진술 및 보장 또는 계약준수 관련 진술 및 보장에서도 다루고 있는 내용이나, 이 진술 및 보장은 통상 존속기간을 다른 진술 및 보장보다 길게 한다는 점에서 여기에 다시 관련 내용을 기재할 실익이 있다.

회사가 근로자에게 지급해야 할 금원은 정기적으로 지급되는 임금이나 수당 외에도 특별한 날에 지급되는 상여금, 개인 또는 부서의 성과에 따라 지급되는 성과급, 퇴직 시 지급되는 퇴직금 등 다양하게 있다. 실사를 할 때에는 이들 금원이 제대로 지급되었거나 적립되고 있는지 검토하고, 특히 각종 수당 지급 관련 통상임금이 제대로 산정되었는지, 퇴직금 적립 관련 평균임금이 제대로 산정되었는지를 검토한다.[182] 만일 제대로 산정되지 않은 부분이 있으면 회사가 추가로 지급할 위험이 있는 금액이 얼마인지 대략적으로 추산하고, 만일 그 금액이 크다면 이를 매매대금에 반영하거나 근로자들과 사전에 협의하도록 하고, 그 금액이 작고 지급 가능성도 낮다면 이 진술 및 보장을 통해서 매도인이 위험을 부담하도록 하는 것이 일반적이다.

퇴직금 관련해서는 회사가 취하는 제도가 퇴직금제도인지, 확정급여형(Defined Benefit; DB형)퇴직연금제도인지, 확정기여형(Defined Contribution; DC형)퇴직연금제도인지 여부에 따라 퇴직급여충당금을 적립하고 있는지, 각종 부담금을 법령 및 규약에 따라 납부하고 있는지 등을 살펴보고 추가 금원 지급 내지 적립 의무가 없다는 점을 보장받는다.[183]

회사가 근로자가 아닌 외부인력(도급이든 파견이든)을 사용하고 특히 회사의 사업장 내에서 용역을 제공하는 경우에는 그 외부인력이 회사의 근로자로 간주되거나 회사에 고용의무가 발생하는지를 검토하여야 한다. 회사의 근로자가 증가할 경우 매수인이 애초에 생각하였던 인건비에 영향을 미칠 수 있으므로 근로자 현황이 변동되어서는 안 되기 때문이다. 영미 계약에서는 계약서에 근로자 명단을 첨부하고 해당 명단이 완전한 근로자 목록에 해당한다는 진술 및 보장을 하는 경우도 있다. 그러나 국내에서는 주식매매 거래에서 근로자 명단을 첨부하는 사례는 거의 찾아보기 어렵고, 영업양수도나 자산양수도 거래에서는 첨부하는 경우도 있으나 최근에는 개인정보 보호법에 따른 개인정보 보호 문제 때문에 근로자의 실명을 전부 기재하지는 않고 익명화해서 첨부하는 추세이다.

개인 노사법률관계 못지 않게 단체 노사법률관계 역시 회사의 운영에 지대한 영향을 미친다. 대상회사에 노동조합이 있을 경우 대상회사는 노동조합과 단체협약을 체결하여 이에 구속되고, 노동조합과 임금 협상을 하며, 근로자 복지에 영향을 미칠 수 있는 광범위한 사항(여기에 회사의 조직변경이나 각종 M&A가 포함되기도 한다)에 대해서 노동조합의 동의를 받거나 노동조합과 협의를 진행해야 할 수 있기 때문에 노동조합이나 단체협약이 있는지 여부 자체가 매우 중요한 사항이다. 따라서 노동조합이 없다면 없다는 보

182) 통상임금은 소정근로의 대가로서 정기적, 일률적으로 지급하기로 정한 임금을 말한다. 대법원 2024. 12. 19. 선고 2020다247190 전원합의체 판결.

183) 미국에서는 퇴직금 관련해서 Employee Retirement Income Security Act("ERISA")에서 상세한 규제를 하고 있어 이와 관련하여 상세한 진술 및 보장을 추가하는 경우가 많다.

장을 추가하고, 있다면 대상회사에 부당노동행위가 없었다는 점과 노동조합이 파업, 태업, 휴업, 쟁의행위 기타 단체행동을 하고 있지 않고 그러한 우려도 없다는 점을 추가하기도 한다. 노동조합 및 노동관계조정법의 개정으로 사용자의 범위가 직접 근로관계를 체결한 회사 뿐만 아니라 근로자의 근로조건에 대하여 실질적이고 구체적으로 지배·결정할 수 있는자도 포함되었는데(노동조합 및 노동관계조정법 제2조 제2호), 따라서 보장 범위를 대상회사뿐만 아니라 대상회사가 외주를 주는 하청업체 등으로까지 넓힐지 여부도 검토할 필요가 있다.

마지막으로 경영자가 변경될 경우에 근로자들이 불만을 품거나 퇴직하는 경우들이 있고, 그러한 불만이나 퇴직을 방지하기 위해서 사전에 단체협약을 맺거나 아니면 주식매매 거래가 협의되는 과정에서 개별 근로자들과 협의하여 경영자 변동 또는 최대주주 변경 시 근로자들에게 일정한 보상금이나 위로금(이른바 M&A bonus)을 지급하는 경우들이 있다. 대상회사가 대상회사의 재원으로 지급하는 방법, 매도인이나 매수인이 대상회사에 출연하여 대상회사가 이를 재원으로 지급하는 방법, 매도인이 직접 지급하는 방법 등 다양한 방법이 있을 수 있다.[184] 이러한 M&A bonus는 법령에서 지급이 요구되는 것이 아니고 매수인 입장에서는 예상치 못하게 대상회사에 지출이 발생하는 것이므로 매도인이 그 재원을 마련한다거나 미리 매수인과 협의된 사항이 아닌 이상 그러한 금원을 지급할 의무가 없다는 점을 확실히 보장받을 필요가 있다.

15) 지식재산

§5(1) – 진술 및 보장 – 매도인 진술 및 보장 – 지식재산

20. **지식재산:** 대상회사는 사업 영위에 필요한 특허권, 상표권, 저작권, 서비스표권, 디자인권, 컴퓨터 프로그램 저작권 등 지식재산권에 대하여 적법하고 유효한 소유권 또는 사용권을 가지고 있으며, 위 지식재산권에 제한부담이 설정되어 있지 않다. 매도인이 알고 있는 한 대상회사는 타인의 지식재산권을 침해하고 있지 않다.

대상회사가 사용하고 있는 지식재산에 대해서 적법하게 소유권이나 사용권을 갖고 있고, 그 지식재산의 사용이 제한될 수 있는 제한부담이 설정되어 있지 않아 대상회사가 온전히 사용할 수 있으며, 대상회사가 타인의 지식재산권을 침해하거나 그로 인한

184) 기영석(2015), 51면.

책임을 부담하지 않는다는 내용이다.

지식재산에 관한 진술 및 보장은 대상회사의 업종에 따라 포함을 안 하기도 하고 더욱 강화해서 포함하기도 한다. 많은 회사들이 컴퓨터를 통해 업무를 처리하므로 일상 업무에 사용하는 문서 작업 프로그램 및 소프트웨어에 대한 라이선스를 보유하고 있는지 등과 같은 문제는 대부분 갖고 있으나, 이러한 문제는 비교적 사소하고 금전적인 영향도 적기 때문에 별다른 보장 없이 진행할 수도 있다. 반면, 회사가 자체 개발한 특허나 제3자가 개발한 특허를 이용해서 상품을 제조하거나 외부에 공개되지 않은 영업비밀을 이용하여 제조하거나 하여 영위하는 사업이 지식재산에 대한 의존도가 높다면 매수인은 거래 이후 회사가 지식재산을 사용하는 데 문제가 없도록 충분한 보장을 받아야 한다.

통상 지식재산에 대한 실사를 할 때 등록된 지식재산(특허, 실용신안, 디자인, 상표 등)에 대해서는 매수인 측에서 자체적으로 출원이나 등록 여부와 그에 관한 분쟁 진행 여부를 검색할 수 있다.[185] 그러나 저작권이나 영업비밀과 같이 등록을 안 한 경우에는 매도인이 제공하는 정보에 의존할 수밖에 없으므로 만에 하나 있는 위험에 대해서는 보장이 필요하다.

유형자산에 관한 진술 및 보장과 동일하게 이 진술 및 보장을 받는 목적은 지식재산을 주식매매 거래 이후에도 계속해서 사업에 사용할 수 있도록 하기 위한 것이므로, 적법한 소유권 또는 사용권을 보유하고 있고 다른 제한부담이 없다는 것은 최소한의 요구라 할 수 있다. 등록이 필요한 지식재산의 경우 출원만 하고 아직 등록이 안 된 상태일 수 있는데, 그런 경우에는 출원이나 등록이 거절되거나 취소될 사유가 존재하지 않는다는 점을 추가하기도 한다. 또 지식재산의 경우 공동으로 소유하거나 사용하는 것이 용이한데, 대상회사가 배타적, 독점적으로 사용하는 것이 사업이나 수익에 중대한 영향을 미치는 경우라면 그러한 공동소유나 사용권자가 없는 것을 보장받을 필요가 있다. 만일 매수인이 본건 거래 후 대상회사로부터 지식재산을 양도받거나 매수인이 라이선스를 받아서 사용할 계획이 있다면 이와 같은 양도 또는 라이선스 부여에 제한이 없는지도 확인하여 보장받을 필요가 있다. 이처럼 배타적, 독점적으로 사용할 수 있다거나 양도 등에 제한이 없다는 내용은 지식재산권에 제한부담이 없다는 보장에 포함될 수 있기는 하나, 보다 명확하게 별도로 기재하는 것이 바람직하다.

---

185) 특허정보검색서비스 KIPRIS(kipris.or.kr) 참고.

지식재산 중 영업비밀을 어떻게 취급할 것인지는 쉽지 않은 문제다. 애초에 외부(여기에는 추후 회사를 인수하여 주주가 될 매수인도 포함될 수 있음)에 누설되어서는 안 되는 정보이기 때문에 실사를 할 때에도 공개되지 않는 경우가 많다. 그럼에도 영업비밀이 실제로 존재하고 있고, 영업비밀로서의 가치를 계속 지니고 있을 필요가 있기 때문에 영업비밀로서의 요건인 비밀성, 유용성, 비밀관리성을 모두 갖추고 있고(부정경쟁방지 및 영업비밀보호에 관한 법률 제2조 제2호 "영업비밀" 정의 참고), 또 대상회사가 영업비밀을 보호하기 위해서 필요한 조치를 모두 취하였다는 보장을 받는 것이 일반적이다.

마지막으로 회사 내부에서 자체 개발한 기술들을 이용하고 있는 경우에는 직무발명의 문제가 있다. 회사가 사용하는 기술을 회사 직원이 개발하였는지, 그렇다면 그 기술에 대한 지식재산권을 회사가 적법하게 승계받아 회사가 보유하고 있는지, 그 과정에서 직원에게 정당한 보상을 하였는지 검토하고, 이에 대한 보장을 받을 필요가 있다(발명진흥법 제10조 및 제15조 등). 만일 정당한 보상을 통해서 승계를 완료한 상황이라면 그러한 적법한 보상의 지급 및 적법한 승계에 대해서 진술 및 보장을 받을 필요가 있고, 아직 승계를 하지 못한 상황이라면 선행조건 또는 확약 조항에 지식재산을 대상회사가 취득하는 것을 추가하는 것을 고려해야 한다.

16) 보험

§5(1) – 진술 및 보장 – 매도인 진술 및 보장 – 보험

21. **보험**: 대상회사는 사업 영위를 위하여 법령상 가입이 요구되는 보험에 가입하였고, 그에 따른 보험료를 모두 지급하였다.

대상회사가 사업 영위를 위해서 법령상 필수적인 보험에 가입하였고 보험료를 모두 지급하여 유효하게 유지되고 있다는 내용이다. 법령에 따라 강제로 가입해야 하는 보험의 대표적인 예로는 대상회사가 자동차를 운행하는 경우에 가입해야 하는 책임보험, 특수건물을 소유하고 있는 경우에 가입해야 하는 화재보험 등이 있다(자동차손해배상보장법 제5조, 화재로 인한 재해보상과 보험가입에 관한 법률 제5조).

실상 계약서 협상을 할 때 더 자주 문제 되는 것은 의무적으로 가입해야 하는 보험이 아니라, 일정한 위험을 대비하기 위해서 임의로 가입하는 보험들에 대해서도 보장받을 것인가 여부이다. 가령, 임원배상책임보험이라든지 개인정보보호배상책임보험[186] 등인데, 매수인 입장에서 이러한 보험 가입이 반드시 필요하다고 본다면 그러한 보험에 가입되어 있음을 보장받을 수 있다. 여기서 더 나아가 특정 보험을 명시하지 않고, 대상사업을 영위함에 있어 동종 업계에서 통상적으로 가입하는 보험에 모두 가입하고 있다는 보장을 요구하는 경우도 있는데, 어떤 보험이 통상적으로 가입하는 보험인지 이견이 있을 수 있으므로 매도인 입장에서 이러한 보장을 하는 것에 대해서는 신중할 필요가 있다.

17) 환경

§5(1) – 진술 및 보장 – 매도인 진술 및 보장 – 환경

22. **환경**: 대상회사는 환경(유해물질 관리, 대기, 수질, 폐기물, 토양, 진동, 악취, 소음 등), 보건, 위생, 안전 관련 법령 및 정부기관의 처분, 명령 기타 조치를 중요한 측면에서 준수하고 있다.

환경, 보건, 위생, 안전 관련 법령이나 정부기관의 조치를 준수하고 있다는 내용이다. 환경 관련 진술 및 보장은 대상회사의 사업에 따라 포함 여부나 그 내용이 영향을 많이 받는 진술 및 보장 중 하나라 할 수 있다. 대상회사가 금융이나 IT 등과 같이 환경과 무관한 사업을 영위하고 있는 경우에는 이 진술 및 보장은 생략하는 경우가 더 많지만, 일견 환경과 무관한 사업이라 하더라도 공장시설 등 부동산을 취급한다면 이 진술 및 보장이 필요한지 신중히 검토하는 것이 바람직하다.[187] 대상회사가 부동산, 선박, 항공기 등을 보유하고 있거나, 제조업, 건설업, 유통업, 운송업, 농업, 폐기물 처리업 등 사업을 영위하는 경우에는 환경 오염이나 안전 사고에 각별히 주의해야 하고 이 진술 및 보장을 강화한다.[188]

환경 위험이 주요 쟁점인 사안에서는 통상 법률 실사와는 별도로 전문 컨설팅 회사를 통해 환경 실사를 진행하기도 한다. 법률 실사는 통상 질의응답 및 서면 자료를 통해

186) 일정한 요건을 충족하는 개인정보처리자는 개인정보 보호법 위반에 따른 이용자에 대한 손해배상책임을 보장하기 위해 보험 또는 공제에 가입하거나 준비금을 적립해야 하는데(개인정보 보호법 제39조의7), 준비금 적립을 하면 보험에 가입하지 않아도 되므로 의무보험이라고 하기는 어렵다.

187) 은행이 담보로 받았다가 경매로 소유권을 취득한 공장에서 불법처리된 폐기물이 발견되어 은행이 그 폐기물 처리에 대한 책임을 부담한 사안이 있다. 허영만(2006), 29면 각주 20 및 대법원 1997. 8. 22. 선고 95누17724 판결 참고.

188) Brown & Giles, 95면.

서 진행하는 반면 환경 실사는 직접 현장을 방문하여 육안 검사를 하고, 만일 위험 가능성이 높다고 판단되면 토질이나 수질 검사와 같은 심층 검사를 진행하기도 한다. 이러한 환경 실사를 한 후 그 결과를 계약서에 반영해야 하는데, 환경 오염이 심하여 복구나 정화를 해야 한다거나 타인에게 손해배상책임을 부담할 가능성이 높다면 직접 그 예상 지출금액을 추정하여 이를 매매대금에서 감액하거나, 아니면 대상회사의 손해가 현실화되었을 때 이를 매도인이 보전해 주는 내용의 특별손해배상 조항을 추가하는 방법을 취하기도 한다.

환경 관련 법령은 환경 오염을 발생시킨 자에 대해서 무과실책임을 부담시키고, 점유자나 운영자에 대해서도 정화책임을 부담시키는 등 일반 민법상의 손해배상책임 또는 하자담보책임보다 더 엄격한 책임 규정을 두고 있으므로(토양환경보전법 제10조의3, 4 등), 이 진술 및 보장도 환경 관련 법령을 준수하고 있다는 것이 핵심이다. 관련 법령을 준수하고 있다는 진술 및 보장이 여러 가지 보장을 함축하고 있기는 하나, 여기서 더 나아가 관련 법령에 따른 정화의무, 복구의무, 손해배상의무를 부담하고 있지 않다거나 관련 법령을 준수하기 위하여 자본적 지출이 요구되지 않는다는 보장을 추가하기도 한다. 나아가 환경 관련 분쟁은 대상회사에 막대한 손해를 가져올 수 있으므로, 환경 관련 소송이 진행 중이지 않다거나 그러한 우려가 없고, 관련된 통지를 받은 바 없다는 내용도 추가할 수 있다.

18) 개인정보

§5(1) – 진술 및 보장 – 매도인 진술 및 보장 – 개인정보

23. **개인정보**: 대상회사는 개인정보 보호 관련 법령, 정부기관의 권고사항, 개인정보처리방침 등 회사 내부 규정을 중요한 측면에서 준수하고 있다. 대상회사는 개인정보를 수집, 이용, 제공, 위탁, 공개, 국외이전 등 처리함에 있어 정보주체의 동의를 받는 것을 포함하여 적법한 처리 근거를 구비하고 있다. 대상회사는 개인정보가 분실, 도난, 유출, 위조, 변조 또는 훼손되지 않도록 법령상 요구되는 안전성 확보에 필요한 기술적, 관리적, 물리적 조치를 취하고 있다. 과거 5년간 대상회사는 개인정보 유출사고가 발생하지 않았다.

M&A 계약서에 개인정보 보호와 관련된 조항들이 추가되기 시작한 것은 비교적 최근 들어서이다.[189] 개인정보 보호에 관해서는 정보통신망 이용촉진 및 정보보호 등에

189) M&A 거래에서 발생할 수 있는 개인정보 관련 법적 쟁점에 대해서는 김성민(2018), 71–125면 참고.

관한 법률, 신용정보의 이용 및 보호에 관한 법률, 위치정보의 보호 및 이용 등에 관한 법률, 통신비밀보호법 등 특별법을 통해 규제되어 오다 일반법이라고 할 수 있는 개인정보 보호법이 2011년이 되어서야 제정되었고, 개인정보 보호에 관한 규제기관인 개인정보보호위원회도 2020년부터 중앙정부기관으로 승격되어 본격적으로 개인정보 보호법에 대한 감독 및 집행을 시작하였고, 기업들의 개인정보 보호 필요성에 대한 인식도 뒤늦게 형성되었기 때문이다.

이러한 이유로 개인정보 관련 진술 및 보장의 내용에 대해서도 실무상 정형화된 기재는 발견하기 어렵고, 개별 거래마다 거래의 특수성을 반영하여 새롭게 작성하거나, 아니면 매우 일반화시켜서 개인정보 보호 관련 법령을 준수하고 있다는 정도로 기재하는 경우가 많다.

그러나 개인정보 보호 법령 준수만으로는 방지하기 어려운 개인정보 관련 위험들이 다수 있다. 개인정보 보호, 특히 기술적 차원에서의 보호는 기술이 끊임 없이 발전하기 때문에 그 보호 수준을 법령에서 일률적으로 정하기 어려울 뿐더러, 보호하고자 한다면 끝도 없이 보호조치를 강화할 수 있는데 모든 기업들에게 이러한 최대 수준의 보호를 요구하는 것은 비용 대비 효율이 지나치게 낮기 때문에 결국 개인정보 보호 법령은 최소한의 수준으로 보호를 요구하는 경우가 많다. 이에 개인정보 관련 위험을 충분히 보호하기 위해서는 법령 준수에 관한 내용에서 나아가 보다 정교한 내용들을 추가할 필요가 있다.

개별 거래에서 개인정보 보호가 차지하는 중요성에 따라 진술 및 보장 내용은 천차만별이 될 것이나, 추가될 수 있는 내용으로는 i) 개인정보 보호 관련 법령, 개인정보 보호 관련 정부기관의 해설서, 지침서, 가이드라인 등 권고사항, 개인정보처리방침 등 개인정보 관련 내부 규정을 준수하고 있다는 점, ii) 본건 거래로 인하여 개인정보처리방침 등 개인정보 관련 내부 규정 위반이 발생하지 않는다는 점, iii) 개인정보 처리(수집, 이용, 제3자 제공, 국외이전 등 포함)에 관한 적법한 처리 근거를 구비하고 있다는 점, iv) 개인정보 처리 위탁을 한 경우 수탁자에 대한 관리감독을 다하여 수탁자의 행위로 인한 책임을 부담하지 않는다는 점, v) 개인정보를 보호하기 위해 필요한 기술적, 관리적, 물리적 조치를 취하고 있다는 점, vi) 일정 기간 개인정보 유출사고가 발생하지 않았다는 점 등이 있다.

한편, 개인정보 보호법 위반 시 가볍게는 단순히 과태료만 부과되고 중하게는 형사처벌까지 부과되는 등 매우 스펙트럼이 다양하다.[190] 이에 따라 당사자들로서는 단순히 법에 명시된 제재만을 볼 것이 아니라, 실제 개인정보보호위원회나 방송미디어통신위원회 등 정부기관이 어떤 쟁점에 대해서 관심이 많은지, 과거에 법 위반에 따라 실제로 부과된 제재의 수준이 어떤지 등을 살펴보아 그에 맞는 대응방안을 계약서에 반영할 필요가 있다. 가령, 단순히 과태료 부과사안에 불과하고 제재 사례도 없다면 이에 대해서는 굳이 계약서에 반영하지 않고 거래종결 전에 위법을 시정하도록 요청하고, 실제 제재 사례는 있으나 제재 수준은 낮은 경우 확약 조항에 반영하여 위험을 제거하도록 하고, 제재 사례도 많고 제재 수준도 높아 반드시 거래종결 전에 위험 제거가 필요한 경우에는 거래종결의 조건으로 반영하고 진술 및 보장을 강화해서 기술하는 것이다.

19) 기타 진술 및 보장 조항의 기재 방법

이상 실무상 자주 문제 되는 진술 및 보장 조항을 살펴보았으나, 대상회사의 사업마다, 개별 거래마다 존재하는 위험과 매수인이 보장받고자 하는 사항들은 다를 수 있고, 그런 경우에는 특수한 진술 및 보장 조항을 만들어서 기재해야 한다. 통상 기업이나 로펌에서 계약서를 작성할 때 기존 선례가 있으면 이를 참고하여 기재하는데, 만일 선례가 없으면 어떻게 기재해야 하는가?

우선 해당 위험을 규제하거나 방지하기 위한 법률이 있으면 그 법률에서 규정하고 있는 내용을 세분화하여 그 내용을 충족시키거나 불충족시키는 사실을 기재하면 쉽다. 가령, 회사가 미국 등 해외에서 사업을 영위하고 있고 그에 따라 보다 강화된 부패방지 관련 진술 및 보장 조항이 필요하다고 하자. 미국의 FCPA, 영국의 Bribery Act 등 해외 부패방지 법령이 적용되기 위해서는 기본적으로 대상회사가 그 관할국가에서 사업을 하거나 자금이 이동하는 등 연결(nexus)이 있어야 하고, 정부기관으로부터 인허가를 받거나 정부기관과 거래를 하고 공무원이나 이에 준하는 공직자와 협의하는 등 일정한 접촉이 있어야 한다. 따라서 부패방지 관련 진술 및 보장을 새로 만들어서 기재하고자 한다면, 대상회사가 어느 국가를 제외하고는 사업을 영위하고 있지 않다는 점, 대상회사나 그 이사, 임직원, 대리인 등이 정부기관과 거래하지 않는다거나 공무원 또는 이에 준하는 자와 접촉하지 않는다는 점을 포함시킬 수 있다. 또한 일반적으로 이러한 부패방지

190) 우리나라는 개인정보 내지 프라이버시 관련 법 위반을 이유로 형사처벌까지 가할 수 있는데 이러한 입법례는 매우 이례적이라 할 수 있고, 실제 형사처벌까지 가는 사례가 많지는 않다.

관련 위험을 방지하기 위해서는 회사에 내부통제시스템을 갖출 것을 요구하므로, 대상회사가 부패방지 법령 준수를 위하여 필요한 내부 규정 및 내부통제시스템을 갖추고 있다는 점을 추가할 수 있다. 여기에 일반적인 내용으로서 부패방지 법령을 준수한다거나 부패방지 법령 위반을 이유로 한 소송이나 정부기관의 조사가 진행 중이지 않다는 내용까지 포함시킬 수 있겠다.

해당 위험을 규율하는 특별한 법률이 없는 경우에도 매수인이 우려하는 위험이 무엇인지, 매수인이 민사상, 형사상, 행정상 또는 금전적, 비금전적 책임을 부담할 수 있는 요인들이 무엇인지 파악하고 그러한 요인들을 방지하는 내용으로 기재하면 된다. 가령, 대상회사가 제조회사이고 최근에 제조물책임을 부담한 사례가 있다거나 동일 업종을 영위하는 회사에 대한 정부기관의 조사 및 제재가 이루어진 바가 있다고 하자. 그 경우 소송, 법령준수 등의 일반적인 진술 및 보장 조항으로 보호받을 수도 있겠으나, 가령 소송으로까지 나아가지 않고 일반 소비자들이 불만, 민원, 청구 등을 하거나 소송 외에서 합의로 종결된 것들은 이러한 일반 진술 및 보장 조항으로 보호받지 못할 수 있다. 이런 경우에는 대상회사가 제조, 가공, 수입, 판매한 물건에 관하여 하자를 이유로 제3자로부터 불만, 민원, 청구 등이 제기되지 않았다는 점, 그러한 하자를 이유로 대상회사에 손실이 발생하지 않았다는 점을 기재할 수 있다. 제조물책임의 경우 정부기관의 조사를 받아 해당 제조 관련 인허가의 취소로까지 이어질 수 있고 그 경우 대상사업에 치명적인 영향을 미치므로 만일 이러한 정부기관의 조사와 관련된 위험에 대해서 신경이 쓰인다면, 정부기관의 조사를 받지 않았고, 그런 조사를 받을 우려가 없다거나 조사 관련 통지를 받지 않았다는 내용을 추가하면 된다.

또 다른 예로 IT 시스템에 관한 진술 및 보장을 들 수 있다. 개인정보 보호법상 개인정보처리시스템에 대해서 일정한 안전성 확보조치를 취할 것을 요구하는 것을 제외하고는 일반 기업이 IT 시스템을 어떻게 유지 및 관리해야 하는지를 규율하는 법률은 없다. 그럼에도 불구하고 IT 시스템에 중요한 정보를 보관하고 있고 그러한 정보들을 안전하게 보관할 필요가 있다면, IT 시스템의 보안을 유지하기 위하여 필요한 내부 규정과 기술적, 관리적, 물리적 보호조치들을 모두(또는 적절하게 또는 동종 업계에서 통상적으로 취하는 수준으로) 취하고 있다는 점, IT 시스템에 대한 유출, 위조, 변조, 도난, 침해, 권한 없는 접근, 중단이 없었다는 점 등을 기재할 수 있다.

이 외에 개별적인 사항에 대한 진술 및 보장으로 충분하지 않으면 보완적인 의미에서 매도인이 본건 거래에 필요한 모든 정보를 제공하였다거나 매수인에게 알리지 않은 위험은 존재하지 않는다는 진술 및 보장을 포함시킬 수도 있겠으나,[191] 무엇이 본건 거래에 필요한 정보인지 다툼이 있을 뿐만 아니라 매도인 입장에서 이와 같은 catch-all 조항을 수용하기는 쉽지 않을 것이다.

사. 매수인의 진술 및 보장

1) 매도인에 관한 진술 및 보장과 상응하는 진술 및 보장

§5(2) – 진술 및 보장 – 매수인 진술 및 보장 – 적법한 체결 등

1. **적법한 체결**: 매수인은 본 계약을 체결하고 그에 따른 의무를 이행하기 위하여 필요한 권한과 능력을 가지고 있다. 매수인은 본 계약을 체결하고 본 계약에 따른 의무를 이행하기 위하여 필요한 이사회결의 등 적법하고 유효한 내부수권절차를 거쳤다. 본 계약은 매수인에 의하여 적법하게 체결되었으며, 매수인에 대하여 본 계약의 조건들에 따라 집행할 수 있다.
2. **법령 등 위반 없음**: 매수인이 본 계약을 체결하고 그에 따른 의무를 이행하는 것은 매수인에게 적용되는 대한민국 법령, 매수인의 정관, 매수인이 당사자인 계약에 위반되지 않는다.
3. **정부승인**: 제4조 제1항 제4호에 기재된 정부승인을 제외하고 매수인이 본 계약을 체결하고 그에 따른 의무를 이행하기 위하여 매수인이 받아야 하는 정부승인은 없다.
4. **소송 없음**: 매수인에 대하여 본건 거래를 금지하거나 제한하는 소송이 존재하지 않고, 그러한 소송이 제기될 우려도 없다.

매수인의 진술 및 보장은 매도인의 진술 및 보장보다는 상대적으로 간결하다. 매도인은 대상주식을 매도하고 이를 통해서 대상회사를 매도하는 것이어서 본 계약의 체결 및 이행을 확실히 하기 위한 보장 외에도 대상회사에 존재하는 위험에 대해서까지 보장해야 하는 반면, 매수인은 계약상 매매대금을 지급하는 것이 가장 중요한 의무이기 때문에 본 계약의 체결 및 이행을 확실히 하기 위한 보장만 제공하더라도 충분하기 때문이다.

따라서 매도인의 진술 및 보장 중 매도인에 관한 진술 및 보장에 포함되는 적법한 체결, 법령 등 위반 없음, 정부승인, 소송 없음에 관한 진술 및 보장은 매수인의 진술 및 보장에도 포함되며, 통상 매도인에 관한 진술 및 보장에 상응하는 내용으로(포함하거나

191) 정영철, 158면.

제외하는 항목을 일치시키고, knowledge qualification이나 materiality qualification도 동일한 수준으로) 기재한다. 따라서 이들 진술 및 보장에 대해서는 위 매도인에 관한 매도인의 진술 및 보장 부분 설명을 참고하기 바란다.

매수인은 대상주식을 매수하는 자이므로 대상주식의 소유권에 관한 진술 및 보장을 추가할 필요가 없다. 다만, 매수인이 대상주식에 대한 대가로 현금이 아닌 매수인이 소유한 다른 주식을 교부하는 거래라면 매수인이 그 대가로 지급되는 주식을 적법하게 소유하고 있다는 진술 및 보장을 할 필요가 있다. 나아가 만일 매수인이 대상주식에 대한 대가로 자기주식을 교부하고 그 지분이 상당한 경우에는 매도인이 매수인에게 투자하는 것이므로, 매도인이 대상회사에 대해서 진술 및 보장을 제공한 것과 유사한 내용으로 매수인 회사에 대한 진술 및 보장을 해야 할 수도 있다.[192]

또 자료의 정확성에 관한 진술 및 보장도 대상회사에 대한 자료를 제공하는 것은 매도인이기 때문에 매수인이 이 진술 및 보장을 제공하는 경우는 거의 없다. 다만, 매우 예외적으로 입찰로 진행되는 거래에서 입찰참여자들이 인수의향서와 함께 일정한 자료와 정보를 매도인에게 제공하는 경우들이 있는데, 이때 제공된 자료와 정보의 정확성이나 수정, 변경될 사항이 없다는 보장을 하는 경우들이 있다.

2) 충분한 자금

§5(2) – 진술 및 보장 – 매수인 진술 및 보장 – 충분한 자금

5. **충분한 자금**: 매수인은 본 계약에 따른 계약금 및 매매대금을 지급하기 위하여 필요한 충분한 자금을 보유하고 있다.

앞서 설명한 바와 같이 매수인의 의무 중에서 제일 중요하고 거의 유일하다고 할 수 있는 의무는 매매대금 지급 의무이다. 따라서 이러한 매매대금(계약금 포함) 지급이 원활하게 이루어질 수 있도록 매수인이 충분한 자금을 보유하고 있다는 내용의 보장을 매도인이 종종 요구한다.

만일 매수인이 자체적으로 보유하고 있는 현금으로 매매대금을 지급할 수 있다면 단순하게 매수인이 매매대금을 지급하기 위한 자금을 충분히 보유하고 있다고 보장하면 된다.

반면, 매수인이 매매대금 전부 또는 일부를 타인으로부터 조달하는 경우에는 먼저

192) ABA, 191면.

조달 시점을 살펴보아야 한다. 만일 본 계약 체결 전에 조달이 이루어질 수 있다면 위와 같이 충분한 자금 보유에 대해서 보장할 수 있다. 반면, 본 계약 체결 전에 조달이 어렵다면 그러한 보장을 하기 어렵고, 대신 자금을 조달할 수 있는 능력이 있다는 내용으로만 보장할 수 있다.

대표적인 예가 매수인이 PEF이어서 사원들로부터 출자를 받거나 은행 등 여신기관으로부터 대출을 받는 경우이다. PEF의 경우 GP가 일부 자금을 출자하기도 하나 대부분 기관투자자 등 사원들로부터 출자를 받아서 투자하는데, 통상 사원들은 계약 체결 전에는 출자 확약만 하고 거래종결 직전에 GP가 출자요청(capital call)을 하면 그때 출자한다. 여신기관으로부터 대출받는 경우에도 주식매매 계약이 체결되기 전까지 여신기관과의 대출계약이 체결되지 않는 경우가 더 많고 대략적인 대출조건을 정한 term sheet이 확정되거나 여신기관의 대출 확약만 있는 경우가 많다. 이러한 경우에는 매수인이 계약 체결 전에 사원 또는 여신기관으로부터 받은 출자 확약서(equity commitment letter) 또는 대출 확약서(debt commitment letter)를 매도인에게 제공하고 자금조달능력에 대해서 보장하게 된다.

tip **매도인 tip**: 자금조달능력에 대해서 보장을 받더라도 무엇이 그런 능력에 해당하는지 다툼이 있을 수 있고 여전히 매수인의 매매대금 지급을 확실하게 보장받고자 할 수 있다. 이에 따라 실무상으로는 매수인이 사원이나 여신기관 등 자금조달자로부터 받은 확약서를 주식매매계약 체결 전에 매수인으로부터 미리 제공받아 확약서상 기재된 금액이 매매대금을 지급하기에 충분한 금액인지, 확약이 어느 정도 구속력을 갖고 있는지, 출자나 대출의 조건이 어떻게 되는지, 확약이 철회되거나 취소될 여지가 없는지 등을 검토하기도 한다.

여기서 더 나아가 확약서의 내용대로 출자 또는 대출이 이루어지도록 구체적인 진술 및 보장 조항이나 확약 조항을 추가하는 것도 방법이다. 가령, 확약서를 계약서의 별지로 첨부하고, 해당 확약서 외에는 다른 합의가 없다는 점, 확약서에 기재된 조건 외에 달리 출자나 대출을 위해서 요구되는 조건은 없다는 점, 확약서에 기재된 조건이 성취되지 않을 수 있는 사유는 없다는 점, 확약서가 당사자들에게 법적인 구속력이 있다는 점, 거래종결 시점까지도 확약서의 내용이 수정, 변경, 개정, 취소, 철회된 바 없다는 점 등을 진술 및 보장으로 추가할 수 있다. 또, 확약서에 기재된 바에 따라 자금을 조달하기 위하여 필요한 모든 조치를 취하거나 취하기 위하여 노력한다는 확약을 추가할 수 있다.

다만, 확약서와 관련하여 위와 같이 다양한 보장을 받더라도 강제집행까지 하기는 어렵다는 점을 주의하여야 한다. 대출 확약서는 그 내용이 충분히 구체적이지 않거나 각종 단서를 달고 있는 경우가 많다. 또, 출자 확약서는 주주나 사원이 출자 확약을 하였다 하더라도 출자를 받는 회사가 이사회 또는 사원총회 결의를 하는 등으로 신주대금 납입을 청구할 수 있는 단계에 이르지 않았다면 주주나 사원의 신주대금 납입을 강제할 수 없다.

결국 매도인으로서는 매수인의 자금조달 실패에 대비하여야 하는데, 계약이 해제되는 경우에 매수인으로 하여금 위약금을 지급하도록 하고, 매수인의 최대주주로 하여금 그러한 위약금 지급 의무에 대해서 보증(매수인이 PEF인 경우에는 GP의 fund guarantee)하도록 요구하는 방안을 고려할 수 있다.

사례 검토

현대건설 사건

공동관리절차에서 출자전환으로 현대건설 주식을 보유하게 된 금융기관들(매각주체)이 현대건설 주식 매각을 위한 입찰 절차를 진행하였고 현대그룹 컨소시엄을 우선협상대상자로 선정하였다. 우선협상대상자 선정 이후 현대그룹 컨소시엄이 입찰서류에 기재한 전략적 투자자인 현대상선 프랑스법인의 자금조달방식과 자금조달증빙에 대해서 의문이 제기되었다. 현대그룹 컨소시엄은 현대상선 프랑스법인이 자금을 프랑스 나티시스 은행으로부터 대출받은 것임을 설명하였으나 자금 출처와 성격(인출제한 여부)에 대한 공방은 계속되었다. 이러한 가운데 매각주체와 현대그룹 컨소시엄은 양해각서를 체결하고 현대그룹 컨소시엄은 이행보증금을 납입하였는데, 양해각서에는 현대그룹 컨소시엄이 제출한 자금조달증빙의 진실성과 더불어 현대상선 프랑스법인이 나티시스 은행으로부터 자금을 대출받음에 있어 현대건설 주식 등을 담보로 제공하거나 어떠한 형태의 보증도 제공하지 않았음을 현대그룹 컨소시엄이 진술 및 보장하는 조항과 공동매각주간사가 자금의 대출조건 등에 관하여 합리적인 해명 요구를 할 경우 현대그룹 컨소시엄이 성실하게 응하여야 한다는 조항이 추가되었다. 양해각서 체결 이후에도 공동매각주간사는 현대상선 프랑스법인과 나티시스 은행 사이의 대출계약서 및 그 부속서류를 제출할 것을 요청하였으나, 현대그룹 컨소시엄은 나티시스 은행 명의의 대출확인서만 제출하였다. 결국 매각주체는 현대그룹 컨소시엄이 제출한 자료만으로는 의혹을 해소하기에 부족하고, 현대그룹 컨소시엄이 양해각서에서 정한 확약을 성실히 이행하지 않았다는 이유로 양해각서를 해지하였다.

이에 대해 현대그룹 컨소시엄은 먼저 양해각서해지금지가처분을 신청하였는데, 자금의 출처와 성격에 대한 해명 요구는 합리적인 범위를 벗어난 것이고, 현대그룹 컨소시엄은 성실히 해명하였다는 이유로 양해각서상 해지사유가 없다고 주장하였다. 그러나 법원은 입찰시행주체인 매각주체가 우선협상대상자 선정 과정 및 이후에도 입찰금액은 물론 자금조달능력, 인수구조 및 지배구조, 재무건전성 등을 고려할 광범위한 재량을 갖는다는 전제하에 양해각서에 따라 현대그룹 컨소시엄은 공동매각주간사의 자료제출 요구에 대해 해명할 의무가 있는데, 현대그룹 컨소시엄은 공동매각주간사가 제출을 요청한 대출계약서 및 부속서류를 제출하지 않았고 대출확인서 제출만으로는 해명 의무를 성실히 이행한 것으로 보기 어렵다는 이유로 양해각서는 적법하게 해지되었다면서 가처분 신청을 기각하였다.[193)]

이후 현대그룹 컨소시엄은 현대그룹 컨소시엄의 귀책사유 없이 주식매매계약서 체결기한 내에 주식매매계약서가 체결되지 않았으므로 양해각서가 효력을 상실하였으므로 매각주체에게 지급한 이행보증금의 반환도 청구하였다. 양해각서상 현대그룹 컨소시엄의 귀책사유 없이 주식매매계약서가 체결되지 않았으면 이행보증금 반환을 받을 수 있었으나, 현대그룹 컨소시엄이 진술 및 보장을 위반하거나 주관기관으로부터 시정 요구를 받고도 시정하지 않아서 양해각서가 해지되었으면 이행보증금은 위약금으로 매각주체에게 귀속되게 되어 있었다. 이에 대해 법원은 위 가처분 사건에서 인정한 것과 동일한 취지에서 현대그룹 컨소시엄이 매각주체의 해명 요구에 성실히 응하지 않은 것으로서 공동매각주간사의 해지통지에 따라 양해각서가 적법하게 해지된 것이라고 판단하였다. 다만, 이 사건 이행보증금 몰취조항은 손해배상액의 예정에 해당하는데 제반 사정을 고려하여 지나치게 많아 25% 상당 금액으로 감액하고 감액된 금액만 현대그룹 컨소시엄에게 반환하라고 판시하였다.[194)]

3) 독자적 조사

§5(2) – 진술 및 보장 – 매수인 진술 및 보장 – 독자적인 조사

6. **독자적인 조사**: 매수인이 대상주식을 매수하기로 한 결정은 대상회사, 대상주식 및 그 가치에 대한 매수인의 독자적인 검토 및 평가에 기초한 것이다. 매수인은 본 계약을 체결함에 있어 위 제1항에 규정된 매도인의 진술 및 보장을 제외하고는 매도인, 매도인의 주주, 이사, 임직원, 대리인, 자문사 등으로부터 받은 어떠한 구두 또는 서면 정보에도 의존하지 않았다.

매수인이 본건 거래를 함에 있어 매도인이 제공한 자료에만 의존하지 않고 독자적인 검토 및 평가를 하여 이를 기초로 거래하기로 결정하였다는 내용이다.

193) 서울고등법원 2011. 2. 15.자 2011라154 결정.

194) 대법원 2016. 3. 24. 선고 2014다3115 판결.

이 진술 및 보장은 매도인이 제공하는 자료의 정확성 관련 진술 및 보장에 대응하여 매수인이 제공하도록 추가하는 경우가 많다. 즉, 매도인이 자료의 정확성과 완전성에 대해서 보장할 경우 자칫 매수인은 매도인이 제공한 자료에 전적으로 의존하여 본건 거래를 진행한 것이라고 주장하며 대상회사에 대한 부실한 실사나 잘못된 가치평가, 매매대금 산정의 오류 등을 매도인에게 떠넘길 수 있다. 이에 매도인은 그러한 위험을 방지하기 위해서 자신이 보장하는 범위를 자료의 정확성과 완전성으로 한정하고, 이 외에 매수 의사결정에 존재하는 위험은 매수인이 부담하도록 매수인의 독자적인 검토 및 평가에 기초한다는 것을 명확하게 하는 것이다.

또한 실사나 계약 협상 과정에서 공식적인 자료제공 통로를 통하지 않고 경영진, 실무자, 자문사 등을 통해 대상회사에 대한 정보가 제공되거나 지키지 못할 약속을 하는 경우들이 있다. 계약서에 반영되지 않은 사항들이라 할지라도 회사의 임직원은 이행보조자로, 자문사는 대리인으로 인정되어 이들의 행위에 회사가 구속될 여지가 있고(민법 제114조 및 제391조), 나아가 회사의 임직원 행위에 대해서는 회사가 사용자책임을 부담할 수도 있다(민법 제756조). 또 명시적으로 계약서의 진술 및 보장으로 포함되어 있지 않다 하더라도 매도인이 계약 밖에서 허위의 진술을 하면서 적극적으로 상대방을 유인하였고, 매수인이 그 진술을 신뢰하여 계약을 체결하였다면 사기에 의한 불법행위가 성립할 수 있다(민법 제750조). 이에 매도인이 위와 같은 위험들이 상당하다고 본다면, 매수인으로 하여금 본 계약에서 매도인이 보장하기로 명시적으로 규정한 사항을 제외하고는 매도인이나 그 주주, 이사, 임직원, 대리인, 자문사 등이 제공한 정보에 의존하지 않았음을 보장하도록 요구할 수 있다(이른바 anti-reliance clause 또는 no-reliance clause). 이는 아래 살펴볼 완전합의 조항과 함께 계약 밖 진술이나 정보의 효력을 부인하는 효과를 가지며, 그 결과 매수인은 계약 밖 진술이나 정보에 대한 착오를 이유로 계약을 취소하는 것이 제한될 수 있다. 다만, 이러한 조항만으로 매도인이 계약 밖에서 한 기망행위 또는 기망적인 부실표시에 대해서까지 면책되는지 여부에 대해서는 논란이 있다.[195]

앞서 설명한 바와 같이 이 진술 및 보장은 자료의 정확성 관련 매도인의 진술 및 보장과 함께 협상되는 경우들이 많으므로, 당사자들로서는 두 진술 및 보장을 모두 넣거나 모두 배제하는 것 중 어느 것이 더 유리할지 검토하고, 만일 상대방의 진술 및 보장만 요구하고자 한다면 설득력 있는 이유를 제시할 수 있도록 준비해야 할 것이다.

---

195) 김성민(2025), 138, 139면; 미국 판례에 대한 분석은 Blair(2009), 439-450면 참고.

4) 기타

우리나라에서는 흔히 볼 수 있지는 않지만 미국 계약에서는 중개인 등 수수료(brokers fee 또는 finders fee)에 대한 진술 및 보장이 추가되는 경우가 많고, 우리나라에서도 외국 당사자가 참여하는 거래의 계약서에 추가되기도 한다. 이 진술 및 보장은 본건 거래와 관련하여 매수인에 의해 선임된 중개인이나 주관사, 투자은행 등에 대해서 매도인이나 대상회사가 수수료 기타 비용을 직·간접적으로 지급하지 않는다는 내용이다. 미국에서는 매수인이 선임한 중개인, 주관사, 자문사 등이라 할지라도, 거래가 성공적으로 성사되는 경우에 이들 중개인 등에게 지급할 수수료들도 거래비용의 일부로 처리되어 매도인이나 대상회사가 지급하거나 매도인이 지급받아야 할 매매대금에서 충당하는 경우가 있기에 이 진술 및 보장을 추가하는 것이다. 국내에서는 주로 주관사도 매도인 측에서 선임하고, 각 당사자가 선임한 자문사 비용은 각자 지급하는 것이 일반적이기 때문에 이 진술 및 보장이 필요한 경우는 많지 않다.

아. 진술 및 보장 조항 부재 시 효과

진술 및 보장 조항은 당사자들이 상대방에게 거래에 필요한 정보를 제공하고 당사자 사이에 기업에 존재하는 위험을 배분하는 기능을 한다. 따라서 만일 진술 및 보장이 없다면 당사자들은 상대방에게 신뢰할 수 있는 정보를 제공하지 않는 것이 되고 당사자나 대상회사에 대해서 상대방에게 어떠한 위험도 책임지지 않고, 당사자들은 대상회사 및 그 주식을 있는 그대로(as-is) 거래하게 된다.

이에 대해서 진술 및 보장 위반 책임의 법적 성격을 하자담보책임으로 보는 견해에서는 진술 및 보장을 "기업하자"를 구체화한 약정으로 보고 명시적인 진술 및 보장 조항이 없다 하더라도 기업하자가 있으면 하자담보책임을 부담할 수 있다고 주장한다.[196] 그러나 기업하자라는 개념을 인정하기 위해서 필요한 객관적으로 있어야 할 기업의 상태 또는 정상적인 기업의 상태라는 것을 상정하기 어렵고, 당사자가 특별히 약정한 기업의 상태라는 것도 없는 이상 기업하자라는 것 자체가 인정될 수 있는지 의문이고, 설령 그런 하자를 인정할 수 있다 한들 원칙적으로 기업하자를 주식에 하자가 있는 것으로 보는 것도 적절치 않다.[197] 따라서 매매대상인 주식에 하자가 있지 않는 한 하자담

196) 이동진(2016), 173-175면; 이상헌(2020), 390면.

197) 기업에 존재하는 하자를 주식의 하자로 볼 수 있는 예외적인 사정을 인정할 수 있는지, 그런 사정이 무엇인지에 대해서는 검토가 필요하다. 프랑스 파기원 판례에 대한 소개는 이상헌(2020), 387-389면 참고.

보책임을 부담하지는 않을 것이다.

당사자, 특히 매도인이 계약을 체결함에 있어 대상회사와 관련된 매우 중요한 위험에 대해서는 매수인에게 알려야 할 의무가 있는지, 그리고 이를 알리지 않은 경우에 어떤 책임을 부담하는지에 대해서도 검토해 볼 필요가 있다. 대법원은 "재산권의 거래관계에 있어서 계약의 일방 당사자가 상대방에게 그 계약의 효력에 영향을 미치거나 상대방의 권리 확보에 위험을 가져올 수 있는 구체적 사정을 고지하였다면 상대방이 그 계약을 체결하지 아니하거나 적어도 그와 같은 내용 또는 조건으로 계약을 체결하지 아니하였을 것임이 경험칙상 명백한 경우 그 계약 당사자는 신의성실의 원칙상 상대방에게 미리 그와 같은 사정을 고지할 의무가 있다"고 하면서, 재산권 거래관계인 주식매매 거래에서도 위와 같은 신의칙상의 고지의무(정보제공의무 또는 설명의무라고도 함)[198]가 인정될 여지를 인정하고 있다.[199] 다만, "상대방이 고지의무의 대상이 되는 사실을 이미 알고 있거나 스스로 이를 확인할 의무가 있는 경우 또는 거래 관행상 상대방이 당연히 알고 있을 것으로 예상되는 경우 등에는 상대방에게 위와 같은 사정을 알리지 아니하였다고 하여 고지의무를 위반하였다고 볼 수 없다"고 한다.[200]

사례 검토

씨넥스트미디어 사건

원고가 피고들에게 씨넥스트 미디어웍스(이하 "씨넥스트미디어") 총발행주식 7만주 중 5만주를 양도하는 주식양도계약을 체결하였다. 씨넥스트미디어는 미국 회사인 씨넷 네트웍스(이하 "씨넷")와 라이선스 계약을 체결하고 씨넷의 인터넷 매체, 게임정보사이트 등을 국내에서 운영하며 수익을 올리는 것을 주된 사업으로 하고 있었는데, 위 라이선스 계약에는 씨넷의 동의 없이 씨넥스트미디어의 지배적 소유권이 변동되는 경우 씨넷이 계약을 해지할 수 있는 조항(이하 "해약조항")이 있었다. 원고와 피고들 사이에 체결된 주식양도계약에는 원고가 피고들이 씨넷과의 라이선스 계약을 유지하도록 최대한 협조한다는 조항이 존재하였다. 이후 씨넷은 씨넥스트미디어의 지배 주주가 변경된 것을 이유로 해약조항에 따라 라이선스 계약을 해지하였고, 이에 따라 씨넥스트미디어는 씨넷과 새로운 라이선스계약을 체결하였는데, 그 과정에서 원래의 라이선스 계약에서 정한 라이선스료보다 4만달러를 추가로 지출하게 되었다. 원고는 피고들이 주식양도대금 중 잔금을 지급하지 않자 그 지급을 구하는 소를 제기하였고, 피고들은 위와 같이 씨넥스트미

198) 각 용어의 의미의 차이에 대해서는 김태진(2015), 656, 657면.

199) 대법원 2013. 11. 28. 선고 2011다59247 판결.

200) *Id.*

디어의 지배적 소유권이 변동되면 라이선스 받은 사이트를 운영할 수 없었음에도 불구하고 주식양도계약 체결 시 피고들에게 이러한 사실을 알리지 않아 라이선스 계약이 해지되고 재협상을 통해 라이선스료 4만달러를 추가로 지급하게 되어 그 금액 상당의 손해를 입었으므로 그 손해배상금 채권을 원고의 잔금 채권과 상계한다고 주장하였다.

항소심[201]은 주식양도로 인하여 피고들에게 씨넥스트미디어의 영업 내지 경영권이 양도되는 것이므로 라이선스 계약의 유지 및 향후 갱신 문제가 주식양도계약의 중요한 요소이고 이에 주식양도계약상 라이선스 계약 존속에 관한 협조의무를 명시한 것이고, 따라서 원고에게 주식양도계약 체결 당시 해약규정의 존재 사실을 피고들에게 알려주어야 할 신의칙상 의무가 있다고 하였다. 그리고 피고가 해약조항을 알았더라면 주식양도계약을 체결하지 않았거나 주식의 매매가액을 산정함에 반영하였을 것인데, 원고가 이를 알리지 않음으로써 피고들은 대처할 수 없었으므로 이로 인하여 피고들은 추가로 지급한 라이선스료 상당의 손해를 입었다고 보고 피고들의 상계항변을 받아들였다.

대법원[202]은 라이선스 계약의 당사자 또는 씨넥스트미디어의 경영 담당자가 아닌 원고가 해약조항에 따라 라이선스 계약이 해지됨으로써 씨넥스트미디어의 라이선스가 상실될 위험이 있음을 알면서도 피고들에게 이러한 사정을 알리지 않은 채 주식양도계약을 체결하였다고 단정하기 어렵다고 판시하였다. 또 이처럼 원고가 해약조항의 존재와 내용을 알지 못하였다면, 원고와 피고들은 대향적 거래관계의 당사자이고 원고는 라이선스 계약의 당사자 또는 씨넥스트미디어의 경영 담당자가 아니라는 점, 피고들은 씨넥스트미디어의 경영권을 인수하려고 하였던 점, 씨넥스트미디어의 주된 수익원이 온라인 매체와 게임정보사이트의 운영이어서 그에 관한 라이선스 확보 및 유지가 피고들에게 중요한 의미가 있었던 점 등을 고려할 때, 원고가 라이선스계약서를 피고들에게 전달함으로써 라이선스와 관련한 위험 요소를 파악할 기회를 제공하는 외에 나아가 라이선스 계약의 내용과 법률적 의미 등을 직접 조사하여 피고들에게 발생할 수 있는 위험 요소를 미리 탐지하고 이를 피고들에게 알려야 할 의무까지 부담한다고 할 수는 없다고 하였다. 나아가 설령 원고의 고지의무 위반이 인정된다고 하더라도 그로 인하여 피고들이 입은 손해는 원칙적으로 피고들이 이 사건 해약조항의 존재를 알았을 경우 원고와 체결하였을 주식양도계약의 내용과 그렇지 아니한 상태에서 체결된 이 사건 주식양도계약의 내용을 비교하여, 피고들이 이 사건 해약조항의 존재를 알지 못함에 따라 더 지출하게 된 주식양도대금 기타 비용 상당액으로 봄이 타당하고, 또한 피고들과 별개의 법인격을 가진 씨넥스트미디어가 라이선스료를 추가 지출하였다고 하여 씨넥스트미디어의 주주인 피고들이 그 금액 상당의 손해를 입었다고 쉽게 단정할 것도 아니라고 판시하였다.

이와 같은 신의칙상 고지의무 위반에 대한 책임의 법적 성격이 채무불이행 책임인지 불법행위 책임인지 여부에 대해서는 견해가 나뉘고,[203] 판례는 대체로 불법행위 책

201) 서울중앙지방법원 2011. 6. 10. 선고 2010나54114 판결.

202) 대법원 2013. 11. 28. 선고 2011다59247 판결.

203) 우리나라와 일본에서의 학설과 판례에 대해서는 김태진(2015), 657-664면.

임으로 보는 입장으로 보인다.[204)]

그런데 M&A 계약과 관련해서 이와 같은 신의칙상 고지의무 위반이 쉽게 인정된다고 보기는 어렵다. 먼저 판례는 신의칙상 고지의무의 대상이 되는 정보를 만일 이를 상대방에게 고지하였다면 상대방이 그 계약을 체결하지 아니하거나 적어도 그와 같은 내용 또는 조건으로 계약을 체결하지 아니하였을 것임이 경험칙상 명백한 정보로 한정하고 있다. 그런데 기업에는 수많은 위험이 존재하고 그러한 위험 중 일부는 잠재적으로만 존재하다가 실현되지 않을 수도 있고, 실현되는 경우에도 이를 기업 운영 과정에서 당연히 발생하는 부수 비용으로서 감수해야 하는 경우도 있다. 이에 단순히 회사의 기업가치를 떨어뜨릴 수 있다는 사정만으로 모두 고지의무 대상이 되는 정보로 본다면, 지나치게 고지의무 대상이 넓어져 매도인에게 부담이 되고 M&A 거래를 저해할 것이다.[205)] 따라서 경영권이 이전되거나 상당한 지분이 이전되는 거래가 이루어지고, 해당 정보가 매수인이 해당 거래를 진행하는 유일한 또는 매우 중요한 목적이고 그러한 점이 매도인에게도 공개되었고, 해당 정보가 대상회사의 사업이나 수익에 미치는 영향이 매우 높다는 등의 사정이 인정되어야 할 것이다.

다음으로 판례는 상대방이 고지의무의 대상이 되는 사실을 스스로 확인할 의무가 있던 경우에는 고지의무 위반을 인정하지 않는다. 그런데 기본적으로 M&A 거래는 서로 상반된 이익을 추구하는 당사자들 간의 대향적 거래이고, 각자 자신의 전문성을 바탕으로 해당 거래가 자신에게 이익이 된다는 평가하에 진행하는 것이지 상대방의 정보 제공을 전적으로 신뢰하여 진행하는 것이 아니다. 따라서 어떤 정보가 당사자의 거래 여부 내지 거래조건 결정에 중요했다는 이유만으로 상대방에게 고지의무를 부과하는 것은 이러한 대향적 거래의 특성에 반하며, 당사자들로 하여금 도덕적 해이에 빠지게 하고 오히려 거래 촉진을 저해할 수 있다. 매도인과 매수인 사이에 정보격차가 존재하므로 매수인 보호를 위해서 보다 적극적인 정보 제공 의무를 부과해야 한다는 주장이 있을 수

204) 분양계약 교섭단계에 있는 사람들에게 광고를 통해 잘못된 정보를 제공한 경우 신의칙상 고지의무를 위반한 것으로서 불법행위 책임을 진다. 대법원 2009. 8. 20. 선고 2008다19355 판결. 적극적으로 잘못된 정보를 제공한 것이 아니라 제공해야 할 중요한 정보를 제공하지 않은 경우에도 손해배상을 청구할 수 있다. 대법원 2006. 10. 12. 선고 2004다48515 판결 등 참고.

205) 김태진(2015), 678면은 교섭 후 계약이 체결되는 M&A 거래에서는 목적물의 시장가치를 떨어뜨릴 수 있는 사정에 대해서 매수인의 요청이 없어도 알려줄 의무가 있고, 이렇게 하는 것이 거래를 촉진하고 시장경제를 활성화할 수 있다고 하나 의문이다.

있다.[206] 그러나 정보격차 내지 비대칭성을 해소할 수 있는 수단이 제한된 환경에서는 그러한 정보 제공 의무를 인정할 수 있겠고 이를 법률에서 특별히 인정하기도 하나(다수의 개인 투자자가 공개된 시장에서 기업에 투자하는 경우 기업에 대한 정보를 입수하는 것 자체가 제한되기에 기업에게 적극적인 공시의무를 부과함), 대등한 두 당사자가 거래하는 환경에서는 오히려 매수인이 실사를 통해서 필요한 정보를 수집하고 중요한 위험에 대해서는 계약에 반영하도록 하는 것이 타당하다. 대부분의 M&A 절차에서는 매수인에게 대상회사를 실사할 수 있는 기회가 주어지고, 실사 과정에서 자료가 제공되면 그 자료를 분석하여 위험을 평가하는 것은 매수인의 몫이다.[207] 이에 매도인이 허위 정보나 자료를 제공하거나, 매수인이 어떤 자료를 요청하였음에도 그러한 자료제공을 해태하거나 일부 자료를 은닉하여 그 의미를 오도하는 등의 행위를 하지 않는 한 쉽게 고지의무 위반을 인정하기는 어려울 것이다.[208]

한편, 이와 같이 계약 체결에 중요한 사실을 고지하지 않은 경우에는 손해배상을 청구하는 것 외에도 민법 제109조의 착오에 의한 의사표시, 민법 제110조의 사기에 의한 의사표시에 해당할 여지가 있어 계약을 취소할 수 있는 가능성도 있다.[209] 그러나 충분한 실사와 교섭 끝에 체결된 계약을 착오나 사기를 이유로 취소하는 것을 쉽게 인정해서는 안 될 것이다. 착오에 의한 의사표시는 매수인에게 중대한 과실이 있는지, 계약을 통해 착오 취소 배제 합의가 있는지 여부가 다투어질 수 있고, 사기에 의한 의사표시는 매도인에게 사기의 의사가 있었는지, 특히 매도인이 실사에 적극 관여하지 않고 대상회사가 주로 관련 자료를 제공한 경우에 기망의 고의가 있는지 여부 등이 다투어질 수 있을 것이다.

---

206) 김태진(2015), 676, 677면은 이러한 취지에서 자기결정, 자기책임의 원칙(caveat emptor)의 수정이 필요하다고 한다.

207) 대법원 2016. 4. 15. 선고 2013다97694 판결. 매도인이 회사의 경영에 관여하지 않아 회사의 재무상태를 잘 알지 못하는 특수한 상황이기는 하였으나, 매도인이 매수인에게 회사의 가치에 대한 정확성을 보장할 수 없다고 위험성을 고지하였고 매수인에게 회사의 가치를 조사·파악해야 할 책임이 있다고 보아 매도인이 회사의 재무상태에 관한 사정을 알리지 않았다 하여 고지의무 위반이라고 보기 어렵다고 하였다.

208) Prairie Capital III, L.P. v. Double E Holding Corp., C.A. No. 10127-VCL (Del. Ch. 2015)에서 법원은 주식매매계약 협상과 같은 독립된 당사자 간 거래에서 당사자는 적극적으로 말할 의무가 없지만, 말하기로 선택했다면 거짓을 말할 수 없다고 판시하였다.

209) 유일한 구제수단 조항으로 인하여 의사표시 취소 주장이 불가능한지에 대해서는 아래 243면 '유일한 구제수단' 부분 참고.

8. 확약

가. 확약의 의의 및 법적 성격

주식매매 거래에서 당사자들의 주된 의무는 주식의 양도 및 매매대금의 지급이지만, 그 거래 과정에서 여러 가지 다른 의무를 부담한다. 특히 계약 체결과 거래종결 사이에 간격이 있는 경우 매도인으로부터 매수인에게 기업이 넘어가는 과도기가 있기 때문에 그 사이에 매도인이 대상회사를 어떻게 운영해야 하고 매수인에게 어떤 사항을 통지해야 하는지, 매수인은 대상회사의 정보에 어떻게 접근할 수 있는지 등을 정하여야지 원활한 인수가 이루어진다. 또 거래종결의 조건이 있다면 그러한 조건을 성취하기 위해서 어떤 조치를 취해야 하는지, 주식매매와 더불어 경영진을 교체하여야 한다면 언제 기존 경영진이 사임하고 언제 신규 경영진이 선임되는지, 실사 과정에서 어떤 위험이 발견되었다면 그 위험을 어떻게 제거할지 등을 정할 필요가 있다.

M&A 계약서에서 이와 같이 주식의 양도와 매매대금의 지급을 제외하고 당사자들이 부담하는 여러 가지 기타 의무를 확약(確約; covenant)이라고 부른다.[210] 그런데 이처럼 당사자들 간의 확실한 약속을 법적으로는 합의라고 부르고, 당사자들 간의 합의에 의해 당사자에게 부과되는 부담은 의무라고 부르기 때문에 굳이 우리나라 법에서 사용되지 않는 "확약"이라는 용어를 쓸 이유는 없고, "기타 의무" 정도로 기재하는 것이 바람직하다.[211]

이러한 확약은 대부분 당사자들이 어떤 행위(작위 의무 외에 부작위 의무도 있을 수 있음)의 이행을 완료해야 하는 의무라 할 수 있으나, 일부 조항에서는 노력한다고만 규정함으로써 반드시 이행을 완료해야 하는지 애매한 경우도 있다. 이에 대해서는 각 조항별로 살펴본다.

---

210) 당초 covenant는 성서에서 출발한 개념으로 신과 인간 사이에 강력하게 맺는 언약의 개념으로부터 출발하였다. 미국사법의 이해(남현우 집필부분), 160면.

211) 대법원도 "확약"에 일반적인 의무에 비하여 다른 특별한 구속력이나 의미를 부여하지는 않는다. 미국사법의 이해(남현우 집필부분), 163면; 대법원 2012. 11. 15. 선고 2010다20228 판결 등; 영미 계약에서도 covenants 대신 certain obligations라는 용어를 사용하자는 견해로는 Adams, 59면.

나. 확약 위반의 효과

확약 위반은 법적 의무를 위반한 것이므로 채무불이행 책임을 부담하게 된다. 따라서 계약상 다른 조항이 없으면 확약을 위반한 당사자는 상대방에 대해서 손해배상을 하여야 하고(민법 제390조), 상대방은 그 강제이행을 법원에 청구할 수 있고(민법 제389조), 일정한 경우 계약 해제를 할 수 있다(민법 제544조).[212]

다만, 대부분의 경우 계약서상 확약, 기타 의무의 위반 시 효과에 대해서 더 자세하게 규정을 두고 있는데, 일반적으로는 i) 선행조건이 성취되지 않아 거래종결이 되지 않는 효과(다만, 대부분 중요한 측면에서만 이행하면 조건이 성취된 것으로 규정함), ii) 손해배상 내지 면책을 하도록 하는 효과, iii) 계약이 해제되는 효과(다만, 대부분 중요한 위반으로 한정하고 치유 기회를 부여함)를 갖는 것으로 약정한다. 특정이행까지 청구할 수 있는지 여부는 당사자들 협상에 따라 개별 거래마다 다르게 정해진다.

다. 확약의 종류

확약은 어떤 행위를 적극적으로 하도록 하는 작위 의무(affirmative covenant)와 소극적으로 하지 않도록 하는 부작위 의무(negative covenant)로 나눌 수 있다. 또 확약은 거래종결 전 확약(pre-closing covenant)과 거래종결 후 확약(post-closing covenant)으로 구분할 수 있다. 거래종결 전 확약은 통상 계약 체결일부터 거래종결일까지 사이에 부담해야 하는 의무이고, 거래종결 후 확약은 거래종결일 이후 일정기간 동안 부담해야 하는 의무이다. 다만, 어떤 의무는 계약 체결일부터 거래종결일 이후 일정기간까지 계속 부담해야 하는 것이 있을 수도 있고, 아니면 별다른 기간 제한 없이 (계약의 효력이 있는 한) 부담해야 하는 것이 있을 수도 있고, 당사자가 요청하면 부담해야 하는 것이 있을 수도 있으므로, 이러한 경우에는 해당 의무를 부담하는 기간을 개별 조항에 명확하게 기재하여야 한다. 이하 거래종결 전 확약과 거래종결 후 확약으로 구분하여 설명한다.

---

212) 모든 채무불이행시 계약 해제가 인정되지는 않고, "채무가 계약의 목적 달성에 있어 필요불가결하고 이를 이행하지 아니하면 계약의 목적이 달성되지 아니하여 채권자가 그 계약을 체결하지 아니하였을 것이라고 여겨질 정도의 주된 채무"를 불이행한 경우에만 계약 해제가 인정된다. 대법원 2005. 11. 25. 선고 2005다53705 판결 등.

라. 거래종결 전 확약

1) 거래 완수 노력

§6(1) – 기타 의무 – 거래 완수 노력

제6조 (기타 의무) (1) 당사자들은 제4조에서 정한 거래종결의 조건을 성취시키는 것을 포함하여 본 계약에 예정된 거래를 완수하기 위하여 최선의 노력을 다하고, 이를 위하여 상호 성실하게 협력하기로 한다.

대부분의 M&A 계약은 양 당사자가 선행조건을 성취시키고 거래를 완수하기 위하여 노력하고 상호 협력한다는 조항을 두고 있다. 조항 제목을 두는 계약서라면 통상 "추가보장", "상호협력", "노력의무"로 제목을 기재한다.

거래종결의 조건 중에는 당사자가 직접 이행할 수 있는 것들도 있지만, 정부승인이나 제3자승인과 같이 제3자의 재량에 달려 있는 것들도 있기 때문에 선행조건 성취나 거래 완수를 결과채무로 규정하는 것은 부적절하다. 이에 대부분 계약은 당사자가 노력한다고만 규정하는데, 노력의 수준도 "상업적으로 합리적인 노력", "합리적인 노력", "최선의 노력" 등과 같이 다양하게 규정한다.

대법원은 이와 같이 노력한다거나 협조한다는 문구의 경우 원칙적으로 법적인 의무를 부담하지 않지만, 당사자가 법적인 의무를 부담할 의사였다고 볼만한 특별한 사정이 인정되는 경우에는 법적 의무로 해석한다.

대법원 2021. 1. 14. 선고 2018다223054 판결

"어떠한 의무를 부담하는 내용의 기재가 있는 문면에 '최대한 노력하겠습니다.', '최대한 협조한다.' 또는 '노력하여야 한다.'고 기재되어 있는 경우, 특별한 사정이 없는 한 당사자가 위와 같은 문구를 기재한 의미는 문면 그 자체로 볼 때 그러한 의무를 법적으로는 부담할 수 없지만 사정이 허락하는 한 그 이행을 사실상 하겠다는 취지로 해석함이 타당하다." (중간 생략) "다만 계약서의 전체적인 문구 내용, 계약의 체결 경위, 당사자가 계약을 체결함으로써 달성하려는 목적과 진정한 의사, 당사자에게 의무가 부과되었다고 볼 경우 이행가능성이 있는 것인지 여부 등을 종합적으로 고려하여 당사자가 그러한 의무를 법률상 부담할 의사였다고 볼 만한 특별한 사정이 인정되는 경우에는 위와 같은 문구에도 불구하고 법적으로 구속력이 있는 의무로 보아야 한다."

이 사안은 피고인 두산 측 주주가 투자자인 원고 등과 주주간계약을 체결하면서 손자회사인 DCFL의 유상증자 이후에 DCFL의 모회사인 두산캐피탈이 DCFL에 대한 지분비율을 현재와 같이 그대로 유지할 것이라는 점을 명확히 인식하고 있으며, 두산 측 주주는 두산캐피탈로 하여금 DCFL에 대한 지분비율을 현재와 같이 그대로 유지하도록 노력한다고 규정하고 있던 사안이다. 이 사안에서 대법원은 해당 조항의 전체적인 문구 내용, 주주 간 계약의 체결 경위, 당사자 쌍방이 위 계약을 체결함으로써 달성하려고 하였던 목적과 진정한 의사, 두산 측 주주와 두산캐피탈, DCFL의 관계 등을 종합적으로 고려하면, 두산 측 주주는 위 주주 간 계약에 따라 DCFL의 지분을 유지할 의무를 부담한다고 해석할 수 있는 특별한 사정이 인정된다면서 두산캐피탈이 DCFL의 지분을 전부 매각함으로써 그 지분을 유지하지 않았으므로 두산 측 주주는 계약상 의무를 불이행하였다고 판시하였다.

그런데 대법원의 이런 일반 판시 내용은 마치 노력 의무를 일정한 결과를 달성해야 하는 법적 의무인 것과 법적 의무가 아닌 것으로 일도양단식으로 나누는 것처럼 해석될 여지가 있어 의문이다. 가령, 선행조건 중에 기업결합 승인을 받는 것이 있고, 이러한 기업결합 승인을 받도록 노력해야 한다는 조항이 있다고 하자. 매수인이 기업결합신고서를 제출하였지만, 공정거래위원회의 자료제출요구에 아무런 대응을 하지 않고, 기업결합으로 인한 경쟁제한성이 없다는 것을 밝히기 위해 경쟁제한성 분석 등을 하지도 않고 공정거래위원회에서 수차례 거래의 정당성에 대해서 의문을 표시하였음에도 공정거래위원회를 설득하기 위한 면담을 진행하지 않았다. 이에 따라 공정거래위원회에서 경쟁제한성이 심하다는 이유로 승인을 거부한 경우, 매수인은 위 노력 조항을 위반하지 않은 것인가, 그리고 아무런 책임이 없다고 볼 수 있는가? 대법원의 판시대로라면 특별한 사정이 있는지 여부에 따라 기업결합 승인을 받아야 할 의무가 있는지 여부가 결정되고, 만일 그러한 특별한 사정이 없다고 한다면 기업결합 승인을 받아야 하는 법적인 의무가 없으므로 기업결합 승인을 받기 위해 아무런 노력을 다하지 않았더라도 법적인 책임을 부담하지 않는다. 그러나 위와 같은 사안에서 매수인이 아무런 노력을 하지 않았고 그것이 승인을 받지 못한 것에 기여하였으므로 의무 위반으로 해석하고 책임을 부담하는 것이 타당하다.[213] 즉, 노력이나 협조, 협력한다는 내용의 조항은 원칙적으로 어

213) 이례적인 사안이지만 미국 사례 중 합병 계약을 체결한 후 일방 당사자가 상대방이 감독당국으로부터 기업결합 승인을 받는 것을 의도적으로 반대하고 방해한 사례도 있다. In re Anthem–Cigna Merger Litigation, C.A. No. 2017-0114-JTL (Del. Ch. 2020). 법원은 거래 완수 노력 의무를 위반하였음을 인정하였다. 다만, 이런 노력을 다하였더라도 감독당국에서 승인을 거부하였을 것이라는 이유, 즉 노력 의무 위반과 결과 발생 사이에 인과관계가 없다는 이유로 책임을 부정하였다.

떤 결과를 얻기 위해서 취해야 할 수단이나 절차를 정하고 있는 법적인 의무(수단채무)이지, 원칙적으로 법적인 의무가 아니지만 특별한 사정이 있는 경우에 특정 결과를 달성할 것이 요구되는 법적인 의무(결과채무)로 해석해서는 안 된다.

만일 이를 법적인 의무인 것과 법적인 의무가 아닌 것으로 일도양단식으로 구분하게 되면, 계약서상 노력을 "최선의 노력"으로 하든, "합리적인 최선의 노력"으로 하든, "합리적인 노력"으로 하든, "상업적으로 합리적인 노력"으로 하든 큰 차이가 없다. 그러나 이를 수단채무로 해석한다면 당사자가 기울여야 하는 노력의 정도 또는 어떤 결과를 달성하기 위해서 수인해야 하는 비용이나 부담의 정도에서 차이가 있을 수 있고, 실무상으로도 위 순서대로 당사자에게 요구되는 노력의 정도가 더 강하다고 해석하고 어떤 문구를 사용할지 협상한다. 다만, 나중에 노력을 다하였는지 여부에 대해서 분쟁이 발생할 경우 이러한 문구의 차이에 따라 결론이 달라질지 여부에 대해서는 회의적인 시각도 있다.[214] 결국 법원에서는 구체적인 당시 상황에 비추어 당사자에게 지나치게 부담이 되지 않는 범위 내에서 당사자가 취할 수 있는 조치들을 취하였는지 여부를 살펴볼 것이며, 통상적으로 같은 상황에 놓인 사람으로서 생각할 수 있는 조치를 다하였는지 여부에 따라 판단할 것이다.[215]

위와 같이 노력이나 협력을 다한다는 기재도 당사자에게 실질적으로 의무를 부과하는 의미가 있다고 본다면, 당사자들로서는 이 확약에 따라 각 선행조건의 성취나 기타 다른 계약상 의무를 이행하기 위해서 어떤 준비를 하였고, 어떤 점들을 검토하여 어떤 절차를 취하였는지 등을 객관적인 자료로 남겨놓아야 추후 이 조항 위반에 따른 분쟁에 대응하는 데 유리할 것이다.

한편, 이 조항의 내용을 조금 더 강화하거나 구체화하는 방안으로 선행조건을 최대한 "신속하게" 성취시키기 위해 노력한다고 규정하거나, 본건 거래를 수행하거나 완수하기 위해 필요한 서류 및 증서를 준비해야 한다고 규정하기도 한다. 이 외에 "본 계약에 따른 의무를 이행한다"와 같이 의무 이행을 한 번 더 강조해서 규정하는 경우들이

214) 미국 법원도 이들 문구를 어떻게 해석할지, 의미에 차이를 둘지 여부에 대해서 일관된 입장을 갖고 있지 않다. ABA, 213면.

215) 대법원 2009. 4. 23. 선고 2008다87556 판결. 계약서에 "최선의 노력"이라는 표현이 기재되어 있지 않았음에도 당사자들이 계약으로 달성하려는 목적과 당사자의 의사에 비추어 당사자가 최선의 노력을 하여야 할 의무를 부담한다고 판시하였다.

있는데, 계약상 각 조항에서 의무로 규정하고 있는 상황에서 굳이 중복해서 계약상 의무를 이행한다고 다시 규정할 필요는 없을 것이다.

2) 특정사항의 통지

§6(2) – 기타 의무 – 특정사항의 통지

(2) 당사자들은 본 계약에 기재된 진술 및 보장이 부정확하게 되는 사유가 발생하거나, 당사자가 본 계약에 따라 준수하거나 성취하여야 하는 의무나 조건 기타 합의를 준수하지 못하거나 성취하지 못하게 되는 경우 상대방에게 즉시 서면으로 통지하여야 한다.

일정한 사유가 발생하는 경우 통지하도록 하는 조항이다. 이때 통지하도록 하는 사유 중 가장 일반적인 것은 진술 및 보장이 부정확해지는 경우, 거래종결의 조건을 성취하지 못하게 되는 경우, 기타 의무를 준수하지 못하게 되는 경우이다. 이 외에 다른 사유를 추가하기도 하는데, 가령 중대한 부정적 영향이 발생하는 경우를 추가하기도 한다. 또한, 위와 같은 사유가 발생한 경우뿐만 아니라 발생할 것으로 예상되는 경우에도 미리 통지하도록 요구하는 경우도 있다.

이 조항은 당사자로 하여금 상대방이 계약을 위반하거나 그 가능성이 있는 경우 이에 대해서 미리 통지를 받아 어떻게 대응할지, 어떤 구제수단을 취할지 검토하고 결정할 수 있도록 도와주는 기능을 한다. 가령, 진술 및 보장이 계약 체결 시점에는 정확했으나 거래종결 시점에는 부정확하게 되는 경우에 거래종결의 조건 불성취로 거래종결을 거부할지, 아니면 사소한 것이어서 거래종결은 하되 면책을 받을지를 검토하고 결정할 수 있게 한다.

또 다른 중요한 기능은 실체적인 하자에 더하여 절차적인 하자를 이유로 손해배상을 받을 수 있게 하는 것이다. 가령, 위 사례에서 거래종결 시점에 진술 및 보장이 부정확한 상태였는데 상대방이 이를 당사자에게 알리지 않고 거래종결을 그대로 감행하였다가 추후 진술 및 보장 위반 사실이 발각되었다고 하자. 이 경우 당사자로서는 진술 및 보장을 위반했다는 실체적인 사유 외에 진술 및 보장 위반에 대해서 통지하지 않았다는 절차적인 사유를 들어 손해배상을 청구할 수 있다(물론 동일한 손해에 대해서 이중으로 배상받을 수 있다는 의미는 아님). 특히, 진술 및 보장이 "예상되는" 경우에도 통지하도록 규정하고 있다면, 반드시 진술 및 보장 위반이 일어난 경우로 한정되지 않고 더 넓게 통지해야 할 의무가 있으므로 당사자가 손해배상을 받을 수 있는 가능성이 확대되는 면이 있다.

이 조항에는 부연 설명으로 이와 같이 통지를 하더라도 관련 위반을 치유하거나 당사자의 권리나 의무에 영향을 미치지 않는다는 점을 추가로 규정하는 경우가 많다. 이는 특히 진술 및 보장 위반에 대해 매수인이 악의인 경우에도 손해배상청구가 가능한지 여부의 문제와도 관련되어 있다.[216] 만일 계약서에서 매수인이 악의인 경우에는 손해배상청구를 못하도록 규정하고 있다면(anti-sandbagging), 매도인은 이 조항을 통해서 진술 및 보장 위반을 알게 된 경우 즉시 매수인에게 통지하여 매수인이 거래종결을 한 후에 손해배상청구를 하는 것을 막을 수 있을 것이다. 반면, 매수인이 악의인 경우에도 손해배상청구를 할 수 있도록 규정하고 있다면(sandbagging), 매도인이 이를 매수인에게 통지하더라도 손해배상청구에는 영향을 미치지 않을 것이다.

3) 대상회사의 운영

§6(3) – 기타 의무 – 대상회사의 운영

> (3) 매도인은 매수인의 사전 서면 동의가 없는 한, (i) 본 계약 체결일부터 거래종결일까지 사이에 대상회사가 통상적인 사업과정과 다르게 운영되지 않도록 하고, (ii) 별지 6(3) 기재 행위를 하지 않고, 대상회사로 하여금 별지 6(3) 기재 행위를 하지 않도록 하여야 한다. 단, 매수인은 합리적인 사유 없이 동의를 거부하거나 지체하여서는 안 된다.

계약 체결 시점부터 거래종결 시점까지 사이에 매도인이 대상회사를 어떻게 운영해야 하는지 정하고, 일정한 경영사항에 대해서는 매도인이 매수인의 동의를 받도록 하는 조항이다.

매수인은 기본적으로 계약 체결 시점을 기준으로 대상회사의 사업을 검토하므로 거래종결 시점에도 대상회사가 계약 체결 시점의 상태 그대로 운영될 것을 예상하고 대상회사가 특이한 행위를 하지 않도록 할 필요가 있다. 이에 과거 대상회사가 운영되었던 것과 동일한 방식으로 운영될 필요가 있고, 이를 위해서 일반적으로 "통상적인 사업과정"에 따라 운영되도록 한다고 규정한다. 여기서 더 나아가 대상회사가 운영하는 사업이 정상적으로 운영되고, 기존 고객, 채권자, 근로자와의 관계도 유지될 수 있도록 노력하는 내용을 추가하기도 한다.[217]

---

216) 아래 232면 '매수인의 악의' 부분 참고.

217) Harrison, 118면.

단순히 "통상적인 사업과정에 따라 운영한다"고 규정하더라도 사후에 매수인이 동의하면 통상적이지 않은 방법으로 운영하는 것이 허용된다. 그러나 이렇게 되면 매수인이 불합리하게 동의를 거부하는 경우에 대상회사의 이익을 위한 행위를 강행하기 어려운 상황이 발생할 수도 있으므로 매도인 입장에서는 "매수인의 동의 없이는 통상적인 사업과정과 다르게 운영하지 못한다. 다만, 매수인이 합리적인 사유 없이 동의를 거부할 수 없다"고 규정하는 것이 유리할 것이다.[218)]

대상회사의 사업에 중대한 영향을 미치는 사건이 발생했을 때 대상회사는 그 사건에 대응하는 과정에서 기존 사업 관행과 다른 행위를 하는 경우가 있는데, 이때 매수인은 통상적인 사업과정(OCB) 확약 위반과 함께 중대한 부정적 영향(MAE) 없음 진술 및 보장 위반 또는 그 선행조건 불성취를 이유로 거래종결 거부를 주장할 수 있다.[219)] 예를 들면, Covid-19 팬데믹 발생으로 인해서 많은 회사가 사업을 축소하거나 인력을 감축하고 그에 따라 재정난이 심해졌는데, 매수인은 이를 OCB 확약 위반 또는 MAE라고 주장하며 거래종결을 거부하고, 매도인은 당시 상황에 따른 불가피한 조치였다며 계약이행을 청구한 사례들이 다수 발생하였다.[220)] OCB와 MAE에 해당하는지는 OCB와 MAE의 정의나 예외를 살펴보고 구체적인 사실관계를 살펴보아야 한다. 한 가지 유의할 점은 OCB 조항과 MAE 조항은 그 목적이 다르고, 정의나 체계상 위치도 다르기 때문에 이 둘을 반드시 연계해서 살펴볼 필요가 없다는 것이다.[221)] OCB 확약은 계약 체결과 거래종결 사이에 대상회사의 상태를 유지하기 위한 역할을 하는 반면, MAE는 대상회사의 기업가치를 변동시킬 수 있는 위험을 배분하기 위한 목적으로 다양한 조항에 포함된다. 따라서 어떤 사건에 대해 MAE 예외에 포함시킴으로써 그 사건에 따른 위험을 매수인이 부담하기로 합의하였다 하더라도, 여전히 OCB 확약 위반에 해당할 수 있다. 만일 이 둘을 연계하고자 하였다면 OCB 확약에 중대한 부정적 영향을 초래하지 않는 것은 예외로 두면 될 것이다.

---

218) Subramanian et al.(2021), 1476–1478면은 예상치 못한 상황에 대처하기 위해 OCB 확약에 사전 서면 동의 예외를 두는 것이 중요한데, 계약서에 이런 동의 예외를 명시하는 것은 그 동의가 불합리하게 유보될 수 없다는 전제를 부가하는 목적으로 유용하다고 한다.

219) 2005년부터 2020년 사이에 미국에서 이루어진 1,300여 개의 거래 계약서에 포함된 MAE 및 OCB 확약 조항에 대한 분석으로 Subramanian et al.(2021), 1405–1480면 참고.

220) 미국 사례로 AB Stable VIII LLC v. MAPS Hotels and Resorts One LLC, C.A. No. 2020-0310 (Del. 2021)은 OCB 위반 인정; Snow Phipps Group, LLC v. KCAKE Acquisition, Inc., C.A. No. 2020-0282-KSJM (Del. Ch. 2021)은 MAE 및 OCB 위반 부정; Level 4 Yoga, LLC v. CorePower Yoga, LLC, C.A. No. 2020-0249-JRS (Del. Ch. 2022)은 MAE 및 OCB 위반 부정.

221) AB Stable VIII LLC v. MAPS Hotels and Resorts One LLC, C.A. No. 2020-0310 (Del. 2021).

나아가 주식매매 거래로 최대주주가 변경되거나 경영권이 변경되는 경우 매수인이 장차 회사를 운영할 지위에 있게 되므로 중요한 경영행위를 하기 전에 매수인의 동의를 받도록 규정하는 것이 일반적이다. 또 주식매매 거래로 최대주주가 변경되거나 경영권이 변경되지 않더라도 매수인이 투자자로서 기업가치를 높이기 위해 대상회사의 운영에 간섭하는 경우가 많은데, 이를 위해 매수인은 주식매매계약과 주주간계약에 모두 대상회사의 운영에 관한 동의 조항을 추가하는 것이 일반적이다. 이때 주식매매계약에 포함되는 조항은 계약 체결일부터 거래종결일까지 사이에 적용되고 주주간계약에 포함되는 조항은 거래종결일 이후에 계속 적용되는데, 통상 양 조항의 내용을 일치시킨다. 따라서 이 조항을 협상할 때에는 거래종결 이후에까지 영향을 미친다는 것을 염두에 두고 협상에 임해야 한다.

동의를 받아야 하는 항목은 개별 거래마다 다르기 때문에 일률적으로 말할 수 없으나, 흔히 포함하는 항목들을 크게 구분하자면 i) 회사의 자본 변동 내지 매수인의 지분 변동을 일으키는 행위(주식, 전환사채, 신주인수권부사채, 주식매수선택권 발행, 자본금 감소, 주식 소각, 자기주식 취득, 주식 분할 또는 병합 등), ii) 회사의 조직변경 행위(합병, 분할, 분할합병, 해산, 청산 등), iii) 자본적 지출 행위(배당 결의 또는 지급, 영업 또는 자산 양수, 다른 회사에 대한 출자, 투자 등), iv) 인사노무에 관한 행위(근로계약 체결, 취업규칙 및 단체협약 변경, 임직원 보수 변경, 법률 또는 취업규칙에서 정하지 않은 특별상여금, 위로금 등 추가금원 지급 등), v) 중요한 영업행위(사업의 개시 또는 중단, 중요계약의 체결, 변경, 해지, 일정 규모 이상의 대여, 차입, 보증, 담보제공, 신용공여 등), vi) 기타 행위(특수관계인과의 거래, 정관 등 내부규정의 변경, 회계기준 또는 정책 변경, 파산 또는 회생절차 개시 신청, 소의 제기, 취하, 포기, 화해, 주주총회 특별결의 또는 이사회 결의 사항 등) 정도로 나눌 수 있다.

동의 항목을 규정할 때 개별 동의 항목별로 금액 범위를 설정하거나 예외 사유를 추가할 수 있다. 가령, 자본적 지출행위에 대해서 동의 항목에 추가하면서 금 O원 이상의 자본적 지출로 한정하거나, 미리 이사회 승인을 받은 예산 범위 내에서의 자본적 지출은 예외로 두는 것이다. 이때 개별 동의 항목에 추가된 예외는 그 항목에 대해서만 예외로 인정되는 것이 원칙이다. 즉, 자본적 지출에 대해서는 금 O원 이하의 것을 예외로 규정하더라도, 별도로 자산양수도에 대해서는 금액 범위나 예외 없이 동의를 받도록 규정한다면, 금 O원 이하의 자산양수도 거래를 하는 경우에는 동의를 받아야 하는 것이다.[222] 물론 당사자들이 하나의 동의 항목에 포함된 예외를 다른 동의 항목에도 적용하려는 의사가

222) Harrison, 119면.

있었던 것으로 인정되는 경우에는 달리 해석될 여지도 있다.

계약서에 열거된 항목들에 대해서 절대적으로 매수인의 동의를 받도록 하는 것은 주의해야 한다. 대상회사의 사업에 중대하게 부정적인 영향을 미치는 사건이 발생한 경우에 불가피하게 어떤 행위를 반드시 취해야 하는데 매수인이 동의를 안 한다는 이유로 그 행위를 취하지 않고 회사의 사업을 악화시켜서는 안 될 것이다. 매수인 입장에서야 중대한 부정적 영향이 있다는 이유로 거래종결을 거부할 수도 있는 상황이라면 동의권을 기화로 매매대금을 감액하거나 다른 거래조건 추가를 협상할 수 있고, 정 안 되면 그대로 거래종결을 거부하면 되기에 매도인이 지나치게 불리한 상황에 처해질 수 있다. 이에 매도인이나 대상회사가 중대한 부정적 영향이 있는 상황에서는 합리적인 행위를 할 수 있다거나, 매수인이 동의를 불합리하게 유보할 수 없다는 예외를 두는 것을 고려해야 한다.[223)]

이러한 예외를 두는 것은 다른 측면에서도 필요하다. 매도인이 대상회사의 최대주주라 할지라도 직접 대상회사를 경영하는 임원이 아니라 주주일 뿐이므로 경영에 대한 권한이 한정적이다. 실질적으로는 매도인이 선임한 자들로 이사를 포함한 경영진이 구성되므로 경영에 영향을 미칠 수 있다 하더라도 형식적으로는 주주총회의 권한으로 되어 있는 사항들에 대해서만 통제할 수 있다. 그런데 대상회사의 이사 입장에서는 대상회사의 이익을 위해서 직무를 수행해야 할 선관주의의무가 있는바(상법 제382조 제2항, 민법 제681조), 대상회사가 매수인의 동의를 기다리거나 동의를 받지 않았다는 이유로 어떤 행위를 하지 않는 것이 오히려 이사들의 선관주의의무에 반하는 상황이 발생할 수 있다. 이 경우 최대주주(정확히 말하면 최대주주가 선임한 이사)는 진퇴양난에 빠질 수 있는바, 이런 경우를 대비하여 합리적인 사유가 있으면 매수인의 동의를 받지 않아도 되는 탈출구를 마련하거나, "법령이 허용하는 한도 내에서" 또는 "이사의 선관주의의무에 위배되지 않는 범위 내에서"만 대상회사로 하여금 동의를 받도록 계약서에 명시하는 것이 필요할 수 있다.

tip **매도인 tip:** 이 조항을 얼마나 강하게 또는 느슨하게 규정하는지는 개별 거래의 상황에 따라 달리 하여야 할 것이다. 만일 거래종결의 확실성이 낮다거나 거래로 인하여 경영권 변동이 발생하지 않는다면 매도인으로서는 가능한 경영권에 대한 간섭을 피할 필요가 있다. 이를 위해서 대상회사를 통상적인 사업과정에 따라 운영한다는 조항도 확실한 의무가 아니라 통상적인 사업과정에 따라 운영하도록 노력한다는 노력 조항

223) Weinstein et al. posting(2022. 4. 10.)

으로 수정할 수 있다.
또 사전 동의 조항과 관련해서는 i) 사전 동의를 받아야 하는 항목을 매수인의 지분율에 영향을 주거나 매수인의 권리를 중대하게 침해할 수 있는 사항(가령, 주식, 전환사채, 신주인수권부사채, 주식매수선택권 발행)으로 한정하는 방안, ii) 일정한 사항은 동의를 받도록 하지 않고 협의나 통지를 하도록 하는 방안, iii) 매수인 동의에 대한 일반적 예외를 넓히는 방안(가령, 합리적인 사유가 있는 경우 외에도 해당 행위가 통상적인 사업과정에 따른 경우, 이미 매수인이 알고 있는 경우, 공개목록에 기재되어 있는 경우, 법령 준수를 위해 요구되는 경우 등에는 동의를 받지 않아도 된다고 규정함), iv) 매도인이 거래종결 전에 간섭받고 싶지 않은 항목을 열거하여 구체적인 예외를 규정하는 방안, v) 매도인이 동의를 요청하였음에도 일정한 기간 내에 동의하지 않으면 동의한 것으로 간주하는 방안 등을 고려할 수 있다.

4) 배타적 계약

§6(4) – 기타 의무 – 배타적 계약

(4) 매도인은 직접 또는 간접적으로 본건 거래와 유사하거나 양립불가능한 여하한 거래에 관하여 매수인 이외의 자와 논의, 협상, 제안, 권유, 유인 기타 연락을 하거나, 이와 관련하여 매도인이나 대상회사에 대한 정보나 자료를 제공하여서는 안 되고, 매도인의 특수관계인, 임직원, 주주, 대리인으로 하여금 위 행위를 하지 않도록 하여야 한다.

매도인이 본 계약을 체결한 이상 대상주식을 매수인 이외의 제3자에게 처분하는 등 본건 거래와 유사하거나 양립불가능한 거래에 관하여 제3자와 논의 등 연락을 하지 못하고, 매도인이나 대상회사에 대한 자료도 제공하지 못하도록 하는 조항이다. 양해각서에 매도인이 일정한 기간 동안 매수인과만 협상할 수 있도록 하는 배타적 협상권(exclusivity)을 넣기도 하는데, 이 조항은 그에 대한 연장선으로 본 계약 체결 이후에도 보다 유리한 조건을 제시하는 제3자를 찾지 못하도록 하기 위한 것이다(이른바 no-shop clause).

매도인은 매수인과 계약을 체결한 이상 해당 계약을 이행할 의무를 부담한다. 그러나 선행조건 중 매도인이 통제할 수 있거나 제3자가 통제하는 조건들의 경우 그 조건이 성취되지 않아 매도인이 거래를 종결할 의무로부터 면제될 가능성도 존재한다. 이때 만일 더 좋은 가격에 대상회사를 인수하고자 하는 자가 나타날 경우 매도인 입장에서는 본 계약을 파기하고서라도 새로운 인수인에게 대상회사를 매각하고자 원할 수 있다. 이에 매도인으로 하여금 그와 같이 매수인 이외의 자에게 대상회사를 매각할 기회를 원천적으로 차단하고 본 계약의 구속력을 높이고자 이 조항을 추가하는 것이다. 특히 공개입찰을 통해서 매각이 진행된 거래의 경우에는 다른 입찰 참여자가 뒤에서 거래를 추진하는 것을 막기 위해서 이 조항이 양해각서 단계에서부터 거의 예외 없이 추가된다.

금지되는 거래는 기본적으로 대상주식을 처분하는 거래이지만, 보다 넓게 대상주식을 처분하는 것과 양립할 수 없는 거래(가령, 대상주식을 제3자에게 담보로 제공하는 거래)까지 포함하기도 한다. 여기서 더 나아가 대상주식을 직접 목적물로 하지 않지만 대상주식의 가치를 떨어뜨릴 수 있는 거래들을 포함시키기도 하는데, 대상회사의 영업이나 자산을 양수도하는 등 대상회사에 대한 기업결합이나 대상회사에 대한 일체의 기업인수거래, 본건 거래의 목적에 배치되는 거래까지 금지하기도 한다.

금지되는 행위는 위 거래에 대해서 논의, 협상, 제안, 권유, 유인 등 일체의 연락을 하는 것이며, 또한 매도인이나 대상회사에 대한 정보나 자료를 제공하는 등 실사 기회를 제공하는 것도 그러한 거래의 전 단계 행위에 해당하므로 역시 못하도록 제한한다.

매도인이 직접 위와 같은 거래를 하는 것뿐만 아니라 매도인이 그 특수관계인, 주주, 임직원, 대리인 등을 통해서 간접적으로 거래를 하는 것도 제한하는 것이 일반적이다.

이 외에 매도인이 위와 같은 거래를 먼저 추진하지 않고 제3자가 그러한 거래를 제안하거나 유인하는 등 연락하는 경우도 있는데, 그와 같이 제3자로부터 연락을 받는 경우에는 지체없이 매수인에게 통지하도록 하는 내용을 추가할 수도 있다.

5) 정보 접근

§6(5) – 기타 의무 – 정보 접근

(5) 매도인은 본 계약 체결일부터 거래종결일까지 사이에 매수인이 사전에 합리적으로 요청한 경우 (i) 매수인이 합리적으로 필요한 범위 내에서 요청하는 매도인 및 대상회사에 관한 자료를 제공하고, (ii) 매수인 또는 그 대리인이 대상회사의 사무실을 방문하여 대상회사 임직원과 면담하거나 대상회사의 장부, 기록, 계약서 기타 문서를 열람할 수 있도록 하여야 한다. 단, 매도인은 관련 법령 또는 매도인이나 대상회사가 체결한 계약을 위반할 소지가 있는 경우에는 매수인의 요청을 거절할 수 있으며, 매수인 또는 그 대리인의 대상회사 사무실 방문은 대상회사의 영업시간 중 일상적인 영업을 방해하지 않는 범위 내에서 이루어져야 한다.

매수인은 계약 체결 이후에도 여러 가지 이유로 매도인 및 대상회사에 대한 자료나 정보가 더 필요할 수 있다. 거래가 급하게 진행되는 바람에 추가로 실사를 해야 할 수 있고, 실사 과정에서 파악된 위법이나 위험이 거래종결 전에 시정되었는지 확인해야 한다. 정부승인을 받는 과정에서 정부기관 서면 제출 또는 면담을 준비해야 하고, 다른 거래종결의 조건이 성취되었는지 확인해야 한다. 또 인수 이후 대상회사의 새로운 경영진이 대상회사의 영업이나 재무상태를 파악하고, 거래종결일을 D-day로 하여 끊김없이 영업할 수 있도록 사전에 업무 인수인계를 받아야 한다.

이러한 여러 가지 이유로 통상 정보 접근 조항을 추가하고, 일반적으로는 매수인이 매도인에게 어떤 자료를 요청하면 매도인이 그 자료를 준비해서 제공하도록 하는 내용과 매수인 측이 직접 대상회사를 방문하여 대상회사 임직원과 면담하면서 업무에 관하여 논의하거나 아니면 대상회사의 장부, 기록, 계약서 등 문서를 열람하도록 하는 내용이 포함된다. 이때 양 당사자 모두의 이익을 위해 대상회사의 영업이 원활하게 이루어질 필요가 있으므로 위 대상회사에 대한 방문은 영업시간 중에 대상회사의 일상적인 또는 정상적인 영업이 방해되지 않는 범위에서 이루어져야 한다는 제한을 넣는 것이 일반적이다.

만일 계약 체결 후에 실사를 하는 경우라면 이 조항에 실사에 관한 보다 구체적인 내용을 추가하기도 한다. 가령, 실사 기간을 언제부터 언제까지 할지, 실사 기준일을 언제로 할지, 실사 분야를 재무, 회계, 법률, 세무 등 어느 분야로 한정할지, 실사 방법을 자료 요청 및 제공으로 한정할지 아니면 대상회사의 임직원에 대한 면담도 실시할지 등에 관한 구체적인 사항을 정하는 것이다.

한편, 대상회사가 대규모 회사이거나 거래종결 과정에서 준비해야 할 사항이 많을 경우에는 매수인이 대상회사에 거래종결 전에 인력을 파견하거나, 매수인, 매도인, 대상회사가 협의체 등을 구성하여 거래종결을 준비하는 것도 고려해 볼 수 있다. 이러한 경우에는 위 파견인력을 어떻게 구성할지, 이들 파견인력이 어느 범위에서 정보를 제공받고 업무에 관여할 수 있는지, 협의체는 어떻게 구성할지, 협의체의 역할을 어떻게 할지 등에 대해서 계약서에 구체적으로 명시하는 것이 바람직하다.

tip **매도인 tip:** 매도인은 계약을 체결한 이상 곧 매수인이 대상회사의 경영권을 취득할 예정이므로 매수인에게 대상회사에 대한 자료나 정보를 제공하는 것에 쉽게 응할 수 있다. 그러나 만일 거래종결까지 기간이 많이 남았고 거래종결이 불확실한 상황이라면, 매수인의 정보 접근을 무한정 허용하지 않는 것이 바람직하다. 이를 위해서 매수인이 사전에 합리적인 기간을 두고 요청한 경우, 합리적인 범위 내에서 요청하는 자료만 제공하도록 하고, 또한 대상회사에 방문하여 면담이나 열람할 때에도 매도인이나 대상회사가 사전에 지정한 임직원의 감독하에 이루어질 수 있도록 할 필요가 있다.
매도인은 대상회사의 주주이기 때문에 원칙적으로 대상회사의 모든 문서에 접근할 수는 없고 법령에 따라 한정된 범위에서만 문서를 볼 수 있다. 즉, 주주는 정관, 주주명부, 사채원부, 이사회의사록, 주주총회의사록, 재무제표, 영업보고서를 열람할 수 있으며(상법 제391조의3 제3항, 제396조 제2항, 제448조 제2항), 3% 이상 주식을 가진 주주만 회계장부와 서류를 열람할 수 있다(상법 제466조 제1항). 법령에서 직접 금지하고 있지는 않더라도 매도인이 대상회사의 정보를 제공하는 것이 공정거래법상 부당한 공동행위를 한다는 의심을 받을 수 있어 정보 제공이 어려울 수 있다. 또 매도인이나 대상회사가 제3자와 체결한 계약상 비밀유지의무를 부담하는 정보가 있을 수도 있다. 따라서 매수인의 정보 접근이 법령에서 허용되는 범위가 아닌 경우 또는 제3자와 체결한 계약에 위반될 소지가 있는 경우에는 거절할 수 있는 여지를 남겨야 한다.
마지막으로 매도인은 대상회사의 주주에 불과하기 때문에 대상회사 사무실에 접근하거나 대상회사의 정보를 제공하는 것을 결정할 권한이 없다는 것도 염두에 둔다면, 정보 접근을 할 수 있도록 하는 의무를 결과채무로 하기보다는 노력이나 협조의무 정도로 순화하는 것도 고려할 수 있다.

6) 정부승인

§6(6) – 기타 의무 – 정부승인

(6) 매수인은 매도인이 본건 거래에 관한 기업결합신고서 작성을 위한 정보를 제공하였음을 전제로 본 계약 체결일로부터 10영업일 내에 본건 거래에 관한 기업결합신고서를 공정거래위원회에 제출하여야 하고, 공정거래위원회로부터 추가 자료 또는 정보 제출을 요구받는 경우 신속하게 제출하여야 한다. 매도인은 매수인의 기업결합신고서 작성을 위해 필요한 정보와 자료를 매수인에게 신속하게 제공하고 대상회사로 하여금 제공하도록 하는 등 합리적으로 필요한 협조를 하여야 한다.

앞서 살펴본 바와 같이 거래 완수 노력 확약으로 선행조건을 성취시키기 위하여 노력한다는 조항을 두는데, 이러한 일반적인 거래 완수 노력과는 별도로 정부승인에 대해서 확약 조항을 추가하기도 한다. 단순히 정부승인을 받기 위하여 최선의 노력을 다한다고만 규정한다면 이는 위 거래 완수 노력 확약과 크게 다를 바가 없다. 따라서 정부승인 관련 확약 조항은 당사자들이 정부승인을 받기 위해서 취해야 하는 행위를 구체적으로 규정하는 것에 의의가 있다.

정부승인 중 가장 자주 문제 되는 것은 기업결합신고이고, 주식매매 거래에서 기업결합신고 의무는 기업결합을 하는 자인 매수인이 부담하기 때문에 주로 매수인이 취해야 할 행위를 중심으로 기재한다. 특히 기업결합일 전에 신고가 필요한 경우에는 기업결합신고에 대한 공정거래위원회의 승인이 있어야 거래종결이 가능하기 때문에 빠른 거래종결을 원하는 매도인 입장에서는 매수인이 기업결합신고를 최대한 신속하게 하도록 할 필요가 있고, 이 때문에 계약 체결일로부터 일정한 기간 내에 신고서를 제출하도록 규정하는 경우가 많다. 다만, 기업결합신고를 위해서는 대상회사에 대한 정보가 필요하고, 대상회사 및 그 계열회사의 재무제표 등 자료도 함께 제출해야 하는바, 매도인 및 대상회사의 협조가 필수적으로 요구된다. 이에 따라 매수인의 위 신고서 제출 의무도 매도인 및 대상회사의 협조를 전제로 부담한다는 점을 명시하고, 매도인에게 협조의무를 부담시키는 것이 일반적이다.[224]

이와는 달리 정부승인 중 매도인이 받아야 하거나 매도인 및 매수인이 함께 받아야 하는 것이 있을 수도 있는데, 그런 경우에는 법령상 의무에 맞추어 계약상 의무 부담자를 정한다. 다만, 공동으로 정부승인을 받아야 하는 경우에도 절차를 효율적으로 진행하기 위해서 일방 당사자에게 의무를 부담시킬 수도 있다. 공동으로 의무를 부담하도록 규정하는 경우에는 누가 주가 되어서 정부승인 절차를 주도할지, 각각 어떠한 행위를 하여야 하는지, 정부승인을 받는 과정에서 소요된 비용을 누가 부담할지에 대해서 명확하게 정할 필요가 있다.

> tip **매도인 tip:** 정부승인을 위한 신고서나 신청서를 제출한 이후에도 정부기관으로부터 보정명령을 받거나 추가 정보나 자료를 제출할 것을 요구받는 경우도 많고, 이러한 보정명령이나 자료제출요구에 대해서 어떻게 대응하는지에 따라 승인 여부가 좌우될 수

224) 주식매매 거래에서는 매수인이 기업결합신고를 해야 하기 때문에 정부승인 확약을 매수인의 의무로 규정하고 매도인 또는 대상회사는 협조하도록 규정하는 게 일반적이나, 합병 거래에서는 합병 당사자 모두의 의무일 수 있기에 누가 정부승인을 주도하고, 어떻게 상호 협조하는지를 보다 구체적으로 명시하는 것이 바람직하다. In re Anthem-Cigna Merger Litigation, Case No. 2017-0114-JTL (Del. Ch. 2020); Metts et al. posting(2020. 9. 29.)

도 있다. 이에 매도인 입장에서는 매수인이 신고서 등을 적시에 제출하는 것에서 더 나아가 i) 진행상황을 수시로 또는 정기적으로 공유하고, ii) 보정명령이나 자료제출요구 등을 받는 경우 즉시 매도인에게 공유하여 자료 준비나 정부기관 면담 등 승인을 받기 위해 적극적으로 대응할 수 있도록 하고, iii) 정부승인을 받는 경우 신속히 거래종결에 착수할 수 있도록 즉시 매도인에게 알리도록 하는 조항을 추가할 수 있다.

한편, 정부승인을 받기 위해서 최선의 노력을 다한다거나 신고서 제출 등 절차를 모두 취하는 것에서 더 나아가 정부승인을 받는 결과를 달성하는 의무를 부과하는 경우가 있는바, 이를 HOHW 조항이라 한다.[225] HOHW 조항은 거래 완수를 위한 쌍방의 노력이나 협력에서 더 나아가 "매수인" 측에 확실한 "의무"를 부과한다는 것에 의의가 있다. 정부승인을 받을 수 있을지 불분명한 상황에서 매수인이 법적인 의무를 부담하는 것이어서 흔하게 볼 수 있는 조항은 아니지만, 매도인의 협상력이 우월하고 매수인이 거래를 완수할 의지가 강하고 정부승인을 받을 자신이 있는 경우에는 넣는 경우들이 있다.

HOHW 조항이 조건이 붙지 않은 정부승인을 받도록 하는 채무를 의미하는지, 아니면 조건이 붙지 않은 정부승인을 받거나 조건이 붙은 정부승인을 받은 경우 그 조건을 충족시키기 위한 행위(가령, 기업결합 심사 과정에서 공정거래위원회가 대상회사의 일부 사업을 양도하는 등 일정한 조건하에 승인하는 경우 그러한 조건을 충족시키기 위한 행위를 하는 것)를 할 채무를 의미하는지, 정부승인이 거부된 경우에 소송으로 다툴 채무를 의무하는지는 개별 HOHW 조항이 어떻게 규정하고 있는지에 따라 다를 것이다.

tip **매수인 tip:** 매수인 입장에서는 정부기관에서 어떠한 조건을 요구하더라도 정부승인을 받아야 한다고 할 경우 지나치게 큰 비용이 발생할 수 있다. 가령, 기업결합 승인을 위해서 매수인이 본래 영위하던 주력 사업 중 일부를 포기하거나 타인에게 양도하여야 한다고 한다면 오히려 본건 거래를 진행하는 것이 전체적으로는 손실일 수 있다. 이에 HOHW 조항을 두면서도 매수인이 본래 영위하던 사업의 실질을 변경시키거나, 중대한 비용을 발생시키거나, 중대한 부정적 영향을 초래하는 행위까지 할 것이 요구되지 않는다는 단서를 다는 것을 고려할 수 있다. 더 명확하게 얼마 이상의 부담이 발생하는 행위를 할 것이 요구되지 않는다고 구체적인 금액을 명시하는 것도 가능하다. 한편, 매수인이 수용해야 하는 조건을 지나치게 구체화하여 계약에 담을 경우 오히려

225) 위 105면 '정부승인' 부분 참고.

정부기관의 주의를 끌고 승인하면서 그러한 조건을 붙이게 만들 수 있다는 점도 유의해야 한다. 가령, 계약에서 특정 사업부문을 양도하거나 처분하는 조건부 승인이 나온 경우 그 조건을 충족하여야 한다고 정할 경우 오히려 정부기관으로부터 해당 사업부문에 경쟁제한성 문제가 있을 수 있다는 경각심을 주고 조건을 붙이게 만들 수 있다.[226)]

매도인 tip: HOHW 조항은 그 실효성을 확보하는 것이 관건이다. 위에서 설명한 바와 같이 조건이 붙은 정부승인의 경우 그 조건을 충족시키기 위한 행위를 하도록 조항을 마련한다고 한들 매수인이 이를 이행하지 않는 경우에 그 행위를 할 것을 소송을 통해 구하는 것은 시간이 많이 소요되고, 매도인 입장에서도 그 행위를 한다고 한들 정부승인을 받을 수 있을지 여전히 불확실하기 때문에 선호하는 수단이 아니다.

그렇다고 일반적인 손해배상 조항에 기대어 손해배상청구를 하는 것도 쉽지 않다. 왜냐하면 손해배상을 하기 위해서는 손해배상액을 정해야 하는데, 매수인이 그러한 조치를 취하지 않음으로 인한 손해를 어떻게 산정할지, 이행이익인지 신뢰이익인지 문제가 있고, 더 나아가 매수인이 그러한 조치를 취했더라면 과연 정부승인을 받을 수 있었던 것인지 인과관계 입증에 어려움이 있고 법원의 사후적, 임의적인 판단에 희망을 걸어야 하는 상황이 된다.

따라서 매수인이 필요한 조치를 취하지 않음으로써 선행조건이 성취되지 않고 그에 따라 계약이 해제된 경우 위약금 또는 위약벌을 지급하도록 규정하는 방법이 가장 실효적인 방법이라 생각된다(이를 영미 계약에서는 reverse break-up fee 또는 reverse termination fee라고 부른다). 여기서 더 나아가 반드시 이행할 수 있는 조치를 하지 않는 경우에는 그러한 조치를 취하도록 하기 위하여 위반행위 발생일로부터 치유일까지 계속하여 일정 금액의 위약금(이른바 ticking time penalty)을 지급하도록 하는 조항을 추가할 수 있다.

7) 제3자승인

§6(7) – 기타 의무 – 제3자승인

(7) 매도인은 대상회사로 하여금 거래종결일 전까지 제3자승인을 완료하도록 해당 제3자에 대하여 연락, 설명 또는 설득을 하는 것을 포함하여 최선의 노력을 다하여야 한다.

위 정부승인과 유사하게 제3자승인도 거래종결의 조건으로 포함되는 내용이지만, 제3자의 통제하에 있는 사항이기 때문에 이를 거래종결의 조건으로만 둘 경우 거래종결

226) Harrison, 125면.

이 불확실한 상태에 놓이게 된다. 이에 매도인으로 하여금 제3자승인을 완료하기 위하여 필요한 조치를 취하도록 확약에 포함하는 것이 일반적이다.

매도인이 제3자승인을 반드시 받아야 하는 결과채무로 하는 경우도 있고, 노력 의무로 하는 경우도 있다. 매도인 입장에서는 제3자승인이 제3자의 재량에 달려 있으므로 노력 의무로만 규정해야 한다고 볼 수 있지만, 매수인 입장에서는 대상회사가 제3자승인을 완료하지 않아 계약상 불이익을 받으면 안 되기 때문에 반드시 받도록 규정해야 한다고 주장할 수도 있다. 양자의 입장을 타협하여 제3자승인 중 제3자의 재량에 달려 있지 않은 통지나 협의 등 조치는 반드시 해야 하는 의무로 규정하고, 제3자의 재량에 달려 있는 동의나 승인 등은 노력 의무로 구분하는 것도 방법이다.

노력 의무로 규정하는 경우에는 제3자승인을 위해서 당사자가 취해야 하는 절차나 조치에 대해서 구체적인 규정을 두는 것도 고려할 수 있다. 즉, 동의나 승인을 받기 위해서 적극적으로 계약 상대방에게 연락하고 협의하도록 정하는 것이다.

8) 주주총회 개최

§6(8) – 기타 의무 – 주주총회 개최

(8) 매수인은 거래종결일 10영업일 전까지 매도인에게 대상회사의 이사 및 감사로 선임될 자들을 통지하여야 한다. 매도인은 거래종결이 이루어지는 것을 전제로 대상회사로 하여금 거래종결일에 이사 및 감사를 선임하는 주주총회를 개최하도록 하고, 위 주주총회에서 위 매수인이 통지하는 자들을 이사 및 감사로 선임하는 안건에 찬성하는 내용으로 의결권을 행사하여야 한다.

최대주주가 변경되거나 경영권이 이전되는 거래에서는 기존 임원이 사임하고 새로운 임원을 선임하는 절차가 필요하고, 거래종결 조항에 거래종결 서류로 사임 및 선임에 필요한 서류를 포함시키는 것에 더하여 확약 조항에 기존 주주인 매도인이 주주총회와 관련하여 취해야 하는 조치를 추가하는 것이 일반적이다.

앞서 거래종결 서류 부분에서 설명한 바와 같이 주주총회를 언제 개최할지 검토가 필요하다.[227] 실무상 자주 이용되는 방법처럼 거래종결일에 이사 및 감사를 선임하는 내용의 주주총회를 개최하고자 한다면 확약 조항에서도 거래종결이 이루어진다는 전제하에 대상회사로 하여금 거래종결일에 이사 및 감사를 선임하는 주주총회를 개최하도록

227) 자세한 내용은 위 89면 '거래종결 행위 및 서류'의 '매도인 측 의무' 부분 참고.

하고, 매도인은 해당 이사 및 감사가 선임되도록 의결권을 행사하도록 약정한다.

이 외에 기존 이사 및 감사 전부 또는 일부가 사임하도록 필요한 조치를 취하는 내용을 추가하기도 하고, 등기이사 및 감사 외에 미등기임원의 변경도 필요한 경우 그러한 변경에 필요한 조치를 취하는 내용을 추가하기도 한다.

개별 거래에 따라 임원 변경 외에 주주총회 개최가 필요한 안건이 있을 수 있다. 가령, 정관을 변경할 필요가 있다거나 사업 일부를 물적분할하여 설립된 회사의 주식을 매매하는 경우에는 정관 변경이나 분할에 대해서 주주총회에서 함께 결의하도록 한다. 정관 변경이 필요한 경우 통상 변경 후 정관을 주식매매계약서에 첨부하면서 동 정관으로 변경하도록 약정한다.

9) 기타

매도인과 관련해서는, 매도인은 특별한 사정이 없는 한 본건 거래 이후 대상회사와 단절되어야 할 당사자이므로 매도인이 기존에 체결한 계약이나 법률관계를 해소하는 내용의 확약을 자주 한다. 가령, 매도인과 대상회사 사이에 일정한 채권채무관계가 존재하는 경우 그 관계를 거래종결 전에 해소(매도인이 채무자인 경우 거래종결 전에 채무를 변제하도록)하는 것이다. 매도인이 단독주주가 아니고 다른 주주와 주주간계약을 체결한 상태였다면, 그러한 주주간계약을 사전에 해지하도록 하는 것을 확약으로 포함시키기도 한다. 만일 매수인이 남아 있는 주주들과 주주간계약을 체결하고자 할 때 매도인으로 하여금 매수인과 잔여주주 사이에 계약이 원활하게 체결될 수 있도록 협력하도록 하는 의무를 부여할 수도 있다.

다음으로 대상회사와 관련해서는, 실사 때 발견된 위법이나 위험을 시정하고 제거하는 내용들이 거래종결 전 확약으로 자주 포함된다. 실사 때 발견된 위험 중 중요한 사항들은 거래종결의 조건으로 추가하는 경우도 있지만, 사소한 위반이거나 시급하게 해결될 필요가 없는 사항들은 확약으로 추가하는 것이 일반적이다. 이때 매도인이 대상회사에 존재하는 법령 위반사항을 모두 치유한다고 기재하는 것과 같이 일반적으로 약정하는 경우도 있으나, 이럴 경우 매도인이 무제한의 담보책임을 부담하는 것과 동일하여 바람직하지 않다. 또 대상회사와 관련해서는 대상회사가 부담하고 있는 중요한 금전적 채무를 해소하도록 하거나, 추후 매수인의 지분에 영향을 미칠 수 있는 전환사채나 상환주식을 상환하도록 하는 내용이 들어가기도 한다.

한편, 대상회사의 경영권이 변동될 때 핵심인력 이탈을 방지하는 것도 종종 문제된다. 아래 거래종결 후 확약에 있는 유인금지와 같은 약정을 통해서 매도인이 대상회사의 임직원을 데리고 나가서 사업하는 것은 금지되나, 임직원이 자발적으로 이탈하는 것까지 방지하기는 어렵다. 또 임직원이 퇴사하고 매도인이 경영하는 다른 회사에 입사하였다고 할 때, 매수인 입장에서 유인금지 위반을 주장하려면 매도인이 적극적으로 유인하였음을 입증하여야 하는데 이를 입증하는 것이 쉽지 않을 수 있다. 이에 대상회사 임직원 중 핵심인력이라고 판단되는 임직원(아예 특정인으로 명시하기도 한다)은 계속 대상회사에 남을 수 있도록 거래종결 전에 고용계약을 갱신하거나 확약서를 받아두도록 약정할 수 있다.

매수인 관련해서는 확약이 추가되는 경우는 드물지만, 만일 매수인의 신용이나 매매대금 조달능력에 의문이 있다면, 잔고증명서, 출자 확약서, 대출 확약서 또는 의향서 등 자금증빙자료를 제공하도록 하고, 출자 확약서 등의 조건에 따라 자금을 조달하도록 의무를 부과하거나 최선의 노력을 다하도록 약정할 수 있다. 대출 확약서나 의향서의 경우 여신기관과의 약정에 따라 대출이 확실히 보장되지 않는 경우도 있는데 그런 경우에는 자금이 조달되도록 최선의 노력을 다한다고만 규정한다. 매도인 입장에서는 대출 확약서에 따라 대출이 이루어지지 않는 경우 이를 대체할 수 있는 대출을 받도록 매수인에게 의무를 부과하는 것을 고려할 수 있고, 반대로 매수인 입장에서는 최선의 노력만 하고 최초의 대출 확약서보다 더 불리한(높은 이율) 대출까지 받아야 할 의무는 없다는 점을 명시하는 것을 고려할 수 있다.[228)]

이 외에 만일 진술 및 보장 위반에 따른 손해배상 또는 면책의무를 부보하는 진술보장보험(Warranty & Indemnity Insurance 또는 Representation & Warranty Insurance)을 매수인이 가입하도록 합의된 거래라면 매수인이 거래종결일 이전에 진술보장보험에 가입하여야 한다는 것을 확약 조항에 추가한다.[229)] 진술보장보험 가입을 위해서는 보험사에서 매수인이 충분히 실사를 하여 관련 위험을 평가하였는지를 검토하는데, 그 과정에서 매수인도 본 계약 체결 후 추가로 대상회사에 대한 실사가 필요할 수 있으므로 이러한 추

---

228) Harrison, 211–215면.

229) 진술보장보험은 매수인이 가입할 수도 있고 매도인이 가입할 수도 있으나, 최근에는 매수인이 가입하는 거래가 대부분이다. 최근 M&A 시장이 매도인에게 유리한 시장이어서 매도인이 협상에 우위를 점하는 거래가 많은 점, 입찰로 진행되는 거래에서 매도인의 요구에 따라 또는 매수인이 입찰경쟁력을 높이기 위해 진술보장보험을 활용하게 된 점 등의 영향을 받은 것이다. 강채원(2021), 11면.

가 실사에 대해서 매도인이나 대상회사가 협조하여야 한다는 내용을 추가할 수 있다. 이 외에 진술보장보험 가입을 위해 소요되는 비용을 누가 부담하는지, 진술보장보험에 들어가야 하는 조건이 있다면 그 조건이 무엇인지 명시할 수 있다. 진술보장보험의 기본 조건을 주식매매계약에 첨부하는 경우도 있고, 아니면 특정한 조건, 가령 매수인이 가입하는 진술보장보험의 경우 매도인이 사기 등을 저지르지 않은 이상 보험사가 매도인이나 대상회사를 상대로 구상권을 행사할 수 없다는 조건을 포함하고 있어야 한다고 명시하는 경우도 있다.[230]

마. 거래종결 후 확약

1) 경업금지

§6(9) – 기타 의무 – 경업금지

(9) 매도인은 거래종결일로부터 5년간 직접 또는 간접적으로 국내 또는 국외에서 (i) 대상회사가 거래종결일 현재 영위하는 사업과 직접 또는 간접적으로 경쟁이 되는 사업을 영위하여서는 안 되고, (ii) 그와 같이 경쟁이 되는 사업을 영위하는 회사의 지분을 취득 또는 보유하여서는 안 된다.

경업금지는 유인금지와 함께 대표적으로 들어가는 거래종결 후 확약이다. 매도인이 대상회사의 최대주주이거나 경영을 하여 왔던 경우 대상회사의 사업에 관한 여러 가지 기술, 정보, 비밀 등 knowhow를 가지게 될 것인바, 주식을 매도한 직후에 동종 영업을 함으로써 대상회사의 이익을 가로채고 그 가치를 낮추는 행위를 하지 않도록 하기 위한 것이다. 상법상 영업양도에 대해서는 다른 특별한 약정이 없더라도 양도인이 10년간 동일 및 인접 시·군에서 동종영업을 하지 못하도록 하고, 약정을 할 경우 20년을 초과하지 않는 범위 내에서 동일 및 인접 시·군에서 동종 영업을 못하도록 규정하고 있다(상법 제41조). 주식매매에 대해서는 상법에서 달리 정하고 있지 않으나 동일한 취지에서 경업금지가 필요하므로 이를 계약으로 정하는 것이다.

경업금지약정에서 가장 중요하게 협상되는 것은 그 기간이라 할 수 있다. 대법원은 회사와 근로자 사이에 체결되는 경업금지약정과 관련해서는 "보호할 가치 있는 사용자의 이익, 근로자의 퇴직 전 지위, 경업 제한의 기간·지역 및 대상 직종, 근로자에 대한 대가의 제공 유무, 근로자의 퇴직 경위, 공공의 이익 및 기타 사정 등을 종합적으로 고

---

230) 진술보장보험 관련 손해배상 조항에 포함되는 내용에 관하여는 245면 '진술보장보험' 부분 참고.

려"하여 경업금지약정이 근로자의 직업선택의 자유와 근로권을 과도하게 제한하여 반사회질서 행위로서 무효인지 여부를 판단하고,[231] 이에 따라 실무상 지나치게 금지기간이 길면 반사회질서 행위로 판단될 수 있어 통상 1~2년 정도의 기간 내에서 설정되는 것으로 보인다. 그러나 앞서 설명한 바와 같이 상법상 영업양도 시 양도인의 경업금지기간은 20년 범위 내에서 당사자들이 약정할 수 있도록 하고 있는데, 이는 영업양도와 같은 조직변경에서의 매도인과 매수인 사이의 관계는 사용자와 근로자 사이의 관계와 다르기 때문이다. 영업양도나 주식매매의 매도인은 애초에 해당 영업이나 기업에서 발생하는 이익을 매수인에게 온전히 넘기고 그에 대한 대가를 받으므로 양도 이후에 동종영업을 하여 그 이익을 빼앗는 것은 해당 거래의 취지에 반한다. 이에 따라 영업양도나 주식매매에서의 경업금지기간을 위 근로자의 경업금지기간과 동일하게 판단하는 것은 부적절하고 그 기간을 보다 길게 설정하더라도 유효하다. 어느 정도가 적절한지는 개별거래의 구체적인 사정에 따라 다를 것이고, 특히 매도인이 해당 거래로 지급받는 대가가 얼마인지, 해당 업종이 진입장벽이 높은 업종인지, 금지기간 외에 금지되는 지역이나 사업범위가 어떻게 설정되어 있는지 등을 고려할 수 있다. 정확히 맞아 떨어지는 것은 아니지만 매수인으로서는 기업 가치평가 시 현금흐름할인법을 사용하였다면 그 예측기간(forecast period)을 어떻게 설정하였는지를 매도인과 공유하고 적어도 그 기간 이상의 기간에 대해서는 경업금지를 보장받을 필요가 있다고 설득할 수 있다.[232]

경업금지는 매도인이 직접 경업을 하는 경우뿐만 아니라 특수관계인 등을 통해서 간접적으로 하는 것도 모두 포함하는 것이 일반적이다. 만일 간접적으로 하는 경우를 배제한다면 매도인이 자회사를 설립하여 그 자회사를 통해서 영업하는 것을 막기 어렵고, 매수인이 이에 대해서 다투고자 한다면 법인격 부인 등 법리를 주장 및 입증해야 하는데 쉽지 않을 것이다.

다음으로 중요한 것은 금지되는 범위, 특히 장소적 범위와 사업 범위의 설정이다. 만일 주식매매 거래 이후에 매도인이 어디에서도 사업 자체를 하지 않겠다는 의사가 강하다면 별다른 이견 없이 넓게 "국내 또는 국외에서"로 설정할 수 있다. 장소적 범위에 대해서 아무런 기재를 하지 않는다고 하여 당연히 모든 지역에서 경업금지가 인정된다고 보기는 어려우므로 위와 같이 명확히 기재하는 것이 바람직하다. 반면, 매도인이 아

231) 대법원 2010. 3. 11. 선고 2009다82244 판결 등 참고.

232) Brown & Giles, 124면.

직 대상회사가 영업을 하고 있지 않은 지역에서 새로운 사업을 개시할 의사가 있다면 경업금지의 장소적 범위를 현재 대상회사가 사업을 영위하는 지역으로 한정할 수 있다.

사업 범위는 통상 계약 체결일이나 거래종결일 "현재 대상회사가 영위하는 사업과 경쟁이 되는 사업"과 같이 일반적으로 기재한다. 무엇이 경쟁사업인지 애매할 수 있으나, 대상회사의 사업과 동종, 유사 사업으로서 대상회사의 사업과 같은 시장으로 획정될 수 있는 사업은 경쟁사업으로 볼 수 있을 것이다. 이 외에 보다 범위를 넓혀 대상회사와 수직적 관계에 있는 사업, 가령 대상회사에 원자재를 공급하는 사업, 대상회사의 제품을 유통하거나 판매하는 사업도 포함할 수 있다. 한편, 구체적으로 사업을 기재하기도 하는데, 대상회사가 영위하고 있거나 향후 영위할 계획이 있는 사업을 나열한 후 이와 경쟁이 되는 사업을 하지 못한다고 규정하기도 하고, 반대로 매도인이 향후 영위할 수 있는 사업을 예외로 규정하기도 한다. 어느 경우이거나 당사자들은 현재 영위하고 있는 사업뿐만 아니라 향후 영위할 가능성이 있는 사업까지 염두에 두고 이 조항을 협상할 필요가 있다. 또 매도인이 PEF인 경우 다수의 포트폴리오(portfolio) 회사에 투자하였거나 향후 투자할 수 있으므로 그러한 투자가 본 경업금지 조항에 반하지 않도록 주의하고 필요시 예외로 기재하여야 한다.

금지되는 행위는 경쟁사업을 영위하는 것만 포함시킬지, 아니면 그러한 경쟁사업을 영위하는 회사의 지분을 취득하거나 보유하는 것까지 포함할지 협의하여 정한다. 경쟁회사의 주주가 되는 것도 금지할 경우에는 지분의 과다를 불문하고 모두 금지할지, 아니면 일정 지분율까지는 취득을 허용할지도 정해야 한다. 일정 지분 취득을 허용하더라도 경쟁회사를 경영하거나 지배할 수 있는 주요주주나 최대주주가 되는 것은 금지하는 경우가 많다.

앞서 살펴본 바와 같이 경업금지의 범위가 지나치게 넓을 경우 반사회질서에 해당하여 무효이다. 이때 경업금지기간의 경우 일부 무효로서 법원이 적당하다고 인정하는 기간만 제한하는 것이 가능하다.[233] 그러나 장소적 범위나 사업적 범위를 법원이 적당하다고 인정하는 범위로 축소하는 것은 일부 무효라기보다는 새로운 내용으로 변경하는 것이어서 당사자들이 그러한 내용을 의욕하였다는 사정이 있지 않는 이상(민법 제138조 참고) 불가능하므로 법원은 전부 무효 또는 유효 중에 선택하게 될 것이다. 당사자들은 경업금지의 기간이나 범위를 제한할 때 이러한 점을 염두에 두고 협상하여야 할 것이다.

233) 대법원 2007. 3. 29.자 2006마1303 결정.

tip **매도인 tip:** 매도인이 주식매매 거래 이후에도 계속 사업을 하거나 영리활동을 할 계획이 있다면 경업금지의 범위를 최대한 제한하는 것이 유리할 것이고, 향후 계획에 따라서 각종 예외를 추가하는 것을 고려해 볼 수 있다. 만일 매도인이 투자회사이거나 소액투자를 할 계획이 있다면, 다른 상장회사의 주식을 장내에서 일정 지분율까지 취득하는 것은 예외로 규정할 수 있다. 매도인이 다른 자회사나 계열회사를 이미 갖고 있고 그 회사의 사업이 대상회사 사업과 경쟁할 가능성이 있다면, 현재 매도인이 이미 영위하고 있는 사업을 그동안 영위하였던 것과 동일, 유사한 방법으로 영위하는 것을 예외로 규정할 수 있다. 이 외에 아직 다른 경쟁회사의 지분을 취득하지는 않았지만 관련 계약이 체결되어 있는 등 예정된 거래가 있다면 그러한 예정 거래도 구체적으로 명시하여 예외로 규정할 필요가 있다.

매수인 tip: 매수인 입장에서는 가능한 경업금지의 범위를 넓히는 것이 유리할 것이다. 이에 매도인이 개인인 경우라면 경쟁회사의 임직원으로 고용되는 것도 경업금지 범위에 포함시킬 수 있다. 또한 경쟁사업을 영위하거나 경쟁회사의 주주가 되는 것 외에도 경쟁회사로부터 도급, 위임을 받거나 경쟁회사의 대리인, 자문사가 되는 것도 금지되는 행위에 포함시킬 수 있다.

2) 유인금지

§6(10) – 기타 의무 – 유인금지

(10) 매도인은 거래종결일로부터 5년간 직접 또는 간접적으로 (i) 대상회사의 임직원을 고용 목적으로 유인하거나 고용하거나 퇴직을 권유하여서는 안 되고, (ii) 대상회사의 고객을 유인하거나 고객에게 대상회사와의 거래를 축소 또는 중단하도록 권유하여서는 안 된다.

유인금지 조항은 경업금지와 동일한 취지에서 주식매매 이후 대상회사의 임직원이나 고객을 가로채고 대상회사의 이익을 해하는 행위를 막기 위한 것이다. 공정거래법상 다른 회사 임직원이나 고객 유인행위는 불공정거래행위로 규제되지만(공정거래법 제45조 제1항 제4호, 제8호, 같은 법 시행령 제52조, 별표 2 불공정거래행위의 유형 또는 기준 4. 및 8.나.), 공정거래법에 따른 유인금지에 해당하기 위해서는 기본적으로 경쟁수단이 불공정하여야 한다는 요건이 충족되어야 하는데(가령, 고객에게 부당한 이익을 제공) 이 요건을 입증하는 것이 쉽지 않고, 이에 대한 구제책으로 인정되는 공정거래위원회의 조사, 시정조치,

과징금 부과 등으로는 회사가 입은 직접적인 손해를 보전할 수 없다. 이에 당사자 간의 약정을 통해서 그러한 요건을 충족시키지 않더라도 위반 시 바로 손해배상을 받을 수 있는 조항을 추가함으로써 유인금지를 도모하는 것이다.

유인금지의 기간에 대해서는 특별히 법에서 정하고 있지 않다. 경업금지와 동일한 취지에서 넣는 조항이므로 경업금지기간과 동일하게 설정하는 경우도 있고, 일정한 기간이 지나 매수인이 대상회사를 어느 정도 장악하는 시점이 되면 유인금지에 대한 우려가 줄어들게 되므로 경업금지기간보다 조금 더 짧게 설정하는 경우도 있다.

임직원에 대해서는 유인하거나 퇴직을 권유하거나 채용하는 행위 등을 금지한다. 다만, 매도인이 의도하지 않은 경우까지 유인하였다고 비난할 수는 없으므로, 매도인의 유인행위 없이 임직원이 자발적으로 퇴직하는 경우 또는 매도인이 해당 임직원을 채용할 목적 없이 일반 공개채용절차를 통해서 채용하게 된 경우는 예외로 규정하는 경우가 있다. 또 임직원이 자발적으로 퇴사한 후 일정 기간이 경과하면 채용하는 것을 예외로 규정하기도 한다.

고객에 대해서는 대상회사와의 거래를 축소, 중단, 변경하는 행위, 대상회사와의 거래관계를 방해하는 행위 등을 금지할 수 있다.

3) 고용유지

§6(11) – 기타 의무 – 고용유지

(11) 매수인은 거래종결일로부터 3년간 대상회사로 하여금 거래종결일 현재 대상회사의 근로자와 맺은 고용관계를 정당한 사유 없이 해지, 변경, 중단 또는 정지하거나 그 근로조건을 불이익하게 변경하지 않도록 하여야 한다.

대부분 확약은 매도인의 의무 위주이나 일부 매수인의 의무인 조항들도 있다. 대표적인 것이 고용유지 또는 고용안정 조항이다. 매도인 입장에서 대상회사의 경영자로서 함께 근무한 임직원들을 위해서 그들의 고용상태가 그대로 유지되기를 희망할 수 있고, 또 매수인 입장에서도 대상회사의 업무를 가장 잘 아는 기존 임직원들이 계속 근무하기를 원할 수 있다. 어떤 회사의 경우 노동조합과 체결한 단체협약에 따라 경영권 변동 거래의 조건으로 이와 같은 고용안정 조항을 추가할 것을 규정하고 있기도 하고, 노동조합이 그러한 조건을 주식매매계약에 포함시키지 않을 경우 해당 거래에 대해서 부동의함으로써 거래를 저지할 수 있는 권한을 규정하고 있기도 하여, 노동조합이 받아들일 수 있는 수준의 고용유지 조항을 추가해야 하는 경우도 있다.

이때 추가되는 내용은 일반적으로 고용관계를 일정한 기간 동안 정당한 사유 없이 해지, 변경, 중단 또는 정지하거나 근로조건을 변경하지 않아야 한다는 것이다. 이미 근로기준법 제23조에 따라 사용자는 근로자를 정당한 사유 없이 해고, 휴직, 정직, 전직, 감봉, 그 밖의 징벌을 하지 못하도록 되어 있음에도 불구하고 이 조항을 추가할 실익은 무엇인가? 이러한 의문 때문에 "정당한 사유 없이"라는 제약을 확약 조항에서는 삭제하거나 "합리적 사유 없이" 등과 같이 법문과 다른 용어를 사용하는 경우도 있다. 또, 확약 조항을 위반할 경우 대상회사가 근로자에게 일정한 손해배상을 해 주어야 하는 것과는 별도로 매수인이 매도인에게 추가로 손해배상을 해야 하므로 이는 대상회사의 경영자가 될 매수인에게는 추가적인 제약으로, 근로자에게는 추가적인 보호장치로 기능할 수 있다.

이와 같이 고용을 유지하는 약정 외에 추가로 매수인이 임직원에게 보장해야 하는 내용이 있다면 추가하는 것도 가능하다. 가령, 매수인이 근로자들의 계속 근로를 장려하기 위해서 일정한 보상을 지급하기로 하거나 임금체계를 변경하기로 하였다면 그러한 내용을 추가하는 것이다.[234]

4) 임원면책

§6(12) – 기타 의무 – 임원면책

> (12) 매수인은 거래종결일에 사임하는 대상회사의 이사 및 감사가 대상회사 재임 시 그 직무와 관련하여 행한 행위로 인하여 대상회사에 발생시킨 손해에 대하여 위 이사 및 감사를 면책하고, 직접 또는 대상회사를 통하여 위 이사 및 감사를 상대로 민·형사상의 책임을 구하거나 일체의 소를 제기하여서는 안 된다. 단, 위 이사 및 감사에게 고의 또는 중과실이 있는 경우는 제외한다.

거래종결일자로 등기임원이 교체되는 경우 기존 임원이 재임 시 대상회사의 직무와 관련하여 행한 행위로 인하여 대상회사에 손해를 발생시켰더라도 기존 임원이 책임을 부담하지 않도록 면책하고, 매수인이나 대상회사가 소송을 통하여 손해배상 등을 청구하지 않도록 하는 조항이다.

---

234) 국내 계약에서는 고용유지를 넘어서 추가적인 수당을 지급한다거나 보상체계(benefit plan)를 새로 만드는 사례는 많지 않으나, 영미 계약에서는 흔하게 볼 수 있고, 이러한 인사노무 관련 사항(employee matter)을 별도 section으로 계약서에 포함하는 경우도 많다.

이사는 법령 또는 정관에 위반하거나 그 임무를 해태하는 경우 회사에 대해서 손해를 배상할 책임이 있다(상법 제399조 제1항). 그런데 매도인 입장에서는 주식매매 거래 이후에 clean exit을 하기를 희망하고, 책임을 부담하더라도 주식매매계약에서 정하고 있는 손해배상 조항의 범위 내에서만 부담하기를 원할 것이다. 이에 대상회사의 기존 임원인 매도인 자신(매도인이 개인인 경우) 또는 매도인이 선임한 자(매도인이 법인인 경우)에 대해서 매수인이 손해배상을 청구하거나 기타 일체의 이의를 제기하지 않도록 요구하는 경우가 많다. 매수인 역시 그러한 법 위반의 위험이 있다면 진술 및 보장을 통해서 대비하고 손해배상 조항을 통해서 매도인으로부터 보전받을 수 있으므로 임원에 대해서는 면책해 줄 수 있겠으나, 만일 매도인이 껍데기뿐인 SPC이거나 PEF처럼 거래 이후에 소멸될 가능성이 있다면 매도인이 선임한 임원에 대해서 책임을 구할 수 있는 여지를 남겨두는 것이 안전할 수 있다. 중간 타협책으로 완전하게 면책하지는 않고, 상법에서 인정하고 있는 바에 따라 대상회사의 정관이 정하는 바에 따라 책임을 일부 감면(최근 1년간의 보수액의 6배를 초과하는 부분만 면제)해 주는 것도 방법이다(상법 제400조 제2항 본문). 다만, 이 조항에 따른 임원 면책을 수용하더라도 통상 임원이 고의 또는 중과실이 있는 경우에는 면책하지 않는다는 예외를 포함시킨다(상법 제400조 제2항 단서 참고).

예시 조항은 기존 임원이 대상회사에 발생시킨 손해에 대해서만 면책하는 것으로 한정하였으나, 범위를 넓혀 제3자에 발생시킨 손해에 대해서 면책하도록 약정하는 것도 가능하다. 하지만 매수인 입장에서 기존 임원이 제3자에게 손해배상을 함으로써 발생한 개인 손실을 보전해 줄 필요가 있는지 검토하고, 만일 대상회사가 임원배상책임보험을 가입하고 있었다면 그 보험을 통해 해결하고 추가로 면책을 제공해 줄 필요는 없을 것이다.

5) 기타

거래 이후에 매도인이 매수인을 상대로, 역으로 매수인이 매도인을 상대로 협조를 구해야 하는 경우들이 있다. 매도인이 매수인을 상대로 협조를 구하는 경우는 본건 거래 이전에 매도인이 대상회사의 주주일 때 발생한 사건에 대해서 매도인이 정부기관으로부터 조사를 받거나 제3자로부터 소송을 당하여 대상회사로부터 관련 자료를 제공받아야 하는 경우이다. 이를 위해서 일정기간(통상 3년 또는 5년) 동안 매도인이 법령이나 정부기관의 명령, 처분, 조사 등에 따라 요구되거나 자신의 방어권 행사를 위해서 필요한 경우 또는 제3자와 진행 중인 소송의 수행을 위해서 필요한 경우에 매수인이 대상회사의 정보 또는 자료를 제공하는 데 협조한다거나 대상회사로 하여금 제공하도록 한다는 확약을 추가하기도 한다. 다만, 주식매매 이후에 매도인은 대상회사를 상대로 이러한 자료를 요청할 법적 근거가 없고 무리한 자료 요구는 매수인이나 대상회사의 이익에 반할 수 있으므로, i) 자료제공을 합리적인 범위 또는 필요한 범위 내로 제한하거나, ii) 법령이나 관련 계약에 저촉되지 않는 범위 내에서만 허용하거나, iii) 대상회사의 일상적인 업무나 정상적인 영업에 방해가 되지 않아야 한다는 단서를 붙이기도 한다.

반대로 매수인이 매도인을 상대로 협조를 구하는 경우는 대상회사의 운영을 위한 knowhow를 전수받거나 활용할 필요가 있는 경우이다. 주식매매 거래 이후에도 통상 대상회사의 직원들은 그대로 근무하므로 업무 인수인계에 큰 차질은 없을 수 있으나, 경영진은 교체되는 것이 일반적이므로 경영진 차원에서 의사결정을 내리는 사항들에 대해서 매도인으로부터 knowhow를 전수받아야 할 수 있다. 또한 대상회사에 근무하는 직원들이 계열회사로부터 파견 내지 지원받은 인력들이었다면, 주식매매로 이들 직원들이 대거 원래 소속된 회사로 복귀하여 인력의 공백이 발생할 수도 있다. 이에 매도인으로 하여금 계약 체결 후 거래종결 전까지 업무 인수인계가 이루어지도록 노력하거나, 만일 업무의 성격상 인수인계에 오랜 기간이 소요된다면, 거래종결 이후에도 일정기간 대상회사가 정상적으로 운영될 수 있도록 또는 통상적인 사업과정에 따라 운영될 수 있도록 매수인의 질의에 응답하거나 현장에 방문하여 지도, 조언하는 데 협조하도록 하는 확약을 추가하기도 한다.

대상회사와 관련해서 중요한 문제는 특수관계인들과의 관계 정립이다. 매도인이 대상회사의 주주로써 형성된 특수관계가 있는 경우에는 그 특수관계인과의 거래는 모두 해지하도록 약정하는 것이 일반적이다. 그런데 매도인 및 대상회사가 동일 기업집단에 속하였던 경우 대상회사가 매도인 또는 그 계열회사로부터 공통된 서비스(이른바 shared service)를 제공받고 있을 수 있고, 주식매매 이후에도 그러한 서비스가 계속 유지되어야 정상적인 영업이 가능할 수 있다. 이런 경우에는 계열회사와의 계약을 일정 기간 유지한다든지, 변경하더라도 갱신계약을 체결할 수 있고 이때 갱신조건은 과거의 조건과 실질적으로 동일하게 체결한다든지, 아니면 아예 계열회사와 체결할 계약서를 첨부하여 해당 내용으로 계약을 체결하도록 약정할 수 있다.

또 대상회사가 기업집단의 상표, 상호, 서비스표, 표식, 로고 등 브랜드를 사용하고 있던 경우 기업집단 이탈 후 브랜드 사용을 어떻게 할 것인지 문제도 자주 발생한다. 일반적으로 기업집단에서 브랜드에 대한 권리는 지배주주나 특정 계열회사에서 통일적으로 관리하는 경우가 많다. 이에 주식매매 이후에도 대상회사가 계속 기존 브랜드를 사용하고자 한다면 지배주주 또는 그 계열회사로 하여금 그 사용을 허락하도록 하고, 가능하다면 사용 조건을 구체적으로 정한 계약까지 체결하도록 약정하기도 한다. 다만, 그 브랜드가 기업집단에서 공통적으로 사용하는 브랜드라면, 이를 계속 사용할 경우 정부기관이나 일반 국민들로 하여금 대상회사가 계속 그 기업집단에 속해 있다는 혼동을 줄 우려가 있으므로 사용을 허락하더라도 기간을 단기간으로 제한하는 경우가 더 많다.

9. 손해배상 또는 면책

가. 손해배상 또는 면책의 의의 및 법적 성격

M&A 계약에서 진술 및 보장, 확약 기타 의무를 위반하는 경우 인정되는 가장 중요한 구제수단 중 하나가 바로 손해배상 또는 면책(indemnification)이다. 이 조항은 영미계약의 indemnification 또는 indemnity를 들여온 것인데, 이 용어를 우리나라에서 계약위반 시 구제수단으로 일반적으로 사용되는 용어인 "손해배상"으로 교체하여 사용하면서 그 법적 성격이나 요건, 효과에 관하여 혼동을 초래하고 있다.

우선 영미 계약에서 사용되는 indemnification의 본래 의미를 살펴보면, indemnification은 상대방에게 어떠한 손해(harm)도 발생하지 않도록 하고, 손실(loss)이 발생한 경우에 이를 전보해 주는 것을 의미한다. Indemnification은 약정에 따라 인정되는 구제수단이고, 따라서 채무불이행 책임과는 달리 계약 위반을 요구하지 않고, 불법행위 책임과는 달리 당사자의 귀책사유를 요구하지도 않기 때문에 통상 법에 따라 인정되는 구제수단에 비해서 넓은 보호를 제공하는 것으로 이해된다.[235]

그런데 우리나라에서 손해배상은 (손실보상에 대비되는 개념으로서) 어떠한 위법행위로 인하여 발생한 손해를 배상한다는 의미를 가지며, 당사자 사이의 채권채무관계가 있음을 전제로 한 채무불이행으로 인한 손해배상과 그러한 채권채무관계가 없음을 전제로 한 불법행위로 인한 손해배상으로 구분하여 왔다. 이러한 용어와 체계하에서는 적어도 당사자들 사이에서 채권채무관계가 존재하므로 이 조항에 따른 손해배상의 법적 성격 또한 채무불이행 책임에 가깝다는 입장을 취하기 쉽고, 대법원 또한 그러한 이유로 일

235) Brown & Giles, 124면.

종의 채무불이행 책임으로 보는 것 아닌가 싶다.[236]

그러나 본래 indemnification은 당사자들이 약정한 대로 손해를 전보해 주는 약정 책임이고 채무불이행 책임과는 다르다. 오히려 indemnification은 채무불이행 책임의 성립이나 효력에 관한 법리를 회피하기 위한 목적으로 활용된다.[237] 요건 면에서 채무불이행 책임은 고의 또는 과실을 요구하지만, indemnification은 계약에서 달리 명시하지 않는 한 고의 또는 과실을 요구하지 않는다.[238] 특히 대상회사에 대한 진술 및 보장 위반과 관련해서는 매도인에게 어떠한 과실도 없는 경우가 많은데 그럼에도 불구하고 대상회사에 존재하는 위험을 매도인에게 부담시킨다는 의도하에 진술 및 보장을 요구하고 그 위반에 따른 구제수단으로 이 조항을 규정하는 것이기 때문에[239] 이를 채무불이행 책임으로 보고 고의 또는 과실을 요구하는 것이 부자연스럽다.

효과 면에서도 채무불이행 책임은 당사자에게 발생한 금전적인 손해에 대한 배상만을 인정하지만, indemnification은 계약에서 정하는 바에 따라 다양한 내용을 가질 수 있고 실제 M&A 계약에 포함되는 조항은 그러한 다양한 효과들을 포함하는 것이 일반적이다. 특히, 면책을 받는 자 또는 손해배상을 받는 자를 계약 당사자인 매도인 또는 매수인으로 한정하지 않고, 법인인 당사자, 그 계열회사, 당사자 및 계열회사의 임직원, 주주, 대리인 등까지 확장할 수 있다. 나아가 면책은 이미 발생한 금전적인 손해에 대해서 배상하는 것뿐만 아니라 제3자가 소송을 제기한 경우에 그러한 소송에 대응하는 것(여기에는 소송 대리인을 선정하거나 그 소송 대리인에게 지급할 수수료를 지급하는 것 등이 포함됨) 등 일체의 손해가 발생하지 않도록 하기 위한 행위까지도 포함하고, 이를 위해 "면책"이 아닌 "손해배상" 조항을 두고 있는 계약서에서도 이른바 "제3자 청구"라는 조항을 추가한다.

이처럼 M&A 계약에서는 당사자들도 채무불이행 책임과는 다른 indemnification을 염두에 두고 구제수단에 관한 조항을 두는 것이므로, "면책"이라는 용어를 사용할 때뿐

236) 대법원 2018. 10. 12. 선고 2017다6108 판결.

237) 김우성(2017), 354면.

238) 서울고등법원 2020. 7. 8. 선고 2019나2008328 판결. 상고심(대법원 2024. 9. 12. 선고 2020다258190 판결)에서 상고기각 확정; 허영만(2006), 31면; 김상곤(2013), 92면; 우호적 M&A의 이론과 실무 2(천경훈 집필부분), 47, 48면; 물론 계약서에서 명시적으로 매도인 또는 대상회사의 고의 또는 과실에 의하여 진술 및 보장 위반 또는 의무위반이 있을 것을 규정하는 경우도 있으며, 그러한 경우에는 그 약정에 따라 손해배상책임 성립을 위해 고의 또는 과실이 요구될 것이다. 서울고등법원 2007. 1. 24. 선고 2006나11182 판결은 진술 및 보장 조항에서 매도인이 매수인에게 제공한 정보(재무제표 포함)가 매도인 등의 고의 또는 중과실에 의하여 왜곡된 바 없다고 규정하고 있던 사안에서 손해배상액 산정 시 고의 또는 중과실로 보기 어려운 항목을 손해배상액에서 제외하였다.

239) Indemnity는 가격조정, earn-out과 함께 당사자 간 위험을 배분하는 기능을 갖는다. Coates(2015).

만 아니라 "손해배상"이라는 용어를 사용하는 경우에도 원칙적으로는 약정 책임 또는 계약 책임으로 보고 계약에서 정한 요건과 효과대로 그 내용을 인정하는 것이 타당하다.[240] 예외적으로 손해배상 조항에서 요건과 효과를 자세하게 정하지 않고 일반적인 내용(가령, "당사자가 본 계약에 따른 의무를 불이행하는 경우에는 상대방에게 손해를 배상한다"와 같이 기재하고 다른 내용은 없는 경우)만 두고 있다면 이는 민법에서 규정한 채무불이행 책임을 주의적으로 확인하는 의미일 수 있다.[241]

또 한 가지 다툼의 여지가 있는 부분은 확약 위반에 대해 인정되는 손해배상이다. 진술 및 보장 위반은 진술 및 보장이 부정확하다는 것을 채무불이행이라고 보기 어렵고,[242] 고의 또는 과실을 요구하는 것 자체가 부자연스럽고 약정 책임으로 보는 것이 자연스러운데, 확약 위반의 경우 계약에서 정한 채무를 불이행하는 것으로 볼 수 있기 때문에 채무불이행 책임과 다르지 않다고 볼 여지가 있다.[243] 이를 논의하는 가장 큰 실익은 결국 확약 위반에 대해서 당사자의 고의 또는 과실을 요구할 것인가(위반자가 자신에게 고의 또는 과실이 없음을 입증하면 책임을 면할 것인가)이다. 같은 조항에 동일한 형식으로 규정하고 있는 구제수단을 그 위반 대상이 진술 및 보장인지, 확약인지에 따라 고의 또는 과실 요부를 달리한다(확약 위반에 대해서만 고의 또는 과실이 묵시적으로 요구된다)고 보는 것은 인위적이고 당사자들의 의사에도 반하는 것으로 생각되므로 진술 및 보장 위반 책임과 동일하게 확약 위반에 대해서 계약상 인정되는 손해배상을 구하는 경우에는 고의 또는 과실이 요구되지 않는다고 보아야 할 것이다. 만일 고의 또는 과실이 있는 경우에만 책임을 부담시킬 것이면 명시적으로 "고의 또는 과실로"라는 문구를 추가해야 할 것이다. 다만, 실무상 채무불이행 책임에서도 위반자가 자신의 고의 또는 과실이 없음을 입증하는 것이 쉽지 않기 때문에 결과적으로는 어떻게 보든 큰 차이가 없을 것이다.

이하 이 책에서는 실무상 더 자주 사용되는 "손해배상"이라는 용어를 사용하는 것을 전제로 설명하기로 한다. 다만, "손해배상"이라는 용어를 사용할 경우 이를 협상하는 당사자들 역시 가능한 민법에 따라 인정되는 채무불이행 책임에 가깝게 내용을 구성하려고 할 수 있고, 이 경우 매수인의 보호 범위가 다소 제한될 수 있으므로 매수인 입장

240) Indemnity 계약에서는 계약 자체가 당사자 간의 관계를 설정한다. 미국사법의 이해(박윤경 집필부분), 308면.

241) 김우성(2017), 317면은 indemnity 조항을 법상 인정되는 채무불이행에 따른 손해배상의무를 확인하는 것과 손해배상 책임이 발생하는 요건과 효과를 구체적으로 정한 것으로 구분할 수 있다고 하며, 계약 위반에 대해 손해를 배상한다는 선언적인 문구만 둔 경우에는 전자로 볼 수 있다고 한다.

242) 위 113면 '진술 및 보장 위반 책임의 법적 성격과 그 효과' 부분 참고.

243) 정영철, 1177면; 우호적 M&A의 이론과 실무 2(이진국, 최수연 집필부분), 160, 161면 각주 5.

에서는 "면책"이나 "손해전보"라는 용어를 사용하고 그 효과도 최대한 넓히도록 노력하는 것을 고려할 수 있다.

나. 손해배상 청구권자

§7(1) – 손해배상

제7조 (손해배상) (1) 각 당사자(이하 **"배상의무자"**)는 (i) 제5조에 규정된 자신의 진술 및 보장이 부정확하거나 이를 위반한 경우(이하 **"진술 및 보장 위반"**) 또는 (ii) 본 계약에 규정된 자신의 의무를 위반한 경우 이로 인하여 상대방(이하 **"배상권리자"**)에게 발생한 손해를 배상하여야 한다.

앞서 설명한 바와 같이 면책을 받는 자 또는 면책을 청구할 수 있는 자를 계약 당사자인 매도인 또는 매수인으로 한정하지 않고, 법인인 당사자, 그 계열회사, 당사자 및 그 계열회사의 임직원, 주주, 대리인 등으로 확장하는 것도 가능하다. 영미 계약에서는 이와 같이 확장하는 것이 오히려 더 일반적인 것으로 보이나, 국내 계약에서는 일반적으로 손해배상이라는 용어를 쓰면서 손해배상을 청구할 수 있는 자(배상권리자)를 계약 당사자인 매도인과 매수인으로 한정한다.

배상권리자를 위와 같이 당사자의 계열회사 등으로 확장하여 규정하는 경우에 이 조항의 법적 성격을 어떻게 해석할 것인가를 두고 논란이 있을 수 있다. 원칙적으로 이는 배상의무자가 계약 당사자가 아닌 제3자에게 면책을 이행할 것을 약정하는 것이므로 민법 제539조에 규정된 제3자를 위한 계약에 해당한다고 볼 수 있고, 제3자가 직접 그 면책을 청구할 수도 있을 것으로 생각한다. 다만, 주식매매계약의 손해배상 조항에는 존속기간이나 손해배상액 제한 등 각종 제한이 포함되므로 계열회사 등 제3자는 자신이 동의하지 않은 각종 제한에 구속될 수 있다는 점을 유의해야 한다.[244] 물론 제3자가 주식매매계약의 손해배상 조항을 원용하여 손해배상을 청구할 때에만 구속되고, 일반 불법행위에 따른 손해배상을 청구하는 경우에는 그러한 제한을 받지 않을 것이다.

또 한 가지 계약서 작성상 유의할 점으로 기타 조항에 본 계약이 당사자들 사이에서만 효력이 있고 당사자를 제외한 제3자(third party beneficiary)에게 어떠한 권리 또는 구제수단도 부여하지 않는다는 조항(이른바 제3자 이익 조항)을 추가하는 경우가 있는데, 이 조항은 배상권리자를 당사자 외의 자들로 확장하는 조항과 충돌할 수 있다. 만일 제

244) 우호적 M&A의 이론과 실무 2(이진국, 최수연 집필부분), 164면 각주 12.

3자의 권리 또는 구제수단을 부인하게 되면, 당사자가 당사자 외의 자를 대신해서 면책을 청구해야 한다는 것인데 우리나라에서 이를 소구하거나 강제집행할 수 있는 방법이 없게 된다. 따라서 면책 조항에서 배상권리자를 확장한 경우에는 제3자 이익 조항을 아예 삭제하거나 제3자 이익 조항에서 면책 조항에 따른 배상권리자를 예외로 두는 것이 바람직할 것이다.

한편, 매수인이 손해배상청구를 하기 위해서 계속 대상회사 주식을 소유하고 있어야 하는지, 본건 거래 이후에 다시 대상회사 주식을 타인에게 매도하여 주식을 소유하고 있지 않은 경우에도 이 조항에 따른 손해배상청구를 할 수 있는지 문제 된다. 이 조항에 따른 손해배상청구권은 주식매매계약에 따른 약정 책임임은 앞서 살펴본 바와 같고, 달리 주식에 부종하는 권리라고 보기는 어렵기 때문에 당사자 간에 주식 소유를 손해배상청구의 요건으로 약정하지 않았다면 매수인이 주식을 처분하여 더 이상 소유하고 있지 않다고 하더라도 손해배상청구가 가능할 것이다.

대법원 2018. 7. 20. 선고 2015다207044 판결

> "매수인이 거래 종결 후 대상회사 주식을 매각하는 경우 대부분 매수인은 후속 매수인에게 진술 및 보증을 하고 그 위반으로 인한 책임을 부담하게 된다. 만약 매도인의 진술 및 보증 조항 위반으로 매수인의 주식 매각 이후 대상회사에 손실이 발생하고, 그로 인해 매수인이 새로운 매수인에 대하여 책임을 부담하게 되었음에도, 매수인이 주식을 매각하여 주주의 지위에 있지 않다는 이유로 당초의 매도인에게 책임을 물을 수 없는 결과에 이른다면 경제적 위험의 적정한 배분이라는 진술 및 보증 조항의 목적에 반하게 된다. 따라서 당사자들 사이에 특별한 합의가 없다면 매수인이 대상회사의 주식을 처분하더라도 손해배상청구 및 액수 산정에 별다른 영향을 미치지 않는다."

다. 손해의 범위 및 손해액 계산

§7(2) – 손해배상 – 손해 및 손해액

> (2) 본조에서 손해는 손해, 손실, 비용(변호사 보수 및 비용을 포함)을 포함하나, 특별한 사정으로 인한 손해와 사업기회의 상실 등을 포함한 일실이익 상당의 손해는 포함하지 않는다. 매도인의 진술 및 보장 위반 또는 의무 위반으로 인하여 대상회사에 손해가 발생하는 경우 대상회사에 발생한 손해액에 [O% / 대상주식의 수가 대상회사의 발행주식총수에서 차지하는 비율]을 곱한 금액을 매수인에게 발생한 손해액으로 본다.

약정 책임으로서 손해배상을 해 주는 경우에는 "손해"가 무엇을 의미하는지, 어디까지 포함되는지도 명확하게 규정할 필요가 있다. 통상 어떠한 위법행위로 인하여 발생한 손해로 한정되지 않는다는 것을 명확히 하기 위해 "손실"도 포함시키고,[245] M&A 거래를 진행할 때에는 상당한 금액의 비용이 발생하므로 비용, 특히 손해배상청구나 관련 분쟁을 해결하는 데 소요된 변호사 비용을 포함시키기도 한다.

또 손해의 범위와 관련해서는 실무상 특별손해, 우발적 손해, 간접 손해, 2차 손해, 결과적 손해에 대해서는 손해배상책임을 부담하지 않는다는 조항을 포함시키는 경우가 많다. 특별손해의 경우 민법상 특별한 사정으로 인하여 발생한 손해로서 원칙적으로 채무자(배상의무자)가 그 사정을 알았거나 알 수 있었던 경우에만 배상책임이 있는데(민법 제393조 제2항) 당사자들 간 약정으로 특별손해를 명시적으로 배제하는 것이므로 이를 추가하는 것이 의미가 있다.

그런데 이 외에 추가되는 우발적 손해, 간접 손해, 2차 손해, 결과적 손해와 관련해서는 이를 추가하는 것이 타당한지 의문이다. 우선 이들 손해는 법에서 따로 정의를 내리고 있는 것도 아니고, 달리 그 의미가 관행상 확립되었다고 보기도 어렵기 때문에 그 의미에 대한 다툼이 있을 수 있다.[246] 그나마 간접 손해는 판례상 어떤 위법행위로 회사의 재산이 감소하고, 그로 인하여 결과적으로 주주의 경제적 이익이 침해되는 손해로 해석할 수 있겠으나,[247] 만일 그런 의미라면 이 간접 손해를 이 조항에서 배상책임의 대상이 되는 손해에서 제외해서는 안 된다. 왜냐하면 주식매매 거래에서 대상회사에 대한 진술 및 보장 위반으로 인하여 매수인이 입게 되는 손해는 대부분 간접 손해이기 때문이다. 같은 맥락에서 "기업가치의 저감"을 손해 범위에서 제외하는 규정을 둔 사례들도 있는데, 매수인이 주주로서 청구하는 손해는 대상회사의 기업가치를 표창하는 주식의 가치 하락분을 청구하는 것이기 때문에 위와 같은 규정을 두는 것은 쉽사리 납득하기 어렵다. 우발적 손해, 2차 손해, 결과적 손해는 결국 모두 특별손해에 해당하기 때문

---

245) 영미 계약에서도 같은 이유로 "Damages"가 아닌 "Loss" 용어를 사용한다. ABA, 31면.

246) 미국법상 결과적 손해(consequential damages)는 가해행위로부터 직접적이고 즉각적으로 도출되지 않고, 간접적으로 도출되는 손해로서 간접 손해(indirect damages) 또는 특별 손해(special damages)로 일컬어지기도 한다. 이러한 결과적 손해는 민법상 특별손해에 대응하는 것으로 볼 수 있으나, 미국법에서는 특별손해의 인식 주체를 계약의 양 당사자로 보는 반면, 우리나라는 채무자로 보고, 미국법은 특별손해의 인식 시점을 계약 체결 시로 보는 반면, 우리나라는 채무의 이행기 내지 채무불이행시로 보고 있는 점(대법원 1985. 9. 10. 선고 84다카1532 판결 등)에서 차이가 있다. 미국사법의 이해(박정현 집필부분), 143면.

247) 대법원 2003. 10. 24. 선고 2003다29661 판결.

에 특별손해를 손해배상 범위에서 제외함으로써 충분하고, 굳이 그 의미도 불분명한 것들을 기재할 필요는 없을 것이다. 오히려 사업기회의 상실과 같이 장차 발생할 수 있는 이익, 즉 일실이익은 통상손해에 해당하는지 여부가 불분명한바 이에 대해서는 명확하게 손해에 포함하지 않는다는 규정을 둘 수 있겠다.

만일 손해의 범위에 관하여 계약서에 아무런 기재도 하지 않는다면 민법상 일반적으로 인정되는 손해의 개념을 빌려 어떤 위반이 없는 경우 갖게 되는 이익과 위반이 있는 경우 갖게 되는 이익의 차이로 계산을 할 것이고, 민법 제393조를 준용하여 통상손해는 포함되고 특별손해는 배상의무자가 특별한 사정을 알았거나 알 수 있는 경우에 한하여 배상의무가 인정될 것이다.

한편, 진술 및 보장 중 대부분을 차지하는 것은 대상회사에 대한 것이고, 그러한 대상회사에 관한 진술 및 보장을 위반하여 대상회사에 손해가 발생한 경우에 당사자에게 발생한 손해액을 어떻게 산정할지 문제 된다. 원칙대로라면 매매목적물은 주식이므로 대상회사에 발생한 손해액을 그대로 당사자에게 발생한 손해액으로 볼 수는 없고, 진술 및 보장 위반이 없었을 때의 주식의 가치와 있었을 때의 주식의 가치의 차액, 즉 주식가치의 감소분으로 산정해야 할 것이다.

대법원 2018. 10. 12. 선고 2017다6108 판결

> "기업인수계약에서 진술·보증 위반으로 인한 손해배상의 범위나 금액을 정하는 조항이 없는 경우에는 매수인이 소유한 대상회사의 주식가치 감소분 또는 매수인이 실제 지급한 매매대금과 진술·보증 위반을 반영하였을 경우 지급하였을 매매대금의 차액을 산정하는 등의 방법으로 손해배상액을 정하여야 한다."

대법원 2013. 11. 28. 선고 2011다59247 판결[248)]

> "설령 원고의 고지의무 위반이 인정된다고 하더라도 그로 인하여 피고들이 입은 손해는 원칙적으로 피고들이 이 사건 해약조항의 존재를 알았을 경우 원고와 체결하였을 주식양도계약의 내용과 그렇지 아니한 상태에서 체결된 이 사건 주식양도계약의 내용을 비교하여, 피고들이 이 사건 해약조항의 존재를 알지 못함에 따라 더 지출하게 된 주식양도대금 기타 비용 상당액으로 봄이

248) 씨넥스티미디어 사건 상고심 판결.

타당하고, 또한 피고들과 별개의 법인격을 가진 씨넥스트미디어가 라이선스료를 추가 지출하였다고 하여 씨넥스트미디어의 주주인 피고들이 그 금액 상당의 손해를 입었다고 쉽게 단정할 것도 아니라는 점을 밝혀 둔다."

그런데 주식의 가치를 어떻게 평가할지에 대해서 일률적으로 정해진 방법이 없고, 다양한 요소로 인하여 프리미엄이 붙거나 할인될 수 있기 때문에 그 주식 가치의 감소분 산정에 대해서 당사자들 사이에 분쟁이 발생할 가능성이 높다.

서울고등법원 2014. 10. 30. 선고 2012나71567 판결[249)]

진술 및 보장 위반이 인정되는 항목들은 회사의 자산이 실제보다 많거나 부채가 실제보다 적은 것처럼 오인하게 하는 항목인데, 매수인은 회사 및 그 주식의 가치를 순자산가치평가법에 의하지 않고 현금흐름할인법을 적용하여 산정하였으므로 진술 및 보장 위반으로 회사의 자산 또는 부채의 증감이 있더라도 회사의 기업가치에 영향을 미쳤다고 보기 어려워 손해의 발생을 부인하였다.

서울고등법원 2007. 1. 24. 선고 2006나11182 판결

매도인은 매매대금에 경영권 프리미엄이 포함되어 있고, 이는 진술 및 보장 위반으로 회사의 순자산가치가 하락하더라도 변동되지 않는 것이므로 순자산가치 하락으로 인한 매수인의 손해액 산정 시 이를 감안하여 결정되어야 한다고 주장하였으나, 법원은 "기업 주식의 51%를 인수함에 있어서 기업의 순자산가치 외에도 경영권을 장악하는 데에 따른 프리미엄 등이 인수대가에 포함되는 것으로 볼 수 있다고 하더라도, 기업의 순자산가치는 주가와 일치하는 것이고 주가를 초과하는 인수대금은 경영권 프리미엄 등에 대한 대가라고 단정할 수는 없다"고 하고, "이 사건 주식 매매대금 중 얼마만큼이 경영권 프리미엄 등에 대한 대가에 해당하는지 확정할 수 있는 자료도 없다"는 이유로 매도인의 주장을 배척하였다.

이에 통상적으로는 계약서에 대상회사에 발생한 손해액을 그대로 당사자에게 발생한 손해액으로 본다고 명시함으로써 보다 간명하게 처리한다. 이렇게 직접 명시하고 있지 않더라도 만일 매매대금을 산정할 때 재무제표상 특정 수치를 기초로 산정하였음이 명백하여 대상회사에 관한 진술 및 보장 위반으로 그 수치가 변동되는 경우 같은 금액

249) 상고심(대법원 2016. 6. 10. 선고 2014다83067 판결)에서 상고기각 확정.

만큼 매매대금이 변동되는 구조인 경우(특히, 기업 가치평가 방법 중 자산가치법을 채택한 경우에 그러한 구조일 가능성이 높음)이거나, 매매대금 조정 조항이나 손해배상 조항에서 대상회사에 발생하는 추가 부담(가령, 추가로 적립해야 할 대손충당금)을 그대로 매매대금에 반영하도록 하고 있는 경우[250] 등에는 당사자들도 대상회사에 발생한 손해액이 매매대금에 그대로 반영되어 당사자에게 발생한 손해액으로 인정하려는 의사였다고 인정할 수 있을 것이다. 반면, 매매대금을 산정할 때 회사의 일정한 수익(가령, EBITDA)에 배수(multiple)를 곱하여 산정하였다면, 손해액을 산정할 때에도 일정한 수익 감소에 동일 배수를 곱하여 산정하는 것이 합리적일 수 있다. 매수인 입장에서는 추후 위와 같이 손해액 산정 시 배수를 곱해야 한다고 주장하기 위해서 계약서에 매매대금 산정 방식으로 어떤 값에 배수를 곱하였다는 점을 명시하거나 손해액 산정 방법으로 어떠한 경우에는 어떤 값에 어떤 배수를 곱하여 산정한다고 명시하는 것을 고려할 수 있다.[251]

경남제약 사건

경남제약의 주식을 보유하고 있던 주주들(피고)과 녹십자 등(원고) 사이에 경남제약의 경영권 및 주식을 양수도하는 계약을 체결하였다. 피고는 원고에 대하여 계약 체결일에 제공한 재무제표 등에 기재된 것을 제외하고는 회사에 일체의 우발채무, 부실자산, 보장사항 위반이 없음을 진술 및 보장하면서 추가적인 위반사항이 발견되는 경우 피고의 책임과 부담으로 하되, 계약 체결 후 실시된 실사 결과 실사완료시점까지 발견된 우발채무, 부실자산이 있는 경우 그 금액을 양도대금에서 공제하기로 약정하였다.

대법원은 “위와 같은 손해배상에 관한 약정은 피고들이 이 사건 진술·보장 조항을 위반하여 경영권이 이전되는 시점 이전의 사유로 인한 부외채무, 우발채무, 부실자산 등이 추가로 발견되는 경우, 피고들은 그 채무불이행에 따른 손해배상으로 원고에게 위 각 해당 금액을 지급하되, 그 부외채무, 우발채무, 부실자산이 계약 체결 후에 실시된 실사완료시점 이전에 발견되는 경우에는 그 금액을 양도대금에서 공제함으로써 간이하게 정산하기로 한 취지”라고 판시하고, 대상회사에 발생한 부실자산과 우발채무 금액을 당사자에게 발생한 손해액으로 인정하였다.[252]

---

250) 늘푸른상호저축은행 사건 참고.

251) 미국 사례로 In re Dura Medic Holdings, Inc. Consolidation Litigation, C.A. No. 2019-0474-JTL (Del. Ch. 2025) 참고. 면책 조항에서 손해는 영업이익, 수익, 기타 지수의 배수에 기초한 손해를 포함한다고 규정하고 있고 매수인이 매매대금 산정 시 EBITDA에 일정 배수를 곱하여 산정한 사안에서 주요한 고객들과의 거래가 중단됨으로써 발생한 손해액 산정 시 그 고객들로부터 발생하였던 과거 1년치 영업이익에 같은 배수를 곱하여 산정하였다.

252) 대법원 2012. 3. 29. 선고 2011다51571 판결.

이 판결은 이례적으로 계약서에 손해액 산정 방법에 대한 규정이 없음에도 불구하고 대상회사에 발생한 손해액을 주주에게 발생한 손해액으로 인정한 사안이다. 그런데 이 사안의 계약서에는 대상회사에 발생한 손해액을 매매대금에서 공제하는 조항이 있었기에 계약의 체계적 해석상 대상회사에 발생한 손해액을 그대로 당사자에게 발생한 손해액으로 본 것이고, 이러한 조항이 없는 경우에도 항상 그와 같이 볼 수 있지는 않을 것이다. 따라서 계약서를 작성할 때 이 부분을 명확하게 기재하는 것이 바람직하다.

매수인이 대상회사의 지분 전체를 취득하는 것이 아니라 일부만 취득하는 경우에는 손해액 산정에 관한 특별한 규정을 두는 경우가 많다. 대상회사에 어떠한 손해가 발생하더라도 매수인은 자신의 지분율에 비례한 만큼만 손해를 입었다고 볼 수 있으므로 손해액 산정 시 대상회사에 발생한 손해액에 매수인의 지분율을 곱하는 것이다. 이때 진술 및 보장 중 대상회사에 관한 진술 및 보장을 위반한 경우에만 대상회사에 손해가 발생한 것이므로 매수인의 손해액 산정 시 매수인의 지분율을 곱하고, 매도인에 관한 진술 및 보장을 위반한 경우에는 매수인에게 직접 손해가 발생한 것이므로 매수인의 손해액 산정 시 매수인의 지분율을 곱해서는 안 된다.[253] 한편, 이와 같이 지분율을 곱하는 것은 당사자 간의 협상에 따라 다르게 정할 수 있는 부분이고, 만일 매수인이 최대주주나 경영자가 될 예정이고 매매대금을 정할 때 경영권 프리미엄을 붙여서 고가로 산정하는 등 달리 매수인의 이익을 최대로 보전해 줄 사정이 있다면 매수인이 일부 지분만 취득하더라도 대상회사에 발생한 손해액 전부를 매수인의 손해액으로 보는 것으로 약정할 수도 있을 것이다.[254]

---

253) 대법원 2018. 7. 20. 선고 2015다207044 판결.

254) 경영권 프리미엄이라는 것 자체도 객관적으로 인정되는 것이라기보다는 매수인이 주관적으로 판단하여 협상에 의하여 정해지는 주관적인 것이다. 김화진(2012), 85, 86면. 따라서 지배주주와의 거래에서 매매대금에 경영권 프리미엄을 얼마나 붙일지, 손해가 발생했을 때 경영권 프리미엄을 얼마나 반영하고 매수인의 지분율을 얼마나 반영할지는 당사자들이 협의하여 약정할 수 있다.

서울상호저축은행 사건

이 사건은 주식양수도와 신주인수가 하나의 계약서로 체결되면서 손해배상을 발행회사와 인수인 모두 청구할 수 있게 규정하고 있어서 계약 해석에 다툼이 발생한 사례이다. 손해배상청구권자가 여럿인 경우 손해배상액을 어떻게 산정하고, 손해배상액 제한을 어떻게 적용할지 계약서를 명확하게 작성할 필요가 있음을 알 수 있다.

서울상호저축은행(은행)은 대손충당금을 과소계상하여 BIS 자기자본비율을 허위 공시한 사실이 있어 감독당국으로부터 적기시정조치 대상이 되었다. 이런 가운데 웅진캐피탈 측(인수인)이 은행의 주식 및 경영권 인수를 제안하여 은행의 신주를 인수하고 기존주주들은 가지고 있던 주식을 은행에 무상양도하는 계약을 체결하였다. 그런데 거래종결 후 은행에 추가로 부실채권이 발견되었고, 인수인은 은행에 불법·부실신용공여가 없다는 진술 및 보장을 위반하였다는 이유로 기존주주들을 상대로 손해배상을 청구하였다. 계약서의 손해배상 조항은 인수인의 선택에 따라 기존주주들이 배상액을 은행에 지급하게 하거나 배상액 전액에 그 당시 보유하고 있는 인수인의 지분비율을 곱한 금액을 인수인에게 지급하게 할 수 있다고 규정하고 있었고, 기존주주들이 인수인 및/또는 은행에게 배상하는 금액의 총액은 100억원을 한도로 한다고 규정하고 있었다.

기존주주들은 추가로 발견된 부실채권으로 인하여 은행이 대손충당금을 적립한 것만으로는 인수인에게 손해가 발생한 것으로 볼 수 없고 부실대출자산의 가액이 실제 감소한 경우에만 그 감소분을 손해로 보아야 한다고 주장하였으나, 법원은 계약서에서 손해를 회사에 발생하는 일체의 손실, 책임, 손해, 청구, 소송, 부과금, 경비, 비용이라고 포괄적으로 규정한 점, 이 사건 계약은 은행의 대손충당금 과소계상으로부터 비롯되어 은행이 BIS 자기자본비율을 일정 수준 이상으로 유지할 수 있도록 하기 위해 체결된 점, 대손충당금을 추가로 적립할 경우 자본계정의 감소로 이어져 BIS 자기자본비율을 유지하기 위해 추가 출자가 불가피한 점 등을 고려하여 은행이 추가로 적립한 대손충당금은 은행의 손실이 되고, 그중 인수인의 지분비율에 해당하는 부분은 그 지분가치의 실질적인 감소분에 해당하여 손해에 해당한다고 보았다.[255]

계약서에서 인수인에게 지급할 배상액은 "그 당시" 인수인의 지분비율을 곱하도록 되어 있었고, 기존주주들은 "그 당시"가 실제로 손해배상금을 지급하는 시점(변론종결시)이라 주장하였고 인수인은 거래종결 시라 주장하였다. 그러나 법원은 손해배상을 청구하기 위해 인수인 및/또는 은행이 그 사유와 청구 내용을 기존주주 대표에게 청구하도록 규정하고 있는 점에 비추어 인수인이 자신에게 직접 손해배상하라고 기존주주 대표에게 통지하는 시점으로 보아야 한다고 판시하였다.

255) 서울고등법원 2013. 3. 14. 선고 2012나66985 판결(항소심); 대법원 2015. 5. 14. 선고 2013다29493 판결(상고심).

마지막으로 손해배상액 한도가 100억원으로 되어 있는 것과 관련하여, 인수인은 기존주주들이 인수인 또는 은행에게 배상할 금액의 총액이 각각 100억원이라고 주장하였으나, 법원은 기존주주들의 진술 및 보장 위반으로 은행에 발생한 손해 전체를 100억원 한도에서 배상하도록 한 것이므로, 손해액이 100억원을 초과하는 경우에 인수인에게 배상할 때에는 100억원에 인수인의 지분비율을 곱한 금액을 배상할 책임이 있다고 판시하였다.

라. 존속기간

§7(3) – 손해배상 – 존속기간

(3) 제5조에 규정된 진술 및 보장은 거래종결일로부터 2년이 되는 날까지 존속한다. 단, (i) 제5조 제1항 제1호 내지 제5호, 제7호, 제8호 및 제5조 제2항 제1호 내지 제4호에 규정된 진술 및 보장은 영구히, (ii) 제5조 제1항 제18호, 제19호, 제22호에 규정된 진술 및 보장은 관련 소멸시효 또는 제척기간 만료일로부터 3개월이 되는 날까지 존속한다.

1) 존속기간의 의의 및 법적 성격

존속기간은 영미 계약의 survival period를 번역하여 가져온 용어인데, 손해배상청구를 할 수 있는 기간을 의미하고 이에 따라 존속기간이라는 용어 대신 "유효기간", "청구기간", "면책기간"이라는 용어를 쓰는 경우도 있다. "존속"한다는 용어 때문에 자칫 해당 기간 동안 진술 및 보장이 계속된다고 착각할 수 있으나, 해당 기간 동안 진술 및 보장 위반에 따른 책임을 청구할 수 있는 것이라는 것을 주의해야 한다. 가령, 거래종결인 현재 법령을 준수하고 있다는 진술 및 보장을 하고 그 존속기간이 2년이라고 하자. 그렇다면 법령 준수를 거래종결일로부터 2년간 해야 한다는 의미가 아니고, 거래종결일 현재 법령 준수를 하고 있고 만일 그때 법령 준수를 하지 않은 것이 발견된다면 2년 내에 그에 따른 손해배상을 청구해야 한다는 의미이다. 다른 말로 이 기간은 매수인이 대상회사 인수 후에 위험을 발견하고 손해배상을 청구할 수 있는 기간이라고 이해하면 된다.

이러한 존속기간은 진술 및 보장에 대해서만 규정하는 것이 일반적이다. 물론 확약에 대해서 규정하는 경우도 있지만, 확약 위반에 따른 손해배상책임은 법정 소멸시효를 따르도록 별다른 약정을 하지 않는 경우가 더 많다.[256] 확약에 대해서도 존속기간을 정

256) 상행위로 인하여 생긴 채권뿐만 아니라 상행위로 인하여 생긴 채무의 불이행으로 인한 손해배상채권에도 상사시효가 적용된다. 대법원 1997. 8. 26. 선고 97다9260 판결.

하는 경우 거래종결 전 확약과 거래종결 후 확약의 존속기간을 구분하기도 한다.

진술 및 보장 위반에 따른 책임을 약정 책임으로 본다면 이 존속기간은 진술 및 보장 위반에 따라 손해배상을 받을 수 있는 약정채권의 소멸시효에 해당한다.[257] 이에 반하여 존속기간이 제척기간에 해당한다고 보는 견해도 있으나,[258] 제척기간이란 일정한 권리(주로 형성권)에 관하여 법률이 예정하는 존속기간을 의미하는데,[259] 진술 및 보장 위반에 따른 손해배상청구권은 채권에 해당하고 따로 그 존속하는 기간을 법률에서 정하고 있지 않기 때문에 이를 제척기간으로 볼 근거가 없고, 채권의 소멸시효에 관한 규정이 적용된다고 보는 것이 타당하다.

원래 상법에 따라 상사시효는 5년이지만(상법 제64조), 당사자 간 합의에 따라 시효기간을 단축하는 것은 가능하므로(민법 제184조 제2항) 개별 진술 및 보장 별로 존속기간을 약정함으로써 시효를 단축시키는 의미를 갖는다. 그런데 실무상 일부 중요한 진술 및 보장(이른바 근본적 진술 및 보장)의 존속기간은 영구히 또는 기간의 제한 없이 존속한다고 규정하는 경우가 있다. 이러한 진술 및 보장은 해당 거래의 가장 기초가 되는 것들이어서 그 위반이 발견되면 당사자들이 언제라도 청구할 수 있게 하려는 의사하에 이렇게 규정하는 것이지만, 민법상 법정 시효를 배제하거나 시효기간을 연장하는 것은 허용하고 있지 않다(민법 제184조 제2항). 따라서 이와 같이 존속기간이 영구하다는 문언에도 불구하고 해당 진술 및 보장의 존속기간은 상사시효인 5년으로 인정될 것이다.[260] 또 시효의 이익은 미리 포기할 수 없으므로(민법 제184조 제1항), 계약서에 존속기간을 영구히 하기로 약정한 것만으로 시효의 이익을 포기하였다고 볼 수는 없을 것이다. 그러나 당사자가 5년이 경과된 후에 해당 진술 및 보장 위반을 주장하고, 상대방이 이러한 위반을 인정하면서 일부 손해배상을 하였다면 시효의 이익을 포기한 것으로 볼 여지는 있다.

---

257) 서울고등법원 2007. 1. 24. 선고 2006나11182 판결; 서울고등법원 2011. 12. 14. 선고 2011나34776 판결.

258) 김홍기(2009), 90-92면.

259) 곽/김, 민법총칙, 419면.

260) 준거법이 한국법이 아닌 경우에는 해당 준거법에서 소멸시효 기간을 연장하고 기간 제한 없는 청구가 가능한지 검토가 필요할 것이다. 델라웨어 주에서도 법정 시효기간보다 긴 존속기간은 공서양속(public policy)에 반하는 것으로서 집행이 불가능하다고 본다. Shaw v. Aetna Life Ins. Co., 395 A.2d 384, 386-387 (Del. Super. Ct. 1978).

2) 존속기간의 설정

먼저 존속기간의 기산점, 즉 손해배상청구가 가능한 최초 시점을 어떻게 할지 검토할 필요가 있는데, 계약에서 정하지 않는 경우가 많다. 그 경우 존속기간은 약정 책임이 발생하는 시점부터 기산된다고 할 것인데, 이는 관련 채권이 성립하여 청구할 수 있는 시점부터이고 진술 및 보장의 기준시점을 계약 체결일로 하고 거래종결을 손해배상청구의 전제로 명시하고 있지 않은 경우에는 계약 체결일부터 청구할 수 있을 것이다. 거래종결 전에는 아직 계약이행이 이루어지지 않았고 자료제출을 요구하면 되므로 손해배상이 인정되지 않을 수 있다는 견해도 있으나,[261] 아직 계약이행이 이루어지지 않았다 하더라도 이행이익 또는 신뢰이익 상당의 손해가 발생하지 않았다고 할 수 없고, 거래종결 전에 계약 위반을 발견하여 정확한 사실을 알 수 있었다는 사정만으로 손해배상청구가 부인되어서는 안 되고 오히려 위반사항을 발견하였다면 손해배상 또는 면책 조항을 통해서 가격조정을 하는 것이 필요하다. 따라서 달리 계약에서 거래종결을 손해배상청구의 전제로 규정하고 있지 않는 이상 거래종결이 안 된 경우에도 손해배상청구가 가능하다고 보아야 할 것이다.[262] 물론 계약서에서 명시적으로 거래종결이 되지 않으면 이 조항에 따른 손해배상을 청구할 수 없도록 규정하는 경우도 있는데, 이런 경우 통상 매수인은 해제 조항에 규정되어 있는 위약금을 통해서 손해를 전보받을 수 있는 방법을 강구하게 될 것이다. 한편, 진술 및 보장의 기준시점을 거래종결일로만 한다면 자연스럽게 거래종결이 되지 않으면 진술 및 보장 위반에 따른 손해배상청구는 불가능하게 될 것이다.

존속기간의 기한, 즉 손해배상청구가 가능한 최후 시점 관련 매도인 입장에서는 최대한 주식매매 거래로부터 발생하는 책임으로부터 조속히 벗어나기를 원하고, 매수인 입장에서도 기업인수 이후 최대한 빠른 시일 내에 과거에 존재하는 위험들을 제거하고 기업을 안정화시킬 필요가 있기에 통상 시효기간보다 짧게 거래종결일로부터 2년 내의 기간(6개월, 12개월, 18개월 등)으로 당사자들이 협의하여 정한다. 매수인은 거래종결 후 대상회사의 상태를 파악하고 매도인의 진술 및 보장이 정확한지 여부를 검토하는 데 어느 정도 시간이 필요한지 검토하여 기간을 정해야 할 것이다.

때로는 매도인이 PEF로서 거래 이후에 수익을 분배하고 청산할 예정이고 clean exit을 원하여 거래종결 후에는 손해배상청구를 할 수 없도록 규정하는 경우도 있다. 그

---

261) 김홍기(2009), 96면.

262) 미국에서도 동일하게 해석한다. ABA, 294, 295면.

러나 매수인 입장에서는 PEF를 지배하는 GP나 그 윗단의 회사들을 통해 보증을 요구하여 손해배상을 받을 수 있는 여지를 남기고자 하고, 더욱이 거래종결 후 확약을 포함시킬 경우에는 이에 대해서는 거래종결 이후에도 손해배상청구가 가능해야 하므로 존속기간을 아주 짧게라도 설정하려는 경우가 많다.

존속기간을 설정하는 경우에 앞서 설명한 바와 같이 근본적 진술 및 보장에 대해서는 그 법적 유효성을 불문하고 영구히 존속한다고 약정하는 것이 일반적이다. 다만, 근본적 진술 및 보장에 어느 진술 및 보장을 포함시킬지는 일률적으로 정해져 있지 않기에 당사자들이 협의하여 정할 문제인데, 통상 각 당사자 및 거래에 대한 진술 및 보장(적법한 체결, 법령 등 위반 없음, 정부승인, 소송 없음, 주식 소유권)은 포함되고, 대상회사에 대한 진술 및 보장도 포함시킨다면 회사의 설립 및 존속과 자본구성 관련 진술 및 보장 정도 포함시키기도 한다.

이 외에도 특정한 진술 및 보장에 대해서는 일반적으로 적용되는 존속기간보다 조금 더 긴 기간을 설정하는 경우들이 있다. 정부기관의 제재로 인하여 대상회사에 막대한 금전적인 부담이 발생할 수 있는 경우들이고 일반적으로 조세, 인사노무, 환경 관련 진술 및 보장이 여기에 해당한다. 이들 진술 및 보장에 대해서는 정부기관의 제재나 분쟁이 발생할 수 있는 기간인 관련 소멸시효 또는 제척기간의 만료일까지 또는 그 만료일로부터 일정 기간을 더한 날까지로 존속기간을 설정한다.

마지막으로 사기, 의도적인 은폐, 무모한 행위, 악의적인 행위 등에 대해서도 존속기간을 영구히 설정하는 경우들이 있고 이 경우에는 일반 상사시효의 제약을 받을 것이다. 그런데 위와 같은 행위에 대해서는 통상 유일한 구제수단 조항의 예외로 두기 때문에 본 계약에서 정한 손해배상 조항을 원용하지 않고 불법행위로 인한 손해배상청구도 가능할 것이고, 이때는 일반 불법행위로 인한 손해배상청구의 소멸시효가 적용될 것이다(민법 제766조).

마. 청구 절차

§7(4) – 손해배상 – 청구 절차

(4) 진술 및 보장 위반으로 인한 손해배상청구의 경우 배상권리자는 제3항에서 정한 존속기간 내에 진술 및 보장 위반의 구체적인 항목, 내용, 항목별 근거자료, 예상 손해액을 배상의무자에게 서

면으로 통지한 경우에 한하여 손해배상을 청구할 수 있다. 그러한 통지가 없는 경우에는 해당 부분에 대한 손해배상청구권은 소멸하며, 그러한 통지가 있는 경우에는 해당 부분에 대한 손해배상청구권은 존속기간이 경과한 이후에도 소멸하지 않으나 통지일로부터 3개월 내에 재판상 청구하지 않으면 소멸한다.

진술 및 보장 위반을 이유로 한 손해배상청구를 하기 위한 구체적인 요건과 절차에 관한 조항이다. 이 조항은 넣지 않는 경우도 있으나 계약 위반을 발견했을 때 바로 제3의 분쟁해결기관으로 가지 않고 상호 위반사항이 무엇인지 명확히 이해하고 이를 해결하기 위한 절차를 촉진한다는 점에서 넣는 것이 도움이 된다. 특히, 진술 및 보장 위반의 경우 진술 및 보장 조항 자체는 매우 간단하게 되어 있으나 그 위반을 구성하는 사실은 복잡할 수 있기에 자세한 내용을 미리 파악하고 정리해서 상대방에게 제시하고, 반박할 수 있는 기회를 주는 것이 분쟁해결에 도움이 된다.

배상권리자는 진술 및 보장을 발견하는 경우 언제까지(존속기간 내에 통지하면 되는지, 아니면 진술 및 보장 위반을 알게 된 때로부터 일정 기간 내에 통지하여야 하는지), 진술 및 보장 위반의 구체적인 항목(주식매매계약의 진술 및 보장 조항 중 어느 조항을 위반한 것인지), 내용(진술 및 보장을 위반하는 구체적인 사실관계에 대한 설명), 항목별 근거자료(진술 및 보장 위반의 구체적인 사실관계를 뒷받침하는 다른 자료, 가령 정부기관이 공정거래법 위반을 이유로 과징금을 부과한 과징금 부과 통지서), 예상 손해액을 포함해서 배상의무자에게 서면으로 통지하도록 정한다. 통지서에 포함시켜야 할 사항이 많아질수록 배상권리자에게 부담이 된다는 점을 고려해야 한다. 항목별 근거자료를 모두 제공하도록 규정할 경우 아직 청구를 뒷받침하기 위한 조사가 충분히 이루어지지 않더라도 상대방에게 관련 자료를 전부 제공해야 하고, 나아가 제3자에 대한 비밀유지의무를 부담하는 자료더라도 가능한 범위에서 제공해야 할 수 있다.[263] 손해액은 아직 확정되지 않았을 수도 있기 때문에 통상 "예상" 손해액을 통지하도록 하고 통지 이후에 확정된 손해액을 다시 통지할 수 있는 길을 열어두는 것이 필요하다.

통지가 갖는 의미는 계약에 따라 다르다. 가령, 손해배상청구를 위해 존속기간 내에 통지하도록 하는 경우 이는 단순히 소멸시효를 중단시키기 위한 민법상 "최고"(민법 제168조 제1호, 제174조)를 주의적으로 규정하면서 최고의 방법을 조금 구체화한 것에 불과할 수

263) Weinsten et al. posting(2025. 5. 16.)

있다. 또, 존속기간과는 다른 기간을 정하고, 손해배상청구의 의사를 표시하는 것을 넘어서 구체적인 증거자료까지 첨부하도록 하는 등 추가적인 절차를 함께 규정하는 경우에는 손해배상 또는 면책 청구를 하기 위한 요건 또는 조건으로 해석될 수도 있다.[264)]

약정한 기간 내에 통지하지 않는 경우에 어떠한 효과를 갖는지 명확하게 규정할 필요가 있다. 통상 통지하지 않으면 손해배상청구권이 소멸한다고 규정한다. 간혹 통지하지 않는 경우에도 배상권리자의 손해배상청구에 영향을 미치지 않는다고 기재한 계약서들이 있는데, 이는 적어도 존속기간 내에 배상의무자를 상대로 최고하는 것을 전제로, 이 조항에서 정한 구체적인 요건과 절차를 충족하지 않더라도 무방하다는 것으로 해석해야 한다. 그렇지 않으면 소멸시효 기간이 경과하기까지 아무런 조치도 취하지 않았는데 손해배상청구권이 살아 있다는 이상한 결과가 발생하기 때문이다.

통지를 한 경우에는 손해배상청구권이 소멸하지 않는다. 그런데 많은 계약들이 이와 같이 소멸하지 않는다는 것까지만 기재하고, 그 이후에 어떻게 되는지에 대해서는 침묵한다. 그러면 한 차례 통지만 하면 이후에 그 손해배상청구권은 영구히 존속하고 배상권리자는 언제든지 소를 제기할 수 있는 것인가? 여기서 통지는 약정상 손해배상청구를 하기 위한 절차에 지나지 않고, 소멸시효를 배제하는 효과를 갖는 것은 아니다. 존속기간 내에 통지한 경우 이러한 통지는 결국 민법상 소멸시효 중단의 효력이 있는 "최고"와 같은 효력을 갖는다. 따라서 통지한 후 배상의무자와 최대한 조속히 협의하여 배상을 받아야 하고, 계약에서 다른 약정을 하지 않은 이상 6개월 내에 재판상 청구를 해야 한다. 재판상 청구를 하지 않은 채 존속기간이 도과하면 위 최고에 의한 시효중단의 효력은 사라져 손해배상청구권은 소멸한다(민법 제174조). 물론 6개월이 되기 전에 상대방이 해당 손해배상 발생원인과 손해액에 대해서 승인을 한다면 존속기간이 새로이 진행한다(민법 제178조). 계약서에 단순히 소멸하지 않는다고 기재하면 자칫 통지 이후 해당 손해배상청구권은 영구히 존속한다는 오해를 가져올 수 있으므로, 가능하면 구체적으로 어느 기간 동안 협의하고, 합의에 이르지 않는 경우 언제까지 재판상 청구(또는 해당 계약이 분쟁해결절차로 중재를 상정하고 있는 경우에는 중재 신청)를 해야 하는지를 명시하는 것이 바람직하다.

264) 미국 사례로 Thompson Street Capital Partners IV, L.P. v. Sonova U.S. Hearing Instruments, LLC, C.A. No. 2023-0922 (Del. 2025) 참고. 합병계약에서 매수인이 면책청구 사실을 알게 된 때로부터 30일 내에 모든 중요한 서면 증거를 포함해서 통지하도록 정하고 있었던 사안에서, 그러한 통지 요건은 면책 청구를 위한 선행조건에 해당한다고 판시하였다.

바. 손해경감의무, 손익상계, 이중배상금지

§7(5)-(7) – 손해배상 – 손해경감의무 등

(5) 배상권리자는 배상의무자에게 손해배상을 청구할 수 있는 사유를 알게 된 경우 손해를 최소화하기 위한 합리적인 조치를 취하여야 하며, 그러한 조치를 취하지 않음으로써 발생하거나 추가된 손해에 대해서는 배상의무자에게 손해배상을 청구할 수 없다.

(6) 배상권리자가 본 계약에 따라 배상되는 손해에 대하여 제3자로부터 보험금 등의 금전이나 이익(이하 **"공제대상이익"**)을 지급받을 권리를 갖게 되는 경우, 배상권리자는 배상의무자에 대한 손해배상청구를 하기 전에 공제대상이익을 지급받기 위한 합리적인 노력을 다하여야 한다. 배상의무자가 본 계약에 따른 손해배상을 하기 전에 배상권리자가 제3자로부터 공제대상이익을 지급받은 경우 공제대상이익의 금액만큼 배상의무자가 배상권리자에게 지급할 손해배상액은 감액된다. 배상의무자가 본 계약에 따른 손해배상을 한 후에 배상권리자가 제3자로부터 공제대상이익을 지급받는 경우 배상권리자는 지체없이 배상의무자로부터 배상받은 금액과 제3자로부터 지급받은 금액의 합계에서 배상권리자에게 발생한 손해를 초과하는 금액을 배상의무자에게 지급하여야 한다. 대상회사에 공제대상이익이 발생한 경우 그 금액에 O%를 곱한 금액 상당의 공제대상이익이 매수인에게 발생한 것으로 본다.

(7) 본 계약에 따른 손해배상책임은 손해배상을 초래하는 사실관계가 하나 이상의 진술 및 보장 위반 또는 의무 위반을 구성한다는 이유로 중첩적으로 발생하지 않는다.

다음으로 손해경감의무, 손익상계, 이중배상금지는 신의칙 또는 손해부담의 공평이라는 손해배상제도의 이념에 비추어 계약에 명시되어 있지 않아도 인정될 수 있는 내용이지만 주의적으로 계약서에 명시하는 경우가 많다.

먼저 손해경감의무는 배상권리자가 손해배상을 청구할 수 있는 사유를 알게 된 경우 손해를 최소화하기 위한 조치를 취하여야 한다는 것이고, 그러한 조치를 취하지 않아서 확대된 손해에 대해서는 배상의무자에게 손해배상을 청구할 수 없다는 내용이다. 채무불이행으로 인한 손해배상책임의 경우에는 민법 제396조의 과실상계 규정을 통해, 불법행위로 인한 손해배상책임의 경우에는 신의칙 또는 손해부담의 공평이라는 손해배상제도의 이념에 비추어 민법 제763조 및 제396조의 유추적용을 통해 손해배상액 산정 시 손해확대에 기여한 채권자(피해자)의 행위를 고려하는바, 이와 동일한 취지의 약정이다. 다만, 진술 및 보장 위반으로 인한 손해배상책임에 과실상계를 섣불리 인정하는 것은 바람직하지 않다.[265] 진술 및 보장은 당사자의 과실 유무를 묻지 않고 일정한 사실에 대

265) 서울고등법원 2013. 3. 14. 선고 2012나66985 판결 참고. 공개목록에 누락된 대출채권을 다른 서류를 통하여 발

해서 보장하고 그러한 사실이 부정확할 경우 책임을 지겠다고 약정한 것이기 때문이다.

손익상계는 배상권리자가 손해배상을 받는 동일한 사실로 인하여 배상의무자가 아닌 제3자로부터 금전이나 이익을 제공받은 경우에 만일 배상의무자로부터 손해배상까지 받으면 이중의 이익을 취하게 되므로 이를 방지하기 위한 조항이다. 이때 손익상계의 대상이 되는 배상권리자가 받는 이익은 진술 및 보장 위반 사실로 인하여 지급받을 수 있는 직접적인 이익이어야 한다.

서울중앙지방법원 2013. 12. 13. 선고 2011가합128117 판결[266)]

"단순히 간접적 이익이 생긴다거나 이익이 발생할 가능성이 있다는 사실만으로는 손익상계를 할 수 없"다고 판시하고, 대상회사가 장애인고용부담금을 추가로 납부하게 됨으로써 진술과 보증을 위반한 사안에서 법령준수를 위하여 장애인을 추가로 고용하였더라면 추가적인 임금 지출이 예상되니 그 지출을 하지 않은 만큼 손익상계로 공제하여야 한다는 매도인 주장은 장애인 고용 시 발생하는 이윤 창출 부분을 고려하지 않은 주장이므로 받아들일 수 없다고 판시하였다.

주로 어떤 사고로 인하여 보험금을 지급받는 사례가 문제 되는데, 어떤 사고가 진술 및 보장 위반에 해당하고 그 사고에 대해서 보험을 가입해 놓아서 보험금을 지급받은 경우에 손해배상액에서 보험금을 공제하고 배상하도록 하는 것이다. 자주 문제 되는 것은 이처럼 제3자로부터 금전이나 이익을 제공받기 전에 제공받을 권리만을 갖고 있는 경우이다. 주로 배상의무자가 되는 매도인 입장에서는 매수인이 이러한 권리만을 갖는 경우에도 만일 그 금액이 명확하게 확정되어 있다면 이를 손해배상액에서 공제하도록 하는 것이 유리할 것이다. 반면, 매수인 입장에서는 권리만을 갖고 있는 경우에는 제3자가 이를 다투고 실제로 제공받을 때까지 상당한 기일이 소요되거나 제공받을지 여부가 불분명하기 때문에 이 부분까지 공제하지는 않도록 하는 것이 유리할 것이다. 일반적으로 배상의무자가 제3자에 대해 권리만을 갖는 경우까지 바로 손해배상액에서 공제하지는 않지만, 배상의무자가 손해배상을 청구하기 전에 제3자로부터 금전이나 이익을 제공받기 위해 합리적인 노력을 취하도록 한다. 경우에 따라서는 공제하는 이익에서 해당 이익을 제3자로부터 제공받기 위해서 소요된 비용은 차감하도록 약정하는 경우도 있다. 대

견할 여지가 있었다고 하여 과실상계 사유가 된다고 단정할 수 없다고 판시하였다. 상고심(대법원 2015. 5. 14. 선고 2013다29493 판결)에서 상고기각 확정.

266) 대우건설 사건 1심 판결.

상회사에 손해가 발생한 경우 매도인의 손해액 산정 시 매수인의 지분율을 곱하듯, 손익상계를 할 때에도 대상회사가 제공받은 이익에 매수인의 지분율을 곱하여 산정한다.

이중배상금지는 동일한 사실관계로 다수의 진술 및 보장 항목 또는 확약을 위반하게 되더라도 중복해서 배상받지 않는다는 내용이다. 진술 및 보장 위반에 따른 손해배상청구의 소송물이 무엇인지와도 관련된 문제인데, 동일한 사실관계로부터 발생한 것인 이상 어느 진술 및 보장 조항을 위반하든 하나의 소송물로 보는 것이 타당하다. 확약의 경우 대부분 별도의 사실관계를 대상으로 하므로 이중배상이 문제되는 경우는 많지 않으나, 가령 동의도 받지 않고 통지도 하지 않은 채 통상적인 사업과정을 벗어나 대상회사를 운영한 경우 특정사항의 통지 조항이나 대상회사의 운영 조항을 모두 위반한 것이 되는데 이로 인한 손해는 중복해서 청구할 수 없을 것이다.

한편, 법원은 설령 당사자들이 손해경감의무, 손익상계, 이중배상금지 등과 같이 손해 분담의 공평을 기하기 위한 조항을 별도로 두지 않는 경우에도 제반 사정에 비추어 손해배상액이 과중하다고 판단될 경우에는 손해의 공평·타당한 분담의 이념 또는 공평의 원칙을 근거로 손해배상액을 감액하기도 한다.

서울고등법원 2011. 5. 13. 선고 2010나26518 판결[267)]

법원은 회사에 발생한 우발채무, 부실자산 가액이 매도인에게 발생한 손해임을 전제로, 양도대금이 순자산가치 또는 수익가치의 면밀한 계산을 통해 산정되었다고 보기 어려운 점, 양도대금의 조정은 당사자의 협의에 의해 정해지고 협의가 되지 않으면 계약이 해제될 수도 있는데 거래종결 후의 우발채무 등의 가액 전체를 손해로 인정하면 매도인에게 지나치게 불리한 점, 회계법인의 실사를 통해 매수인이 재무제표상 일부의 부실자산 가능성을 예견하고 있었던 점, 이후 대상회사 주식거래 가격에 비추어 양도계약 당시 회사의 주가가 과대평가 되었다고 보기 어려운 점, 주가는 자금의 수급관계나 기관투자가 동향, 정치·사회 동향, 통화, 물가, 금리, 경영권 프리미엄, 브랜드 가치 등 무형의 환경 또는 가치의 영향을 받으므로 순자산가치의 증감에 그대로 연동되지 않는 점 등을 고려하여 손해배상의 범위는 우발채무, 부실자산 가액의 50%로 인정하였다.

267) 경남제약 사건 항소심 판결. 상고심(대법원 2012. 3. 29. 선고 2011다51571 판결)에서 상고기각 확정.

대법원 2013. 5. 9. 선고 2012다23429, 2012다23436 판결

> 중대한 부정적 변동 또는 영향을 양수도대금(39억원)의 10% 이상의 부정적인 변동 또는 영향으로 정의하고 매도인이 재무제표 기준일 이후 중대한 부정적 영향이 없음을 진술 및 보장하였는데 약 12억원 상당의 중대한 부정적 영향이 발생한 사안에서 부정적 변동 금액이 양수도대금의 10%를 넘기만 하면 그 차액이 아닌 변동금액 전액에 대하여 손해배상책임을 져야 하나, 여러 사정을 감안하여 중대한 부정적 변동으로 인한 손해액 전액을 배상하도록 하는 것은 손해의 공평·타당한 분담의 이념에 비추어 부당하여 위 중대한 부정적 영향의 기준인 양수도대금의 10%를 공제한 금액 상당인 약 8억원으로 손해액을 감액하였다.

그러나 당사자들이 손해배상 범위나 그 제한에 대해서 구체적으로 합의를 하였음에도 불구하고 법원이 일반 원칙을 근거로 손해배상액을 감액하는 것이 타당한지는 의문이며 극히 예외적인 경우로 한정되어야 할 것이다.[268)]

사. 손해배상액 제한

§7(8) – 손해배상 – 손해배상액 제한

> (8) 매도인의 진술 및 보장 위반에 따른 손해배상책임은 아래 각호와 같이 제한된다. 단, 매도인의 사기 또는 의도적인 은폐행위가 있는 경우에는 그렇지 않다.
>
> 1. 개별 항목별 매수인에게 발생한 손해액(여기서 개별 항목이란 그 자체로 손해배상청구를 가능하게 하는 각 사건을 의미하되, 각 사건의 기초가 되는 사실이나 원인이 동일하거나 상호 관련성이 있으면 합하여 하나의 사건으로 보아 관련 손해액을 합산함)이 OOO원 미만인 경우에는 본 계약상 손해액 산정에서 제외한다.
> 2. 매도인은 매수인에게 발생한 손해액의 총액이 OOO원을 초과하는 경우에만 그 초과한 손해액에 대해 손해배상책임을 부담한다.
> 3. 매도인이 매수인에게 배상하여야 하는 손해배상액 총액은 매매대금의 O%를 한도로 한다.

손해배상액의 최저와 최고 금액에 대한 제한을 정하는 것이고, 주로 개별 진술 및 보장 항목별 최소손해액(de minimis), 총손해액기준(basket 또는 threshold), 총손해액한도(cap)가 논의된다. 이 셋을 반드시 모두 포함시키는 것은 아니고, 개별 거래의 사정에 따라 일부만 넣기도 한다. 이러한 손해배상액에 대한 제한과 관련해서는 주로 시장 관행

268) 같은 견해: 우호적 M&A의 이론과 실무 2(강진구 집필부분), 115면; 김태진(2009), 51면.

(market practice)이 무엇인지를 두고 당사자들 간에 다툼이 자주 발생한다.

먼저 de minimis는 개별 진술 및 보장 항목 위반으로 인하여 발생하는 손해액이 최소 얼마 이상이어야지만 청구할 수 있는 손해액에 포함시키겠다는 것이다. 진술 및 보장 내에 materiality qualification이 있는 경우 어느 정도 사소한 위반사항은 걸러지지만, 위반의 내용에 따라 금액의 과다를 불문하고 진술 및 보장 위반에 해당하는 경우들이 있다. 대표적인 예가 특정 분야의 법 위반에 따라 대상회사에 과태료가 부과되는 경우이다. 전체 거래 규모에 비추어 매우 미미한 과태료가 부과되는 경우에도 매도인으로 하여금 일일이 손해배상하도록 하면 거래비용이 지나치게 높아질 것이다. 이에 사소한 과태료가 부과될 수 있는 위험은 매수인이 부담하도록 하고, 설령 과태료가 부과되더라도 매도인을 상대로 손해배상을 청구하지 못하도록 하는 것이 타당하다는 이유로 de minimis를 추가할 수 있다. 보통 과태료가 부과되는 수백만원에서 수천만원 사이로 de minimis 금액이 정해지나, 대상회사의 사업분야나 규모에 따라 천차만별일 수 있다. 개별 손해액이 de minimis를 충족했는지 여부를 판단할 때 대상회사에 손해가 발생한 경우에 그 손해액 전체를 기준으로 할지, 매수인의 지분율을 곱한 금액을 기준으로 할지에 관하여 계약서에 명확하게 기재해야 한다. 매수인이 청구할 수 있는 손해배상액을 산정할 때에는 매수인의 지분율을 곱하는 것이 일반적이나, de minimis를 넘었는지 판단할 때에는 매수인의 지분율을 곱하지 않는 경우도 많고, 이런 경우에는 "대상회사에 손해가 발생한 경우에는 그 손해액 자체를 의미하며 매수인의 지분율을 곱하지 않음"이라고 추가하는 것이 바람직하다.

사례검토

대우건설 사건

금호아시아나 컨소시엄(매수인)이 한국자산관리공사 등(매도인)으로부터 대우건설의 주식을 매수한 후에 매도인이 주식매매계약의 진술 및 보장을 위반하였다는 이유로 손해배상을 청구하였다. 이 사건에서는 매우 다양한 쟁점이 다루어졌는데 여기서는 대상회사에 손해가 발생한 경우 매수인의 손해액 산정 방법과 대상회사가 소송에 대해 조정한 경우 손해액 산정 방법에 관한 부분만 살펴본다.

먼저 대상회사에 손해가 발생한 경우 매수인의 손해액 산정 방법과 관련하여, 주식매매계약의 손해배상 조항은 아래와 같이 되어 있었다.

제19.2조 제19.1조에 의한 손해배상은 매매대금의 10%를 한도로 한다.
제19.4조 손해배상 청구대상은 개별 손해액(손해발생원인이 상호 관련성이 있는 경우 이를 합하여 하나의 개별 손해액에 포함되는 것으로 본다)이 10억 원을 초과하여 발생한 개별 손해액들의 합계가 매매대금의 1%를 초과하는 경우에 한해 그 초과금에 대해서만 청구하는 것으로 한다.
제19.5조 매도인들의 본 계약 위반으로 대상회사에 손실이 발생하고, 매수인들이 그로 인해 입은 손해의 배상을 본 계약에 따라 매도인들을 상대로 청구하는 경우에는 대상회사의 전체 손실액에 계약종결일 당시 대상회사의 총 발행주식수 중 매수인들이 매수하기로 한 대상주식이 차지하는 지분율을 곱한 금액의 배상을 청구하기로 한다.

항소심[269]은 손해액을 산정할 때 개별 항목의 손해액이 10억원을 초과하여 발생한 대우건설의 전체 손실 합계액에서 매매대금의 1%를 공제한 금액에 매수인들의 지분율을 곱하여야 한다고 판단하였다. 반면, 대법원[270]은 제19.4조에서 정한 손해배상 청구대상이 되는 매수인들의 손해는, 대우건설에 관한 사항 위반으로 대우건설의 손실이 발생하고 그에 따라 매수인이 입게 된 손해와, 매도인에 관한 사항 위반으로 매수인이 직접 입은 손해로 구분될 수 있고, 제19.5조는 대우건설에 관한 사항 위반으로 발생한 대우건설의 손실을 어떻게 매수인의 손해로 산정할 것인가에 관한 규정일 뿐이고, 매도인에 관한 사항 위반으로 매수인이 직접 입은 손해에 적용되는 것은 아닌데, 항소심과 같은 방식으로 계산할 경우 매수인에게 직접 발생한 손해도 매수인들의 지분율을 반영하여 감액하는 오류가 발생하게 되므로, 손해액을 산정할 때에는 대우건설의 개별 항목별 손실액에 매수인들의 지분율을 곱한 금액이 10억원을 초과하는 개별 손해와 매수인들이 직접 입은 손해 중 10억원을 초과하는 개별 손해의 합계액에서 매매대금 1%를 공제하여야 한다고 판시하였다.

항소심과 같이 판단할 경우 대상회사에 발생한 개별 손해액이 10억원을 넘기만 하면 배상받을 수 있는 손해액에 포함되는 반면, 대법원과 같이 판단할 경우 대상회사에 발생한 개별 손해액이 13억 8,678만원(매수인이 취득하는 지분율인 72.11%를 곱한 결과가 10억원을 초과하게 되는 최소 금액)을 넘겨야 배상받을 수 있는 손해액에 포함되므로 대법원 판시가 매수인에게 더 불리한 해석이 된다.

다음으로 대상회사에 진행 중이던 소송에 대해 조정이 이루어진 경우 손해액 산정 방법에 관하여 살펴본다. 대우건설이 G2G와 아파트공사 도급계약을 체결하였는데, 부산광역시는 이 아파트가 신축될 경우 인근 초등학교의 일조권이 침해된다는 이유로 G2G와 대우건설을 상대로 공사중지가처분 신청을 하여 인용되었다. 이후 부산광역시, G2G, 대우건설이 협의하여 부산광역시가 가처분을 취하하는 대신 G2G와 대우건설이 초등학교를 재건축해 주는 내용으로 조정을 하였다.

269) 서울고등법원 2015. 1. 16. 선고 2014나2007931 판결.
270) 대법원 2018. 7. 20. 선고 2015다207044 판결.

이후 대우건설은 G2G와 공사대금 110억원 규모의 위 초등학교 재건축공사도급계약을 체결하고 위 재건축비용을 1/2씩 G2G와 대우건설이 분담하기로 합의하고, 이에 해당하는 55억원을 위 아파트공사 대금에서 감액하였다. 매도인은 주식매매계약 별지 1에 기재된 것을 제외하고 10억원 이상(청구취지를 확장할 경우 10억원 이상이 될 수 있는 일부 청구 포함)의 소송 등이 존재하지 않는다고 진술 및 보장하였으나, 위 부사광역시의 공사중지가처분 제기 사실은 주식매매계약의 별지 1에 기재되어 있지 않았다. 이때 공사중지가처분의 소가가 20,000,010원에 불과하여 10억원 이상의 소송에 해당하는지, 조정에 따라 대우건설이 지급하게 된 아파트공사대금 감액분을 매도인의 소송에 관한 진술 및 보장 위반으로 인한 손해로 볼 수 있는지 다툼이 발생하였다.

항소심은 차후 손해액 확정시 액수가 10억원 이상이 될 수 있는 모든 분쟁절차를 진술 및 보장 대상으로 한 것이라고 볼 수 있다고 하면서도, 부산광역시에 대해 초등학교 재건축의무를 부담한 것은 발주자인 G2G이므로 대우건설이 직접 손해배상의무자라고 볼 수 없고, 위 초등학교 재건축비용이 위 아파트 일조권 침해를 이유로 인정되는 손해배상금으로 적정한 금액인지 인정할 증거가 없고, 대우건설은 초등학교 재건축공사를 새로 수주하는 이익과 아파트 공사를 즉시 재개하는 이익을 고려하여 조정에 응한 것이므로 위 아파트공사대금 감액 자체를 손실로 볼 수 없다고 하였다. 반면, 대법원은 "소송 또는 분쟁으로부터 직접 그리고 자연스럽게 도출되거나 합리적으로 예상가능한 범위의 손해에 관하여는 매도인이 그에 관한 배상책임을 부담하여야 한다."는 전제하에 대우건설이 초등학교 재건축 비용 지출을 수반하는 의무를 부담하게 된 것은 주식매매계약 체결 당시 진행 중인 소송절차에서 수소법원의 조정에 따른 것이므로 소송으로부터 직접 그리고 자연스럽게 도출된 것이고, 위 조정 내용은 대규모 건축공사를 하는 건설회사로서는 합리적으로 예상가능한 범위 안에 있다고 보이므로 위 감액 금액을 손해액으로 보아야 한다는 취지로 판시하였다.

Basket은 일단 위 de minimis를 넘는 손해액이 있음을 전제로 그 손해액을 전부 합산하였을 때 일정 금액 이상이어야지만 손해배상을 청구할 수 있다는 것이다. De minimis가 개별 진술 및 보장 항목별 최소 금액이라면, basket은 전체 손해액의 최소 금액이라고 할 수 있다. Basket도 tipping basket(first dollar base라고도 함)과 true deductible(deductible base라고도 함)로 나눌 수 있다. Tipping basket은 손해액을 누적하여 일정 기준금액을 넘어서면 전체 손해액을 청구할 수 있는 것이고, true deductible은 손해액을 누적하여 일정 기준금액을 넘어서면 그 기준금액을 초과하는 금액만을 청구할 수 있는 것이다. 어느 것으로 정할지는 순수하게 당사자들의 협상력에 따라 정해진다. Basket은 영문 표현 그대로 일정 범위 내에서 손해를 바구니에 담는 것이고, 매수인이 감당할 수 있는, 감당해야 하는 손해의 한도이다. 당사자 입장에서는 진술 및 보장을 얼마나 강하게 할 것인지, materiality qualification을 얼마나 많이 넣을 것인지와 basket을 얼마나 높게 설정할 것인지 사이에서 자신에게 유리한 것이 무엇인지 검토하여 협상에 임하게 된다. Basket도 천차만별이나, 대체로 매매대금의 0.5%에서 2% 사이에서 정해지는 경우가 많다.

마지막으로 cap은 해당 금액까지만 손해배상을 청구할 수 있다는 것이다. 매도인 입장에서 부담할 수 있는 위험의 한도라 할 수 있다. 원래 손해배상은 실손해를 전부 배상하는 것이 원칙이다. 그런데 어떤 기업에 존재하는 위험이라는 것은 실현되기 전에는 가늠하기 어려울 수 있고, 또 예상 외로 막대한 규모일 수도 있기 때문에 이를 매도인이 전부 부담한다고 한다면 기업인수 거래 자체를 할 수 없을 것이다. 더욱이 대상회사에 어떤 손해가 발생했다고 하여, 그것이 온전히 매도인의 책임이라거나 매도인 지분의 가치에 그대로 반영되어야 한다고 볼 수도 없기에 일정한 한도를 정하는 것이다. Cap도 천차만별이나, 매매대금의 5%에서 20% 사이에서 정해지는 경우가 많다. 손해배상을 보장받기 위해 에스크로를 설정하는 경우 에스크로 금액은 cap 금액에 맞추는 경우가 많다.[271)]

한편, 매도인의 사기, 의도적인 은폐, 무모한 행위, 악의적인 행위 등이 있는 경우에는 위 금액 제한이 없도록 예외로 두는 경우가 많다. 그런데 실무상 흔히 사용되는 "무모한 행위"나 "악의적인 행위"를 이러한 예외로 포함시키는 것에 대해서는 신중해야 한다. 무모한 행위는 reckless behavior, 악의적인 행위는 willful misconduct를 번역하는 과정에서 포함된 용어들로 보이는데, 국내법에서 사용하는 용어가 아니다보니 어떠한 의미를 갖는지는 외국 사례들을 살펴볼 수밖에 없고, 국내 법원에서 어떻게 해석할지 예측이 불가능하다. 영미법상 recklessness는 행위자가 위험을 인식하였음에도 이를 의식적으로 무시하면서 행위를 계속한 것을 의미하는데, 민법상의 고의와 과실의 중간 영역에 있는 개념이고, 자칫 미필적 고의 또는 중과실과 혼동될 우려가 있다.[272)] 또 악의적인 행위라고 하지 않고 단순히 "악의"의 행위라고만 할 경우 민법에서 "악의"는 선악의 의미를 갖지 않고, 단순히 알고 있다는 의미를 갖고 있기 때문에 더욱더 혼동을 불러일으킬 수 있다.

위와 같이 일정한 경우 금액 제한이 적용되지 않는다는 예외를 따로 규정하고 있지 않은 경우에도 매도인의 고의 또는 (중)과실이 있는 경우에 금액 제한이 적용되는지 여부가 문제 될 수 있다. 계약에서 달리 규정하고 있지 않다면 계약 문언에 충실하게 매도

271) Harrison, 249면.

272) 미국사법의 이해(김기홍 집필부분), 437, 438면 참고.

인이 고의 또는 (중)과실이 있다고 하더라도 여전히 금액 제한을 적용하는 것이 당사자 의사에 부합하는 해석이라 할 것이고, 다만 구체적인 사정에 따라 그러한 제한을 적용하는 것이 신의칙에 비추어 용납할 수 없는 사정이 있는 경우에만 예외적으로 제한이 적용되지 않는다고 볼 수 있을 것이다.

아. 매수인의 악의

§7(9) – 손해배상 – 매수인의 악의

(9) 매수인이 본 계약의 체결 전후를 불문하고 매도인의 진술 및 보장 위반 사실 또는 그 위반 가능성을 알았거나 알 수 있었다는 사정은 매수인의 손해배상청구 및 그 손해액 산정에 영향을 미치지 않는다.

매수인이 매도인의 진술 및 보장 위반 사실을 사전에 알고 있었던 경우에도 매도인을 상대로 진술 및 보장 위반에 대한 손해배상청구를 할 수 있는지 문제 되고, 손해배상청구를 할 수 없다고 하는 규정을 anti-sandbagging 조항, 할 수 있다고 하는 규정을 sandbagging (또는 pro-sandbagging) 조항이라고 한다.[273] 이 조항의 유효성이나 해석에 대해서는 이미 많은 글에서 다루고 있다.[274] 원칙적으로 당사자들이 약정한 문언에 따른 효과가 인정될 것인바, 그러한 전제하에 매도인과 매수인 입장에서 어떻게 작성하는 것이 유리하고, 그 내용에 따라 어떤 영향이 있는지의 관점에서 설명하기로 한다. 참고로 손해배상 조항에서 "매도인"의 악의를 매수인의 손해배상청구 요건으로 규정하는 경우는 찾아보기 어렵다. 다만, 진술 및 보장 조항에서 매도인의 악의를 진술 및 보장의 요건으로 다는 경우가 있고 이를 knowledge qualification이라고 함은 앞서 설명한 바와 같다.[275]

273) Sandbagging이라는 용어는 미국에서 경쟁자로부터 이득을 취하기 위하여 자신의 실제 능력을 숨기는 의미로 사용되며, 19세기 미국 갱들이 언뜻 보기에 해로울 것 같지 않은 모래가 든 주머니를 강력한 무기로 사용한 데에서 비롯되었다. West et al.(2007), 3면.

274) 서완석(2014), 109–116면; 우호적 M&A의 이론과 실무 2(이준기 집필부분), 51–79면; 우호적 M&A의 이론과 실무 2(강진구 집필부분), 80–119면; 우호적 M&A의 이론과 실무 2(김희중 집필부분), 120–157면.

275) "알고 있는"의 정의에 대해서는 38면 '알고 있는' 부분을, 언제 knowledge qualification을 다는지는 121면 '진술 및 보장의 제한' 부분 참고.

1) Anti-sandbagging 조항

먼저 anti-sandbagging 조항을 넣는 경우를 살펴보자. 통상 anti-sandbagging 조항은 매수인이 "거래종결 전"에 매도인의 진술 및 보장 위반 사실을 알고 있는 경우에 매도인이 그에 대한 손해배상책임을 부담하지 않는다고 규정한다. 이렇게 될 경우 매도인 입장에서는 거래종결 마지막 순간에 자신이 알고 있거나 의심되는 진술 및 보장 위반을 구성할 수 있는 사실관계를 매수인에게 알려서(이른바 last-minute dump) 자신의 책임을 회피하려고 할 수 있다.[276] 물론 매수인은 진술 및 보장의 부정확을 이유로 거래종결 자체를 거부할 수 있게 되므로 보호받을 수 있다고 생각할 수 있으나, 이렇게 될 경우 매수인은 거래종결을 거부하거나 아니면 거래종결을 하되 손해배상청구를 못하는 것 중 하나를 급박하게 택해야만 하고, 그동안 본건 거래를 위해서 막대한 노력과 비용을 쏟은 매수인 입장에서는 반강제적으로 거래종결을 하고 손해배상청구를 포기할 수밖에 없는 결과를 가져올 수 있다.[277] 따라서 매수인으로서는 이러한 내용의 anti-sandbagging 조항은 수용하기 어려울 수 있다.

매수인에게 유리하게 변형한 것은 매수인이 "계약 체결 전"에 매도인의 진술 및 보장 위반 사실을 알고 있는 경우에 손해배상청구를 할 수 없다고 규정하는 것이다. 이렇게 될 경우 매수인이 계약 체결 후 거래종결 전에 위반 사실을 알고 있는 경우에도 여전히 거래종결을 하고 손해배상청구를 할 수 있게 되므로, 매도인으로서도 last-minute dump를 할 유인이 줄어들고, 매수인이 매도인의 기대(매수인 역시 진술 및 보장 위반이 없다는 전제하에 계약을 체결한다는)에 반하는 행위를 하는 것을 방지할 수 있다.

매수인에게 조금 더 유리하게 변형한 것은 매수인이 매도인의 진술 및 보장 위반 사실을 알고 있는 경우를 매도인이 알려준 경우로 한정하는 것이다. 매도인이 매수인에게 어떤 사실을 알려주었다면 매도인은 그와 관련된 위험을 매수인에게 모두 공개하였으므로 매수인이 이에 대해서는 손해배상청구를 하지 않을 것이라는 기대가 있으므로 매수인이 보호받기 위해서는 이에 대해서 사전에 매매대금에 반영하는 등으로 보호수단을 강구하여야 한다는 논리다.

매도인에게 유리하게 변형한 것은 매수인이 계약 체결 전에 매도인의 "진술 및 보

---

276) Anti-sandbagging 조항은 매도인으로 하여금 매수인에게 정보를 일부만 제공하게 하고 거래종결 직전까지 정보제공을 유보하도록 한다는 지적으로는 West et al.(2007), 6면.

277) Adams, 90면.

장 위반 사실"을 안 경우뿐만 아니라 "진술 및 보장 위반의 가능성"을 알고 있거나, 조금 더 나아가 "합리적인 조사를 통해 진술 및 보장 위반을 알 수 있었던 경우"에도 손해배상청구를 못하게 하는 것이다. 확실하게 위반을 알고 있는 경우로 한정하는 경우에는 계약 체결 전에 매도인이 대상회사의 상태에 대해서 파악하여 공개목록 등을 통해 매수인에게 알려야 사후적인 책임으로부터 벗어날 수 있는 반면, 위반 가능성을 알고 있는 경우 내지 알 수 있었던 경우를 포함하는 경우에는 오히려 매수인이 대상회사의 상태를 가능한 파악하여 계약 체결 전에 매매대금 조정이나 특별손해배상 조항 등을 통해 반영하게 만드는 것이어서 매도인에게서 매수인 쪽으로 실사에 대한 부담을 이동시키는 것이 된다.

참고로 진술보장보험을 가입하는 거래의 경우 통상 매수인이 이미 알고 있었던 위반사항은 보험의 보장범위에서 제외하고 있다.[278] 따라서 진술보장보험을 가입하는 경우에는 anti-sandbagging 조항이 굳이 주식매매계약서에 포함되어 있지 않더라도 매수인은 이미 알고 있던 진술 및 보장 위반에 대해서는 손해를 전보받을 수 없게 된다는 점을 미리 고려할 필요가 있다.

2) Sandbagging 조항

Sandbagging 조항은 매수인이 거래종결 전에 매도인의 진술 및 보장 위반을 알고 있던 경우에도 손해배상청구를 할 수 있고, 손해배상액 산정에 영향을 미치지 않는다는 내용의 조항이다. 언뜻 보기에 매수인이 이미 알고 있던 진술 및 보장 위반에 대해서 손해배상을 구하는 것이 부당하지 않나 생각할 수 있다. 그러나 매도인은 자신의 진술 및 보장 위반에 대해서 각종 제한(de minimis, basket, cap과 같은 금액적 제한, 존속기간, no-reliance, 유일한 구제수단 등)을 추가하려고 하고, 매수인은 그러한 제한을 모두 받아들이는 대신 계약에서 명시하고 있는 진술 및 보장에 대해서는 청구할 수 있도록 협상한 것이다. 따라서 이와 같이 협상을 통해 받아낸 진술 및 보장은 매수인의 인식 여부를 묻지 않고 청구할 수 있도록 하는 것이 타당하다는 생각하에 이러한 조항을 둔다.[279]

그런데 매수인은 계약 체결 전에는 매도인의 진술 및 보장 위반을 알지 못했으나 거래종결 전에 알게 된 경우가 있을 수 있고, 계약 체결 전부터 알고 있었던 경우가 있

278) 강채원(2021), 15면.

279) West et al.(2007), 6면.

을 수 있다. 전자는 계약 체결 이후에 진술 및 보장 위반이 발생한 경우에 매수인에게 거래종결을 거부할 수 있는 방안과 거래종결을 하되 손해배상청구를 할 수 있는 방안 중 선택할 수 있게끔 만드는 것이고, 매도인 입장에서도 반드시 거래종결을 거부하는 것보다는 본인이 부담하기로 한 위험이 실현되었으니 이를 매수인에게 보전해 주면서 거래종결을 하는 것을 선호할 수 있으므로 수용하는 데 거부감이 없을 것이다.

문제는 후자인데, 이미 계약이 체결될 때부터 진술 및 보장 위반 사실이 있었고 매수인도 이러한 사실을 이미 알고 있었다면, 거래종결이 된 후에 바로 손해배상을 청구하도록 기다릴 것이 아니라 애초에 그로 인한 손해가 인정되는지 당사자들 사이에 협의하여 매매대금을 미리 조정하든, 공개목록에 포함시켜서 손해배상 대상에서 제외하든 하는 것이 보다 경제적일 것이다. 더욱이 계약 체결할 때부터 이미 진술 및 보장 위반을 알면서도 마치 그 진술 및 보장이 정확할 것이라는 전제하에 거래종결 조건으로 추가해 놓고, 거래종결을 하자마자 손해배상청구를 하는 것은 일종의 자기모순금지에 해당한다거나 상도덕에 반한다는 비난을 면치 못할 수 있다. 이러한 이유로 매수인이 계약 체결 전에 매도인의 진술 및 보장을 알고 있는 경우에도 당연히 손해배상청구를 할 수 있을 것이라고 단정해서는 안 된다는 견해들도 있다.[280] 하지만 매수인 입장에서는 계약 체결 당시 관련 사실관계를 알고 있지만 그것이 진술 및 보장 위반에 해당하는지는 불확실할 수 있고, 진술 및 보장 위반에 대해서는 매도인이 위험을 부담하도록 하면서 그 위험 부담에 대한 대가를 매매대금에 반영할 수 있으므로 매수인의 진술 및 보장 인식 시기를 불문하고 손해배상을 청구할 수 있어야 한다고 볼 수 있다.

아래 살펴보는 한화에너지 사건은 계약서에서 매수인의 악의의 효과에 대해서 침묵하고 있고 매수인이 계약 체결 당시 이미 매도인의 진술 및 보장 위반 사실을 알고 있던 사안임에도 매수인의 손해배상청구를 인정하였다. 하물며 계약서에서 명시적으로 계약 체결 전 진술 및 보장 위반을 알고 있던 경우에도 손해배상청구를 허용하고 있다면 이러한 계약서 문언의 효력은 그대로 인정될 가능성이 높아 보인다. 이에 대한 다툼을 방지하기 위해서는 "계약 체결 전후를 불문하고" 매수인이 매도인의 진술 및 보장 위반을 알고 있던 경우에도 손해배상청구나 손해배상액 산정에 영향을 미치지 않는다고 명확하게 규정하는 것이 필요하다.

이와 같이 sandbagging 조항을 넣는 경우에 매도인으로서는 매수인에게 거래종결

280) Adams, 91면; Quaintance, Jr.(2002), 9면.

전에 매도인의 진술 및 보장 위반을 알게 된 경우 매도인에게 미리 알려주도록 하는 조항을 추가하는 것을 고려할 수 있다.[281] 미리 자신의 진술 및 보장 위반을 알게 됨으로써 치유가 가능한 것이라면 거래종결 전에 가능한 치유할 수 있도록 하고, 치유가 불가능하더라도 적어도 거래종결 후에 뜻밖의 손해배상청구를 당하는 것을 방지할 수 있기 때문이다. 다만, 매수인은 이러한 조항을 추가하는 것을 수용하더라도 그러한 고지를 하지 않는 경우에 손해배상청구권을 상실하는 것까지는 수용하기는 어려울 것이므로 그러한 점을 계약서에 명확하게 기재해야 할 것이다.

3) 계약서에서 침묵하는 경우

매수인이 악의인 경우 손해배상청구를 할 수 있는지 여부에 대해서 계약서에서 아무런 명시를 하고 있지 않은 경우 어떻게 해석할 것인지에 대해서는 견해 대립이 있어왔다.[282] 이에 대해서 그간 하급심 판례들이 나오다가[283] 아래 한화에너지 사건에서 대법원 판결이 나와서 어느 정도 법원의 입장이 정리되었다. 제반 사정을 고려하여 당사자의 의사를 해석해야 할 것이나, 원칙적으로 매수인의 손해배상청구권에 영향을 미치지 않고, 다만 손해배상청구를 하는 것이 신의칙에 비추어 용납할 수 없는 사정이 있는 경우에만 극히 예외적으로 제한될 것이다.[284]

281) Adams, 92-94면.

282) 미국에서는 면책청구를 위해 진술 및 보장이 정확할 것이라는 신뢰(reliance)가 필요한지의 문제로 논의된다. 만일 신뢰가 요건이라면 거래종결 전에 진술 및 보장이 부정확하다는 것을 알고 거래종결을 한 매수인은 신뢰가 없었으므로 면책청구를 못하게 된다. 이 문제에 대해 주마다 다른 입장을 취하고 있는데, 문헌에서 자주 언급되는 CBS, Inc. v. Ziff-Davis Publishing Co., 553 N.E.2d 997 (N.Y. 1990)은 명문의 보장(expressed warranty) 위반에 따른 면책청구는 매수인이 그 보장 사실을 믿었는지 여부에 따라 달라지지 않고 그 보장을 위반하였다는 점만 인정되면 가능하다고 판시하여, 매수인이 악의라 하더라도 면책청구가 가능하다는 입장을 취하였고, 많은 주가 이 입장을 따르고 있다. ABA, 288, 289면.

283) 하급심 판례에 대해서는 우호적 M&A의 이론과 실무 2(이준기 집필부분), 72-75면; 우호적 M&A의 이론과 실무 2(강진구 집필부분), 97-104면.

284) 대법원 2015. 10. 15. 선고 2012다64253 판결; 대법원 2018. 7. 20. 선고 2015다207044 판결; 허영만(2006), 32, 33면; 서완석(2014), 109면; 우호적 M&A의 이론과 실무 2(이준기 집필부분), 76-79면; 우호적 M&A의 이론과 실무(김희중 집필부분), 152, 153면.

한화에너지 사건

현대오일뱅크(매수인)는 한화케미칼 등(매도인)으로부터 한화에너지 주식을 양수하는 계약을 체결하고 1999. 8. 31. 그 계약에 따라 대금을 지급하고 주식도 양수하였다. 주식양수도계약서에는 대상회사가 "일체의 행정법규를 위반한 사실이 없으며, 이와 관련하여 행정기관으로부터 조사를 받고 있거나 협의를 진행하는 것은 없다"는 진술 및 보증이 포함되어 있었다. 그런데 매수인과 대상회사를 포함한 정유회사들이 1998년부터 2000년까지 사이에 군용유류 구매입찰에 참가하면서 담합을 하였다는 이유로 거래종결 이후인 2000. 10. 17. 공정거래위원회는 대상회사에 대하여 47,522,000,000원의 과징금을 부과하였고, 대한민국은 담합행위로 인하여 적정가격보다 고가로 유류를 공급받는 손해를 입었다며 대상회사를 상대로 손해배상청구 소를 제기하였다. 이에 매수인은 매도인을 상대로 위 진술 및 보증 위반을 이유로 한 손해배상을 구하는 소를 제기하였다. 매수인은 입찰담합의 당사자 중 하나였기 때문에 위 공정거래법 위반 사실을 계약 체결 당시 이미 알고 있었다는 사실이 인정되었고, 그러한 사실 때문에 매도인을 상대로 진술 및 보증 위반을 이유로 한 손해배상청구가 가능한지 문제 되었다.

항소심[285]은 진술 및 보증 조항이 우리 민·상법상의 하자담보책임과 유사한 제도라고 보고, 진술 및 보증 조항 위반사실에 대한 악의의 매수인에게도 손해배상청구를 허용하게 되면 매수인은 그 위반사실을 알고 이를 매매계약 체결 과정에서 반영하였거나 충분히 반영할 수 있는 기회가 있었음에도 불구하고 계약 체결 이후 동일한 위반사실을 이유로 매도인에 대하여 손해배상 내지 보전을 요구할 수 있게 되어 공평의 이념에도 반하는 결과를 낳게 되는 점 등을 고려하여 진술 및 보증 위반사실을 이미 알고 있는 악의의 매수인이 매도인에게 위반에 대하여 책임을 묻는 것은 공평의 이념 및 신의칙상 허용될 수 없다고 판시하였다. 이에 따라 한화에너지와 함께 담합에 직접 참여하였던 매수인으로서는 위 주식양수도계약 당시에 이미 한화에너지에 위와 같은 공정거래법 위반사실이 존재한다는 점과 이에 따라 매도인이 진술 및 보증 조항을 위반하였다는 점을 모두 인식하고 있었으므로 진술 및 보증 위반을 이유로 손해배상책임을 물을 수 없다고 보았다.

그러나 대법원[286]은 진술 및 보증 위반에 따른 책임이 하자담보책임인지 여부에 대해서는 명시하지 않고, 처분문서인 계약서는 원칙적으로 문언대로 의사표시의 존재와 내용을 인정해야 한다는 원칙을 확인하면서, i) 매수인이 계약 체결 당시 이 사건 진술 및 보증 조항의 위반사실을 알고 있는 경우에는 위 손해배상책임 등이 배제된다는 내용은 없는 점, ii) 당사자들이 주식양수도계약서에 이 사건 진술 및 보증 조항을 둔 것은 당사자들 사이에 불확실한 상황에 관한 경제적 위험을 배분시키고, 사후에 현실화된 손해를 감안하여 주식양수도대금을 조정할 수 있게 하는 데 그 목적이 있는데, 이러한 경제적 위험의 배분과 주식양수도대금의 사후 조정의 필요성은 매수인이 매도인이 진술 및 보증한 내용에 사실과 다른 부분이 있음을 알고 있었던 경우에도 여전

285) 서울고등법원 2012. 6. 21. 선고 2008나19678 판결.

286) 대법원 2015. 10. 15. 선고 2012다64253 판결.

히 인정된다는 점 등에 비추어 보면, 주식양수도계약서에 나타난 당사자의 의사는, 주식양수도계약의 양수도 실행일 이후에 이 사건 진술 및 보증 조항의 위반사항이 발견되고 그로 인하여 손해가 발생하면, 원고가 그 위반사항을 계약 체결 당시 알았는지 여부와 관계없이, 피고들이 원고에게 그 위반사항과 상당인과관계 있는 손해를 배상하기로 하는 합의를 한 것으로 보아야 한다고 판시하고 항소심 판결을 파기환송하였다.

위 한화에너지 사건으로 인하여 원칙적으로는 악의의 매수인도 손해배상청구가 가능하게 되었다. 따라서 매도인 입장에서는 그러한 손해배상청구를 막기 위해서는 명시적으로 anti-sandbagging 조항을 추가하여야 할 것이다.

한편, 한화에너지 사건에서 대법원은 공정거래위원회가 조사를 개시한 것이 위 주식양수도계약의 양수도일 이후여서 매수인이 위 주식양수도계약 체결 당시에 공정거래위원회에 의한 거액의 과징금 부과 가능성을 예상하고 있었을 것으로 보기 어렵다고 보았고 이 때문에 매수인의 손해배상청구가 공평의 원칙 또는 신의칙에 따라 허용되지 않는다고 보기는 어렵다고 보았다. 이 판시를 반대로 해석하면, 만일 원고가 단순히 담합사실(진술 및 보장 위반을 구성하는 사실)을 아는 것에서 더 나아가 그로 인한 거액의 과징금 부과 가능성(진술 및 보장 위반에 따른 효과나 영향)까지 알고 있었다면 손해배상청구에 영향을 미칠 수도 있다는 의미를 갖는다. 따라서 매수인 입장에서는 계약 체결 당시에 이미 진술 및 보장 위반의 사실이나 그로 인한 효과를 명확하게 알고 있는 상황에서는 가능하다면 계약 체결 전에 미리 매매대금을 조정하거나, 에스크로를 추가하거나, 특별손해배상을 추가하는 등으로 반영하는 것이 바람직하고, 매도인이 이에 관한 책임 여부를 다툴 경우 최소한 매도인에게 해당 진술 및 보장 위반으로 인한 손해배상청구권을 포기하지 않는다는 점을 명확하게 명시한 후에 계약 체결 및 거래종결로 나아가는 것이 바람직하다.

tip **매도인** tip: 매수인의 악의에 관하여 매도인에게 유리한 순으로 예시 조항을 열거하면 아래와 같다. 언제 그 사실을 알고 있었는지, 어떻게 알게 되었는지, 알고 있는 경우뿐만 아니라 알 수 있었던 경우까지 포함하는지 등에 따라 다양하게 규정할 수 있다.

- 거래종결 전에 매도인의 진술 및 보장 위반에 해당할 수 있는 사실을 (i) 매도인이 매수인에게 알리거나 (ii) 달리 매수인 또는 그 임직원, 대리인, 자문사가 알고 있었거나 합리적인 조사를 통하여 알 수 있었던 경우 매도인은 그에 대한 손해배상책임을 부담하지 않는다.

- 매수인이 거래종결 전에 매도인의 진술 및 보장 위반 사실을 알고 있었던 경우 매도인은 그에 대한 손해배상책임을 부담하지 않는다.
- 매수인이 본 계약 체결 전에 매도인의 진술 및 보장 위반 사실을 알고 있었던 경우 매도인은 그에 대한 손해배상책임을 부담하지 않는다.
- 매수인이 본 계약 체결 후 거래종결 전에 매도인의 진술 및 보장 위반 사실 또는 그 위반 가능성을 알았거나 알 수 있었다는 사정은 매수인의 손해배상청구 및 그 손해액 산정에 영향을 미치지 않는다.
- 매도인이 본 계약 체결 전에 매도인의 진술 및 보장 위반에 해당할 수 있는 사실을 매수인에게 알린 경우 매도인은 그에 대한 손해배상책임을 부담하지 않는다. [매수인이 매도인을 통하지 않고 다른 여하한 방법으로 매도인의 진술 및 보장 위반 사실을 알고 있었다는 사정은 매수인의 손해배상청구 및 그 손해액 산정에 영향을 미치지 않는다.]
- (계약서에 매수인의 악의 관련 조항을 넣지 않는 것)
- 매수인이 본 계약의 체결 전후를 불문하고 매도인의 진술 및 보장 위반 사실 또는 그 위반 가능성을 알았거나 알 수 있었다는 사정은 매수인의 손해배상청구 및 그 손해액 산정에 영향을 미치지 않는다.

자. 제3자 청구

§7(10) – 손해배상 – 제3자 청구

(10) 제3자가 배상권리자 또는 대상회사를 상대로 어떠한 청구(정부기관에 의한 금전적 부담의 부과를 포함)를 하고 이러한 청구로 인하여 배상의무자가 배상권리자에게 손해배상책임을 부담하게 될 가능성이 있다고 합리적으로 예상되는 경우, 배상권리자는 위 청구를 알게 된 후 지체없이 배상의무자에게 그 사실을 통지하고 위 청구와 관련하여 제3자로부터 받은 자료를 배상의무자에게 제공하여야 한다. 배상의무자는 배상권리자로부터 위 통지를 받은 경우 자신의 비용으로 위 청구 또는 관련 소송의 방어를 담당할 수 있으며, 배상권리자는 자신의 비용으로 그 방어에 참여할 수 있다. 단, 배상권리자의 사전 서면 동의가 있는 경우를 제외하고, 배상의무자는 위 청구 또는 소송의 방어 절차에서 배상권리자 또는 대상회사에 영향을 미치는 비금전적 의무를 포함하는 내용 또는 배상권리자 또는 대상회사를 위 청구 또는 소송과 관련된 모든 책임으로부터 완전히 면책하지 않는 내용의 조정, 인낙 또는 화해를 할 수 없다. 배상의무자가 배상권리자로부터 위 통지를 받은 날로부터 15일 내에 위 청구 또는 관련 소송의 방어를 담당하겠다는 통지를 배상권리자에게 하지 않거나 위 청구 또는 관련 소송의 방어를 담당하지 않겠다는 통지를 한 경우 배상권리자는 단독으로 위 청구 또는 소송의 방어를 담당한다. 단, 배상의무자의 사전 서면 동의가 있는 경우를 제외하고,

배상권리자는 위 청구 또는 소송의 방어 절차에서 배상권리자 또는 대상회사를 위 청구 또는 소송과 관련된 모든 책임으로부터 완전히 면책하지 않는 내용의 조정, 인낙 또는 화해를 할 수 없다. 배상의무자와 배상권리자는 위 청구 또는 소송의 방어를 위해 자신이 보유한 자료에 대해 상대방에게 합리적인 접근을 허용하는 것을 포함하여 합리적인 범위에서 상호 협조하여야 한다.

M&A 계약의 손해배상 내지 면책 조항 중 가장 특색 있는 내용 중 하나로서 제3자가 배상권리자 또는 대상회사를 상대로 어떤 청구를 하는 경우에 이를 배상권리자와 배상의무자가 어떻게 대응할지에 관하여 정한다. 여기서 제3자의 청구는 반드시 소송상 청구로 한정되지 않고 소송 밖에서의 청구도 포함되며, 개인에 의한 민사청구뿐만 아니라 정부기관에 의한 과징금 부과 등 금전적 부담의 부과가 포함되는지는 불분명하므로 이를 포함시키고자 한다면 명확하게 추가하는 것이 바람직하다.

제3자의 청구가 인정되는 경우 추후 배상의무자가 배상권리자에게 손해배상책임을 부담할 위험이 있거나 합리적으로 예상되는 경우 배상의무자에게 해당 청구에 대응하거나 관련 소송을 방어할 이익이 있게 된다. 그러나 그렇다고 항상 배상의무자가 그러한 대응 또는 방어를 할 권리가 있는 것은 아니다. 왜냐하면 어디까지나 제3자의 청구 대상은 배상권리자 또는 대상회사이기 때문이다. 더욱이 배상권리자는 통상 매수인이고 배상의무자는 통상 매도인인데, 매수인 입장에서는 이미 주주의 지위에서 벗어난 매도인에게 대상회사 관련 자료나 정보를 계속 제공하면서 대응하는 것이 불편할 수 있고, 때로는 제3자 청구를 어떻게 대응하느냐에 따라 현재 및 장래 대상회사 운영에 영향을 미칠 수도 있기에 매도인에게 맡기는 것이 부담스러울 수 있다. 예를 들면, 거래 이후에 발생한 통상임금 관련 분쟁이 있다.[287] 매수인이 계속해서 대상회사 직원들을 고용하여 대상회사를 운영하여야 하는데 과거 미지급 임금이라는 이유만으로 매도인과 알아서 해결하라고 전적으로 떠넘기기에는 부담이 있다. 그럼에도 불구하고 제3자의 청구로 인하여 매도인이 매수인에게 손해배상책임을 부담할 수 있는 사안은 대부분 매도인이 대상회사를 경영할 때 발생한 일과 관련될 것이어서 매도인이 이를 대응하도록 하는 것이 더 효과적일 수 있다. 따라서 매수인은 이러한 점들을 고려해서 제3자의 청구에 대응할 매도인의 의무와 매도인의 권한에 대해서 규정해야 할 것이다.

제3자의 청구가 있는 경우에 어떻게 대응할지에 관해서는 당사자들이 추후 합의해

287) 우호적 M&A의 이론과 실무 2(이진국, 최수연 집필부분), 182, 183면 참고.

서 정한다고 약정하는 경우도 있지만, 일반적으로는 일정한 기간 내에 배상의무자가 제3자의 청구 또는 관련 소송에 대응 또는 방어할 수 있도록 약정하는 경우가 더 많다. 이를 위해서는 먼저 제3자로부터 청구를 받은 배상권리자가 그러한 사실을 배상의무자에게 알려야 하고, 제3자로부터 받은 자료와 정보를 모두 배상의무자에게 전달하여 배상의무자가 대응할 수 있게 하여야 한다.

배상의무자는 자신의 비용으로 제3자의 청구 또는 관련 소송의 방어를 담당할 수 있는데, 이때 배상의무자가 방어를 담당한다는 것의 의미를 되새겨 볼 필요가 있다. 어차피 소송의 당사자는 배상권리자 또는 대상회사가 될 것이기 때문에 배상의무자 본인이 당사자가 되도록 소송을 승계할 수는 없고 또 변호사가 아닌 이상 직접 소송대리인이 될 수도 없다(민사소송법 제87조).[288] 다만, 배상권리자는 배상의무자 또는 대상회사를 대리할 수 있는 대리인(변호사 등)을 선임하고, 그 대리인과 방어 전략 등을 협의하며, 그 대리인 사용에 따른 비용을 지급할 수 있는 것이다. 이때 배상권리자 입장에서는 여전히 자신이 관련 소송의 당사자이므로 방어에 관하여 여전히 통제권을 갖고 싶어 할 수 있는바, 자신의 비용으로 방어에 참여할 수 있다고 약정하는 것이 일반적이다. 나아가 배상의무자가 배상권리자 또는 대상회사를 위한 대리인을 선임할 때 배상권리자가 거부권이나 동의권을 갖도록 약정하는 경우도 있다.

배상의무자가 방어를 담당하는 경우에는 배상의무자가 그러한 방어 과정에서 할 수 있는 행위의 한계를 정하는 것이 일반적이다. 특히, 배상권리자나 대상회사로 하여금 금전적인 배상 외에 특정한 행위를 하도록 한다거나, 조금이라도 책임을 부담하도록 하는 내용으로 제3자의 청구를 일부라도 인정하는 소송행위(조정, 청구의 인낙, 화해)를 하는 것은 제한하는 경우가 많다. 물론 배상의무자는 만일 제3자 청구가 인용될 경우 배상권리자에게 손해배상책임을 부담하게 되므로 이러한 행위를 할 가능성이 높지는 않다.

반대로 배상의무자가 일정한 기간 내에 방어를 담당하겠다는 통지를 하지 않거나 명시적으로 방어를 담당하지 않겠다고 통지하였다면 제3자가 청구를 한 상대방인 배상권리자 또는 대상회사가 직접 방어를 담당하게 된다. 이때 위 통지 기간을 설정할 때에는 소송상의 답변서 제출기한을 고려할 때 30일보다 짧은 기간으로 정하는 것이 바람직하다. 이와 같이 배상권리자 또는 대상회사가 직접 방어를 담당하는 경우에도 추후 배상의무자의 손해배상책임에 영향을 미치지 않도록 제3자의 청구를 인정하는 내용의

288) 다만, 배상의무자는 소송 결과에 따라 이해관계가 있다(배상권리자에게 손해배상책임을 부담하게 됨)는 이유로 보조참가를 하는 것까지는 가능할 것이다(민사소송법 제71조).

소송행위(조정, 청구의 인낙, 화해)는 하지 못하도록 약정하는 경우가 많다.[289)]

방어를 배상권리자가 담당하든 배상의무자가 담당하든 상호 갖고 있는 자료와 정보가 제3자 청구에 대응하는 데 도움이 될 것이므로 그러한 자료에 접근하는 것을 포함하여 상호 협조하는 의무를 규정하는 것이 일반적이다.

차. 유일한 구제수단

§7(11) – 손해배상 – 유일한 구제수단

(11) 본조에 따른 배상권리자의 손해배상을 받을 권리는 배상의무자의 진술 및 보장 위반 또는 의무 위반에 대한 배상권리자의 유일하고 배타적인 구제수단이다. 단, (i) 당사자의 의무 위반에 대하여 가처분 기타 강제이행을 구하는 경우 또는 (ii) 진술 및 보장 위반에 관하여 매도인에게 사기 또는 의도적인 은폐행위가 있는 경우에는 그렇지 않다.

만일 당사자들이 이 조항에 따른 손해배상청구 외에 법률상 인정되는 다른 근거에 따라 손해배상청구를 할 수 있다면 이 조항에서 정하고 있는 각종 요건이나 제한들이 무의미해질 것이다. 이에 본 계약에서 정하고 있는 진술 및 보장이나 의무를 위반한 것에 대해서 손해배상을 청구할 때에는 본 계약의 손해배상 조항에 따른 손해배상청구가 유일하고 배타적인 구제수단임을 약정하고는 한다.[290)]

몇 가지 주의해야 할 것을 살펴보면, 먼저 유일한 구제수단 조항이 본 계약에서 정하고 있는 다른 구제수단을 부인하는 것은 아니라는 것이다.[291)] 가령, 당사자는 진술 및 보장이 부정확할 경우 거래종결을 거절하거나 계약을 해제할 수도 있고 이러한 것들 역시 일종의 구제수단으로 해석될 수 있는데, 이러한 구제수단들이 막혀서는 안 되고, 다른 약정이 없는 이상 당사자들은 이들 다양한 구제수단 중에서 어느 것을 선택할지 자유가 있다.[292)]

---

289) 특히 조정으로 소송이 종결된 경우에는 배상권리자에게 발생한 손해가 무엇인지 다툼이 발생할 수 있다. 대우건설 사건 참고.

290) 영미에서는 이 조항의 취지를 계약서 내 있는(four corners of the contract) 구제수단만 인정하고, 계약위반(breach of contract) 또는 과실(negligence) 등과 같은 다른 소인을 이유로 한 청구를 제한하기 위한 것이라 설명한다. Brown & Giles, 145면.

291) 정영철, 1076면은 유일한 구제수단 조항이 있으면 계약의 해제나 사기를 이유로 한 취소가 가능하지 않다고 설명하는데, 계약서에서 약정하고 있는 약정해제권의 행사까지 제한된다고 보기는 어렵다.

292) 대법원 2022. 3. 17. 선고 2021다231598 판결 참고.

유일한 구제수단 조항이 있는 경우 민법 제109조 또는 제110조에 근거하여 착오, 사기, 강박을 이유로 계약을 취소할 수 있는지 여부에 대해서는 논란의 여지가 있다.[293] 먼저 당사자 의사를 해석해야 하는데, 위 착오, 사기, 강박을 이유로 한 취소가 당사자가 배제하기로 한 "구제수단"인지 여부가 문제 된다. 우리나라 법은 "구제수단"이라는 용어를 사용하고 있지 않은데, 굳이 이를 민법 제3편 제1장 제2절 채권의 효력 이하에 규정된 수단들로 한정된다고 해석할 이유가 없고, 계약의 체결이나 이행과 관련하여 발생한 문제 또는 하자를 다투거나 해결하기 위해 인정되는 모든 수단으로 해석할 수 있으므로 의사표시의 하자를 다투는 것도 "구제수단"에 포함된다 할 것이다. 따라서 일반적으로 당사자의 의사는 의사표시의 하자를 이유로 한 취소 주장도 배제하려는 것이라 할 것이다. 당사자들로서는 이러한 의사를 보다 분명하게 하기 위하여 "당사자들은 의사표시의 하자를 이유로 본 계약을 취소할 수 없다"는 점을 명시할 수 있을 것이다.

그런데 당사자들이 이와 같은 의사를 갖고 있더라도, 당사자들 합의로 의사표시의 하자를 이유로 한 취소 규정의 적용을 배제할 수 있는지 여부도 살펴보아야 한다. 민법 제109조는 당사자들이 합의하여 적용을 배제할 수 있기 때문에 착오에 의한 의사표시 취소 주장을 배제하는 당사자들 합의는 유효할 것이다.[294] 반면, 사기 또는 강박에 의한 취소 주장을 배제하는 당사자들 합의가 유효한지 여부에 대해서는 판례가 명시적으로 판시한 바 없으나 반사회질서에 해당하여 무효가 될 가능성이 높다(민법 제103조).[295] 따라서 유일한 구제수단 조항이 있다 하더라도 당사자는 사기에 의한 의사표시 취소 주장은 언제든지 할 수 있을 것이다.

유일한 구제수단 조항의 예외로 강제이행이나 가처분을 추가하는 것을 잊어서는 안 된다.[296] 앞서 설명한 바와 같이 이 조항은 매도인에게 발생한 손해를 전보함에 있어 본 계약에서 정하고 있는 손해배상 조항을 따르도록 하기 위한 것이다. 따라서 손해배상이 아니라 특정이행이 필요한 경우, 가령 모든 거래종결 조건이 성취되었음에도 매도인이 주식을 이전하지 않는 경우에는 주식이전에 대해 강제이행을 청구할 수 있어야

293) 정영철, 1180, 1181면.

294) 대법원 2014. 11. 27. 선고 2013다49794 판결; 대법원 2016. 4. 15. 선고 2013다97694 판결.

295) 미국 사례로 Abry Partners V, L.P. v. F&W Acquisition, LLC, 891 A.2d 1032 (Del. Ch. 2006) 참고. 이 사안은 전문적인 PEF 간의 주식매매계약에 포함된 유일한 구제수단 조항이 매도인의 사기로 인한 매수인의 취소 주장을 배제하는지 여부가 문제 되었다. 당사자의 합의 존중과 공서양속 사이의 균형을 찾기 위한 판사의 고심이 드러나는 판결인데, 결론적으로 매도인의 고의적인 거짓말로 인한 책임까지 배제하는 것은 공서양속에 반하여 무효라고 보았다.

296) 영미 계약에서는 specific performance, injunction, equitable relief 등을 예외로 규정한다.

한다.[297] 또 매도인이 주식을 제3자에게 매각하는 것을 금지하기 위해서 주식처분금지가처분이 필요할 수도 있고, 임시로라도 매수인이 주주로서의 지위를 인정받아 대상회사의 주주총회에서 의결권을 행사하기 위하여 의결권행사허용가처분이나 주주지위확인가처분을 받아야 할 수도 있고, 경업금지를 위해서 가처분이 필요할 수도 있다.

한편, 진술 및 보장 위반과 관련하여 불법행위가 개입된 경우에는 본 계약에 따른 약정 책임과 함께 불법행위로 인한 손해배상책임이 병존한다고 볼 수 있을 것이다. 이때 당사자들이 명시적으로 본 계약의 손해배상 조항에서 정하고 있는 각종 제한(특히, 손해배상액 제한)이 불법행위로 인한 손해배상책임에도 적용된다고 약정하지 않는 이상 그 제한은 불법행위 책임에 적용된다고 보기 어렵다. 대법원은 운송계약상의 채무불이행 책임과 불법행위 책임이 병존하는 경우 운송계약에서 정한 면책특약은 이를 불법행위 책임에도 적용하기로 하는 당사자들 간의 합의가 없는 한 불법행위 책임에 당연히 적용된다고 보기 어렵다고 판시하였는데,[298] 이러한 법리는 약정 책임과 불법행위 책임이 병존하는 경우에도 동일하게 적용될 것이다.

당사자들이 명시적으로 주식매매계약에서 정한 손해배상청구 이외에는 일체의 민사상, 형사상 책임을 물을 수 없다고 정하는 경우가 있는데 이는 불법행위로 인한 손해배상청구를 금지하는 부제소합의로 볼 것인가? 대법원은 불법행위로 인한 손해배상에 관하여 가해자와 피해자가 일정한 금액을 지급받고 나머지 청구를 포기하기로 하는 합의의 효력을 인정하지만 가능한 그 범위를 제한적으로 해석하고 있다.[299] 특히 아직 피해자가 불법행위의 존재 여부를 알지 못하는 상황에서 사전에 그로 인한 손해배상책임을 면제해 주는 약정은 반사회질서 행위로서 무효가 될 수 있다(민법 제103조). 이러한 면제 약정이 유효하려면, 불법행위로 인한 손해배상청구가 배제된다는 점이 계약서에 명확하게 기재되어 있어야 하고, 그와 같이 불법행위로 인한 손해배상책임을 배제하더라도 본 계약에서 정한 구제수단으로 피해자가 충분히 보호받을 수 있으며, 이러한 불법행위로 발생할 수 있는 손해들도 모두 당사자들이 예측가능한 범위 내에 있다는 점이 입증되어야 할 것이다. 일반적으로는 유일한 구제수단 조항을 통해서 불법행위로 인한 손해배상책임까지 배제하고자 하지는 않고, 그러한 취지에서 사기나 의도적인 은폐행위

297) 영미에서는 특정이행이 손해배상으로 회복될 수 없는 손해가 있는 경우에 한하여 가능하기 때문에 이러한 특정이행이 가능한지 다툼의 여지가 있으나, 우리나라에서는 논란의 여지가 없다.

298) 대법원 1977. 12. 13. 선고 75다107 판결 등.

299) 대법원 2000. 3. 23. 선고 99다63176 판결; 대법원 2014. 2. 27. 선고 2009다40462 판결 등 참고.

등이 있는 경우를 유일한 구제수단 조항의 예외로 규정하는 경우가 많다.

위에서 살펴본 바와 같이 이 조항을 두더라도 강제이행이나 가처분, 불법행위로 인한 손해배상청구는 예외로 두는 경우가 많아서 결국 이 조항은 진술 및 보장 위반에 대해 민법상의 채무불이행 또는 하자담보책임을 주장하며 손해배상청구를 하는 것을 막는 정도의 의미만 가질 것이다.

카. 진술보장보험

1) 주식매매계약에서의 진술보장보험 관련 내용 반영

매도인이 진술 및 보장 위반에 따라 매수인에게 부담해야 하는 손해배상 또는 면책의무를 부보하는 보험을 진술보장보험(Warranty & Indemnity Insurance 또는 Representation & Warranty Insurance)이라 한다. 매수인은 매도인이 거래종결 후 무자력이 되어 손해배상을 하지 못하게 되는 경우를 대비할 필요가 있다. 이를 위해 매매대금 일부를 에스크로 하여 위험이 실현되었을 때 에스크로 계좌에서 손해배상을 받는 방법을 취하기도 한다. 그러나 에스크로를 하게 되면 매도인은 그 금액만큼 사용을 못하게 되므로 기회비용이 발생하고 당사자들이 에스크로 기관에게 지급하는 비용이 발생할 수 있다. 이에 당사자들은 에스크로에 따른 비용과 진술보장보험의 보험료 등을 비교하여 선택하게 될 것이다.[300] 진술보장보험은 매수인이 가입할 수도 있고 매도인이 가입할 수도 있으나 최근 거래 실무상 매수인이 가입하는 거래가 더 많고,[301] PEF가 매도인인 거래에서 PEF는 투자 회수 후 청산하게 되어 손해배상을 할 수 없게 되므로 매수인이 진술보장보험을 가입하는 경우가 많다.

진술보장보험을 가입하기로 합의된 경우에 주식매매계약서상으로는 선행조건 조항에 진술보장보험 가입을 조건으로 추가하거나 확약 조항에 거래종결일 전에 진술보장보험 가입 의무를 추가한다. 이때 보험 가입 여부를 확인하기 위하여 보험증권 사본을 상대방에게 교부하여야 한다는 내용을 포함하기도 한다. 손해배상 조항에는 매도인의 책임에 관한 내용이 포함되는데, 진술보장보험을 가입할 경우 매수인은 오로지 해당 보험을 통해서 손해를 전보받아야 하므로 매수인은 진술 및 보장 위반을 이유로 매도인을 상대로 손해배상을 청구할 수 없고, 매도인은 이를 이유로 손해배상책임을 부담하지 않는다는 점

300) 서완석(2014), 117, 118면.

301) 위 198면 각주 229 참고.

을 규정한다. 이 외에 진술보장보험 가입 비용의 부담 주체나 진술보장보험의 기타 조건에 대해서 확약 조항에 포함시키지 않았다면 손해배상 조항에 포함시킬 수도 있다.

이처럼 진술보장보험을 가입하고 매도인이 진술 및 보장 위반에 대한 손해배상책임을 부담하지 않는다면, 애초에 매도인의 진술 및 보장 조항이나 매도인의 일반 손해배상책임에 관한 조항이 필요한지 의문이 있을 수 있다. 그러나 보험사가 인수하는 것은 매도인의 진술 및 보장 위반에 대한 책임이고, 보험사가 인수하는 보장 범위는 주식매매계약에서 정한 진술 및 보장을 기초로 협상이 이루어지므로 진술 및 보장 조항이 필요하다. 나아가 일정한 경우(가령, 매도인의 사기행위가 있는 경우)에는 매도인에 대해 구상권을 행사하여야 하는데 그 기초가 되는 것도 매도인의 진술 및 보장이므로, 매도인의 진술 및 보장 조항을 주식매매계약서에 포함시키지 않는 경우는 찾아보기 어렵다.

다음으로 주식매매계약서에 매도인의 일반 손해배상책임에 관한 조항을 아예 포함시키지 않고 단지 매수인의 진술보장보험 가입 및 매도인에 대한 손해배상청구 금지 조항만 넣는 사례도 국내에 있다고 하나,[302] 실무상으로 매도인의 일반 손해배상책임에 관한 조항은 그대로 넣고 여기에 진술보장보험에 관한 내용을 추가로 규정하는 것이 보편화되어 있다. 진술보장보험에 가입한다고 하여 항상 매도인의 손해배상책임이 배제되는 것은 아니라는 점을 고려해야 한다. 매도인 가입 진술보장보험에서는 매도인에게 사기행위가 있는 경우에 매도인이 직접 손해배상책임을 부담하므로 이런 경우를 위해서 일반 손해배상책임 조항이 필요하다. 또 진술보장보험은 확약 기타 의무 위반이나 특별손해배상으로 정한 사항은 보장 범위에서 배제되기 때문에 이러한 부분에 대해서는 매도인의 손해배상책임 조항을 둘 필요가 있다.

2) 진술보장보험에서의 주식매매계약 조건 수정

진술보장보험을 가입할 경우 해당 보험은 주식매매계약에서 정한 조건을 그대로 따르지 않고 상당 부분 수정하여 보장한다. 가령, 진술 및 보장 범위와 관련해서 세부적인 항목 중 일부 항목(가령, 환경에 관한 진술 및 보장)은 보장 범위에서 완전히 제외하기도 하고, 일부 항목들에는 knowledge qualification이나 materiality qualification을 달기도 하고, 일부 항목은 보험사에서 일반적으로 사용하는 문구로 수정하여 보장 범위를 축소하기도 한다. 존속기간도 주식매매계약에서 정한 존속기간과 다르게 정하고(통상 주식매매계약에서 정

302) 강채원(2021), 23면.

한 기간보다는 긴 기간으로 보장하는 편이다), 손해배상 한도, 자기부담금, 최소보장금액 등 금액적 제한도 보험료 등을 반영해서 주식매매계약에서 정한 것과는 다르게 정한다.[303]

위와 같이 수정되는 조건들은 통상적으로 보험사에서 요구하는 조건들로서 보험가입자가 내용을 변경하기 어려운 것들도 있고, 해당 거래의 특수성이나 실사 및 계약 체결 과정 등을 고려하여 보험가입자와 보험사 사이에 협상하여 정해지는 조건들도 있다. 따라서 매도인과 매수인이 주식매매계약서를 협상할 때에는 진술 및 보장 조항이나 손해배상 조항이 진술보장보험에서 받아들여질지, 어느 정도 반영될지를 염두에 두고 협상에 임하여야 할 것이다. 가령, 진술 및 보장 조항의 경우 매도인은 크게 이해관계가 없게 되나, 매수인 입장에서는 해당 진술 및 보장 조항을 기초로 그 내용이 일부 제한되는 경우가 많으므로, 보장받고자 하는 진술 및 보장 항목이 누락되지 않도록 해야 할 것이고, 진술 및 보장 조항에 붙은 각종 qualification도 가능한 없도록 해야 할 것이다. 손해배상 조항의 경우에도 존속기간이나 금액적 제한은 주로 보험사와의 협의로 정해지는 부분이므로 매도인과 매수인이 시간과 노력을 들여 협상할 필요가 적고, 다만 매도인이 어느 범위에서 직접 책임을 부담하거나 구상의무를 부담하는지를 명확히 하고, 진술보장보험의 보장 범위에서 제외되는 위험에 대해서 주식매매계약서의 손해배상 조항에서도 다루지 않아 매수인 보호에 공백이 발생하지 않는지를 위주로 검토하여야 할 것이다.

타. 기타

1) 구상권 행사 금지

§7(12) – 손해배상 – 구상권 행사 금지

> (12) 매도인은 본조에 따른 손해배상책임을 이행하였음을 이유로 대상회사 및 그 임직원에게 구상권을 행사하거나 손해배상을 청구할 수 없다.

대상회사에 관한 진술 및 보장 위반의 기초가 되는 사실은 동시에 대상회사 또는 그 임직원의 계약상 또는 법률상 의무 위반에 해당할 수 있다. 이 경우 다른 약정이 없으면 매도인은 본래 책임이 귀속되어야 할 자인 대상회사 또는 그 임직원에게 구상권을 행사하거나 손해배상청구를 할 수 있을 텐데, 만일 이와 같은 구상권 행사나 손해배상

303) 강채원(2021), 11–19면.

청구를 허용하게 되면, 궁극적으로 대상회사를 운영하는 매수인에게 그 손해가 돌아가게 되어 매수인에게 손해배상을 하는 취지에 반하게 된다. 따라서 매도인이 본조에 따른 손해배상책임을 이행하였음을 이유로 대상회사 및 그 임직원에게 구상권을 행사하거나 손해배상을 청구할 수 없다는 조항을 포함시키는 것이 일반적이다.

한편, 매수인이 진술보장보험을 가입하는 거래의 경우 매도인의 사기행위가 있지 않는 한 보험사가 매도인이나 대상회사를 상대로 구상권을 행사하지 못하는 조건으로 보험에 가입한다는 점은 앞서 살펴본 바와 같다.

2) 조세 목적상 매매대금 조정

§7(13) – 손해배상 – 조세 목적상 매매대금 조정

> (13) 본조에 따른 매도인의 매수인에 대한 손해배상은 조세 목적상 관련 법령이 허용하는 한도 내에서 매매대금의 조정으로 본다.

주식매매 거래를 할 경우 증권거래세와 양도소득세(법인의 경우 법인세)를 납부하게 되고, 주식양도가액이 작을수록 세금 납부액이 줄어들게 된다. 따라서 매도인 입장에서는 매도인이 매수인에게 손해배상을 하는 경우 이를 매매대금의 (사후)조정으로 보는 것이 유리할 것인바, 매도인의 매수인에 대한 손해배상은 조세 목적상 법령이 허용하는 한도 내에서 매매대금의 조정으로 본다는 조항을 추가하는 경우가 많다. 조세심판원에서 진술 및 보장 조항 위반에 따른 손해배상을 매매대금 조정으로 보아 주식양도가액에서 제외한 사례들이 있고,[304] 법원에서 매도인이 매수인에게 손해배상을 한 경우는 아니지만 거래종결 후 매매대금을 조정한 경우 주식양도가액도 줄어들고 양도소득세와 증권거래세를 경정청구할 수 있다고 판시한 사례가 있다.[305]

3) 중요성 제거

간혹 중요성 제거 조항이라는 것을 포함시키는 계약들이 있다. 진술 및 보장이나 의무 위반을 판단하거나 손해배상액을 산정할 때 진술 및 보장 조항이나 확약 조항에 포함된 "중요한", "중대한", "중요한 측면에서" 등과 같은 materiality qualification은 없

304) 조심 2013서2376 (2014. 2. 25); 조심 2018전5061 (2020. 2. 17.) 등.

305) 대법원 2018. 6. 15. 선고 2015두36003 판결.

는 것으로 본다는 조항이다. 이 조항을 넣는 본래 이유는 이른바 이중의 중요성(double materiality) 문제를 해소해야 한다는 문제 의식 때문이다.[306] 즉, 진술 및 보장 등의 위반 여부를 판단할 때 중요성을 고려하는데, 손해배상청구권 발생 여부 내지 손해배상액 산정 시 중요성을 다시 고려하면, 요구되는 중요성의 정도가 더 높아져 손해배상이 부정되거나 손해배상액이 본래 배상권리자가 가져야 할 것보다 적어질 수 있다는 것이다.

그런데 개별 진술 및 보장이나 의무 조항에 materiality qualification을 넣는 거의 유일한 이유가 사소한 진술 및 보장 위반이나 의무 위반으로 인한 손해배상책임이 발생하는 것을 막기 위한 것인데(거래종결의 조건으로 요구되는 진술 및 보장의 정확성은 어차피 대부분의 거래에서 진술 및 보장 항목 전부 다 materiality qualification이 붙는다), 이를 진술 및 보장 위반이나 의무 위반 여부를 판단할 때 고려해서는 안 된다는 것은 이해할 수 없다.[307] 또한 어차피 국내법상 손해배상청구권 발생요건과 손해배상액 산정은 구분되고 손해배상액 산정은 실제로 발생한 손해를 산정하는 것이므로, 손해배상액 산정 시 개별 진술 및 보장이나 의무에 붙은 materiality qualification을 고려하지는 않는다. 따라서 굳이 중요성 제거 조항을 포함시킬 실익은 없다.

4) 손해배상액 예정, 위약벌, 특별손해배상

일반적인 손해배상에 관한 조항은 아직 당사자들이 발견하지 못하였거나 손해 발생 여부가 미정인 진술 및 보장 위반에 대해서 적용되는 조항들이다. 그런데 어떠한 사항은 이미 당사자들이 알고 있고, 그로 인하여 매수인이나 대상회사에 손해가 발생할 가능성이 상당한 경우들이 있다. 이러한 경우에 매매대금을 조정하는 방안을 고려할 수 있으나, 아직 손해가 발생하는 것이 확실한 정도는 아니거나, 한참 후에 손해가 발생할 예정이거나, 손해액 산정에 시간이 걸리거나 손해액 산정이 지극히 어렵거나, 손해가 발생하지 않도록 매도인이 다투거나 위험을 제거할 여지가 남아 있는 경우 등에는 이를 매매대금에 바로 반영하는 것도 불가능하다. 이런 경우에 손해배상액 예정, 위약벌, 특별손해배상 조항이 활용된다.

손해배상액 예정과 위약벌은 특히 향후 발생할 손해액 산정이 어려운 경우에 활용된다. 손해배상액에 관하여 일정한 금액을 미리 정하고 있는 경우에 손해배상액 예정인

306) 유사한 문제가 선행조건 조항에도 존재한다. 자세한 내용은 위 101면 '진술 및 보장의 정확성' 부분 참고.
307) Adams, 95면.

지 위약벌인지는 계약의 해석 문제인데, 원칙적으로 계약 문언에 따라 판단하여야 할 것이다. 다만, 법원은 위약벌이라는 문언에도 불구하고 구체적인 사정에 따라 손해배상액 예정으로 인정한 사례도 있는데, 이처럼 문언에 반하는 해석은 매우 이례적으로 인정되는 것이 바람직하다.

대법원 2008. 11. 13. 선고 2008다46906 판결

양해각서에서는 인수인의 귀책사유로 투자계약을 체결하지 못하는 경우에 위약벌로서 이행보증금이 정리회사에 귀속된다고 규정하고 있었으나, 투자계약에서는 인수인이 채무이행을 하지 못하여 계약을 해제하는 경우에는 위약벌이라는 용어를 사용하지 않고 단지 계약금을 몰취한다는 조항을 두고 있던 사안이다. 대법원은 위 투자계약의 계약금 몰취조항에서는 위약벌이라는 용어를 사용하지 않은 점, 계약금 몰취조항과 별도로 계약 해제로 인한 손해배상 조항을 두지 않은 점, 양해각서상 용어를 근거로 투자계약상 계약금의 성질을 결정할 수 없는 점 등을 근거로 이 조항을 손해배상액 예정으로 판단하였다(다만, 제반 사정에 비추어 그 금액이 부당히 과다하다고 보지는 않았다).

대법원 2016. 7. 14. 선고 2012다65973 판결

매수인의 귀책사유로 양해각서가 해제되는 경우 이행보증금은 위약벌로 매도인에게 귀속된다고 명시하고 있던 사안에서 양해각서의 다른 규정을 종합하면 매수인의 귀책사유로 양해각서가 해제됨으로써 발생하는 모든 금전적 문제를 이행보증금 몰취로 해결하고 다른 손해배상이나 원상회복청구는 하지 못하도록 한 점, 당사자들의 의도는 이행보증금을 통하여 최종 계약 체결을 강제하는 한편 향후 발생할 수 있는 손해배상 문제도 해결하고자 하였던 것으로 보이는 점, 막대한 금액이 걸린 계약을 체결하면서 사전적인 채무이행 확보에만 관심을 갖고 사후적인 손해의 처리를 고려하지 않았다고 해석하기 어려운 점 등에 비추어 이행보증금이 손해배상액 예정으로서 성질을 갖는다고 판단하였다.

손해배상액 예정으로 할 경우 배상권리자는 손해의 발생이나 손해액에 대해서 입증하지 않아도 되는 반면,[308] 다른 특약이 없는 한 채무불이행으로 인한 통상손해는 물론 특별손해까지도 예정액에 포함되어 있다고 보아 예정액을 초과하는 손해액을 추가로 배상받을 수 없게 된다.[309] 예정된 배상액이 부당히 과다할 경우 법원이 직권으로 감액할 수 있다(민법 제398조 제2항). 배상의무자는 계약서에서 명시적으로 배상의무자의 귀

308) 대법원 1975. 3. 25. 선고 74다296 판결.

309) 대법원 1993. 4. 23. 선고 92다41719 판결.

책사유를 묻지 않는다는 약정을 하지 않은 이상 자신의 귀책사유가 없음을 주장하면서 예정배상액의 지급 책임을 면할 수 있다.[310)]

위약벌 역시 손해액 산정이 어려운 경우에도 활용되기는 하나 이에 더하여 배상의무자의 행위에 대해서 제재를 가하여 이행을 확보하려는 목적이 더 강하다. 이에 따라 실제 발생할 수 있는 손해액과는 무관하게 조금 더 많은 금액을 위약벌로 정하는 경우가 많고, 위약벌에 추가하여 실제로 발생한 손해에 대해서 배상을 청구하는 것도 가능하게 된다.[311)] 위약벌 역시 과도하게 무거울 때에는 감액될 수 있으나 민법 제398조 제2항을 유추적용하는 것이 아니라 민법 제103조의 반사회질서 행위로서 일부 무효에 해당하여 결과적으로 감액될 수 있다. 이러한 근거조항의 차이로 인하여 실무상 손해배상액 예정이 위약벌보다 감액이 더 쉽게 이루어지는 것으로 이해된다.[312)]

tip **매도인 tip:** 매도인 입장에서는 예정된 배상액이 손해배상의 한도가 되고 더욱이 부당히 과다할 경우 감액될 여지도 있어서 유리하지만, 반대로 실제로 손해가 발생하였는지 여부를 불문하고 해당 금액만큼은 배상해야 하는 위험이 있게 되므로 그 장단점을 비교해서 손해배상액 예정 여부를 판단해야 할 것이다.

위약벌 조항은 매수인이 매도인을 상대로 추가로 실손해에 대한 손해배상청구도 가능하고 그 감액도 손해배상액 예정에 비하면 엄격하므로 매수인에게 매우 유리한 조항이다. 따라서 매도인은 위약벌을 지급할 사유가 발생하지 않는다는 확신이 있지 않은 이상 위약벌 조항을 포함시키는 것은 신중해야 할 것이다.

매수인 tip: 매수인 입장에서는 금액을 높게 설정할 수 있고 추가로 발생한 손해에 대한 배상도 청구할 수 있는 위약벌 약정이 보다 유리할 것이고, 손해배상 예정액이나 위약벌이 과다하여 감액 또는 일부 무효가 되거나 상대방이 다투지 않도록 집행 가능성을 높이는 방법들을 생각해 볼 필요가 있다.

이를 위해서 계약서에 당사자들이 정한 손해배상 예정액 또는 위약벌 금액이 당사자들 간의 관계, 거래의 목적, 협상 경과 등에 비추어 상당하고 합리적인 수준이라는 점에 대해서 양 당사자가 확인한다는 문구를 추가하기도 하나 이는 주의적인 문구에

310) 대법원 2007. 12. 27. 선고 2006다9408 판결.

311) 대법원 2022. 7. 21. 선고 2018다248855 전원합의체 판결.

312) 위 대법원 2022. 7. 21. 선고 2018다248855 전원합의체 판결의 반대의견은 위약벌에도 민법 제398조 제2항이 유추적용되어야 하고, 손해배상액 예정의 감액이든 위약벌의 감액이든 국가가 사인 사이의 계약에 개입하는 것이므로 감액을 너무 쉽게 인정하지 않도록 주의해야 한다고 한다.

불과하고 이러한 문구에도 불구하고 법원은 금액의 과다 여부를 심사한다.

또 매수인으로서는 위약벌 조항과 관련해서는 부제소합의를 넣는 것을 고려해 볼 수도 있다. 당사자가 자유롭게 처분할 수 있는 권리관계에 대하여 부제소합의가 이루어진 경우에는 부제소합의로 말미암아 그 대상으로 된 권리관계가 강행법규 위반으로 무효라는 주장을 하지 못하게 되는 결과가 초래된다 하더라도, 그러한 사정만으로 그 부제소합의가 당해 강행법규에 위반하여 무효로 된다고 볼 수는 없다. 특히 M&A는 많은 경우 대등한 당사자 간에 거래가 이루어진다는 점에서 반사회질서 또는 불공정한 계약으로 무효라고 볼 것은 아니다.[313] 다만, 부제소합의의 대상이 된 분쟁이 합의 당시 예상할 수 없었던 것이라면 부제소합의가 무효가 될 가능성이 있다는 점은 유의해야 한다.

이러한 부제소합의와 구분해야 할 것은 감액에 대해서 다투지 않겠다거나 이의를 제기하지 않겠다는 약정이다. 손해배상 예정액에 대한 감액 주장을 사전에 배제하는 것은 특별한 사정이 없는 한 강행법규인 민법 제398조 제2항에 반하여 무효이고, 위약벌의 감액도 민법 제103조에 따라 이루어지므로 이를 배제하는 것도 역시 무효가 된다.[314]

대법원 2008. 2. 14. 선고 2006다18969 판결

회사정리절차에 들어간 정리회사가 정리법원의 방침에 따라 M&A를 추진하여 인수인 컨소시엄과 양해각서를 체결하였는데, 인수인 컨소시엄이 일부 구성원의 탈퇴와 인수자금 조달의 어려움으로 투자계약을 체결하지 못하자 정리회사가 이행보증금을 몰취한 사안이다. 이에 대해 인수인 컨소시엄은 양해각서상 부제소특약의 무효를 주장하였으나 대법원은 부제소특약이 선량한 풍속 기타 사회질서에 위반되는 법률행위라거나 원고의 궁박한 사정을 이용한 현저하게 공정을 잃은 법률행위라고 볼 수 없다고 판시하였다.

추가 설명: 위와 비교할 수 있는 사례로 현대건설 사건에 관한 서울고등법원 2011. 2. 15. 자 2011라154 결정 및 대법원 2016. 3. 24. 선고 2014다3115 판결이 있다. 우선협상대상자의 민형사상 이의 제기를 금지한 양해각서상 부제소합의에 대해서 부제소합의 당시 예상했던 범위를 넘어서는 분쟁에 대하여는 그 효력이 미치지 않고 그 내용이 형평의 원칙에 반한다는 이유로 부제소합의가 무효라고 판시하였다.

313) 같은 견해: 송종준, 27, 28면.

314) 대법원 2016. 3. 24. 선고 2014다3115 판결; 이동진(2012), 126면.

위에서 설명한 손해배상액 예정이나 위약벌 외에 특정한 사항에 대해서 특별손해배상 조항을 추가할 수 있고 그 내용은 천차만별이다. 대상회사에 소송이 진행 중이고 대상회사 패소 시 금전적 지출이 있을 수 있는 경우 또는 대상회사 또는 당사자들에 대해 세금이 새로 부과되거나 과세관청과 세액에 대해서 이견이 있어 추가 납부 의무가 발생할 수 있는 경우에 특별손해배상 조항을 통해 당사자 사이의 이해관계를 조정하는 것을 자주 발견할 수 있다. 일반 손해배상 조항에 추가적인 요건이나 절차를 요구할 수도 있고, 아니면 일반 손해배상 조항에서 정하고 있는 존속기간이나 금액적 제한 등의 적용을 배제하거나 다른 내용으로 정하는 경우도 있다. 특별손해배상은 이미 위험이 어느 정도 구체화된 사안에 대한 것이므로 진술보장보험 범위에서 제외되는 것이 일반적이다.

M&A 계약 유형에 따라 다양한 내용의 특별손해배상 조항이 추가될 수 있다. 가령, 합병의 경우 합병에 반대하는 주주가 주식매수청구권을 행사하는 경우 대상회사가 지급하여야 하는 금액이 일정 금액을 초과하는 경우 그 초과분을 매수인이 매도인에게 배상하도록 규정할 수 있다.[315] 영업양도의 경우 해당 영업으로 발생한 채무를 양수인이 인수할지 여부는 개별적으로 정하게 되는데, 양수인이 인수하지 않은 양도인의 채무를 대신 변제한 경우(상법 제42조 참고) 양도인에 대하여 배상을 구할 수 있고 그때 배상 금액이나 절차에 관하여 특별히 정할 수 있다.

위약벌, 특별손해배상 조항을 추가하는 경우에 다른 약정이 없는 한 당사자가 일반 손해배상 조항을 원용하여 손해배상청구를 하거나 계약 해제 조항에 있는 해제권을 행사하는 것이 제한된다거나 어떤 구제수단을 먼저 행사해야 한다고 보기는 어렵다.[316] 만일 다른 구제수단을 배제하거나 우선순위를 정하고자 한다면 계약서에 명확하게 기재해야 할 것이다.

5) 손해배상 조항 부재 시 효과

진술 및 보장 위반 책임의 법적 성격을 약정 책임이라고 보면 그 위반으로 인한 손해를 전보하기 위한 요건, 절차, 제한사항, 효과 등을 최대한 자세하게 계약에서 정하는 것은 당연하고 이를 정하지 않는 것은 매우 부자연스럽다. 그런데 매우 드물게 어떤 계약서에는 진술 및 보장 조항과 확약 조항은 있으면서 손해배상 조항이나 면책 조항을

315) Harrison, 248면.

316) 대법원 2022. 3. 17. 선고 2021다231598 판결.

전혀 포함시키지 않는 경우들이 있다. 이런 경우에는 손해를 입은 자가 손해배상을 청구하지 못하는 것인가?

대법원은 사실과 다르게 진술 및 보장을 하여 상대방에게 손해를 입힌 경우에는 계약상 의무를 이행하지 않은 것에 해당하므로 일종의 채무불이행 책임이 성립한다고 하고, 손해배상 조항이 없다면 민법 제390조를 비롯한 관련 규정들에 따라 채무불이행 책임의 성립 여부를 판단하여야 한다고 판시하였다.[317] 진술 및 보장 위반을 채무불이행이라고 보는 것은 이상하기는 하나, 당사자들이 어떤 사실이 정확하다는 진술을 하고 이에 관해서 일정기간(별다른 약정이 없으면 법정 시효기간) 보장을 하였다면 그것이 부정확할 경우 상대방에게 발생하는 손해에 대해서는 전보하겠다는 묵시적인 의사를 인정할 수 있는 경우도 있을 것으로 생각한다. 이와는 달리 명시적인 손해배상 조항이 없는 경우에는 손해배상청구권을 인정하는 것이 타당한지 의문을 제기하는 견해도 있다.[318] 진술 및 보장 위반 조항에 대한 손해배상 조항을 따로 두는 것이 일반적인 거래관행인 이상 그러한 조항을 두지 않았다면 손해배상의무를 예정하지 않았다고 일응 추단될 수 있다는 것이다. 그러나 손해배상의무를 예정하지 않은 것이라면 당사자들이 애초에 장문의 진술 및 보장 조항 자체도 두지 않았을 가능성이 높고, 당사자들로서는 그러한 진술 및 보장 조항을 통해 그 위반 시 손해배상을 받는 것을 염두에 두었을 가능성이 더 높기에 계약의 해석을 통해 손해배상의무를 인정하는 것이 자연스럽다.

이처럼 손해배상을 인정하는 경우에 그 요건이나 효과는 위에서 설명한 통상적인 진술 및 보장 위반에 대한 손해배상 조항의 해석과 유사하게 보아야 할 것이다. 진술 및 보장 위반의 책임은 계약에서 달리 정하지 않는 한 매도인의 고의 또는 과실이 요구되지 않는 책임으로 보는 것이 타당하고,[319] 손해액은 매수인이 취득하는 주식 가치의 감소분 또는 진술 및 보장이 정확할 때의 매매대금과 부정확할 때의 매매대금의 차액을 산정하는 등의 방법으로 정하여야 할 것이다. 존속기간은 따로 명시되어 있지 않는 이상 일반 상사시효가 적용될 것이다. 반면, 청구절차, 손해배상액 제한, 제3자 청구 등에 관한 내용은 당사자들이 손해배상 절차나 방법에 대해서 특별히 정하는 내용들이므로 계약서에 명시적으로 포함되지 않는 이상 적용된다고 보기 어렵다.

---

317) 대법원 2018. 10. 12. 선고 2017다6108 판결. 위 판결의 사안은 애초에 손해배상 조항이 있었기 때문에 굳이 위와 같은 판시를 할 필요가 있었는지 의문이다.

318) 우호적 M&A의 이론과 실무 2(천경훈 집필부분), 44면.

319) 대법원과 같이 이를 민법 제390조가 적용되는 채무불이행 책임으로 본다면 고의 또는 과실을 요구할 가능성이 있다.

손해배상 조항이 없는 경우에 민법상의 하자담보책임에 관한 조항을 적용하여 손해배상을 구할 수 있는가? 하급심 판결 중 회사의 자산이 대차대조표상 자산에 미치지 못하였음을 이유로 매수인이 매도인을 상대로 손해배상을 청구한 사안에서 "주식이 갖추어야 할 성질로서 예정된 소외 회사의 자산과 실제 자산의 차액은 이 사건 매매대상 주식의 하자"라고 하면서 하자담보책임에 따른 손해배상을 인정한 사례가 있다.[320] 그러나 대상회사의 하자가 바로 주식의 하자라고 보기는 어려우며, 주식에 하자가 있다고 볼 수 있는 진술 및 보장 위반에 한하여 하자담보책임을 물을 수 있다고 보는 것이 타당하다.[321]

또 손해배상 조항이 없는 경우에도 사기에 준하는 행위가 있는 경우에는 민법 제750조 이하 불법행위로 인한 손해배상을 구할 수도 있다. 다만, 모든 진술 및 보장 위반이 불법행위가 되는 것은 아니다. 불법행위에 해당하려면 위법한 행위여야 하는데, 진술 및 보장의 대상이 되는 기업에 존재하는 위험은 잘 드러나지 않아 매도인도 알지 못한 경우가 많고 매수인은 실사를 통해서 그 위험을 판단하고 거래를 진행하지 않을 수 있는 선택권이 있기 때문에 단순히 그 위험이 사후에 실현되었다는 것만으로 매도인이 위법한 행위를 했다고 보기는 어렵다. 따라서 매도인이 진술 및 보장이 정확하지 않다는 사실을 알고 있으면서 그러한 진술 및 보장을 하면서 매수인이 계약을 체결하도록 적극적으로 유인하였고, 매수인도 그 진술 및 보장이 없었으면 계약을 체결하지 않았을 텐데 그 진술 및 보장을 믿고 거래한 경우에 불법행위가 인정될 것이다.[322]

불법행위로 인한 손해배상책임에는 민법 제750조 이하의 규정들이 적용된다. 약정책임을 부담하는 경우와 가장 큰 차이는 계약상 규정된 손해배상액 제한이 적용되지 않는다는 점과 계약 당사자가 아니면서 거래에 관여한 자들이 공동불법행위자로서 책임을 부담할 수 있다는 점이다. 특히 후자와 관련해서 조세 목적 내지 규제상의 이유로 다층적 지배구조를 갖고 있는 회사를 매각하는 경우에 계약 당사자가 아니면서 실제로 해당 회사의 매각에 관여하는 자가 불법행위를 저지른 경우 책임을 부담할 수 있게 된다는 점에 유의할 필요가 있다. 예를 들면, 사모펀드가 포트폴리오 회사를 매각하는 거래에서 매도인은 직접 포트폴리오 회사의 주식을 소유한 PEF 또는 SPC일 수 있지만 실제로 매각 절차를 주

320) 서울중앙지방법원 2006. 8. 24. 선고 2005가합85097 판결.

321) 위 114면 '진술 및 보장 위반 책임의 법적 성격과 그 효과' 부분 참고.

322) 미국 사례로 Agspring Holdco, LLC v. NGP X US Holdings, L.P., C.A. No. 2019-0567-AGB (Del. Ch. 2020) 참고. 회사의 수익이 급격히 악화되고 있고 향후 note를 변제할 자력이 없을 것이 예상되었음에도 중요계약 위반 없음, 충분한 자산 있음, 중대한 부정적 영향 없음 진술을 한 것이 사기에 해당한다고 하였다.

도하거나 의사결정을 하는 것은 GP와 그 임직원들이다.[323] 따라서 GP가 계약서에 포함된 진술 및 보장이 허위임을 알면서 이를 포함시키고 적극적으로 거래를 유인하여 불법행위가 성립하는 경우에는 설령 계약 당사자가 아니라 하더라도 책임을 부담할 수 있다.[324]

진술 및 보장이 아니라 확약을 위반하는 경우 이는 일반적인 계약상 채무를 불이행하는 것이므로 계약서에 달리 손해배상 조항이 없더라도 민법 제390조 이하의 채무불이행 책임에 관한 규정이 적용되어 손해배상 책임을 부담할 수 있다. 그리고 이 때에는 다른 약정이 없는 한 민법 제390조가 적용되므로 채무자의 고의 또는 과실이 요구된다.

10. 해제

§8(1) – 해제

제8조(해제) (1) 본 계약은 아래 각호의 어느 하나의 사유가 발생한 경우 아래 각호에 기재된 자가 상대방에게 서면으로 통지함으로써 해제할 수 있다. 단, 각 사유 발생에 책임 있는 자는 그 사유를 이유로 본 계약을 해제할 수 없으며, 당사자들은 거래종결 이후에는 어떠한 사유로도 본 계약을 해제할 수 없다.

1. OOO

가. 해제의 의의 및 법적 성격

당사자가 계약을 위반하는 등 예정대로 계약이 이행되기 어려운 경우 계약의 효력을 소멸시킬 필요가 있고 이를 계약 해제라 한다.[325]

---

323) 제도 특성상 PEF나 SPC를 운용하는 것은 GP일 수밖에 없기 때문에(자본시장법 제249조의14) 포트폴리오 회사 매각 절차에 GP가 관여하지 않았다거나 회사 사정을 잘 모르고 있었다는 항변은 쉽게 받아들여지기 어렵다. Weinstein et al. posting(2020. 9. 1.)

324) 미국 사례로 Prairie Capital III, L.P. v. Double E Holding Corp., C.A. No. 10127-VCL (Del. Ch. 2015) 참고. PEF가 포트폴리오 회사를 매각한 사안인데 매수인이 거래를 함에 있어서 회사가 일정한 매출 목표를 달성하는지 여부가 중요하였다. 이에 PEF의 GP 임직원은 거래 전반에 관여하면서 회사의 생산, 주문을 억지로 늘려 허위 매출을 만들고, 계약서에 매출채권 등 진술 및 보장을 제공하면서 매수인을 안심시키고 거래하였다. 법원은 이에 대해 GP 임직원들이 적극적으로 사기를 주도하였다는 이유로 사기 책임을 인정하였다.

325) 영미 계약에서는 termination이라는 용어를 사용하는데 한국법상의 해제와 해지를 모두 포괄하는 개념으로 이를 "종료"라고 번역하기도 하지만, 주식매매계약의 효력 상실과 관련해서는 한국법에 따라 "해제"라는 용어를 사용하는 것이 적절해 보인다.

기본적으로 당사자들은 민법에 따라 이행지체, 이행불능 등을 이유로 법정해제를 할 수 있다(민법 제544조 내지 제546조). 그러나 M&A 계약에서는 통상 해제에 관한 조항을 따로 둔다. 이처럼 계약에 해제권에 관한 조항을 두는 경우 이는 법정해제권을 주의적으로 규정한 것이거나 약정해제권을 유보한 것 등 다양한 의미가 있을 수 있는데, 당사자가 어떤 의사로 해제권 조항을 둔 것인지는 결국 의사해석의 문제로서, 계약 체결의 목적, 해제권 조항을 둔 경위, 조항 자체의 문언 등을 종합적으로 고려하여 논리와 경험법칙에 따라 합리적으로 해석하여야 한다.[326] M&A 계약서에는 M&A의 특수성을 반영하여 통상 해제 사유를 확대하고, 그중 당사자 일방에 적용되는 해제 사유도 있고 최고가 무의미한 해제 사유도 있고, 해제 시 자료의 반환이나 위약금에 관한 사항을 정하는 등 법정해제와는 다른 내용을 다수 규정하기 때문에 대부분 약정해제권에 관한 조항으로 해석하는 것이 타당할 것이다. 이러한 약정해제 조항이 있다는 이유로 법정해제가 배제되는 것은 아니고, 당사자는 요건을 충족할 경우 약정해제든 법정해제든 모두 할 수 있다.

약정해제의 경우 당연히 법정해제에 관한 민법 규정들이 적용되는 것은 아니고, 당사자들이 약정한 바에 따라 해제 사유, 해제권자, 해제 절차, 해제 효과 등이 결정된다.[327] 따라서 가능한 위 각각의 사항에 대해서 계약서에 구체적으로 명시할 필요가 있고, 만일 계약서에 누락된 부분이 있다면 당사자의 의사가 무엇이었는지 계약 해석을 통해서 파악하고 민법의 임의규정이 적용될 것이다.

나. 해제 사유

1) 해제 사유의 종류

해제 사유는 당사자들이 합의하여 해제하는 경우와 당사자 일방이 해제권을 행사하여 해제하는 경우로 나눌 수 있다. 전자를 계약서에 명시적으로 포함하는 경우도 있으나, 당사자들이 사후에 합의하여 해제할 수 있는 것은 당연한 것이기 때문에 굳이 이를 계약서에 명시하는 것은 사족이다.

당사자 일방이 해제권을 행사할 수 있는 사유는 계약서의 다른 조항과 연결되지 않은 독립적인 사유와 계약서의 다른 조항(선행조건 조항 또는 확약 조항)과 연결된 사유로 나눌 수 있다. 독립적인 사유의 예로는 i) 거래종결기한 내에 거래종결이 이루어지지 않

326) 대법원 2016. 12. 15. 선고 2014다14429 판결.

327) 대법원 1997. 11. 14. 선고 97다6193 판결 참고.

은 경우, ii) 매수인이 실사 결과에 만족하지 못한 경우, iii) 매도인이 거래를 진행하지 않기로 결정한 경우 등이 있다. 이 중 사유 i)은 거의 모든 계약서에 포함되는 해제 사유이고, 사유 ii)와 iii)은 국내 거래에서는 거의 포함되지 않는 해제 사유이다. 연결된 사유의 예로는 iv) 진술 및 보장이나 의무를 위반한 경우, v) 거래종결의 조건 중 어느 하나를 성취하지 못한 경우 등이 있다. 이 중 사유 iv)는 거의 모든 계약서에 포함되는 해제 사유이고 포괄적으로 하나의 해제 사유로 열거하는 반면, 사유 v)는 개별 거래에 따라 포함 여부가 달라지는데 포함하더라도 개별적인 거래종결의 조건마다 해제 사유로 포함되는 형태가 달라지게 된다.[328] 이하 자세하게 살펴본다.

2) 거래종결기한

§8(1) – 해제 – 해제사유 – 거래종결기한

1. 거래종결이 O년 O월 O일까지 이루어지지 않은 경우, 각 당사자에 의하여

일정한 기한 내에 거래종결이 되지 않으면 계약을 해제할 수 있도록 하는 것이고, 이를 거래종결기한(long-stop date 또는 drop-dead date)이라고 한다. 거래종결기한은 계약 체결 후 시간이 경과함에 따라 대상회사의 기업가치가 변동되는 위험을 매수인이 부담하다가 일정 기한 이후부터 매도인이 부담하도록 함으로써 기간 경과에 따른 위험을 당사자 사이에 배분하는 기능을 한다.[329] 특히 거래종결의 조건을 두는 경우에는 거래종결기한을 둘 필요가 있다. 거래종결의 조건 중에는 당사자들이 통제할 수 없고 제3자의 행위에 좌우되는 것들이 있으므로 언제 그 조건이 모두 성취될지 예상하기 어려울 수 있다. 이때 거래종결의 조건이 성취되지 않았다고 하여 마냥 그 조건이 성취되기까지 기다리도록 하면 당사자들이 법적으로 불안한 상태에 계속 있게 되므로, 거래종결기한을 정하여 해당 기한 내에 거래종결이 이루어지지 않으면 당사자들로 하여금 계약을 해제할 수 있게 하는 것이다.

거래종결기한은 거래종결 조항에서 정하는 거래종결일과 동일한 날짜로 할 수도 있고 그보다 나중의 날로 정할 수도 있다. 거래종결일과 거래종결기한을 동일한 날짜로 정할 경우에는 해당 거래종결일이 도과하면 바로 계약 해제가 가능해진다. 반면, 거래종

328) 이러한 구분은 Adams, 99면 참고.

329) 우호적 M&A의 이론과 실무 2(김지평, 박병권 집필부분), 254, 262면.

결기한을 거래종결일보다 나중의 날로 정할 경우 거래종결일이 도과하더라도 계약은 거래종결기한까지 계속 효력을 유지한다.

이처럼 미리 특정한 거래종결일이 도과하였으나 거래종결기한은 아직 도래하지 않은 상태에서 거래종결의 조건이 모두 성취되는 경우에 당사자들이 거래종결 의무가 있는지 다툼의 여지가 있다. 만일 거래종결 조항에서 거래종결의 조건 성취를 기준으로 한 새로운 거래종결일(가령, 거래종결의 조건이 모두 성취된 날로부터 O일이 경과한 날)을 정하고 있다면 그 날에 거래종결 의무를 이행해야 할 것이다. 반면, 새로운 거래종결일을 정하고 있지 않다면 거래종결일 도과로 당사자들은 거래종결 의무를 더 이상 부담하지 않는다고 해석할 여지도 있지만, 그렇게 되면 거래종결기한을 별도로 설정한 의의가 없게 된다. 따라서 이런 경우에는 당사자들은 기한의 정함이 없는 채무를 부담하는 것이고, 어느 일방이 자신의 의무를 이행제공하면서 상대방에게 이행청구를 하면 그때부터 상대방도 거래종결 의무를 이행해야 하고(민법 제387조 제2항 참고), 상대방이 불이행할 경우 의무 위반을 이유로 한 손해배상청구 내지 해제가 가능할 것이다.

거래종결기한은 특정한 날짜로 하는 경우도 있고, 계약 체결일로부터 몇 개월 이내와 같이 정하는 경우도 있다. 매도인 입장에서는 최대한 거래종결을 신속하게 하고자 거래종결기한을 짧게 설정하고자 할 것이고, 매수인 입장에서는 기업결합신고 등 정부승인을 받아야 하는 당사자로서 거래종결기한을 길게 설정하고자 하는 경우가 많다. 양 당사자 모두 거래를 진행하기 위해서 필요한 내부 절차나 정부승인에 어느 정도 시간이 소요될지 가능한 예측할 필요가 있고, 통상 그 기간보다 조금 여유를 두어 당사자 간 협의하여 정한다. 또 경우에 따라서는 일방 당사자의 요청에 따라 몇 개월 연장할 권리를 부여하는 경우도 있다.

3) 기타 독립적인 해제 사유

매수인이나 매도인 어느 일방에게 해제할 수 있는 재량을 부여하는 경우가 있다. 매수인은 통상 계약 체결 전에 실사를 하지만 거래 일정이 촉박하고 빨리 계약을 체결하고자 하는 경우에 매수인이 확인실사를 전제로 계약을 체결하고, 만일 확인실사 결과 대상회사에 중대한 위험이 발견되거나 하면 계약을 해제할 수 있는 권한을 유보하는 것이다. 반대로 매도인도 일단 계약을 체결하지만 만일 더 좋은 거래조건을 제시하는 자가 나타날 경우 기존 계약을 파기할 수 있는 권한을 유보하고자 할 수 있다.

어느 경우나 당사자 일방의 재량으로 계약을 파기할 수 있는 권한을 부여하는 것이어서 계약의 구속력을 매우 약화시키는 것이고, 그에 따라 국내 거래에서는 이러한 해제 사유를 넣는 경우를 쉽게 찾을 수 없다. 이와 같이 어느 일방의 재량으로 계약이 파기되면 상대방이 손해를 입기 마련이어서 만일 이 해제 사유를 넣는다면 상대방에게 일정한 금전적인 보상(위약금)을 해 주는 것을 전제로 넣을 수 있을 것이다.

또 당사자에게 무한의 재량을 주는 것이 상대방에게 부담이 될 수 있으므로 그러한 재량을 일부 제한하는 것도 고려할 수 있다. 가령, 매수인이 실사 결과에 만족할 수 없다는 것을 제한하여, 실사 결과 대상회사에 일정한 규모 이상의 손해가 발생할 위험이 발견되었다거나 실사 과정에서 필요한 자료나 임직원 면담 기회를 충분히 제공받지 못한 경우로 하는 것이다. 또, 매도인이 더 좋은 거래 조건이 제시되었다는 이유로 임의로 계약을 파기할 수 있는 해제 사유의 경우 더 좋은 거래 조건이 진정으로 제시되었는지 여부가 다투어질 수도 있기에 이에 대한 객관적인 증빙자료를 매수인에게 제출할 수 있는 경우로 제한할 수 있겠다.

4) 계약의 중대한 위반

§8(1) – 해제 – 해제사유 – 중대한 위반

> 2. 어느 당사자가 본 계약상 진술 및 보장이나 의무를 중요한 측면에서 위반하고, 그 위반이 시정 불가능하거나 상대방으로부터 시정을 요구받은 날로부터 10영업일 내에 시정하지 않은 경우, 상대방에 의하여

본 계약에서 정한 진술 및 보장을 위반하거나 의무를 위반하는 경우에 해제할 수 있도록 하는 것이다.

먼저 진술 및 보장 위반과 관련해서 이 해제 사유가 미치는 범위에 대해서 자세히 들여다볼 필요가 있다. 진술 및 보장을 계약 체결일뿐만 아니라 거래종결일을 기준으로 제공하는 경우도 있고, 설령 계약 체결일만을 기준으로 제공하더라도 선행조건으로는 계약 체결일 기준으로 제공된 진술 및 보장이 거래종결일에도 정확할 것을 요구하는 것이 일반적이다. 그런데 통상 계약 해제 사유로는 진술 및 보장을 "위반하고"라고 되어 있고 계약 해제는 거래종결 전까지만 할 수 있다고 규정하는데, 이렇게 되면 계약 체결일 기준으로 진술 및 보장이 부정확한 경우만 해제가 가능하고, 거래종결일 기준으로 진술 및 보

장이 부정확할 것으로 예상되는 경우에는 해제가 불가능한 것이 된다. 물론 거래종결일 기준으로 진술 및 보장이 부정확하게 되면 선행조건 조항에 따라 거래종결이 불가능하겠지만, 그렇게 되면 당사자들은 거래종결기한까지 기다렸다가 계약을 해제해야 하는 것이 된다. 따라서 만일 거래종결일 기준으로 동일한 진술 및 보장을 할 수 없게 되는 경우도 해제 사유로 포함시키고자 한다면 그러한 점을 보다 명확하게 포함시켜야만 할 것이다.[330]

계약을 해제할 수 있는 진술 및 보장 위반 또는 의무 위반은 중요한 측면에서의 위반(다른 말로 "중대한 위반")인 경우로 한정하는 것이 일반적이다. 법정해제의 경우에도 당사자가 계약 목적 달성에 필요하고 이를 이행하지 않으면 계약 목적을 달성하지 못해 채권자가 계약을 체결하지 않았을 정도의 주된 채무를 위반한 경우에만 해제가 인정되는데,[331] 이와 궤를 같이하여 사소한 위반만으로 계약을 해제하지 않도록 하려는 것이다.[332]

계약 해제 사유로 "중요한 측면"의 의미는 만일 그러한 위반 사실을 알았거나 그러한 위반 사실이 발생했다면 거래를 하지 않았을 정도(즉, 해당 거래 여부를 좌지우지할 정도)로 중요하다는 의미(강한 의미)로 해석해야 한다는 점은 앞서 살펴본 바와 같다.[333] 어떠한 경우에 이와 같이 해당 거래 여부를 좌지우지할 정도로 중요한지는 개별 거래의 구체적인 사정을 고려해야 할 것이며, 계약 문언, 계약 체결 경위, 대상회사의 가치평가 방법이나 매매대금 산정기준 등 제반 요소를 고려하여 당사자들이 계약을 통해 달성하고자 하였던 목적이나 합리적인 기대가 회복 불가능할 정도로 침해되었는지 등을 검토하여야 할 것이다.[334] 만일 당사자가 계약을 해제할 정도로 매우 중요한 의무라고 생각하는 것이 있다면, 그 의무를 특정하여 해당 의무를 불이행하는 것은 중요한 측면에서의 위반에 해당하는 것으로 간주한다는 내용을 추가할 수도 있겠다.

330) Adams, 103-106면.

331) 대법원 2005. 11. 25. 선고 2005다53705 판결 등.

332) 영미법상으로도 당사자가 계약을 위반한 경우 일반적으로 손해배상만 청구할 수 있고, 계약 위반이 중대한 경우에만 자신의 의무를 면제받고 계약을 해소할 수 있는바, M&A 계약상 termination 사유를 material breach로 한정하는 것은 이러한 판례상 인정되는 법리를 계약서에 반영한 것이다. 김성민(2016), 79면.

333) 위 50면 '중대한 부정적 영향' 부분 참고.

334) 김성민(2016), 84-104면.

이스타항공 사건

계약의 중대한 위반이 문제 된 사례로 이스타항공 사건이 있고 위에서 설명한 것과 같은 취지에서 중대한 위반 여부를 판단하고 있다.

제주항공(원고)이 이스타홀딩스 등(피고)으로부터 이스타항공의 주식을 매수하는 내용의 주식매매계약을 체결하였는데, 원고가 계약 체결 후 여러 진술 및 보장 위반을 발견하였고 이에 대해서 피고에게 시정요구를 하였음에도 시정이 되지 않자 계약을 해제하고 계약금의 반환과 함께 예정된 손해배상액을 배상하라고 청구한 사건이다.

법원은 피고가 법령 관련 진술 및 보장, 소송 관련 진술 및 보장, 조세 관련 진술 및 보장, 중요계약 관련 진술 및 보장, 근로관계 관련 진술 및 보장, 보험 관련 진술 및 보장, 정부승인 관련 진술 및 보장, 정보공개 관련 진술 및 보장을 위반하였음을 인정하였다. 그리고 진술 및 보장 위반의 총 규모가 매매대금이나 이스타항공의 자산총액에 비하여 크다는 점, 이러한 규모가 이스타항공이 사업을 정상적으로 수행하기 현저히 곤란한 수준인 점, 이스타항공의 중요한 정부승인에 문제가 있었던 점, 이스타항공 관련 법률인 항공안전법 위반 건수가 많다는 점 등을 고려하여 이러한 진술 및 보장 위반이 "주식매매계약의 목적 달성을 불가능하게 하는 것"으로서 원고가 이를 알았다면 "주식매매계약을 체결하지 아니하였을 것"이라고 여겨지므로 진술 및 보장의 중요한 면에서의 위반에 해당한다고 판시하였다. 이에 대해 피고는 위 진술 및 보장은 손해배상 또는 대금감액 방법으로 충분히 해결이 가능하므로 중요한 면에서의 위반이 아니라고 주장했으나, 법원은 이러한 손해배상 또는 대금감액 방법으로 해결 가능한지 여부는 중요한 면에서의 위반에 해당하는지 여부를 판단함에 있어서 고려될 수 있는 제반 사정 중 하나의 사정에 해당하는 것이지 중요한 면에서의 위반 여부를 일률적으로 결정짓는 판단기준이 된다고 볼 수 없다고 판시하였다.

한편, 이 사건 주식매매계약에는 중대하게 부정적인 영향에서 "코로나19로 인한 사업부진"은 제외하고 있었다. 이에 따라 피고는 위 진술 및 보장 위반이 원고가 위험을 부담하기로 약정한 코로나19로 인한 사업부진으로 초래된 것이므로 원고가 이를 이유로 계약을 해제하는 것은 부당하다고 주장하였다. 이에 대해 법원은 중대하게 부정적인 영향이 없음이 거래종결 의무의 선행조건으로 규정되어 있으므로 원고는 코로나19로 인한 사업부진을 이유로 거래종결 의무를 면할 수는 없으나, 계약 해제 사유로는 진술 및 보장을 중요한 면에서 위반한 경우를 규정하고 있고 달리 "중대하게 부정적인 영향" 내지 "코로나19로 인한 사업부진"을 진술 및 보장 위반으로 보지 않겠다는 규정은 없으므로 코로나19로 인한 사업부진을 해제 요건 판단에 고려해서는 안된다고 판시하고, 다만 이러한 코로나19로 인한 사업부진을 손해배상 예정액을 감액하는 사유 중 하나로 고려하였다. 이에 따라 법원은 원고의 계약금반환청구를 인용하고 손해배상예정액은 20%만 인용하였다.[335]

---

335) 서울중앙지방법원 2023. 1. 19. 선고 2020가합582478, 2021가합522923 판결; 서울고등법원 2024. 2. 2. 선고 2023나2008004, 2023나2008011 판결(항소심); 대법원 2024. 10. 18. 선고 2024다231308, 2024다2024다231315 판결(상고심).

해제 사유로 "중요한 측면에서 위반"을 요구하는 대신 "위반하여 중대한 부정적 영향이 있는 경우"를 요구하는 경우도 있다. 무엇이 중요한 측면에서의 위반인지를 판단할 때에는 당사자를 기준으로 판단하는 반면, 중대한 부정적 영향이 있는지를 판단할 때에는 대상회사를 기준으로 판단한다는 점에서 다르다. 또한 중대한 부정적 영향은 통상 정의 조항에서 조금 더 구체화된 기준과 예외들을 규정하므로 당사자들 입장에서는 조금 더 예측 가능한 기준을 제시한다고 볼 수 있다. 다만, 중대한 부정적 영향은 주로 대상회사에 미치는 영향을 중심으로 정의를 내리는데, 이렇게 되면 확약 조항에 따라 당사자가 부담하는 의무를 위반한 경우에는 중대한 부정적 영향이 있는 경우는 없게 되어 확약 위반에 따른 계약 해제는 약정해제 사유에서는 배제되는 문제가 발생할 수 있다. 따라서 이를 누락하고 싶지 않다면 중대한 부정적 영향의 정의에 대상회사에 미치는 영향뿐만 아니라 당사자에 미치는 영향까지도 포함시키거나, 해제 사유 중 진술 및 보장 위반과 확약 위반을 구분하여 중요성 기준을 다르게 정할 필요가 있다.

법정해제 사유로서 이행지체 시 계약 해제를 위해서는 일정한 기간을 정한 최고가 필요하듯이(민법 제544조) 계약 해제 전 상대방에게 계약 위반을 치유할 수 있는 기간(cure period)을 미리 부여하는데 5~15영업일 사이로 정하는 것이 일반적이다. 또 이행불능 시에는 최고가 필요 없듯이 시정이 불가능한 경우에는 즉시 해제할 수 있도록 약정한다.

5) 기타 거래종결 조건과 연결된 사유

§8(1) – 해제 – 해제사유 – 도산 등

3. 어느 당사자에 대하여 청산, 회생, 파산 또는 이와 유사한 절차가 개시된 경우, 상대방에 의하여
4. 정부기관이 거래종결을 금지하는 조치를 취하고 그 조치가 최종적인 것으로서 절차상 더 이상 다툴 수 없는 경우, 각 당사자에 의하여
5. 중대한 부정적 영향이 발생한 경우, 매수인에 의하여

거래종결의 조건이나 확약으로 추가되는 것들 중에 해제 사유로 포함되는 것들이 있다. 그런데 진술 및 보장이나 확약을 위반한 것은 포괄적으로 하나의 해제 사유로 규정하는 반면, 거래종결의 조건을 성취하지 못한 것은 포괄적으로 하나의 해제 사유(가령, "당사자가 거래종결의 조건을 성취하지 못한 경우"를 해제 사유로 포함)로 규정하지 않는다. 이는 거래종결의 조건 중 일부는 거래종결일까지 기다려 봐야 그 성취 여부를 알 수 있

기 때문에 거래종결일 전에 계약을 해제하지 못하도록 하기 위한 것이다.

가령, 거래종결의 조건으로 본건 거래에 대해 제3자승인을 받을 것이 포함되어 있는 경우, 계약 체결일과 거래종결일 사이 어느 시점에 제3자승인을 못 받았다는 이유만으로 계약을 해제할 수 있어서는 안 된다. 왜냐하면 위 조건은 거래종결일까지만 받으면 되는 것이기 때문이다. 따라서 이 조건과 관련해서 해제 사유를 추가하려면, 거래종결 전에 명확하게 제3자승인을 받지 못하는 사정이 있어야 한다(가령, "매도인이 O년 O월 O일까지 제4조 제1항 제5호에 기재된 제3자승인을 받지 못한 경우" 또는 "제4조 제1항 제5호에 기재된 제3자승인의 제3자가 승인 거부의 의사를 표시한 경우"). 또 다른 예로 거래종결의 조건으로 본건 거래를 금지하는 정부기관 조치가 없을 것이 포함되어 있는 경우, 계약 체결일과 거래종결일 사이에 본건 거래를 금지하는 정부기관 조치가 있더라도 거래종결일 전까지 치유되면 거래종결의 조건은 성취할 수 있으므로 그 전에 계약 해제를 할 수 있게 해서는 안 되고 그러한 조치가 확정적인 것일 때에만 해제할 수 있어야 한다. 따라서 이 조건과 관련해서 해제 사유를 추가하려면, 본건 거래를 금지하는 정부기관의 조치가 있고 그것이 최종적인 것이어야 한다는 내용이 추가되어야 하는 것이다. 이처럼 개별 거래종결의 조건마다 해제 사유로 추가될 때에는 일부 내용이 변경되어야 하기 때문에 거래종결의 조건 전체를 하나의 해제 사유로 규정하지 않는다.[336]

거래종결의 조건 중 어떤 것을 해제 사유로도 포함시킬 것인가는 개별 거래 사정에 따라 달라질 수 있으나, 주로 이행불능이거나 이행불능에 가까운 사유가 발생한 경우를 해제 사유로 추가한다. 이하 대표적으로 포함되는 것들인 당사자의 도산, 본건 거래 금지, 중대한 부정적 영향에 대해서 살펴보기로 한다.

i) 당사자의 도산: 당사자에 대하여 청산, 회생, 파산 등 절차가 개시된 경우를 해제 사유로 추가하는 것이다. 청산 절차가 진행 중이더라도 현존사무를 종결하고 채권을 추심하거나 채무를 변제해야 하므로(상법 제254조, 제542조) 이미 계약이 체결되어 있다면 계약 이행 의무로부터 면제되는 것은 아니고, 따라서 그 자체로 이행불능이라고 보기 어려울 수 있다. 그러나 보통 청산에 이르는 경우에는 재산이 부족하여 정상적인 계약 이행이 불가능하기 때문에 상대방 보호 차원에서 계약 해제 사유로 넣는다.

회생이나 파산 절차가 개시된 경우도 같은 취지에서 정상적인 계약 이행이 어려울 수 있고 또 나중에 부인권의 대상이 될 여지도 있어서 계약 해제 사유로 하고, 이 외에

---

336) Adams, 104, 105면.

당사자가 지급정지 또는 지급불능 상태가 된 경우나 발행어음이 부도처리가 되는 경우를 추가하는 경우도 있다. 회생이나 파산 등 도산 절차는 당사자 본인이 신청해서 개시되기도 하지만, 채권자나 주주 등이 신청해서 개시될 수도 있고 만일 이러한 절차 개시가 부적절하다면 신청이 기각되거나 절차개시 결정이 취소될 수도 있는바, 일정한 기간 내에 해당 절차가 취소되거나 지급정지 또는 지급불능 상태가 해소되면 해제 사유에서 제외하도록 약정할 수도 있다.

회생이나 파산 절차가 개시된 경우를 해제 사유로 하는 계약 조항(이른바 도산해제조항 또는 도산해지조항)이 유효한지 여부와 관련하여 대법원은 "도산해지조항이 회사정리법에서 규정한 부인권의 대상이 되거나 공서양속에 위반된다는 등의 이유로 효력이 부정되어야 할 경우를 제외하고, 도산해지조항으로 인하여 정리절차개시 후 정리회사에 영향을 미칠 수 있다는 사정만으로는 그 조항이 무효라고 할 수는 없다"고 하면서도, "쌍방 미이행의 쌍무계약의 경우에는 계약의 이행 또는 해제에 관한 관리인의 선택권을 부여한 회사정리법 제103조의 취지에 비추어 도산해지조항의 효력을 무효로 보아야 한다거나 아니면 적어도 정리절차개시 이후 종료시까지의 기간 동안에는 도산해지조항의 적용 내지는 그에 따른 해지권의 행사가 제한된다는 등으로 해석할 여지가 없지는 않을 것"이라고 판시한 바 있다.[337] 이러한 대법원 판결에 따라 하급심 중에서도 쌍방 미이행의 쌍무계약의 경우 도산해제조항에 의한 해제의 효력을 원칙적으로 인정할 수 없고, "회생절차 진행 중에 계약을 존속시키는 것이 계약상대방 또는 제3자의 이익을 중대하게 침해할 우려가 있거나 회생채무자의 회생을 위하여 더 이상 필요하지 않은 경우"에 예외적으로 도산해제조항에 따른 해제가 허용된다고 판시하였다.[338] 따라서 회생절차 개시를 이유로 한 거래종결 전 M&A 계약의 해제를 규정한 도산해제조항은 그 효력이 부정될 가능성도 있음을 유의해야 하고,[339] 당사자들로서는 위 해제를 허용할 만한 예외적인 사정이 있음을 적극적으로 입증할 수 있어야 할 것이다.

ii) 본건 거래 금지: 정부기관이 본건 거래를 금지하는 조치를 취하는 경우에는 법적 장애로서 이행불능에 해당하므로 해제 사유로 포함시키는 것이 일반적이다. 이때 정부기관에는 통상 입법, 사법, 행정기관을 모두 포함하므로 본건 거래를 금지하는 조치에는 법률의 제·개정이나 판결, 처분 또는 명령이 포함될 것이다. 다만, 계약 해제는 통상

337) 대법원 2007. 9. 6. 선고 2005다38263 판결.

338) 서울고등법원 2023. 1. 13. 선고 2021나2024972 판결.

339) 우호적 M&A의 이론과 실무 2(김지평, 박병권 집필부분), 265-267면.

계약 목적을 달성하지 못하는 경우로 한정하므로 이러한 정부기관의 조치가 최종적인 것으로서 절차상 더 이상 다투지 못하는 상태에 이르러야 해제할 수 있다고 약정한다.

iii) **중대한 부정적 영향:** MAC out 역시 해제 조항에 추가할 수 있다. 중대한 부정적 영향이 없을 것을 거래종결의 조건으로만 추가하고 해제 사유로는 추가하지 않을 경우 중대한 부정적 영향이 발생하면 거래종결기한까지 기다렸다가 해제할 수 있게 된다. 이때 중대한 부정적 영향이 발생했다가 거래종결 전에 다시 중대한 부정적 영향을 미치는 사유가 치유되면 거래종결의 조건을 성취하는 것이 되어 거래종결을 거부할 수 없게 된다. 반면, 중대한 부정적 영향이 발생한 경우를 해제 사유로 추가하면 다른 약정이 없는 한 바로 해제가 가능하게 되고, 만일 해제 통지를 하였다면 바로 계약은 효력을 상실하므로 설령 그 이후에 중대한 부정적 영향을 미치는 사유가 치유되더라도 계약이 다시 살아나지 않는다.

다. 해제권자 및 해제 절차

해제권자가 누구인지를 정하기 위해 각 해제 사유마다 누가 해제 의사를 통지할 수 있는지를 기재한다. 그리고 일반적으로 각 해제 사유 발생에 책임 있는 또는 귀책사유가 있는 당사자는 그 사유를 이유로 계약을 해제할 수 없다고 기재한다. 본인이 계약이 정상적으로 이행되는 것을 방해하였음에도 계약으로부터 해방될 수 있도록 하는 것은 불합리하다는 이유에서 이러한 내용을 추가하는 것이다. 가령, 거래종결의 조건이 모두 성취되었고 상대방이 이행제공을 하였음에도 별다른 이유 없이 거래종결을 차일피일 미루다가 거래종결기한이 도과된 경우 그와 같이 거래종결을 미룬 당사자는 계약 해제를 주장할 수 없을 것이다.

해제는 해제권자가 해제 의사를 상대방에게 통지함으로써 이루어지는데 명확하게 의사를 전달하고 증거를 남기기 위해서 서면으로 통지하도록 약정하는 경우가 많고, 이외의 통지 방법은 통지 조항에서 정한 방법을 따라야 할 것이다.

매도인이나 매수인이 다수인 다수당사자 계약에서는 계약 해제와 관련하여 몇 가지 고민해서 계약서에 반영해야 할 부분이 있다. 먼저 단수인 당사자에게 해제 사유가 있는 경우(가령, 중대한 계약 위반)에 복수인 당사자 중 일부만 계약을 해제할 수 있는지, 복수인 당사자 중 일부에게 해제 사유가 있는 경우 단수인 당사자는 해제 사유가 있는 당사자에 대해서만 계약을 해제할 수 있는지 여부이다. 이에 대해서는 통상 복수인 당사자를 하나의 당사자로 취급하여 복수인 당사자 중 일부에 대해서만 해제하는 것은 인정하지 않고 전부에 대해서 해제하도록 정한다. 조금 더 구체적으로 살펴보면 단수인 당사자에게 해제 사유가 있는 경우 복수인 당사자들 전부가 해제하는 것만 가능한데, 이때 복수인 당사자 전부가 공동으로 해제권을 행사하도록 하는 방법, 어느 한 당사자만 해제하더라도 복수인 당사자 전부에 대해서 계약이 해제되도록 하는 방법, 복수인 당사자 중 대표자를 정해서 그 대표자가 해제권을 행사하도록 하는 방법이 가능하다. 복수인 당사자 중 일부에게 해제 사유가 있는 경우에는 단수인 당사자가 언제든지 복수인 당사자 전부에 대해 계약을 해제할 수 있도록 하는 방법과 해제 사유가 있는 당사자의 지분이 어느 비율 이상을 차지하는 경우에만 복수인 당사자 전부에 대해 계약을 해제할 수 있도록 하는 방법이 있다.[340]

만일 해제 방법에 대해서 계약에서 따로 정하고 있지 않으면 어떻게 처리하여야 하는가? 민법 제547조 제1항은 당사자의 일방 또는 쌍방이 수인인 경우에는 계약의 해제는 그 전원으로부터 또는 전원에 대하여 하여야 한다고 규정하고 있다. 이러한 규정에 따르면 어느 경우든 일부만 해제하는 것은 불가능하고 전부 해제하는 것만 가능하게 된다(일부만 해제의 의사표시를 한다고 하더라도 해제의 효력이 발생하지 않음).[341] 그런데 한 가지 유의할 점은 위 민법상 조항은 복수인 당사자가 불가분의 관계에 있는 경우에 적용된다는 것이다. 판례는 수인이 공유하는 부동산을 매도한 사안에서 "공유자 전원이 공유물에 대한 각 그 소유지분 전부를 형식상 하나의 매매계약에 의하여 동일한 매수인에게 매도하는 경우라도 당사자들의 의사표시에 의하여 각 지분에 관한 소유권이전의무, 대금지급의무를 불가분으로 하는 특별한 사정이 없는 한 실질상 각 공유지분별로 별개의 매매계약이 성립되었다고 할 것이고, 일부 공유자가 매수인의 매매대금지급의무불이행을 원인으로 한 그 공유지분에 대한 매매계약을 해제하는 것은 가능하다"고 판시하였다.[342] 주식매매 거래에서는 특히 여러 매도인이 공동으로 지분을 매각하면서 경영권을 이전하려고 하거나 여러 매수인이 공동으로 지분을 매입하면서 경영권을 인수하려는 경우가 많을 것이고, 이런 경우에는 매매대금도 경영권 프리미엄이 반영되어 매매대금 총액을 정하고 각 당사자의 지분율에 따라 매매대금을 안분한다. 또 거래종결 조항이나 선행조건 조항에 복수인 당사자 전부의 이행을 전제로 하는 조항을 넣거나, 복수인 당사자가 부담하는 의무에 대해서 연대책임을 부담하거나, 대표자를 정해서 주식 양수도,

340) 우호적 M&A의 이론과 실무 2(김지평, 박병권 집필부분), 270, 271면.

341) 대법원 1994. 11. 18. 선고 93다46209 판결.

342) 대법원 1995. 3. 28. 선고 94다59745 판결.

매매대금 지급 또는 수령, 통지 등을 할 수 있도록 하기도 한다. 이와 같은 사정들이 있다면 당사자 간에 불가분의 관계가 있다고 보아 민법 제547조 제1항이 적용될 것이다. 반면, 복수인 당사자들 사이에 경영권 이전이나 기타 다른 목적 없이 각자 주식을 양수도하는 것이고, 매매대금도 각자 당사자가 다르게 산정하였다거나 주당 매매가격만 동일할 뿐 공동으로 매매대금을 산정하였다는 사정도 없고, 각자 주식매매계약에 따른 의무를 부담하고 연대책임을 부담하거나 대표자 지정도 없다면, 단지 형식상 하나의 계약서에 당사자로 포함되었을 뿐 복수의 당사자들 각각 단수인 당사자와 개별적으로 주식매매계약을 체결한 것에 불과하다고 볼 수 있고 이 경우에는 민법 제547조 제1항이 배제되고 개별적으로 해제하는 것이 가능하다고 볼 것이다.[343)]

다음으로 복수인 당사자 중 일부만 해제 사유 발생에 책임있는 경우 복수인 당사자 전부의 해제권 행사가 제한되는지 여부도 문제 되며 이에 대해서도 계약서에 명확하게 규정할 필요가 있다. 즉, 복수인 당사자 중 어느 한 명이 해제 사유 발생에 책임이 있는 경우에 다른 당사자들도 해제가 제한되는지, 아니면 그 복수인 당사자 전원이 책임이 있는 경우에만 해제가 제한되는지를 명확히 하는 것이다.

만일 이에 관하여 계약서에 달리 규정하고 있지 않다면 어떻게 처리하는가? 민법 제547조 제2항은 해제의 권리가 당사자 1인에 대하여 소멸한 때에는 다른 당사자에 대하여도 소멸한다고 규정하고 있는바, 복수인 당사자 중 어느 한 명만 해제 사유 발생에 책임이 있더라도 복수인 당사자 전원의 해제권 행사가 불가능하다고 보아야 할 것이다. 이 역시 복수인 당사자 사이에 불가분의 관계에 있는 경우에만 적용됨은 앞서 설명한 해제 사유가 일부 당사자에게 있는 경우와 동일하고, 만일 불가분의 관계가 없다면 복수인 당사자 중 일부에게 해제 사유 발생에 책임이 있더라도 이는 다른 당사자의 해제권에 영향을 미치지 않을 것이다.

마지막으로 다수당사자 계약에서 해제의 의사를 누가 누구에게 통지하여야 하는지도 명확하게 정하는 것이 바람직하다. 달리 정하지 않았으면 민법 제543조 제1항에 따라 해제라는 법적 효과를 달성하고자 하는 자가 그 효과를 발생시키는 상대방에게 의사표시를 해야 하는 것이므로 다수당사자 전원으로부터 또는 다수당사자 전원에 대하여 통지가 이루어져야 할 것이다. 이와는 달리 매도인 대표나 매수인 대표를 정하여 그 대

343) 우호적 M&A의 이론과 실무 2(김지평, 박병권 집필부분), 268-270면.

표가 통지하도록 하거나 통지를 수령하고자 한다면 그러한 점을 규정하고 그 대표가 다른 당사자를 위해서 통지를 하거나 수령할 권한을 위임받았음을 명시할 필요가 있다.

라. 해제 효과

§8(2)-(4) - 해제 - 해제 효과

(2) 본 계약이 해제되는 경우 본 계약은 효력을 상실한다. 단, 제1조, 제7조 내지 제9조는 그 효력을 유지한다.

(3) 본 계약의 해제는 본 계약의 해제 이전에 본 계약의 위반으로 인하여 당사자가 부담하는 책임에 영향을 미치지 않는다.

(4) 본 계약이 해제되는 경우 각 당사자는 본 계약의 체결 전후로 본건 거래와 관련하여 상대방, 대상회사, 이들의 대리인 및 자문사로부터 제공받은 모든 자료를 상대방에게 반환하거나 폐기하여야 한다.

해제권자가 해제의 의사를 통지하면 계약은 즉시 효력을 상실한다. 효력을 상실한다는 것은 계약에서 정하고 있는 권리를 행사하거나 의무를 이행할 필요가 없다는 것, 즉 권리와 의무가 소멸한다는 것을 의미한다. 계약서에 보통 계약이 "소급적으로" 소멸하는지 여부를 명시하지는 않기에 소급효가 있는지 다툼이 발생할 수 있고, 해제에 소급효가 있는지 여부는 당사자에게 원상회복의무가 있는지, 특히 지급받은 계약금을 반환할 때 그에 대한 이자를 더해서 반환해야 하는지 여부에 영향을 미칠 수 있다. 대법원은 계약 체결 후에 계약 해제에 대해서 별도로 합의하는 합의해제의 경우에도 계약은 소급하여 소멸한다는 취지로 판시한 바 있는데,[344] 이에 따라 약정해제의 경우에도 소급효가 있다고 볼 가능성이 있다. 기본적으로 민법은 계약을 종료시키는 방법으로 "해제"와 "해지"를 상정하면서, 해제는 비계속적 계약(매매, 소비대차, 도급 등)의 효력을 소급해서 상실시킬 때, 해지는 계속적 계약(사용대차, 임대차, 고용 등)의 효력을 장래를 향해 상실시킬 때 사용한다. 이에 따라 비계속적 계약을 해제한다고 하면 당연히 소급효가 인정되는 것으로 생각할 수 있으나, 비계속적 계약도 해제에 대해서 약정하면서 장래를 향해서만 효력을 상실시키는 것이 가능하다. 당사자 의사의 해석 문제라 할 것이나, 해제의 효과(특히 어떤 계약 조항이 계속 효력을 유지하는지)에 대해서도 구체적으로 정하는 M&A 계약의 특

344) 대법원 2005. 6. 9. 선고 2005다6341 판결.

성상 법정해제와 동일하게 소급효를 인정할 필요나 이유가 없고 달리 문언상 소급효를 인정하지 않는 이상 소급효는 없다고 보는 것이 타당하다. 민법에 따른 해제로서 소급효가 인정될 가능성을 줄이기 위해서 "종료"라는 용어를 사용하는 것도 고려해 볼 만하다.

M&A 계약은 통상 거래종결 후 확약을 두고 있어서 거래종결 후에도 일부 조항은 계속 효력을 유지한다. 따라서 달리 명시하고 있지 않으면 거래종결 후에도 계약 해제가 가능한지(더 나아가 그렇게 되면 이미 완료된 거래까지 소급해서 효력을 상실하는지) 의문이 제기될 수 있다.[345] 달리 계약서에서 명시하고 있지 않다면 계약 해제가 불가능하지 않을 것이다. 그러나 거래종결 후에는 본건 거래인 주식매매가 완료된 것이고, 거래종결 후 확약은 주식매매 이후 당사자들의 이익을 보호하기 위해 부수적으로 남겨놓은 의무이므로 거래종결 이후까지 계약 해제를 인정할 필요는 없다. 이에 대부분의 거래가 거래종결 후에는 어떤 사유로도 계약을 해제할 수 없다고 규정한다.

계약이 해제되더라도 효력이 유지될 필요가 있는 조항들은 예외로 두어야 한다. 이러한 예외로 두는 대표적인 조항이 정의 조항, 손해배상 조항, 해제 조항, 기타 조항이다. 특히 해제로 계약의 효력이 상실되는 경우 해제 전에 이미 발생한 책임이 존속하는지, 해제 이후에 손해배상을 청구할 수 있는지 여부에 대해 다툼이 발생할 수 있다.[346] 이에 계약서에는 명확하게 해제는 해제 전에 계약 위반으로 당사자가 부담하는 책임에는 영향을 미치지 않는다고 따로 조항을 두는데, 이때 책임은 본 계약에서 정하고 있는 손해배상이나 면책, 위약금 지급 책임 외에도 법상 인정되는 손해배상책임(가령, 민법 제535조의 계약체결상의 과실책임)까지도 포함한다.

아직 거래종결이 이루어지기 전에는 특별히 당사자가 상대방에게 급부를 제공한 것이 거의 없으나, 만일 제공된 것이 있다면(가령, 계약금) 그 반환에 관한 사항을 구체적으로 기재해야 한다. 계약금 반환은 위약금에 관한 내용과 함께 규정하는 것이 일반적이므로 이에 대해서는 아래에서 더 자세히 살펴보기로 한다. 또 실사 과정이나 계약 체

345) 김태진(2014), 433면.

346) 영미 계약에서는 termination 조항에 계약 종료로 계약에 따른 권리, 의무, 책임이 전부 소멸한다고 규정하고, 사기나 악의적인 계약 위반은 예외로 하는 경우가 많다. 이처럼 책임 등의 소멸에 대해서 일반적으로 규정하고 달리 종료 전에 발생한 계약 위반에 대한 손해배상청구가 가능한지 여부에 대해서 규정하고 있지 않다면, 계약을 종료시키는 순간 (사기나 악의적인 계약 위반 등 예외에 해당하지 않는 한) 손해배상청구는 불가능하게 된다. Yatra Online, Inc. v. Ebix, Inc., C.A. No. 2020-0444-JRS (Del. Ch. 2021). 따라서 계약서를 작성할 때 계약 종료에도 불구하고 소멸하지 않는 예외(사기 등)를 어떻게 설정할지, 진술 및 보장의 존속기간이나 위약금 조항은 영향을 받는지를 주의해서 작성해야 하고, 계약 체결 후 계약을 종료시키는 통지를 상대방에게 보내기 전에 자신의 권리 행사가 어떻게 제한되는지 신중하게 검토하여야 한다. Weinstein et al. posting(2021. 10. 2.)

결 전후로 당사자나 대상회사에 관한 자료가 제공되는 경우가 많은데 거래가 무산될 경우 상대방이 그 자료를 계속 보유하는 것이 부적절하므로 본건 거래와 관련하여 당사자들 사이에 제공된 자료를 반환하거나 폐기하는 것에 관하여 정한다. 일반적으로 당사자나 대상회사가 직접 제공하는 경우 외에도 그 자문사나 대리인이 서로 주고받은 자료들까지도 위 반환 또는 폐기 대상에 포함시킨다.

이 외에도 주식매매계약에 부수해서 이루어진 행위들이 있다면 이를 해소하여야 할 것이다. 가령, 주식매매계약에 부수해서 에스크로 계약, 의결권위임약정 등 부수적인 계약이 체결되거나 질권을 설정한 것이 있으면, 그러한 부수적인 계약들을 해제하고, 질권을 소멸시키는 것에 대해서도 계약서에 규정하는 것이 바람직하다.

마. 계약금 및 위약금에 관한 사항

§8(5) – 해제 – 계약금 및 위약금

(5) 본 계약이 해제되는 경우 매수인이 제2조 제3항에 따라 매도인에게 지급한 계약금은 아래와 같이 처리한다.

1. 매도인이 본 계약을 제1항 제2호에 따라 해제하는 경우 계약금은 위약벌로서 매도인에게 귀속된다.
2. 매수인이 본 계약을 제1항 제2호에 따라 해제하는 경우 매도인은 해제일로부터 3영업일 내에 계약금의 배액을 위약벌로서 매수인에게 지급하여야 한다.
3. 본 계약이 제1항 제2호 이외의 사유로 해제되는 경우 매도인은 계약금을 해제일로부터 3영업일 내에 매수인에게 반환하여야 한다.
4. 당사자들은 본항의 위약벌이 상당하고 합리적인 금액임을 인정하고, 이에 관하여 감액청구 등 어떠한 이의도 제기하지 않기로 한다.

계약을 해제할 경우 거래가 무산되었으므로 매수인이 계약 체결 시 지급한 계약금을 매도인에게 반환하는 내용을 포함한다. 이때 계약금에 이자를 붙여서 반환해야 하는지 문제가 될 수 있다. 법정해제의 경우 당사자들은 원상회복의무가 있고, 그에 따라 반환할 금전에는 이자를 붙여야 하는데(민법 제548조 제2항), 약정해제도 동일한가? 법원의 태도는 불분명하다. 대법원은 "계약이 해제권자의 일방적 의사표시로 해제"되면 그 계약의 효력이 소급적으로 소멸함에 따라 이행된 급부는 원상회복을 위해 부당이득으로 반환되어야 하고 민법 제548조 제2항의 규정에 의하여 그 받은 날로부터 이자를 가하여야 하지만, 이와는 달리 "합의해제"의 경우 그 효력은 그 합의의 내용에 의하여 결정되고 여기에는 해제에 관한 민법 제548조 제2항의 규정은 적용되지 않으므로 당사자 사이에 약정이 없는 이상 합의해제로 인하여 반환할 금전에 그 받은 날로부터의 이자를 가하여야 할 의무가 있는 것은 아니라고 판시하였다.[347] 그런데 약정해제의 경우 해제권자의 일방적 의사표시로 해제가 되는 것이어서 전자와 같이 민법 제548조 제2항이 적용된다고 볼 여지도 있는 반면, 양 당사자의 합의로 그 내용을 정하는 것이라는 점에서 합의해제에 가까워 후자와 같이 민법 제548조 제2항이 적용되지 않는다고 볼 여지도 있다. 약정해제의 경우 당사자들이 약정한 대로 해제의 효과가 정해지는데, 단순히 "계약금"을 반환한다고만 되어 있다면 다른 특별한 사정이 없는 한 계약금 원금을 반환하는 것으로 해석하는 것이 타당하고, 만일 이자를 붙여서 반환하기를 원한다면 계약서에 명시적으로 계약금과 그 이자를 반환한다고 규정하여야 할 것이다.

계약 해제에 대해서 당사자들이 위약금을 지급하기로 약정하는 경우들이 있다.[348] 이때 어떤 경우에 지급하는지 명확하게 기재해야 하는데, 가장 일반적인 형태는 해제사유를 불문하고 누구에게 귀책사유가 있는지에 따라 위약금을 지급하게 하는 것이다. 즉, 매수인에게 책임 있는 사유로 계약이 해제되는 경우 매수인이 위약금을, 매도인에게 책임 있는 사유로 계약이 해제되는 경우 매도인이 위약금을, 양 당사자 모두에게 책임 없는 사유로 계약이 해제되는 경우에는 위약금 지급이 없도록 하는 것이다. 이와는 달리 양 당사자 모두에게 책임 없는 사유로 계약이 해제되는 경우에도 어느 일방에게 위약금을 지급하도록 하는 경우가 있다(가령, 공정거래위원회 기업결합 승인을 받지 못한 경우 매수인이 위약금 지급하도록 함). 이때 민법상 손해배상액 예정이나 위약벌 지급을 위해서는 귀책사유가 필요한 것 아닌지, 따라서 당사자에게 귀책사유가 없음에도 위약금을 지

347) 대법원 1996. 7. 30. 선고 95다16011 판결.

348) 영미 계약에서는 매도인이 지급하는 위약금을 break-up fee 또는 termination fee라 하고, 매수인이 지급하는 위약금을 reverse break-up fee라 한다. 영미 계약에서는 이러한 위약금을 당사자의 책임이나 귀책사유와 연계시키기보다는 개별 termination 사유와 그 발생원인 별로 당사자가 계약에서 해방되기 위해서 지급할 비용이 얼마인지, 상대방에게 발생한 손실을 보상해줄 필요가 있는지의 관점에서 추가 여부를 결정하고 금액도 거래 규모의 3% 내외로 설정되는 경우가 많다. 위약금 규모에 관해서는 LexisNexis의 Legal Insights 자료 참조(https://www.lexisnexis.com/community/insights/legal/b/practical-guidance/posts/market-standards-average-termination-fee-as-percentage-of-deal-size). 반면, 우리나라에서는 위약금이 계약을 위반하는 등으로 계약 해제에 책임이 있거나 귀책사유가 있는 당사자에게 불이익을 부과한다는 관점에서 추가하고 금액도 보다 높게 계약금 상당의 금액(주로 매매대금의 10%)으로 설정되는 경우가 많다.

급하도록 하는 조항은 효력이 부인되는지 문제가 있을 수 있다.[349] 계약에서 명시적으로 귀책사유 없이도 위약금 지급을 규정하고 있다면 그 효력을 인정하여야 할 것으로 생각하며, 실제 사례에서는 대부분 조금이라도 어느 일방에게 귀책사유가 있다고 인정되는 경우에 위약금을 지급하는 것으로 약정할 것이다.

그런데 계약은 여러 요소가 복합적으로 작용하여 무산될 수 있기 때문에 위와 같이 귀책사유 유무를 기준으로 위약금 지급을 규정하게 되면 누구에게 귀책사유가 있는지, 그리고 양 당사자 모두에게 책임이 있는 경우에는 누가 위약금을 지급하는지에 대해서 다툼이 있을 수 있다. 이에 위약금 지급을 특정 해제 사유로 해제되는 경우로 또는 특정한 의무 위반으로 해제되는 경우로 한정하는 경우들도 다수 있다. 가령, 계약의 중대한 위반으로 해제되는 경우 계약을 위반한 당사자가 위약금을 지급하도록 한다거나, 거래종결 조항에서 정한 당사자의 의무를 위반한 경우에 의무를 위반한 당사자가 위약금을 지급하도록 하는 것이다. 또 당사자에게 귀책사유가 있는지 다툼이 있을 수 있는 사항은 아예 계약서에 명시적으로 누구의 귀책사유인지, 또는 어느 누구의 귀책사유도 아니라는 점을 명시하는 것도 추후 다툼을 방지할 수 있는 방법이다. 가령, 공정거래위원회에서 기업결합 승인을 하지 않는다거나 조건부 승인을 한 경우에는 양 당사자 모두에게 책임 없는 사유로 본다거나 매수인에게 책임 있는 사유로 본다고 정하는 것이다.

계약 해제로 인한 위약금 지급 사유를 구성할 때 어느 일방만 위약금을 지급하도록 규정할 때에는 먼저 해제하기 위한 경쟁(이른바 race to termination) 문제가 발생할 수 있다. 가령, 계약서에 정부승인을 받지 못하여 매도인이 계약을 해제하는 경우 매수인이 매도인에게 위약금을 지급하도록 규정하고 있는데 정부승인을 받지 못한 데 매도인과 매수인이 모두 기여하였다고 하자. 이 경우 만일 매도인이 먼저 계약을 해제하면 위약금을 지급받을 수 있으나, 매수인이 먼저 계약을 해제하면 위약금을 지급하지 않아도 되는 것인지 문제 된다.[350] 누가 먼저 계약 해제 통지를 하느냐라는 우연한 사정에 따라 위약금 지급 여부가 결정되는 것은 부당하므로, 누가 해제를 먼저 하는지를 불문하고 위약금은 지급되어야 한다는 내용을 명확하게 추가할 필요가 있다.[351] 앞서 설명한

349) 자세한 내용은 우호적 M&A의 이론과 실무 2(김지평, 박병권 집필부분), 288-291면 참고.

350) 미국 사례로 In re Anthem-Cigna Merger Litigation, Case No. 2017-0114-JTL (Del. Ch. 2020) 참고. 합병 당사자 중 일방이 계약 해제 통지를 두 차례 하였으나 모두 효력이 없고, 세 번째 통지를 하기 전에 상대방이 계약 해제 통지를 하여 위약금을 지급받지 못하게 되었다.

351) Metts et al. posting(2020. 9. 29.)

계약의 해제는 계약 해제 전에 발생한 책임에 영향을 미치지 않는다는 조항은 이러한 race to termination 문제를 해소할 수 있을 것이다.

계약 해제 시 계약금 반환과 위약금 지급은 별개의 문제이지만 계약금 반환과 위약금 지급을 하나의 조항으로 묶어서 규정하는 것이 보다 간편하다. 즉, 매수인이 위약금을 지급해야 하는 경우에는 이미 지급된 계약금이 매도인에게 귀속된다고 정하고, 매도인이 위약금을 지급해야 하는 경우에는 계약금의 배액을 매수인에게 지급하는 것으로 정하고, 어느 누구도 위약금 지급 의무가 없는 경우에는 매도인이 계약금을 매수인에게 반환하는 것으로 정하는 것이다. 물론 위약금 금액이 반드시 계약금과 일치할 필요는 없고, 계약금을 기준으로 계약금의 일부 금액만을 위약금으로 지급하도록 하는 것도 가능하다. 이때 돈이 지급될 필요가 있는 경우에는 언제까지 지급해야 하는지 기한을 추가하고, 만일 계약금이 에스크로되어 있다면 에스크로 기관에 인출 내지 해지하는 절차에 관해서도 정하는 것이 바람직하다.

위약금 지급에 관하여 정할 때에는 해당 위약금이 위약벌인지, 손해배상액 예정인지 명확하게 규정하여야 하고, 달리 정하고 있지 않으면 손해배상액 예정으로 추정된다(민법 제398조 제4항).[352] 매도인이 위약금을 지급하고서라도 walk away 하고 더 좋은 조건을 제시하는 제3자에게 매도할 수 있는 기회를 열어두고자 한다면 위약벌로 정하면 안 될 것이다. 위약벌로 할 경우 매도인은 위약벌을 지급하고도 제3자에게 매도하여 얻은 이익을 추가로 매수인에게 배상해야 할 수 있기 때문이다. 손해배상액 예정으로 정한 경우에는 당사자들 간에 달리 합의하지 않는 한 계약 해제에 이르게 한 채무불이행으로 발생할 수 있는 모든 손해가 예정액에 포함되고,[353] 당사자는 추가로 손해배상을 청구할 수 없다.

352) 위약벌과 손해배상액 예정의 차이는 위 250면 '손해배상액 예정, 위약벌, 특별손해배상' 부분 참고.

353) 대법원 2018. 12. 27. 선고 2016다274270, 274287 판결.

11. 기타

가. 비밀유지

§9(1) – 기타 – 비밀유지

제9조 (기타) (1) 당사자는 본 계약 및 본건 거래의 내용, 본 계약의 협상 내용을 비밀로 유지하고, 언론에 발표하는 등 외부에 공개하여서는 안 된다. 단, 아래 각호의 경우에는 공개할 수 있다.

1. 관련 법령에 따라 공개가 요구되는 경우 관련 법령에서 요구하는 범위 내에서
2. 본 계약으로부터 발생하거나 본 계약과 관련하여 발생한 사법절차 또는 행정절차에서 공개 또는 이용이 필요한 경우
3. 본 계약의 이행을 위하여 필요한 범위 내에서 당사자의 대리인, 자문사, 주주, 특수관계인에게 제공하는 경우

본 계약의 내용 등을 비밀로 유지하고 외부에 공개하지 않아야 한다는 내용이다. 비밀유지에 관한 내용과 발표(또는 공표, 보도자료 배포)에 관한 내용을 별도 조항으로 구분하기도 하나, 이를 구분할 실익이 크지 않다. 또 이 조항은 확약 조항 부분에 포함시키기도 하고, 기타 조항 부분에 포함시키기도 한다. 확약 조항에 포함시키는 경우에는 계약 해제에도 불구하고 효력이 계속 유지되는 조항에서 이 조항이 누락되지 않도록 유의해야 한다. 반면, 기타 조항에 포함되는 경우에는 자칫 확약 조항에 있는 다른 의무에 비해서 중요성이 덜한 것으로 오인될 수 있다. 거래에 따라서는 비밀유지의 필요성이 매우 큰 경우들이 있는데, 그런 경우에는 이 조항 위반 시 계약을 "중요한 측면에서" 위반한 것으로서 거래종결의 조건이 불성취되거나 계약을 해제할 수 있도록 이 조항이 매우 중요하다는 점에 대한 다른 자료를 남겨놓는 것이 도움이 될 것이다.

비밀유지 내지 공개 제한 대상이 되는 정보는 보통 본 계약이나 본건 거래의 내용과 본 계약의 협상 내용이다. 더욱더 철저하게 본건 거래에 관한 비밀을 유지하고자 하는 경우에는 본 계약의 체결 내지 존재 사실 자체를 비밀유지 대상 정보에 포함한다.

이와는 조금 다른 맥락으로 본건 거래 과정에서 알게 된 대상회사의 정보나 영업비밀을 비밀유지 대상 정보에 포함하기도 한다. 이는 당사자들의 이익보다는 대상회사의 이익을 보호하기 위한 것이고, 특히 매도인이 거래 이후에 기존 주주로서 알고 있었던 대상회사의 비밀을 외부에 공개함으로써 대상회사의 이익을 해하는 행위를 막기 위한

것이다. 매수인 및 그 임직원, 대리인, 자문사의 경우 통상 거래 진행 전에 비밀유지확약서를 제출하기도 하고, 거래종결 이후에는 대상회사의 주주가 되므로 대상회사의 이익을 해하는 행위를 할 이유가 없다. 더욱이 매수인이 주주가 된 이후에는 본인이 적법하게 취득한 대상회사 정보를 자유롭게 이용할 수 있어야 하므로 거래종결 이후에는 이 정보에 대해서는 비밀유지 의무를 부담하지 않는다는 점을 명확히 하는 것이 좋다. 반면, 매도인 입장에서도 기존 주주로서 이미 알고 있던 정보들이 있고 이를 이용하는 것에 제약을 받지 않기를 원할 수도 있다. 또 대상회사의 정보를 외부에 공개하거나 이용하는 행위는 이미 확약 조항에 포함되는 경업금지의무나 부정경쟁방지 및 영업비밀보호에 관한 법률상의 규제를 통해서 어느 정도 제한될 수 있기 때문에 대상회사의 정보나 영업비밀에 대해서 추가로 비밀유지의무를 부담할지에 대해서는 신중하게 검토할 필요가 있다.

비밀유지의무의 예외를 규정하는데, 통상 i) 관련 법령상 외부 공개가 요구되는 경우, ii) 본 계약 관련 사법절차나 행정절차에서 공개 또는 이용이 필요한 경우, iii) 본 계약의 이행을 위해 당사자들의 임직원, 대리인, 자문사 등에 제공하는 경우 등을 포함한다.

예외 i) 관련해서 이 예외를 가능한 축소하고자 하는 경우에는 법령상 근거가 있다는 이유로 무한정 정보가 공개되지 않도록 해당 법령에서 공개를 요구하는 범위 내에서만 공개할 수 있다고 추가할 수 있다. 반대로 이 예외를 가능한 확대하고자 하는 경우에는 관련 법령에 따라 요구되는 경우 외에도 정부기관이 요청하는 경우를 포함할 수 있다. 이 예외에 한국거래소 공시규정에 따라 공시가 요구되는 경우가 포함되는지 의문이 제기될 수 있으므로 본건 거래를 위해 한국거래소 공시가 요구되는 경우에는 그 공시가 포함될 수 있도록 "법령" 또는 "정부기관"의 범위를 확장할 필요가 있다.

예외 ii) 관련해서는 민사소송이나 행정심판 등 절차에서 계약서를 증거로 제출할 필요가 있는 경우에 이 조항으로 인하여 제약을 받지 않도록 하기 위한 것이다. 이러한 절차에서 증거로 제출하는 것은 당사자가 자신의 권리를 주장하기 위한 것일 뿐 법령에 따라 요구되는 것이 아니므로 위 예외 i)에 해당하지 않고 별도로 예외로 둘 필요가 있다.

예외 iii) 관련해서는 본 계약의 이행을 위해서 본건 거래를 담당하는 임직원이나 이행을 지원하는 대리인, 자문사에게 정보를 제공하는 것이 필요하므로 추가되는 것이다. 여기서 더 나아가 각종 법률상 규제나 본 계약상 의무를 준수하기 위해서 본 계약의 내용을 특수관계인이나 주주에게 제공할 필요가 있는 경우에는 특수관계인이나 주주를 포함하기도 하고, 만일 매수인이 본건 거래를 위해 인수금융을 받는 경우에는 인수금융

제공 금융기관을 포함하기도 한다.

위 예외 i)이나 ii) 관련해서는 상대방의 이익을 보호하기 위하여 비밀유지 대상 정보를 외부에 공개하거나 이용하기 전에 상대방에게 미리 알리고, 상대방과 공개 내용을 협의하고, 상대방이 요청하는 경우에는 절차상 불복을 통하여 가능한 공개하지 않도록 노력한다고 명시하기도 한다. 상대방에게 미리 알리는 것까지는 수용할 수 있겠으나, 공개 내용을 협의하거나 절차상 불복하는 등의 노력을 하는 것은 상당한 부담이 될 수 있으므로 이를 추가하는 것은 신중해야 할 것이다.

위에서 열거한 예외들 외에 "본 계약 위반 없이 이미 공개된 경우"를 예외로 추가하는 경우가 많다. 이는 주로 대상회사의 정보에 관해서 이미 외부에 공개된 정보라면 보호할 이익이 없다는 이유에서 예외로 두는 것으로 이해된다. 그러나 본 계약의 내용이나 협상 내용은 애초에 당사자들 외에는 알 수 없는 것이어서 이미 공개된 경우를 상정하기 어렵고, 만일 이러한 예외를 둔다면 당사자들의 임직원 등을 통해서 외부에 공개되는 경우에 이 예외를 통해서 쉽게 면책될 여지도 있다는 점을 유의해야 한다.

나. 완전합의

§9(2) – 기타 – 완전합의

(2) 본 계약은 본건 거래에 관한 당사자들의 최종적이고 완전한 합의이며, 본 계약의 체결로 본 계약 체결 전에 있었던 모든 서면 또는 구두의 합의, 양해, 진술은 그 효력을 상실하고 본 계약으로 대체된다.

본 계약이 본건 거래에 관하여 당사자들의 최종적이고 완전한 합의(entire agreement)이고, 이 외에 다른 합의 내용은 효력이 없다는 내용이다(이 조항을 integration clause라고도 한다). 거래를 추진하는 과정에서 당사자들 사이에 여러 가지 조건을 협상하기도 하고, 또 당사자 회사의 경영진 사이에 암묵적인 약속이나 이면 합의 등을 하는 경우들이 있다. 이러한 협상 과정에서 주고받은 대화, 암묵적인 약속, 이면 합의 등은 적법한 권한이 없는 자들 사이에 주고받은 내용인 경우도 있고 더욱이 계약서에 그 내용이 명시되지 않는 한 추후 입증이 어렵거나 오히려 법률관계를 불명확하게 하므로, 계약서에 명시된 내용만 효력을 인정하고 그 외의 내용은 모두 효력을 부인할 필요가 있다.

본 계약 체결 전에 작성된 양해각서나 term sheet도 원칙적으로는 이 조항에 따라 효력을 상실하게 된다. 다만, 양해각서 등이 다루는 범위가 본 계약보다 더 넓거나 그 체결 주체가 본 계약 체결 주체와 다른 경우에는 양해각서 등이 계속 효력이 있다고 인정될 여지도 있음을 주의해야 한다.[354] 명확하게 하기 위해서 이 조항에서 앞서 체결된 양해각서 등을 특정하여 효력을 상실하는지 여부를 규정하는 것이 바람직하다.

당사자 사이에 명시적으로 합의된 사항이 아니더라도 어느 일방 당사자가 진술한 것이나 서로 양해한 사항도 자칫 상대방이 이를 신뢰하여 계약을 체결한 경우에 추후 그 진술에 반하는 사실이 발생한 경우 불법행위로 인한 책임을 부담할 여지가 있다. 따라서 계약서에 포함되지 않은 양해사항이나 진술도 효력이 없다는 점을 분명히 할 필요가 있고, no-reliance clause와 함께 계약 밖 진술이나 정보의 효력을 부인하는 효과를 갖는다.[355]

한편, 이 조항에 계약 체결 전에 당사자들이 본 계약과 관련하여 구두로 한 해석이 본 계약의 의미를 변경하거나 해석하는 데 영향을 미치지 않는다고 규정하는 경우가 있다. 그런데 계약 해석을 할 때에는 계약 문언 외에도 계약 체결 동기와 경위, 계약에 의하여 달성하려는 목적, 당사자의 진정한 의사를 종합적으로 고려하고,[356] 계약 체결 전에 주고받은 대화 속에 계약에 대한 해석이 포함되어 있다면 이는 당사자의 진정한 의사를 파악하는 중요한 고려요소에 해당하므로 이를 무시할 수 없을 것이다. 따라서 위와 같은 조항은 계약 해석의 원칙에 반하기도 하고, 법원에서도 계약 해석에 계약 체결 전 사정을 고려하지 않을 수 없을 것이므로 포함하지 않는 것이 바람직하다.

다. 비용

§9(3) – 기타 – 비용

(3) 각 당사자는 본 계약에서 명시적으로 달리 규정하고 있는 경우를 제외하고 본 계약의 체결 및 이행과 관련하여 각자에게 발생하는 비용, 수수료, 조세를 각자 부담한다.

---

354) Dhanawade et al. posting(2025. 7. 30.)

355) 미국 사례로 Prairie Capital III, L.P. v. Double E Holding Corp., C.A. No. 10127-VCL (Del. Ch. 2015) 참고. 매수인이 계약서에 포함되지 않은 매도인의 진술(extra-contractual misrepresentations)과 계약서에 포함된 진술 및 보장을 근거로 청구를 하였는데, 계약서에 포함된 완전합의 조항 때문에 계약서에 포함되지 않은 진술을 근거로 한 청구는 배척되었다.

356) 대법원 2008. 3. 13. 선고 2007다76603 판결 등.

본 계약의 체결 및 이행과 관련하여 각자에게 발생한 비용, 수수료, 조세는 각자 부담한다는 내용이다. 본 계약에 따라 각 당사자가 자신의 의무를 이행하는 데 소요되는 비용, 각 당사자가 제3자와 체결한 계약에 따라 지급하여야 하는 수수료, 법률에 따라 각 당사자에게 부과되는 조세는 각 당사자가 부담해야 하는 것이 원칙이고 이를 주의적으로 다시 기재한 것이다.

양 당사자 모두의 이익을 위해 제3자와 체결한 계약(가령, 에스크로 계약)에 따라 지급되는 수수료가 있으면 그에 대해서는 다른 조항에서 누가 수수료를 부담하는지 정할 것이고, 매도인이 외국인 경우 매매대금에서 양도소득세를 공제하고 매수인이 원천징수하여 납부할지 아니면 매매대금에서 양도소득세 공제 없이 매도인이 비과세/면제 신청서를 작성해서 제출하고 추후 매수인에게 부과될 수 있는 조세에 대해 면책을 제공할지 등에 대해서 별도 조세 조항을 통해서 정한다. 이처럼 비용, 수수료, 조세에 관하여 본 계약에서 명시적으로 달리 정하고 있는 경우에는 그에 따르도록 한다.

라. 통지

§9(4) – 기타 – 통지

(4) 본 계약에 따른 통지 기타 연락은 서면으로 하여야 하고, 아래 주소, 팩스 번호, 이메일 주소로 등기우편, 배달증명우편, 특송우편(express courier), 팩시밀리, 전자우편으로 이루어져야 한다. 본 계약에 따른 통지 기타 연락은 상대방에게 도달한 때에 효력이 발생한다. 당사자는 아래 주소, 팩스 번호, 이메일 주소가 변경된 경우 변경된 정보를 즉시 상대방에게 통지하여야 한다.

[매도인]
주소:
팩스:
이메일:
참조:

[매수인]
주소:
팩스:
이메일:
참조:

본 계약에 따라 통지, 고지 기타 의사연락(이하 “통지”라고만 함)을 해야 하는 경우 그 방법을 정하는 내용이다. 명확한 증거를 남기기 위해서 통지는 서면으로 하도록 요구하는 것이 일반적인데, 이때 서면 통지 수단으로 어떤 것까지 포함시킬지를 검토해야 한다. 인편으로 직접 당사자가 상대방에게 전달하는 것을 포함하는 경우도 있으나, 이는 외부 제3자를 통해서 통지 도달 사실이 입증되지 않기 때문에 상대방으로부터 통지를 받았다는 확인서를 받도록 해야 도달 여부에 대한 다툼이 발생하지 않을 것이다. 우편의 경우 도달 여부를 확인할 수 있는 등기우편이나 배달증명우편을 통하도록 하는 것이 일반적인데, 외국 당사자가 관여하는 거래로서 해외로 우편을 보내야 하는 경우 등기우편이나 배달증명우편 제도가 없는 경우도 있어 사기업이 운영하는 국제특송(express courier)을 통지 수단에 포함시키는 경우가 많다. 팩시밀리(facsimile)는 개인 간 통지 수단으로 이용되는 경우는 적지만, 여전히 기업 간 통지 수단으로는 자주 이용되는 것으로 보인다. 전자우편(email)은 당사자들이 가장 간편하게 통지할 수 있는 수단이지만, 상대방이 이메일을 확인하지 않을 수도 있고 기술적인 이유로 반송되었는데 반송 여부가 당사자들에게 알려지지 않아 통지 여부에 대해서 다툼이 발생할 가능성이 상당히 높고, 그에 따라 이메일은 단순히 참고용으로만 보내고 통지 수단에서는 배제하는 경우도 있다.

통지는 대부분의 거래에서 도달주의 원칙에 따라 통지가 상대방에게 도달한 때에 효력이 발생한 것으로 약정한다.[357] 위와 같이 통지 수단을 정하였다면 각 통지 수단별로 언제 도달한 것으로 볼지 정하기도 한다. 특히, 팩시밀리나 이메일의 경우 통지 상대방이 실제로 그 통지를 확인하거나 지득하지 않을 수도 있는데 그럼에도 불구하고 상대방 팩시밀리에서 수신을 확인해 주거나, 상대방 이메일함에 도달한 후 일정한 기간이 지나면 통지가 도달한 것으로 간주하기도 한다.[358] 때로는 이메일의 경우 상대방에게 발송한 때로부터 일정한 기간이 지나면 통지가 도달한 것으로 간주하여 예외적으로 발송주의 원칙을 취하기도 하는데, 이렇게 되면 상대방 이메일함에 도달했는지 여부가 불분명함에도 불구하고 통지의 효력이 발생하여 계약에서 정한 기한을 놓칠 우려가 있으므로, 가능하면 상대방으로부터 수신 확인을 전달받은 경우에만 도달한 것으로 정하는 것이 양 당사자 모두에게 안전하다.

---

357) 민법 제111조 제1항 참고.

358) 통지의 도달은 사회통념상 상대방이 통지의 내용을 알 수 있는 객관적 상태에 놓여 있는 경우를 가리키는 것이고 상대방이 통지를 현실적으로 수령하거나 통지의 내용을 알 것까지는 필요하지 않다. 대법원 1983. 8. 23. 선고 82다카439 판결 등 참고.

통지 수단을 정했으면 각 통지 수단에 맞는 주소를 기재해야 한다. 인편, 우편의 경우 물리적 주소를, 팩시밀리의 경우 팩스번호를, 이메일의 경우 이메일 주소를 기재한다. 이 외에 업무의 편의를 위해 해당 통지를 수신하는 당사자 회사 내의 참조 수신인을 함께 기재하기도 한다. 외국 당사자가 관여하는 거래의 경우 참조 수신인에 해당 거래를 대리한 로펌이나 그 변호사를 기재하기도 하는데, 주주간계약과 같이 계속적인 거래가 아니라면 통상 거래종결 후 당사자와 해당 거래를 자문한 로펌이나 변호사와의 관계도 종료하므로, 해당 건과 관련된 사후적인 업무 처리(가령, 분쟁 대응)까지 해당 로펌이나 변호사에게 의뢰할 것이 아니라면 로펌이나 변호사를 참조 수신인에 기재하지 않는 것이 적절하다.

마. 변경

§9(5) – 기타 – 변경

(5) 본 계약은 당사자들의 서면 합의에 의해서만 변경될 수 있다.

본 계약 내용을 수정하거나 변경할 때 서면 합의로 해야 한다는 내용이다. 계약 체결 후에도 당사자들이 언제든지 합의하여 계약 내용을 변경할 수 있으나, 변경 여부를 명확하게 증거로 남기기 위해서 변경 방법을 서면으로 한정하는 것에 의의가 있다. 이때 계약에서 달리 명시하지 않는 한 서면에는 전자문서도 포함하고,[359] 계약의 본문뿐만 아니라 공개목록, 별지, 첨부문서 등 본 계약의 일부를 이루는 부분을 변경하는 경우에도 적용된다.

바. 포기

§9(6) – 기타 – 포기

(6) 본 계약상 권리의 포기는 그 권리를 가진 당사자가 서면으로만 포기할 수 있다. 당사자가 본 계약상 권리를 행사하지 않는 경우에도 이는 권리의 포기에 해당하지 않으며, 당사자가 서면으로 본 계약상 권리를 포기하더라도 그 서면에 명시적으로 특정되지 않은 다른 권리에는 영향을 미치지 않는다.

---

359) 전자문서 및 전자거래 기본법 제4조 제1항.

본 계약상 당사자가 가진 권리를 포기할 때에도 서면으로 해야 하고, 단순히 권리를 행사하지 않는 것만으로는 권리를 포기한 것으로 간주되지 않고, 어떤 권리의 포기가 다른 권리의 행사에는 영향을 미치지 않는다는 내용이다. 계약의 변경과 마찬가지로 권리의 포기도 당사자의 이익에 중대한 영향을 미치므로 명확하게 증거로 남기기 위해 포기 방법을 서면으로 한정한 것에 의의가 있다. 또한 권리 불행사가 자칫 묵시적인 권리 포기로 인정되는 것을 방지하고자 하는 것이다. 주식매매계약에서 권리의 포기가 문제 되는 경우는 많지 않으나, 거래종결의 조건 중 일부를 포기하거나 확약 사항 중 일부를 포기하는 사례는 간혹 있다.[360)]

사. 양도

§9(7) – 기타 – 양도

(7) 당사자는 상대방의 사전 서면 동의 없이 본 계약상 지위 및 본 계약에 따른 권리나 의무를 제3자에게 양도하거나 이전할 수 없다.

상대방의 서면 동의가 없는 한 계약상 지위와 계약상 권리·의무를 타인에게 양도할 수 없다는 내용이다. 만일 계약 상대방이 변경되면 당사자가 원래 예정하고 있었던 거래의 목적이나 배경, 협상 내용, 위험의 배분 등과 같은 거래의 전제들이 전부 바뀌는 것이기 때문에 통상 당사자 동의로 그대로 승계되는 경우는 매우 드물고, 새로운 당사자와 새로운 계약을 체결하는 것이 더 일반적이다.

한편, 상대방의 서면 동의를 받지 않고도 당사자의 계약상 지위 이전 내지 승계를 인정하는 경우들이 있다. 최종적인 매수인이 아직 설립되지 않은 상태여서 다른 회사가 먼저 계약을 체결하고 계약상 지위를 이전하는 것이다. 가령, 사모펀드가 M&A를 하는 경우에 GP가 먼저 계약을 체결한 후에 PEF나 SPC가 설립되면 PEF나 SPC가 매수인 지위를 승계하도록 하기도 한다. 또 외국회사나 국내 지주회사의 경우에도 먼저 외국회사나 국내 지주회사가 계약을 체결하고 나중에 자회사를 설립하면 그 자회사가 매수인 지위를 승계하기도 한다. 매도인 입장에서는 최종적으로 매수인이 될 자와 계약을 체결하는 것이 아니어서 불안하다고 생각할 수도 있으나, 오히려 GP나 모회사가 변제능력이나 자금조달능

360) 거래종결의 조건 중 일부를 포기한 경우에 손해배상청구권까지 포기한 것으로 볼 수 있는지 여부에 대해서는 위 96면 '선행조건 성취 또는 불성취의 효과' 부분 참고.

력이 있고, 매수인 지위가 승계된 이후에도 기존에 계약을 체결한 자가 연대하여 책임을 부담하도록 요구할 수도 있다는 점에서 이러한 거래 방법을 선호하는 경우도 있다.

계약상 지위가 이전되는 경우 원칙적으로 기존 당사자는 계약상 지위에서 탈퇴하게 된다(면책적 승계).[361] 만일 기존 당사자로 하여금 승계인의 의무나 책임을 연대하여 부담하게 하고자 한다면 그러한 연대책임을 부담한다는 점을 명시하여야 할 것이다.

위와 같이 상대방의 동의 없는 계약상 지위 이전을 예정하는 경우에도 계약상 지위를 이전하는 절차를 명확하게 규정할 필요가 있다. 단순히 상대방에게 통지하는 것보다는 승계인이 계약을 체결할 때에 준하여 본 계약을 승계한다는 점을 명시한 문서에 기명날인을 하여 기존 당사자들에게 교부하도록 하는 것이 바람직하다.

아. 일부 무효

§9(8) – 기타 – 일부 무효

(8) 본 계약의 어느 조항이 전부 또는 일부 무효이거나 집행이 불가능하더라도 본 계약의 다른 조항 또는 해당 조항의 나머지 부분의 효력 또는 집행가능성에는 영향을 미치지 않는다.

민법상 법률행위의 일부분이 무효인 때에는 그 전부를 무효로 하는 것이 원칙이고, 그 무효부분이 없더라도 법률행위를 하였을 것이라고 인정될 때에 나머지 부분은 무효가 되지 않는다(민법 제137조). 그러나 주식매매계약에서는 통상 일부분이 무효이거나 집행이 불가능하더라도 나머지 부분은 그대로 유효하거나 집행이 가능한 것으로 당사자들이 약정한다. 확약 조항에 포함되어 있는 여러 의무들이나 손해배상 조항에 포함된 내용은 주식매매 거래를 진행함에 있어서 필수적인 것이라기보다는 그에 부수하는 의무이거나 사후적으로 발생하는 손해를 전보하기 위한 구제수단에 불과하기 때문에 이 중 어떤 내용이 무효가 된다고 하여 다른 내용에까지 영향을 미칠 이유가 없다. 주식매매계약의 내용 중 유효성이나 집행가능성이 문제 되는 경우는 많지 않으나, 경업금지 및 유인금지의 기간, 위약벌 금액의 다과, 영구한 존속기간 등이 반사회질서 행위로서 무효가 될 여지가 있다.

---

361) 대법원 2007. 9. 6. 선고 2007다31990 판결.

자. 준거법

§9(9) – 기타 – 준거법

(9) 본 계약의 준거법은 대한민국 법률로 한다.

계약의 해석, 집행 등에 적용되는 준거법을 정하는 조항이고, 국내 당사자들 간에 체결되는 계약의 준거법은 통상 대한민국 법률로 약정한다. 더욱이 국내 대상회사의 주식을 매매대상으로 하는 거래인 경우 회사에 관한 사항은 그 설립의 준거법에 따르게 되어 있으므로(국제사법 제30조), 계약의 준거법과 회사에 적용되는 준거법을 일관되게 정하는 것이 법률관계를 덜 복잡하게 하는 것이다.

반면 국내회사와 외국회사 사이에 체결되는 계약에서는 준거법을 어느 나라의 법으로 정할지에 대해서 당사자들 간에 첨예하게 대립하기도 한다. 역시 간명하게 법률관계를 정리하기 위해 주로 대상회사의 설립지의 준거법을 따르는 경우가 많으나, 반드시 그와 같이 할 이유는 없고 협상력이 높은 당사자의 의견이 반영된다. 나아가 외국회사 입장에서 특정한 계약 조항에 대한 국내 법리가 제대로 형성되어 있지 않다고 판단하거나 본국의 판례에 더 익숙할 경우 특정한 쟁점에 한하여 외국법을 준거법으로 정하고 나머지 사항에 대해서는 대한민국 법률을 준거법으로 정하기도 한다(국제사법 제45조 제2항; 이른바 준거법의 분열 또는 부분지정).

법률자문사가 관여하는 거래에서 준거법에 대해서 규정을 두지 않는 경우란 상정하기 어렵지만, 만일 준거법 조항을 두지 않는다면 국제사법에 따라 준거법을 결정하게 된다. 이때 계약의 해석이나 효력에 대해서는 해당 계약에 가장 밀접한 관련이 있는 법이 적용되겠지만(국제사법 제46조 제1항), 주식의 이전과 같이 회사와의 법률관계가 문제되는 부분에 대해서는 회사 설립의 준거법을 적용하여야 할 수도 있고 개별 문제나 쟁점 별로 성질결정을 하여 준거법을 결정해야 할 것이다.[362]

362) 자세한 내용은 정준혁(2021), 293-299면 참고.

차. 분쟁해결

§9(10) – 기타 – 분쟁해결

(10) 본 계약과 관련하여 발생하는 모든 분쟁의 해결은 서울중앙지방법원을 1심의 전속적 관할 법원으로 하는 소송절차에 의한다.

(기명날인을 위하여 이하 여백)

당사자 사이에 분쟁이 발생하는 경우 해결하는 기관과 절차에 대한 내용이다.

소송절차나 중재절차 등과 같이 제3의 기관에 분쟁해결을 의뢰하기 전에 당사자들 간에 신의성실에 따라 원만하게 협의하여 분쟁을 해결하여야 한다는 내용을 추가하기도 한다. 이와 같은 내용이 없더라도 제3의 기관을 통해 분쟁을 해결할 경우 상당한 시간, 노력, 비용이 소요되기 때문에 사전에 당사자들 간에 협의하여 분쟁을 해결하려고 시도하는 경우가 많다.

국내 당사자들 간 거래라면 서울중앙지방법원 또는 대상회사 소재지 관할 법원을 1심의 전속적 관할로 하는 소송절차에 의하도록 약정하는 경우가 가장 많다. 외국 법원을 관할 법원으로 하는 소송절차에 의하도록 약정하는 경우에는 배심원에 의한 재판이 이루어지지 않도록 명시해 둘 필요가 있다. 주식매매나 회사에 관한 법률관계와 같이 전문적인 지식을 요하는 사안에 대해 일반 배심원에 의해서 재판을 받기를 원하는 당사자는 드물 것이다.

외국 당사자가 관여하는 거래인 경우에는 국내 법원보다는 제3의 중재인을 통해서 분쟁을 해결하기를 희망하는 경우도 다수 있다. 소송절차는 3심제인 반면, 중재절차는 중재인의 결정에 불복할 수 없어서 시간이 다소 적게 소요될 수 있으나, 중재절차는 중재인, 중재기관, 전문가 증인에 지급되는 비용이 소송절차에 소요되는 비용에 비하여 다소 높을 수 있다. 외국 당사자 입장에서는 국내 법원에 대한 신뢰가 다소 부족하고 외국 당사자에게 편파적인 판단을 할 수 있다는 불안감이 있어서 중립적인 지역에서 판단을 받기를 희망한다.

중재로 할 경우 일반적으로 계약서의 중재 조항에서 중재지, 중재절차에 적용될 규칙, 중재인 선임방법, 중재의 효과, 중재비용의 부담에 대해서 정한다. 대한민국을 중재지로 할 경우 당사자 간에 다른 약정이 없으면 중재법이 적용되는데, 대한상사중재원을 중재기관으로 하고 대한상사중재원의 중재규칙을 적용하여 분쟁을 해결하는 사례도 있다. 외국을 중재지로 하는 경우 중재절차에 적용되는 규칙으로 ICC(International Chamber of Commerce) Rules of Arbitration, UNCITRAL(United Nations Commission on International Trade Law) Arbitration Rules, SIAC(Singapore International Arbitration Centre) Rules, HKIAC(Hong Kong International Arbitration Centre) Administered Arbitration Rules 등이 있다. 외국 당사자의 경우 내용에 익숙하고 선호하는 기관을 정해 놓는 경우가 많은데, 국내 당사자나 그 대리인은 각 중재규칙의 장단점과 특성을 검토하여 수용 여부를 결정해야 할 것이다.

중재규칙마다 중재인을 몇 명 선임하고 어떻게 선임할지 규정하고 있으나, 주식매매계약의 중재 조항에 중재인 선임 방법을 정하기도 한다. 통상 3인으로 정하면서 매도인이 선임하는 1인, 매수인이 선임하는 1인, 매도인과 매수인이 선임한 중재인들이 합의하여 정하는 1인 등과 같은 방법으로 정하는데, 이 역시 개별 거래에 따라 당사자들이 달리 정할 수 있다.

중재판정의 효력은 통상 최종적인 것으로서 더 이상 불복할 수 없도록 약정한다. 이와 같이 최종적인 경우라 하더라도 당사자는 예외적인 경우 국내 법원에 중재판정 취소의 소를 제기할 수 있고(중재법 제36조), 중재판정을 강제집행하려면 법원에 승인 내지 집행 신청을 하여야 할 것이다(중재법 제37조 내지 제39조).

중재비용을 어떻게 분담할지도 당사자들이 정하는데, 절반씩 안분해서 부담하는 경우도 있고, 분쟁 대상 금액 중 패소한 비율에 따라 부담하는 경우도 있다.

카. 기타

i) **연대책임**: 매도인이나 매수인이 다수인 다수당사자 계약에서는 연대책임에 관한 조항이 추가되기도 한다.[363] 진술 및 보장, 확약, 손해배상 조항에 이미 다수당사자들의 연대책임에 관한 내용이 포함되어 있는 경우에도 주의적으로 다시 한 번 다수당사자가 본 계약에 따라 부담하는 의무나 책임을 연대하여 부담한다고 규정하기도 한다.

다수당사자 계약에서 원칙적으로 각각의 매도인과 매수인은 분할채무 관계에 있다. 그러나 다수당사자가 공동의 목적(가령, 경영권 인수)을 갖고 거래를 하거나, 매매대금을

363) 보증인의 보증 대신 계약 당사자로 추가한 후 연대책임을 부담시키는 방법을 사용하기도 한다. 자세한 내용은 위 30면 '보증인' 부분 참고.

개별 당사자별로 산정하지 않고 총액으로 산정하거나, 손해배상액 한도를 개별 당사자별로 나누지 않고 복수의 당사자 전체를 기준으로 기재하거나, 복수인 당사자 중 대표자를 정해서 각종 의무를 이행하게 하는 등의 사정이 있는 경우 불가분의 관계에 있다고 볼 수 있다. 당사자들이 개인으로 일회적으로 거래하는 것이 아닌 이상 주식매매는 상행위에 해당할 가능성이 높고, 위와 같은 사정이 있을 경우 복수인 당사자들이 불가분의 채무를 부담하는 것이기 때문에 계약에서 달리 명시적인 조항이 없더라도 상법 제57조 제1항에 따라 연대책임을 부담한다고 보아야 할 것이다.[364)]

서울고등법원 2011. 5. 13. 선고 2010나26518 판결[365)]

> 매도인 2인 중 1인이 다른 1인을 대리하여 양도계약을 체결하였고, 양도계약이 매도인들에게 상행위가 되는 행위이고, 진술보장 조항도 매도인들의 지분을 특정하지 않고 대상회사와 관련된 사항에 대해 전체로서 진술보장하였으며, 양도대금도 매도인들의 지분에 따라 개별적으로 지급되지 않고 매도인 중 1인의 계좌로 전체로 지급되었으므로 상법 제57조 제1항에 따라 매도인들이 진술보장 조항에 따라 손해배상의무를 부담할 경우 연대하여 책임을 부담한다고 판시하였다.

서울고등법원 2013. 3. 14. 선고 2012나66985 판결[366)]

> 주식양수도 및 신주인수계약으로 인한 채무는 기존주주들에게 상행위에 해당하여 상법 제57조 제1항에 따라 연대책임이 있고, 진술 및 보장 위반으로 인한 손해배상책임 조항에서도 기존주주별로 배상책임을 구분하지 않고, 손해배상금 한도액을 제한하였는데 만일 분할채무로 본다면 기존주주들 각자의 자력에 따라 실제 지급되는 배상금이 달라져 양수인이 배상금을 모두 배상받지 못하게 될 수도 있어 성질상으로도 연대채무에 해당한다고 판시하였다.

다만, 주식매매와 같이 주된 거래에 대해서 연대책임을 부담한다고 하더라도 계약에 포함된 개별적인 의무에 대해서는 분할채무를 부담하고자 할 수도 있다. 예를 들면, 거래종결 후 확약에 포함된 경업금지의무의 경우 매도인들도 거래종결 후에는 남남일 수 있기 때문에 어느 일방 매도인이 경업금지의무를 위반하였다고 하여 다른 매도인이 책임을 부담하기를 원치 않을 수 있다. 이와 같이 개별적으로 의무를 부담하고자 하는

364) 김태진(2014), 436, 437면.

365) 경남제약 사건 항소심 판결. 상고심(대법원 2012. 3. 29. 선고 2011다51571 판결)에서 상고기각 확정.

366) 상고심(대법원 2015. 5. 14. 선고 2013다29493 판결)에서 상고기각 확정.

경우에는 개별 의무 조항에 연대책임 조항에도 불구하고 각자 분할해서 의무를 부담한다는 점을 명시할 필요가 있다. 이처럼 연대책임을 부담하지 않는 경우에는 개별 조항별로 누가 의무의 주체인지 명확하게 하기 위하여 "매도인들", "매도인", "각 매도인", 개별 매도인 명칭 등 주어를 적절하게 사용해야 할 것이다.

ii) **약정이율**: 달리 약정이 없으면 본 계약에 따른 금원 지급 채무에는 상사법정이율인 6%가 적용되고(상법 제54조), 이는 그 채무불이행에 따른 손해배상채무에도 그대로 적용된다.[367] 따라서 이와는 다른 이율을 적용하고자 하는 경우에는 당사자들이 별도로 약정할 수 있다.

iii) **제3자 이익**: 본 계약이 당사자 사이에서만 구속력이 있고, 본 계약상 어떠한 사항도 제3자에게 권리나 구제수단을 부여하거나 의무를 부담시키지 않는다는 제3자 이익 조항을 추가하기도 한다. 계약서에 계약 당사자가 아닌 제3자에게 영향을 미치는 사항들이 포함되어 있는 경우가 있다. 예를 들면, 매도인이 대상회사나 그 임직원으로 하여금 어떤 행위를 하도록 또는 하지 않도록 한다고 규정하는 것이다. 그런데 이 경우에도 계약의 문언상 의무를 부담하는 주체는 매도인이어서 제3자에게 직접 의무를 발생시키는 것은 아니고, 그 의무를 위반했을 때 책임을 부담하는 것도 매도인이다. 따라서 이러한 조항들이 제3자 이익 조항과 충돌하는 문제는 발생하지 않는다. 또 다른 예로 배상의무자가 배상권리자뿐만 아니라 그 임직원, 특수관계인을 면책한다고 규정하는 경우가 있다. 이것은 제3자를 위한 계약으로서 임직원, 특수관계인 등이 직접 면책을 청구할 수 있는 것으로 해석되고 따라서 제3자 이익 조항과 충돌할 여지가 있음은 앞서 살펴본 바와 같다.[368] 다만, 국내 계약에서는 손해배상 또는 면책 조항에서 이와 같이 배상권리자를 당사자 외의 자로 확장하는 경우는 잘 찾아보기 어려워서 충돌이 발생할 염려는 적다. 결론적으로 제3자 이익 조항을 추가할 실익이 거의 없다.

iv) **언어**: 국내 당사자 사이에서는 국문으로 계약서가 작성되고 달리 외국어를 사용하지 않으므로 언어에 관한 조항은 필요가 없다. 반면, 외국 당사자가 있는 거래의 경우 협상을 외국어로 진행하고, 그 과정에서 외국 당사자는 계약서 외국어본을 만들어 이를 기초로 내용을 이해하고 수정제안 및 협상을 한다. 최종적으로 어느 하나의 언어로 된

367) 대법원 2004. 3. 26. 선고 2003다34045 판결. 반면, 불법행위로 인한 손해배상채무에는 상사법정이율이 적용되지 않는다.

368) 위 210면 '손해배상 청구권자' 부분 참고.

계약서만 체결하면 문제가 없으나, 국문본과 외국어본을 함께 체결하고, 국문본과 외국어본 사이에 의미가 다를 수도 있다. 이 경우 당사자들의 의사가 어느 한쪽을 따르기로 일치한 때에는 그에 따르면 되나, 그렇지 않은 경우에는 계약 해석을 통해서 내용을 확정해야 한다.[369] 애초에 번역을 정확하게 하여 국문본과 외국어본 사이에 의미 차이가 없도록 하는 것이 필요하고, 여러 언어로 체결되는 경우에는 어느 한 언어로 체결된 계약서가 정식 계약서로 효력이 있고 다른 언어로 체결된 계약서는 단순 참고용이라는 점을 명확히 하는 것이 바람직하다.

v) **복본 및 부본**: 계약을 체결할 때 종이 문서로 된 원본 하나만 만들기도 하고, 기명날인 또는 서명 페이지를 당사자 수만큼 만들어서 계약서 복본도 같은 수만큼 만들어서 나누어 주기도 하고, 때로는 종이 문서로 된 원본 없이 당사자들이 기명날인 페이지를 이메일로 교환하고 해당 기명날인 페이지를 포함한 계약서 전자문서를 만들기도 한다. 계약이라는 것은 당사자 사이의 의사의 합치이기 때문에 어느 방식으로 계약서를 남기든 계약의 효력에는 영향이 없고, 유일한 원본이든 복본이든 부본이든 모두 계약을 입증하는 증거가 된다. 원본을 하나만으로 정한다면 그 원본을 누가 보관할 것인지를 정하여야 하고, 아니면 복본이나 부본을 만든다면 통상 모두 원본으로서 효력을 갖는다는 점을 계약서에 기재한다. 또 위에서 말한 바와 같이 기명날인 또는 서명 페이지를 교환함으로써 계약을 체결한다는 점을 기재하기도 한다.

vi) **조항 제목**: 계약서에 따라서는 각 조항별로 제목을 다는 경우가 있는데, 이러한 조항 제목이 계약의 의미 또는 해석에 영향을 미치지 않는다고 추가하기도 하는데, 크게 실익이 있는 조항은 아니다.

12. 기명날인

기명날인

본 계약의 체결을 증명하기 위하여 당사자들은 본 계약서를 2부 작성하여 각각 기명날인하였다.

매도인

369) 대법원 2025. 1. 23. 선고 2024다243172 판결.

주식회사 OOO

주소:

대표이사 O O O (인)

매수인

주식회사 OOO

주소:

대표이사 O O O (인)

각 당사자가 계약을 체결하기 위해 기명날인 또는 서명하는 것이다.

당사자가 회사인 경우 회사의 명칭, 회사의 주소, 회사를 대표하여 계약을 체결할 수 있는 자(통상 대표이사)의 성명을 기재하고, 회사의 법인인감을 날인한다. 회사를 대표할 수 있는 자인지 여부는 법인등기를 통해서 대표이사 또는 지배인인지 확인하고, 만일 대표이사나 지배인이 아닌 기타 임원인 경우에는 해당 임원이 회사를 대표할 권한이 있다는 점을 입증할 수 있는 문서(위임장, 정관, 내부전결서류 등)를 추가로 받아야 한다.

법인인감이 날인된 경우 법인인감이 진정한 것이라는 것을 입증하기 위해서 법인인감증명서를 상대방에게 제공하고, 비록 계약서에 첨부서류로 기재되어 있지 않더라도 계약서 말미에 첨부하기도 한다. 간혹 기명날인란에 찍힌 인영과 법인인감증명서의 인영이 다른 경우들이 있고 이 경우 계약 성립이 다투어질 수 있으므로 주의해서 일치 여부를 비교하여야 한다.

법인인감을 거래종결 장소와 떨어진 장소에 보관하고 있어서 법인인감 대신 사용인감을 날인하는 경우도 있다. 이때 사용인감증명서 또는 사용인감계를 통해서 그 진정성을 입증하려는 경우가 있는데, 사용인감증명서나 사용인감계에 법인인감이 날인되어 있고 그 법인인감에 대한 법인인감증명서를 함께 제공받아야 진정성이 입증되었다고 볼 수 있을 것이다. 가능하면 사용인감보다는 외부 공신력이 있는 법인인감을 날인하도록 하는 것이 안전한 방법이다.

당사자가 자연인인 경우 자연인의 명칭과 주소를 기재하고, 개인인감을 날인한다. 개인인감이 진정한 것이라는 것을 입증하기 위해서 개인인감증명서를 계약서 말미에 첨부하기도 한다.

회사든 자연인이든 인감 날인이 아니라 서명을 함으로써 계약을 체결하는 것도 가능하고 외국 회사는 오히려 법인인감이라는 것을 따로 두지 않고 대표자가 서명을 하는 경우가 더 많다. 원래 계약은 당사자들 사이의 의사표시의 합치가 있으면 되고, 의사표시는 구두로도 가능하고 서면에 기명날인이든 서명이든 하면 된다. 다만, 서명은 진정한 서명인지 외부 공신력 있는 문서로 입증이 어려운 경우가 많고 위조도 용이하여 추후 진정성이 다투어질 가능성이 높다. 따라서 서명을 하는 경우에는 해당 서명권자가 적법한 서명 권한을 보유하고 있다는 점을 입증할 수 있는 자료, 가령 회사 대표가 작성한 List of Authorized Signatories, Certificate of Signature 등을 상호 교환해 두는 것이 바람직하다.

13. 첨부

마지막으로는 계약서 본문에서 인용하고 있는 별지, 첨부, 별첨 등 서류들을 계약서 뒤에 첨부해야 할 것이다. 별지, 첨부, 별첨과 같이 계약서 뒤에 첨부되는 문서를 지칭하는 용어의 사용례가 정해져 있는 것은 아닌데, 계약서 본문에 모두 열거하기 어려운 내용을 별도 문서로 넣는 것을 통상 별지라 하고, 계약서 본문과는 독립된 별도의 문서를 통상 첨부 또는 별첨이라 한다.

별지로 주로 작성되는 것들로는 중요계약 목록, 중요소송 목록, 부동산 목록, 정부승인 목록, 중요 제3자승인 목록, 대상회사 운영 사전 동의 항목 등이 있다. 첨부 서류로 제일 중요한 것으로는 진술 및 보장의 예외인 공개목록이 있고, 이 외에 당사자 간의 관계나 기명날인 또는 서명의 진정성을 입증하기 위한 가족관계증명서, 법인인감증명서도 있다. 또한 계약에서 정하는 바에 따라 향후 체결되거나 작성될 문서들도 첨부하기도 하는데, 정관 개정안, 에스크로 계약 양식, 질권설정계약 양식, 진술보장보험 기본조건 등이 있다.

제3장

주주간계약

1. 서문 및 당사자
2. 전문
3. 정의
4. 회사의 경영
5. 주식의 처분
6. 투자 회수
7. 손해배상 등
8. 계약의 효력
9. 기타
10. 기명날인
11. 첨부

제 3 장

주주간계약

1. 서문 및 당사자

서문

본 주주간계약(이하 **"본 계약"**)은 O년 O월 O일(이하 **"본 계약 체결일"**) 아래 당사자들 사이에 체결되었다.

1. OOO에 본점을 두고 있는 주식회사 OOO (이하 **"주주A"**)
2. OOO에 본점을 두고 있는 주식회사 OOO (이하 **"주주B"**)

(이하 주주A 및 주주B를 개별적으로 **"당사자"**, 총칭하여 **"당사자들"**)

가. 계약서 양식

주식매매 거래 과정에서 주주간계약이 체결될 경우 주주간계약의 체결이 주식매매계약 체결과 동시에 이루어지거나 주식매매계약에서 거래종결의 조건으로 포함되는 것이 일반적이다. 따라서 주식매매계약을 체결할 때 주주간계약의 내용이나 대부분의 조건이 이미 확정되어 있는 경우가 많고, 주식매매계약서와 동시에 주주간계약서도 작성되고 협상이 이루어진다. 따라서 주주간계약서를 작성할 때에는 주식매매계약서와 동일한 양식으로 작성하는 것이 일반적이고, 그렇게 하는 것이 계약의 체계나 내용을 이해하는 데 더 효과적이다.

나. 당사자의 특정

주식매매계약과 동일하게 주주간계약도 해당 계약의 명칭, 체결일자, 계약 당사자를 명시하면서 시작하고, 해당 계약과 계약 체결일자는 "본 계약", "본 계약 체결일"로 약칭한다.

당사자가 법인인 경우와 개인인 경우에 당사자를 특정하는 방법은 주식매매계약과 동일하다.[1)]

당사자를 약칭할 때 주식매매계약의 경우 거의 항상 "매도인"과 "매수인"으로 약칭하는 반면, 주주간계약에서는 정해진 관행이 없다. 약칭을 정하기 전에 먼저 주주간계약을 체결하는 당사자들의 관계를 살펴볼 필요가 있는데, 지분율이 동등한 당사자들 사이에 계약이 체결되는 경우도 있지만(이런 경우에는 합작투자로서 회사를 어떻게 운영할지, 어떤 의사결정사항에 대해서 당사자들 간에 의견 일치가 이루어지지 않는 교착 상태(이른바 deadlock 상황)를 어떻게 해결할지, 경업금지를 통해 회사를 어떻게 보호할지 등에 관한 조항들이 중요함), 어느 한쪽이 더 많은 지분을 갖는 경우도 있다. 예를 들면, 주식매매의 매수인이 대상회사를 경영할 수 있는 지분을 취득하면서 매도인이자 대상회사를 설립한 창업자가 소수지분을 계속 보유하며 남아 있을 수도 있고, 아니면 여러 매수인이 매도인으로부터 전체 지분을 취득하면서 한 매수인은 경영할 수 있는 지배주주가 되고, 다른 매수인은 재무적 투자자로서 소수주주가 될 수도 있다. 이때 지배주주가 되려는 자가 먼저 기존 주주들로부터 회사 지분을 전부 취득한 후에 일부 지분을 다른 소수주주들에게 재매각(sell-down)할 수도 있다. 또 기업인수 거래라고 하기는 어려우나 원래 단독으로 회사를 경영하던 주주가 자금을 조달하기 위하여 일부 지분을 재무적 투자자에게 매도하면서 소수주주가 생기는 경우도 있다.

이처럼 주주가 회사를 경영하는 지배주주[2)] 측과 소수지분을 갖는 소수주주 측으로 구분될 경우 그러한 회사에 대한 지배 여부 및 지분의 과다를 반영하여 지배주주 측을 "지배주주", "최대주주", "대주주", "주요주주"로, 소수주주 측을 "소수주주", "소액주주"로 약칭하기도 한다. 또 주주가 된 시점을 반영하여 기존에 있던 주주는 "기존주주"로, 새로 들어온 주주는 "신규주주"로 약칭하기도 하고, 소수주주 중 재무적 투자자로서의 성격을 반영하여 그런 주주는 "투자자", "여신기관" 등으로 약칭하기도 한다. 지분의 과

1) 자세한 내용은 위 29면 '당사자의 특정' 부분 참고.

2) 이 책에서 "지배주주"와 "소수주주"는 특정 법률에서 사용하는 용어와 개념이 다르다. 여기서 지배주주는 과반수 지분을 갖거나 실질적으로 회사를 경영하거나 지배하는 주주(영미법상 controlling shareholder에 근접)의 의미로, 소수주주는 그러한 지배주주에 대응하는 개념으로서 소량의 지분을 갖고 회사를 지배하지 않는 주주의 의미로 사용한다. 소수주주에 대응하는 개념으로 "지배주주" 외에 "대주주"를 사용하는 경우도 많다. 지배주주 개념에 대해서는 김화진(2012), 83-85면 참고.

다나 주주가 된 시점이 별다른 의미를 갖지 않을 때에는 개인은 개인 성명을, 법인은 "주식회사" 등 회사 종류를 제외한 회사 명칭을 그대로 당사자명으로 사용하기도 한다.

주주간계약의 당사자로 회사의 경영진이 포함되는 경우도 있다. 경영진이 지배주주와 이해관계를 같이 하는 자로서 지배주주의 의무나 책임을 보증하거나 연대하여 부담하기 위해서 계약 당사자로 포함되는 경우가 있다. 또 경영진이 주주인 경우도 있는데, 새로 기업을 인수한 지배주주가 아직 대상회사의 사업에 밝지 않아서 기존 경영진을 그대로 유지시킬 필요가 있는 경우에 경영진이 보유한 지분은 매수하지 않고 그대로 남겨두기도 하고, 아니면 새로운 경영진을 영입하면서 인센티브로 회사의 주식을 교부하기도 한다. 주주인 경영진은 다른 소수주주와 구분하여 추가적인 권리 및 의무를 정하기 위해 주주간계약의 당사자로 포함되기도 한다. 특히 벤처기업의 경우 많은 경우 대표이사가 지배주주이고 그의 업무 수행에 따라 회사의 흥망이 결정되므로, 대표이사의 책임있는 경영을 요구하기 위하여 대표이사를 계약 당사자로 포함시키는 것이 일반적이다.[3] 이와 같이 당사자로 추가된 경영진은 "경영진" 또는 "이해관계인" 등으로 약칭할 수 있다.

주주간계약의 많은 조항들은 지배주주와 소수주주 사이의 법률관계를 규율하기 위한 것들이므로 이 책에서도 특별한 사정이 없는 한 그러한 관계를 전제로 하여 설명하기로 한다. 예시 조항에서는 지배주주와 소수주주를 각각 중립적인 용어인 "주주A"와 "주주B"로 약칭하기로 한다.

다. 대상회사의 당사자 포함 여부

1) 당사자 포함 시 유의사항

주주간계약 체결 시 자주 문제 되는 것은 대상회사를 계약 당사자에 포함할지 여부이다. 주주간계약에 대상회사의 운영과 관련된 내용, 가령 기관의 구성 및 운영, 각종 경영행위에 대한 동의, 통지, 자료제공, 신주발행, 배당, IPO에 관한 내용이 다수 포함된다. 이때 소수주주 입장에서는 지배주주에게 의무를 부담시키기보다 대상회사로 하여금 직접 의무를 부담하도록 하는 것이 보다 직접적이고 의무의 이행을 확보하는 데 용이할 수 있기 때문에 대상회사를 당사자로 추가해 달라고 요청하는 경우가 많다.

대상회사를 당사자로 추가하는 것은 가능하겠으나, 다음 두 가지 사항을 고려해야

3) 노승민(2018), 55면; 한국벤처캐피탈협회 등에서 배포한 투자계약서 참고.

한다. 첫째는 일부 조항이 상법상의 강행규정과 판례상 인정되는 원칙에 반하여 무효가 될 수 있다는 점이다. 상법상 회사에 관한 규정들은 단체 법률관계에 관한 것으로서 대부분 강행규정에 해당하며,[4] 이러한 강행규정에 반하는 행위는 무효이다.[5] 예를 들면, 상법 제369조 제1항은 "의결권은 1주마다 1개로 한다"라고 규정하고 있는데 이 규정은 강행규정이므로 대상회사가 특정 주주에게만 1주에 2개의 의결권을 부여하는 것은 주주간계약으로 약정하든 회사의 정관으로 규정하든 주주총회에서 결의하든 무효이다.[6] 또 다른 예로 상법 제467조의2 제1항은 "회사는 누구에게든지 주주의 권리행사와 관련하여 재산상의 이익을 공여할 수 없다"고 규정하고, 제2항은 "회사가 특정의 주주에 대하여 무상으로 재산상의 이익을 공여한 경우에는 주주의 권리행사와 관련하여 이를 공여한 것으로 추정한다"고 규정하고 있는데, 만일 주주간계약에 주주의 권리 행사와 관련하여 회사가 이익을 제공하는 내용이 있다면 이는 무효로서 그 이익은 회사에 반환되어야 한다.[7] 이와 같이 상법에 명시적으로 정하고 있는 사항들은 무효 여부를 판단하는 것이 비교적 용이하지만 항상 그런 것도 아니다. 가령, 상법 제335조 제1항은 주식의 양도성을 규정하고 있고 정관으로 정하는 바에 따라 주식양도에 관하여 이사회 승인을 받도록 할 수 있다고 하여 양도성에 일정한 제한을 가할 수 있도록 하는데, 정관이 아닌 주주간계약으로 양도성을 제한하거나 이사회 승인 외에 다른 방법(가령, 다른 주주의 동의를 받도록 하는 것)으로 양도를 제한하는 것이 가능한지 논란이 있어 왔다.[8] 결국 당사자들은 어떤 계약 조항에 관하여 상법 조항이 있는 경우에도 그 위반 여부를 명확하게 알지 못할 수 있다.

어떤 계약 조항이 상법에 명시되어 있지는 않으나 판례상 인정되는 원칙인 주주평등의 원칙에 위배되는 경우에도 무효이다. 주주평등의 원칙이란 주주는 회사와의 법률관계에서는 그가 가진 주식의 수에 따라 평등한 취급을 받아야 한다는 것인데, 회사가

---

4) 이것이 일반적인 견해이나 이에 의문을 표시하는 견해도 있다. 송옥렬(2020), 347-352면.

5) 주주간계약의 "효력" 또는 "유무효"에 대한 논의는 점차 진화하는 과정에 있다. 과거에는 강행규정에 반하는 약정은 단순 무효라는 견해가 다수였으나, 최근에는 주주 사이의 효력과 회사에 대한 효력을 나누고, 회사에 대한 효력도 주주와 회사 사이의 채권적 효력과 회사의 단체법적 효력을 나누어서 논한다. 주주 사이의 법률관계와 회사의 법률관계를 구분하는 것은 수긍할 수 있으나 단체법적으로 무효인 행위의 채권적 효력을 인정하는 것이 타당한지는 의문이다.

6) 대법원 2009. 11. 26. 선고 2009다51820 판결; 복수의결권주식은 벤처기업에 한하여 예외적으로 인정된다. 벤처기업육성에 관한 특별법 제16조의11.

7) 여기서 "주주의 권리"는 법률과 정관에 따라 주주가 행사할 수 있는 공익권과 자익권을 포함하지만, 회사와 체결한 계약에 따라 인정되는 특수한 권리(가령, 이사 지명권)를 포함하지 않는다. 대법원 2017. 1. 12. 선고 2015다68355, 68362 판결.

8) 자세한 내용은 아래 342면 '주식처분제한' 부분 참고.

신주인수인과 사이에 신주인수대금으로 납입한 돈을 전액 보전해 주기로 약정하거나, 법률에 따른 배당 외에 다른 주주들에게는 지급되지 않는 별도의 수익을 지급하기로 약정한다면 이는 회사가 해당 주주에 대하여만 투하자본 회수를 절대적으로 보장함으로써 다른 주주들에게 인정되지 않는 우월한 권리를 부여하는 것으로서 주주평등의 원칙에 위배되어 무효이다.[9] 그런데 상법상 강행규정 위반과는 달리 주주평등의 원칙에 위배되는지 여부는 일률적으로 판단하기 어렵다. 최근 들어 주주평등의 원칙을 경직적으로 적용하면 안 되고, 차별을 정당화할 수 있는 사유가 있는지, 회사나 다른 주주가 전체적으로 얻은 이익을 고려하고 실질적 평등이 침해되었는지를 봐야한다는 주장들이 늘고 있다.[10] 대법원도 회사가 일부 주주에게 우월한 권리나 이익을 부여하여 다른 주주들과 다르게 대우하는 경우에도 그 차등적 취급을 정당화할 수 있는 특별한 사정이 있는 경우에는 이를 허용할 수 있다면서 차등적 취급을 둘러싼 여러 가지 사정을 고려해서 판단하고 있다.[11] 결국 주주평등의 원칙 위배 여부는 개별 사안의 구체적인 사정에 따라 판단되기 때문에 당사자들 입장에서는 어떤 약정이 이 원칙에 위배되는지 여부를 사전에 명확하게 알 수 없고 추후 분쟁이 발생하면 법원을 통해서 알게 되는 부담이 있다.

대법원 2023. 7. 13. 선고 2021다293213 판결

"차등적 취급을 허용할 수 있는지 여부는, 차등적 취급의 구체적 내용, 회사가 차등적 취급을 하게 된 경위와 목적, 차등적 취급이 회사 및 주주 전체의 이익을 위해 필요하였는지 여부와 정도, 일부 주주에 대한 차등적 취급이 상법 등 관계 법령에 근거를 두었는지 아니면 상법 등의 강행법규와 저촉되거나 채권자보다 후순위에 있는 주주로서의 본질적인 지위를 부정하는지 여부, 일부 주주에게 회사의 경영참여 및 감독과 관련하여 특별한 권한을 부여하는 경우 그 권한 부여로 회

---

9) 이는 주주의 지위를 취득하기 전에 체결되거나 신주인수계약과 별도로 체결된 계약에 기하여 그러한 권리를 부여하는 경우에도 마찬가지다. 대법원 2020. 8. 13. 선고 2018다236241 판결; 채권자 겸 주주가 채권자 지위에서 정기적으로 회사로부터 일정한 금원을 지급받다가 채권을 모두 회수하여 채권자 지위가 상실되는 경우 주주로서의 지위만 남으므로 계속해서 금원을 지급받는 것은 주주평등의 원칙에 반할 수 있다. 대법원 2018. 9. 13. 선고 2018다9920, 9937 판결.

10) 천경훈(2021), 110-112면; 정준혁(2022), 228-243면.

11) 대법원 2023. 7. 13. 선고 2021다293213 판결; 대법원 2023. 7. 13. 선고 2022다224986 판결; 대법원 2023. 7. 13. 선고 2023다210670 판결; 대법원 2023. 7. 27. 선고 2022다290778 판결; 그런데 대법원은 주주 전원의 동의에 따라 이루어진 차등적 취급 약정의 효력을 인정할 여지가 있다고 하면서도 주주에게 투하자본의 회수를 절대적으로 보장하는 금전지급약정은 강행법규 위반에 해당하므로 주주 전원의 동의를 받았다고 하더라도 무효라고 한다. 이처럼 투하자본 회수를 절대적으로 금지하는 것이 바람직한지 의문을 표시하는 견해로는 송옥렬(2024), 70면.

사의 기관이 가지는 의사결정 권한을 제한하여 종국적으로 주주의 의결권을 침해하는지 여부를 비롯하여 차등적 취급에 따라 다른 주주가 입는 불이익의 내용과 정도, 개별 주주가 처분할 수 있는 사항에 관한 차등적 취급으로 불이익을 입게 되는 주주의 동의 여부와 전반적인 동의율, 그 밖에 회사의 상장 여부, 사업목적, 지배구조, 사업현황, 재무상태 등 제반 사정을 고려하여 일부 주주에게 우월적 권리나 이익을 부여하여 주주를 차등 취급하는 것이 주주와 회사 전체의 이익에 부합하는지를 따져서 정의와 형평의 관념에 비추어 신중하게 판단하여야 한다"

둘째는 대상회사의 이사가 선관주의의무 또는 충실의무 위반으로 책임을 부담할 위험이 있다는 점이다.[12] 이는 특히 지배주주 측에서 신경써야 할 부분이지만, 이사 지명권을 갖는 소수주주 역시 신경써야 할 수 있다. 이사는 회사의 이익을 위해서 행동할 선관주의의무를 부담하고(상법 제382조 제2항, 민법 제681조), 직무를 수행함에 있어 총주주의 이익을 보호하고 전체 주주의 이익을 공평하게 대우하여야 한다(상법 제382조의3). 위 의무를 위반할 경우 회사 또는 주주에 대해 민사상 손해배상책임을 부담할 뿐만 아니라 형사상 배임죄가 성립할 수도 있다. 그런데 주주간계약에서 정한 내용이 특정한 주주의 이익을 위한 것이고 회사나 다른 주주의 이익에 반하는 내용이라면, 그러한 계약을 체결하는 것 자체가 이사의 선관주의의무 또는 충실의무 위반에 해당할 수 있다. 나아가 계약 체결 후에 대상회사의 이사로서는 주주간계약을 지키자니 본인의 의무 위반 문제가 발생하고, 주주간계약에 반하는 행동을 하자니 대상회사가 계약 위반에 따른 책임을 부담할 수 있어 진퇴양난의 입장에 처할 수 있다. 예를 들면, 대상회사가 재정난을 타파하기 위해서 신규 자금 조달이 매우 절실한데, 주주간계약에서 유상증자에 대해서 소수주주의 동의를 받아야 한다고 되어 있다고 하자. 그런데 소수주주는 대상회사가 유상증자를 할 경우 본인이 주식을 매입한 1주당 가격보다 낮은 가격으로 신규 투자자가 들어오고 더욱이 자신의 지분이 희석될 수 있으므로 동의를 거부한다. 이 경우 소수주주가 선임한 이사들로서는 회사를 위해서 그러한 동의를 무시하고 유상증자를 할지, 아니면 자신을 선임한 주주의 이익을 위하여 유상증자를 거부하고 회사를 위태롭게 할지 갈등하게 되고, 이들 이사를 선임한 것은 결국 주주이므로 궁극적으로 주주의 의사결정도 쉽지 않게 될 수 있다.

---

12) 이사 입장에서 책임을 부담할 수 있다는 것이고, 주주간계약의 효력 자체가 부정된다는 것은 아니다. 주주간계약의 내용이 선관주의의무에 반한다는 이유로 무효인지 논란의 여지가 있으나 항상 무효라고 보기 어렵다. 김건식(2019), 367-370면.

위 두 가지 고려사항과 관련해서 주식매매라는 거래 방법이 갖는 의미도 살펴볼 필요가 있다. 즉, 대상회사가 자금을 조달하기 위해서 추진하는 신주인수 거래 과정에서 주주간계약이 체결되는 경우에는 대상회사에 신규 자금이 유입되고 그에 대한 대가로 신규 주주에게 일정한 권리를 부여하는 것이 정당화되는 측면이 있는 반면, 주식매매 거래는 주주들 간의 거래에 불과하고 대상회사가 어떤 새로운 이익을 얻는 것이 없기 때문에 대상회사가 법에서 인정되는 것을 넘어서는 권리를 일부 주주에게만 부여하는 것이 상대적으로 정당화되기 어려운 측면이 있다.

이상 살펴본 바와 같이 주식매매 거래 과정에서 체결되는 주주간계약에서는 대상회사를 당사자로 포함하더라도 일부 조항이 무효가 되거나 대상회사에 대해서는 구속력이 없게 되어 추후 집행하는 데 문제가 될 수 있다는 점을 염두에 두어야 할 것이다. 상법상 회사에 관한 규정이 반드시 강행규정인지, 주주평등의 원칙을 엄격하게 고수해야 하는지, 회사의 주주에 대한 경영위임이나 의무부담은 항상 금지되는지에 대해서는 의문이 있고 주주의 사적 자치를 인정하여 주주간계약의 회사에 대한 구속력을 인정하는 방향으로 법리가 형성되어 가는 것이 적절하다고 생각하나,[13] 주류적인 판례의 입장을 무시하고 모든 약정이 회사에 대해 구속력이 있다는 전제하에 대상회사를 당사자로 포함하고 상법에 반하는 내용을 포함시키는 것은 부담스럽고 추후 분쟁 가능성을 늘릴 수 있다. 회사가 계약 당사자로 참여하면서 일정한 약속을 하였으면 회사에 대한 구속력이 발생하므로 회사를 당사자로 포함시킬 실익이 있다는 주장도 있으나,[14] 애초에 강행규정에 반하거나 주주에게 결정 권한이 있어서 회사에 대해서는 효력이 없는 계약이 회사가 계약 당사자로 참여한다고 하여 효력이 달라질 이유도 없으므로[15] 회사를 계약 당사자로 참여시키는 것이 도움이 안 될 수 있다. 오히려 회사를 계약 당사자로 포함시키는 것은 그러한 외관을 통해서 마치 회사에 대해서도 구속력이 있는 것과 같은 착각을 일으킬 수 있다.

대상회사를 주주간계약의 당사자로 포함시킬지 여부는 계약의 자유에 따라 정할 수 있으나, 만일 당사자로 포함하고자 한다면 가능한 이사의 선관주의의무 및 충실의무 위반 문제가 발생할 수 있는 내용은 삭제하거나 정교하게 예외 규정을 마련하고, 또 추후 대상회사와의 관계에서 일부 약정은 무효로 될 위험을 감수하고 그 대응책을 마련해

13) 같은 견해: 송옥렬(2020), 352-354면도 주주 전원이 당사자이거나 주주간계약 내용이 정관에 반영된 경우 회사에 대한 구속력을 인정해야 한다고 주장한다.

14) 우호적 M&A의 이론과 실무 2(이동건, 류명현, 이수균 집필부분), 330-333면.

15) 송옥렬(2020), 354-356면.

야 할 것이다. 가령, 주주간계약이 주주평등의 원칙 등을 위반하여 무효라 하더라도 이는 주주와 회사의 법률관계에서 무효라는 것이고 주주들 사이에 체결된 계약의 효력은 별개로 유효할 수 있으므로[16] 주주간계약을 위반한 다른 주주의 책임을 묻기 위한 구제수단들을 고민해야 할 것이다. 만일 주주가 회사의 의무에 대해 보증을 하는 구조라면, 회사에 대해 무효가 되면 주주에 대해서도 부종성에 따라 무효가 될 우려가 있다는 점도 주의해야 한다.

2) Procure 조항 활용 시 유의사항

대상회사를 당사자에서 제외하는 경우에도 실질적으로 대상회사를 구속하기 위하여 지배주주에게 대상회사로 하여금 또는 지배주주가 선임한 이사로 하여금 어떤 행위를 하도록 또는 하지 않도록 의무를 부과하는 경우가 있다(이른바 procure 조항). 이와 같은 약정을 할 때에도 애초에 그 의무의 내용이 주주가 정할 수 있는 사항인지, 대상회사나 이사가 주주의 지시에 따를 의무가 있는지 살펴볼 필요가 있다. 가령, 회사의 대표이사를 선임한다거나 중요 자산을 처분하는 것은 이사회에서 정할 사항인데, 지배주주가 대상회사나 자신이 선임한 이사로 하여금 소수주주가 지정하는 자를 대표이사로 선임하게 한다거나 소수주주가 지정한 제3자에게 자산을 처분하도록 의무를 부담시키는 것은 애초에 주주(소유)와 회사(경영)는 분리된다는 점에서 권한이 없는 자에게 의무를 부담시키는 것에 해당하고, 이사의 선관주의의무 및 충실의무와도 충돌할 수 있다는 점에서 직접 그 행위를 하도록 하는 강제집행이 어려울 수 있다.

이에 관하여 참고할 수 있는 하급심 결정들이 있다. 주주간계약에서 신청인(대주주 겸 기존 대표이사) 또는 신청인이 지정한 자를 대표이사로 선임하도록 약정하였는데, 이사회에서 신청인이 대표이사에서 해임되자 피신청인(투자자)을 상대로 신청인을 대표이사로 선임하도록 할 의무가 있음을 임시로 정하는 가처분을 신청한 사안에서 법원은 피신청인 주주는 이사가 아니어서 대표이사를 선임할 법률적 권한이 없는 점, 이사들은 주주간계약의 당사자도 아니고 이사는 회사의 수임인으로서 주의의무를 부담하는 자로 주주간 합의가 이사의 직무수행에 대한 구속력을 지닐 수 없다는 점 등에 근거하여 제3자인 회사 이사들로 하여금 그들이 법률상 의무를 부담하지 않는 일을 강요할 수 없다고 판시하였다.[17]

16) 대법원 2023. 7. 13. 선고 2022다224986 판결; 대법원 2023. 7. 27. 선고 2022다290778 판결.

17) 서울중앙지방법원 2013. 7. 8.자 2013카합1316 결정.

또, 피신청인(지배주주)은 5년 동안 신청인(소수주주 겸 기존 대표이사)이 대표이사 지위를 유지할 수 있도록 피신청인이 지명한 이사가 이사회에서 의결권을 행사하도록 약정하였는데, 피신청인이 지명한 이사들이 이사회에서 신청인을 대표이사에서 해임하고 새로운 대표이사를 선임하자 신청인이 피신청인을 상대로 자신을 회사의 이사회로 선임하는 안건에 대해서 찬성하는 의결권을 행사하도록 이사들에게 업무집행을 지시하라는 가처분을 신청한 사안도 있다. 법원은 아래에서 설명하는 대법원 판결을 인용하면서, 피신청인이 이사회에서 신청인을 대표이사로 선임하는 내용의 의결권을 행사하라는 업무집행을 지시한다고 하더라도, 이사들은 선관주의의무와 충실의무에 따라 안건에 관한 찬반 여부를 판단 및 결정하여야 하고, 피신청인의 지시에 따라야 할 법적 의무를 부담한다거나 채무자의 지시에 기속된다고 보기 어렵다면서 신청의 이익이 없어 부적법 각하하였다.[18]

주주와 회사 또는 이사 사이의 관계에 관한 판결은 아니지만 참고할 수 있는 대법원 판결이 있다. 한국지역난방노동조합과 한국지역난방공사가 단체협약을 통해 매년 일정 금액을 사내근로복지기금으로 적치한다고 약정하였고, 위 조합이 위 공사를 상대로 복지기금협의회에서 공사를 대표하는 위원들로 하여금 회의의 소집을 요구하게 하고 그 회의에서 복지기금의 추가 출연 의안에 찬성하는 의사를 표시하게 하라는 소를 제기한 사안에서, “이 사건 협의회 위원들에게 회의 소집 및 의안 찬성을 요구하거나 지시한다고 하여 그 위원들이 피고의 요구나 지시에 따를 법적 의무가 있다거나 거기에 기속된다고 볼 만한 자료를 찾아 볼 수 없다. 그렇다면 원고가 이 사건 소에 의한 승소판결을 받고 그 판결이 확정되어 피고의 의사의 진술이 간주되더라도 그로써 무슨 법적 효과가 생길 것이 없다. 결국 위 청구와 같은 내용으로 의사의 진술을 구하여 협력의무의 이행을 구하는 이 사건 소는 소의 이익이 없어 부적법하다”고 판시하였다.[19] 위 판결에 비추어보더라도 대상회사나 이사가 주주의 지시에 따를 법적 의무가 없다면 그 이행을 구하는 소는 각하될 수 있다.

이처럼 직접 procure 조항에서 의도하는 행위를 강제이행하는 것은 어려운데, 그 조항을 위반하는 경우에 손해배상을 청구할 수 있는지 여부에 대해서는 견해가 대립한다. Procure 조항의 채권적 효력마저도 부인하는 견해가 있지만,[20] 주주들 사이의 채권적 효력마저도 부인할 정도로 항상 사회질서나 공서양속에 반한다고 볼 수 있는지 의문

18) 서울중앙지방법원 2024. 10. 29.자 2024카합21391 결정.

19) 대법원 2016. 9. 30. 선고 2016다200552 판결.

20) 이철송(2019), 25, 26면.

이다.[21] 이사는 주주로부터 독립해서 의사결정을 하는 기관인 것은 맞지만, 회사와 전체 주주의 이익을 보호하면서 직무를 수행할 의무가 있고, 이사가 주주 사이의 약정에 따라 행동하는 것이 항상 선관주의의무 또는 충실의무를 위반한다고 보기 어려운 이상 주주 사이의 채권적 효력을 부인할 이유는 없다.[22]

따라서 procure 조항은 그 위반 시 일반 손해배상, 위약벌 또는 제재성 매수청구권(이른바 penalty put) 등 구제수단을 통해서 간접적으로 강제하는 방법을 강구할 필요가 있다. 또 주주가 선임한 이사가 주주간계약에서 정한 바를 따르지 않는 경우 해당 주주로 하여금 그 이사를 해임하도록 의무를 부과함으로써 간접적으로 주주간계약의 내용을 실현시키는 방안도 고려해 볼 수 있다.[23]

2. 전문

전문

전 문

본 계약 체결일 현재 OOO에 본점을 두고 있는 주식회사 OOO(이하 **"대상회사"**)의 발행주식총수는 기명식 보통주식 O주이다.

주주A는 본 계약 체결일 현재 대상회사 발행 보통주식 O주(발행주식총수 기준 O%)를 소유하고 있다.

주주A와 주주B는 O년 O월 O일 주주A가 소유한 대상회사 발행 보통주식 O주(발행주식총수 기준 O%)를 주주B가 매수하는 내용의 주식매매계약(이하 **"본건 주식매매계약"**, 그에 따른 주식매매 거래를 **"본건 거래"**)을 체결하였다.

이에 당사자들은 대상회사의 경영과 당사자들 간의 권리 및 의무에 관하여 아래와 같이 합의한다.

---

21) 같은 견해: 김건식(2019), 367-370면; 우호적 M&A의 이론과 실무 2(이동건, 류명현, 이수균 집필부분), 338, 339면.

22) 최문희(2024), 86-89면은 계약의 목적, 당사자의 의사, 계약 외 주주, 계약 기간에 비추어 계약에 의해 이사의 자유로운 판단을 현저히 구속하는지 여부에 따라 채권적 효력을 달리 판단해야 한다고 주장한다.

23) 이중기(2019), 386면; 천경훈(2013), 16면 각주 17도 그런 방법이 있다고 하나 법원이 그 효력을 인정할지, 실제로 집행할 수 있는지 불분명하다고 한다.

전문은 반드시 포함시킬 필요는 없으나 계약 체결의 경위나 동기를 명확히 하고, 당사자뿐만 아니라 제3자가 일련의 거래와 전체 계약들을 이해하는 데 도움이 될 수 있도록 관련 내용을 주주간계약에 포함시키는 것이 일반적이다.[24]

특히 주주간계약은 M&A 이후에 계속하여 대상회사를 어떻게 경영할지와 각 주주의 지분을 어떻게 보호할지에 관한 사항을 정하는 것이기 때문에 대상회사의 현재 자본구성이 어떻게 되어 있는지 명시한다. 만일 주주가 여럿 있거나 보통주식 외에 종류주식이나 주식연계사채가 발행되어 있다면 대상회사의 전체 주주 및 사채권자, 주식의 수, 사채의 금액, 지분율 등을 표 형식으로 자세하게 기재하기도 한다.

주주가 소유하고 있거나 소유하게 될 지분율은 발행주식총수 기준으로 기재하기도 하고, 주식의 추가 발행으로 지분이 희석될 가능성이 있으면 완전희석기준(fully diluted basis; 주식매수선택권을 행사하거나 전환사채의 전환권을 행사하는 등 주식이 발행되거나 주식으로 교환 또는 전환될 수 있는 권리가 부여된 경우에 그러한 권리가 모두 행사된 것을 가정하여 지분율을 산정하는 것)으로 기재하기도 한다. 계약 본문에서 일정한 권리 행사나 계약의 효력에 관한 사항을 정할 때 당사자의 지분율을 기준으로 하는 경우들이 많은데, 그때 사용하는 지분율 기준을 일관되게 적용하는 것이 바람직하다.

전문에 기재된 지분율이 실제 지분율과 다른 경우에 이를 계약 위반 내지 채무불이행이라고 볼 수 있는지, 착오를 이유로 계약을 취소할 수 있는지 여부가 문제 될 수 있다. 전문에는 통상 일정한 사실을 중립적으로 기재할 뿐 일방 당사자가 상대방에게 어떤 사실을 보장하거나 의무를 부담하는 내용으로 기재되어 있지 않기 때문에 설령 전문에 기재된 지분율이 사실과 다르더라도 상대방이 계약 위반이나 채무불이행을 주장할 수 없는 경우가 많을 것이다.[25] 또 동기의 착오는 그 동기가 의사표시의 내용이 되고 중요부분에 관한 것일 때 한하여 민법 제109조에 따라 그 의사표시를 취소할 수 있는데,[26] 전문에 지분율이 계약 체결의 배경 사실로 기재된 것만으로는 의사표시의 내용이 되었다고 보기 어렵고 중요부분에 관한 것이 아니라고 볼 가능성도 있다. 따라서 당사자로서는 지분율이 중요할 경우 지분율에 관한 진술 및 보장이나 지분율 유지 의무를 계약 본문에 따로 추가하는 것이 바람직하다.

대상회사의 자본구성 외에도 각 주주가 대상회사의 지분을 취득하게 된 경위나 주

24) 위 32면 '전문' 부분 참고.

25) 서울고등법원 2024. 1. 25. 선고 2023나2039978 판결.

26) 대법원 1998. 2. 10. 선고 97다44737 판결.

주의 지위를 기재하기도 한다. 특히 주주간계약이 주식매매 과정에서 체결되는 경우에는 언제 누가 누구의 주식을 얼마나 매수하는 내용의 계약을 체결하였는지 기재하고, 만일 주주간계약 체결 당시에 주식매매 거래가 이미 종결되었다면 언제 종결되었는지 기재하고, 어떤 주주가 대상회사의 임직원으로 근무하고 있는 경우에는 그 직위를 기재하기도 한다.

앞서 설명한 바와 같이 어떤 주주에게 다른 주주에 우선하는 이익이나 권리를 부여하여 주주평등의 원칙을 위반하였는지 여부를 판단함에 있어 여러 가지 사정을 고려하는데, 전문에 대상회사가 처한 상황이나 당사자들이 본건 거래를 진행하는 목적이나 이유, 본 계약과 함께 체결되는 다른 계약과 일련의 거래를 통해서 당사자들이 기대하는 바 등을 기재하면 추후 주주평등의 원칙 위배 여부가 문제 될 때 차등적 취급의 필요성이나 정당성을 주장하는 데 원용할 수도 있을 것이다.

3. 정의

§1 – 정의

제1조 (정의) 본 계약에서 사용하는 용어는 본 계약에서 달리 정의하지 않는 한 본건 주식매매계약에서 정의한 의미를 가진다.

가. 본건 거래 계약상 정의 원용

M&A 거래에 수반하여 체결되는 주주간계약의 경우 주식매매계약, 영업양수도계약, 합병계약 등 M&A 거래에 대한 계약이 따로 체결되고 그 계약서에서 주요 용어들에 대해서 정의하므로 주주간계약에서는 동일한 정의를 따르는 경우가 많다. 이 외에 주주간계약에서만 사용하는 용어는 따로 정의를 둘 필요가 있으나, 소수의 조항에서만 사용되거나 조항 본문에 정의가 포함되어 있는 경우에는 해당 조항에서 직접 정의하고 따로 일반 정의 조항을 두지 않을 수 있다.

주의할 점으로는 본건 거래가 일련의 여러 거래로 이루어져 있어서 본건 거래에 대한 계약서도 여러 개 있는 경우에 용어의 정의를 내리는 것이다(가령, 주식매매계약과 신주인수계약이 함께 체결된 경우). 그런 경우에 각 계약서에서 동일한 용어를 다른 의미로 사용하는 경우들이 있기 때문에 주주간계약에서 해당 용어에 대해서 본건 거래 계약상 정의한 의미를 갖는다고만 기재하면 혼동을 일으킬 수 있으므로 어느 계약의 어떤 용어의 정의를 따르는지 명확히 해야 한다. 예를 들면, 주식매매계약의 거래종결일과 신주인수계약의 거래종결일이 다른 경우 주주간계약에서 거래종결일 또는 투자일을 정의할 때에는 위 주식매매계약이나 주주간계약 중 어느 거래종결일을 기준으로 할지, 아니면 각 거래에 따른 투자금(매매대금, 인수대금)에 대해서는 각 계약상 거래종결일을 각각 적용할지 등을 명확하게 하여야 한다.

나. 투자 관련 용어

주주간계약에 투자 회수에 관한 내용이 자주 포함된다. 특히, 재무적 투자자들의 경우 본건 거래가 주식매매든 신주인수든 모두 회사에 투자한 것으로 생각하고, 그 투자금보다 높은 수익을 회수하는 것을 목적으로 거래하기 때문에 주주간계약에서도 투자 관점에서 용어를 사용하는 경우가 많고, 당사자 표시도 "투자자"라고 함은 앞서 살펴본 바와 같다.

"투자원금"은 최초에 투자자가 본건 거래를 통해서 대상회사의 주식을 취득하기 위해서 지출한 금액(주식매매대금, 신주인수대금 등)을 의미한다. 만일 본건 거래가 주식매매나 신주인수 등과 같이 하나만 있고 당사자들 사이에 어떤 금액을 의미하는지 동일하게 이해하고 있다면 굳이 별도로 정의 조항을 추가하지 않아도 된다. 반면, 투자자가 본건 거래 이전에도 대상회사에 투자한 금액이 있거나 본건 거래가 여러 개로 이루어져 있다면, 언제 체결된 계약에 따라 지급된 대금을 의미하는지 정의 조항을 두는 것이 바람직하다. 또 정의 조항에 확정된 금액을 기재하기도 하는데(가령, "투자원금이란 본건 주식매매계약에 따른 매매대금 O원을 의미한다."), 그 금액이 조정의 여지가 있으면 확정된 금액을 기재하지 않고 오히려 조정 이후의 금액을 의미한다고 기재해야 한다. 주식매매계약에서 손해배상을 하는 경우 조세 목적상 매매대금의 조정으로 보지만, 이는 조세 목적을 위한 것이므로 투자원금 계산에 있어서 손해배상액은 고려하지 않는 것이 일반적이고 수익 계산 시 포함시킬지 여부는 거래마다 다르다.

투자 회수는 일반적으로 투자원금보다 더 높은 수익을 회수하는 것으로 규정하는데, 그러한 수익을 산출하는 방법은 여러 가지가 있다. 제일 단순하게는 투자원금에 단리나 복리로 일정한 이율(%)을 더한 이익을 가산하는 것이다. 다음으로는 일정한 "내부

수익률" 또는 "IRR(Internal Rate of Return)"을 달성하도록 하는 것이다. 내부수익률이란 일정 기간 동안 발생하는 현금수익 흐름을 현재가치로 환산하여 합한 금액이 지출 금액과 같아지도록 할인하는 이자율을 의미한다. 단리나 복리는 고정된 투자원금에 일정한 이율을 곱하기 때문에 투자 시점에 일정 기간이 지나면 얼마의 수익이 회수되는지 바로 계산이 가능하다. 반면, 내부수익률은 현금수익 흐름을 현재가치로 환산하는 것이기 때문에 일정 기간 동안 배당, 매각 등으로 회수된 금액이 있으면 이를 반영하게 되므로 회수하는 시점이 되어야 해당 내부수익률을 달성하기 위해서 어느 정도의 수익이 회수되어야 하는지 계산이 가능하다. 내부수익률도 명확하게 산출 방법이 정해져 있기 때문에 이를 따로 정의내릴 필요는 없다고 생각되지만, 실무상 아래와 같이 정의 조항을 두는 경우도 있다.

"IRR"이란 (i) 투자원금(음수로 표현) 및 (ii) 투자자가 대상주식으로부터 회수한 금액(양수로 표현)을 거래종결일로부터 각 회수일까지의 기간을 대상으로 하여 어떤 연간 이자율로 할인하였을 때, 위 (i) 및 (ii)의 현재가치의 합산액이 영(0)이 되도록 하는 연간 이자율을 의미한다.

"IRR"이란 Microsoft Excel 프로그램의 XIRR 함수를 통해 복리로 계산되는 내부수익률을 의미한다.

한편, 투자 회수를 위해 대상회사를 매각할 때 PER, EV/EBITDA 등과 같은 개념을 차용하는 경우들도 있는데, 이러한 용어들도 그 자체로 의미가 명확하고 당사자들이 이해하는 의미가 동일하기 때문에 따로 정의를 두는 경우는 드물다.

4. 회사의 경영

가. 기관 구성 및 운영

1) 이사회 구성 및 이사의 선임

§2(1)–(2) – 이사 지명권

제2조 (이사 지명권) (1) 당사자들은 대상회사의 이사회를 이사 3명으로 구성하기로 한다.

(2) 주주B는 이사 1명을 지명할 권리를 가지며, 자신이 지명한 이사(이하 **"주주B측 이사"**)가 임기

만료, 사임, 해임 기타 사유로 결원이 되는 경우 그 후임자를 지명할 수 있으며, 주주B측 이사의 임기 중에도 다른 자로 교체할 수 있다.

회사의 경영에 관한 사항으로 가장 일반적으로 볼 수 있는 조항은 회사를 경영하는 기관인 이사회의 구성에 관한 조항이다.

제일 먼저 이사회를 이사 몇 명으로 구성할지 정한다. 만일 이를 정하지 않으면 소수주주에게 특정 수의 이사를 지명할 수 있는 권리를 부여하더라도 지배주주가 이사회 정원을 늘림으로써 소수주주의 영향력을 줄일 수 있게 된다. 물론 주주간계약에서 명시적으로 이사 수를 정하지 않더라도, 주주간계약의 효력이 발생하기 전에 대상회사의 정관을 변경하여 이사 수를 몇 명으로 한다고 정하고, 주주간계약에서 정관 변경을 소수주주 동의 사항으로 하면 이사 수 변경을 제한하는 효과를 가질 수 있다. 간혹 계약 당사자에 대상회사가 포함되어 있지 않음에도 불구하고 "대상회사는 이사회를 이사 3명으로 구성한다"와 같이 대상회사를 주어로 기재하는 경우가 있는데, 계약 당사자를 주어로 기재하도록 주의하여야 한다.

다음으로 전체 이사 수 중에서 각 주주, 특히 소수주주가 몇 명의 이사를 지명할 수 있는지 정한다.[27] 집중투표제(상법 제382조의2)를 채택하지 않는 이상 과반수 의결권을 가진 주주가 이사 전부 선임할 수 있게 되고 집중투표제를 채택하더라도 소수주주의 지분율이 낮은 경우 소수주주가 원하는 이사를 선임할 수 없으므로, 계약으로 소수주주에게 일정 수의 이사를 선임할 수 있는 권리(정확하게는 지배주주에게 소수주주가 지명한 이사를 선임하도록 계약상 요구할 수 있는 권리)를 부여하는 데 의의가 있다. 계약에 따라서는 주주가 지명할 수 있는 이사의 수 외에 이사의 종류까지 정하기도 한다. 즉, 주주가 사내이사, 사외이사, 기타비상무이사 중 어떤 종류의 이사를 지명할 수 있을지 정하는 것이다. 이사회의 전문성과 객관성을 강화하거나 이사들의 선관주의의무 이행을 확보하기 위해서 주주가 지명하는 이사를 사외이사로 할 수도 있다.[28] 다만, 사외이사는 비상장회사에서 선임하는 경우에도 일정한 자격을 충족해야 하는 등 까다롭기 때문에(상법 제382조 제3항) 지명할 수 있는 이사를 사외이사로 한정하지 않는 경우가 더 많은 것으로

27) 일본 회사법 제108조는 종류주식으로 이사 또는 감사의 선임을 해당 종류주주로 구성된 종류주주총회에서 선임할 수 있는 내용을 가진 것을 발행할 수 있도록 규정하고 있다. 그러한 종류주식을 발행할 수 없는 우리나라에서는 주주간계약을 통해 소수주주가 이사 선임에 대한 권리를 확보하려 한다.

28) Patt & Giles, 23면.

보인다. 더욱이 소수주주가 선임하는 이사는 주로 지배주주가 선임한 이사들을 견제하거나 감독하는 기능을 하기 때문에 상무에 종사하지 않는 기타비상무이사로 선임되는 사례들이 더 많다.

> tip **소수주주 tip:** 실무상 회사를 직접 지배하지 않는 소수주주는 회사 경영에 따른 책임을 회피하기 위하여 전략적으로 사내이사가 아닌 사외이사 또는 기타비상무이사 선임권만 보유하고, 이사회 안건에 찬성하지 않을 경우 자신이 선임한 이사가 이사회에 불출석하도록 하는 경우들을 볼 수 있다. 그러나 대표이사 등 경영진이 법령을 준수하여 업무를 수행하는지 감시 및 감독하고, 내부통제시스템이 제대로 구축하여 작동되도록 감시할 의무는 상무에 종사하지 않는 이사도 부담하므로,[29] 소수주주가 선임한 사외이사 또는 기타비상무이사들도 위와 같은 의무를 외면하지 않도록 주의할 필요가 있다.

소수주주가 지명할 수 있는 이사의 수 외에 지배주주가 지명할 수 있는 이사의 수를 함께 명시할 수도 있다. 소수주주가 지명할 수 있는 이사의 수를 약정한 것이 그보다 많은 수의 이사를 선임할 권리를 박탈하거나 지배주주가 나머지 이사를 선임할 권리를 부여한 것으로 보기는 어렵다.[30] 따라서 지배주주와 소수주주가 명확히 구분되지 않고 지분율이 동등한 합작투자계약에서는 각 주주가 지명할 수 있는 이사의 수를 명시하는 것이 바람직하다.[31] 반면, 지배주주가 명확하게 있는 회사의 경우 어차피 소수주주가 지명할 수 있는 이사 수를 제외한 나머지 이사는 과반수 지분율을 갖는 지배주주가 선임할 수 있으므로 굳이 명시하지 않더라도 무방하다. 다만, 아래에서 설명하는 바와 같이 소수주주가 선임할 수 있는 이사의 수가 변동될 수 있다면, 그에 맞추어 지배주주의 이사 지명권은 어떻게 변동되는지 함께 명시하여 혼동이 없도록 하는 것이 바람직하다.

이사를 지명하고 그 지명에 따라 선임할 수 있는 권리에 자신이 지명한 이사를 해임하거나 교체할 수 있는 권리가 당연히 포함되는지 여부에 대해서는 다툼의 여지가 있고, 하급심 결정 중 포함되지 않는다고 한 예가 있다.[32] 따라서 이사 지명권의 내용으로 그 후

29) 대법원 2022. 5. 12. 선고 2021다279347 판결.

30) 부산지방법원 서부지원 2017. 6. 16.자 2017카합100063 결정. 주주간계약 체결 후 소수주주가 주식을 추가로 매입하여 소수주주와 지배주주의 지분율이 역전된 사안이다. 주주간계약에 따라 소수주주였던 자에게 이사 5인 중 2인 지명권이 있었는데, 지배주주였던 자는 자신에게 이사 3인 지명권이 있고, 소수주주였던 자의 이사 지명은 2인으로 제한된다고 주장하였으나 법원은 이를 배척하였다.

31) 김태정(2018), 8면.

32) 서울중앙지방법원 2012. 7. 2.자 2012카합1487 결정.

임자를 선임하거나 해임, 교체할 수도 있다는 점을 명확하게 기재하는 것이 바람직하다.

소수주주의 이사 지명권은 통상 소수주주가 일정한 지분율 이상을 유지하는 것을 전제로 부여된다. 따라서 예시 조항에서 “주주B가 대상회사 발행주식총수 기준 O% 이상의 주식을 소유하는 것을 조건으로”와 같은 문구를 추가하거나, 아니면 계약의 효력 조항에서 소수주주의 지분율이 일정한 비율 이하로 떨어질 경우 이 조항의 효력을 상실시키는 내용을 추가할 수 있다. 소수주주의 지분율이 떨어져서 이사 지명권이 없어지는 경우 이사회에서 결정되는 사항을 소수주주가 알 수 있도록 이사 대신 참관인(observer)을 지명할 수 있는 권리를 부여하는 경우도 있다.

위와는 반대로 소수주주의 지분율이 증가하는 경우에는 소수주주가 지명할 수 있는 이사 수를 늘리는 것도 가능하다. 지분율을 일정한 구간으로 나누어 각 구간별로 선임할 수 있는 이사 수를 정하거나 지분율이 얼마 증가할 때마다 이사 수를 몇 명씩 더 선임할 수 있는지 정하는 것이다.[33] 이와 같이 지명할 수 있는 이사 수를 늘리는 경우에는 지배주주가 지명할 수 있는 이사 수보다 많아져도 괜찮은지 여부와 이사 정원을 늘릴지 여부를 함께 고려해야 한다. 가령, 이사회 정원이 3명이고 소수주주가 최초에 10% 지분율을 갖고 이사 1명을 지명할 수 있었는데, 소수주주의 지분율이 33% 증가할 때마다 지명할 수 있는 이사 수를 1명씩 늘린다고 하면, 50% 미만의 지분율을 갖고 있음에도 이사 과반수를 선임할 수 있게 되어 지분과 경영의 역전 현상이 발생할 수도 있기에 당사자들이 이러한 결과를 수용한 것인지 확인이 필요하다.

우리나라에서는 위와 같이 지분율만을 기준으로 지명할 수 있는 이사 수를 좌우하는 것이 일반적이다. 그러나 지분율이 증가하거나 감소하는 원인이나 다른 요소들을 고려하여 그 효과를 달리하는 것도 가능하다. 가령, 주주의 지분이 감소한 원인이 주주 본인의 지분 매각에 따른 것인지 아니면 대상회사의 신주발행에 따른 지분 희석인지, 대상회사의 신주발행에 대해 주주에게 참여 기회가 있었는데 거부한 것인지 아니면 제3자 배정으로 주주의 참여 기회 자체가 없었는지 등에 따라 지명할 수 있는 이사 수의 변경을 달리 하는 것도 생각해 볼 수 있다.[34]

또 상대방이 주주간계약을 위반하는 경우에 그 구제수단으로 지명할 수 있는 이사

---

33) 우호적 M&A의 이론과 실무 2(이동건, 류명현, 이수균 집필부분), 347면은 최소한 “당사자는 지분율과 대략 동일한 비율의 이사 수를 선임할 권리를 가진다”는 식의 원칙적 규정이라도 두는 것을 권장하나, 이보다는 명확하게 지분율 구간별로 늘어나거나 줄어드는 이사 수를 정하는 것이 다툼을 방지할 수 있을 것이다.

34) Patt & Giles, 24, 25면.

수를 늘리는 것으로 약정하는 경우도 있다. 가령, 대상회사 운영에 관하여 사전에 소수주주의 동의를 받도록 약정하였는데 그 동의를 받지 않은 경우에 소수주주가 지명할 수 있는 이사 수를 늘리는 것이다. 대상회사의 운영에 대한 감독 수단으로 사전 동의 조항이 있는 것인데, 지배주주나 대상회사가 이를 무시할 경우 소수주주가 이사회를 통해서 경영에 관여할 수 있는 권한을 늘리는 데 의의가 있다. 이는 이사 지명권 조항이 다른 조항에 대한 구제수단으로서 기능을 하는 경우라 할 수 있다.

2) 이사 선임 등 절차

§2(3) – 이사 지명권

(3) 주주A는 제2항에 따른 주주B측 이사의 선임, 사임, 해임 또는 교체가 이루어질 수 있도록 주주총회에서 자신의 의결권을 행사하여야 하고, 대상회사로 하여금 이사회 및 주주총회의 소집 및 개최, 등기를 포함하여 필요한 조치를 취하도록 하여야 한다.

이사의 선임, 사임, 해임, 교체 등에 필요한 절차는 상법에서 정한 절차를 따르면 된다. 상법상 이사의 선임은 원칙적으로 주주총회에서 출석 주주 의결권의 과반수와 발행주식총수의 1/4 이상의 찬성이 필요하고, 해임은 출석 주주 의결권의 2/3 이상과 발행주식총수의 1/3 이상의 찬성이 필요하다(상법 제382조 제1항, 제368조 제1항, 제385조). 따라서 계약상 이사 지명권을 실현시키기 위해서는 지배주주가 주주총회에서 본 계약에서 정한 바에 따라 의결권을 행사하는 것이 필요하고, 그보다 앞서 대상회사가 주주총회를 소집하고 개최하는 것이 필요하므로 지배주주에게 그러한 의무를 부담하도록 약정한다.

이와 같이 특정한 내용으로 의결권을 행사하도록 약속하는 계약(이른바 의결권구속계약)도 주주들 사이에는 채권적 효력이 있으나[35] 대상회사에 대해서는 효력이 없다.[36] 따라서 상대방이 그 계약을 위반한 경우 채무불이행에 따른 손해배상을 청구할 수 있다. 반면, 상대방이 계약을 위반하여 의결권을 행사하였다고 하더라도 그것이 법령이나

35) 일본에서는 의결권구속계약의 효력을 인정하면서도 지나치게 오랜 기간 의결권을 구속하는 약정은 과도한 제한으로서 효력이 없다고 한 하급심 판결들이 있다. 東京地判昭和56年6月12日(判時1023号116頁); 東京高判平成12年5月30日(判時1750号169頁).

36) 김/노/천, 332면; 권오성(2009), 428, 429면; 이철송(2019), 18면; 서울중앙지방법원 2012. 7. 2.자 2012카합1487 결정 등; 주주간계약의 당사자가 이사인 주주라 하더라도 주주로서의 권한을 제한하는 효력을 가질 수는 있어도 이사로서의 권한을 제한하는 효력을 가질 수는 없다. 대법원 2013. 9. 13. 선고 2012다80996 판결.

정관에 반하지 않는 한 유효하고 대상회사를 상대로 주주총회 결의 취소 또는 무효를 주장할 수 없다.[37)]

이에 대해 총주주가 주주간계약에 동의한 경우(주주 전원이 계약 당사자인 경우)이거나 회사가 계약 당사자인 경우에는 결의방법이 현저하게 불공정하다거나 주주간계약이 정관에 준하는 효력을 갖는다고 하여 결의 취소사유가 될 수 있다는 견해들도 있다.[38)] 비상장회사의 경우 회사 운영과 관련된 전체 주주의 의사를 존중하는 것이 타당한 면이 있으나,[39)] 계약에 반하는 의결권 행사를 "결의방법"이 "불공정"한 것으로 보는 것은 무리이고, 총주주나 회사가 체결한 계약이라 하여 정관에 준하여 볼 수 있는지 다툼의 여지가 있다. 더욱이 이사 선임과 같이 권한이 주주에게 있는 사항에 대해 회사가 어떤 약정을 하였다 한들 주주총회 결의의 효력에 영향을 미친다고 보기는 어려울 것이다.[40)] 반면, 의결권구속계약의 내용을 정관에 반영하였다면, 해당 내용은 회사에 대해서도 효력이 있고 이를 위반하여 주주총회 결의가 이루어질 경우 정관 위반으로서 상법상으로도 취소사유가 될 수 있다.[41)] 다만, 이 경우에는 먼저 의결권구속계약의 내용이 정관에서 규정할 수 있는 사항인지 여부에 대한 검토가 필요한데, 이사회의 구성이나 이사의 선임 또는 해임에 관한 요건과 절차에 관한 사항은 특별한 사정이 없는 한 정관에서 규정할 수 있는 사항으로 볼 수 있다.[42)] 만일 의결권구속계약 내용이 정관에 반영되어 있지 않거나 정관에 기재할 수 없는 사항이라면, 당사자가 의결권구속계약을 위반하여 이루어진 결의에 대해서 다투는 것은 용이하지 않고 그 위반자를 상대로 계약 위반에 따른 손해배상을 청구하거나, 기타 계약에서 정하는 다른 구제수단을 이용해야 할 것이다.

의결권구속계약을 위반하여 이루어진 결의 자체의 하자를 다투는 것은 어렵다 하더라도, 계약 위반의 상태를 시정하기 위한 결의를 할 의무를 부과할 것인지는 별개의 문제이다. 이에 대해 손해배상 방법으로 금전배상 대신 원상회복을 인정할 수 있고 그

37) 대법원 2025. 6. 12. 선고 2020다219577 판결; 결의의 하자를 소집절차, 결의방법, 결의내용의 법령 또는 정관 위반으로 한정하고 있는 상법의 해석론으로는 이렇게 해석할 수밖에 없다. 김/노/천, 333면; 이철송(2019), 19면.

38) 김지환(2013), 229면; 이중기(2019), 387, 388면; 김재범(2019), 168, 169면; 홍순건(2024), 368–371면.

39) 주주간계약 당사자들이 발행 주식 전부를 소유하고 있는 경우에 한하여 정관 위반에 준하여 주주총회 결의 취소 판결이 가능하다고 한 일본 사례로 東京高判令和2年1月22日(判時2470号84頁).

40) 주주총회 결의의 효력과는 별개로 회사가 주주의 의결권 행사와 관련하여 약정하고 그에 대해서 주주에게 모종의 대가를 지급하였다면 상법 제467조의2 위반이 문제 될 수 있다. 대법원 2017. 1. 12. 선고 2015다68355, 68362 판결 및 정준우(2017), 3–35면 참고.

41) 천경훈(2013), 39, 40면; 김태정(2018), 17면; 홍순건(2024), 351–354면.

42) 대법원 2013. 11. 28. 선고 2011다41741 판결.

러한 원상회복으로서 계약 위반이 없었던 상태로 되돌릴 의무를 인정할 수 있다는 견해도 있다.[43] 그러나 민법상 손해배상은 금전배상이 원칙이라는 점(민법 제394조)에서 당사자들이 다른 의사표시를 하지도 않았는데 이러한 의무를 바로 인정하기는 어렵고, 계약 해석에 의해 그러한 의무를 도출할 수는 있을 것이다.

사례 검토

유미소향 사건

개인인 원고는 자신의 기존 사업을 투자하고 홍콩 소재 회사인 피고는 20억원을 투자하여 합작회사를 설립하는 내용의 합작투자계약을 체결하였는데, 합작투자계약에 "이사회 구성은 4인으로 하기로 하고 양수인과 양도인은 각 2인을 지정한다"는 조항을 두고 있었다. 위 계약에 따라 유미소향이 설립되었고, 회사의 이사는 원고가 선임한 2인과 피고가 선임한 2인으로 구성되었는데, 이후 피고는 주주총회를 개최하여 3명의 이사를 추가로 선임하는 결의를 하였다. 이에 원고는 피고를 상대로 피고가 선임한 이사 5인 중 3인의 해임을 안건으로 하는 회사의 주주총회에서 위 안건에 찬성하는 의사표시를 할 것을 구하였다.

법원은 위 이사회 구성에 관한 조항은 회사기관 구성 등에 관한 사항을 정하고 그러한 상태를 주주총회 의결권 행사를 제한하는 방법으로 달성하고자 한 의결권구속약정에 해당하므로, 원고와 피고는 상대방에 대하여 이사회 구성이 위 조항에서 정한 것과 다르게 된 경우 위 조항에 부합하는 내용으로 의결권을 행사할 의무를 부담한다고 판시하면서 원고의 청구를 인용하였다. 나아가 이에 대한 간접강제로 피고가 그 의무를 이행하지 않을 경우 원고에게 판결 확정일 다음 날부터 이행완료일까지 1일 100만원의 배상금을 지급할 것도 함께 명하였다.[44]

민법상 당사자들이 "다른 의사표시"를 하면 금전배상 외에 원상회복에 의한 손해배상이 인정되는바, 당사자들로서는 의결권구속계약에 반하는 결의가 이루어진 경우 이를 시정하기 위한 주주총회를 개최하고 계약에 부합하는 방향으로 의결권을 행사한다는 규정을 주주간계약에 명시하는 것을 고려할 수 있을 것이다.

아직 의결권 행사가 이루어지기 전이라면 의결권구속계약에 기하여 그 계약에 반하는 내용으로의 의결권 행사를 금지하는 의결권행사금지가처분을 구할 수 있다. 하급심 결정 중에는 주주간계약에서 정한 이사 지명권에 따라 이사를 선임하였는데 다른 주주가 선임된 이사를 해임하려고 하자 이사 해임 안건에 대해서 찬성하는 의결권 행사를

43) 천경훈(2024), 32–34면.

44) 대법원 2025. 6. 12. 선고 2020다219577 판결; 자세한 논의는 김성민 게시글(2025. 8. 6.) 참고.

금지하는 가처분을 인용한 예가 있다.[45)]

한편, 의결권구속계약에 정한 내용으로의 의결권 행사(가령, 특정 주주가 지명한 이사를 선임하는 안건에 대해 찬성하는 의결권을 행사하라)를 명하는 의결권행사가처분이 가능한지 여부에 대해서는 견해가 대립하고 있다.[46)] 의사의 진술을 명하는 가처분이 가능한지 여부가 핵심인데, 부정하는 견해는 우리 법상 의사표시를 강제하기 위해서는 의사의 진술을 명하는 판결을 받아서 그 확정판결로 의사표시를 간주하도록 하고 있기에 다른 방법으로 집행이 불가능하다고 하고(민법 제389조 제2항, 민사집행법 제263조 제1항), 찬성하는 견해는 만족적 가처분 내지 임시의 지위를 정하는 가처분으로서 인정되고 그러한 가처분을 위반하는 경우 간접강제를 하는 방법으로 집행이 가능하다고 한다. 나아가 주주간계약의 당사자로 대상회사를 추가하고 대상회사가 주주 사이의 의결권구속계약을 인정하고 조력할 것을 확약하였다면, 대상회사를 상대로 의결권구속계약에 반하는 의결권 행사를 허용하여서는 안 된다는 의결권행사허용금지가처분을 받아내고 이에 반하는 의결권 행사 시 주주총회 결의 하자로 다투는 방법으로 의결권구속계약을 강제할 수 있다는 견해도 있다.[47)] 그러나 이 마지막 견해와 관련해서는 주주총회에서의 의결권 행사는 주주의 권한인데 회사가 그 행사 내용을 파악하여 이를 허용하거나 금지할 수는 없다는 비판도 있다.[48)]

판례는 확립되어 있지 않은데 하급심에서는 점차 의결권행사가처분을 인정하는 입장으로 변화하고 있는 것으로 보인다.[49)] 애초에 의사표시를 명하는 가처분은 허용되지 않는다는 이유로 기각한 결정,[50)] 피보전권리가 인정되지 않아 그러한 가처분 신청을 기각한 결정,[51)] 종국적으로 가처분 신청은 기각하였으나 방론으로 그러한 가처분이 가능하다고 판단한 결정,[52)] 공동대표이사 선임의 건에 관하여 찬성하는 내용의 의결권을 행사하라는 가처분을 인용할 결정 등이 있다.[53)] 반면, 의결권구속계약을 근거로 주주가 아닌 회사를 상대로 한 의결권행사허용금지가처분이 인용된 사례는 찾기 어렵고 기각된

---

45) 서울중앙지방법원 2014. 5. 8.자 2014카합655 결정; 서울중앙지방법원 2024. 5. 30.자 2024카합20635 결정.

46) 자세한 내용은 백숙종(2018), 96면; 고홍석(2023), 1083, 1084면 참고.

47) 우호적 M&A의 이론과 실무 2(이동건, 류명현, 이수균 집필부분), 330-333면.

48) 김태정(2018), 15면.

49) 고홍석(2023), 1084면.

50) 서울중앙지방법원 2008. 2. 25.자 2007카합2556 결정.

51) 서울중앙지방법원 2012. 7. 2.자 2012카합1487 결정; 서울중앙지방법원 2013. 7. 8.자 2013카합1316 결정.

52) 서울고등법원 2013. 10. 7.자 2013라916 결정. 다만, 이 결정은 의결권구속계약에 관한 것은 아니고 채무에 대해 신용보증을 하겠다고 통지하고 보증서 발급을 하라는 가처분을 구한 사건이다.

53) 수원지방법원 안양지원 2018. 5. 29.자 2018카합10006 결정.

사례가 주로 보인다.[54)]

설령 주주나 회사를 상대로 특정한 내용으로 의결권을 행사하도록 하는 가처분이 가능하다고 하더라도 실무상 난점은 여전히 남는다. 그러한 가처분이 있다고 하더라도 등기 실무상 이를 갖고 확정판결이 있는 것과 동일하게 보아 이사 선임 등기까지 경료하기는 어려울 것이다. 또 애초에 지배주주 측에서 자신이 선임한 이사를 통해 이사회에서 주주총회 소집을 취소하여 주주총회가 개최되지 않으면, 소수주주로서는 주주총회 소집청구를 하고 이사회가 거부하는 경우 법원의 허가를 받아 소집하는 등 험난한 절차를 거쳐야 하고 새로 개최되는 주주총회에서의 의결권 행사에 대해서 다시 가처분을 받아야 하기 때문에[55)] 소수주주 입장에서 가처분이나 본안 소송을 통해 주주간계약 내용대로 이사 선임을 강제집행하는 것이 쉽지 않을 것이다.

이사 지명권을 실현시키기 위해서 위와 같이 의결권을 특정 방향으로 행사한다고 약정하는 것을 넘어서 이사 선임 안건에 대한 의결권위임계약을 하고 백지 위임장을 미리 교부받는 방법도 있으나, 이사 선임과 같이 정기적으로 돌아오거나 임기만료 전 교체 등이 필요하여 수시로 발생할 수 있는 안건에 대해서 의결권위임계약까지 하는 경우는 드문 것으로 보인다.

3) 이사 퇴임으로 인한 문제

§2(4)–(5) – 이사 지명권

(4) 본 계약이 제14조 제2항 및 제3항에 따라 효력을 상실하는 경우 주주B는 주주B측 이사로 하여금 지체없이 사임하도록 하여야 한다.

(5) 주주B측 이사의 임기 만료 전 해임 또는 교체로 인하여 대상회사가 주주B측 이사에 대하여 여하한 손해배상책임을 지게 되는 경우 주주B는 그로부터 대상회사를 면책하여야 한다.

---

54) 수원지방법원 안양지원 2018. 5. 29.자 2018카합10006 결정; 부산지방법원 서부지원 2019. 3. 25.자 2019카합100083 결정; 수원지방법원 2022. 4. 14.자 2022카합10144 결정; 수원지방법원 안양지원 2022. 5. 26.자 2022카합10051 결정.

55) 서울중앙지방법원 2011. 11. 24.자 2011카합2785 결정은 의결권위임가처분에 관한 사안인데, 특정 일자에 개최되는 주주총회에서의 의결권위임가처분만 인용되고, 기간 제한 없는 의결권위임가처분은 보전의 필요성에 대한 고도의 소명이 필요하다는 이유로 기각되었다. 따라서 가처분 대상이 된 주주총회가 취소되고 다시 개최되면 기존에 받은 가처분은 무용해질 것이다. 위 사건에 대해 법원이 충분한 구제조치를 인정하는 데 소극적이었고 무용한 분쟁이 반복되었다는 비판으로는 천경훈(2013), 32–34면.

이사 지명권은 본 계약의 효력이 유지되는 이상 계속 유지되어야 하므로, 최초에 어떤 주주가 지명하여 선임된 이사가 임기만료, 사임, 해임 등 사유로 결원이 되더라도 동일 주주가 후임자를 선임하고, 언제든지 교체할 수 있도록 약정하는 것이 일반적이다.

문제는 소수주주의 내부 사정으로 임기만료 전에 선임되어 있는 이사를 다른 사람으로 교체하는 경우 또는 주주간계약이 해지되거나 소수주주의 지분율이 낮아져서 이 조항의 효력이 소멸하고 지배주주가 소수주주 측 이사를 다른 사람으로 교체해야 하는 경우, 선임되어 있는 이사가 사임을 거부할 수도 있다는 것이다. 그 경우 불가피하게 그 이사를 해임해야 하는데, 상법상 정당한 사유 없이 임기만료 전에 이사를 해임하면 회사가 그 이사에게 손해배상(남은 재임 기간 동안 받을 수 있었던 보수 상당 금액)을 해야 하고(상법 제385조 제1항), 여기서 정당한 사유는 그 이사가 경영자로서 업무를 집행하는 데 장해가 될 만한 객관적인 상황이 발생한 경우를 의미하므로,[56] 단순히 주주들 사이의 약정에 따라 교체가 필요하다는 이유는 정당한 사유로 인정되기 어렵다. 따라서 대상회사로서는 주주 사이의 약정이나 주주 측 사정으로 인해서 이사를 해임하는 과정에서 그 이사에게 잔여 임기에 대한 보수를 지급하는 등 불필요한 지출을 할 수 있으므로, 이사 지명권을 갖는 주주로 하여금 책임지고 지명한 이사를 사임시키도록 약정한다. 만일 이사가 자발적으로 사임하지 않아 대상회사가 강제로 해임하고 그로 인하여 대상회사가 그 이사에게 법상 또는 계약상 손해배상을 해야 하면 그 주주가 대상회사에게 손해를 전보해 주는 것으로 약정하는 경우가 많다.

4) 이사의 면책

소수주주 측 이사는 대상회사를 경영하기 위해서보다는 지배주주가 대상회사를 경영하는 것을 견제하려는 목적으로 선임되는 경우가 많다. 이에 따라 소수주주는 자신이 선임하는 이사가 그 직무를 수행하는 과정에서 대상회사 또는 제3자에게 어떤 손해를 발생시키더라도 손해배상의무를 면제받거나 대상회사로 하여금 면책을 시켜달라고 요청하는 경우가 있다.

우선 대상회사에 대한 손해와 관련해서는 상법에 따라 주주 전원의 동의로 이사의 책임을 면제받을 수 있다(상법 제400조 제1항). 따라서 주주간계약에서는 이사가 대상회사에 대해 부담하는 손해배상책임에 대해서 지배주주가 면제에 동의하기로 약정할 수

56) 대법원 2004. 10. 15. 선고 2004다25611 판결.

있다. 대상회사가 주주간계약의 당사자인 경우 대상회사가 이사의 책임을 전부 면제해 주기로 약정하더라도 이는 상법 제400조 제2항에 위배된다. 대상회사로서는 정관이 정하는 바에 따라 최근 1년간의 보수액의 6배(사외이사는 3배)를 초과하는 손해액에 대해서만 면제해 줄 수 있는데, 대상회사로 하여금 정관을 개정하여 이사 책임 감면에 대한 내용을 포함하도록 약정할 수 있다. 이와 같이 정관에 포함되어야 할 내용은 주식매매계약의 확약이나 선행조건으로 정관 개정을 포함시켜서 주식매매 거래종결 전에 미리 정관을 개정해 두는 것이 더 일반적이다.

제3자에 대한 손해와 관련해서는 상법에서 따로 책임 감면에 대한 규정을 두고 있지 않으며, 지배주주나 회사가 이사의 행위로 인하여 제3자에게 발생한 손해를 면책해 주는 경우는 드물다. 특히, 이사가 제3자에게 부담하는 손해배상이나 그러한 손해배상책임을 다투는 과정에서 발생한 소송비용을 회사가 보전해 주는 것은 예외적인 상황에서만 가능하다는 것도 유의하여야 한다.[57] 다만, 제3자에 대한 손해배상책임으로부터 임원을 보호하기 위해서 임원배상책임보험을 가입할 수 있는바, 대상회사로 하여금 임원배상책임보험을 가입하도록 약정할 수 있다.

한편, 손해배상책임은 아니지만 회사의 이사로 재임하면서 회사가 부담하는 의무에 대해서 이사로 하여금 연대보증을 하도록 요구하는 경우들이 있는바, 소수주주 측 이사는 재임 중에 발생한 대상회사의 의무나 책임에 대해서 연대보증을 하지 않는 것으로 약정하기도 한다.

5) 대표이사 기타 경영진의 선임

주주간계약에 이사 외에 대표이사, 감사, CFO(Chief Financial Officer), COO(Chief Operating Officer) 등 다른 임원의 선임에 관한 사항을 약정하기도 한다.

대표이사는 이사회에서 선임할 수 있으므로 다수의 이사를 선임할 수 있는 지배주주가 대표이사를 선임할 것이라면 굳이 주주간계약에서 정할 필요가 없다. 반면, 주주들 지분율이 비슷하여 동일 수의 이사를 선임할 수 있다거나 소수주주에게 대표이사 선임권을 보장하고자 할 경우 주주간계약에서 정할 필요성이 높아진다.[58] 원래 대표이사는 이사회에서 선임하게 되어 있으나 정관으로 주주총회에서 선임할 수 있도록 정할 수 있

57) 대법원 2006. 10. 26. 선고 2004도6280 판결.

58) 김태정(2018), 9면.

다(상법 제389조 제1항). 만일 대표이사를 이사회에서 선임한다면 주주간계약에서 대표이사 선임 방법에 대해서 규정하더라도 이를 집행하기 어려울 수 있다.[59] 따라서 주주간계약을 통해 대표이사 선임 방법에 대해서 정하고 이를 강제하기 위해서는 미리 정관을 변경하여 주주총회에서 대표이사를 선임할 수 있도록 해야 할 것이다. 만일 주식매매거래와 함께 주주간계약이 체결된다면 통상 이러한 정관 변경은 주식매매 거래종결 전에 진행한다.

감사는 이사와 함께 등기임원으로서 그 선임과 해임에 관하여 상법에서 구체적인 절차를 정하고 있으며(상법 제409조, 제409조의2, 제415조), 주주간계약에서 이사 지명권과 유사하게 감사를 누가 지명할 수 있는지 내용을 추가할 수 있다. 특히 감사 선임과 관련하여 3% 이상의 지분을 가진 주주는 3%를 초과하는 주식에 관하여는 의결권을 행사할 수 없기에(상법 제409조 제2항) 지배주주가 지분의 우위를 갖고 마음대로 선임할 수 있지 않으므로 주주간계약에서 어떻게 규정하는지가 상당히 중요하다.

다른 임원의 선임에 대해서 약정할지 여부는 대상회사가 영위하는 사업분야나 개별 주주의 전문성 등 구체적인 사정에 따라 달라지며, 당사자들 간에 협의하여 정할 사항이다. 이사와 관련된 법률관계는 비교적 자세하게 약정하는 것이 일반적이나 다른 임원, 특히 미등기임원과 관련해서는 회사가 비교적 자유롭게 선임하고 교체할 수 있으므로, 주주간계약에서도 단순히 지배주주나 소수주주가 각각 어떤 미등기임원을 선임할 수 있다는 정도로 간단하게 규정하는 것이 일반적이다. 오히려 미등기임원을 선임할 때에는 주주간계약보다는 대상회사와 미등기임원 사이의 임원선임계약 또는 위임계약을 체결하면서 그 계약 조건을 어떻게 정할지를 둘러싸고 당사자들 간에 협상하는 경우가 더 많다. 그런데 미등기임원 선임에 대한 약정은 강제집행이 어려울 수 있다는 점을 주의해야 한다. 미등기임원 선임은 이사회 또는 경영진의 권한에 속하므로 주주에게 선임 의무를 부과할 수 없고, 설령 주주가 이사를 겸하고 있다 하더라도 이사로서 선관주의의무를 부담하므로 주주 사이의 약정에 구속받는다고 보기 어렵기 때문이다.

59) 서울중앙지방법원 2013. 7. 8.자 2013카합1316 결정; 주주가 자기가 선임한 이사로 하여금 주주간계약에서 정한 바에 따라 대표이사를 선임하도록 의무를 부과하는 procure 조항을 두더라도 이사는 선관주의의무가 있으므로 이러한 조항은 효력을 인정받기 어렵다. 천경훈(2013), 16면.

서울고등법원 2023. 5. 11. 선고 2022나2020472 판결

> 1대주주(원고)와 2대주주 겸 대표이사(피고) 사이에 주주간협약을 체결하면서 1대주주에게 회사의 회계 및 재무책임자의 선임권 및 해임권을 부여하였는데 피고가 원고의 기존 회계 및 재무책임자 해임 및 신규 회계 및 재무책임자 선임을 거부하였다 하더라도 "소외 회사의 회계 및 재무책임자의 선임 및 해임, 소외 회사 임직원의 채용, 소외 회사 임직원의 연봉 및 성과급 총액의 책정은 대표이사 등 경영진의 권한에 속하는 것으로서 위 각 조항이 피고에게 효력이 있다고 볼 경우 피고의 이사로서의 충실의무나 선관주의의무를 침해할 소지가 매우 높을 뿐만 아니라 주주평등의 원칙을 침해할 소지 또한 매우 높기 때문에 위 각 조항은 피고에게 효력이 없다고 봄이 타당하다."

나아가 주주간계약에 따라 설령 미등기임원을 선임하였다 하더라도 회사 내부 규정상 권한을 제외하거나 보고나 결재선에서 제외한다면 실속 없는 직책이 될 수도 있다. 따라서 소수주주로서는 자신이 선임한 미등기임원이 실제로 제 역할을 다할 수 있도록 해당 미등기임원의 권한에 대해서 회사 정관 등 내부 규정에 반영하고, 그러한 내부 규정을 변경하기 위해 엄격한 절차를 거치도록 규정하거나 아니면 그 위반에 대한 구제수단을 규정하는 방법을 강구할 필요가 있다.

6) 이사회의 운영

이사회는 회사의 업무를 집행할 권한이 있다(상법 제393조). 대상회사가 이사회를 어떻게 운영할지는 상법 및 대상회사의 정관에서 정할 사항이고, 주주 사이에 약정(이를 업무집행계약이라고도 한다)을 하더라도 주주들 사이에 채권적 효력이 있음은 별론으로 하더라도 대상회사에 대해서는 효력이 없다.[60] 나아가 대상회사의 이사는 이사로서 선관주의의무를 부담하기 때문에 주주간계약을 통해서 그러한 이사의 결정이나 행위에 제약을 가하는 것에 대해 의문이 제기된다. 주주 사이에 이사회 운영 방법에 대해서 약정하고 자신이 지명한 이사로 하여금 이를 따르도록 약정(procure 조항)하더라도 주주 사이에 채권적 효력이 있음은 별론으로 하더라도 이사들이 그 약정에 따를 의무가 있다고 보기 어렵다.[61]

---

60) 이에 대해 김건식(2019), 372, 373면은 대상회사가 계약 당사자로 참여한 경우 채권적 효력은 인정할 수 있다고 하나, 이철송(2019), 25, 26면은 채권적 효력도 인정할 수 없다고 한다.

61) 김건식(2019), 367, 368면; 노혁준(2018), 163, 169면은 이사의 고유권한을 제약하는 주주간계약은 기관구조에 관한 강행법규에 반하므로 그 채권적 효력도 인정할 수 없다면서도, procure 조항 형태로 되어 있는 경우에 사법적 효력까지 부인할 필요성은 낮다고 한다.

대상회사가 주주간계약 당사자로 추가되어 이사회 운영에 관하여 약정하는 경우에 대상회사에 대해 효력이 있는지는 논란의 여지가 있다. 판례와 같이 이사의 선관주의의무를 강조할 경우 설령 대상회사가 계약 당사자로 추가되어 있더라도 이사회 운영을 구속할 수 없다고 볼 수 있다. 반면, 대상회사가 이사회 결의를 통해서 주주간계약을 체결하였다면 이사회 역시 회사가 구속되려는 의사로 약정한 것이고, 오히려 이후 그 약정의 무효를 주장하는 것이 선행행위에 모순되는 행위의 금지로서 제한된다고 볼 수 있다. 더욱이 상법은 경영위임을 허용하고 있는데(상법 제374조 제1항 제2호), 유독 주주에 대한 경영위임만 제한된다고 해석할 근거가 있는지 의문이다. 이에 원칙적으로 대상회사에 대해서도 효력이 있지만, 이사의 선관주의의무를 위반하지 않는 범위 내에서만 제한적으로 유효하다는 전향적인 해석도 가능할 것이다.

이러한 논란을 피하기 위해서 이사회 운영에 관한 내용을 정관에 반영하면 대상회사에 대해서도 구속력을 가질 수 있다. 물론 주주간계약의 모든 내용이 정관에 반영될 수 있는 것은 아니고 회사법에서 정관에 기재할 수 있도록 한 내용인지, 그 내용이 강행규정에 반하는 것은 아닌지 등은 미리 검토할 필요가 있다.[62] 또 지배주주가 개인이면서 대상회사의 대표이사이거나 이사 중 한 명으로 선임되어 있다면, 설령 대상회사가 계약 당사자로 추가되어 있지 않더라도 지배주주가 계약에서 정한 이사회 운영에 관한 내용을 준수함으로써 사실상의 구속력을 가질 수 있다.

아래에서는 이사회 운영과 관련하여 주주간계약에 포함될 수 있는 내용들에 대해서 간략히 살펴본다.

i) 이사회 개최 빈도 및 소집권한: 먼저 이사회 운영 관련 이사회를 얼마나 자주 개최할지에 대해서 정할 수 있다. 상법상으로는 이사회는 이사가 수시로 소집할 수 있게 되어 있으나(상법 제390조 제1항), 소수주주는 정기적으로 이사회를 개최하여 대상회사의 현안에 대해서 공유받기를 원할 수 있다. 이에 분기에 한 번씩 개최한다거나 최소 연 몇 회 개최하는 것으로 정할 수 있다.

때로는 소수주주 측 이사가 특정 안건에 대해서 결의하고 싶더라도 이사회 소집권자가 대표이사로 제한되어서 이사회 자체를 개최하는 데 어려움이 있을 수 있다. 이에 모든 이사로 하여금 이사회 소집권한을 부여하거나, 소수주주 측 이사를 이사회 의장으로 선임한 후 이사회 의장에게 이사회 소집권한을 부여하는 방법을 고려할 수 있다.

62) 김지환(2013), 199면.

ii) **소수주주 측 이사의 참여권**: 다음으로 소수주주 측 이사의 참여권을 보장하기 위해서 이사회 개최 전 언제까지 이사들에게 이사회 안건에 관한 자료를 제공해야 하는지, 이사회를 화상회의 형식으로 진행할 수 있는지(상법 제391조 제2항) 등에 관하여 정할 수 있다. 여기서 더 나아가 소수주주 측 이사를 이사회 의장으로 한다거나 소수주주 측 이사의 출석을 이사회 결의 요건으로 추가하는 경우도 있고, 이러한 내용을 정관에 추가한 사례도 있으나, 이렇게 되면 불가피하게 소수주주 측 이사가 출석하지 못하는 상황에서 회사의 업무가 정체되거나 마비될 우려가 있으므로 지배주주가 이러한 내용을 수용할 때에는 주의해야 하고, 소수주주 측 이사 유고 시 대응방안에 대해서도 검토해야 한다.

iii) **이사회 승인사항 및 결의요건**: 회사의 업무집행은 이사회의 결의로 한다. 그러나 실무상 반복적으로 이루어지는 업무나 금액이 소규모인 업무는 일일이 이사회에서 결의하지 않고 연초에 일정한 범위를 정하여 거래를 승인하거나, 포괄적으로 승인하면서 구체적인 업무집행권한은 대표이사나 임원에게 위임하는 방법으로 업무집행을 하는 경우가 많다. 소수주주로서는 일정한 중요한 사항에 대해서는 이와 같은 포괄승인이나 위임을 방지하고 자신이 선임한 이사가 직접 의사결정에 관여할 수 있도록 반드시 이사회 승인을 받아야 하는 항목들을 정할 수 있다. 그런 의미에서 이사회 승인 사항에 대해서 규정할 때에는 해당 항목들은 대표이사에게 위임할 수 없고 이사회에서 반드시 승인하여야 함을 주의적으로 기재하는 것도 고려할 수 있다.

중요 경영사항에 대해서 소수주주의 동의를 받아야 하는 의무는 지배주주가 계약상 부담하는 의무인 반면, 정관에 이사회 승인사항을 포함하고 소수주주 측 이사가 이사회에 반드시 출석하여야지 결의할 수 있도록 정하면 소수주주가 대상회사의 운영에 보다 강한 통제권을 갖게 된다. 소수주주 측 이사가 이사회에 반드시 출석하는 것뿐만 아니라 그 이사의 찬성까지 필요하다고 약정할 경우 소수주주에게 거부권(veto right)을 부여하는 것이다. 그러나 정관에 특정 주주의 명칭을 기재하면서 그 주주가 선임한 이사의 찬성이 반드시 있어야 한다고 명시하는 것은 특정 주주에게 우월한 권리를 부여하는 것으로 문제가 제기될 우려가 있을 뿐만 아니라 일반적인 정관 기재례에 비추어 다소 어색하고(이와 같은 사례가 전혀 없는 것은 아님), 주주간계약상 그 주주가 선임할 수 있는 이사의 수를 고려하여 결의 정족수 요건을 강화하는 방법을 취할 수 있을 것이다(상법 제391조 제1항 단서).

iv) **참관인**: 이 외에 소수주주가 참관인을 지정해서 이사회에 참석할 수 있도록 할 수 있다. 참관인은 이사회에 참석하여 어떤 논의를 하고 어떤 결의를 하는지 알기 위한 것이므로 참관인이 이사회 결의에는 참여할 수 없도록 하여야 할 것이다. 대신 참관인에게는 이사들에게 제공되는 이사회 안건에 관한 자료를 모두 공유하도록 정할 수 있다.

v) 비용 지급: 국내 당사자 간 거래에서는 일반적이지 않지만, 소수주주나 소수주주 측 이사, 소수주주가 지정한 참관인이 외국인이거나 외국에 거주하는 자여서 이사회에 참석하는 데 많은 비용이 소요되는 경우 합리적인 수준의 교통비 지급을 요구하는 경우도 있다.

7) 주주총회의 운영

주주총회의 운영도 상법 및 대상회사의 정관에서 정하는 바에 따르고 이에 대한 주주들 간 약정은 대상회사에 대해서는 구속력이 없다. 그러나 주주간계약에서 주주총회의 운영에 관하여 구체적인 내용을 정하고 그 내용에 따라 정관을 개정하도록 약정함으로써 대상회사에 대해서도 구속력을 갖도록 하는 경우도 자주 발견할 수 있다.

애초에 상법에 따라 주주들은 3% 이상의 지분만 가지면 주주총회를 소집할 수 있고(상법 제366조), 주주총회에 참석할 권리가 보장되기 때문에 이사회의 운영에 관한 조항보다는 추가로 규정할 내용이 적고, 주주총회 결의사항을 중심으로 규정하는 경우가 많다. 이때 보통결의와 특별결의가 필요한 사항이 무엇인지 구분하고 일정한 사항은 결의 정족수 요건을 강화하기도 한다. 소수주주가 1/3 이상의 지분을 보유하고 있는 경우에는 특별결의 사항에 대해서 부결시킬 수 있는 권한을 보유하게 되므로 소수주주에게 거부권을 부여하는 의미를 갖는다.

그런데 상법은 이사회 결의사항과 주주총회 결의사항을 나누고, 주주총회 결의사항도 보통결의와 특별결의가 필요한 사항으로 구분하고 있는데, 주주간계약에서 상법과 달리 주주총회 결의사항에 대해 약정하는 것이 가능한지 의문이 발생할 수 있다. 첫째로 문제 되는 것은 상법에서 이사회 결의사항으로 정한 사항을 주주총회 결의사항으로 변경할 수 있는지 여부이다. 이에 대해서는 견해 대립이 있는데,[63] 대법원은 상법상 이사회의 권한으로 되어 있는 이사의 자기거래 승인을 정관에서 주주총회 권한으로 정할 수 있음을 전제로 판시하였고,[64] 하급심도 정관에 의하여 이사회의 권한 중 일부를 주식회사의 본질 또는 강행법규에 위반되지 않는 한 주주총회의 결의사항으로 할 수 있다

---

63) 자세한 내용은 우호적 M&A의 이론과 실무 2(이동건, 류명현, 이수균 집필부분), 249, 250면 참고.

64) 대법원 2007. 5. 10. 선고 2005다4284 판결.

고 판시하였는바, 대체로 판례는 정관에서 주주총회 결의사항으로 규정하면 가능하다는 입장인 것으로 이해된다.

서울고등법원 2010. 6. 23. 선고 2009나94485 판결

> 골프장회원의 이용혜택 범위를 변경할 때 주주총회 결의에 의하도록 약정한 것이 유효한지 문제 된 사안이다. 골프장회원 이용혜택 범위 변경은 회사의 중요한 경영사항으로서 이사회의 결의사항에 해당하는 것인데, "상법 제393조 등에서 정하고 있는 이사회의 권한 중 일부를 주식회사의 본질 또는 강행법규에 위반되지 않는 한 주주총회의 결의사항으로 할 수 있는 여지가 있기는 하나 이는 어디까지나 정관에 의하여만 가능할 것"이고, 이 사안에서는 달리 법이나 정관에서 주주총회 결의사항으로 정하지 않았음에도 주주총회에서 결의하였다는 이유로 해당 결의가 무효라고 판단하였다.
>
> 참고로 상고심(대법원 2013. 2. 28. 선고 2010다58223 판결)에서는 애초에 해당 내용은 단체법적 법률관계에 관한 사항을 결의한 것이 아니어서 주주총회 결의무효 확인의 소의 대상이 되지 않고 골프장회원으로서는 직접 계약상 지위나 내용의 확인을 구하면 충분하므로 결의 효력 유무의 확인을 구할 소의 이익이 없다는 이유로 소를 각하하였다.

둘째로 문제 되는 것은 일정한 사항에 대해서 상법에서 정한 주주총회 특별결의 정족수 요건보다 강화(이른바 초다수결의제; 가령, 특정 안건에 대해서는 의결권의 3/4 이상의 찬성 또는 총주주 동의를 받도록 하는 것)할 수 있는지 여부이다. 이에 대해서도 견해 대립이 있고 판례도 확립되어 있지 않은 것으로 보이는데,[65] 상법상 주주총회 결의는 정관에서 그 정족수를 다르게 정할 수 있다고 규정하고 있는 이상(상법 제368조 제1항) 정족수 강화 내용을 정관에 반영한다면 허용된다고 생각한다. 위 상법 조항은 보통결의 요건을 가중할 수 있는 근거 조항이지 특별결의 요건까지 가중할 수 있는 근거 조항은 될 수 없다는 반론도 있으나 반드시 그와 같이 제한적으로 해석할 이유가 없다. 특히 비상장회사의 경우 주주들이 직접 합의하여 회사 정관에까지 반영한 내용의 효력을 부인할 합리적인 이유를 찾기 어렵다.[66]

---

65) 자세한 내용은 우호적 M&A의 이론과 실무 2(이동건, 류명현, 이수균 집필부분), 350-352면 및 김태정(2018), 11, 12면; 비상장회사 주주총회 결의요건을 가중한 정관이 유효하다고 한 사례로 서울고등법원 2011. 12. 28. 선고 2009나114686 판결; 서울고등법원 2018. 11. 28.자 2018라21299 결정; 상장회사 정관에서 이사 해임 결의요건을 가중한 정관의 효력을 부정한 사례로 서울중앙지방법원 2008. 6. 2.자 2008카합1167 결정.

66) 천경훈(2013), 21-24면; 김태정(2018), 12면.

한편, 주주간계약을 통하여 주주가 주주총회에서의 특정한 안건이나 일체의 안건에 대해서 다른 주주에게 의결권을 위임하는 약정(이를 의결권구속계약과 구분하여 의결권위임계약이라고도 한다)을 하고 위임장을 작성해서 미리 교부하는 경우들도 있다. 이러한 의결권 위임은 법상 허용되고(상법 제368조 제2항), 판례는 구체적이고 개별적인 안건에 대한 위임 외에 안건을 특정하지 않은 포괄적인 위임도 허용하고 있다.[67] 또 특정 주주총회가 아닌 일정 기간 동안 개최되는 주주총회에서의 의결권 행사에 대해서 모두 위임하는 것도 가능하다.[68] 그런데 위임 당사자가 예측하지 못한 안건에 대해서까지 위임이 이루어질 경우 부당하거나 불리한 결과가 초래될 수 있다는 점에서 가능한 주주간계약이나 당사자에게 교부되는 위임장에서 위임 대상 안건, 위임 기간, 재위임이나 철회 가능성 등을 구체적으로 명시하는 것이 바람직하다.

의결권 위임을 할 때 철회 불가능(irrevocable) 조건을 다는 것이 가능한지 여부에 대해서는 다툼의 여지가 있다. 법원은 주주의 주주권 행사는 당사자 간의 특약에 의해서도 제한되지 않는다는 원칙을 고수하고 있고, 이러한 원칙에 따르면 주주가 의결권을 위임하였다 하더라도 언제든지 이를 철회하여 의결권을 행사할 수 있게 된다.[69] 그러나 의결권 위임을 허용하면서 언제든지 그 위임을 철회할 수 있다고 한다면 위임 약정이 사실상 무력화되는 것이고 오히려 상황에 따라 위임 약정을 철회하는 기회주의자를 보호하는 것이다.[70] 주주가 의결권을 위임할 때에는 그에 상응하는 대가(가령, 지배주주가 재정난에 시달리는 회사를 살리기 위해 투자자로부터 거액의 투자를 유치하는 대신 투자자가 투자를 회수할 때까지 의결권을 위임하고 철회 불가능하게 하는 것)를 받는 경우가 많을 것인데, 자발적인 의사하에 특정한 목적을 달성하기 위해서 의결권 위임을 철회 불가능한 것으로 약정하는 것을 막을 이유는 없고, 그러한 위임이 지나치게 불공정하다거나 사회질서에 반한다거나 하는 예외적인 경우에만 제한적으로 철회 불가능 조건이 무효라고 보는 것이 타당하다. 하급심 가처분 사건 중에서도 구체적인 사정을 고려하여 위임인이 사후적으로 위임을 철회하였다 하더라도 의결권 행사가 제한된다고 보거나 위임을 철회할 수 없다고 본 사례들이 있다.[71] 실무상으로도 의결권위임계약을 할 때 철회 불가능하다는

---

67) 대법원 2014. 1. 23. 선고 2013다56839 판결 등. 의결권을 위임하는 것이 아니라 다른 제3자의 지시에 따라 의결권을 행사하기로 약정하는 이른바 의결권행사지시권 약정 또한 유효하다. 서울북부지방법원 2007. 10. 25.자 2007카합1082 결정.

68) 대법원 2002. 12. 24. 선고 2002다54691 판결은 7년간 의결권 행사를 위임한 합의의 효력을 인정하였다.

69) 대법원 2002. 12. 24. 선고 2002다54691 판결.

70) 김연미(2014), 21, 22면; 김지환(2013), 218면.

조건을 다는 경우가 상당히 많다.

상대방이 의결권위임계약에 반하여 의결권을 행사하려고 하는 경우 위임받은 당사자는 상대방을 상대로 의결권의 위임을 구하는 가처분이나 상대방의 의결권행사금지를 구하는 가처분을 신청하고, 회사를 상대로 자기 자신의 의결권행사를 허용할 것을 구하는 가처분도 신청할 수 있을 것이다.[72] 이때 의결권행사금지가처분은 비교적 인용되기 쉬우나, 의결권위임가처분이나 의결권행사허용가처분은 만족적 가처분에 해당하기 때문에 다른 가처분에 비하여 보전의 필요성에 대한 소명이 더 엄격하게 요구된다.[73]

8) 위원회의 설치 및 운영

§3 – 상장준비위원회의 설치 및 운영

제3조 (상장준비위원회의 설치 및 운영) (1) 주주A는 본 계약 체결일부터 1개월 내에 대상회사의 상장을 준비하고 추진하기 위한 상장준비위원회를 설치하여야 한다.

(2) 상장준비위원회는 대상회사가 선임하는 위원 2명, 주주A가 선임하는 위원 2명, 주주B가 선임하는 위원 2명으로 하여 총 6명으로 구성한다.

(3) 상장준비위원회는 매 분기 최소 1회 개최하기로 하며, 대상회사의 상장을 위한 준비, 상장 일정, 상장 시장, 상장 주관사 및 대리인의 선정 등 상장에 관한 일체의 사항을 협의한다. 당사자들은 상장준비위원회에서 협의된 사항을 이행하기 위하여 최선의 노력을 다하여야 한다.

(4) 기타 상장준비위원회의 설치 및 운영에 관하여는 별지 3의 규정에 따른다.

각종 위원회의 설치 및 운영에 관한 사항을 당사자들 간에 약정할 수 있는데 그 내용은 구체적인 사정에 따라 매우 다양할 수 있다.

설치할 수 있는 위원회의 유형은 i) 대상회사의 이사회 내 위원회, ii) 이사회 내 위원회는 아니지만 대상회사 내에 설치되는 위원회, iii) 대상회사 밖에 설치되고 주주 및 대상회사 선임 위원들로 구성된 위원회, iv) 대상회사 밖에 설치되고 주주 선임 위원들

---

71) 서울중앙지방법원 2008. 4. 29.자 2008카합1070 결정; 서울중앙지방법원 2010. 9. 7.자 2010카합2663 결정은 의결권을 위임한 주주의 의결권 행사는 제한하면서, 위임받은 주주의 대리행사도 피보전권리나 보전의 필요성에 대한 소명이 부족하다며 불허하였다.

72) 서울중앙지방법원 2011. 11. 24.자 2011카합2785 결정; 의결권위임가처분과 함께 간접강제를 명한 사례로 서울중앙지방법원 2012. 3. 28.자 2012카합711 결정; 회사를 상대로 의결권행사허용가처분을 명한 사례로 수원지방법원 안산지원 2016. 3. 29.자 2016카합10056 결정.

73) 백숙종(2018), 92–94, 97, 98면.

로만 구성된 위원회 등이 있을 수 있다. 어떤 종류의 위원회를 설치할지는 해당 위원회를 설치하는 목적, 위원회의 회의나 의사결정에 주주들이 관여할지, 위원회의 결정에 어느 정도 구속력을 부여할지 등 다양한 요소를 고려해서 정하게 된다.

대상회사 내에 설치되는 위원회는 주로 대상회사의 현안을 추진하기 위한 목적에서 설치되고, 대상회사 내에 설치되므로 일반적으로 대상회사 임직원으로 구성된다. 위원회가 이사회 내 위원회인 경우에는 이사회의 결정과 같은 구속력을 갖게 되나(상법 제393조의2 제2항), 이사회 내 위원회가 아닌 경우에는 구속력이 있을 수도 있고 없을 수도 있다. 특히, 이사회 내 위원회는 이사회의 권한을 위임하거나 이사회의 업무 집행을 효율화하기 위한 목적에서 설치하는데, 이를 위해서는 정관상 근거가 필요하고, 또 위원회의 위원은 이사들로만 구성하여야 하기 때문에 구성에 제약이 많은 편이다.

tip **소수주주 tip**: 이사회 내 위원회는 이사회와 마찬가지로 회사의 업무집행 권한을 갖게 되므로 그 구성이나 운영과 관련하여 주의를 기울여야 한다. 특히 지배주주가 장악하고 있는 이사회 내 위원회를 통해 이사회를 형해화할 수 있으므로, 설치할 수 있는 이사회 내 위원회의 종류를 한정하고, 이사회 내 위원회에 소수주주가 지명한 이사가 선임되도록 약정할 필요가 있다. 또, 상법상 이사회 내 위원회의 결의는 이사회에서 번복할 수 있다는 점도 유의하여야 한다(상법 제393조의2 제4항). 따라서 소수주주로서는 정관으로 이사회 내 위원회 결의를 번복하기 위해 필요한 정족수 요건을 가중하는 방법도 고려할 수 있다.

반면, 대상회사 밖에 설치되는 위원회는 특히 주주들의 이익을 도모하기 위하여 주주간계약에서 정한 내용을 실현시키기 위한 목적에서 설치하는 경우가 많다. 이를 위해서 주로 주주들이 선임한 위원들로 위원회를 구성하나, 만일 대상회사에도 영향을 미치는 사항이 있다면 대상회사에서도 위원을 선임할 수 있게 하는 경우도 있다. 이처럼 대상회사 밖에 설치된 위원회는 대상회사가 계약 당사자로 포함되어 있지 않은 이상 대상회사에 대해서는 구속력이 없고 주주들 간에만 계약적 효력이 있는데, 주주들 간에도 단순히 신의성실에 따라 협의 또는 논의하도록 하거나 위원회에서 결정된 사항을 이행하도록 노력하는 정도만 요구하고, 이를 위반했을 때 강제이행을 구하거나 책임을 물을 수 있도록 약정하는 경우는 드물다. 그럼에도 불구하고 주주들이 정기적으로 협의하는 자리를 마련함으로써 주주간계약의 이행을 촉진하고 사전에 분쟁을 방지하는 기능을 할 수 있으므로 이러한 유형의 위원회도 실무상 자주 볼 수 있다. 이 외에도 기업집단에서 준법감시, 그룹 전략 수립, 계열회사 간 이해관계 조율 등 목적으로 계열회사 간 협의체를 구성하는 경우도 있으나, 이는 통상 주주간계약에서 규율하는 범위는 아니다.

위원회에서 논의, 검토, 결정하는 사안도 다양하며 그에 따라 위원회 명칭을 정한다. 최근 주주간계약에서 자주 볼 수 있는 위원회는 상장준비위원회(이른바 IPO위원회)이고, 이는 대상회사의 상장에 관한 전반적인 사항을 준비하고 추진하기 위한 위원회이다. 이 외에도 최근에 화두가 되고 있는 환경, 사회, 지배구조(Environment, Social, Governance)를 경영에 있어 고려하고 이를 실현시키기 위한 ESG 위원회, 사고, 분쟁, 책임 발생을 미연에 방지하고 내부통제 또는 준법감시를 강화하기 위한 내부통제위원회, 회사 영업의 전반적인 전략을 세우는 전략위원회, 투자에 대한 사항을 검토하고 결정하는 투자위원회 등 매우 다양하다.[74]

위 예시 조항은 상장준비위원회를 설치 및 운영하는 내용에 관한 것이다. 주주간계약에서 중요한 부분 중 하나가 바로 투자자인 주주의 투자 회수를 위한 조항들인데, 그러한 투자 회수 수단으로 자주 이용되는 것이 바로 대상회사의 상장이다. 투자자는 상장 기회에 자신이 소유한 주식을 매출함으로써 투자를 회수할 수 있게 된다. 그런데 상장을 위해서는 대상회사를 어디에 상장할지(국내에 할지, 해외에 할지, 국내에 하더라도 유가증권시장, 코스닥시장 등 어느 시장에 할지)를 정해야 하고, 각 상장하는 시장에 따라 요구하는 요건을 충족시키기 위한 준비를 해야 하고, 상장 준비를 위해 어느 정도 기간이 소요될지 감안하고 시장 상황도 판단하여 상장 일정을 정하는 등 검토해야 할 사항이 매우 많다. 상장이 성공적으로 이루어지는 것은 주주들의 이익에 직결되고, 위와 같이 사전에 준비해야 할 사항이 상당히 많아 이를 적극적으로 추진하는 기관이 있을 필요가 있기에 상장준비위원회를 설치하여 운영할 실익이 있다.

상장준비위원회를 설치하는 시기는 생각해 볼 필요가 있다. 대상회사가 이미 어느 정도 사업이 안정 궤도에 올라와 있고 일정한 매출과 수익을 내고 있는 회사라면 주주간계약을 체결하고 바로 위원회를 설치하여 상장 준비를 시작할 수 있다. 다만, 상장은 투하자본을 회수할 수 있다는 점에서 기존 주주들에게는 좋지만, 대상회사 입장에서는 아직 상장 준비가 안 되어 있을 수 있고 상장할 경우 상장회사에 적용되는 엄격한 규제

---

74) 참고로 이와 같이 상장 전에 설치된 회사 내의 위원회들은 회사가 상장하면서 대부분 폐지한다. 내부통제위원회나 ESG위원회는 상장회사들도 운영하는 경우가 많아 그대로 둘 수 있으나, 그 구성원이나 운영방법은 대폭 수정되는 경우가 많다.

들을 준수해야 하는 부담이 있을 수 있어 무조건 좋다고만 할 수는 없다. 이에 대상회사의 필요나 이익을 고려하여 주식매매계약의 거래종결일 또는 주주간계약의 효력 발생일로부터 일정한 기간이 경과한 후에 위원회를 설치하는 것도 고려할 수 있다. 투자 회수를 위한 상장 조항과 연계하여 일정 기간 내에 상장 의무를 부과하고, 상장을 하지 못한 경우 상장준비위원회를 설치하도록 할 수도 있다.

상장준비위원회 구성원을 어떻게 할지, 위원회를 얼마나 자주 개최할지, 권한을 얼마나 인정할지(의사결정기구로 할지 협의체로 할지)는 당사자들이 협의하여 정할 문제이다. 의사결정기구로서 운영하고자 한다면 deadlock을 방지하기 위해 어느 한쪽이 다수를 차지하도록 구성하는 것을 고려할 수 있고, 단순한 협의체라면 지배주주와 소수주주가 선임할 수 있는 위원 수를 동일하게 정할 수 있다.

주주간계약에서 약정한 위원회의 설치 및 운영에 관한 규정이 사문화되는 것을 방지하기 위해서 그 위원회의 기본이 되는 위원회 구성원, 회의 방식 내지 빈도, 결의 또는 협의 사항 및 그 구속력은 주주간계약에서 정하지만, 더 구체적인 사항을 정하기 위해서 위원회 규정을 사전에 만들고, 그 규정을 주주간계약의 별지로 첨부하는 것도 고려할 수 있다. 이와 같이 마련된 위원회 규정을 위반하였을 때 효과는 위원회가 어떤 종류인지에 따라 달라질 것이며, 주주간계약에서 특별히 구제수단을 약정할 수도 있다. 주주가 선임할 수 있는 위원의 수를 증가시킴으로써 보다 적극적으로 대상회사 운영에 관여할 수 있게 할 수도 있고, 위약벌을 약정함으로써 위원회의 의사결정을 준수하도록 간접적으로 강제할 수도 있다.

나. 동의 및 자료제공

1) 대상회사의 운영에 대한 동의 등

§4 – 대상회사의 운영에 대한 동의권

제4조 (대상회사의 운영에 대한 동의권) 주주A는 주주B의 사전 서면 동의가 없는 한, 별지 4 기재 행위를 하지 않고, 대상회사로 하여금 별지 4 기재 행위를 하지 않도록 하여야 한다. 단, 주주B는 합리적인 사유 없이 동의를 거부하거나 지체하여서는 안 된다.

대상회사의 중요한 경영사항에 대해서 소수주주의 사전 동의를 받도록 하는 내용이다. 이와 유사한 대상회사의 운영에 관한 사전 동의 조항은 주식매매계약에도 포함되어 있다.[75] 다만, 주식매매계약상 조항은 주식매매계약 체결 후부터 거래종결 전까지 대상회사의 현상유지에 초점이 맞추어져 있는 것이라면, 주주간계약상 조항은 거래종결 이후에 대상회사의 운영에 관한 소수주주의 의사 반영에 초점이 맞추어져 있다는 점에 다소 차이가 있다.

대상회사의 업무집행권한은 이사회에 있는데(상법 제393조), 중요한 경영사항에 대해서 지배주주가 그러한 행위를 하지 않고 대상회사로 하여금 그러한 행위를 하지 않도록 한다는 것은 어떤 의미를 갖는가? 비록 업무집행권한은 이사회에게 있지만, 일부 중요한 사항은 주주총회의 결의를 거쳐야만 하는 것이 있다. 이와 같이 주주총회 결의를 거쳐야만 하는 사항에 대해서는 지배주주가 소수주주의 동의를 얻지 않는 한 주주총회에서도 그러한 행위에 대해서 반대하는 의결권을 행사해야 한다는 것을 의미한다. 또한 주주총회 결의를 거치지 않아도 되지만 이사회의 결의는 거쳐야 하는 경우 지배주주가 선임한 이사로 하여금 이사회에서 그러한 행위에 대해서 반대하는 의결권을 행사하도록 한다는 것을 의미한다. 다만, 지배주주가 선임한 이사라 할지라도 이사는 대상회사의 이익을 위해서 행위해야 하는 선관주의의무를 부담하기 때문에 선관주의의무에 위배되지 않는 범위 내에서만 자신을 선임한 주주의 의사를 따를 수 있을 것이다. 따라서 지배주주 입장에서는 추후 자신이 선임한 이사가 곤란한 상황에 처하지 않도록 합리적인 사유가 있으면 동의를 받지 않아도 되는 탈출구를 마련하거나, "법령이 허용하는 한도 내에서" 또는 "이사의 선관주의의무에 위배되지 않는 범위 내에서" 대상회사로 하여금 동의를 받도록 한다는 점을 계약서에 명시하는 것이 바람직하다.

예시 조항은 대상회사가 당사자로 포함되지 않음을 전제로 지배주주가 소수주주의 동의를 받지 않으면 대상회사로 하여금 일정한 행위를 하지 않도록 하는 procure 조항 형태로 기재하였다. 그러나 대상회사에 대한 구속력을 높이기 위해서 대상회사를 주주간계약의 당사자로 포함시키고 대상회사가 주주의 동의 없이는 일정한 행위를 하지 않도록 대상회사에게 직접 의무를 부담시키는 경우도 있다. 특히, 벤처기업에 대한 신주인수 투자에서는 대상회사가 직접 당사자로 참여하면서 투자자의 동의 없이 일정한 행위를 하지 않도록 약정하는 경우가 대부분이다. 이런 경우에는 그러한 약정이 i) 이사회의 권한에 관한 상법상 규정을 잠탈하는 것으로서 무효인지, ii) 회사가 일부 주주에게만 우월한 권리를 부여하는 것으로서 주주평등의 원칙에 반하는지, iii) 특정 주주가 아닌 전체 주주의 이익

75) 자세한 내용은 위 185면 '대상회사의 운영' 부분 참고.

을 공평하게 대우해야 하는 이사의 충실의무를 위반한 것인지가 다투어질 수 있다.[76)]

이사회의 권한 침해 문제와 관련해서는 견해가 대립하나,[77)] 구체적인 사정에 따라 달라질 수 있다고 생각하며, 해당 동의권이 이사회의 권한을 박탈할 정도의 내용인지 여부를 검토해야 할 것이다. 소수주주가 지배주주나 경영진의 전횡을 방지하기 위해서 일부 경영사항에 대해서 동의권을 갖는 것은 이사회의 권한을 박탈할 정도라고 보기 어려울 것이다. 반면, 실질적으로 모든 경영사항에 대해서 주주의 동의를 받도록 하고, 주주가 경영사항에 대한 동의권뿐만 아니라 이사회 구성에 대한 권한까지 폭넓게 갖고 있다면, 이는 이사회 권한을 박탈할 정도로서 무효라고 볼 수 있을 것이다.[78)]

주주평등의 원칙 위반 문제와 관련해서는 특히, 회사가 동의를 받지 않은 경우에 회사가 소수주주의 주식을 매수해 줄 의무를 부담하는 등 소수주주의 투하자본 회수를 보장해 주는 약정과 함께 있다면 더욱 더 주주평등의 원칙 위반 소지가 높을 것이고, 그러한 차등적 취급을 정당화할 수 있는 특별한 사정이 있는지 검토해야 할 것이다.[79)]

이사의 충실의무 위반과 관련해서 이사는 전체 주주의 이익을 공평하게 대우하여야 하지만(상법 제382조의3 제2항), 그것이 일부 주주에게 이익이나 권리를 주는 것을 항상 부인하는 것으로 해석될 수는 없다. 이사는 직무를 수행함에 있어 회사와 함께 전체 주주에게 이익이 되는지를 평가하여야 하는데, 회사에 이익이 되는 투자를 받으면서 합리적인 범위 내에서 특정 주주에게 회사 운영에 대한 동의권을 부여하는 것은 결국 전체 주주에게도 이익이 될 수 있다. 더욱이 소수주주의 동의권은 지배주주의 회사 운영을 적절히 견제하고 감시하는 기능도 있다. 따라서 회사와 다른 주주들의 이익을 종합적으로 고려하여 그러한 동의권을 부여할 만한 정당한 이유가 있는지 검토해야 할 것이다.

주주간계약을 체결하는 소수주주가 다수인 경우에도 통상 동의권은 개별 주주가

---

76) 회사가 신주인에게 부여한 각종 투자자보호약정(환매, 손실보장, 사전동의권 등) 및 그 위반 시 구제수단과 관련하여 주주평등의 원칙 위반, 자본충실의 원칙 위반(출자환급금지), 자기주식 취득 문제, 종류주식 창출의 문제 등이 발생할 수 있다. 자세한 논의는 천경훈(2021), 81-89면; 사전동의권에 초점을 맞춘 논의는 전준영(2023), 47-99면.

77) 동의권 부여는 회사기관의 독립성을 포기하는 것으로서 무효라는 견해로는 이철송, 337면; 회사 대출계약에 소극적 확약으로 채권자 동의를 받는 것이 유효하듯 주주에게 동의권 부여하는 것 자체로 이사의 신인의무와 충돌한다고 보아 무효로 볼 필요는 없다는 견해로는 김건식(2019), 368, 369면.

78) 미국 사례로 West Palm Beach Firefighters' Pension Fund v. Moelis & Co., C.A. No. 2023-0309-JTL (Del. Ch. 2024) 참고. 회사가 상장하면서 창립자에게 광범위한 사전동의권과 이사회 및 위원회 구성권을 부여한 것이 무효라고 하였다.

79) 대법원 2023. 7. 13. 선고 2021다293213 판결 참고. 이 사건은 항소심(서울고등법원 2021. 10. 28. 선고 2020나2049059 판결)에서 주주평등의 원칙 위반이 인정되었으나 상고심에서 차등적 취급을 정당화할 수 있는 특별한 사정이 있다면서 파기환송되었다.

각각 갖는 것으로 규정하는 경우가 많다. 그러나 동의권을 갖는 자가 많을수록 대상회사 운영에 제약이 심해지기 때문에 소수주주가 갖는 지분율 등을 고려하여 어느 정도 이상의 지분율을 갖는 소수주주에게만 동의권을 부여할 수 있다. 또 소수주주 중에 대표자를 정해서 해당 대표자로 하여금 동의 여부를 결정할 수 있도록 하기도 하고, 동일 기회에 투자한 투자자들 사이에서는 집단적인 의사결정 방식으로서 투자자들 과반수 동의를 받도록 정하기도 한다.

동의를 받아야 하는 항목에 대해서는 주식매매계약의 대상회사 운영에 관한 사전 동의 조항에서 자세하게 설명하였다. 주식매매계약과 주주간계약을 동시에 협상하는 상황에서는 주식매매계약과 주주간계약에 포함되는 동의 항목을 일치시키는 경우가 많을 것이다. 다만, 앞서 설명한 바와 같이 주식매매계약과 주주간계약에서 대상회사 운영에 관하여 매수인 또는 소수주주의 동의를 받도록 하는 목적이 약간 다르기 때문에 동의 항목을 달리하는 것도 가능하다.

tip **지배주주 tip:** 지배주주 입장에서는 주주간계약이 향후 대상회사를 운영하는 데 지속적으로 부담이 될 수 있다는 점을 유의해야 한다. 특히 주주간계약 체결 당시에는 예상하지 못하였는데 추후에 반드시 필요한 경영상 행위가 동의 항목으로 추가되어 있을 수 있다. 이때 소수주주가 반대할 경우 계약 위반의 위험을 감수하고 동의 없이 그러한 행위를 할지에 대해 고민에 빠질 수 있다. 소수주주 중에는 이러한 동의권을 빌미로 동의해 주는 대가로 일정한 금전적 대가(waiver fee)를 요구하거나 주주간계약에 더 유리한 조건을 추가해달라고 요구하는 경우도 있다.

이러한 점들을 고려하면 지배주주 입장에서는 처음부터 동의 항목을 가능한 줄이는 것이 바람직하다. 주식매매계약에서는 전부 동의 항목으로 단일화하였다 할지라도, 주주간계약에서는 그 중요도나 필요성에 따라서 소수주주의 사전 동의를 받아야 하는 항목, 소수주주의 사후 승인을 받아야 하는 항목, 소수주주와 협의해야 하는 항목, 소수주주에게 통지해야 하는 항목 등과 같이 요구되는 행위를 다양화해서 규정하는 것을 소수주주와 협의해 보아야 할 것이다.[80] 특히, 동의는 직접 대상회사나 지배주주가 어떠한 행위를 할 때 받아야 하는 것이지만, 제3자의 행위에 의해서 대상회사가 영향을 받는 경우에는 동의보다는 통지가 더 적절하다. 예를 들면, 대상회사를 상대

80) 한국벤처캐피탈협회 등에서 배포한 투자계약서에도 본래 투자자의 동의권 조항이 포함되어 있었으나 협의권 조항만 포함하는 것으로 개정되었다.

로 일정 금액 이상 소가의 소가 제기된 경우나 기타 중대한 부정적 영향이 발생한 경우에는 동의 항목으로 두는 것보다 통지 항목으로 두는 것이 더 적절하다.
또한 지배주주가 법인이고 지배주주와 대상회사가 동일 기업집단에 속한 경우에 지배주주는 대상회사를 회계상 연결대상 종속회사에서 벗어나지 않도록 하는 것이 중요할 수 있다. 그런데 만일 대상회사의 중요한 경영사항에 대해서 전부 소수주주로부터 동의를 받아야 한다면 대상회사가 지배주주의 종속회사로부터 벗어날 우려도 있다. 따라서 종속회사 연결이 중요한 경우라면 사전에 이 조항에 따른 동의 항목에 대해서 회계법인의 검토를 받아 연결에 방해가 될 수 있는 동의 항목은 삭제할 수 있도록 소수주주와 협의하여야 한다.

동의를 받는 절차에 대해서도 더 자세하게 규정할 수 있다. 소수주주 입장에서는 충분한 정보를 제공받고 의사결정을 하기 원할 것이기 때문에 지배주주로 하여금 동의를 요청할 때 의사결정을 하기 위해서 필요한 정보나 자료를 함께 제공할 것을 요구할 수 있다. 반대로 지배주주 입장에서는 소수주주의 의사결정에 소요되는 시간 때문에 적시에 업무를 처리하지 못할 수 있으므로, 소수주주가 동의 여부 의사표시를 지체하지 않도록 하거나, 더 명확하게 일정 기간 내에 동의 여부 의사표시를 하여야 하고 만일 그 기간 내에 하지 않았다면 동의한 것으로 간주하는 내용을 추가할 수 있다.

상대방이 동의 조항을 위반하려는 경우 미리 그러한 행위를 금지하는 가처분을 구할 수 있는지는 구체적인 사실을 살펴보아야 한다. 주주만 계약 당사자로 포함되어 있는 경우 직접 주주의 행위에 대한 금지를 구하는 것이라면 가능하겠지만, 대상회사의 행위에 대한 금지를 구하는 것은 어려울 것이다. 대상회사가 계약 당사자로 포함되어 있는 경우에는 위에서 살펴본 바와 같이 이사회의 권한을 침해하거나 주주평등의 원칙을 위반하는 것으로서 무효인지 여부에 따라 피보전권리가 부인될 여지도 있다.

상대방이 동의 조항을 위반하여 이미 동의 없는 행위를 한 경우에는 손해배상청구를 하여야 하겠으나, 일반적인 손해배상청구를 통해서 구제받는 것은 매우 어렵다. 상대방이 동의를 받지 않는다고 하여 바로 당사자에게 어떤 손해가 발생하였다고 보기 어렵고 손해액을 입증하기도 어렵기 때문이다. 이에 따라 상대방이 동의 조항을 위반한 경우 penalty put을 행사할 수 있도록 하거나 위약벌 또는 손해배상 예정액을 청구할 수 있도록 약정하는 경우가 많은데, 대상회사에 대한 penalty put은 특정 주주의 투하자본 회수를 보장하는 것이어서 주주평등의 원칙이 문제 될 가능성도 있음을 유의해야 한다. 이 외에도 동의 조항을 위반한 경우에는 대상회사에 대한 운영권을 가져오기 위해서 상대방으로 하여금 주식에 대한 의결권을 위임하도록 할 수도 있고, 또 애초에 동의권의 실효성을 확보하기 위해서 동의 항목을 정관에 주주총회 또는 이사회 결의사항으로 규정한 후 주주총회 또는 이사회의 결의 정족수 요건을 강화하여 이를 위반하는 경우 주주총회 또는 이사회 결의 취소 또는 무효 확인을 구하는 방법도 고려할 수 있다.[81]

2) 자료제공

§5 – 자료제공

제5조 (자료제공) (1) 주주A는 대상회사로 하여금 (i) 매 사업연도 종료 후 90일 내에 대상회사의 감사받은 재무제표, 영업보고서 및 사업계획서를, (ii) 매 반기 종료 후 45일 내에 대상회사의 감사받지 않은 반기 재무제표 및 사업계획 대비 실적을, (iii) 매 분기 종료 후 30일 내에 대상회사의 감사받지 않은 분기 재무제표 및 사업계획 대비 실적을 주주B에게 각각 제공하도록 하여야 한다.

(2) 주주A는 주주B가 합리적으로 요청하는 대상회사의 경영 관련 자료를 관련 법령이 허용하고 대상회사의 사업에 지장을 초래하지 않는 범위 내에서 주주B에게 제공하여야 한다.

소수주주는 지배주주의 경영을 감독하고 견제하기 위한 목적에서 대상회사의 경영 관련 자료를 제공받을 필요가 있다. 이에 지배주주가 대상회사로 하여금 정기적으로 대상회사의 재무제표 등 자료를 제공하도록 하고, 소수주주가 수시로 요청하는 자료를 제공하도록 하는 내용을 추가할 수 있다.

상법에 따라 주주는 주주총회에서 회사의 결산 재무제표에 대해서 승인을 하고, 영업보고서에 대한 보고를 받는다(상법 제449조). 또한 3% 이상의 지분을 가진 주주라면 언제든지 회사의 회계장부와 서류를 열람할 수 있다(상법 제466조). 따라서 자료제공 조항을 통해서 법률에 따라 원래 보고받거나 열람할 수 있는 자료만 제공받는 것은 큰 실익이 없지만, 주주총회에 참석하거나 직접 대상회사에 가서 열람 내지 등사하는 수고를 덜고 정기적으로 지배주주로부터 자료를 제공받으면서 회사의 경영상태에 대해서 설명을 듣거나 협의할 수 있는 기회를 갖게 된다는 점에서 의미가 있다.

소수주주 입장에서는 법률에 따라 본래 보고받거나 열람할 수 있는 자료 외에 추가

81) 천경훈(2013), 14면.

로 경영 관련 자료를 받기를 원할 것이며 어떤 자료를 제공받을지 지배주주와 협의할 필요가 있다. 자주 포함되는 것으로 연간/반기/분기/월별 사업계획서, 사업별 예산안, 경영보고서, 실적 내지 성과 자료, 계획 내지 목표 달성률 등이 있다. 이러한 자료는 정해진 양식이 없기 때문에 소수주주 측에서 미리 정한 양식에 따라 정보를 제공해 줄 것을 요청하기도 한다. 또 대상회사의 여신, 담보 기타 신용거래 상황을 파악하기 위해서 금융기관이 발급하는 금융거래확인서를 제공받는 경우도 있다. 소수주주가 경영에 보다 적극적으로 관여하는 경우라면 위와 같이 제공받은 자료의 내용이 변경되거나 계획대로 진행되지 않는 경우(가령, 최초에 계획한 사업이 무산되거나 예산안을 과도하게 초과하는 경우)에는 그에 대해서 해명하는 자료도 함께 제공할 것을 요청할 수도 있다.[82)]

자료제공에 관한 조항은 제공 기한을 명시하는 것이 바람직하다. 이를 명시하지 않을 경우 이 조항이 유명무실해질 수 있기 때문이다. 지배주주 측에서는 특히 통상적으로 작성되는 자료가 아니라 소수주주가 만든 양식에 맞추어 제공해야 하는 자료의 경우 자료를 작성하는 데 과도한 부담이 발생하지 않을지, 작성하는 데 어느 정도 기간이 소요될지를 미리 대상회사 측과 협의하여 기간을 정할 필요가 있을 것이다.

정기적으로 제공하는 자료 외에도 소수주주가 수시로 대상회사의 경영 관련 자료를 요청하여 제공받는 것도 추가할 수 있다. 다만, 지배주주는 이러한 자료제공의무로 인하여 과도하게 대상회사의 운영에 방해가 되어서는 안 되므로 법령이 허용하는 범위라든지 대상회사의 사업에 지장을 초래하지 않는 범위와 같이 일정한 제한을 가하는 것이 바람직할 것이다.

실무상 지배주주가 대상회사에 대한 정보 및 자료에 모두 접근 가능하다는 전제하에 지배주주로 하여금 대상회사에 대한 자료를 제공하는 규정을 두고 이를 이행하고 있다. 하지만 지배주주라고 하여 법적으로 대상회사 정보에 모두 접근 가능한 것인지는 의문이 있고, 특히 상장법인이라면 외부에 공개되지 않은 사업계획이나 실적 전망 등을 한국거래소 신고나 비밀유지계약 체결 없이 타인에게 제공할 경우 공정공시의무 위반이 될 수 있다는 점(유가증권시장 공시규정 제15조 이하)도 주의해야 한다.

---

82) Patt & Giles, 136면 예시 조항 참고.

다. 기타 회사 경영

1) 배당

배당은 대상회사의 경영에 관한 사항이기도 하면서 소수주주가 투자를 회수할 수 있는 수단이기도 하여 주주간계약에 포함시키는 경우가 종종 있다. 그 내용도 다양한데, 가령 대상회사가 배당가능이익이 있는 경우 또는 일정한 기간이 경과한 이후에는 반드시 배당을 실시한다고 하여 조건부로 실시 의무만을 약정하는 경우도 있고, 매년 또는 일정한 기간 내에 얼마 이상의 배당을 실시한다고 하여 구체적인 배당 금액까지 약정하는 경우도 있다.

회사에 잉여금이 발생하였을 때 이를 주주에게 환원할지, 임직원들의 보수를 지급하거나 복지를 위해 사용함으로써 사기를 고취시킬지, 신규 사업이나 연구개발을 위해서 투자할지 등 어떻게 사용할지는 회사의 경영 철학에 따라 달라지고 일차적으로 이사회의 경영 판단에 따라 결정될 문제이다(상법 제462조 제2항에 따라 이익배당을 위해서는 주주총회의 결의가 필요하나, 그에 앞서 이사회의 결의가 필요하다). 따라서 회사에서 배당에 관하여 일정한 의무를 부담하는 약정을 할 때에는 회사의 경영 철학에 부합하는지, 회사의 자금 사정에 무리가 가지 않는지 등을 고려하여야 하고, 주주들 역시 단기적인 이익을 위해서는 배당을 바로 받는 것이 좋을 수 있으나 장기적인 관점에서는 배당을 유보할 필요는 없는지도 고려해야 한다.

배당에 관한 조항은 대상회사가 계약 당사자로 포함되어 있는 경우에 추가하는 것이 일반적이다. 위에서 살펴본 바와 같이 배당할지 여부는 이사회에서 일차적으로 결정하므로 이를 지배주주나 소수주주가 계약을 통해 강제하는 것은 바람직하지 않다. 물론 배당은 배당가능이익이 있는 범위 내에서만 가능하기 때문에 그러한 이익이 있는 이상 이사회에서 어떤 주주의 요청을 받아서 배당하였다 하여 선관주의의무 위반의 문제가 제기될 가능성은 적고, 지배주주가 대상회사로 하여금 배당하도록 약정하는 것도 불가능하지는 않다.[83] 그러한 약정의 효력은 앞서 살펴본 업무집행계약의 효력에 관한 설명을 참고하기 바란다.[84]

대상회사에 일정한 금액 이상의 배당을 실시할 의무를 부과하는 경우에도 이는 법령에서 허용하는 범위 내에서만 가능하다는 것을 주의해야 한다. 즉, 배당은 배당가능이

---

83) 권오성(2009), 433면은 이익배당에 관한 주주간계약도 그 내용이 상법이 정한 배당절차나 이사나 감사의 권한을 침해하지 않는 한 당사자 간에 채권적 효력을 갖는다고 한다.

84) 위 319면 '이사회의 운영' 부분 참고.

익이 있는 경우에만 가능하고(상법 제462조 제1항), 정관에서 중간배당에 대한 근거가 없는 이상 결산기 후 정기총회에서 1회만 가능하고(상법 제462조의3), 전체 주주를 대상으로 각 주주가 가진 주식 수에 따라 비례적으로 해야 한다(상법 제464조). 참고로 배당가능이익이 있다는 것은 회사가 그만큼 현금을 보유하고 있다는 것과 같은 말은 아니다. 즉, 배당가능이익이 있더라도 실제 보유 현금은 부족할 수 있는데, 배당가능이익이 있는 한 법상 배당은 허용되므로 차입 등의 방법으로 현금을 조달하여 배당하도록 약정하는 것이 금지되지는 않는다.[85]

법령의 규정을 벗어난 약정을 하고자 하는 경우에는 자칫 특정 주주에게 법령에서 정한 배당 외의 별도의 수익을 지급하기로 약정하는 것으로서 주주평등의 원칙에 위배될 수 있으므로 유의해야 한다.[86] 예를 들면, 소수주주에게 일정 금액 이상 배당하기로 하고 배당가능이익이 없더라도 배당이 아닌 별도 명목으로 동 금액을 지급하기로 한다면, 이는 주주평등의 원칙에 위배된다. 그런데 배당가능이익이 있는 범위 내에서 배당하고, 배당가능이익이 없으면 다음 해에 누적해서 다른 주주들에 우선해서 지급하기로 약정한다고 하자. 이는 실질적으로는 누적적 우선주(종류주식 중 이익배당에 관하여 내용이 다른 주식)와 동일한 내용을 주주간계약에 포함시키는 것으로서 당연히 주주평등의 원칙에 위배되는 것이라고 보기는 어렵다. 그러나 법에서 차등배당의 한 수단으로 종류주식 제도를 마련하고 있기 때문에 이를 주주간계약에 포함시키기보다는 안전하게 애초에 주주에게 종류주식을 발행하거나 주주가 취득한 보통주식을 종류주식으로 전환하도록 한 후에 그 종류주식의 효과로서 누적적 배당을 하는 것이 바람직할 것이다.

한편, 판례에 따라 총주주의 동의가 있으면 일부 주주는 배당을 포기한 것으로 보아 차등배당을 하는 것도 가능하므로,[87] 만일 소수주주 일부에게만 차등배당을 할 것을 약정하고자 한다면 다른 모든 주주가 계약 당사자로 포함되어 차등배당에 동의하거나 주주총회에서 동의하는 것으로 약정해야 할 것이다. 이처럼 다른 모든 주주의 동의가 없다면, 설령 그러한 차등배당에 대해서 정관상 근거규정이 있다 하더라도 무효가 될 수 있다.[88]

---

85) 자기주식 취득도 배당가능이익을 초과해서는 안 되는데, 배당가능이익이 있는 한 차입금으로 자기주식을 취득하는 것이 허용된다. 대법원 2021. 7. 29. 선고 2017두63337 판결.

86) 대법원 2023. 7. 13. 선고 2021다293213 판결 등 참고.

87) 대법원 1980. 8. 26. 선고 80다1263 판결.

88) 정관으로 법상 주주에게 인정되는 의결권을 제한하는 것은 무효라고 판시한 대법원 2009. 11. 26. 선고 2009다51820 판결 참고.

2) 신주발행

주주간계약에 대상회사가 신주를 발행할 경우 소수주주가 자신의 지분율에 따른 신주를 인수할 권리("신주인수권" 또는 "선취권")를 약정하는 경우들이 있다. 이는 소수주주의 지분이 희석되는 것을 방지하기 위한 목적이다. 이 조항은 특히 영미 계약에서는 preemptive right라고 하여 보장되는 것인데, 영미 회사의 경우 신주를 발행할 때 기존 주주들에게 신주인수권이 당연히 보장되는 것이 아니기 때문에 이러한 비례적인 신주인수권을 주주간계약을 통해서 보장받고자 하는 경우가 많다.[89] 그런데 우리나라에서는 원칙적으로 모든 주주에게 신주인수권이 보장되기 때문에(상법 제418조 제1항), 주주간계약에 신주인수권을 넣을 실익이 있는지 의문이 있을 수 있다.

먼저 주주간계약에 신주인수권이 포함되면 대상회사가 주주를 배제한 채 제3자 배정 방식 신주발행을 하는 것을 제한할 수 있다는 점에서 실익이 있다. 원래 회사는 정관에 제3자 배정 근거를 두고 경영상 목적을 달성하기 위해서 필요하면 주주 외의 자에게 신주를 발행할 수 있다(상법 제418조 제2항). 그러나 소수주주에게 주주간계약상 신주인수권이 있는 경우 대상회사는 제3자 배정을 하기에 앞서 소수주주에게 그 지분율에 비례하여 신주를 인수할 기회를 보장해 주어야 한다.

특히 신주인수권의 범위를 주식뿐만 아니라 주식연계증권으로까지 확장하는 것으로 약정할 수도 있다. 회사는 전환사채나 신주인수권부사채도 정관에 근거를 두거나 주주총회 특별결의가 있고 경영상 목적을 달성하기 위해서 필요하면 제3자에게 발행할 수 있는데(상법 제513조 제3항, 제516조의2 제4항), 신주인수권의 범위를 위와 같이 확장할 경우 소수주주는 제3자에 앞서 자신의 지분율에 비례하여 전환사채나 신주인수권부사채를 인수할 수 있게 된다.

마지막으로 주주가 아닌 투자자에게 신주인수권을 부여하고자 하는 경우에도 실익이 있다. 전환사채나 신주인수권부사채를 보유한 자는 완전희석기준으로는 회사에 대해서 일정한 지분을 보유하고 있다고 볼 수 있다. 그러나 이들은 주주가 아니기 때문에 상법상 신주인수권이 보장되지 않는데, 계약을 통해서 신주인수권을 보장받을 수 있는 것이다. 이때 신주인수권을 보유한 투자자는 주주가 아니므로 상법상으로는 제3자 배정 방식으로 신주를 인수하게 될 것이다.

---

89) Patt & Giles, 40, 41면. 이러한 신주인수권을 회사 정관에 규정할 수도 있지만, 주주간계약을 통할 경우 일부 주주에게만 그러한 권리를 부여하는 것이 가능하고, 비밀유지가 가능하다는 장점이 있다.

이 조항은 주주간계약의 당사자로 대상회사가 포함되어 있는 경우에 추가할 수 있다는 것을 유의하여야 한다. 상법상 신주발행은 이사회의 권한으로 되어 있기 때문에 대상회사가 의무의 당사자로 되어야 하며, 주주 사이에서 약정하는 것은 직접적인 효과가 없다. 지배주주가 대상회사로 하여금 소수주주의 신주인수권을 보장하도록 한다는 식으로 규정할 수도 있겠으나, 신주를 발행할지, 발행한다면 주주 배정으로 할지 제3자 배정으로 할지는 이사회의 권한으로 되어 있고 이사들의 경영상 판단이 요구되는 사항이므로 이를 지배주주가 결정하도록 하는 것은 바람직하지 않을 뿐만 아니라 상법에 반하여 무효가 될 수 있다.

3) 감사 및 시정조치

지배주주는 자신이 원하는 자를 임원으로 선임하고 주주총회에서 중요한 사항에 대해서 의결권을 행사함으로써 대상회사를 경영할 수 있는 반면, 소수주주가 대상회사의 운영이 제대로 이루어지고 있는지 감시하고 감독할 수 있는 권한은 법상 매우 제한되어 있다. 이에 소수주주가 대상회사의 업무에 적극 관여하기 위해서 주요 임원(CFO나 감사 등)을 선임할 수 있는 권한을 요구하기도 하고, 여기서 더 나아가 대상회사의 업무와 재산상태를 조사하고 위법사항 등이 발견되는 경우 시정조치를 요구할 수 있는 권한을 요구하기도 한다.

소수주주의 감사에 대한 내용은 상법 제412조에서 규정하고 있는 감사의 조사 권한에 대한 내용과 유사하게 작성한다. 이때 소수주주가 어떤 범위에서 조사할 수 있는지 기재해야 추후 지배주주나 대상회사가 그러한 조사를 거부하였을 때 그 불이행에 따른 구제를 받을 수 있게 된다. 통상 회사의 업무, 회계, 관리상태, 재산상태, 사업수행을 조사할 수 있다는 식으로 폭넓게 기재하나, 그 항목을 회계나 재산상태에 대한 조사로 제한하거나, 그 목적을 주주간계약의 성실한 이행을 위하여 필요한 범위 내 또는 대상회사가 매년 작성하는 사업계획이 성실하게 이행되는지 여부를 확인하기 위한 범위 내로 제한하는 등 항목이나 목적을 제한하기도 한다.

또 조사 방법과 관련해서도 소극적으로 대상회사에 일정한 자료나 영업보고를 요구하여 대상회사에서 제공한 자료나 정보를 바탕으로 조사할 수도 있고, 적극적으로 소수주주가 직접 대상회사를 방문하여 자료를 검토할 수도 있다. 또 컨설팅 회사, 회계법인, 로펌 등 전문가를 통해서 감사할 수 있도록 하는 경우도 있는데 이와 같이 외부 전문가의 도움을 받는 경우에는 그 비용을 어떻게 처리할지도 정하여야 한다. 상법상 감사는 회사의 비용으로 전문가의 도움을 받을 수 있는데(상법 제412조 제3항), 소수주주의 필요에 따라 감사를 하는 경우에도 이에 준하여 대상회사의 비용으로 처리하도록 약정하는 경우도 많다.

감사 결과 위법한 사항이나 주주간계약에 위반하는 사항이 발견되면 소수주주가 대상회사에 시정조치를 요구하고, 대상회사는 (또는 지배주주가 대상회사로 하여금) 그 시정조치를 이행한 후 결과를 소수주주에게 알리도록 규정한다. 실무상 이 조항에 대해서 별로 협상하지 않고 단순히 "감사 결과"에 따라 시정을 요구하면 이를 이행해야 한다는 식으로 일반적으로 기재하는 경우가 많은데, 시정요구의 범위에 대해서 다툼이 여지가 많기 때문에 가능한 구체적으로 기재하는 것이 바람직하다. 예를 들면, 법을 위반하는 것까지는 아니지만 제대로 관리가 이루어지지 않아 회사의 영업에 부정적인 영향을 미치거나 손실이 발생할 수 있는 사항에 대해서도 시정요구를 하면 대상회사가 따라야 하는지 문제 될 수 있다. 또 외부 전문가의 감사 결과 반드시 시정조치를 해야 할 사항은 아니지만 개선권고 사항이 있는 경우에도 대상회사가 그러한 개선권고까지도 모두 시정해야 하는지 문제 될 수 있다.

4) 경업금지 등

대상회사에 투자한 소수주주는 대상회사가 자신의 기술, 정보, 비밀 등 knowhow를 이용하여 사업을 계속 수행한다는 전제하에 투자할 것이고, 특히 대상회사가 선도적인 기술을 보유하고 있거나 영업비밀을 바탕으로 시장을 지배하고 있는 경우에 그러한 knowhow를 보호할 필요가 더 높을 것이다. 이에 지배주주나 대상회사가 대상회사의 기술, 정보, 비밀 등 knowhow를 이용하여 대상회사의 이익을 해하고 궁극적으로 기업가치를 훼손하여 소수주주의 이익을 해하는 행위를 방지하기 위한 조항들이 추가되는 경우들이 있다.

첫째는 대상회사가 직접 또는 지배주주의 지시나 용인 하에 대상회사의 기술, 정보, 비밀 등 knowhow를 제3자에게 제공하거나 이전하는 것을 금지하는 내용이다. 어느 범위에서 금지할지는 당사자들이 협상으로 정할 문제이나, knowhow를 유상으로 이전하거나 기간을 정하여 일시적으로 라이선스를 부여하는 것도 대상회사의 기업가치를 훼손할 수 있으므로 유무상이나 기간의 장단기를 불문하고 일체의 제공이나 이전을 금지하고 이를 위해서는 소수주주의 동의를 받도록 하는 것이 일반적이다.

둘째는 지배주주 또는 경영진의 경업금지 또는 퇴사제한 조항이다. 주식매매계약에서 거래종결 후 확약으로 매도인의 경업금지 조항이 포함되는 경우가 많은데 이는 주식을 매도하고 더 이상 대상회사의 경영에 관여하지 않는 자가 기존에 대상회사를 경영하면서 알게 된 여러 가지 정보나 비밀을 이용하여 대상회사의 이익을 가로채는 것을 방지하기 위한 것이다.[90] 이와 유사한 취지에서 주식매매 거래 이후 계속 주주로 남아 있는 지배주주나 대상회사가 다른 회사를 설립하거나 인수하여 대상회사가 영위하는 사업과 경쟁이 되는 사업을 영위하는 것을 방지하는 내용을 추가할 수 있다. 이때 금지되는 경업금지기간, 경업금지의 장소적 범위와 사업 범위, 금지되는 행위 등을 구체적으로 기재하여야 할 것이다. 벤처기업에 대한 투자계약에서는 창업자를 포함한 경영진이 다른 회사에서 경업하는 것을 금지할 뿐만 아니라 대상회사에서 퇴사하는 것을 제한하는 경우도 있다. 다만, 퇴사제한의무를 규정할 때에는 직업선택의 자유와 충돌하지 않도록 일정한 기간으로 제한하거나 예외적으로 퇴사할 수 있는 사유들을 규정하는 것이 바람직하다.[91]

마지막으로 지배주주가 대상회사의 사업기회를 유용하는 것을 금지하고 더 나아가 사업기회를 발견한 경우 대상회사가 이를 이용하여 사업할 수 있도록 의무를 부과하는 내용을 추가하는 경우도 있다. 사업기회 유용의 인정 범위에 대해서는 상법 제397조의2에 대한 해석을 참고할 수 있다.

이상의 기술이전금지, 경업금지, 사업기회 유용금지 의무를 지배주주뿐만 아니라 지배주주의 계열회사에게까지 부담시켜야 하는 경우도 있을 수 있다. 그런 경우에는 최상위 모회사를 계약의 당사자로 포함시키거나 위와 같은 의무 및 그 의무 위반에 대한 제재를 내용으로 하는 확약서를 계열회사로부터 받아두는 것을 고려할 수 있다.

5) 투자금의 용도

구주매매 거래에서는 주식매매대금이 대상회사로 들어가지 않지만, 신주인수 거래에서는 신주인수대금이 대상회사로 들어가게 된다. 이때 투자 목적으로 신주를 인수한 소수주주 입장에서는 자신이 대상회사에 투자한 자금이 제대로 사용되어 대상회사의 기업가치를 올릴 수 있기를 바라며, 대상회사의 임원이나 특수관계인의 이익을 위해 유용

90) 자세한 내용은 위 199면 '거래종결 후 확약'의 '경업금지' 부분 참고.

91) 이사가 회사에 대하여 중대한 책임을 부담하는 것에 비추어 언제든 이사가 사임할 수 있는 자유에 반하는 특약은 효력이 없다고 한 일본 사례로 大阪地判昭和63年11月30日(判時1316号139頁).

되기를 원치 않는다. 이에 소수주주의 신주인수 거래에 수반하여 체결되는 주주간계약에는 소수주주의 투자금 용도를 구체적으로 열거하고, 소수주주의 동의 없이는 그 용도를 변경하여 사용할 수 없도록 의무를 부과하는 조항을 추가하기도 한다.

나아가 투자금이 그 용도에 맞게 제대로 집행되도록 하기 위해서 투자금은 대상회사의 일반 법인계좌와 구분된 별도의 계좌에서 관리하도록 하고, 투자금의 사용 및 집행 내역을 별도의 관리대장으로 작성하여 그 용처를 용이하게 추적할 수 있도록 하고, 위에서 살펴본 일반적인 감사 및 시정조치 권한에 추가하여 투자금이 용도에 맞게 사용되었는지 회계법인을 통해서 실사를 하여 그 결과를 보고받을 수 있는 조항을 추가하기도 한다.

5. 주식의 처분

가. 주식처분제한

§6 – 주식처분의 제한

제6조 (주식처분의 제한) 주주A 및 주주B는 상대방의 사전 서면 동의 없이 자신이 소유하고 있는 대상회사 발행 주식 전부 또는 일부를 제3자(본 계약상 당사자 이외의 자를 의미함)에게 양도, 담보제공, 수익권 양도, 의결권 위임 기타 처분(총칭하여 "**처분**")할 수 없다. 단, 아래 각호의 경우에는 그렇지 않다.

1. OOO

1) 처분제한의 이유 및 허용 여부

대상회사를 경영하는 지배주주 입장에서는 자신이 신뢰하는 소수주주가 대상회사의 주주로 계속 남아 있기를 희망할 수 있고, 그와 같이 주주 구성의 완결성을 유지함으로써 대상회사를 보다 효율적으로 운영할 수 있다. 더욱이 지배주주는 소수주주가 일정한 지분 이상을 보유하고 있다는 전제하에 소수주주에게 법에서 보장하지 않는 여러 가지 추가적인 권리를 제공하는 것이기 때문에 그러한 전제가 계속 유지될 수 있도록 주식의 처분을 제한하고자 할 수 있다. 소수주주 입장에서도 경영의 일관성 및 안정성을 도모할 필요가 있고, 특히 재무적 투자자의 경우 그간 지배주주가 경영한 것을 바탕으로 대상회사의 기업가치를 평가하고 향후 수익을 기대하면서 투자하기 때문에 지배주주가 다른 사람으로 변경되는 것을 막을 필요가 있다.

그런데 상법은 주주의 투하자본 회수를 보장하기 위해서 주주가 언제든지 주식을 타인에게 양도할 수 있고, 다만 정관에서 주식의 양도에 관하여 이사회의 승인을 받도록 제한할 수 있다고 규정하고 있다(상법 제335조 제1항). 이 조항의 해석, 특히 상법에서 정한 바와 같이 회사의 정관을 통해서 이사회 승인을 받도록 하는 방법으로 주식양도를 제한하는 것이 아니라 주주와 회사 사이의 약정 또는 주주들 사이의 약정을 통해 다른 방법(가령, 다른 주주의 동의를 받는 것)으로 주식양도를 제한하는 것이 가능한지, 그러한 약정의 효력이 인정되는지에 대해서 논란이 있다.

이에 대해서는 해당 약정이 회사에 대해서 효력이 있는지, 아니면 약정한 주주들 사이에 효력이 있는지로 구분해서 논한다. 먼저 회사에 대한 효력과 관련해서는 상법에서 정하지 않은 방법으로 주식양도를 제한하는 약정은 무효로서 그 약정의 효력을 회사에 대하여 주장하거나 회사가 주장할 수 없다는 것이 일반적인 견해이다(즉, 회사는 양수인의 명의개서청구를 거절할 수 없다).[92] 이는 회사가 주주간계약의 당사자로 포함되어 있든, 그러한 주식양도제한 약정의 내용이 정관에 반영되어 있든, 양수인이 선의이든 악의이든 마찬가지이다. 정관으로 승인기관을 달리하거나, 특정한 종류주식의 양도만 승인을 요하지 않도록 하거나, 주식의 양에 따라 승인 여부를 달리하는 것 모두 불가능하다.[93] 상법상 주식양도는 자유이고, 단체법적으로 이를 제한하는 방법으로는 정관에서 이사회 승인을 받도록 하는 방법만 인정되기 때문이다.

반면, 그러한 주식양도제한 약정이 주주들 사이에 채권적 효력이 있는지에 대해서는 판례의 태도가 미세하게 변경된 것으로 보인다. 기존에 대법원은 주주들 전원 내지 다른 기관의 동의 없이는 주식의 양도를 일정한 기간 금지하는 약정은 무효라고 보고, 이러한 금지 내용을 정관으로 규정하는 경우뿐만 아니라 주주들 간에 약정하는 경우에도 무효라고 보았다.[94] 특히, 이들 판결에는 주식양도를 위해서 다른 주주 전원의 동의

---

92) 주식회사법대계 I(윤영신 집필부분), 866, 867면; 연도별/4개년 민사판례해설, 1883면; 김/노/천, 209면; 안태준(2023), 401, 402면; 이철송(2019), 9, 10면; 반대 견해로는 송옥렬(2020), 358면.

93) 김지환(2013), 225면; 다만, 이사회와 주주총회의 권한을 유연하게 배분할 수 있다는 입장에서는 정관으로 승인기관을 주주총회로 정하는 것은 가능하다는 이견이 있을 수 있다.

94) 대법원 2000. 9. 26. 선고 99다48429 판결; 대법원 2004. 11. 11. 선고 2004다39269 판결; 위 99다48429 판결은 회사에 대한 명의개서절차 이행을 구한 소송으로서 주주간 양도제한 약정의 효력은 회사에 대해 효력이 미치지 않고 따라서 회사가 명의개서를 거부할 수 없다는 결론은 타당하고, 다만 주식양도제한의 채권적 효력마저 부인하는 것처럼 이유를 설시한 것은 문제라는 지적으로 천경훈(2023), 78면.

나 다른 기관의 동의를 얻도록 하는 것이 "상법 제335조 제1항 단서 소정의 양도제한 요건을 가중하는 것으로서 상법의 취지에 반할" 수 있다는 판시가 있는데, 이는 마치 상법 제335조 제1항의 이사회 승인하에 양도를 허용하는 것보다 더 가중된 다른 요건은 허용되지 않는다는 취지로 보여 비판을 받아 왔다. 그런데 최근 들어서 대법원은 주주들 전원의 동의 없이는 주식의 양도를 일정한 기간 금지하는 약정을 하더라도 "주식의 양도를 전면적으로 금지하는 것이 아니라 일정한 요건과 절차를 거쳐 양도가 가능하도록 규정"하고 있는 것, 즉 주식의 양도를 "일부 제한"하는 내용의 약정으로 보고, 다른 제반 사정에 비추어 그 약정이 주주의 투하자본 회수 가능성을 완전히 부정하는 것이 아니고 사회질서에 반하지 않다면 당사자들 사이에서는 유효하다는 판시를 내놓고 있다.[95)]

결국 판례에 따르면 주식양도제한 약정이 투하자본 회수 가능성을 완전히 부인하는지 여부에 따라 주주들 사이의 채권적 효력을 판단할 것인바, 최근 판례를 분석해 보면 i) 예외적으로라도 주식을 양도할 수 있는 방법이 있는지(다른 주주의 동의를 받아서 양도할 수 있다거나 다른 주주에게 매각하는 방법으로 양도할 수 있는지), ii) 주주 구성이 어떻게 되어 있는지(다른 주주의 수가 너무 많아서 현실적으로 동의를 받기 어려운지), iii) 주식양도를 제한하는 기간이 어떻게 되는지(회사의 사업 목적상 회사가 일정한 기간만 존속하는데 그 기간 전체에 걸쳐 제한되어 있는지), iv) 회사의 안정적인 경영을 위해서 주주의 변동을 제한할 필요가 있는지(인허가 사업을 영위하거나 일정 기간 내에 수익을 창출하여 상장하는 등 공동의 목적을 달성할 필요가 있는지) 등을 고려하여 그 효력을 판단할 것이다. 특히, 주주간계약은 회사에 대해서는 효력이 미치지 않으므로 그 유효성을 인정하더라도 상법 제335조의 취지를 몰각하지 않을 것이라는 점을 고려한다면, 제한된 수의 주주들이 모두 당사자로 체결한 계약에서 예외적인 양도 수단을 마련하면서 주식양도제한 약정을 하였다면 다른 특별한 사정이 없는 한 그 계약 당사자들 사이에서는 유효할 것이다. 더욱이 주식의 소유권을 이전하는 양도가 아니라, 주식을 담보로 제공하거나 주식의 경제적 수익권만 이전하거나 의결권을 위임하는 등 다른 처분행위를 제한하는 것은 법상으로도 금지되어 있지 않으므로 이러한 주식처분제한 약정은 유효할 것이다.

위 논의는 주주간계약을 통해서 주식처분제한이 가능한지에 관한 것이다. 그런데 당사자들이 정말로 주식의 양도를 제한하려는 의사가 있다면, 상법 제335조 제1항에서 정한 바에 따라 주식양도를 위해 이사회 승인을 받도록 정관을 개정하는 것이 가장 확

---

95) 대법원 2008. 7. 10. 선고 2007다14193 판결; 대법원 2013. 5. 9. 선고 2013다7608 판결; 대법원 2022. 3. 31. 선고 2019다274639 판결.

실한 방법일 것이다. 다만, 이와 같이 정관에 이사회 승인을 받도록 규정하더라도 상법 제335조의2 내지 7에 따라 양도승인 청구, 양도상대방 지정청구, 매수청구 등을 통해 주식을 처분할 길은 열려 있다는 점은 유의해야 한다.[96]

2) 제한 당사자

주식처분제한 조항을 추가할 때 지배주주의 처분만 제한할지, 소수주주의 처분만 제한할지, 양자의 처분을 모두 제한할지 정하여야 한다. 이는 당사자들 간에 협의하여 정할 문제인데 과반수 지분을 보유한 지배주주 쪽 처분을 제한하는 것을 더 자주 볼 수 있다. 왜냐하면 소수주주 입장에서는 회사를 경영하는 지배주주를 바라보고 주주로 들어가는 것이어서 지배주주의 처분을 제한할 필요가 더 크기 때문이다.

반면, 지배주주의 경우 소수주주가 그 지분을 일부 처분하더라도 그 양수인이 소수주주가 주주간계약에 따라 보유하는 여러 권리를 승계하지 않는 이상 크게 불리할 것이 없고 지배주주는 여전히 자신이 소유한 과반수 지분으로 대상회사를 경영하는 데 지장이 없기 때문에 소수주주의 처분을 제한할 실익이 그렇게 크지 않을 수 있다. 다만, 소수주주가 적지 않은 지분을 보유하고 있고 그 지분을 양도하여 3% 이상의 지분을 가진 소수주주를 여럿 만들 수 있다면 그러한 소수주주들이 법상 인정되는 여러 권리를 행사하면서 지배주주의 경영에 간섭할 가능성이 있으므로 소수주주의 처분을 제한할 필요가 없다고 할 수 없다.

주주가 다층적 지배구조를 갖고 있는 경우에는 제한 당사자 내지 제한되는 처분의 범위를 확대할 필요가 있다는 점도 유의해야 한다. 가령, PEF가 SPC를 통해서 투자한 경우 SPC가 소유한 대상회사 주식의 처분만 제한할 경우 PEF가 소유한 SPC 주식을 처분하는 것은 제한되지 않기 때문에 주식처분제한을 쉽게 우회할 수 있게 된다. 그 경우 SPC를 실질적으로 지배하는 GP를 당사자로 추가하거나 그로부터 확약서를 받고, 대상회사 지분을 "직접 또는 간접적"으로 처분하는 행위까지 모두 제한하는 것을 고려할 수 있다.

3) 제한되는 처분의 범위

일반적으로 주식처분제한 조항은 "양도"만을 제한하지 않고 보다 넓은 의미의 "처분"을 제한한다. 이때 처분을 어떻게 정의할지 문제 되는데 실무상으로는 원인행위

96) 이동건 등(2018), 23면 각주 14.

와 처분행위를 잘 구분하지 않고 섞어서 쓰는 경우가 많다. 가령, "양도, 매도, 교환, 이전" 등을 통틀어 처분으로 정의하는 것인데, 매도, 교환, 증여 등은 모두 주식의 소유권을 이전시키기 위한 채권행위를 일컫는 말이기 때문에 이들 용어를 포함시키는 것은 의문이고(만일 이러한 채권행위까지 모두 금지하고자 한다면 "처분 및 처분에 관한 약정"을 할 수 없다고 규정하는 것이 정확하다), 소유권을 이전하는 처분행위를 일컫기 위해서는 "양도"만을 포함하면 충분하다.

주식의 소유권을 완전히 이전시키는 것이 아니라 주식의 교환가치만을 양도하는 담보제공 행위, 주식으로부터 나오는 경제적 수익권(가령, 배당)만을 양도하는 행위, 주식에 수반한 단체법적인 권리인 의결권을 위임하는 행위도 주식에 대한 권리의 일부를 변경하는 행위로서 처분의 정의 내에 포함시킬 수 있다.

한편, 주식매매계약에서 "제한부담"이라는 용어를 정의하고, 이 조항에서 "제한부담의 설정"을 처분의 정의 안에 포함시키는 경우도 종종 있다. 주식매매계약에서 "제한부담"이라는 용어는 주로 대상회사의 자산에 대한 사용, 수익, 처분에 대해서 어떠한 제한도 없다는 진술 및 보장을 할 때 사용되는 것이어서 그 범위가 상당히 넓다. 특히, 제한부담은 법령상 및 계약상 제한을 모두 포함하는 것이 일반적인데, 이는 이 조항에서 금지하고자 하는 당사자에 의한 처분행위보다 넓은 것으로서 이러한 모든 제한부담의 설정까지 금지하고자 하는 것이 당사자의 의사인지 확인한 후에 처분의 정의 안에 포함할지 여부를 결정해야 할 것이다.

4) 처분제한의 기간

계약에 따라서는 처분제한의 기간을 설정하는 경우들도 있다. 일정한 기간 내에 인허가를 취득하거나 일정한 기간에 국한하여 사업을 영위하는 경우에는 그 기간 이내의 범위로 처분제한 기간을 설정할 수 있다. 이 외에 통상 재무적 투자자가 설정한 투자 회수를 위한 기간(가령, PEF의 존속기간)이 있으면 그 기간 내에 대상회사로 하여금 상장하도록 하고, 계약 체결일부터 상장이 완료되기 전까지 사이에 처분을 제한하는 경우도 많다.

다만, 대부분의 경우 위에서 정한 일정한 기간이 경과하거나 일정한 사건이 발생하면 주주간계약 자체를 해지하는 경우가 많고 그렇게 주주간계약이 해지되면 자연스럽게 주식처분제한 약정도 소멸하기 때문에 주식처분제한 약정에 굳이 처분제한 기간을 정하지 않더라도 무방한 경우도 많다. 예를 들면, 대상회사가 상장하는 것을 주주간계약 해지 사유로 명시하였다면, 어차피 상장이 되면 주주간계약은 해지되므로 굳이 주식처분제한 조항에서 주식처분제한 기간을 대상회사의 상장 완료 시까지로 기재할 필요가 없다.

5) 처분제한의 예외

§6 – 주식처분의 제한 – 예외

1. 주주A가 본 계약상 지위를 자신의 계열회사에 이전하는 것과 함께 자신이 소유하고 있는 대상회사 발행 주식을 전부 양도하는 경우
2. 주주A가 누적하여 본 계약 체결일 기준 대상회사의 발행주식총수 기준 O% 한도 내에서 대상회사 발행 주식을 처분하는 경우
3. 주주B가 본건 거래의 매매대금 조달을 위하여 인수금융을 하면서 대상회사 발행 주식을 담보로 제공하는 경우
4. 주주A 또는 주주B가 [제7조, 제8조,] 제9조에서 정한 방법과 절차에 따라 자신이 소유하고 있는 대상회사 발행 주식 전부 [또는 일부]를 제3자에게 처분하는 경우

위에서 설명한 바와 같이 주식양도제한 약정이 유효하기 위해서는 예외적으로 양도할 수 있는 방법도 마련해야 하며, 가장 일반적으로 추가되는 내용이 상대방(주주간계약의 다른 당사자들 전원)의 동의를 얻도록 하는 것이다.

이때 이러한 동의 요건과 다른 주식의 처분에 관한 조항과의 관계에 대해서 검토할 필요가 있다. 즉, 당사자가 주식을 처분하는 모든 경우에 상대방 동의를 받아야 하고 그러한 동의를 받는 것을 전제로 처분할 때 추가적으로 상대방에게 우선매수권, 동반매도권 등을 부여할지, 아니면 우선매수권, 동반매도권 등 조항에서 정한 방법과 절차에 따라 주식을 처분한다면 상대방의 동의를 받지 않아도 될지를 정하여야 한다. 전자로 할 경우 주식 처분을 위해서는 어떠한 경우에도 상대방 동의를 일단 받아야 해서 주식 처분이 강하게 제한된다. 반면, 후자로 할 경우 상대방에게 우선매수권, 동반매도권 등을 보장한 후에 상대방이 이들 권리를 행사하지 않으면 상대방 동의 없이도 처분할 수 있게 되므로 동의의 예외를 넓히는 것이 되고, 만일 상대방에게 우선매수권이 아니라 우선매수협상권만 있는 경우라면 주식 처분의 자유가 상당히 넓어진다. 참고로 동반매도청구권의 경우 지배주주의 경영권 이전이나 소수주주의 투자회수 등을 위해서 상대방의 동의를 받지 않아도 되는 예외로 두는 것이 더 일반적이다.

한편, 당사자들은 계약 체결 후에 주식을 처분해야 하는 경우가 있을지 사전에 검

토하여 그러한 경우를 미리 예외로 둘 수 있도록 상대방과 협의하여야 한다.

가장 일반적으로 포함되는 예외는 지배주주가 같은 기업집단 내의 계열회사에게 주식을 양도하는 것이다. 동일 기업집단 내에 속한 회사들은 동일인에 의해 지배되기 때문에 그 범위 내에서는 여전히 경영 주체가 동일하다고 판단하여 주식을 계열회사에 양도하는 것을 허용하는 것이다. 하지만 만일 소수주주 입장에서 대상회사가 특정 사업을 영위하는 지배주주의 자회사로 존재하는 것이 사업 시너지를 형성하는 등 반드시 필요하다고 판단된다면 이러한 계열회사에 대한 양도도 자신의 동의하에서만 가능하도록 예외에서 배제할 것을 요구할 수 있다.

위 예외를 포함할 때에는 계열회사에 주식을 양도한 후에 벌어질 수 있는 상황에 대해서 미리 생각해 두어야 한다. 먼저 계열회사가 대상회사 주식을 양수한 후에 대상회사 주식을 임의로 처분할 수 있다면 이 조항을 둔 취지가 몰각될 것이므로 양수인으로 하여금 주주간계약상 지배주주의 지위를 함께 승계하도록 하여야 할 것이다. 그보다 더 문제는 계열회사가 주식을 양수한 후에 계열회사의 모회사가 계열회사 주식을 처분하여 기업집단에서 이탈하는 것이다.[97] 이렇게 되면 소수주주가 애초에 생각하였던 경영 주체가 완전히 바뀌는 결과가 되기 때문에 이를 막아야 할 것이다. 이를 막기 위해서 "처분"의 정의에 대상회사의 주식을 "직접 또는 간접적으로" 처분하는 경우까지 포함시키기도 하나, 설령 이와 같이 처분의 개념을 확대하더라도 계열회사의 모회사는 애초에 주주간계약의 당사자가 아니기 때문에 그에 대해서 계열회사의 주식 처분금지를 강제할 수단이 없게 된다.[98] 이는 구체적인 상황에 따라 별도의 방지책을 마련해야 할 것인데, 가령 지배주주가 완전 자회사로 껍데기 회사를 만들고 그 껍데기 회사에게 대상회사 주식을 양도한 경우라면, 지배주주를 계속 주주간계약의 당사자로 남겨놓고 껍데기 회사에 대한 지분 처분을 제한하는 약정을 하는 방법을 취할 수 있을 것이다. 반면, 지배주주가 모회사를 같이 하는 다른 계열회사에 대상회사 주식을 양도한 경우라면, 계열회사의 모회사로부터 계열회사의 지분 처분을 제한하는 확약서를 받고 확약서 위반에 대해 금전적 제재를 약정하는 방법을 취할 수 있을 것이다. 이 외에도 계열회사가 기업집단에서 이탈하고자 하는 경우 원소유자인 지배주주에게 대상회사 주식을 재양도하도록 의무를 부과하고 그 위반에 대해 금전적 제재를 약정하는 방법도 고려할 수 있다.[99]

---

97) Patt & Giles, 59면.

98) *Id.*

99) 우호적 M&A의 이론과 실무 2(이동건, 류명현, 이수균 집필부분), 361면.

한편, 계열회사에 대한 양도를 예외적으로 허용하더라도 주식의 "일부" 양도도 허용할지 여부를 결정해야 한다. 지배주주와 계열회사가 모두 주주간계약의 당사자로서 구속을 받는다면 일부 양도도 허용할 수 있겠지만, 당사자 수가 많아지는 만큼 법률관계도 복잡해질 수 있으므로 전부 양도만 허용하는 것이 바람직할 수 있다.

지배주주의 경우 추후 다른 투자자를 물색하여 자금을 조달할 필요가 생길 수도 있다. 이를 위해서 지배주주가 경영권을 잃지 않는 범위 내에서 소량의 지분을 처분하는 것은 예외로 두는 경우가 있다. 이때 어느 범위에서 처분을 허용할지는 당사자들이 협의하여 정할 문제인데, 가령 지배주주가 과반수 지분을 소유하는 한도 내에서 모든 처분을 허용하는 경우도 있고, 본 계약 체결일 기준으로 소유하고 있는 주식의 일부 처분을 허용하는 경우도 있고, 본 계약 체결일 기준으로 대상회사의 발행주식총수 기준 일부 처분을 허용하는 경우도 있다. 어느 경우든 지배주주가 처분할 수 있는 범위가 명확하게 기재되어야 할 것이다.

소수주주의 경우 예외를 두는 경우가 흔하지는 않으나 애초에 주주간계약을 체결하는 시점에 소수주주가 장차 소유할 주식을 처분해야 할 사정이 있는 경우에 이를 예외로 두는 경우가 많다. 가령, 어떤 PEF가 일시적으로 투자를 단행하였으나 동일 GP가 운용하는 다른 PEF에게 주식을 양도할 필요가 있다거나, 소수주주가 주식매매대금을 조달하기 위해서 인수금융을 하였고 그 인수금융의 담보로 대상회사 주식을 제공할 필요가 있다면, 그러한 내용을 미리 처분제한의 예외로 두어야 할 것이다.

6) 처분을 위한 절차

처분을 위해서 상대방의 동의를 받아야 하는 경우 동의를 받는 절차를 구체적으로 정할 수 있다. 예를 들면, 처분 예정일로부터 며칠 전에 동의 요청서를 보내야 한다든지, 동의 요청서에 처분 사유, 처분 조건, 처분 예정일 등 구체적인 내용을 기재해야 한다든지, 상대방은 동의 요청서를 받은 때로부터 며칠 내에 동의 여부를 통지해야 하는지 등을 정하는 것이다.

상대방 동의를 받아 제3자에게 처분하는 경우에 당사자가 제3자로 하여금 본 계약상 권리 및 의무를 승계하거나 계약상 지위를 이전받도록 하고, 제3자로부터 그러한 승계 내지 이전에 동의한다는 확약서를 받아 상대방에게 제공해야 한다고 규정하는 경우도 자주 볼 수 있다. 그런데 이와 같이 주주간계약상 지위를 이전하는 것은 주식을 양도한 경우에는 적절하지만, 주식을 담보로 제공하거나 주식에 대한 경제적 수익권만 양도한 경우에도 주주간계약상 지위를 전부 이전하는 것은 부적절할 수 있다. 따라서 이와 같은 계약상 지위 이전 여부는 개별 처분행위마다 필요성을 검토하여야 하고, 상대방은 동의할 때 계약상 지위 이전을 함께 요구할지, 계약상 지위 이전을 조건부로 동의할지 정할 수 있을 것이므로 굳이 이를 주주간계약에서 미리 규정할 필요는 적을 것이다.

당사자가 소유한 주식 일부만 양도한 경우에 기존 당사자가 양수인과 함께 연대책임을 부담하도록 미리 약정하는 경우도 있다. 그러나 이 역시 동의 여부를 결정할 때 조건으로 달 수 있는 것이므로 굳이 주주간계약에서 미리 정할 필요는 없을 것이다.

7) 처분제한 위반 시 구제수단

어느 당사자가 상대방 동의를 받지 않고 주식을 처분하려고 하는 경우에 상대방이 미리 그 사실을 알았다면 주식처분금지가처분을 신청하여 처분을 막을 수 있다. 이때 주식처분금지가처분이 인용되기 위해서는 피보전권리가 인정되어야 하고 주식양도제한 약정 자체가 유효하다는 것이 전제가 되어야 하는바, 앞서 설명한 구체적인 사정들을 검토하여 투하자본 회수를 완전히 부정할 정도인지 여부를 먼저 판단하여야 할 것이다. 또한 주식양도제한 약정이 유효하여 피보전권리가 인정된다고 하더라도 가처분이 인용되기 위해서는 보전의 필요성 역시 인정되어야 할 것이다.

대법원 2004. 11. 11. 선고 2004다39269 판결

종합유선방송사업을 운영하기 위해 회사를 설립한 주주들 사이에서 사업승인 후 방송위원회가 지정한 기간 동안 주식을 양도하지 않기로 약정하였고, 방송위원회가 사업승인기간 3년 동안 주주변경금지를 조건으로 승인하고 주주들이 그러한 승인조건을 확약하는 내용의 이행각서를 방송위원회에 제출하였는데, 주주 중 일부가 주식을 양도하려 하자 주식처분금지가처분을 신청한 사안이다. 대전지방법원 논산지원 2003. 2. 11.자 2003카합17 결정은 가처분 신청을 인용하였으나, 최종 상고심인 대법원 2004. 11. 11. 선고 2004다39269 판결은 위 주식양도제한 약정이 주주의 투하자본 회수 가능성을 전면적으로 부정하는 것으로서 효력이 없다고 판단하여 가처분 신청을 배척하였다.

서울고등법원 2017. 3. 10.자 2015라1302 결정

회사의 대표이사 겸 주주(채무자)가 회사 신주를 인수한 투자자들(채권자)로부터 투자를 받으면서 회사가 상장되거나 투자 회수 방식이 정리되기 전까지 채권자의 동의 없이 주식을 처분하지 않기로 확약한 사안이다. 서울중앙지방법원 2015. 8. 21.자 2015카합821 결정은 주식양도제한 약정이 주주의 투하자본 회수 가능성을 전면적으로 부정하는 것으로서 무효라고 보아 피보전권리가 인정되지 않는다는 이유로 가처분 신청을 기각하였다. 그러나 항고심인 서울고등법원 2017. 3. 10.자 2015라1302 결정은 회사를 상장하거나 채권자들의 투자금 회수 방안을 수립함으로써 주식양도가 가능해지므로 투하자본 회수를 전면적으로 부정하는 것이 아니라는 이유로 피보전권리는 소명되었다고 보았으나, 이미 채권자와 채무자 사이에 경영권 분쟁이 계속되고 있는 상황에서 채무자의 주주 지위를 유지함으로써 회사를 성실하게 경영할 것을 기대하기 어렵고, 경영권 분쟁이 장기간 계속되고 있음에도 채무자가 주식을 계속 보유하고 있다는 점에서 채무자가 주식을 대량 매각할 것으로 보이지 않고, 설령 매각하여 주가가 하락하더라도 그 손해를 금전적으로 전보받는 것이 불가능하다고 보이지도 않는다는 등의 이유로 보전의 필요성이 소명되지 않았다고 판단하였다.

주주간계약은 그 당사자 및 당사자의 계약상 지위를 승계한 자 사이에서만 효력이 있기 때문에 주식처분금지가처분도 그 당사자 및 당사자의 계약상 지위를 승계한 자에 대해서만 신청할 수 있다. 가령, 주주간계약의 당사자로부터 대상회사의 주식을 양도받은 양수인이라 하더라도 주주간계약상 지위까지 승계한 자가 아니라면 그 양수인이 대상회사의 주식을 처분하는 것까지 막을 수는 없다.

서울고등법원 2016. 7. 4.자 2016라20291 결정

여러 사람이 출자하여 회사를 설립하면서 주식양도를 제한하고 당사자 전원의 동의가 있는 등 일부 예외적인 경우에만 주식양도가 가능하도록 약정하였다. 출자자 중 일부가 다른 출자자의 동의를 받지 않고 제3자(채무자)에게 주식을 양도하였고, 채무자가 다시 다른 출자자의 동의 없이 주식을 다른 제3자에게 양도하려 하자 출자자 중 한 명(채권자)이 위 주식양도제한 약정을 이유로 주식처분금지가처분을 신청한 사안이다.

서울동부지방법원 2015. 8. 26.자 2015카합10234 결정은 가처분 신청을 인용하였으나, 채무자가 가처분 결정에 대해 이의하자 서울동부지방법원 2016. 2. 18.자 2015카합10375 결정은 주식양도제한 약정이 주주의 투하자본 회수가능성을 전면적으로 부정하는 것이라는 이유로 무효라고 판단하여 가처분 신청을 기각하였다. 채권자가 항고하자 서울고등법원 2016. 7. 4.자 2016라20291 결정은 위 주주간계약이 계약의 당사자들인 출자자들 사이에서만 효력이 있고, 출자자들로부터 주식을 양수한 채무자에게까지 효력이 미치지 않는다는 이유로 항고를 기각하였다.

주식처분제한 조항에도 불구하고 당사자가 이미 주식을 처분하였다면 가처분 신청의 보전의 필요성이 인정되지 않을 것이다. 또 주식양도제한 약정은 당사자인 주주들 사이에 채권적 효력만 있으므로 이를 위반하였다 하더라도 주식양도는 유효하고 대상회사는 양수인의 명의개서청구를 거절할 수 없다. 다만, 예외적으로 주식을 양도한 주주와 그 양수인 사이의 계약에서 만일 주주간계약에서 정한 요건을 충족하지 못하면 주식양도가 무효로 된다고 정하고 있으면 주식양도도 무효가 된다.[100)]

주식처분제한 약정을 위반하여 제3자에게 처분한 경우에 다시 그 제3자로부터 주식을 매수하도록 하는 의무를 인정하고 이를 강제할 수 있는가? 이는 계약 위반 또는 채무불이행에 대해서 그 결과를 제거할 의무 또는 원상회복을 할 의무를 부담시키는 것이다. 그런데 우리 법상 물권 침해로 인한 결과제거의무가 인정되는 경우가 있고 또 계약 위반으로 계약을 해제하는 경우 원상회복의무가 인정되지만, 채무불이행으로 손해가 발생하는 경우 다른 의사표시가 없는 한 금전 손해배상이 원칙이고(민법 제394조), 제3자가 이미 주식을 취득한 이상 제3자가 응하지 않을 경우 주식을 매수할 수도 없으므로 위와 같은 의무가 인정된다고 보기 어렵다.

결국 당사자는 주주간계약에서 다른 구제수단을 마련하고 있지 않다면 주식처분제한 약정을 위반한 상대방에 대하여 계약상 의무 위반을 이유로 한 손해배상청구만 가능할 것이다.[101)] 다만, 손해배상을 받으려면 손해가 인정되어야 하는데, 단순히 어느 주주가 자기가 소유한 주식을 처분하였다고 하여 다른 주주에게 손해가 발생하는 경우는 흔치 않고, 그 손해액을 입증하기도 어려우므로 일반 손해배상으로는 구제받기 어렵다. 법원에서 만연히 손해의 입증이 없다는 이유로 손해배상청구를 기각하기보다는 민사소송법 제202조의2를 활용하여 적극적으로 손해배상액을 정하여 인용하여야 한다는 견해[102)]도 있으나, 아직 이 조항을 활용하는 사례는 많지 않다. 이에 상대방이 주식처분제한 조항을 위반한 경우 penalty put을 행사하거나 위약벌 또는 손해배상 예정액을 청구할 수 있도록 약정하는 방안을 고려할 수 있을 것이다. 위약벌이나 손해배상 예정액을 설정할 때에는 그 금액이 부당히 과다하지 않은지 여부를 주의해야 할 것이다.[103)]

---

100) 대법원 2022. 3. 31. 선고 2019다274639 판결.

101) 주주간계약을 위반한 상대방 외에 상대방으로부터 주식을 매수한 자도 상대방과 적극 공모하였다거나 기망, 협박 등 사회상규에 반하는 수단을 사용하거나 다른 주주를 해할 의사로 상대방과 계약을 체결하였다는 등의 특별한 사정이 있는 경우 제3자 채권침해 법리에 따라 불법행위로 인한 손해배상책임이 인정될 여지가 있다는 견해로는 우호적 M&A의 이론과 실무 2(이동건, 류명현, 이수균 집필부분), 336면 각주 20.

102) 이동건 등(2018), 24면.

103) 처분가격의 5배를 위약벌로 약정한 것은 과도하여 처분가격의 20%로 감액한 사례로 서울중앙지방법원 2022. 6. 24. 선고 2021가합567711 판결.

나. 우선매수권 및 우선매수협상권

1) 우선매수권과 우선매수협상권의 의의 및 목적

어느 주주가 주식을 처분할 때 다른 주주에게 우선해서 그 주식을 매수하거나 매수에 대해서 협상할 수 있는 권리를 부여하는 경우가 있으며 이를 우선매수권 또는 우선매수협상권이라 한다. 경우에 따라서는 우선매수협상권을 우선매수권, 우선매수제안권, 우선청약권 등과 같이 다르게 칭하기도 하는데 당사자가 갖는 구체적인 권리의 내용은 조항의 내용에 따라 달라지므로 그에 맞는 가장 적절한 용어를 사용해야 할 것이다.

우선매수권 또는 우선매수협상권에 관한 조항은 주식처분제한 조항과 함께 주주간 계약에 포함되는 경우가 많으나, 주식처분제한 조항이 없는 경우에도 독립적으로 포함되기도 한다. 우선매수권은 상대방의 주식을 매수할 수 있는 권리라는 점에서 매도청구권과 유사한 점이 있으나, 우선매수권은 통상 상대방이 주식을 제3자에게 처분하려고 할 때 그 제3자에 우선해서 상대방의 주식을 매수할 수 있는 권리인 반면(이 때문에 contingent option이라고 부르기도 함), 매도청구권은 상대방이 주식을 제3자에게 처분하려는지 여부와 무관하게 일정한 요건을 충족하면 상대방의 주식을 매수할 수 있는 권리라는 점에서 차이가 있다. 그 차이가 항상 분명한 것은 아닌데, 가령 소수주주가 동반매도청구권을 갖고 있고 소수주주의 동반매도청구에 대응하여 지배주주에게 소수주주의 주식을 우선해서 매수할 수 있는 권리를 부여하는 경우(이른바 drag/call 구조)에 지배주주의 권리를 우선매수권이라 부르는 경우도 있고 매도청구권으로 부르는 경우도 있다.

우선매수권 또는 우선매수협상권은 기본적으로 제3자가 주주로 들어오는 것을 가능한 막기 위해서 추가하는 것이다. 또 만일 우선매수권 또는 우선매수협상권이 주식처분 제한의 예외로 규정되어 있다면, 이는 당사자의 주식 처분의 자유를 보장하는 기능도 한다(주식양도를 완전히 금지하지 않게 한다는 점에서 주식양도제한 약정의 유효성을 보장하는 기능을 함).

2) 우선매수권과 우선매수협상권의 차이

우선매수권은 상대방이 주식을 처분하기 위해서 당사자에게 일정한 매매조건을 통지하면 당사자가 그와 동일한 조건으로 그 주식을 우선해서 매수할 수 있는 권리이다. 통상 상대방은 다른 제3자와 구체적인 매매조건에 대해서 협상을 마친 후 제3자가 제안한 매매조건(이를 진정한 거래에서 나온 제안이라는 점에서 bona fide offer라 함)을 당사자에게 제시하고, 당사자는 그와 동일한 조건으로 우선해서 매수할지 여부를 결정한다(right of first refusal; 이른바 ROFR). 다만, 반드시 이렇게 제3자의 bona fide offer가 있어야만 당사자가 우선매수권을 행사할 수 있도록 약정해야 하는 것은 아니고, 상대방이 제3자와의 협의 없이 단순히 자신이 받고자 하는 매도희망가격을 제시하면 당사자가 그 가격으로 우선해서 매수할지 여부를 결정하도록 약정할 수도 있다. 우선매수권 행사의 전제로 제3자의 bona fide offer를 요구하는 이유는 주식을 처분하려는 상대방이 허위의 매매제안을 제시하며 당사자로부터 더 많은 매매대금을 받아내는 일종의 기망적인 행위를 방지하기 위함이다.

통상 우선매수권을 행사하면 그 행사 통지가 상대방에게 도달하는 즉시 매매계약이 체결되는 것으로 간주하며 일정한 기간 내에 해당 계약에 따라 주식을 양도하고 대금을 지급하도록 약정하는데, 이러한 내용의 우선매수권은 당사자의 일방적인 의사표시로 매매계약이라는 새로운 법률관계가 형성되는 것으로서 일종의 형성권이라 할 수 있다.[104] 우선매수권 행사로 매매계약이 체결되는 효과를 갖기 때문에 구체적인 매매조건이 확정되어 있을 필요가 있고, 그 권리 행사 절차나 행사 이후의 이행 절차, 위반 시 효과에 대해서 가능한 구체적으로 규정할 필요가 있다.

우선매수협상권은 상대방이 주식을 제3자에게 처분하고자 하는 경우에 당사자가 그 주식을 매수할지 여부를 제3자에 우선해서 협상할 수 있는 권리이다. 이때 매매조건을 누가 먼저 제안하는지, 당사자에게 매매조건을 협상할 여지를 주는지 아니면 상대방이 제시한 조건을 그대로 수용할지 여부만 결정하도록 할지 등에 따라 우선매수협상권의 내용은 여러 가지 변형이 있을 수 있다. 실무상 많이 볼 수 있는 형태로는 상대방이 주식을 제3자에게 처분하기 전에 매도하고자 하는 주식의 수를 통지하도록 하고(청약의 유인), 당사자는 상대방이 제시한 수량의 주식을 매수할지 여부를 결정하여 일정한 가격으로 매수할 의사를 상대방에게 통지하고(청약), 다시 상대방은 당사자가 제시한 가격에 주식을 매도할지 여부를 결정하여 매도하기로 당사자에게 통지하면(승낙) 그때 매매계약이 체결되는 것으로 약정한다(right of first offer; 이른바 ROFO). 그러나 상대방이 제3자에게 처분하기 전에 당사자에게 매도희망가격을 함께 알리면 당사자가 그 매도희망가격을 수용할지 여부를 정하도록 약정할 수도 있고, 상대방이 매도희망가격을 제시하되 당

104) 매수청구권에 관한 대법원 2022. 7. 14. 선고 2019다271661 판결 참고.

사자는 그에 구애받지 않고 상대방과 구체적인 매매조건에 대해서 다시 협상할 수 있도록 약정할 수도 있다.

우선매수협상권의 핵심은 당사자가 그 권리를 행사한다고 하여 바로 주식을 매수할 수 있지 않고 최종적인 매매계약 체결의 의사결정은 최초에 주식을 처분하려고 한 주주(우선매수협상권의 상대방)에게 있다는 점이다. 따라서 우선매수협상권은 매우 약한 권리라고 할 수 있고, 어차피 당사자들 간의 협의를 통해서 매매조건이 결정되기 때문에 주주간계약에서 그 권리 행사의 절차나 효과에 대해서 자세하게 규정할 실익이 적다.

어느 당사자에게 우선매수권을 부여할 경우 상대방은 주식 처분이 매우 어려워지기 때문에 우선매수권을 부여할지 여부를 신중하게 검토하여야 한다. 주식을 매수하려는 잠재적 매수인 입장에서는 기껏 대상회사의 주주와 협상하여 구체적인 매매조건까지 확정지었는데 우선매수권을 가진 다른 주주가 있으면 그 다른 주주에게 매수 기회를 빼앗길 염려가 있기 때문에 처음부터 시간과 비용을 들여 매수 협상을 진행하지 않을 가능성이 높다. 결국 상대방은 주식을 매수할 자를 구하지 못하여 사실상 주식 처분이 제한될 것인바, 이를 감수할 의사가 있는 경우에만 다른 주주에게 우선매수권을 부여하거나 아니면 우선매수권을 보유하는 기간을 제한하는 등의 방안을 강구할 필요가 있다.

반면, 어느 당사자에게 우선매수협상권만 부여할 경우 상대방은 제3자에게 매도하기에 앞서 우선매수협상권을 갖는 주주와 협상하기만 하면 되므로 이것만으로 주식 처분이 과도하게 어려워진다고 보기는 어렵다. 다만, 우선매수협상권 조항에서 우선매수협상권자에게 일정한 자료를 제공하도록 하거나 매수 여부를 결정할 수 있는 기간을 길게 부여하는 등 절차상 제약을 두는 경우 그러한 절차를 제대로 준수하지 않았다는 이유로 우선매수협상권을 갖는 당사자가 계약 위반을 주장하며 제3자에 대한 처분을 방해할 여지도 있다는 점을 염두에 두어야 할 것이다.

3) 우선매수권

§7–1 – 우선매수권

제7조 (우선매수권) (1) [제6조 제1호 및 제2호의 경우를 제외하고 주주A가 / 주주A가 제6조에 따라 동의를 받은 후] 자신이 소유하고 있는 대상회사 발행 주식 전부 또는 일부(이하 **"매도예정주식"**)를 제3자(이하 **"매수예정자"**)에게 매도하고자 하는 경우, 주주B는 매수예정자에 우선하여 매도예정주식을 매수할 수 있다.

(2) 주주A는 매도예정주식을 제3자에게 매도하기 전에 주주B에게 매수예정자의 신원 및 매수예정자와 정한 구체적인 거래조건(매도예정주식의 수, 1주당 매매예정가격, 매매예정일, 매수인 측 의무, 기타 주요 거래조건)을 기재하여 서면으로 통지(이하 **"매도예정통지"**)하여야 한다. 주주A는 매도예정주식에 대한 대가로 현금 이외의 것을 지급받는 것으로 매수예정자와 협의하여서는 안 된다.

(3) 주주B는 매도예정통지를 받은 날로부터 30일(이하 **"우선매수기간"**) 내에 주주A에게 매도예정통지에 기재된 것과 동일한 거래조건으로 매도예정주식을 매수하겠다는 의사를 통지(이하 **"우선매수통지"**)할 수 있다. 우선매수통지가 주주A에게 도달된 때 주주A와 주주B 사이에 매도예정통지에 기재된 것과 동일한 거래조건으로 매도예정주식에 대한 매매계약이 체결된 것으로 본다.

(4) 매도예정통지에 기재된 매매예정일에도 불구하고, 주주B는 제3항 기재 매매계약이 체결된 날로부터 30일 내에 매도예정주식에 대한 매매대금을 주주A에게 지급하여야 하며, 주주A는 매매대금을 지급받음과 동시에 매도예정주식을 주주B에게 양도하여야 한다.

(5) 주주B가 우선매수기간 내에 우선매수통지를 하지 않거나 확정적으로 매도예정주식을 매수하지 않겠다는 의사를 통지한 경우, 주주A는 위 우선매수기간이 경과한 날로부터 60일 내에 매도예정주식을 매도예정통지에 기재된 매수예정자에게 처분할 수 있다. 이때 주주A는 매도예정통지에 기재된 매도예정가격보다 낮은 가격 또는 매수예정자에게 유리한 거래조건으로 매수예정자에게 처분할 수 없다. 주주A가 위 60일 내에 매도예정주식을 처분하지 못한 경우 또는 매도예정통지에 기재된 매도예정가격보다 낮은 가격 또는 매수예정자에게 유리한 거래조건으로 처분하고자 하는 경우 제2항 내지 제5항에서 정한 절차를 다시 거쳐야 한다.

[(6) 주주A는 본조를 위반하여 대상회사 발행 주식을 제3자에게 처분할 수 없으며, 본조를 위반하여 대상회사 발행 주식을 제3자에게 매도한 경우 매도를 통해 지급받은 매매대금의 O% 상당의 금원을 주주B에게 위약벌로서 지급하여야 하며, 이 외에 추가로 주주B에게 발생한 손해를 배상하여야 한다.]

i) **우선매수권자**: 우선매수권을 어느 당사자에게 부여할지부터 정하여야 하며 이는 구체적인 상황에 따라 다르다. 지배주주 입장에서는 소수주주가 지분을 처분하려고 할 때 신뢰관계가 없는 새로운 주주가 들어오느니 자신이 소수주주의 지분까지 매수하기를 원할 수도 있고, 반대로 소수주주 지분이 미미하고 그만큼은 다른 제3자가 보유하더라도 별다른 영향이 없다는 판단이라면 우선매수권이 필요 없을 수도 있다. 소수주주 입장에서는 지배주주와 함께 경영을 한다는 전제하에 주주가 된 것이기 때문에 지배주주가 아닌 제3자가 주주로 들어오는 것을 최대한 방지하기 위하여 자신이 지배주주의 지분을 매수할 기회를 원할 수도 있고, 반대로 투자자로서 일회성 투자를 한 것이고 추가로 투자할 자금이 없거나 적극적인 경영참여를 할 수 없는 상황이라면 우선매수권이 필요 없

을 수 있다. 예시 조항은 소수주주만 우선매수권을 보유한다는 전제하에 작성한 것이다.

ii) **우선매수권 행사요건**: 우선매수권은 통상 상대방이 대상회사 발행 주식[105)]을 전부 또는 일부 매도하는 경우에 인정된다. 이때 주식처분제한 조항과 연계해서 생각해야 하는데, 다른 당사자 동의 없이도 처분할 수 있는 예외(가령, 계열회사에게 이전하는 경우)를 설정한 경우에는 다른 당사자의 간섭 없이 자유롭게 처분할 수 있도록 하려는 취지이기 때문에 그런 경우에는 다른 당사자가 우선매수권도 행사할 수 없도록 규정하는 것이 타당할 것이다.

우선매수권은 통상 당사자에게 상대방의 주식을 우선하여 매수할 수 있는 기회를 부여하는 것일 뿐 그 주식을 시가보다 싸게 매수할 수 있는 기회를 부여하는 것은 아니다. 그런 면에서 이는 투자자인 주주에게 투자 당시의 가치를 유지한 채 추가 투자 기회를 부여하기 위해서 인정되는 매도청구권과는 다르다.

또 우선매수권은 통상 상대방이 주식을 제3자에게 "매도"하는 경우에 인정되고 매도가 아닌 "처분" 시에는 인정되지 않아야 한다. 가령, 상대방이 주식을 누군가에게 증여한다거나 현금이 아닌 다른 물건과 교환한다거나 담보로 제공할 때에는 애초에 우선매수권자가 동일 조건으로 매수할 수 있지 않기 때문에 우선매수권이 인정되지 않는다. 그렇다고 그러한 처분이 허용되는 것은 아니고, 주식처분제한 조항으로 그러한 처분은 방지할 수 있을 것이다.

iii) **우선매수주식**: 우선매수권자가 상대방이 처분하려는 주식을 전부 매수하여야만 하는지, 아니면 그중 일부만 매수할 수 있게 할 것인지는 당사자들이 협의하여 정할 문제이다. 다만, 일부만 매수할 수 있도록 약정한다면, 주식을 매수하려는 제3자가 본래 취득하고자 했던 주식 중 일부만을 취득하게 되는 결과를 수용할 수 있는 경우에만 거래할 텐데, 이를 수용할 수 있는 제3자가 나타나기 어렵기 때문에 사실상 상대방의 제3자에 대한 주식 처분을 어렵게 만들 것이다. 이에 따라 일반적으로 우선매수권자는 상대방 주주가 처분하려는 주식에 대해서는 전부 매수하거나 전부 매수하지 않거나 중에 선택하도록 약정한다.[106)]

105) 만일 당사자가 대상회사 주식 외에 주식연계사채 등 다른 증권도 보유하고 있다면 그러한 증권까지 포함할지 여부를 정해야 한다. 우호적 M&A의 이론과 실무 2(이동건, 류명현, 이수균 집필부분), 364면.

106) Patt & Giles, 65면.

iv) **제3자의 bona fide offer**: 앞서 설명한 바와 같이 우선매수권은 통상 주식을 매수하려는 제3자와 모든 협상을 마치고 제3자가 구체적인 거래조건을 제안하였을 것을 전제로 행사할 수 있으며, 상대방은 자기가 소유한 주식을 매도하겠다는 매도예정통지에 위 제3자와의 거래조건을 상세하게 기재하여 우선매수권자에게 통지하여야 한다. 이때 제3자의 bona fide offer가 얼마나 구체적이어야 하는지 자주 문제 된다. 상대방이 보다 유리한 조건으로 우선매수권자에게 주식을 처분하기 위해서 허위의 제3자 내지 제3자의 제안을 제시한 것은 아닌지 자주 분쟁이 발생하기 때문에, 제3자의 신원과 매매의 핵심적인 요소인 매매목적물, 매매대금, 매매예정일 등을 구체적으로 기재해서 통지하도록 하는 것이 바람직하다. 또 우선매수권자는 제3자가 제안한 거래조건과 동일한 조건으로 주식을 매수할 수 있으므로, 그 거래조건에 매수인이 부담하는 의무가 있으면 이것도 우선매수권자에게 알려 이를 수용할 것인지 여부를 알 수 있게 하는 것이 필요하다. 여기서 더 나아가 제3자의 신원이나 제3자의 매수 의사를 확인할 수 있게 제3자의 설립 및 존속을 입증할 수 있는 증빙자료나 제3자의 매수 의향서나 확약서, 심지어 제3자와 협상을 완료한 주식매매계약 초안을 함께 제공할 것을 요구하기도 한다. 그러나 이와 같이 거래조건을 구체적으로 기재해야 할수록, 또 제3자로부터 받아야 하는 서류가 많을수록 제3자 입장에서는 매매를 진행하는 부담이 커지므로 제3자로부터 bona fide offer를 받는 것이 어려워진다는 점도 고려해야 한다.

v) **우선매수권 행사절차**: 우선매수권자는 위와 같이 제3자와의 거래조건이 기재된 매도예정통지를 받으면 일정한 기간 내에 우선매수권 행사 여부를 결정하여 상대방에게 우선매수통지를 하여야 한다. 이때 기간을 설정할 때에는 제3자의 제안이 진정한 것인지 여부를 검증하고, 매매예정가격이 적정한 가격인지 평가하고, 기타 다른 거래조건을 수용할 수 있는지를 검토하기에 충분한 시간으로 설정해야 하며, 통상 30일에서 60일 이내의 범위로 기간을 정한다.

한편, 우선매수권자가 매도예정통지를 받으면 그 통지에 기재된 거래조건을 그대로 수용할지 여부만 결정하여 바로 통지하도록 하는 경우가 대부분이나, 일정한 협상기간을 부여하는 경우도 있다. 즉, 제3자가 제안한 거래조건 중 우선매수권자와의 관계에서 일부 수정이 필요한 부분은 역으로 제안할 수 있는 기회를 제공하는 것이다.

vi) **우선매수권 행사 및 불행사효과**: 우선매수권을 행사하면 바로 당사자들 간에 매매계약이 체결되는 것으로 간주하는 것이 일반적이다. 이처럼 당사자 일방의 통지만으로 바로 매매계약이 체결되므로 그 전에 구체적인 거래조건이 확정되어 있어야 하고 매도예정통지에 그 내용이 기재되어 있어야 한다. 그런데 우선매수권자는 이미 대상회사의 주주이고 회사 사정에 밝기 때문에 굳이 우선매수권자에게 대상회사에 대해 각종 진술 및 보장을 제공할 필요가 없을 수 있다. 이에 상대방이 제3자와 협의한 거래조건에 대상회사에 대한 각종 진술 및 보장이 포함되어 있더라도 우선매수권 행사로 인하여 체결되는 매매계약에는 그러한 진술 및 보장에 관한 내용은 배제된다고 정하기도 한다. 또 유의해야 할 점은 매매가 이루어지는 날이다. 통상 매매계약은 매도예정통지에 기재된 거래조건과 동일한 조건으로 체결되고, 매도예정통지에 제3자와 협의한 매매예정일을 기재하므로 만일 다른 약정이 없으면 그 제3자와 협의한 매매예정일에 구속받을 수 있다. 그러나 우선매수권자가 매수 여부를 검토할 수 있도록 우선매수기간을 장기간으로 설정하게 되면 그 기간 내에 매매예정일을 도과하거나 아니면 우선매수통지를 한 후 매매대금을 조달할 수 있는 기간이 지나치게 짧아질 우려도 있다. 이에 매도예정통지에 기재된 조건으로 매매계약이 체결되지만, 매매가 이루어지는 날은 주주간계약에서 다르게 정하는 것이 바람직하다.

상대방 주식을 우선매수권자가 매수하지 않고 주주가 지정하는 자가 매수할 수 있도록 정하는 경우도 있다. 주주가 법률상 제한 때문에 일정 지분율 이상 대상회사 지분을 취득 내지 보유할 수 없다거나 자력이 없지만 계열회사 등을 통해서 지배력을 행사하고자 하는 경우에 주주가 지정하는 자를 매수인으로 지정할 수 있는 길을 열어둔다. 이와 같이 주주가 지정하는 자가 매수하는 구조를 취할 경우에는 우선매수통지를 한다고 하여 바로 매매계약이 체결되는 것으로 간주하기는 어렵고, 상대방으로 하여금 우선매수권자가 지정한 자와 매매계약을 체결하도록 의무를 부과하여야 할 것이다.

우선매수권을 행사하지 않은 경우에는 상대방은 원래 의도한 대로 제3자에게 주식을 처분할 수 있게 된다. 다만, 우선매수권자의 권리를 해하지 않도록 상대방이 제3자와 거래를 신속하게 완료할 수 있는 기한을 정하고, 매도예정통지에 기재된 거래조건 또는 그보다 제3자에게 유리하지 않은 조건으로만 주식을 처분할 수 있도록 제한하는 것이 일반적이다. 만일 그 기간을 경과하거나 제3자에게 유리한 조건으로 처분하고자 한다면, 다시 우선매수권자에게 우선매수 기회를 부여하여야 한다.

vii) **우선매수권 침해 시 구제수단:** 상대방이 당사자의 우선매수권을 무시하고 제3자에게 주식을 처분하려고 한다는 사실을 미리 알고 있다면 주식처분금지가처분을 신청할 수 있을 것이다. 그런데 이와 같이 상대방이 제3자에게 주식을 처분하려고 한다는 사실을 미리 알기 어렵기 때문에 통상 주식 처분이 이루어진 이후에 어떻게 구제받을 수 있는지가 중요하다. 민법에 따라 인정되는 구제수단에만 의존할 경우 손해배상청구만 할 수 있을 텐데, 그 손해를 입증하기 어렵고 손해가 인정되더라도 상대방이 주식을 헐값에 제3자에게 처분한 것이 아닌 이상 우선매수권자가 배상받을 수 있는 손해액은 높지 않을 것이다. 따라서 민법상의 손해배상 외에 우선매수권을 보장받을 수 있는 실효성 있는 구제수단을 마련하는 것이 바람직하고, 이를 위해 우선매수권 조항을 위반할 경우 위약벌 또는 손해배상 예정액을 지급하도록 하거나, 아니면 우선매수권자가 penalty put을 행사하여 위반자가 우선매수권자의 주식을 높은 가격으로 매수하도록 하는 방안을 고려할 수 있다. 예시 조항 제7조 제6항은 위약벌 조항을 추가한 것인데, 이와 같이 개별 권리에 관한 조항에 위약벌에 관한 내용을 추가할 수도 있고, 아니면 예시 조항 제13조 제2항과 같이 일반적인 위약벌 조항을 따로 둘 수도 있다.[107]

4) 우선매수협상권

§7-2 – 우선매수협상권

제7조 (우선매수협상권) (1) [제6조 제1호 및 제2호의 경우를 제외하고 주주B가 / 주주B가 제6조에 따라 동의를 받은 후] 자신이 소유하고 있는 대상회사 발행 주식 전부 또는 일부(이하 **"매도예정주식"**)를 제3자에게 매도하고자 하는 경우, 주주A는 우선적으로 매도예정주식의 매수에 대해서 협상할 수 있다.

(2) 주주B는 매도예정주식을 제3자에게 매도하기 전에 주주A에게 매도예정주식의 수, 1주당 매매예정가격 및 기타 주요 거래조건을 기재하여 서면으로 통지(이하 **"매도예정통지"**)하여야 한다.

(3) 주주A는 매도예정통지를 받은 날로부터 30일(이하 **"우선협상기간"**) 동안 주주B와 매도예정주식의 매매에 대해 협상할 수 있으며, 주주A와 주주B는 구체적인 거래조건에 대해 신의성실에 따라 협의하여야 한다.

(4) 우선협상기간 내에 주주A가 매도예정주식을 매수하지 않겠다고 주주B에게 통지하거나 주주A와 주주B 사이에 매도예정주식에 대한 매매계약이 체결되지 않은 경우, 주주B는 매도예정주식을 위 제3자에게 매도할 수 있다. 이때 주주B는 매도예정통지에 기재된 매매예정가격보다 낮은 가격이나 위 제3자에게 더 유리한 거래조건으로 위 제3자에게 매도할 수 없으며, 그러한 조건으로 매도하고자 하는 경우 제2항 및 제3항에서 정한 절차를 다시 거쳐야 한다.

107) 아래 430면 '위약벌' 부분 참고.

우선매수협상권 조항 역시 기본적으로 우선매수권 조항과 유사한 구조를 가지나, 당사자에게 확정적으로 매수할 수 있는 권리를 부여하는 것이 아니라 우선해서 매수협상을 할 수 있도록 하고 매수 여부는 상대방의 재량에 달려 있게 된다는 점에서 우선매수권 조항에 비해서 권리 행사 절차나 효과를 간단하게 기재하거나 생략할 수 있다.

우선매수협상권의 의의를 찾자면, 상대방이 주식을 처분할 수 있는 가격을 제한할 수 있다는 점이다. 즉, 우선매수협상권을 부여하는 경우 우선매수협상권자가 그 권리를 행사하지 않더라도 상대방은 우선매수협상 중에 자신이 제시한 매도예정가격 또는 우선매수협상권자가 제시한 매수예정가격보다 제3자에게 유리한 조건으로 매각할 수 없다고 정하는 경우가 많다. 이로써 우선매수협상권자는 적어도 자신이 예상하거나 매수할 수 있었던 가격보다 더 낮은 가격으로 제3자가 주식을 취득하는 것을 방지할 수 있다.

또 다른 의의를 찾자면, 상대방이 주식을 처분하기 전에 먼저 우선매수협상권자에게 알려야 하므로 상대방의 주식 처분 의사를 이른 시점에 알 수 있게 된다. 그러나 어차피 주식처분제한 조항이 있다면 주식을 처분하려는 상대방은 당사자의 동의를 얻어야 하고, 주식 처분을 원활하게 하기 위해서는 이른 시점에 당사자의 동의를 얻는 것이 필요하므로, 우선매수협상권 조항이 없더라도 상대방은 당사자에게 주식 처분 의사를 알릴 것이므로 우선매수협상권 조항의 의의가 반감된다.

마지막으로, 우선협상기간 동안은 성실하게 매매조건에 대해서 협의하여야 하므로, 적어도 그 기간 동안은 제3자에 대한 매각을 막을 수 있고 제3자에게 매각될 때까지의 기간을 지연시킬 수 있다. 다만, 이것도 우선매수협상권 조항에 우선협상기간 동안에는 우선매수협상권자에게만 배타적 협상권이 있다는 점을 명시하고, 우선매수협상권 조항을 위반했을 때 강한 제재수단을 부여하는 경우에만 의미가 있고, 그렇지 않을 경우 상대방은 이른 시일 내에 협상 결렬을 통지하고 바로 제3자에게 매각할 수 있으므로 우선매수협상권이 크게 의미를 갖지는 않을 것이다.

다. 동반매도권

§8 – 동반매도권

제8조 (동반매도권) (1) [제6조 제1호 및 제2호를 제외하고 주주A가 / 주주A가 제6조에 따라 동의를 받은 후] 자신이 소유하고 있는 대상회사 발행 주식 전부 또는 일부(이하 **"매도예정주식"**)를 제3자(이하 **"매수예정자"**)에게 매도하고자 하는 경우, 주주B는 자신이 소유하고 있는 대상회사 발행 주식 전부 또는 일부(이하 **"동반매도주식"**)를 매도예정주식과 함께 매수예정자에게 매도(이하 본조에서 **"동반매도"**)할 수 있다.

(2) 주주A는 매도예정주식을 제3자에게 매도하기 전에 제7조 제2항에 따라 주주B에게 매도예정통지를 하여야 한다.

(3) 주주B는 매도예정통지를 받은 날로부터 30일 내에 주주A에게 주주B가 매도하고자 하는 동반매도주식의 수량 및 매도예정통지에 기재된 것과 동일한 거래조건으로 동반매도주식을 함께 매도하겠다는 취지를 기재하여 서면으로 통지(이하 본조에서 **"동반매도통지"**)할 수 있다.

(4) 주주A는 동반매도통지를 받은 경우, 주주A의 매도예정주식에 대한 매매계약이 체결되는 것을 조건으로 그와 동시에, 동반매도주식을 매도예정통지에 기재된 것과 동일한 거래조건(단, 주주B는 주식 소유권 등 근본적 진술 및 보장만 할 뿐 대상회사의 영업에 관한 진술 및 보장은 하지 않음)으로 매수예정자에게 매도하는 내용으로 주주B와 매수예정자 사이에 매매계약이 체결되도록 하여야 한다. 이때 매도예정주식 및 동반매도주식 수의 합계가 매수예정자가 매수하고자 하는 대상회사 주식의 수를 초과하는 경우 주주A는 매수예정자로 하여금 [주주A와 주주B의 지분 비율에 따라 안분하여 주식을 매수하도록 하여야 한다 / 동반매도주식을 매도예정주식에 우선하여 매수하도록 하여야 한다].

(5) 제7조 제5항 [내지 제6항]은 본조에 준용한다.

1) 동반매도권의 의의 및 목적

다른 주주가 대상회사 주식을 처분하려고 할 때 자신이 소유한 주식을 함께 매도할 수 있는 권리를 동반매도권이라 한다. 이러한 권리는 국내법에서 찾아보기 어려운 것으로서 영미 계약상 tag-along right을 들여온 것인데, 이 용어를 어떻게 번역할 것인지에 대해서 실무가 통일되어 있지 않다. [동반/공동][매도/매각]참여권 또는 [동반/공동][매도/매각]권 중 임의로 단어를 조합해서 사용한다. 다른 주주의 주식 매매 절차에 함께 참여한다는 점에서 "참여"라는 단어를 사용할 수도 있겠으나, 궁극적으로 자신이 소유한 주식을 매도하는 것이 이 권리의 핵심이므로 이 책에서는 단순하게 동반매도권이라는 용어를 사용하기로 한다.

동반매도권은 어느 주주가 투하자본을 회수하는 기회에 다른 주주가 그대로 남아 있지 않도록 하기 위해서 부여되며, 주식처분제한과 동전의 앞 뒷면 관계에 있다.[108] 즉, 만일 어느 주주가 다른 주주의 이익을 보호하기 위해서 주식 처분이 제한되고 있다면, 그 다른 주주가 주식을 좋은 기회에 처분할 수 있게 되는 경우에는 그 기회를 함께 누릴 수 있도록 해야 한다는 것이다.

2) 동반매도권자

동반매도권은 모든 주주에게 다 부여할 수도 있으나, 주로 소수주주가 낙동강 오리알 신세가 되지 않도록 하기 위해 소수주주에게만 부여되는 경우가 많다. 소수주주는 지배주주가 대상회사를 경영한다는 전제하에 주주로 남아 있는 경우가 많기 때문에 지배주주가 대상회사를 떠날 경우 소수주주 역시 떠날 필요가 있으나, 대상회사와 같은 업계에 종사하는 자가 아닌 이상 잠재적 매수인들을 접촉하거나 구하기 어려울 뿐만 아니라 소수지분만으로는 매각이 쉽지 않으므로 지배주주의 매각 기회에 함께 매각할 수 있게 하는 것이다.[109] 지배주주는 자신의 지분을 매각할 때 소수주주의 지분도 함께 매각하여야 하기에 부담이 되고 처분이 억제되는 효과가 있다. 반대로 소수주주는 독립적으로 지분을 매각할 때에는 소수지분으로서 갖는 discount가 있으나 동반매도를 하면 보다 쉽게 지배주주가 매각하는 유리한 조건으로 자신의 투하자본을 회수할 수 있는 기회를 보장받을 수 있다.

역으로 소수주주가 자신의 지분을 처분하려고 할 때 지배주주에게 동반매도권을 부여할 경우 소수주주의 지분 매각을 매우 어렵게 만들기 때문에 소수주주, 특히 단기적인 투자 수익을 목적으로 들어온 재무적 투자자 입장에서 지배주주의 동반매도권을 수용하기 어려울 것이다. 지배주주 역시 소수주주의 매매절차에 편승하기보다는 자기가 직접 매매절차를 개시하는 것이 경영권 프리미엄을 인정받기 쉽기 때문에 동반매도권을 요구할 필요가 적다.

이하에서는 소수주주만 동반매도권을 보유한다는 전제하에 설명한다.

---

108) Patt & Giles, 76면.

109) *Id.*

3) 동반매도권 행사요건

동반매도권을 어떤 경우에 행사할 수 있는지는 당사자들이 협의하여 정할 문제이다. 지배주주가 소유한 대상회사 주식을 전부 또는 일부라도 매도하고자 하는 모든 경우에 소수주주에게 동반매도권을 인정할 수도 있고, 지배주주의 매도로 지배주주가 과반수 지분을 상실하는 경영권 이전 또는 대상회사 매각의 경우에만 인정할 수도 있고, 소수주주가 지분을 취득한 시점으로부터 일정한 기간이 경과하거나 대상회사가 기업공개를 마친 이후부터 일정한 기간 동안만 인정할 수도 있다.

동반매도권 행사요건을 우선매수권 행사요건과 일치시킬 수 있다. 우선매수권 행사요건과 일치시키는 경우에는 지배주주가 주식을 제3자에게 처분할 때 소수주주는 우선매수권을 행사하여 자신이 그 주식을 매수할 것인지 동반매도권을 행사하여 자신이 소유한 주식을 제3자에게 함께 매도할 것인지 선택권을 갖는다. 이와 같이 행사요건을 일치시키면 우선매수권과 동반매도권에 관한 내용을 하나의 조항에서 다룰 수 있고 용어를 공통하여 사용할 수 있다.

반면, 동반매도권 행사요건을 지배주주의 동반매도청구권 행사요건과 일치시킬 수도 있다. 동반매도권은 소수주주의 지분 처분을 위한 것, 동반매도청구권은 지배주주의 지분 처분을 위한 것이기 때문에 경영권 이전이나 회사 매각이라는 동일한 사건이 발생하면 양 당사자에게 동일한 기회를 주는 것이 타당하다는 생각에 기초한다. 그러나 이들의 행사요건을 반드시 일치시켜야만 하는 것은 아니고, 실무상으로도 소수주주의 동반매도권은 조금 더 넓게 인정하는 경향이 있다.

주식처분제한 조항에서 예외적으로 지배주주의 주식 처분이 허용되는 경우에는 소수주주의 동반매도권을 인정하지 않는 경우가 많다는 점 및 지배주주의 주식 처분은 "매도"로 한정된다는 점은 위 우선매수권에 대한 설명 부분과 동일하다.

4) 동반매도주식

동반매도권자가 함께 매도할 수 있는 주식은 그 자가 소유한 주식 전부 또는 일부로 정하는 경우가 대다수이다. 지배주주가 자기 주식의 일부만을 매도하는데 소수주주가 반드시 자기 주식 전부를 매도해야 한다고 한다면 균형이 맞지 않기 때문에 소수주주에게도 선택권을 부여하고자 하는 것이다. 한편, 지배주주 입장에서는 소수주주의 동반매도권을 제한 없이 인정할 경우 자신의 지분 매각에 지장을 초래할 수 있으므로(매수인이 매수하고자 하는 물량은 한정되어 있으므로 소수주주의 동반매도 물량이 늘어날수록 자신의 매도 물량이 줄어들게 됨), 지배주주와 소수주주의 지분율에 비례하여 소수주주가 매도할 수 있는 주식의 수를 정할 수도 있고, 동반매도주식의 수가 지배주주가 매도하려는 주식 수보다 적어야 한다는 제한을 둘 수도 있고, 지배주주가 매도하려는 주식의 양에 따라 소수주주가 매도할 수 있는 주식의 수를 차등적으로 늘리는 방안도 고려할 수 있다.

또 소수주주가 보통주식 외에 종류주식도 소유하고 있는 경우에 이와 같은 종류주식에 대해서도 동반매도를 인정할 것인지 고민해 보아야 한다. 소수주주 입장에서는 동일 기회에 모두 처분하는 것이 유리하겠으나, 잠재적 매수인 입장에서는 내용이 특이한 주식(가령, 의결권이 제한되는 주식, 일정한 기간 내에 회사가 상환권을 갖는 주식 등)을 원치 않아 지배주주와의 거래를 꺼릴 수 있기 때문이다. 더욱이 배당 등에 있어서 우선권을 갖는 우선주식의 경우 보통주식과 매매대금을 동일하게 할 것인지, 다르게 한다면 누가 그 매매대금을 정할 것인지 등 고려해야 할 사항들이 많아진다.[110] 이런 점 때문에 동반매도권자가 보통주식으로 전환할 수 있는 전환주식을 갖고 있는 경우에는 통상 동반매도권을 행사하기 전에 보통주식으로 전환한 후에 행사할 것으로 약정하기도 한다.

5) 동반매도권 행사절차

동반매도권은 지배주주가 제3자에게 주식을 매도하는 거래조건과 동일한 거래조건으로 소수주주도 주식을 매도하는 것이므로 지배주주는 제3자와 협의하여 확정된 거래조건을 포함하여 매도예정통지를 소수주주에게 보내야 한다. 우선매수권은 소수주주가 지배주주의 주식을 제3자와 협의된 거래조건으로 매수하는 것이기 때문에 제3자와 협의된 거래조건이 bona fide offer에 기반한 것인지가 중요하지만, 동반매도권은 소수주주가 제3자에게 자기 주식을 매도하는 것이기 때문에 매매대금이 적절한지 여부가 주된 관심사이고 그 제3자와의 거래조건이 bona fide offer인지 여부는 상대적으로 덜 중요하다.

소수주주는 지배주주가 매도예정통지를 보내면 일정한 기간 내에 동반매도권을 행사할지 여부를 결정하여 지배주주에게 동반매도통지를 하여야 한다. 이때 기간은 법률관계의 단순화를 위해서 우선매수권 행사기간과 동일하게 할 수도 있고, 우선매수권 행사기간보다는 조금 더 짧게 정하는 것도 가능하다. 우선매수권의 경우에는 소수주주가 직접 매수하는 것이기 때문에 대상회사의 가치평가나 매매대금 산정이 적절한지 보다

110) Patt & Giles, 80면.

신중하게 검토하여야 하고 자금조달 방안도 마련해야 하므로 권리 행사 여부 결정에 시간이 많이 소요되지만, 동반매도권의 경우 통상 지배주주가 제3자인 매수인과 협상하여 매매대금을 산정하였으므로 가격이 적정한 수준일 가능성이 높고 소수주주는 자기가 소유한 주식을 매도하기만 하면 되고 추가적인 부담이 없으므로 신속하게 권리 행사 여부를 결정할 수 있기 때문이다.

동반매도통지에는 소수주주가 매도하려는 대상회사 주식 수량과 동반매도를 하겠다는 취지만 기재하면 충분하다.

6) 동반매도권 행사 및 불행사효과

동반매도권을 행사하면 소수주주는 지배주주의 주식을 매수할 자에게 자신의 주식도 함께 매도할 수 있게 된다. 그런데 우선매수권의 경우 주주간계약의 당사자들 사이에 거래가 이루어지기 때문에 우선매수통지 즉시 당사자 사이에 매도예정주식에 관한 매매계약이 체결되는 것으로 간주할 수 있으나, 동반매도권은 주주간계약의 당사자가 아닌 제3자와 거래하는 것이기 때문에 바로 동반매도주식에 관한 매매계약 체결을 간주하는 것은 불가능하다. 이에 소수주주가 동반매도권을 행사하면, 지배주주가 소수주주와 매수예정자 사이에 동반매도주식에 관하여 매매계약이 체결되도록 하는 의무를 부담하는 형태로 기재한다.

매매계약은 소수주주와 매수예정자 사이에 체결되는 것인데 지배주주가 그러한 매매계약이 체결되도록 한다는 것은 무엇을 의미하는가? 지배주주는 매매계약이 체결되도록 할 결과채무를 부담하는 것이 되는데, 지배주주가 매수예정자에게 소수주주가 동반매도권을 갖고 있으며 이를 행사하였으므로 원래 매수하려고 했던 지배주주의 주식 대신 소수주주의 주식을 매수해야 한다는 점을 설명하고, 소수주주와 매수예정자 사이의 매매계약서를 작성하고(아니면 지배주주와 매수예정자 사이의 매매계약서에 소수주주의 주식 매매에 관한 내용을 추가할 수도 있음), 필요시 매매계약 체결 절차를 중간에서 지원하는 등의 행위를 하여야 할 것이다. 효율적으로 절차를 진행하기 위해 소수주주가 동반매도권을 행사한 경우 지배주주에게 소수주주의 주식을 매도할 수 있는 권한을 위임한 것으로 본다고 규정하기도 하는데, 그 경우 지배주주가 소수주주의 주식 매매에 필요한 최소한의 권한만 갖도록 위임 범위를 제한할 필요가 있다.

동반매도권은 어디까지나 지배주주가 매도할 때 그 기회에 소수주주가 함께 매도할 수 있는 권리이므로 여하한 이유로 지배주주와 매수예정자 사이에 매매계약이 체결되지 않는 경우에는 소수주주의 동반매도도 중단되어야 한다. 이를 위해 소수주주와 매수예정자 사이의 매매계약은 지배주주와 매수예정자 사이의 매매계약이 체결되는 것을 조건으로 같은 날 동시에 체결되도록 하는 것이 일반적이다.

소수주주와 매수예정자 사이의 주식매매계약은 지배주주와 매수예정자 사이에 협의된 거래조건과 동일한 조건으로 소수주주의 주식을 매매하는 내용으로 하는 것이 일반적이다. 다만, 소수주주는 대상회사를 경영하는 지위에 있지 않고 소수지분만 보유하고 있기 때문에 지배주주가 매수예정자에게 제공하는 것과 동등한 수준의 진술 및 보장이나 거래종결 후 확약을 제공하기 어렵다고 주장할 수 있다. 이에 소수주주는 주식 소유권이나 적법한 계약 체결 등과 같이 근본적 진술 및 보장만 제공하는 것으로 한정하고 기타 의무는 부담하지 않는 것으로 정할 수 있다. 반면, 아래에서 살펴보는 동반매도청구권과는 달리 동반매도권은 소수주주가 자발적으로 매도할지 여부를 결정할 수 있기 때문에 지배주주가 제공하는 진술 및 보장이나 지배주주가 부담하는 의무를 동일하게 부담하는 것으로 정할 수도 있다.

지배주주는 소수주주가 동반매도권을 행사하기 전에 소수주주가 얼마나 많은 주식을 매도할지 알 수 없다. 결과적으로 지배주주의 매도예정주식과 소수주주의 동반매도주식 수의 합계가 매수예정자가 당초 매수하려고 하였던 주식 수량보다 많아지는 경우가 발생할 수 있다. 이런 경우에 최종적으로 지배주주와 소수주주가 매도할 주식의 수 배분 방법을 정하여야 하는데, 소수주주의 동반매도주식을 우선해서 매도하도록 할 수도 있고, 지배주주와 소수주주의 지분 비율에 안분하여 각각 매도하도록 할 수도 있다.

동반매도권을 행사하지 않은 경우의 효과에 관하여는 우선매수권 불행사 효과에 관한 내용이 동일하게 적용되며 계약서에서도 우선매수권 관련 조항을 준용하면 된다.

> tip **지배주주 tip**: 소수주주의 동반매도주식을 지배주주의 매도예정주식보다 우선해서 매도하는 것으로 정할 경우 지배주주나 매수예정자 입장에서는 원래 생각했던 거래 후 지분율이 변경되고, 때로는 지배주주의 지분율을 과반수 이하로 떨어뜨리지 못하게 되는 결과가 초래될 수도 있다. 이에 지배주주 입장에서는 이와 같이 동반매도주식 우선 매도 조건이 달려 있다면, 소수주주가 자신이 보유한 지분을 전부 매도할 가능성까지 염두에 두고 자신의 매도 물량을 정하여야 할 것이다. 매수예정자와 협의할

때에도 지배주주의 주식 외에 소수주주의 주식 전부를 매수할 수 있는지 여부까지 확인하고 소수주주가 동반매도권을 행사하는 시나리오를 염두에 두고 매수예정자와 협상을 진행하는 것이 바람직하다. 이처럼 동반매도권을 가진 소수주주가 있는 경우에는 매수예정자가 지배주주 및 소수주주의 지분 전부를 매수하는 것으로 협상을 진행하는 경우가 많을 것이다.

7) 동반매도권 침해 시 구제수단

동반매도권 침해에 대한 구제수단은 우선매수권 침해에 대한 구제수단과 유사하다. 원칙적으로 지배주주가 소수주주의 동반매도권을 무시하고 자기 지분만 매도하거나 정해진 비율을 위반하여 매도하려는 사실을 소수주주가 미리 알게 될 경우 주식처분금지가처분을 신청할 수 있다. 만일 지배주주가 이미 자기 주식을 매도한 상태라면 손해배상만 청구할 수 있으나 소수주주는 매도 기회를 상실하였을 뿐 계속해서 대상회사 주식을 소유하고 있기 때문에 소수주주에게 발생한 손해를 입증하는 것이 쉽지 않다. 이에 우선매수권을 침해한 경우와 유사하게 위약벌, 손해배상액 예정, penalty put을 구제수단으로 약정하는 것을 고려할 수 있다.

한편, 소수주주가 동반매도권을 행사하였고 지배주주는 동반매도권을 존중하려는 의사가 있다 하더라도 매수예정자가 매매계약 체결을 거부할 경우에는 매매를 강제하기 어렵다. 이와 같이 매수예정자가 거부하여 소수주주가 주식을 매도하지 못하고 지배주주도 자기 주식을 매도하지 못한 경우에는 지배주주의 잘못이라고 할 수 없으므로 지배주주에게 책임을 물을 수 없도록 하여야 할 것이다. 지배주주가 소수주주 주식을 동반매도할 의무는 지배주주와 매수예정자 사이에 매매계약이 체결되는 것을 조건으로 해야 할 것이고, 그러한 조건이 성취되지 않으면 지배주주도 소수주주 주식을 동반매도할 의무로부터 벗어나게 된다.

라. 동반매도청구권

1) 동반매도청구권의 의의 및 목적

어느 주주가 자신이 소유한 주식을 처분하는 기회에 다른 주주가 소유한 주식을 함께 매도할 수 있는 권리를 동반매도청구권이라 한다. 동반매도권과 마찬가지로 이러한 권리는 국내법에서 찾아보기 어려운 것으로서 영미 계약상 drag-along right을 들여온 것이고, 이 용어를 어떻게 번역할 것인지에 대해서도 실무가 통일되어 있지 않다. [동반/공동][매도/매각][청구/요구/요청]권 또는 [동반/공동][매도/매각]권 중 임의로 단어를 조합해서 사용하는데, 특히 [동반/공동][매도/매각]권은 앞서 살펴본 tag-along right에 대한 용어로 사용되는 경우도 많아서 혼란을 가중시킨다. 영미에서 drag-along right을 forced-sale right로, tag-along right을 co-sale right로 부르기도 하므로 [동반/공동][매도/매각]권은 tag-along right을 지칭하는 용어로 사용하는 것이 바람직하고 drag-along right을 지칭하는 용어로 사용하는 것은 부적절해 보인다. 국내법에서 권리자가 상대방에 대해서 어떤 행위를 요구할 수 있는 권리를 지칭할 때에는 "청구권"이라는 용어를 주로 사용하므로, 이 책에서도 drag-along right을 지칭할 때에는 동반매도청구권이라는 용어를 사용하기로 한다.

실무상 동반매도청구권이 사용되는 목적은 크게 두 가지로 나누어 볼 수 있다. 첫째는 지배주주가 경영권 이전을 위해서 소수주주의 지분을 함께 매각하는 경우이다. 경영권 이전을 위해서는 과반수 또는 2/3 이상의 지분만 이전하면 충분하므로 지배주주의 지분만 매각하면 되고 소수주주의 지분을 함께 매각할 필요가 없으나, 잠재적 매수인 입장에서는 경영권 인수 이후에 경영에 간섭받을 여지가 없도록 100% 지분을 넘겨받기를 원할 수 있고, 또 지배주주 입장에서도 100% 지분을 양도할 때 경영권 프리미엄을 더 높게 인정받고 매각할 수 있어서 유리하다. 소수주주 입장에서도 지배주주가 경영하는 것을 전제로 주주로 남아 있는 것이기 때문에 경영자가 바뀌는 상황에서 계속 주주로 남아 있지 않기를 원할 수 있다.[111)]

둘째는 소수주주, 특히 재무적 투자자의 투자 회수를 위해서 지배주주의 지분을 함께 매각하는 경우이다. 주식회사에서 주주의 투하자본 회수를 위해서 인정되는 원칙적인 수단은 주식을 매매하는 방법이다. 투자자는 투자 회수를 위해 공개된 시장에서 주식을 매도하는 것이 더 용이하므로 대상회사를 언제까지 상장하도록 주주간계약에서 정하는 경우가 많으나, 시장상황 등에 따라 대상회사가 상장되지 않는 경우에는 결국

---

111) 우리나라 법상 지배주주가 자신이 보유한 지분을 거래할 때 소수주주를 보호할 수 있는 수단이 거의 없다. 기본적으로 주주가 다른 주주에 대해 선관주의의무를 부담하지 않기 때문이다. 미국에서는 회사 가치를 파괴할 수 있는 자임을 알면서도 지배지분을 매각하는 경우(sales to looters)에는 지배주주가 보유하고 있는 지배지분만을 매각하는 것이 제한되거나 소수주주에게 손해배상을 해야 할 가능성이 있으나, 우리나라에서 인정되기 어렵다. 정준혁, 303–307면. 따라서 이러한 법상 한계로 인하여 소수주주는 자기 자신을 보호하기 위한 구제수단을 주주간계약상 마련해 둘 필요가 있다.

private market에서 지분을 매각할 수밖에 없다. 그런데 투자자가 소수지분만을 보유하고 있는 경우에는 그 지분이 별다른 매력이 없어 이를 매수할 잠재적 매수인을 구하기 상당히 어렵게 된다. 반면, 회사의 경영권까지 함께 매각하는 경우에는 이를 인수하고자 하는 잠재적 매수인이 있을 수 있으므로 투자자가 지배주주의 지분을 함께 매각할 수 있으면 투자 회수가 보다 용이해진다.[112)]

2) 지배주주의 동반매도청구권과 소수주주의 동반매도청구권의 차이

동반매도청구권은 위에서 살펴본 바와 같이 누가 어떤 목적으로 행사하는지에 따라 지배주주가 경영권 이전을 하는 과정에서 행사하는 동반매도청구권(이하 "지배주주의 동반매도청구권")과 소수주주가 투자 회수 수단으로 행사하는 동반매도청구권(이하 "소수주주의 동반매도청구권")으로 나누어 볼 수 있다.

지배주주의 동반매도청구권을 인정할 경우 계속 주주로 남아 있기를 원하는 소수주주는 자신의 의사에 반하여 축출당할 수 있고 또 투자자인 주주는 예상보다 이른 시기에 투자 회수를 하게 될 수도 있으므로, 소수주주가 이와 같은 축출 또는 조기 투자 회수를 원치 않는다면 거부해야 할 것이다. 그러나 대부분의 경우 높은 가격으로 투하자본을 회수하는 것에 대해 거부감이 없기 때문에 지배주주의 동반매도청구권은 지배주주는 물론 소수주주에게도 이익이 될 수 있고 지배주주와 소수주주의 이해관계가 어느 정도 들어맞게 된다. 이에 따라 지배주주의 동반매도청구권 조항은 소수주주의 동반매도청구권 조항에 비해서 그 내용을 자세하게 규정할 필요가 적다.

반면, 소수주주가 투자 회수를 위해 행사하는 동반매도청구권은 지배주주가 상장 등 의무를 준수하지 못하였을 때 지배주주를 제재하는 차원에서 발동되는 경우가 많고, 더욱이 소수주주의 투자 회수에 목적이 있기 때문에 지배주주의 의사에 반하여 행사되는 경우가 더 많다. 이에 소수주주의 동반매도청구권 조항을 작성할 때에는 그 권리가 차질 없이 행사될 수 있도록 동반매도청구권 행사요건이나 행사절차, 동반매도 절차와 그 절차에서 각 당사자가 부담하는 의무 등을 구체적으로 작성해야 하고, 어느 당사자가 그 의무를 위반했을 때 상대방의 구제수단에 대해서도 신중하게 검토하여 추가할 필

112) 이 경우 소수주주가 더 많은 지분을 가진 지배주주의 지분을 함께 매각할 수 있게 되므로 "꼬리가 몸통을 흔드는" 권리라 부를 수 있다. 우호적 M&A의 이론과 실무 1(이제원, 권철호 집필부분), 445면.

요가 있다. 이에 소수주주의 동반매도청구권에 관한 조항에 대해서는 당사자 간 이해관계 조정을 위해서 치열하게 협상이 이루어진다.

3) 경영권 이전을 위한 지배주주의 동반매도청구권

§9-1 – 경영권 이전을 위한 동반매도청구권

제9조 (주주A의 동반매도청구권) (1) 주주A가 자신이 소유하고 있는 대상회사 발행 주식 전부를 제3자(이하 "**경영권 매수인**")에게 매도하고 이로 인하여 주주A가 대상회사에 대한 [과반수 지분을/최대주주로서의 지위를] 상실하게 되는 경우(이하 "**경영권 이전**"), 주주A는 자신이 소유하고 있는 대상회사 발행 주식 전부와 함께 주주B가 소유하고 있는 대상회사 발행 주식 전부를 경영권 매수인에게 매도(이하 본조에서 "**동반매도**")할 것을 주주B에게 청구할 수 있다. 주주A가 본조에 따라 동반매도를 청구한 경우 주주B는 제7조의 우선매수권과 제8조의 동반매도권을 행사할 수 없다.

(2) 주주A가 동반매도를 청구하고자 하는 경우, 주주A는 경영권 이전 거래에 관한 계약을 경영권 매수인과 체결한 후 그 거래가 완료되기 30일 전까지 주주B에게 경영권 매수인의 신원, 경영권 매수인과 정한 구체적인 거래조건(매도예정주식의 수, 1주당 매매예정가격, 매매예정일, 매도인 측 의무, 기타 주요 거래조건) 및 주주B 소유 대상회사 발행 주식의 동반매도를 청구한다는 취지를 기재하여 서면으로 통지(이하 본조에서 "**동반매도통지**")하여야 한다.

(3) 주주B는 동반매도통지를 받은 날로부터 10영업일 내에 주주B 소유 대상회사 발행 주식 전부를 동반매도통지에 기재된 것과 동일한 매매예정일에 동일한 1주당 매매예정가격으로 경영권 매수인에게 양도하는 계약을 체결하고, 그 계약을 이행하고 경영권 이전 거래가 원활하게 완료되기 위하여 필요한 모든 조치를 취하여야 한다. 단, 본항에 따른 주주B의 의무는 아래 각호의 조건이 성취되는 것을 조건으로 한다.

1. 매매예정가격은 주주A가 특수관계 없는 제3자와의 거래에서와 같이 공정하게 협상하여 공정시장가액으로 정하였을 것
2. 주주B가 대상회사에 대한 진술 및 보장을 하지 않을 것
3. 주주B가 주주A의 진술 및 보장 위반 또는 의무 위반으로 인한 책임에 대해서 연대하여 책임을 부담하지 않을 것

(4) 주주A와 주주B는 경영권 이전을 위하여 각자 소유하고 있는 대상회사 발행 주식을 매도함에 따라 발생하는 비용을 각자 부담한다.

(5) 주주B가 본조를 위반하여 주주A가 경영권 매수인에 대하여 여하한 손해배상책임을 지게 되는 경우 주주B는 그로부터 주주A를 면책하여야 한다.

i) 동반매도청구권 행사요건: 지배주주의 동반매도청구권은 지배주주가 경영권을 이전하거나 회사를 매각하는 거래를 하고자 하는 경우에 행사할 수 있도록 규정한다. 따라서 제일 먼저 "경영권 이전" 또는 이와 유사한 행사 요건(가령, 회사 매각)을 정의하는 것이 필요하다.

"경영권"이 무엇을 의미하는지 법률에서 정의하고 있지는 않다.[113] 주주가 갖는 경영권은 결국 주주가 자신이 갖는 의결권을 통해서 회사의 경영에 대해 지배적인 영향력을 행사할 수 있는 권한을 의미하는바, 주주총회의 보통결의는 출석한 주주의 의결권의 과반수와 발행주식총수의 1/4 이상의 찬성을 요구하기 때문에(상법 제368조) 통상 발행주식총수 기준 과반수 지분을 확보하면 보통결의를 통과시킬 수 있다고 보아 경영권을 갖는다고 본다. 다만, 주주총회의 특별결의는 출석한 주주의 의결권의 2/3 이상과 발행주식총수의 1/3 이상의 찬성을 요구하기 때문에(상법 제434조 등) 보다 강한 지배력을 요구할 경우에는 지분 2/3 이상을 가져야 경영권을 갖는다고 볼 수도 있고, 상장회사와 같이 지분이 분산되어 있는 경우에는 지분 1/2 이하를 갖는 경우에도 최대주주로서 다른 실질적인 지배력을 갖는 경우에 경영권을 갖는다고 볼 수 있다. 결국 개별 회사의 사정에 따라 경영권이 언제 이전되는지를 계약상 정의하여야 할 것이며, 일정 지분율의 이전을 기준으로 정의하거나 아니면 최대주주로서의 지위를 상실하는 것으로 정의할 수 있을 것이다.[114]

경영권 이전은 대상회사의 주식을 처분하는 방법 외에도 대상회사의 자산이나 영업을 전부 양도하는 방법이나 대상회사를 다른 회사와 합병하면서 과반수 지분을 넘기는 방법도 있기에 이러한 방법들도 경영권 이전의 범위에 포함시킬 수 있다.[115] 그러나 이와 같이 자산양수도, 영업양수도, 합병을 통해서 경영권이 이전되는 경우까지 동반매도청구권을 행사할 수 있다고 한다면, 그 행사로 인한 효과나 수익을 분배하는 방법 등도 다르게 된다. 주식을 매매하는 거래일 경우 다른 주주의 주식을 함께 매도하면 되나, 자산양수도나 영업양수도 거래의 경우 다른 주주의 주식을 함께 매도하기보다는 다른 주주가 그러한 자산양수도나 영업양수도 거래에 대해서 주주총회에서 반대하지 않고 찬

113) 김화진(2012), 82, 83면은 경영권은 법률적 측면에서는 주주총회 결의의 통제권, 이사선임을 통한 이사회 구성권, 이사회결의에 대한 통제권, 주주총회 또는 이사회를 통한 대표이사 선임권, 대표이사 권한을 통한 회사 업무집행권 등을 포함한다고 한다.

114) 판례는 경영권 이전을 지배주식 양도의 부수적인 효과로 본다. 대법원 2014. 10. 27. 선고 2013다29424 판결.

115) 영미에서는 이와 같이 넓게 정의하는 것이 더 일반적이다. Little et al. posting(2016. 12. 14.) 참고. 이러한 거래를 포함하는 개념으로 "Sale of Company"를 정의하기도 한다.

성하도록 하여 원활하게 거래를 진행한 후 대상회사를 청산하거나 자본금 감소 등 절차를 거쳐 그 수익을 분배하여야 한다. 합병 거래의 경우에는 다른 주주로 하여금 주주총회에서 찬성하도록 할지 아니면 반대하여 주식매수청구권을 행사할 수 있는 기회를 부여할지, 합병 교부금을 지급하여 무조건 주주 지위에서 벗아나게 할지 아니면 합병회사의 주식을 교부하여 주주로 남아 있을 기회를 부여한 후 투하자본을 회수할 수 있는 다른 방안을 마련할지 등을 정하여야 한다.

이처럼 동반매도청구권 행사요건으로서 경영권 이전을 넓게 정의할수록 고려해야 하는 사항들이 많고 조항이 복잡해지기 때문에 우리나라에서는 주식매매 방법을 통한 경영권 이전 거래에 한하여 동반매도청구권을 행사할 수 있도록 한정하는 것이 대다수인 것으로 보인다.

지배주주가 주식을 매도할 때 자기가 소유한 주식을 “일부”만 매도하여 과반수 지분을 상실하게 되는 경우에도 동반매도청구를 할 수 있을지 정해야 하는데 “전부” 매도로 한정하는 경우가 더 많다. 일부 매도까지 인정하게 될 경우 지배주주가 지분을 소량으로 쪼개서 제3자에게 매각하다가 과반수를 간신히 넘기고 있는 상태에서 극소수의 지분만을 처분하면서 그보다 더 많은 양의 소수주주 소유 주식을 매도할 수 있는 상황이 발생할 수도 있다.

동반매도청구권 조항을 작성할 때 우선매수권 및 동반매도권 조항과의 관계를 잘 살펴볼 필요가 있다. 즉, 지배주주가 대상회사 주식을 매도하면서 경영권을 이전하는 경우 소수주주의 우선매수권 및 동반매도권 행사요건도 충족하게 되어 지배주주의 동반매도청구권과 소수주주의 우선매수권 및 동반매도권 중 어느 것이 우선하는지 다툼이 발생할 수 있기 때문이다. 지배주주가 동반매도청구권을 행사하면 소수주주는 우선매수권과 동반매도권 모두 행사하지 못하도록 할 수도 있고, 소수주주에게 동반매도청구에 응하거나 우선매수권을 행사하도록 하는 선택권을 줄 수도 있다. 만일 소수주주에게 선택권을 주게 되면 지배주주가 대상회사 주식을 매수할 잠재적 매수인을 구하기 어려워질 수 있다는 점을 유의해야 한다.[116]

ii) 동반매도 청구 주식: 동반매도청구권을 행사하기 위해서 지배주주가 자기가 소유한 주식 전부를 매도해야 하듯이, 함께 매도할 것을 청구하는 소수주주 소유 주식도 소수주주가 소유한 주식 전부로 하는 경우가 일반적이다. 만일 지배주주가 소수주주 소

116) Little et al. posting(2016. 12. 14.)

유 주식 중 일부만 매도할 수 있다면 경영권 이전 이후에도 소수주주가 잔여 주식을 소유하고 있게 되는데, 소수주주 입장에서는 경영자가 바뀐 대상회사의 주주로 남아 있을 이유가 없고, 그 잔여 주식을 시장에서 다시 매도하는 것도 어려워지기 때문에 지배주주가 일부만 가져다가 매각할 수 있는 것은 찬성하기 어려울 것이다.

지배주주가 일부 주식만 매도할 때에도 동반매도청구권을 행사할 수 있고 소수주주가 지배주주에 비해서 자신의 주식을 더 많이 처분하는 것에 대해서는 반대한다면, 지배주주가 처분하는 지분 비율(지배주주 소유 총주식 수 대비 지배주주 매도 주식 수)에 상응하는 소수주주의 주식 수만 동반매도할 수 있게 약정하는 것도 가능하다.

iii) **동반매도청구권 행사절차:** 동반매도청구권을 행사하기 위해서는 소수주주에게 동반매도를 청구하는 동반매도통지를 사전에 하도록 요구하는 것이 일반적이다.[117] 이때 이 통지에 어느 사항까지 얼마나 자세하게 기재해야 하는지를 두고 당사자 사이에 다툼이 있을 수 있다. 특히 지배주주가 동반매도통지를 하기 전에 먼저 경영권을 이전받을 매수인을 정하고 그 매수인과 매매조건까지 모두 확정한 후에 동반매도통지를 할 수 있는지, 아니면 아직 매수인도 정하지 않은 상태에서 단순히 경영권 이전 의사가 있는 경우에 동반매도통지를 할 수 있는지 정해야 한다. 어차피 지배주주가 동반매도청구권을 행사하는 경우에는 지배주주와 소수주주의 이해관계가 일치하는 경우가 많기 때문에 소수주주 입장에서 반드시 사전에 매수인이나 매매조건이 확정되어 있을 필요는 적으나, 동반매도통지를 해 놓고 매수인을 구하지 못하거나 협상이 결렬될 경우 무용한 절차를 진행한 셈이 되어 경제적 낭비이므로 통상 매수인과 매매조건이 확정된 후에 통지하는 것으로 정한다. 더 나아가 지배주주가 매수인과 체결할 주식매매계약서 초안까지 함께 송부하도록 하는 경우도 있으나, 지배주주 입장에서는 소수주주에게 공개하고 싶지 않은 지배주주와 매수인 사이의 약정이 있을 수 있으므로 주식매매계약의 주요 조건만 기재해서 보내는 것으로 협의하는 것이 바람직하다.

iv) **동반매도청구권 행사효과:** 동반매도청구권에 관한 조항을 어떻게 작성할 것인지 정해진 방법이 없기에 동반매도청구권 행사효과에 관한 내용도 개별 사례에 따라 천차만별이다. 그런데 동반매도청구권 행사효과를 어떻게 정하는지에 따라 실현가능성이나 분쟁가능성에 차이가 있으므로 실무상 자주 볼 수 있는 유형들을 먼저 살펴보기로 한다.

---

117) 계약상 사전에 동반매도통지를 하도록 약정하였음에도 경영권 이전을 모두 한 후에 통지하였다면 효력이 없고 동반매도청구권을 행사할 수 없을 것이다. 미국 사례로 Halpin v. Riverston National Inc., C.A. No. 9796-VCG (Del. Ch. 2015) 참고.

첫째 유형은 어느 주주가 동반매도청구권을 행사하면 상대방이 이에 응하거나 동반매도에 필요한 조치를 취하도록 의무를 부과하는 것이다("의무부담형"). 그런데 이러한 유형은 상대방의 의무나 그 조건을 구체적으로 기재하지 않는 한 상대방이 의무를 이행하지 않았을 때 그의 주식 매도를 강제하기 어려울 수 있다는 점을 고려하여야 한다. 가령, 동반매도청구권 행사 시기를 너무 앞당겨서 아직 매수인이나 매매조건이 확정되기 전에 동반매도청구권을 행사할 수 있다고 정하면, 상대방은 누구에게 어떤 매매조건으로 자신의 지분을 매도해야 하는지도 모르는 채 무조건 매도에 응해야 한다는 것이 되어 불합리하고 이에 응하지 않을 가능성이 높다. 나아가 아래에서 살펴볼 소수주주의 동반매도청구권과 관련해서는 매수인과 매매조건이 미정인 상태에서는 상대방의 협조 없이 동반매도 절차를 진행하기 어렵고, 이처럼 내용이 미정인 상태에서 미정의 매수인과 계약을 체결하고 이행하라는 소를 제기할 수도 없어 권리 실현이 어려울 수 있다.

둘째 유형은 어느 주주가 동반매도청구권을 행사하면 그 주주가 구한 매수인과 상대방이 계약을 체결한 것으로 간주하고, 상대방으로 하여금 그 체결된 계약에 따라 주식을 양도하도록 하는 것이다("계약간주형"). 이처럼 계약 체결을 간주하는 이유는 위 첫째 유형과 같이 상대방이 자신이 부담하는 의무의 범위나 내용에 대해서 다투면서 주식 매도를 거절하지 못하도록 하고 집행을 쉽게 하기 위한 것이다. 그런데 이러한 계약 체결 간주가 법적으로 유효한지 여부에 대해서는 의문이 있다. 계약 당사자 사이에 약정한 권리를 행사할 경우 그 당사자 사이에 다른 계약이 체결되는 것으로 보는 것은 일종의 형성권 행사로서 법원도 인정하지만,[118] 동반매도청구권은 주주간계약의 당사자가 아닌 제3의 매수인과 상대방 사이의 계약 체결을 간주하는 것인데, 주주간계약의 당사자도 아닌 제3의 매수인에 관한 채권관계가 주주간계약 당사자 간의 약정에 따라 형성된다고 보기는 어렵기 때문이다. 이러한 난점을 해결하기 위해 바로 매수인과 상대방 사이에 계약이 체결된 것으로 간주하지 않고, 상대방에게 동반매도청구권 행사 통지를 하고 일정한 조건을 충족하면 상대방도 계약 체결의 의사표시를 한 것으로 간주하고 그에 따라 계약을 이행하도록 규정하는 것은 가능할 것으로 생각한다.

마지막 유형은 어느 주주가 동반매도청구권을 행사하면 상대방이 그 주주에게 주식 처분에 관한 권한을 위임하는 것으로 간주하고, 그 주주는 위임받은 권한으로 직접 상대방의 주식을 매도하는 계약을 체결하고 상대방은 그 계약을 이행하도록 하는 것이

118) 대법원 2022. 7. 14. 선고 2019다271661 판결 참고.

다("권한위임형"). 이렇게 권한을 위임받는 것으로 구성할 경우 동반매도청구권을 행사한 주주에게 M&A 거래에 필요한 절차를 진행하거나 계약을 체결할 수 있는 권한이 모두 있게 되므로 위 첫 번째 유형과 같이 상대방에게 어떤 협조의무가 있는지 다툼이 발생할 가능성도 적고, 두 번째 유형과 같이 제3의 매수인과 계약 체결을 간주할 필요도 없게 된다. 이 방법은 동반매도청구권을 행사하는 주주에게 다소 광범위한 권한을 부여하는 것이기 때문에 그 권한 범위를 어떻게 설정할지, 상대방을 대리하여 체결하는 계약은 어떤 조건을 충족하여야 하는지 정하는 것이 중요해진다.

위 지배주주의 동반매도청구권에 관한 예시 조항은 의무부담형에 따라 작성한 것이다. 이처럼 의무부담형에 따라 규정하는 경우 포괄적으로 상대방으로 하여금 경영권 이전 거래가 완수될 수 있도록 필요한 조치를 모두 취한다고 규정하기도 한다.[119] 그러나 이와 같이 포괄적으로 기재할 경우 상대방이 부담하는 의무의 범위가 어디까지인지에 대해서 다툼이 발생할 수 있으므로 가능한 주식을 매도하기 위해 필요한 의무의 내용을 구체적으로 기재하는 것이 바람직하고, 언제까지 주식매매계약을 체결하고, 그 계약 조건은 어떤 내용이어야 하며, 언제 그 계약을 이행하여야 하는지 등의 내용을 포함할 수 있을 것이다.[120]

특히, 소수주주는 지배주주가 매수인과 협상하여 정한 방법과 매매대금으로 자신의 지분을 매각하게 되므로 매매의 대가가 무엇이고 매매대금이 얼마로 정해지는지가 제일 중요하다. 앞서 설명한 바와 같이 일반적으로 동반매도청구권을 발생시키는 경영권 이전 거래는 주식의 "매매"이므로 그 대가는 현금을 받는 것을 전제로 한다(민법 제563조). 하지만 만일 경영권 이전 거래가 주식매매로 한정되어 있지 않다면 지배주주가 경영권 이전을 하면서 현금 외에 다른 대가(가령, 주식)를 받는 것으로 약정하는 것도 가능하게 된다. 소수주주 입장에서는 현금 아닌 다른 대가를 받으면 이를 다시 현금화하는 부담을 갖게 되므로 동반매도의 대가는 현금을 받아야 한다는 조건을 다는 것을 고려해야 한다.[121]

---

119) 미국 계약서는 이와 같이 포괄적으로 기재하는 사례가 더 많다.

120) 미국에서는 동반매도청구권을 행사할 수 있는 경영권 이전 거래를 합병 등을 포함하여 넓게 정의하는 경우가 많고, 이때 동반매도청구의 상대방은 경영권 이전 거래에 대해서 승인하고, 주식매수청구권을 행사하지 않고, 거래에 대해서 일체 이의를 제기하지 않는다는 내용을 추가하기도 한다. 주식매수청구권 포기나 부제소합의가 유효한지에 대해서는 논란이 있다; Patt & Giles, 94-101면; Simmerman et al. posting(2023. 6. 10.); 부제소합의가 유효하지만 불법행위를 원인으로 한 청구에는 미치지 않는다고 한 미국 사례로 New Enterprise Associates 14, L.P. v. George S. Rich, Sr., C.A. No. 2022-0406-JTL (Del. Ch. 2023) 참고.

121) Little et al. posting(2016. 12. 14.)

소수주주 입장에서는 투자를 회수하는 것이 되므로 매매대금이 소수주주가 주식을 취득할 때 들인 금원에 일정한 이익을 더한 금액 이상이 되도록 하여야 한다는 조건을 달기도 하나, 이와 같은 조건을 달 경우 지배주주가 경영권 이전 거래를 진행하는 데 제약을 받을 수 있다. 이에 지배주주 입장에서는 매매대금에 특정 금액 제한을 두지 않고 매매조건이 arm's length 조건이여야 한다거나 공정시장가액(fair market value)이어야 한다고 기재하는 것을 고려할 수 있다.

또 통상 소수주주는 소수지분만을 갖고 있으므로 지배주주가 경영자로서 제공하는 대상회사에 대한 진술 및 보장을 제공하지 않고, 지배주주의 책임에 연대책임을 부담하지 않는다는 조건을 추가할 수도 있다.

한편, 경영권 이전 거래 역시 M&A 거래로서 지배주주 또는 소수주주를 위한 주관사나 자문사를 선임하여 진행할 수 있고 그 과정에서 비용이 발생할 수 있는바, 해당 비용을 누가 부담할지에 대해서도 당사자들 간에 협의하여 정하여야 한다. 당사자들의 지분율에 비례하여 부담하도록 할 수도 있고, 경영권 이전은 주로 지배주주의 이익을 위해서 이루어지기 때문에 지배주주가 전부 부담하는 것으로 할 수도 있다.

v) **동반매도청구권 침해 시 구제수단:** 지배주주가 동반매도청구권을 행사하였고 이에 따라 소수주주가 자신의 주식을 매수인에게 매도하여야 함에도 불구하고 매도하지 않는 경우 어떻게 되는가?

지배주주는 주식을 매수하거나 급부를 받는 자가 아니지만 주주간계약에 따라 소수주주로 하여금 매수인에게 주식을 매도할 것을 구할 권리가 있으므로 소수주주를 상대로 매수인에 대한 이행을 구하는 소를 제기할 수 있을 것이다.[122] 또 경우에 따라서는 매수인은 제3자를 위한 계약의 수익자에 해당한다며 소수주주를 상대로 주식을 매도할 것을 구할 수 있을 것이다. 다만, 매수인은 본인이 직접 소송을 제기하거나 지배주주가 소송을 통해서 이행을 강제할 수 있다 하더라도 이러한 소송의 위험이나 그 비용을 감수하고서 거래를 진행할 가능성이 상당히 낮고, 결국 소수주주가 이행하지 않으면 지배주주와 매수인 사이의 거래가 무산되고(가령, 지배주주와 매수인 사이의 계약에 소수주주가 계약을 이행하는 것을 선행조건으로 추가하고, 소수주주가 계약을 이행하지 않으면 선행조건 불성취로 거래종결이 거부될 수 있음) 오히려 매수인이 지배주주를 상대로 거래 무산에 대해서

---

122) 제3자를 위한 계약에서 요약자는 낙약자에 대하여 제3자에게 급부를 이행할 것을 소로써 구할 이익이 있다. 대법원 2022. 1. 27. 선고 2018다259565 판결 참고.

책임을 추궁할 가능성도 있다.

이에 지배주주 입장에서는 이와 같이 매수인과의 거래가 무산됨에 따라 자기가 기지급한 비용 등 손해에 대해서 손해배상을 청구하거나 매수인과의 거래가 무산됨에 따라 매수인에 대해 부담하는 손해배상책임에 대해서 면책을 구할 수 있을 것이고, 후자에 대해서는 계약서에 명시적으로 규정을 두는 것이 바람직하다.

4) 투자 회수를 위한 소수주주의 동반매도청구권

§9-2 – 투자 회수를 위한 동반매도청구권

제9조 (주주B의 동반매도청구권) (1) 상장기한 내에 적격상장이 완료되지 않은 경우, 주주B는 상장기한 만료일로부터 6개월 내에 자신이 소유하고 있는 대상회사 발행 주식 전부와 함께 주주A가 소유하고 있는 대상회사 발행 주식 전부를 제3자(이하 **"매수희망자"**)에게 매도(이하 본조에서 **"동반매도"**)할 것을 주주A에게 청구할 수 있다.

(2) 주주B가 동반매도를 청구하고자 하는 경우, 주주B는 주주A에게 주주B가 희망하는 매도가격(이하 **"매도희망가격"**) 및 주주A 소유 대상회사 발행 주식의 동반매도를 청구한다는 취지를 기재하여 서면으로 통지(이하 본조에서 **"동반매도통지"**)하여야 하고, 주주A는 동반매도통지를 받은 날에 주주A가 소유하고 있는 대상회사 발행 주식 전부를 6개월(이하 **"동반매도기간"**) 동안 제5항 각호의 조건을 충족하는 내용으로 매도할 수 있는 권한을 주주B에게 철회 불가능하게 위임한 것으로 본다.

(3) 주주B는 동반매도통지를 한 날부터 동반매도를 위하여 필요한 대상회사에 대한 실사, 회사소개, 투자설명, 입찰안내 등 자료준비, 매각주관사 및 자문사 선임, 매수희망자의 대상회사에 대한 실사 대응, 매수희망자와의 거래조건 협상, 주식매매계약의 체결 및 이행, 계약 이행을 위한 정부승인 준비 및 신청, 매매대금의 수령 등 동반매도 절차에 관한 일체의 권한을 갖는다. 단, 주주B는 동반매도 절차에서 대상회사의 일상적인 영업이 방해받지 않고, 대상회사의 영업비밀이 침해되지 않도록 하여야 한다.

(4) 주주A는 제3항 기재 동반매도 절차와 관련하여 주주B가 합리적으로 요구하는 조치를 직접 이행하거나 대상회사로 하여금 이행하도록 하여야 하고, 동반매도 절차가 원활하게 진행될 수 있도록 최선의 노력을 다하여야 한다.

(5) 주주B는 동반매도기간 내에 아래 각호의 조건을 충족하는 내용으로 주주B 및 주주A가 소유하고 있는 대상회사 발행 주식 전부를 매수희망자에게 매도하는 주식매매계약(이하 **"동반매도 주식매매계약"**)을 체결할 수 있으며, 동반매도 주식매매계약 체결 즉시 그 계약서를 주주A에게 송부하여야 한다.

1. 주식의 매매대금이 매도희망가격보다 낮지 않을 것
2. 매수희망자가 대상회사를 포함하여 주주A 및 그 특수관계인이 영위하는 사업과 직접 또는 간접적으로 경쟁이 되는 사업을 영위하고 있지 않을 것
3. 대상회사를 포함하여 주주A 및 그 특수관계인이 영위하고 있는 사업을 제한하지 않을 것
4. 매수희망자가 자신의 비용으로 진술 및 보장 보험에 가입하지 않는 한 주주A는 매수희망자에게 [근본적인 진술 및 보장만을 할 것 / 대상회사의 영업에 대한 진술 및 보장을 하지 않을 것]
5. 주주A가 주주B의 진술 및 보장 위반 또는 의무 위반으로 인한 책임에 대해서 연대하여 책임을 부담하지 않을 것

(6) 주주A는 동반매도 주식매매계약에서 정한 바에 따라 주주A가 소유하고 있는 대상회사 발행 주식을 매수희망자에게 양도하여야 한다.

(7) 주주A가 본조를 위반하여 주주B가 매수희망자에 대하여 여하한 손해배상책임을 지게 되는 경우 주주A는 그로부터 주주B를 면책하여야 한다.

(8) 주주B가 동반매도를 통하여 매수희망자로부터 수령한 매매대금은 수령일로부터 5영업일 내에 아래 순서로 분배한다.

1. 동반매도 거래에 대한 매각주관사 및 자문사 수수료 기타 비용 지급
2. 투자원금 기준으로 거래종결일부터 수령일까지의 기간 동안 [IRR 0%]를 달성할 수 있도록 하는 금액을 주주B에게 지급
3. 제1호 및 제2호에 따라 분배하고 남은 금액은 주주A에게 지급

i) **동반매도청구권 행사요건:** 소수주주의 동반매도청구권 역시 지배주주의 주식을 함께 매각하여 경영권 이전의 효과를 가져오지만, 주된 목적은 투자자인 소수주주의 투자 회수에 있기에 그러한 투자 회수를 언제 보장할지에 따라 동반매도청구권 행사요건이 결정된다. 투자 후 일정한 기간만 지나면 투자 회수의 필요성이 있으므로 일정 기간 경과를 행사요건으로 넣을 수도 있겠으나, 동반매도는 주식 처분을 원치 않는 지배주주의 주식을 강제로 매도하는 것이므로 가능한 다른 투자 회수 수단을 모두 시도해 보고 실패했을 때 마지막 수단으로 인정하는 경우가 대부분이다. 따라서 주주간계약에 포함되어 있는 투자 회수 조항을 보고 그에 따른 투자 회수 절차가 일정한 기간 내에 진행되지 않거나 진행하였으나 실패한 경우에 동반매도청구권을 행사할 수 있게 정한다. 주로 일정한 기간 내에 일정한 요건을 충족하는 상장("적격상장", "적격IPO", "적격기업공개" 등으로 약칭함)이 완료되

지 않는 경우에 행사할 수 있다고 정하는 경우가 많다.

동반매도청구권 행사요건이 반드시 투자 회수에 관한 조항과 연계되어야만 하는 것은 아니고, 지배주주가 주주간계약에서 정한 일정한 의무를 위반하는 경우에 그 제재의 일환으로 소수주주에게 동반매도청구권을 부여할 수도 있다. 이와 같이 제재의 일환으로 동반매도청구권을 부여할 때에는 지배주주가 주주간계약 어느 조항을 어떻게 위반한 경우에 부여하는지를 구체적으로 명시하여야 한다.

tip **소수주주 tip:** 투자자인 소수주주는 투자 회수가 주된 목적이므로 동반매도청구권 행사요건을 정할 때에 그 행사시기를 미리 검토할 필요가 있다. 즉, 투자자가 대상회사 주식을 취득하면서 인수금융을 한 경우에는 그 대출 상환일까지는 투자 회수가 되어야 할 것이고, PEF와 같이 존속기간이 정해진 투자자의 경우에도 존속기간 만료 전에 투자 회수가 되어야 할 것이다. 그런데 동반매도청구권을 행사한다고 하여 바로 매수인을 구할 수 있는 것이 아니고 통상 동반매도청구권은 최후의 수단으로 동원하는 것이기 때문에 충분한 여유를 갖고 동반매도청구권을 행사할 수 있도록 시기(이는 대상회사의 상장기한을 언제까지로 할지와도 관련되어 있음)를 정할 필요가 있다.

ii) **동반매도청구권 행사절차:** 지배주주의 동반매도청구권과는 달리 소수주주의 동반매도청구권은 매수인과 매매조건을 확정한 후에 행사하는 것이 불가능하다. 소수주주가 소수주주 및 지배주주가 소유한 주식을 매수할 수 있는 매수인을 구하려면 선결적으로 매매대금 산정을 위한 가치평가나 대상회사에 대한 실사를 진행해야 하는데 이는 지배주주의 협조 없이는 진행이 불가능하기 때문이다. 이에 소수주주는 위 행사요건을 충족한 때에 제일 먼저 지배주주에게 동반매도청구권을 행사한다는 취지의 동반매도통지를 하여야 한다.

위 통지에 어떤 내용을 포함시킬지는 거래마다 다르다. 단순히 동반매도청구권을 행사한다는 점만 통지하도록 할지, 아니면 소수주주가 희망하거나 예상하는 매매가격까지 함께 통지할지, 더 구체적인 매매계획(입찰로 진행할지, 외국 잠재적 매수인까지 매수 의향을 확인(tapping)할지, 매매 대가로 현금 외의 현물도 인정할지, 언제까지 매매를 종결할지 등)까지 기재하게 할지는 당사자들이 협의하여 정할 문제이다. 다만, 소수주주는 이를 구체적으로 기재해야 할수록 부담이 되고 이러한 기재에 구속되기 때문에 동반매도를 실현시키기 어려워진다는 점을 유의해야 한다.

위와 같이 아직 매수인과 매매조건이 확정되지 않은 상태에서 동반매도통지를 하면 그 이후에는 본격적으로 동반매도를 위한 M&A 절차가 진행되어야 한다. 소수주주는 먼저 자신이 받고자 하는 적정한 매매대금을 정하기 위해서 대상회사에 대한 실사(매도인 실사)를 진행할 필요가 있고, 잠재적 매수인들에게 tapping하기 위하여 회사의 기본적인 정보, 사업 현황, 재무상태 등을 포함하는 회사 소개 자료도 작성한다. 이후 매각주관사와 자문사도 선임하고, 만일 입찰로 진행할 예정이라면 매수를 유인하기 위한 투자설명서와 입찰안내서를 작성한다. 매수희망자가 정해지면 매수희망자의 대상회사 실사에 대응해야 하고, 이후 매매대금 기타 매매조건에 대한 협상을 하며, 매매계약 체결 및 이행에 이르게 된다.

그런데 소수주주는 소수지분만 보유하고 있고 대상회사에 대한 접근이 자유롭지 않기 때문에 단독으로 위 절차를 진행할 수 없고 지배주주와 대상회사의 협조가 필수적으로 요구된다. 대법원은 아래 DICC 사건에서 이러한 M&A 절차나 그 절차에 지배주주가 협조할 의무에 대해서 계약서에 구체적으로 기재되어 있지 않은 경우에도 지배주주는 소수주주가 진행하는 매각절차의 상황과 진행단계에 따라 대상회사의 원활한 매각을 위해서 적기에 대상회사에 관한 자료를 제공하고 대상회사를 실사할 기회를 부여하는 등의 방법으로 협조할 신의칙상의 의무가 있다고 판시하였다.[123] 이러한 신의칙상 협조의무의 내용이 어느 범위까지 인정되는지 당사자들 간에 다툼이 있을 수 있으므로 계약서에 구체적인 범위를 정하고, 지배주주가 이에 협조하여야 한다는 점을 명시하는 것이 바람직하다. 그리고 소수주주는 지배주주가 이러한 협조의무를 이행하지 않은 경우에 어떻게 구제받을 것인지(가령, penalty put)도 생각하여 계약서에 포함시킬 필요가 있다. 계약서에 별도의 구제수단을 규정하지 않은 경우 협조의무 위반으로 인한 손해배상청구를 생각해 볼 수 있으나 그 손해액 산정이 쉽지 않을 것이다.[124]

123) 대법원 2021. 1. 14. 선고 2018다223054 판결. 이 판결은 지배주주의 협조의무를 인정한 것이지 회사의 협조의무를 인정한 것은 아니다. 소수주주가 회사에 협조를 구할 권리가 상법상 주주권으로부터 도출되기도 어렵고, 계약 당사자가 아닌 자에게 신의칙 등과 같은 일반 법리에 기초하여 부수의무를 인정할 수도 없다. 송옥렬(2022), 1528, 1529면.

124) 소수주주로서는 지분 매각에 실패하였다면 매각기회의 상실, 매각에 성공하였다면 지배주주가 협조했을 때와 비교한 차액 정도의 손해배상을 구할 수 있겠지만 그 금액을 정하는 것이 쉬운 문제가 아니다. 송옥렬(2022), 1531, 1532면.

tip **지배주주 tip:** DICC 사건 판결이 선고된 이후 실무상 소수주주의 동반매도청구권에 관한 조항에는 이러한 동반매도 절차 및 그 절차에서 소수주주 및 지배주주가 보유하는 권한이나 부담하는 의무에 대해서 자세하게 기재하는 경향이 있다. 이런 조항은 소수주주를 위하여 동반매도를 실현시키는 데 초점이 맞추어져 있기에 지배주주의 이익이나 권리가 침해되는 것을 방지하는 내용이 간과되는 경우들이 있다.

지배주주 입장에서는 소수주주의 투자 회수를 보장하기 위해서 소수주주에게 동반매도청구권을 부여하더라도 가능하면 자기 자신이나 대상회사의 이익을 보호할 필요가 있다. 이에 i) 동반매도 과정에서 필요한 협조의무의 한계를 정하거나(가령, 대상회사의 일상적인 영업이 방해받지 않는다거나 대상회사의 영업비밀이 침해되지 않는다는 등의 단서를 붙임), ii) 동반매도의 조건을 통제하는 방안(매수인이 지배주주나 대상회사와 경쟁관계에 있는 자가 아닐 것이나 동반매도 이후에도 지배주주나 대상회사의 사업에 제한이 가해지지 않을 것 등을 요구)을 적극적으로 고려하여야 할 것이다.

iii) **동반매도청구권 행사효과:** 동반매도청구권을 행사할 경우 지배주주가 이에 따라야 한다거나 자신의 주식을 매도할 의무를 부담한다고 추상적으로만 규정할 경우(의무부담형), 동반매도 절차에서 지배주주가 어떠한 협조의무를 부담하는지, 매수인과 매매조건이 확정된 후에는 지배주주가 어떠한 의무를 부담하는지 불명확하여 최종적으로 동반매도를 실현하기 어려울 수 있다. 이에 소수주주가 대상회사를 매각하는 과정에서 지배주주가 부담하는 협조의무의 구체적인 내용을 규정하고, 매수인과 매매조건이 확정된 이후에는 지배주주의 주식매매계약 체결 의사표시를 간주하거나(계약간주형) 소수주주가 지배주주로부터 매매에 관한 권한을 위임받도록 규정하는 것(권한위임형)이 동반매도를 실현하는 데 더 유리할 것이다. 위 예시 조항은 권한위임형에 따라 작성한 것이다.

사례 검토

DICC 사건

대법원이 동반매도청구권 조항의 해석과 관련하여 최초로 판시한 사건으로서 동반매도청구권 조항 작성 시 그 행사절차와 효과를 구체적으로 작성하는 것이 왜 중요한지 알려준다.

두산인프라코어(피고)는 중국 내 자회사인 Doosan Infracore (China) Corporation(DICC)의 지분 일부를 PEF들이 설립한 투자목적회사(원고)에 매도하고, 원고와 피고는 주주간계약을 체결하였다. 주주간계약상 3년 내에 DICC의 기업공개가 이루어지지 않으면 일방 당사자(매도주주)는 입찰절차를 진행하여서 매수예정자가 결정된 이후에 상대방에게 매도결정통지를 하면서 상대방이 보유한 DICC 주식 전부를 매도할 수 있는 동반매도요구권을 행사할 수 있다. 이러한 동반매도요구권을 행사하면 상대방은 (x) 매도주주의 동반매도요구에 동의하거나, (y) 매도주주 보유 주식을 계약에서 정한 방법으로 산정된 가격으로 매수하거나, (z) 매도주주 보유 주식을 보다 유리한 조건으로 새로운 제3자에게 매도할 것을 제안할 수 있다고 약정하였다. 원고는 3년 내에 DICC에 대한 기업공개가 이루어지지 않자 DICC 매각절차를 개시하면서 피고에게 매각절차 준비 내지 매도인 실사를 위한 자료제공을 요청하였으나 피고는 이에 응하지 않았고, 결국 원고의 매각절차는 무산되었다. 이에 원고는 매수예정자 결정이 동반매도요구권 행사의 조건인데 피고가 신의성실에 반하여 조건 성취를 방해하였으므로 민법 제150조 제1항에 따라 원고와 피고 사이에 DICC 지분에 대한 매매계약 체결이 의제되고 피고가 매매대금을 지급할 의무가 있다고 주장하였다.

1심[125]은 명문의 규정이 없는 이상 피고에게 원고의 지분 매각을 위한 실사에 협조할 의무가 있다고 보기 어렵고, 매수예정자 결정이 동반매도요구권 효력을 발생시키는 조건이라고 보기 어려우므로 이를 전제로 한 원고 청구를 기각하였다. 항소심[126]은 1심과는 달리 피고가 자신이 약속한 동반매도요구권 행사 결과를 수인하는 차원에서 원고의 매도자 실사와 자료제공 요청에 협조할 의무가 있고, 매수예정자와 매각금액 결정은 동반매도요구권 행사의 정지조건인데 피고가 위 협조의무를 위반하여 조건 성취를 방해하였으므로 조건 성취가 의제되어야 하고, 동반매도요구권 행사에 따른 효과인 위 (x), (y), (z) 중 (y)만이 유일하게 이행 가능하므로 선택채권에 관한 민법 제385조 제1항에 따라 (y)에서 정한 가격으로 피고와 원고 사이에 원고 지분에 관한 매매계약이 체결되었고 피고는 그 매매대금을 지급하여야 한다며 원고 청구를 인용하였다.

대법원[127]은 주주간계약상 명문의 규정이 없었음에도 불구하고 "매도주주가 동반매도요구권을 행사할 것을 전제로 매각절차를 진행하겠다는 의사를 밝혔다면, 상대방 당사자는 DICC 주주간 계약의 당사자로서 매각절차에 협조하여야 할 신의칙상의 의무를 부담한다"고 판시하고 "민법 제150조 제1항은 계약 당사자 사이에서 정당하게 기대되는 협력을 신의성실에 반하여 거부

125) 서울중앙지방법원 2017. 1. 12. 선고 2015가합572866 판결.

126) 서울고등법원 2018. 2. 21. 선고 2017나2016899 판결.

127) 대법원 2021. 1. 14. 선고 2018다223054 판결.

함으로써 계약에서 정한 사항을 이행할 수 없게 된 경우에 유추적용될 수 있다"고 판시하였다.[128] 그러나 이 사안에서는 본계약 체결에 이르기까지 절차가 매우 복잡하며 여러 가지 변수에 따른 불확실성을 가진다는 점에 비추어 피고가 원고의 자료제공 요청에 응하지 않았다는 사정만으로 신의성실에 반하여 조건의 성취를 방해하였다고 단정하기 어렵고,[129] 위 (x), (y), (z)는 대등한 선택채권의 관계에 있다고 보기 어렵고[130] 피고의 선택이 있어야만 위 (x), (y), (z)에 따라 매매계약의 당사자, 매매대상, 매매금액 등 전혀 다른 매매계약 체결이 의제되는데, 매수예정자와 매각금액이 특정되었다고 볼 수 없는 상태에서 조건 성취 방해에 따른 조건 성취를 의제하더라도 그것만으로 곧바로 매도주주와 상대방 당사자 사이에 어떠한 법적 효과가 발생하는지를 정할 수 없으므로 원고와 피고 사이에 매매계약 체결이 의제된다고 보기 어렵다고 판단하였다.[131]

지배주주가 매매 권한을 소수주주에게 위임하도록 하는 경우 지배주주 입장에서는 위임 범위를 구체적으로 특정하는 것이 바람직하다. 위임 기간을 한정하지 않는다면 그러한 영구적인 위임의 효력이 다투어질 수도 있고, 설령 유효하더라도 이는 소수주주가 행사요건을 충족하기만 하면 계속해서 대상회사 매각을 시도할 수 있다는 것이 되어 대상회사의 안정적인 경영에 방해가 될 뿐만 아니라 장기간의 무리한 매각 시도로 대상회사의 기업가치가 훼손될 우려도 있다.

또 소수주주가 지배주주의 주식을 매도할 수 있는 매매조건, 즉 매수인과의 주식매매계약에 포함될 수 있는 내용도 가능한 범위나 한계를 정하는 것이 바람직하다. 소수주주 역시 일반적으로는 수익 실현을 위해서 최대한 매매대금을 높게 하는 것이 유리할 것이나, 만일 소수주주 및 지배주주 소유 주식을 매도한 매매대금을 합친 후 그중 소수주주가 우선해서 투자원금 및 일정 수익을 가져갈 수 있는 구조라면, 소수주주가 자기 수익만 보장되는 한 대상회사를 헐값에 매각할 위험도 있다. 이에 매매대금을 소수주주가 최초에 제안한 매도예정가격보다 높도록 한다거나, 대상회사의 시장가치나 주식의 공정시장가액 이상이어야 한다거나, 지배주주와 협의하여 지정한 회계법인의 가치평가

128) 대법원은 이전부터 민법 제150조를 법률행위의 부관인 조건의 성취 여부에만 적용하지 않고 계약상 개별 권리의 발생요건에 관한 약정이 있는 경우에 그 요건 충족 여부에도 적용하여 왔다. 양창수(2020), 291-296면 참고.

129) 단순히 조건 성취 방해 행위만 인정되어서는 안 되고 그것이 신의성실에 반하여야 한다. 신의성실에 반하는 것인지에 관한 국내 및 독일 판례는 윤진수(2021), 325-334면 참고.

130) 권영준(2022), 232-235면은 민법상 선택채권과 임의채권은 구분되며 이 사건에서 매도주주가 갖고 있던 권리는 임의채권으로 볼 여지가 있다고 한다. 윤진수(2021), 341, 342면도 같은 취지로 보인다.

131) 참고로 조건 성취 방해가 있을 경우 방해받은 자는 조건이 성취되는 것으로 주장할 수도 있지만 불법행위로 인한 손해배상청구도 가능하다. 곽/김, 민법총칙, 405, 406면. 하지만 위 판결의 사안에서는 당사자들이 그러한 손해배상청구를 하지는 않았다.

금액 범위 내에 있어야 한다는 등의 제한을 가할 수 있다.

지배주주의 지분을 매각하는 것이기 때문에 일반적인 M&A 거래라면 지배주주가 대상회사에 대해서도 포괄적인 진술 및 보장을 해야 하겠지만, 자발적인 주식 매도가 아니기 때문에 매수인으로 하여금 진술보장보험에 가입하도록 요구하거나, 지배주주의 진술 및 보장의 범위를 일정 범위로 제한하는 것으로 정할 수 있고, 소수주주는 대상회사에 대한 정보접근이 제한되므로 자신이 매수인에게 하는 진술 및 보장은 knowledge qualification을 다는 방안을 고려할 수 있다.[132] 이 외에도 지배주주에게 부당한 의무나 책임이 부과되는 것이 없도록 하고, 소수주주의 책임에 대해서도 연대책임을 부담하지 않도록 하는 등 그 매매조건은 주주간계약에서 사전에 구체적으로 정할수록 바람직하다.

매매계약을 체결하는 것까지는 소수주주가 지배주주로부터 매매 권한을 위임받으면 가능하나, 동반매도가 완료되기 위해서는 지배주주가 주권을 매수인에게 인도하거나 주식양도 통지를 하는 등 주식을 양도할 것까지 약정할 필요가 있다. 이러한 약정은 향후 정해질 매수인에게 권리를 부여하는 것으로서 일종의 제3자를 위한 계약의 성격을 가지며, 매수인은 해당 조항을 근거로 지배주주를 상대로 직접 주식양도 청구를 할 수 있게 된다.

위 주식이 양도됨과 동시에 매수인이 소수주주 및 지배주주의 주식에 대한 매매대금을 지급할 것인데, 매매 권한을 위임받은 소수주주가 지배주주의 주식에 대한 매매대금까지 포함해서 전체 매매대금을 수령하도록 할 수 있다. 소수주주의 동반매도청구권이 투자 회수를 보장하기 위한 것이기 때문에 소수주주가 매매대금으로부터 투자원금 및 일정 수익만큼 먼저 가져갈 수 있도록 하기 위한 것이다.

소수주주의 동반매도청구권에 관한 조항에는 위와 같이 대상회사의 매각을 통해서 수령한 매매대금을 당사자들 사이에 어떻게 분배할 것인지에 관한 조항(이를 수익분배 순서라는 의미에서 waterfall 조항이라고도 함)을 두는 것이 일반적이다. 통상 수령한 매매대금에서 동반매도 절차에서 발생한 비용을 먼저 공제하고, 소수주주의 투자원금에 일정한 수익을 더한 금액을 우선 분배한다. 이후 남은 금액은 어떻게 분배할지를 정하여야 하는데, 지배주주가 모두 가져가는 경우도 있고, 지배주주에게도 소수주주와 동일한 수익을 분배한 후에 지배주주와 소수주주의 지분 비율에 따라 안분하는 경우도 있다.[133]

---

132) 우호적 M&A의 이론과 실무 1(이제원, 권철호 집필부분), 449, 450면.

133) 우호적 M&A의 이론과 실무 1(이제원, 권철호 집필부분), 448, 449면은 매매대금이 고가인지 저가인지에 따라 합리적인 분배 방안을 제시하나 어느 방법이 합리적이거나 타당하다고 보기는 어렵고, 결국 당사자들 간에 협의하여

iv) Drag/Call 구조: 소수주주에게 동반매도청구권을 부여하면서 지배주주에게는 소수주주의 지분을 매수할 수 있는 매도청구권을 부여하는 경우가 있고 이를 실무에서는 drag/call 구조라고 부른다. 위에서 설명한 바와 같이 소수주주는 먼저 다른 방법으로 투자 회수를 시도하다가 안 될 경우 동반매도를 통해서 투자 회수를 도모한다. 그러나 지배주주는 자신의 의사에 반하여 경영권을 빼앗기게 되므로 적정한 가격에 소수주주의 지분을 매수하는 것을 선호할 수 있다. 이렇게 될 경우 소수주주는 투자 회수를 할 수 있게 되고 지배주주는 자기 지분을 계속 유지할 수 있게 된다. 이와 같은 drag/call 구조는 사실상 소수주주가 동반매도청구를 하였을 때 지배주주로 하여금 소수주주의 주식을 매수하게 하는 효과가 있으므로 소수주주에게 매수청구권(풋옵션)을 부여하는 것과 실질적으로 동일한 효과가 있다.[134]

이와 같은 drag/call 구조를 취하는 경우에는 소수주주의 동반매도청구권과 지배주주의 매도청구권 간의 관계 및 행사 절차에 관한 조항이 조화롭게 규정될 필요가 있다. 두 권리에 관한 조항을 따로 두는 것도 가능하지만, 지배주주의 매도청구권은 소수주주가 동반매도청구를 한 경우에만 행사 가능하고, 지배주주가 매도청구를 한 경우에는 소수주주의 동반매도 절차는 일시적으로 중단되었다가 지배주주가 매수를 하지 않게 될 경우 다시 재개되어야 한다는 점에서 두 권리 행사절차에 관한 내용을 하나의 조항에서 함께 다루는 것이 보다 명확할 것이다.

소수주주의 동반매도청구권 행사를 기다렸다가 지배주주가 매도청구권 행사를 하는 drag/call 구조가 아니라 지배주주가 일정한 요건 충족시 매도청구권을 행사할 수 있고 그러한 매도청구권을 행사하지 않으면 소수주주가 동반매도청구권을 행사하는 call/drag 구조도 있을 수 있다. 이 경우에도 두 권리 간의 관계 및 행사 절차를 조화롭게 규정할 필요가 있을 것이다.[135]

v) 동반매도청구권 침해 시 구제수단: 소수주주의 동반매도청구권은 통상 소수주주 및 지배주주의 지분을 매수할 매수인을 확정하지 않은 상태에서 행사하고, 동반매도가 이루어지려면 지배주주의 협조가 필수적인데 지배주주는 자신의 의사에 반하여 지분을

정할 사항이다.

134) 금융감독원도 PEF와 대주주 사이에 call/drag 계약을 체결하면서 drag-along 행사로 인한 대주주 지분 매각대금을 PEF에게 우선 분배하는 것을 PEF에게 put option을 부여하는 것과 동등하다고 보았다. 금융감독원, 2015. 2. 10.자 "PEF 운영 관련 법령해석 안내" 참고.

135) 이동건 등(2018), 36면.

매각하는 입장에 있다는 점에서 절차에 협조하지 않거나 동반매도 절차상 하자를 다투며 매도에 불응할 가능성이 다분하다.

소수주주가 지배주주의 주식까지 매도할 권한을 위임받는 것으로 약정한다면 매수인과 매매조건이 확정된 상태에서는 소수주주가 지배주주를 대리하여 매매계약을 체결할 수 있고 소수주주나 매수인이 지배주주에게 그 주식을 양도할 것을 청구할 수 있을 것이다. 반면, 지배주주가 동반매도 절차에 협조하지 않아 매수인과 매매조건이 확정되지 않은 상태라면 애초에 매매계약이 성립할 수 있는 기본적인 요건조차 충족되지 않았기 때문에 지배주주를 상대로 매매계약이 성립하였음을 전제로 한 이행청구는 불가능하게 된다.[136] 따라서 이런 경우에는 지배주주의 협조의무 위반에 대해서 소수주주가 위약벌 또는 손해배상 예정액을 청구할 수 있도록 하거나, 아니면 지배주주로 하여금 일정한 금액으로 소수주주의 지분을 매수하도록 청구할 수 있는 penalty put을 규정하는 것을 고려할 수 있다.

마. 매도청구권(콜옵션)

1) 매도청구권의 의의 및 목적

어느 주주가 장래에 다른 주주가 소유한 주식을 미리 정한 가격으로 매수할 수 있는 권리(매도를 청구할 수 있는 권리)를 매도청구권이라 한다. 이는 영미 계약에서의 call option과 같은 것인데,[137] 이를 순우리말로 기재하지 않고 그대로 “콜옵션”이라고 기재하는 경우도 많으며, “주식매수권”, “매수선택권” 등으로 기재하는 경우도 있다. 매도청구권은 다른 주주의 주식을 미리 정한 가격(이를 “행사가격”이라 칭하기도 한다)으로 매수한다는 점에 특징이 있다. 따라서 권리 행사 시점에 그 주식의 시가가 행사가격보다 높으면 매도청구권을 행사하여 그 차액만큼 권리자가 이익을 볼 수 있고, 낮으면 매도청구권을 행사하지 않을 것이다.

매도청구권은 다양한 목적으로 사용된다. 먼저 소수주주에게 매도청구권을 부여하는 경우가 있는데, i) 투자자인 소수주주로 하여금 장래에 추가로 지분을 확보할 수 있

136) 대법원 2021. 1. 14. 선고 2018다223054 판결.

137) 옵션이란 i) 상품, 증권, 통화, 금리 등의 특정자산(기초자산)을 ii) 특정기간 내에 또는 특정기일에 iii) 미리 정해진 특정한 가격(행사가격)으로 iv) 매수 또는 매도할 수 있는 권리를 말하며, 이때 기초자산을 매수할 수 있는 권리를 콜옵션, 매도할 수 있는 권리를 풋옵션이라고 한다. 송옥렬(2015), 1187면.

도록 부여한다. 투자자는 자금운용계획이나 자금조달가능성에 따라 점차 투자를 확대하고 싶을 수 있다. 최초 투자 시점에는 소수지분만 투자할 계획이지만 장차 적극적으로 경영권을 행사할 여지를 열어두고 싶을 수 있고, 대상회사의 성장 여부나 시장상황의 변화에 따라 투자를 더 늘리고 싶을 수도 있다. ii) 지배주주의 계약 위반에 대한 제재 목적으로 매도청구권을 부여하는 경우도 있다. 실무상 상대방의 계약 위반에 대한 제재 수단으로는 매도청구권보다는 매수청구권을 부여하는 경우가 더 많으나, 소수주주가 투하자본을 회수할 생각이 없고 대상회사의 잠재적 성장가능성이 높아 주주 지위를 유지하는 것이 더 이익이 될 수 있다면 오히려 지분을 시가에서 할인된 가격으로 추가로 매입할 수 있는 권리를 보장받는 것이 유리할 수 있다.

이와는 달리 경영권을 행사하는 지배주주에게 매도청구권을 부여하는 경우도 있다. i) 지배주주가 일시적으로 사업자금 조달이나 유동성 확보가 필요하여 지분을 매각하지만 일정한 기간이 지나 그러한 필요가 해소되는 시점에는 다시 지분을 매입하고자 할 수 있다.[138] 이처럼 매각했던 지분을 다시 매입할 수 있는 권리나 조항을 환매권(repurchase right) 또는 buy back 조항이라 부르기도 한다. ii) 앞서 설명한 바와 같이 drag/call 구조에서 소수주주의 동반매도청구권 행사를 막고 경영권을 유지하기 위해서 매도청구권을 부여하기도 한다. 이 경우에는 매도청구권의 내용이 동반매도청구권 조항 내에 녹아 들어가는 경우도 많다. iii) 소수주주의 계약 위반에 대한 제재 목적으로 매도청구권을 부여하기도 한다. 이때에는 시가에서 할인된 가격으로 매입할 수 있도록 하는 경우가 많다. iv) 이 외에도 회사의 경영진에게 인센티브로 주식을 교부한 경우(주식을 소유한 경영진을 이하 "경영진 주주"라 함)에 그 경영진 주주가 미리 약정한 재임 기간을 채우지 못하고 퇴사할 경우, 특히 해당 경영진 주주의 귀책사유로 퇴사할 경우에 그 경영진 주주가 소유한 주식을 지배주주나 대상회사가 매수할 수 있도록 하는 경우도 있다. 이러한 내용은 대상회사와 경영진 주주 사이에 체결되는 고용계약서에 포함하는 경우도 있으나, M&A에 수반하여 경영진 주주를 포함하여 주주간계약이 체결되는 경우에는 주주간계약서에 포함하는 것이 경영진 주주와의 법률관계 및 주식의 처분에 관한 사항을

138) 2009년 벨기에 맥주회사인 AB InBev는 오비맥주를 PEF인 KKR과 Affinity에게 매각하였다가 2014년 다시 KKR로부터 매수한 바 있다. AB InBev는 다른 회사를 인수하면서 늘어난 부채를 상환하기 위한 자금을 조달하기 위해 오비맥주를 매각하였으나 매각 당시 5년 이내에 다시 오비맥주를 매수할 수 있는 콜옵션을 약정하였고, 그 콜옵션을 행사하여 다시 오비맥주를 가져온 것이다. KKR 등은 약 18억달러에 오비맥주를 인수하였다가 약 58억달러에 다시 매각하여 엄청난 차익을 남겼다. 연합뉴스 2009. 5. 7.자 기사 "인베브, 오비맥주 KKR에 매각 공식발표(종합)", 서울신문 2014. 1. 21.자 기사 "세계 최대 맥주회사 '앤호이저 부시 인베브' 오비맥주 6조 1700억원에 재인수" 참고.

일괄적으로 살펴볼 수 있다는 점에서 편리하다.139)

이하에서는 소수주주가 추가 지분을 확보할 수 있도록 매도청구권을 부여하는 경우와 경영진 주주 퇴사 시 지배주주가 그 지분을 매입할 수 있도록 매도청구권을 부여하는 경우를 각각 설명한다.

2) 추가 지분 확보를 위한 소수주주의 매도청구권

§10-1 – 추가 지분 확보를 위한 매도청구권

제10조 (매도청구권) (1) 주주B는 거래종결일로부터 1년이 경과한 날로부터 6개월 내에 주주B의 지분율이 대상회사 발행주식총수 기준 O%에 이를 때까지 주주A가 소유하고 있는 대상회사 발행주식(이하 **"매도청구 대상주식"**)을 매도할 것을 주주A에게 청구(이하 **"매도청구"**)할 수 있다. 이때 매도청구 대상주식의 1주당 매매가격은 O원(이하 **"1주당 매매가격"**)으로 하되, (i) 대상회사의 증자, 주식 분할 또는 병합, 주식배당, 준비금의 자본전입 등으로 인하여 발행주식총수가 변경될 경우 주주B가 매도청구를 통하여 가질 수 있는 경제적 이익이 동일하게 유지되도록 증가 또는 감소한 발행주식총수에 비례하여 1주당 매매가격이 조정되며, (ii) 대상회사가 신주, 전환사채, 신주인수권부사채, 주식매수선택권을 1주당 매매가격보다 낮은 가격으로 발행할 경우에는 1주당 매매가격은 위 발행가격으로 조정된다.

(2) 주주B가 매도청구를 하고자 하는 경우, 주주B는 주주A에게 매도청구 대상주식의 수, 1주당 매매가격, 매매대금 총액, 매매종결일(매도청구를 한 날로부터 10일이 경과하고 30일이 경과하기 전의 날이어야 함) 및 매도청구 대상주식의 매도를 청구한다는 취지를 기재하여 서면으로 통지(이하 **"매도청구통지"**)하여야 한다. 매도청구통지가 주주A에게 도달된 때 주주A와 주주B 사이에 매도청구통지에 기재된 거래조건으로 매도청구 대상주식에 대한 매매계약이 체결된 것으로 본다.

(3) 주주B는 매도청구통지에 기재된 매매종결일에 매도청구 대상주식에 대한 매매대금을 주주A에게 지급하여야 하며, 주주A는 매매대금을 지급받음과 동시에 매도청구 대상주식을 주주B에게 양도하여야 한다.

(4) 주주A는 주주B의 매도청구에 응하여 매도청구 대상주식을 매도할 수 있도록 충분한 수의 대상회사 발행 주식을 일체의 제한부담이 없는 상태로 소유하고 있어야 한다.

i) 매도청구권 행사요건: 언제 소수주주가 매도청구권을 행사할 수 있는지는 당사자들이 협의해서 정할 문제이고, 개별 사례에 따라 천차만별이다. 애초에 소수주주가 추가 지분을 확보할 수 있도록 허용하는 이상 별다른 요건이나 제약을 두지 않고 소수주주가

139) Patt & Giles, 111, 112면.

언제든지 본인이 자금을 조달할 수 있을 때 매도청구권을 행사할 수 있도록 할 수 있다. 아니면 지배주주 입장에서는 본인이 보유한 지분 일부를 소수주주에게 넘기고 지분이 희석되는 것이고, 그와 같은 희석가능성을 계속 부담할 생각이 없다면, 본건 거래의 거래종결일로부터 일정한 기간 내에만 매도청구권을 행사할 수 있도록 기간을 제한할 수도 있을 것이다.

ii) **매도청구 대상주식:** 소수주주의 추가 지분 확보를 위한 매도청구권과 관련하여서는 매도청구 대상주식의 범위를 어떻게 설정할 것인지가 중요하다. 소수주주에게 얼마만큼의 지분을 보장할 것인지를 정하여야 하는데, 소수주주를 기준으로 소수주주가 일정한 지분율(발행주식총수를 기준으로 할 수도 있고, 완전희석기준으로 할 수도 있음)이나 일정한 주식 수량에 이를 때까지 지배주주가 소유한 주식을 매수할 수 있도록 할 수도 있고, 지배주주를 기준으로 지배주주가 소유한 주식의 일정한 비율이나 수량을 매수할 수 있도록 할 수도 있다.

매도청구 대상주식을 소수주주가 일정 지분율에 이를 때까지 지배주주가 소유한 주식으로 정할 경우 한 가지 생각해 봐야 할 점은 매도청구권의 행사가능 기간과 횟수이다. 소수주주가 일정 지분율에 이를 때까지 매도청구권을 일정한 기간 내에 행사할 수 있는지 아니면 기간의 제한 없이 행사할 수 있는지, 또 한 차례만 행사할 수 있는지 아니면 수회에 걸쳐 행사할 수 있는지를 결정하여야 한다. 소수주주 입장에서는 자금조달 가능성이나 대상회사나 시장 상황에 따라 일부 지분씩 매입하는 것이 유리하므로 기간의 제약을 받지 않고 수회에 걸쳐 행사할 수 있는 것이 유리하겠지만, 지배주주 입장에서는 소수주주의 매도청구권을 보장하기 위해서 일정 수량의 주식을 계속 소유해야 하는 부담이 있기 때문에 가능하면 일정한 기간 내에 일회만 행사할 수 있도록 하는 것이 유리할 것이다. 계약서에 매도청구권 행사 횟수에 대해서 특별히 제한하지 않고 단지 소수주주가 일정한 지분율에 이르기까지 매도청구를 할 수 있다고 기재하고 있다면 수회에 걸쳐 행사할 수 있다고 해석해야 할 것이다.

iii) **매매가격:** 다음으로 중요한 것은 매도청구 대상주식의 1주당 매매가격이다. 매매가격을 정하는 방법도 여러 방법이 있겠으나, 미리 고정된 가격을 정하는 방법과 매도청구권 행사시점에 일정한 기준에 따라 가격을 정하는 방법으로 나눌 수 있다.

고정된 가격 중 가장 간단한 것은 소수주주가 대상회사 주식을 취득한 가격과 동일한 가격으로 정하는 것이나, 지배주주의 입장을 반영하여 취득가격에 일정한 할증을 붙이기도 한다. 이처럼 고정된 가격으로 정하는 경우에는 가격의 조정 필요성에 대해서 함께 검토해 볼 필요가 있다. 매도청구권은 최초 취득 이후에 일정한 기간이 경과한 후에 행사하는 것이 일반적인데, 그 기간 내에 대상회사가 증자, 주식 분할 또는 병합, 주식배당, 준비금의 자본전입 등을 하여 발행주식총수가 변경될 경우에는 1주당 매매가격도 조정할 필요가 있다. 쉽게 설명하자면 발행주식총수가 2배가 되면 그만큼 대상회사의 주식의 가치는 1/2로 감소하게 되므로 1주당 매매가격을 1/2로 조정하여야 한다. 여기서 더 나아가 만일 대상회사가 신주, 주식연계사채, 주식매수선택권 등을 발행하였는데 그 발행가격이 상당히 낮은 가격이라면 소수주주도 그러한 가치하락의 이익을 누릴 수 있도록 1주당 매매가격을 그 낮은 발행가격으로 낮출 수 있다.[140] 발행주식총수가 변경되거나 새로운 증권이 발행되는 것은 통상 대상회사의 운영에 대한 동의 조항을 통해서 소수주주가 통제할 수 있는 영역이므로 그러한 사유 발생 시 당사자 간에 개별적으로 협상하여 매도청구권의 매매가격을 조정할 수도 있다. 그러나 매번 매매가격을 어떻게 조정할지 협의하는 것은 번거로우므로 매도청구권 조항에 매매가격 조정 방식을 미리 규정해 놓는 것이 바람직할 것이다.

미리 1주당 매매가격을 고정하지 않고 매도청구권 행사시점에 일정한 기준으로 가격을 정하는 방법도 있다. 제일 일반적으로는 매도청구권 행사시점의 매도청구 대상주식의 공정시장가액으로 정하는 것이고, 소수주주의 입장을 반영하여 공정시장가액에 일정한 할인을 하여 정할 수도 있다. 대상회사가 상장회사라면 시가가 있으므로 매매가격에 대해 당사자 간에 다툼이 발생할 여지가 적겠으나, 비상장회사라면 다툼이 발생할 수 있다. 계약서에 별다른 명시가 없다면 궁극적으로는 법원에서 그 가액을 정하게 될 것인데, 이와 같이 매매가격만을 정하기 위해서 시간과 비용을 들여 법원의 분쟁절차를 거치는 것이 번거로우므로 당사자가 합의하여 정한 회계법인 등 외부평가기관으로 하여금 매도청구권 행사시점의 공정시장가액을 반영한 1주당 매매가격을 정하도록 하는 것을 고려해 볼 수 있다.[141] 다만, 이와 같이 공정시장가액을 전문가로 하여금 정하도록 하더라도, 전문가 선정 절차 등에 대해서 다툼이 발생할 경우 이에 대해서는 전문가가

140) 이와 같이 매매가격을 조정하는 것은 전환주식 또는 전환사채의 전환가격을 조정하는 anti-dilution 조항 및 re-fixing 조항과 유사하다. 다만, 전환주식 또는 전환사채의 전환가격을 조정하는 것은 이미 발행된 증권의 가치를 유지 내지 조정하기 위한 것이라면, 매도청구권의 행사가격을 조정하는 것은 향후 소수주주가 매수할 증권의 가치를 조정하기 위한 것이라는 점에서 차이가 있다.

141) 전문가 결정 절차에 대해서는 위 74면 '매매대금 조정 절차' 부분 참고.

결정할 수 없고 분쟁해결기관의 판단을 받아야 하기 때문에 시간과 비용이 더 소요될 여지도 있다. 이러한 점을 고려한다면 처음부터 다툼이 적은 주식 가격 산정기준과 방법을 미리 규정하는 것이 더 바람직할 것이다.

iv) **매도청구 행사절차:** 매도청구권을 행사하고자 할 경우 소수주주가 매도청구권을 행사한다는 취지와 함께 매매계약 성립을 위해서 필요한 사항을 지배주주에게 통지하도록 한다. 매매계약 성립을 위해서는 기본적으로 당사자, 매매목적물, 매매대금이 특정되어 있거나 특정가능해야 한다.[142] 이때 소수주주가 아닌 소수주주가 지정하는 제3자를 매수인으로 지정할 수 있게 약정할 수도 있겠으나, 매도청구권을 부여한 취지가 소수주주가 추가 지분을 취득할 수 있도록 하기 위한 것이라면 제3자를 매수인으로 지정하는 것은 허용하지 않아야 할 것이다. 매매목적물은 지배주주가 소유한 주식을 대상으로 하며, 소수주주가 여러 차례에 걸쳐서 일부 주식만 매수할 수 있는 경우라면 소수주주가 매수하려는 대상주식의 수량을 정확하게 기재해야 할 것이다. 매매대금은 1주당 매매가격과 매수하려는 주식 전체에 대한 총 매매대금을 기재하도록 하는 것이 일반적이다. 만일 1주당 매매가격이 고정된 가격이 아니고 별도로 산정하는 기준이나 방법을 약정하였다면 그 산정기준에 따라 산정된 가격과 산정 방법을 구체적으로 명시하도록 할 필요가 있다.

매도청구권 행사에 따른 매매종결일을 매도청구통지에 반드시 포함시켜야 하는 것은 아니고, 실무상 이를 포함시키지 않는 경우도 많으나, 그 경우 소수주주가 지배주주에게 언제 매매대금을 지급하고 지배주주가 소수주주에게 언제 매도청구 대상주식을 양도하는지 불분명하다. 다른 약정이 없으면 양 당사자 사이에 매매계약은 체결되었고 단지 기한의 정함이 없는 동시이행 채무를 부담한다고 해석될 것으로 보이지만, 조속하게 법률관계를 정리한다는 차원에서 소수주주가 너무 길지 않은 시일을 매매종결일로 지정하여 매도인에게 통지하고 그 매매종결일에 양 당사자가 의무를 이행하도록 하는 것이 바람직할 것이다.

v) **매도청구권 행사효과:** 매도청구권은 당사자의 일방적인 의사표시로 매매계약이라는 새로운 법률관계를 형성시키는 권리로서 일종의 형성권이라 할 수 있다.[143] 매도청구권 행사로 당사자들 사이에는 매도청구 행사통지에 기재된 바에 따라 매매계약이 성립하게 되고, 당사자들은 그 매매계약을 이행해야 한다. 동반매도청구권과는 달리 매도

142) 대법원 2021. 1. 14. 선고 2018다223054 판결.

143) 매수청구권에 관한 대법원 2022. 7. 14. 선고 2019다271661 판결 참고.

청구권은 이미 대상회사의 주식을 거래하였던 당사자들 사이에 동일 목적물을 대상으로 추가로 거래하는 것이므로 매매의 핵심인 주식의 양도와 매매대금의 지급만 신경쓰면 되고, 다른 의무나 책임을 추가로 부담하거나 상대방에게 요구하는 경우는 매우 드물다.

vi) **매도청구권 침해 시 구제수단:** 소수주주가 매도청구권을 행사하였으나 지배주주가 이에 응하지 않을 경우에는 소수주주는 매도청구권 행사로 매매계약이 체결되었으므로 그 매매계약에 따라 매도청구 대상주식의 양도를 구하는 소를 직접 제기할 수 있다. 그런데 만일 지배주주가 소수주주의 매도청구에 응하기에 충분한 대상회사의 주식을 소유하고 있지 않으면, 소수주주가 주식양도를 구하는 소를 제기하는 것이 무의미하고, 후발적 이행불능에 해당하게 되므로 그에 따른 손해배상만 청구할 수 있을 것이다. 이와 같이 매도청구권이 무의미해지는 것을 방지하기 위해서 지배주주에게 매도청구에 응할 수 있도록 충분한 수의 대상회사 발행 주식을 제한부담이 없는 상태로 소유하고 있을 의무를 부담시키고, 더 나아가 그러한 주식 소유 약정을 위반할 경우에 추가적인 제재를 가하는 방안도 고려해 볼 수 있다.

3) 퇴사한 경영진 주주의 지분 매입을 위한 지배주주의 매도청구권

§10-2 – 퇴사한 경영진 지분 매입을 위한 매도청구권

제10조 (매도청구권) (1) 주주B가 아래 각호의 사유로 대상회사로부터 퇴사한 경우, 주주A는 주주B가 소유하고 있는 대상회사 발행 주식 전부(이하 **"매도청구 대상주식"**)를 매도할 것을 주주B에게 청구(이하 **"매도청구"**)할 수 있다. 이때 매도청구 대상주식의 1주당 매매가격(이하 **"1주당 매매가격"**)은 주주B가 퇴사한 날 기준 매도청구 대상주식의 공정시장가액에 10%를 할인한 금액으로 한다.

1. OOO

(2) 주주A가 매도청구를 하고자 하는 경우, 주주A는 주주B에게 매도청구 대상주식의 수, 1주당 매매가격 및 그 산정근거, 매매대금 총액 및 매도청구 대상주식의 매도를 청구한다는 취지를 기재하여 서면으로 통지(이하 **"매도청구통지"**)하여야 한다.

(3) 주주B는 매도청구통지를 받은 날로부터 10영업일 내(이하 **"이의기간"**)에 주주A에게 대상주식의 1주당 매매가격에 대해서 이의를 제기할 수 있다. 주주B가 위 이의를 제기한 경우 주주A는 주주B가 이의를 제기한 날로부터 10영업일 내에 매도청구 대상주식의 가치를 평가하기 위한 회계법인을 선임하여야 한다. 회계법인이 평가한 매도청구 대상주식의 가치는 최종적인 1주당 매매가격이 되며, 당사자들은 회계법인의 가치평가 결과에 대해서 소송 기타 방법으로 이의를 제기할 수 없다. 당사자들은 회계법인 선임에 따른 비용을 절반씩 연대하여 부담한다.

(4) 주주B가 이의기간 내에 이의를 제기하지 않은 경우 이의기간이 경과한 날에 주주A와 주주B 사이에 매도청구통지에 기재된 거래조건으로 매도청구 대상주식에 대한 매매계약이 체결된 것으로 본다. 주주B가 이의기간 내에 이의를 제기한 경우에는 제3항의 절차에 따라 확정된 1주당 매매가격을 회계법인으로부터 통지받은 때에 위 매매계약이 체결된 것으로 본다.

(5) 주주A는 제4항에 따라 매매계약이 체결된 날로부터 5영업일 내에 매도청구 대상주식에 대한 매매대금을 주주B에게 지급하여야 하며, 주주B는 매매대금을 지급받음과 동시에 매도청구 대상주식을 주주A에게 양도하여야 한다.

i) 퇴사한 경영진 주주의 지분 처리 필요성: 지배주주가 기업을 인수할 때 또는 인수한 후에 경영진이 성실하게 근무하도록 유인하기 위한 인센티브(incentive)로 대상회사의 주식을 경영진에게 교부하기도 한다. 경영진이 대상회사 주식을 소유하게 될 경우 대상회사의 성장 및 수익이 경영진의 이익으로 이어지므로 경영진의 근로 의욕을 고취시킬 수 있다.

물론 인센티브로 대상회사가 경영진에게 상법 제340조의2에 따른 주식매수선택권(스톡옵션)을 부여할 수도 있다. 그러나 주식매수선택권은 주식을 미리 정한 행사가액으로 매수할 수 있는 권리일 뿐 다른 대가 지급 없이 주식을 바로 받는 것은 아니고, 주식을 취득하기 위해서 2년 재임요건이 있을 뿐만 아니라 양도가 제한되어 있어 즉시 차익을 실현시킬 수 없으며(상법 제340조의4 제1항, 제2항), 발행량이나 행사가액에 제한이 있으므로(상법 제340조의2 제3항, 제4항) 경영진에게 충분히 매력적인 인센티브가 되기 어렵다. 이에 최근에는 M&A를 하면서 지배주주나 대상회사가 경영진에게 회사의 주식을 교부하거나 일정한 조건을 충족할 경우 주식을 교부받을 수 있는 양도제한조건부주식(Restricted Stock Unit; RSU)[144]을 교부하는 사례가 늘고 있다.[145]

위와 같이 M&A 과정에서 경영진이 회사의 주식을 받아 경영진 주주가 되었는데 임기 중 퇴사한 경우에 그 주식을 어떻게 처리할 것인지 정해야 한다. 인센티브로 주식을 교부받은 경영진 주주는 일반적으로 투자한 다른 소수주주와는 달리 취급할 필요가

144) 일반적으로 RSU를 양도제한조건부주식이라고 번역하나, RSU는 아직 그 자체로 주식이라고 할 수 없고, 일정한 조건을 충족할 경우에 주식을 취득할 수 있는 권리 내지 지분에 가깝다.

145) 대상회사 주식이나 RSU는 지배주주가 교부할 수도 있고, 대상회사가 교부할 수도 있다. 대상회사가 대상회사의 주식을 무상으로 임직원에게 교부하기 위해서는 이미 소유하고 있는 자기주식을 처분하는 방법밖에 없고, 자기주식은 제한적으로만 형성될 수 있으므로(상법 제341조, 제341조의2), 대상회사가 주식이나 RSU를 인센티브로 지급하고자 한다면 자기주식 형성 방안에 대해서 미리 고민해야 한다.

있다.[146] 투자를 한 소수주주는 지배주주나 경영진이 회사를 잘 운영해서 수익을 낼 것을 기대하면서 일정한 대가를 지급하고 주식을 취득한 것인 반면, 인센티브로 주식을 교부받은 경영진 주주는 장차 성실하게 근무하여 회사를 성장시키고 수익을 낸다는 전제하에 주식을 취득한 것이다. 따라서 중도에 퇴사한다면 그러한 전제가 충족되지 않았기 때문에 그 주식을 계속 소유하는 것이 정당화되기 어렵다.[147] 회사나 다른 주주 입장에서는 만일 경영진이 교체되면 새로운 경영진에게 유사한 주식 관련 보상을 지급해야 할 수 있는데, 기존에 교부된 주식을 돌려받지 않을 경우 계속해서 새로운 소수주주들이 생겨 지분이 희석되는 문제가 발생할 수 있다.[148] 또 경영진 주주가 퇴사하더라도 계속 그 주식을 소유할 경우 주주로서 회사로부터 일정한 자료(의사록, 재무제표, 영업보고서, 회계장부 등)를 제공받을 수 있는 권리가 있는데(상법 제391조의3 제3항, 제396조 제2항, 제448조 제2항, 제466조 제1항), 만일 경영진 주주가 퇴사 후 다른 경쟁회사나 고객회사에 취직할 경우 회사의 내부정보가 유출되는 문제가 발생할 수도 있다.[149] 특히, 경영진 주주가 비위행위를 저질렀거나 회사의 이익에 반하는 행동을 하여 퇴사한 경우에 회사나 지배주주 입장에서는 그러한 자가 계속 주주로 남아서 주주의 권리를 행사하면서 회사의 경영에 관여하는 것이 더 부담스럽게 된다. 이에 경영진 주주가 퇴사하는 일정한 경우에는 지배주주가 그 경영진 주주의 지분을 매입할 수 있기를 원하는 경우가 많다.

이하 이 책에서 경영진은 기본적으로 임원임을 전제로 한다. 근로자에 대해서도 보상체계로 주식을 교부한 후 퇴사 시 그 주식을 지배주주가 매수할 수 있도록 할 수도 있으나, 근로자 주주와 주주간계약을 체결하거나 지배주주가 매수할 수 있도록 약정하는 경우는 드물다. 참고로 근로자의 경우 근로기준법 제20조의 위약 예정의 금지 조항 위반 여부가 문제 될 수 있다. 즉, 퇴사 시 지배주주가 근로자 소유 주식을 헐값에 매수하는 것을 일종의 위약금 내지 손해배상액 예정으로 볼 수 있지 않은가 하는 문제이다. 그러나 주주간계약에 따른 매도청구권은 주주 간 약정에 따른 것이어서 회사가 근로계약 불이행에 따라 부과하는 위약금이나 손해배상액 예정에 해당하지 않고, 근로자에게 손해배상을 요구하는 것이 아니라 근로자에게 주식에 상응하는 보상을 하되 퇴사 시 그 보상액을 감액하는 것에 불과하기 때문에 위 근로기준법 위반이 문제 될 가능성은 낮아보인다.

---

146) Patt & Giles, 109면.

147) *Id.*

148) Patt & Giles, 110면.

149) Patt & Giles, 111면.

ii) 매도청구권 행사요건: 경영진 주주가 퇴사한 모든 경우에 지배주주가 매도청구권을 행사할 수 있도록 약정할 수도 있으나, 경영진 주주가 정당한 사유 없이 퇴사를 당하였는데 그가 소유하고 있던 주식까지 지배주주에게 매도해야 한다면 지나치게 부당하고 애초에 경영진에게 인센티브로 주식을 교부한 취지가 몰각될 것이다. 이에 실무상으로는 경영진 주주가 비위행위를 저지르거나 회사의 이익에 반하는 행위를 하는 등 퇴사를 시키는데 정당한 사유[150]가 있는 경우에 지배주주가 매도청구권을 행사할 수 있도록 하는 경우가 더 많다.[151]

계약서를 작성할 때 정당한 사유를 적극 요건(정당한 사유로 퇴사시킨 경우에만 매도청구권 행사 가능)으로 할지 아니면 소극 요건(원칙적으로 모든 퇴사 시 매도청구권 행사 가능하나 정당한 사유 없이 퇴사시킨 경우에는 행사 불가능)으로 할지 먼저 정해야 한다. 적극 요건으로 하는 것이 경영진 주주에게, 소극 요건으로 하는 것이 지배주주 및 대상회사에게 유리한데, 특히 이를 어떻게 하느냐에 따라 경영진 주주가 자발적으로 사직한 경우에 매도청구권을 행사할 수 있는지 달라질 수 있으므로 유의할 필요가 있다.

다음으로 정당한 사유가 무엇인지 계약서에 개별적으로 사유를 열거할 수도 있고, 아니면 열거하지 않고 일반적으로 기재할 수도 있다. 퇴사시키는 정당한 사유의 범위에 대해서 당사자들 사이에 다툼의 여지를 줄이고 그 개념을 상법 제385조에 규정된 해임의 "정당한 이유"보다 넓히기 위해서 개별적인 사유를 열거하는 경우가 많다. 정당한 사유로 자주 언급되는 예를 들면, i) 대상회사 또는 그 임직원을 상대로 범죄를 저지르는 경우(범죄로 인해 일정 형량 이상의 처벌을 받은 경우로 한정하기도 하고, 그러한 처벌이 확정될 것을 요구하기도 함) ii) 대상회사 또는 그 임직원을 상대로 불법행위를 저지르거나 중대한 과실로 인해 손해를 입힌 경우(그러한 손해를 입힌 것이 재판상 확정될 것을 요구하기도 함), iii) 대상회사에 [일정 금액 이상/중대한] 금전적인 피해를 입히거나 대상회사의 신용 및 명예를 훼손한 경우, iv) 대상회사의 규정을 위반하고 시정을 요구받았음에도 며칠 내에 시정하지 않은 경우(특정 규정을 위반하거나 규정을 일정 횟수 이상 위반한 경우로 한정하기도 함), v) 며칠 이상 무단결근한 경우, vi) 약물, 알코올 남용 등으로 업무 수행 능력을 상실하거나 업무 수행에 지장을 초래하는 경우 등이 있다.

---

150) 영미 계약에서는 이를 "termination for Cause"라고 하면서 Cause를 정의하는 조항을 따로 두기도 한다.

151) 정당한 사유 유무가 아니라 자의성 여부와 재직기간을 기준으로 매도청구권 행사수량에 차등을 둔 사례로 대법원 2021. 3. 11. 선고 2020다253430 판결.

정당한 사유에 대해서 주주간계약에 구체적인 사유가 규정되어 있지 않을 경우에는 일반 계약 해석의 문제로 돌아가게 되는데, 만일 해당 경영진 주주가 대상회사와 체결한 고용계약서에 퇴사 사유와 관련된 규정이 있으면 그러한 규정을 참고할 수 있다. 달리 당사자들의 의사를 파악할 수 있는 자료가 없으면 상법 제385조에 규정된 해임의 "정당한 이유"에 대한 판례들을 참고할 수도 있겠다.

iii) **매도청구 대상주식:** 매도청구 대상주식은 다른 특별한 사정이 없는 한 퇴사 당시 경영진 주주가 소유하고 있던 주식 전부를 대상으로 하는 것이 일반적이다. 다만, 경영진이 주식을 취득한 경위에 따라 일부 주식은 매도청구 대상주식에서 제외해야 하는 경우가 있을 수 있다. 위에서 살펴본 바와 같이 지배주주의 매도청구권은 경영진이 지배주주로부터 계속 근무하는 인센티브로 주식을 받았음에도 중도에 퇴사한 경우에 정당화된다. 만일 경영진 주주가 M&A 전부터, 즉 지배주주가 대상회사를 인수하기 전부터 이미 대상회사의 주식을 소유하고 있었다거나 경영진 주주가 다른 경위로 지배주주가 아닌 제3자로부터 정당한 대가를 지급하고 주식을 취득하였다면, 그러한 주식에 대해서는 지배주주가 매도청구권을 행사할 수 없도록 제외시켜야 할 것이다.

iv) **매매가격:** 지배주주가 경영진 주주의 주식을 매수하는 매매가격은 미리 고정된 가격으로 정하기보다는 경영진 주주의 퇴사 시점 또는 그 인접 시점을 기준으로 그 주식의 공정시장가액으로 정하는 것이 일반적이다. 경영진 주주의 재임 기간이 길 경우 그 사이에 주식의 가치가 크게 변동될 수 있고 경영진 주주가 언제 퇴사할지 모르는 상황에서 미리 주식의 매매가격을 고정해 놓는 것은 불가능하기 때문이다.

기준 시점과 관련해서 경영진 주주의 퇴사 시점을 기준으로 하면 경영진 주주의 퇴사와 관련된 임금, 퇴직금, 기타 금전적인 법률관계를 일관된 기준으로 처리할 수 있는 장점이 있다. 그러나 어차피 주주가 가진 주식의 처리를 반드시 임직원 지위 상실과 연계할 필요는 없으므로 지배주주가 매도청구권을 행사한 시점이나 매매가격이 외부평가기관에 의해 확정된 시점 등과 같이 다른 시점을 기준으로 하는 것도 가능하다.

위와 같이 정해진 기준 시점에 매도청구 대상주식의 공정시장가액을 산정해야 하는데, 이때 그 공정시장가액을 그대로 매매가격으로 할지 아니면 일정한 할인을 할지는 당사자들이 협의하여 정할 문제이나, 매도청구권이 언제 인정되는지와 관련해서 생각해 볼 필요가 있다. 만일 경영진 주주의 귀책사유 없이 퇴사하는 경우에도 지배주주가 매도청구권을 행사할 수 있다면, 경영진 주주가 통제할 수 없는 사유로 불이익을 받아서는 안 될 것이므로 할인하지 않는 것이 설득력이 있을 것이고, 반면 경영진 주주의 귀책사유로 해임하는 경우에 국한하여 지배주주가 매도청구권을 행사할 수 있다면 경영진 주주에 대해서 일종의 제재를 가한다는 차원에서 할인하는 것이 설득력이 있을 것이다.[152] 아니면 매도청구권 행사요건은 경영진 주주가 퇴사한 경우로 넓게 규정한 후에 매매가격은 경영진 주주에게 귀책사유가 있는 경우와 없는 경우로 나누어 달리 정하는 것도 가능할 것이다.

매도청구 대상주식의 공정시장가액을 누가 정하는지와 관련해서 우선 매도청구권을 행사하는 지배주주 측에서 정해서 경영진 주주에게 통지하고, 만일 경영진 주주가 그 가격에 대해 이의가 있으면 회계법인 등 외부평가기관에 의뢰해서 평가하도록 하는 경우가 많다.[153] 대상회사의 주식에 관한 사항이므로 대상회사의 이사회에서 결정하도록 하는 경우도 있으나, 이미 경영진 주주가 퇴사한 상황에서 대상회사의 이사회는 지배주주 측에 유리하게 산정할 가능성이 있기 때문에 중립적인 외부평가기관의 도움을 받고자 하는 것이다.

v) **매도청구권 행사절차**: 지배주주가 매도청구권을 행사하기로 하였다면 매도청구통지를 하여야 하는데, 매도청구통지를 언제까지 해야 하는지 매도청구권 행사기간을 제한할지 여부를 정해야 한다. 그런데 매도청구권 행사요건이 충족되었는지 여부는 경영진 주주가 퇴사할 때 이미 확정되었을 수도 있지만, 사후적으로 확정될 수도 있다. 예를 들면, 경영진 주주가 대상회사에 금전적인 손해를 입혔으나 아직 그 손해액이 정확히 밝혀지지 않은 상태에서 자발적으로 사임한 경우, 사후적으로 그 손해액이 매도청구권 행사요건을 충족하는 금액을 넘어서는 것으로 확정될 수 있다. 그 경우 만일 매도청구통지를 퇴사 시점으로부터 너무 짧은 기간 내에 행사하도록 약정한다면 지배주주가 매도청구권 행사 기회를 상실하게 된다. 이러한 점을 고려해서 처음부터 매도청구권 행사기간을 제한하지 않거나, 제한하더라도 사후적으로 매도청구권 행사요건을 충족하는 것으로 밝혀진 경우에는 그러한 사실을 지배주주가 안 때로부터 일정 기간 내에 다시 행사할 수 있도록 해야 할 것이다.

매도청구통지에는 지배주주가 매도청구권을 행사한다는 취지와 함께 매매계약 성립을 위해서 필요한 사항인 당사자, 매매목적물, 매매대금을 기재해야 한다. 당사자는

---

152) Patt & Giles, 120, 121면.

153) 전문가 결정 절차에 대해서는 위 74면 '매매대금 조정 절차' 부분 참고.

주주간계약의 당사자인 지배주주가 매도청구권을 행사하고 매수인이 되는 것으로 약정하는 것이 일반적이지만, 경우에 따라서는 지배주주가 지정하는 제3자를 매수인으로 지정할 수 있게 약정하는 경우도 있다. 특히, 경영진 주주가 최초에 주식을 지배주주가 아니라 대상회사로부터 교부받았다면, 다시 대상회사가 그 주식을 취득하여 새로운 경영진에게 부여하는 등 활용할 수 있는 여지를 남겨두기 위해서 위와 같이 지배주주가 매수인을 대상회사로 지정할 수 있도록 가능성을 열어두기도 한다. 매매목적물은 매도청구 대상주식을 기재해야 하고 통상 퇴사한 경영진 주주가 소유한 대상회사 주식 전부임은 앞서 설명한 바와 같다. 매매대금은 지배주주가 산정한 매도청구 대상주식의 공정시장가액을 기재하는데, 이때 그 공정시장가액이 적정한지 여부에 대해서 다툼이 발생할 여지가 많으므로 그 산정근거도 함께 기재해서 보내도록 한다.

지배주주가 매매종결일을 지정하게 할 수도 있으나, 지배주주가 산정한 공정시장가액에 대해서 경영진 주주가 이의를 제기하면 외부평가기관에 의해서 가치를 산정하는데 기간이 소요되므로 지배주주가 매매종결일을 지정하는 것이 별다른 의미를 갖지 못하므로 매도청구통지에서 생략하는 경우가 더 많다.

vi) **매도청구권 행사효과:** 형성권인 매도청구권 행사로 당사자들 사이에는 매도청구 행사통지에 기재된 바에 따라 매매계약이 성립하게 되고, 당사자들은 그 매매계약을 이행해야 한다. 지배주주가 산정한 매도청구 대상주식의 매매가격에 대해서 경영진 주주가 이의할 수 있는 절차를 두고 있는 경우에는 그러한 이의절차가 모두 종결된 때(경영진 주주가 이의를 제기하지 않아 이의기간이 경과한 때 또는 이의기간 내에 이의를 제기하여 외부평가기관이 매매가격을 확정하여 당사자들에게 통지한 때)에 매매계약이 체결되는 것으로 보아야 할 것이다. 매도청구권이 원활하게 이행될 수 있도록 매매계약이 체결된 때로부터 일정한 기간 내에 지배주주는 매매대금을 지급하고 경영진 주주는 주식을 양도하도록 주주간계약에 이행기를 명시해 두는 것이 바람직할 것이다.

한편, 지배주주가 직접 매수하지 않고 지배주주가 지정한 제3자가 매수할 수 있도록 약정한 경우에도 실무상 지배주주의 매도청구권 행사로 그 제3자와 경영진 주주 사이에 매매계약이 체결되는 것으로 간주하고, 지배주주는 제3자로 하여금 매매대금을 지급하도록 할 의무를 부담하고, 경영진 주주는 제3자에게 매도청구 대상주식을 양도하도록 하는 의무를 부담한다고 정하는 경우가 많다. 엄밀하게 말하면 지배주주의 매도청구권 행사로 계약 당사자도 아닌 제3자와 경영진 주주 사이에 직접 계약이 체결된다고 보기는 어렵고, 지배주주의 매도청구권 행사 및 매수인 지정으로 인하여 지배주주와 경영진 주주 사이에 제3자를 위한 계약(민법 제539조)이 체결되고 그에 따라 제3자와 경영진 주주 사이에 계약 이행이 이루어지는 것이라고 보는 것이 보다 정확할 것이다.

만일 지배주주가 지정한 매수인이 대상회사라면, 대상회사는 자기주식을 취득하는 것이 되므로, 상법 제341조에서 정한 절차에 따라 경영진 주주로부터 주식을 취득해야 한다. 대상회사가 특정 주주로부터 자기주식을 취득하는 것이 되어 일응 상법 제341조 제1항 제2호에 반하는 것으로 보일 수 있으나, 상법 제341조 제1항 제2호는 모든 주주에게 균등하게 주식을 매도할 기회를 주라는 것에 불과하므로, 대상회사가 지배주주를 포함한 모든 주주에게 자기주식 취득 통지 또는 공고를 하고, 이후 경영진 주주만 이에 응하여 대상회사에 주식을 매도하는 식으로 거래를 진행하면 될 것이다. 경영진 주주 외에 다른 주주가 대상회사의 자기주식 취득 제안에 응할 경우 이를 막을 수는 없을 것이나, 만일 매매가격이 공정시장가액에 일정 할인된 가격으로 정해질 경우 이러한 제안에 응할 다른 주주는 없을 것이다. 이와 같이 경영진 주주의 주식만 매수하는 것이 경영진 주주의 투하자본만 먼저 회수해 주는 것이어서 주주평등의 원칙에 반하는 것이 아닌지 의문이 있을 수 있으나,[154] 경영진 주주가 자신이 소유한 주식을 매도할 권리를 갖는 경우와 달리 지배주주가 대상회사의 이익을 위해서 권리를 행사하는 것이고, 상법에서 정한 자기주식 취득 절차를 모두 준수해서 거래가 진행되는 이상 주주평등의 원칙 위배가 문제 될 가능성은 높지 않을 것이다.

vii) **매도청구권 침해 시 구제수단:** 지배주주가 매도청구권을 행사하였으나 경영진 주주가 이에 응하지 않을 경우 지배주주는 매도청구권 행사로 매매계약이 체결되었으므로 그 매매계약에 따라 매도청구 대상주식의 양도를 구하는 소를 직접 제기할 수 있을 것이다.

154) 대법원 2007. 6. 28. 선고 2006다38161, 38178 판결 참고. 은행 직원들이 은행의 유상증자에 액면가로 참여하면서 퇴직 시 손실이 발생할 경우(주식의 가격이 액면가보다 낮아질 경우) 은행이 그 손실을 보전해 주기로 합의하고 퇴직금특례기준을 마련한 사안에서 그러한 합의와 기준이 주주평등의 원칙을 위반하여 무효라고 판시하였다.

6. 투자 회수

가. 상장

1) 상장 조항의 의의 및 목적

주식매매 거래로 주주가 된 자는 회사 경영을 통해 이익을 실현할 수도 있으나 투하자본을 회수함으로써 이익을 실현할 수도 있다. 특히 주주가 단순히 소수지분만을 취득한 경우이거나 재무적 투자자인 경우에는 일정 기간이 지나면 투자를 회수하려고 하는데, 회사를 상장하면서 구주매출을 통해 매각하는 방법, 주식을 타인에게 매각하는 방법, 회사를 합병하면서 주식 대가를 지급받는 방법 등을 이용한다.[155)]

소수주주가 투자를 회수하기 위해서 자신이 보유한 지분을 타인에게 매각하려 해도 대상회사가 비상장회사일 경우 소수지분만 취득하려는 매수인을 찾기 어렵기 때문에 쉽지 않고 소수주주가 회사의 합병을 적극 추진하는 데에도 한계가 있다. 반면, 대상회사의 주식이 상장될 경우 소수주주는 구주매출에 참여함으로써 쉽게 지분을 매각할 수 있고, 구주매출에 참여하지 않더라도 상장 이후에 주식을 언제, 어떤 가격으로 매도할지 직접 정할 수 있으므로 소수주주 입장에서는 대상회사의 상장을 통해 투자를 회수하는 것이 용이할 수 있다. 다만, 소수주주 입장에서는 회사가 상장한다고 하여 무조건 투자원금보다 높은 금액으로 회수할 수 있는 것은 아니므로 가능한 상장 절차에 많이 관여하여 상장이 성공적으로 이루어질 수 있도록 하고, 공모가격도 일정한 금액 이상으로 이루어질 수 있도록 여러 장치를 마련할 필요가 있다. 또 상장은 외부 시장상황이나 규제환경의 영향을 많이 받기 때문에 당사자가 통제할 수 없는 이유로 중간에 무산되는 경우가 많고 상장을 통한 투자 회수가 생각만큼 쉽지 않다는 점도 고려해야 한다.[156)]

지배주주나 대상회사는 상장 기회에 구주매출이나 신주모집을 통해서 자금조달을

155) 우리나라 벤처캐피탈의 경우 상장을 통한 투자 회수 방법에 대한 의존도가 높은 반면 미국에서는 M&A(주로 합병)를 통한 투자 회수가 많다고 한다. 특히, 미국에서는 SPAC을 이용한 합병 방법이 많이 활용되는데 우리나라의 기업인수목적회사 제도는 미국의 SPAC 제도에 비해 제약이 많아 활용이 적은 편이다. 노미리(2020), 452, 471-474면 참고.

156) 금융감독원에서는 매년 기관전용 사모집합투자기구의 동향 및 시사점을 발표하고 있는데, 최근 기관전용 사모집합투자기구의 투자 회수 중 상장이 차지하는 비중은 매우 낮다. 최종 회수 금액 2022년 12.7조원, 2023년 10.8조원, 2024년 12.4조원 중 상장을 통한 회수 금액은 2022년 0.5조원, 2023년 0.7조원, 2024년 0.3조원에 불과하다. 금융감독원, '2023년 기관전용 사모펀드 동향 및 시사점' 보도자료(2024. 6. 24.자), 금융감독원, '2024년 기관전용 사모펀드 운용 현황 및 시사점' 보도자료(2025. 7. 1.자) 등 참고.

할 수 있고, 대상회사에 대한 내부 정비와 외부 홍보를 통해서 기업가치를 증진시킬 수 있다는 점에서 상장이 긍정적인 측면이 있다. 그러나 지배주주나 상장회사 입장에서는 상장할 경우 상법, 자본시장법, 한국거래소 규정에 따라 여러 가지 의무를 부담하거나 행동에 제약을 받는다. 가령, 상법에 따라 상장회사는 엄격한 요건을 충족하는 독립이사나 상근감사 또는 감사위원회 위원을 선임하여야 하고(상법 제542조의8, 10 내지 12), 소수주주들의 권리가 강화되고(상법 제542조의6), 회사와 주요주주 등 이해관계자 사이에 신용공여 거래가 제한되거나 이사회 승인을 받고 거래해야 하는 등 절차를 준수해야 한다(상법 제542조의9). 자본시장법은 상장회사에 대해서 규제를 완화하고 있기도 하지만, 특히 합병, 분할, 영업양수도 등과 같은 조직개편을 하고자 할 경우 자본시장법에서 정한 요건과 기준을 충족하도록 하거나 외부평가기관의 평가를 반드시 받도록 하여 제약을 두고 있다(자본시장법 제165조의4). 또 자본시장법상 상장회사는 정기적인 사업보고서, 반기보고서, 분기보고서는 물론 중요한 경영사항에 대해 주요사항보고서를 제출할 의무를 부담하며(자본시장법 제159조 내지 제161조), 한국거래소 공시규정에 따라서도 중요한 경영사항에 대해서 공시할 의무를 부담함으로써 회사에 발생한 사건에 대해서 쉽게 일반의 이목을 끌고 공격받을 여지가 늘어난다. 이처럼 지배주주나 대상회사 입장에서는 상장하는 것이 부담이 될 수 있으므로, 소수주주의 투자 회수만을 이유로 상장하기로 쉽게 결정해서는 안 되고, 대상회사가 상장할 필요가 있는지 그 장단점을 검토하고, 상장하는 경우에도 가능한 그 시기나 조건 등에 대한 결정권을 소수주주에게 넘기지 않도록 하여야 할 것이다.

2) 상장 관련 의무

§11(1) – 대상회사의 적격상장

제11조 (대상회사의 적격상장) (1) 주주A는 거래종결일로부터 O년 내(이하 **"상장기한"**)에 대상회사가 한국거래소의 유가증권시장 또는 코스닥시장에 아래 조건을 충족하는 1주당 공모가격으로 대상회사의 주식을 상장(이하 **"적격상장"**)하도록 최선의 노력을 다하여야 한다. 1주당 공모가격은 주주B가 소유한 대상회사 발행 주식을 전부 매출할 경우 주주B가 투자원금 기준으로 거래종결일부터 상장일까지의 기간 동안 [IRR O%]를 달성할 수 있는 가격 이상이어야 한다.

먼저 대상회사를 상장하는 것을 상장이라는 결과를 달성해야 하는 결과채무로 할 것인지, 아니면 상장하기 위해서 노력하는 노력 의무로 할 것인지 정해야 한다. 대상회사가 상장 계획이 원래부터 있었고 상장하기 위한 준비가 되어 있어 이른 기간 내에 상장하는 데 무리가 없다면 상장을 완료해야 하는 결과채무로 하더라도 무방하다. 그러나 상장하기 위해서는 법령에서 요구하는 다양한 요건을 충족해야 할 뿐만 아니라 시장상황도 뒷받침되어야 하고 여러 변수들이 영향을 미칠 수 있다. 시장 전체적으로 자금 유동성이 좋지 않을 경우 흥행에 실패하여 원하는 공모가격이나 신주모집 수량을 달성하지 못할 수 있고, 노동조합이나 이해관계자들의 반대에 부딪히거나 규제기관의 강도 높은 조사가 시작되거나 경영진이 분쟁에 휘말리는 등 다양한 변수로 상장이 성공적으로 완료되지 못할 수 있다. 이처럼 당사자들이 통제할 수 없는 요인들로 상장이 계획대로 이루어지지 않을 수 있으므로 지배주주 입장에서는 노력 의무만 부담하는 것으로 약정하는 것이 바람직하다. 그럼에도 불구하고 지배주주가 일정한 기간 안에 상장이라는 결과를 반드시 달성해야 하는 의무로 약정하고자 한다면, 계약서에 그러한 의사가 분명하게 기재되고 이에 반하는 내용의 조항들이 포함되지 않아야 한다. 앞서 설명한 바와 같이 상장은 당사자가 통제할 수 없는 요인들에 의해 영향을 받기 때문에 단순히 상장이라는 결과를 달성하지 못했다는 이유로 당사자에게 의무 위반에 대해 과도한 책임을 부담시키는 것은 가혹할 수 있고, 법원이 그 의무의 내용이나 위반의 효과를 제한적으로 해석할 가능성이 있다.[157]

다음으로 상장기한에 대해서도 검토가 필요하다. 상장 조항이 단순히 선언적인 의미만을 갖는 경우에는 기간 제한을 두지 않을 수도 있지만, 투자 회수를 촉진하기 위해서 일정한 기간 내에 상장을 완료하거나 완료할 최선의 노력을 다하도록 규정하는 경우가 더 많다. 이때 상장하기 위해서 어느 정도 시간이 소요될지 미리 예상해서 기간을 규정해야 하는데, 상장을 위해서 생각보다 많은 시간이 필요하다는 것을 간과해서는 안 된다. 특히, 상장하기 위해서는 한국거래소의 관련 규정에 필요한 양적 및 질적심사요건을 모두 갖추고 있어야 할 뿐만 아니라, 증권선물위원회에서 지정한 감사인으로부터 외부감사를 받아야 하고(주식회사 등의 외부감사에 관한 법률 제11조 제1항 제12호, 같은 법 시행령 제14조 제6항 제1호), 상장회사에 필요한 각종 기관을 설치하고,[158] 각종 내부 규정을

157) 대법원 2024. 10. 8. 선고 2024다250415 판결; 이재욱 게시글(2024. 11. 20.); 당사자들이 가능한 신속히 회사 주식을 공개할 수 있게 지원한다고 약정한 사안에서 상장협력의무의 내용이 확정되지 않았고, 계약 체결 경위나 목적 등에 비추어 법적 구속력을 부인한 일본 사례로 東京地判平成25年2月15日(判タ1412号228頁).

158) 상장회사의 경우 이사 총수의 1/3 이상을 독립이사로 선임하고 준법지원인을 선임해야 하며(상법 제542조의8 및

정비해야 하며,[159] 인수인 및 법률자문사가 회사에 대해 실사를 하고, 투자자들을 위한 투자설명서 및 증권신고서를 작성하고, 회사와 인수인 사이의 인수계약서를 작성하고 협상하는 등 상당히 복잡한 절차를 거치고 많은 시간이 소요될 수 있다. 이에 유가증권시장에 상장하는 경우 상장 주관사가 선임된 이후부터도 최소 1년 이상의 기간이 소요될 수 있음을 감안하여 상장기한을 정할 필요가 있다.

상장 조항을 규정할 때 단순히 대상회사를 상장하는 것만 요구할지, 아니면 일정한 요건을 충족하는 상장을 요구할지도 주된 협상 대상이 된다. 일정한 요건을 충족하는 상장을 "적격상장"으로 약칭하고는 하는데, 특히 공모가격이 얼마 이상이어야 한다는 것을 요건으로 두는 경우가 많다. 소수주주는 대상회사의 상장을 통해서 투자 회수를 도모하므로 주로 소수주주의 투자원금에 일정한 수익을 달성할 수 있는 공모가격으로 상장이 이루어지도록 요구한다. 다만, 공모가격은 대상회사가 원하는 대로 정할 수 있는 것이 아니고, 상장 주관사들이 기업 가치평가를 바탕으로 일정한 공모가격 범위(이를 공모가 밴드라고도 함)를 정하고, 상장 직전에 수요예측을 통해서 위 범위 내에서 공모가격을 확정하게 된다.[160] 따라서 지배주주는 시장상황에 따라 적격상장 요건을 충족하지 못할 수 있고 적격상장 실패에 따라 주주간계약에서 정하는 다양한 불이익을 입을 수 있으므로 적격상장 요건을 설정하는 데 주의해야 할 것이다. 대안으로 적격상장 요건을 충족하지 못하더라도 상장은 할 수 있도록 허용하고, 대신 공모가격이 일정 가격에 미달하는 경우 그 차액을 보전해 줌으로써 수익을 보장하는 약정을 하기도 한다.

적격상장의 요건으로 상장이 이루어지는 시장을 어디로 할지 정하는 것도 의의가 있다. 국내 시장으로 한정할지 해외 시장까지 인정할지, 국내 시장 중에서 유가증권시장과 코스닥시장만 인정할지 아니면 코넥스시장까지 인정할지 등을 정하여야 한다. 코넥스시장은 상장을 위해 재무요건을 요구하지 않고, 상장 절차도 상당히 간소화되어서 상장하는 것이 어렵지 않은 반면, 전문투자자 중심의 시장이고 일일거래량이 다른 시장에

---

13), 일정 규모를 충족하지 않는 회사의 경우 반드시 감사위원회 설치가 요구되는 것은 아니나 일반적으로는 감사위원회를 설치하고(상법 제542조의11), 내부통제를 위한 내부통제위원회(또는 최근에는 ESG위원회를 설치하는 경우도 많음)를 설치하는 경우도 많다.

159) 정관, 주주총회운영규정, 이사회운영규정, 내부통제규정, 공시규정, 감사위원회규정 등 상장회사의 운영에 필요한 다양한 규정들을 새로 제정하거나 기존 규정을 개정해야 한다. 한국상장회사협의회나 금융투자협회 등에 표준적인 규정들이 존재하고 회사의 사정에 맞게 적절히 수정하여 준비한다.

160) 주주간계약 중 지배주주와 투자자가 합의하여 공모가격을 정하도록 규정한 사례들이 있는데 공모가격은 투자자와 합의할 성질의 것이 아니므로 그와 같은 조항이 실효성이 있는지 의문이다.

비해 작기 때문에 상장에 따라 대상회사 또는 그 주주들이 얻는 효과가 다른 시장에 상장하는 것에 미치지 못하는 경우가 많다. 이에 투자자가 투자 회수를 도모하기 위해 주주간계약에 적격상장 조항을 추가할 때에는 유가증권시장 또는 코스닥시장으로 한정하는 경우가 더 많다. 이와 같이 유가증권시장 또는 코스닥시장 상장으로 한정한 경우에는 코넥스시장에 상장하더라도 상장 의무를 다한 것으로 보기 어렵다.[161]

상장과 관련된 제반 사항을 누가 결정할 수 있는지에 대해서 상장 조항에서 정하기도 한다. 상장기한을 정하고 있는 경우에도 상장기한이 상당한 후일일 경우 상장을 언제부터 준비하고 언제를 목표로 할지,[162] 상장을 유가증권시장 또는 코스닥시장 중 어디에 할지, 아니면 국내가 아닌 외국시장에 할지, 상장 주관사나 대리인은 누구로 선임할지 등이 주로 문제 되는데, 이에 대해서 특히 재무적 투자자들은 자신들이 더 경험이 많다는 이유로 그 결정 권한을 자신들이 갖기를 희망하는 경우가 많다. 한편, 주주간계약에 상장준비위원회의 설치 및 운영에 관한 조항을 두고 있는 경우에는 일반적으로 상장준비위원회가 위에서 언급한 상장 관련 제반 사항을 논의, 검토 및 결정하도록 규정하므로[163] 해당 조항이 있을 경우 상장 조항에서 따로 규정하지 않거나 규정하더라도 그 내용이 충돌하지 않도록 주의할 필요가 있다.

3) 상장 절차 개시 및 중단

§11(2)–(3) – 대상회사의 적격상장

(2) 주주B는 대상회사가 상장기한 내에 한국거래소의 관련 규정에 따른 양적 및 질적심사요건을 모두 충족하고 있는 경우 상장 절차를 개시할 것을 주주A에게 요청할 수 있으며, 주주A는 위 요청을 받은 때로부터 O월 내에 대상회사로 하여금 상장 주관사를 선임하고 상장 절차를 개시하도록 하여야 한다.

(3) 주주A는 양적 및 질적심사요건을 충족하지 못하거나 1주당 공모가격이 제1항에 기재된 조건을 충족하지 못할 것으로 명백히 예상되는 경우가 아닌 한 제2항에 따라 개시한 상장 절차를 중단하여서는 안 된다. 주주B는 수요예측 후 공모가격이 확정된 때 1주당 공모가격이 제1항에 기재

161) 서울고등법원 2023. 12. 20. 선고 2023나2019356 판결.

162) 실무상 구체적인 상장 일정은 상장 주관사가 선임되면 그 주관사의 주도하에 세우게 된다. 따라서 주주간계약에서 상장 일정을 지배주주나 소수주주 중 어느 일방이 결정한다고 정하더라도 이는 상장 주관사 선임 전까지만 의미가 있고, 주관사 선임 이후에는 주관사가 세운 일정에 맞추어 절차가 진행되는 경우가 많다.

163) 위 325면 예시 조항 제3조 제3항 참고.

된 조건을 충족하지 못하게 된 경우 상장 절차의 중단을 주주A에게 요청할 수 있고, 주주A는 위 요청을 받는 즉시 상장 절차를 중단하여야 한다.

앞서 살펴본 바와 같이 지배주주나 대상회사 입장에서는 일정한 요건을 충족하는 상장을 완료하는 의무로 규정하는 것이 상당히 부담이 되므로 노력 의무로 규정하고자 하는 경우가 많다. 그러나 소수주주 역시 투자 회수를 하기 위해서 가장 용이한 방법인 상장을 쉽게 포기하기 어렵고, 나아가 지배주주나 대상회사가 쉽게 상장할 수도 있음에도 불구하고 특별한 이유 없이 소수주주의 이익에 반하여 상장을 추진하지 않는 것을 방지하기를 원할 수 있다. 이에 지배주주가 단순히 회사를 상장하도록 노력한다는 규정에서 더 나아가 일정한 요건을 충족할 경우에는 지배주주나 대상회사가 상장 절차를 진행하거나 상장을 준비하기 위한 특정한 행위를 하도록 구체적인 의무를 부과하기도 한다.

이와 관련하여 두 가지를 고려해야 하는데, 첫째는 어떠한 경우에 상장 절차 진행에 관한 의무를 부과할지이고, 둘째는 상장 진행이나 준비를 위하여 어떤 행위를 하도록 할지이다. 먼저 상장 절차 진행 요건과 관련해서 단순히 일정한 기간이 경과하면 바로 지배주주는 대상회사로 하여금 상정 절차를 진행하여야 한다고 규정할 수도 있으나, 그보다는 대상회사가 일정한 실적(매출, 순이익, 판매량, 계약 건수 등)을 달성하거나 한국거래소의 관련 규정에서 요구하는 상장 요건(특히, 양적심사요건)을 달성하면 그때로부터 일정한 기간 내에 상장 절차를 진행하도록 규정하는 경우가 많다.

특히, 이와 같이 대상회사의 실적이나 상장 요건과 연계해서 상장 절차를 진행하도록 의무를 부과하는 것은 PEF가 당사자로 관여한 주주간계약에서 더 자주 볼 수 있는데, 이는 과거에 있었던 PEF에 대한 옵션부 투자 규제 때문이다. 구 자본시장법은 사모집합투자기구를 전문투자형 사모집합투자기구와 경영참여형 사모집합투자기구로 나누고 있었는데, 감독당국은 경영참여를 통한 투자를 본질로 하는 PEF가 각종 옵션거래를 통해 실질적으로 원금을 보장받는 대출과 같은 거래를 하는 것을 방지하기 위해 옵션부 투자를 원칙적으로 금지하고, 예외적으로 최대주주의 전횡을 방지하거나 회사의 실적개선과 연계된 의무 위반에 대해서 옵션부 투자를 허용해 왔다.[164] 이후 이러한 규제가 PEF의 투자를 과도하게 제약한다는 비판 때문에 옵션부 투자도 원칙적으로 허용하는 방향으로 감독당국의 입장이 변경되었으나, 여전히 PEF의 경영참여 보장, 최대주주의

164) 금융위원회/금융감독원, '사모투자전문회사(PEF) 옵션부 투자 모범규준 개정' 보도자료(2013. 4. 11.자).

전횡방지, 경영실적 개선 관련 계약상 의무 불이행과 무관한 풋옵션은 금지되었다.[165] 주주간계약상 상장 조항은 대부분 풋옵션 조항과 연결되어 있는데, 위와 같이 PEF의 풋옵션 행사사유는 경영실적 개선 등 지배주주의 계약상 의무 불이행과 관련해서만 허용되므로, 상장 의무도 경영실적 개선 또는 회사 운영과 연결지어서 의무를 구체화하는 내용들이 실무상 자주 들어가게 된 것이다. 옵션부 투자 규제가 현재도 유효한지 논란의 여지가 있지만, 2021. 4. 20. 자본시장법 개정으로 사모집합투자기구를 일반 사모집합투자기구와 기관전용 사모집합투자기구로 구분하고 기관전용 사모집합투자기구도 경영참여 외에 대출 등 다양한 방법의 투자가 허용된 이상 위 규제는 효력이 없다고 볼 수 있을 것이다.[166] 이에 풋옵션 행사사유를 반드시 계약상 의무 불이행과 연계할 필요도 없어졌고, 상장도 반드시 일정한 실적이나 상장 요건 충족을 전제로 의무를 부과할 필요는 없어졌지만, 여전히 지배주주 입장에서는 무조건 상장 절차를 진행할 의무를 부담하기보다 일정한 조건하에서만 부담하는 것이 유리할 것이다.

소수주주는 상장 절차 진행 요건이 충족되었다고 판단하였으나 지배주주는 그 요건이 충족되지 않았다고 판단하는 경우도 발생할 수 있다. 이런 경우를 대비하여 소수주주가 지배주주에게 그 요건 충족 여부를 판단하기에 필요한 합리적인 자료를 요청할 수 있도록 하거나, 아니면 역으로 지배주주가 그 요건이 충족되지 않았을 경우에는 이를 입증할 수 있는 자료와 함께 합리적으로 설명하도록 의무를 부과하는 규정을 둘 수도 있다.

다음으로 위와 같은 요건을 충족하는 경우에 단순히 소수주주가 지배주주를 상대로 대상회사의 상장을 요구할 수 있다고만 규정하고 구체적으로 어떤 행위를 요구할 수 있는지 규정하지 않은 사례들도 다수 발견할 수 있다. 그런데 이와 같이 상장을 요구할 수 있다고만 규정할 경우 그 규정의 효과가 무엇인지, 상대방이 이에 응하지 않을 경우에 어떻게 강제집행할 수 있는지, 상대방이 상장 관련 검토를 하였는데 아직 시기상조라고 판단하여 연기하기로 결정했다고 답변하면 그 요구에 응한 것인지 등 불분명한 부분이 많다. 이에 일정한 요건을 충족하면, 일정한 기간 내에 상장 주관사를 선임하도록 하거나,[167] 상장예비심사신청서를 제출하도록 하는 등 구체적인 행위를 하도록 규정하

---

165) 금융위원회/금융감독원, 'PEF 운영 관련 법령해석' 보도 참고자료(2015. 2. 10.자).

166) 자본시장법 개정 전에 체결된 계약이 문제된 사안에서 서울고등법원 2024. 5. 9. 선고 2023나2038760 판결(대법원 2024. 10. 8. 선고 2024다250415 판결로 상고기각 확정)은 효력이 인정된다는 전제하에 계약을 해석하였고, 서울고등법원 2024. 4. 17. 선고 2023나2037798 판결은 효력을 부정하였다.

167) 금융투자협회에서 제정한 증권 인수업무 등에 관한 규정 제3조 제4항은 상장예비심사신청일 2개월 전까지 주관사를 선정하여 주관계약을 체결하도록 하고 있다.

는 것이 바람직하다. 더 나아가 상장하기 위해 필요한 정관 등 규정 제개정, 독립이사 선임과 이사회 내 위원회 설치 등 조직 정비, 내부회계관리제도 등 상황에 맞는 구체적인 행위를 규정할 수 있다.

이와 같이 상장 절차를 진행하는 것에서 더 나아가 상장 관련하여 결정이 필요한 사항들, 가령 상장 일정, 상장 시장, 상장 주관사의 선임, 공모가격이나 신주모집과 구주매출 물량 등에 대해서 소수주주가 결정하도록 하거나 소수주주의 동의를 받도록 하는 사례들도 있다. 그러나 기본적으로 상장에 관한 이익은 대상회사에게 있고 대상회사가 주가 되어 절차를 진행하므로 위와 같이 소수주주로 하여금 의사결정에 관여하게 하는 것은 상장 절차 진행의 안정성과 충돌될 수 있고 바람직하지 않다. 설령 이러한 권한을 소수주주에게 인정하더라도 상장을 완료하는 데 반드시 필요한 사항이거나 거래소가 요구하는 사항에 대해서는 거부권을 행사하지 못하고 협조하도록 예외를 두는 것을 고려해야 한다.[168]

상장 절차가 개시되더라도 최종적으로 상장이 완료되기까지는 상당한 기간이 소요되고 다양한 변수가 작용하므로 그 사이에 절차가 중단될 수 있다. 소수주주 입장에서는 이미 절차가 개시된 이상 가능한 중단되지 않도록 할 뿐만 아니라, 수요예측 결과 자신들이 수익을 낼 수 없는 가격으로 공모가격이 확정될 경우에는 상장을 중단할 수 있는 권한을 요구하는 경우가 많다. 다만, 이와 같이 상장 중단을 요청할 수 있는 시점과 관련해서는 당사자 간에 다툼이 있을 수 있다. 즉, 소수주주 입장에서는 최종 확정 공모가격을 보고 일정한 수익을 달성할 수 있는지 여부를 판단하는 것이 가장 유리할 것이나, 지배주주나 대상회사 입장에서는 소수주주의 반대로 그동안 들인 상당한 시간, 비용, 노력이 물거품이 되고, 외부에 대상회사의 상장이 대상회사의 필요보다는 주주의 투자 회수를 위한 수단으로 활용되고 있다는 부정적인 인식을 줄 뿐만 아니라 다시 상장을 시도할 때 감독당국으로부터 공모가격의 적정성에 대해 더 엄격한 심사를 받을 가능성도 있다. 이에 지배주주 입장에서는 소수주주로 하여금 공모가격 확정 전인 상장예비심사 신청 시점이나 증권신고서 효력발생 시점 전에 주관사의 예상 공모가격을 바탕으로 중단을 요청할 수 있게 하거나, 공모가격 범위 내에서 공모가격이 정해진 경우에는 중단을 요청할 수 없도록 제한하는 방안도 고려할 수 있다.[169]

---

168) 노미은 등(2018), 43면.

169) 노미은 등(2018), 41면.

한편, 지배주주 입장에서도 가능한 상장 절차를 끝까지 마무리할 수 있어야 하겠으나 애초에 상장 요건을 충족하지 못한다거나 소수주주가 원하는 공모가격이 형성되지 못할 것이 명백히 예상되는 경우에는 조기에 준비를 그만두는 것이 더 효율적이므로 예외적인 경우에는 상장 절차를 중단할 수 있도록 여지를 남겨둘 필요가 있다.

4) 구주매출 우선권

§11(4) – 대상회사의 적격상장

(4) 주주A는 대상회사의 상장 시 주주B가 소유한 대상회사 발행 주식을 주주A가 소유한 대상회사 발행 주식에 우선하여 구주매출할 수 있도록 하여야 한다.

회사가 상장할 때 신주모집을 할지, 구주매출을 할지, 신주모집과 구주매출을 병행할지는 다양한 요인들을 고려해서 결정하게 된다. 구주매출이라고 하여 반드시 안 좋은 것은 아니나, 신주모집은 회사가 자금을 조달하여 사업에 사용할 수 있는 반면 구주매출은 기존 주주들이 투하자본을 회수할 뿐 회사에 자금이 유입되는 것이 없어서 구주매출 물량이 늘어날수록 상장에 대한 인식이 안 좋아지고 흥행에 실패할 가능성이 높아진다.[170] 또 주식이 지배주주에게 지나치게 집중되어 있는 경우에는 주식분산 요건을 충족하기 위해 구주매출이 필요한 경우도 있지만, 지배주주 지분만 지나치게 높은 비율로 구주매출을 할 경우 안정적인 경영을 저해할 수 있다는 우려를 불러일으킬 수도 있다. 이에 신주모집과 구주매출 물량은 회사의 지배구조나 시장상황을 보면서 대상회사가 주관사와 협의하여 결정할 문제이다.

따라서 지배주주 입장에서는 무조건 소수주주가 소유하고 있는 주식 전부를 구주매출을 하도록 의무를 부담하는 것은 신중할 필요가 있으며, 주관사와의 협의 결과 구주매출을 하기로 결정하였으면 그 구주매출 물량 범위 내에서 지배주주보다 우선하여 소수주주의 주식을 구주매출할 수 있도록 약정하는 것이 보다 안전하다.[171]

---

170) 케이뱅크도 상장을 시도하다 충분한 수요를 이끌어내지 못하여 철회하였는데 기업가치 고평가 외에도 높은 구주매출 비중과 높은 잠재적 매도물량(overhang)이 문제였다는 지적을 받았다. 매일경제 2024. 10. 18.자 기사 ""재수도 실패해 삼수로?"...케이뱅크 상장 철회시킨 논란들" 참고.

171) 구주매출 물량은 상장예비심사 승인 후에는 그 승인의 전제가 된 대주주의 보유지분 규모, 보호예수 대상주식의 범위 등에 관한 심사 결과에 중대한 영향을 미치므로 특별한 사유가 없는 한 변경이 허용되지 않는다. 노미은 등(2018), 44면.

상장 시점에 구주매출을 하지 않을 경우 소수주주는 상장 이후에 시장에서 지분을 매각함으로써 투자를 회수하게 된다. 그런데 만일 소수주주가 상장예비심사 신청일 전 1년 이내에 최대주주로부터 대상회사 주식을 취득한 경우에는 상장일부터 6개월간 의무보유(보호예수)를 해야 하고(유가증권시장 상장규정 제27조 제1항 제4호 등), 규정에 따른 의무보유 대상에 해당하지 않더라도 주관사가 상장 흥행을 위해서 또는 감독당국이나 한국거래소와의 협의 후 자발적 보호예수를 하도록 권고하는 경우들이 있다. 소수주주로서는 법령상 의무보유 대상에 해당하게 되는 것은 수용해야 하겠으나, 그렇지 않은 경우에는 가능한 자발적 보호예수가 요구되지 않거나 보호예수 범위(수량이나 기간)가 최소화될 수 있도록 지배주주에게 한국거래소와 협의할 것을 요구할 수 있다.

5) 수익분배

회사가 상장하게 되면 소수주주는 자신이 소유한 주식을 시장에서 매각함으로써 수익을 실현할 수 있고, 달리 지배주주와 정산할 필요가 없다. 특히, 공모가격이 일정 가격 이상이어야 한다는 적격상장 요건을 둔다면, 소수주주는 충분히 수익을 낼 수 있는 가격으로 적격상장 요건을 설정함으로써 일정한 수익을 보장받을 수 있다.

그런데 공모가격은 수요예측에 따라 정해지는 것이고 당사자들이 통제할 수 없다. 공모가격이 적격상장 요건에 미달하는 경우 소수주주에게 상장 중단을 요청할 수 있는 권한을 부여하기도 하지만, 그렇게 되면 장기간 상장을 준비한 대상회사의 노력이 모두 수포로 돌아가게 된다. 이에 경우에 따라서는 상장 여부에 대한 최종적인 결정 권한을 지배주주에게 주고(지배주주는 적격상장 요건을 충족하지 않더라도 상장할 수 있고, 소수주주도 적격상장 요건을 충족하지 않는다고 하여 절차를 중단할 수 없음), 다만 소수주주가 일정한 수익을 달성할 수 있도록 사후적으로 정산하도록 약정할 수 있다. 즉, 공모가격이 어떻게 형성되든 그대로 상장할 수 있게 하되, 소수주주가 시장에서 주식을 처분함으로써 회수한 금액이 소수주주의 투자원금에 일정한 수익을 가산한 금액에 미달한 경우 그 미달분을 지배주주가 보전하도록 약정하는 것이다. 이로써 소수주주는 최소한의 수익을 보장(downside protection)받을 수 있게 된다.

그런데 이와 같은 약정은 아무런 위험을 부담하지 않는 소수주주에게 확정된 수익을 보장해 주는 것이어서 지배주주가 이러한 거래를 할 유인은 상당히 적을 것이다. 또 지배주주, 특히 회사를 경영하는 지배주주 입장에서는 자신이 회사를 잘 운영해서 회사의 기업가치가 높아지고 높은 공모가격으로 투자를 유치한 것인데, 그 혜택을 소수주주가 전부 가져가는 것이 부당하다고 생각할 수 있다. 이에 지배주주에게 회사의 가치를 극대화할 유인을 제공하기 위해 소수주주가 시장에서 주식을 처분함으로써 회수한 금액이 소수주주의 투자원금에 일정한 수익을 가산한 금액을 초과한 경우 그 초과분의 일부를 지배주주에게 분배하도록 약정하기도 한다. 이로써 지배주주는 자신의 노력에 따라 극대화된 수익의 일부를 분배(upside sharing)받을 수 있게 된다.

수익분배 약정은 주주들 사이의 약정이고, 이러한 약정은 다른 법률을 위반하거나 사회질서에 반하는 내용이 없는 이상 유효하다. 또 통상 주주들 사이의 수익분배 약정은 상장할 때 증권신고서에 기재하여야 할 사항이 아니지만, 그 약정으로 인하여 지배주주의 회사 운영이나 지배주주와 투자자의 주식 처분 등에 영향을 미친다면 회사의 급격한 주가 변동을 초래할 수도 있고, 다른 투자자에게 손실을 초래할 수도 있으므로 증권신고서에 기재할지 여부를 고려해야 할 것이다.[172] 최근에 한국거래소에서는 상장주선인의 기업실사점검표에 최대주주가 계약 당사자인 주주간계약이 존재하는지, 존재한다면 최대주주의 경영의 독립성을 저해할 수 있는 내용이 있는지, 소액투자자 보호에 문제 소지가 있는지, 최대주주가 실질적으로 주식을 양도하는 행위가 발견되었는지를 점검하는 내용이 추가되었다.[173]

6) 상장 조항 위반 시 구제수단

상장 조항에서 정하고 있는 다양한 의무를 위반한 경우에도 그 특정이행을 구하는 것은 쉽지 않다. 아직 요건을 갖추지 못한 대상회사를 상장하도록 할 수도 없고, 공모가격이나 구주매출 물량을 지배주주나 대상회사가 임의로 정할 수도 없으며, 제3자인 상장 주관사와의 주관계약 체결을 강요할 수도 없으며, 상장예비심사신청서나 증권신고서 작성을 강제할 수도 없다. 또 수요예측 결과 적격상장에 필요한 공모가격에 미달하는 금액으로 공모가격이 확정되더라도, 통상 공모가격 확정 후 수일 내에 바로 상장이 이루어지기 때문에 공모가격이 미달한다는 이유로 상장을 금지하는 내용의 가처분을 구하는 것도 소용이 없고, 또 이미 상장이 이루어지면 그 이후에 상장 전의 상태로 되돌리는 것은 사실상 불가능하다.

---

172) 더벨 2025. 7. 25.자 기사 "하이브 언아웃 계약 미공개, 자본시장법 '위반 vs 준수'" 참고.

173) 한국거래소 상장주선인의 기업실사 점검표(Due Diligence 체크리스트) (2024. 12. 31. 개정) 참고.

손해배상을 구할 수 있는지 여부는 구체적으로 어떤 조항을 위반하였는지에 따라 달라질 것이다. 단순히 상장을 위한 노력 의무만 있는 상황에서 상장하지 않았다는 이유만으로 손해배상을 구하기는 어려울 것이다. 일정한 요건을 충족하면 상장 절차를 개시하거나 일정 기간 내에 상장할 의무가 있는 상황에서 요건을 충족하였음에도 상장하지 않았다면 손해배상을 청구할 여지는 있겠지만, 손해 발생 여부 입증이나 손해액 산정이 쉽지 않다. 최종적으로 상장이 완료되기까지 수많은 절차를 거쳐야 하기 때문에 상장 절차를 개시한다고 한들 다른 변수에 의해 상장이 되지 않거나 구주매출이 이루어지지 않을 수 있기 때문에 인과관계가 부정되거나 손해가 발생하지 않았다고 판단될 수 있다. 또 공모가격이 어떻게 확정될지 모르고 주주들은 계속 주식을 소유하고 있는 이상 그 주식의 가치를 온전히 보유하는 것이기 때문에 무엇을 기준으로 손해액을 산정할지도 불분명하다. 반면, 상장하였는데 구주매출에서 의도적으로 배제하여서 매각 기회를 상실하고 이후 주가가 떨어진 경우, 또는 상장하였고 구주매출에도 포함되었으나 적격상장을 위한 공모가격에 미달하였던 경우 등에는 손해 발생 입증이나 손해액 산정도 비교적 용이하여 손해배상을 구할 실익이 있겠다.

이상과 같이 특정이행이나 손해배상을 구하는 것 모두 쉽지 않기 때문에 통상 주주간계약 자체에 상장 조항을 위반한 경우의 구제수단에 대해서 따로 마련한다. 상장 조항을 위반하였다면 소수주주가 공개된 시장에서 지분을 매각함으로써 투자를 회수할 수 있는 수단이 없어지는 것이므로, 보다 용이하게 특정 제3자에게 지분을 매각할 수 있도록 지배주주의 지분까지 함께 매각할 수 있는 동반매도청구권을 인정한다. 여기서 더 나아가 상장 조항 중 중대한 의무를 위반하였거나 악의적으로 또는 소수주주에게 손해를 가할 의사를 갖고 의무를 위반한 경우에는 penalty put을 행사하거나 위약벌 또는 손해배상 예정액을 청구할 수 있도록 규정하는 경우도 있다. 지배주주는 자신이 통제할 수 없는 사유로 상장 절차가 중단되는 등 완료되지 못하는 상황이 발생할 수 있다는 점을 염두에 두고 그러한 통제 불가능한 사유들이 penalty put, 위약벌 또는 손해배상 예정액 청구 사유에 포함되지 않도록 주의해야 할 것이다.

나. 매수청구권(풋옵션)

1) 매수청구권의 의의 및 목적

어느 주주가 장래에 자신이 소유한 주식을 미리 정한 가격으로 다른 주주에게 매도할 수 있는 권리(매수를 청구할 수 있는 권리)를 매수청구권이라 한다. 이는 영미 계약에서의 put option과 같은 것인데, 계약서에 그대로 "풋옵션"이라고 기재하는 경우도 많고 "주식매도권", "매도선택권" 등으로 기재하는 경우도 있다. 이때 어느 주주가 그 주식을 취득했던 동일 상대방에게 다시 매도하는 것이라면 put-back option이라고 부르기도 하는데, 명칭보다 중요한 것은 계약서 조항에서 해당 권리의 내용을 구체적으로 어떻게 규정하고 있는지라 할 것이다.

상법에서도 일정한 경우 주주가 자신이 소유한 주식을 회사나 다른 주주에게 매수할 것을 청구할 수 있는 매수청구권이 인정된다. 상법 제335조의6은 회사의 주식양도 승인거부에 따라 주식양도가 제한된 주주가 회사에게 주식 매수를 청구할 수 있도록 하고, 상법 제360조의5, 제374조의2, 제522조의3은 포괄적 주식교환, 영업양도, 합병에 반대하는 주주가 회사에게 주식 매수를 청구할 수 있도록 하며, 상법 제360조의25는 5% 미만 지분을 가진 소수주주가 95% 이상 지분을 가진 지배주주에게 주식 매수를 청구할 수 있도록 하고 있다. 이처럼 상법에서 인정하고 있는 매수청구권은 예외적인 상황에서 법률이 특별히 인정하고 있는 권리이며, 행사요건, 행사절차, 매매가액 등에 있어서 엄격한 규제를 받으므로, 법률에서 인정하고 있지 않은 상황에서 당사자들의 필요에 의해서 보다 유연한 내용으로 매수청구권 약정을 하고는 한다.

M&A 계약상 매수청구권은 다양한 목적으로 사용될 수 있으나, 주로 지배주주로부터 주식을 매수한 소수주주가 그 주식을 되팔기 위해서 사용된다. 지배주주가 매수청구권을 갖는 경우는 거의 찾아보기 어렵다. 지배주주는 통상 경영권 이전이 수반되는 buyout 거래로 그 지분을 취득할 텐데, 지배주주에게 지분을 매각한 매도인은 매각 이후에 추가적인 의무나 책임으로부터 단절되기를 원하는 것이 일반적이고 다시 거액의 자금을 들여 지배주주의 지분을 되사려고 하는 경우는 매우 드물다.[174] 지배주주도 경영권을 취득하였으면 경영을 통해서 수익을 실현하거나 기업가치를 높인 후 제3의 매수인에게 기업을 매각하려고 하는 것이 일반적이다. 반면, 회사의 주식을 소량으로 취득한 소수주주, 특히 재무적 투자자인 소수주주는 단기간 투자하여 수익을 실현시키려는 목적으로 주식을 매수하기 때문에 일정 기간이 지나면 지분을 매각하여야 하는데, 소수지분을 매수할 잠재적 매수인을 구하기 쉽지 않다. 이에 처음부터 지배주주로부터 주식을

174) 물론 회사를 매각한 매도인이 다시 그 회사를 매수한 사례가 전혀 없는 것은 아니다. 각주 138에 소개된 오비맥주 관련 사례 참고. 다만, 이 사안은 매수인이 매수청구권을 갖고 있던 사례가 아니고 매도인이 매도청구권을 갖고 있던 사례이다.

매수할 때 일정 기간이 지나면 다시 지배주주에게 지분을 되팔 수 있기를 원하고, 지배주주도 소수주주의 지분을 매수하는 것은 상대적으로 부담이 덜하고 또 지분율을 높여서 지배권을 강화할 수도 있기 때문에 소수주주의 매수청구권을 수용할 여지가 있다.

이와 같이 소수주주가 매수청구권을 갖더라도 그 목적이 조금 다를 수 있고 그 목적에 따라 매수청구권의 내용도 달라진다. 즉, 소수주주가 주식을 매수할 때보다 가치가 떨어진 경우에 소수주주에게 최소한의 원금을 보장하기 위해서 매수청구권을 부여하는 경우도 있고, 소수주주의 투자 회수 수단으로서 일정한 수익을 보장하기 위해서 매수청구권을 부여하기도 한다. 전자의 경우 지배주주 입장에서는 팔았던 가격으로 다시 되사는 것이고 기간이 경과한 만큼 이자 상당의 이익을 얻는 것이므로 손해보는 장사는 아니다. 반면, 후자의 경우 소수주주가 얻는 수익이 시장 이자보다 높다면 지배주주에게는 상당한 부담이 된다. 통상 어떤 수익을 보장받기 위해서는 그에 상응하는 위험을 부담할 것을 기대하는데,[175] 소수주주가 대상회사의 사업과 관련해서 직접 위험을 부담하는 경우는 상당히 드물기 때문에 소수주주에게 위험 부담 없는 수익을 보장하는 것은 지배주주에게 상대적으로 불리한 약정이라 할 것이다. 이에 지배주주 입장에서는 일정한 수익을 보장하는 매수청구권을 소수주주에게 부여하는 것을 쉽게 받아들이지 않고, 소수주주가 다른 투자 회수 수단을 모두 성실하게 시도하였으나 실패하거나 지배주주가 소수주주를 위해 준수해야 하는 의무를 위반하는 경우 등과 같이 예외적인 경우에 수용 여부를 검토한다.

한편, 과거에는 PEF의 경우 자본시장법에 따라 각종 옵션거래를 통해 실질적으로 대출과 동일한 투자가 이루어지는 것이 제한되고, 감독당국이 경영참여 보장, 최대주주의 전횡방지, 경영실적 개선 관련 계약상 의무 불이행과 무관한 풋옵션을 금지하고 있었음은 앞서 살펴본 바와 같다.[176] 따라서 PEF의 경우 매수청구권 행사가액을 투자원금에 일정한 수익을 더한 금액으로 설정할 때 그 행사요건을 지배주주의 계약상 의무 불이행이 있는 경우로 정하는 경우가 많았다.

이처럼 주주간계약에서 정한 다른 의무를 위반한 경우에 매수청구권을 행사할 수 있도록 하는 것을 penalty put이라고 부르기도 하는데, penalty put은 투자자에게 일정 수익을 보장할 뿐만 아니라 지배주주의 주주간계약 위반에 대한 소수주주의 구제수단 역할도 한다.

175) 수익을 얻기 위해 위험을 부담하면서 금전을 지출하는 것을 투자라 한다. 자본시장법 제3조 제1항의 "금융투자상품"의 정의 참고.

176) 위 405면 '상장 절차 개시 및 중단' 부분 참고.

대법원 2022. 7. 14. 선고 2019다271661 판결

> "주주 간 계약에서 정하는 의무는 의무자가 불이행하더라도 강제집행이 곤란하거나 그로 인한 손해액을 주장·증명하기 어려울 수 있는데, 이때 주식매수청구권 약정이 있으면 투자자는 주식매수청구권을 행사하여 상대방으로부터 미리 약정된 매매대금을 지급받음으로써 상대방의 의무불이행에 대해 용이하게 권리를 행사하여 투자원금을 회수하거나 수익을 실현할 수 있게 된다."

2) 매수청구권 행사요건

§12(1) – 매수청구권

제12조 (매수청구권) (1) 주주B는 아래 각호의 사유가 발생한 경우 주주A에게 주주B가 소유하고 있는 대상회사 발행 주식 전부(이하 **"매수청구 대상주식"**)를 매수할 것을 청구(이하 **"매수청구"**)할 수 있다. 이때 매수청구 대상주식의 1주당 매매가격(이하 **"1주당 매매가격"**)은 매수청구 대상주식을 전부 매도할 경우 주주B가 투자원금 기준으로 거래종결일부터 매수청구 대상주식에 대한 매매대금 수령일까지의 기간 동안 [IRR 0%]를 달성하도록 하는 금액으로 한다.

1. 제8조를 위반하여 주주A가 단독으로 주주A 소유 대상회사 발행 주식을 매도한 경우
[2. 제9조 제4항을 위반하여 동반매도 절차와 관련하여 주주B가 합리적으로 요구하는 조치를 이행하지 않거나 대상회사로 하여금 이행하지 않도록 한 경우]
3. 제11조 제3항 제2문을 위반하여 상장 절차 중단을 요청받았음에도 불구하고 상장을 완료한 경우
4. 제11조 제4항을 위반하여 주주A 소유 대상회사 발행 주식을 주주B 소유 대상회사 발행 주식에 우선하여 구주매출을 한 경우

소수주주의 원금 보장을 위한 매수청구권을 부여하는 경우에는 매수청구권을 행사하기 위해 별다른 요건을 요구하지 않는 경우가 많다. 즉, 일정한 기간 내에 언제든지 소수주주가 원래 그 주식을 취득했던 원금으로 지배주주에게 되팔 수 있도록 약정하는 것이다. 지배주주 입장에서는 자신이 소수주주에게 매각했던 대금으로 그대로 주식을 돌려받을 수 있고 매각했던 기간 동안 해당 대금을 사용하는 수익을 얻은 것이므로 이와 같이 별다른 요건을 요구하지 않더라도 크게 불이익하지 않다. 소수주주는 대상회사 주식의 가치가 높아졌으면 매수청구권을 행사하지 않을테고, 낮아졌으면 매수청구권을 행사하여 주식을 매도하고 손절할 것이다.

소수주주에게 일정한 수익을 보장하기 위해 또는 지배주주에게 일정한 제재를 가

하기 위해 소수주주에게 매수청구권을 부여하는 경우에는 앞서 설명한 바와 같이 별도의 행사요건 또는 행사사유를 규정하는 경우가 많은데, 특히 지배주주가 주주간계약에서 정한 구체적인 의무를 위반할 것을 추가하는 경우가 많다. 소수주주가 매수청구권을 행사할 경우 지배주주에게 상당한 부담이 되기 때문에 지배주주는 어떤 조항 위반을 매수청구권 행사사유로 포함시킬지 신중하게 결정해야 한다. 예시 조항은 주로 소수주주의 투자 회수 관련 조항을 위반한 경우로 행사사유를 한정하였다.

매수청구권 행사요건은 채무불이행으로 인한 손해배상청구 요건과는 다르다는 점을 유의할 필요가 있다. 원칙적으로 채무불이행 책임을 묻기 위해서는 채무자의 고의 또는 과실이 요구되지만, 매수청구권 행사요건은 당사자들이 정하기 나름이므로 계약에서 명시적으로 당사자의 고의 또는 과실, 귀책사유 등을 요구하지 않는 한 요구되지 않는다.[177)]

tip **지배주주 tip:** 지배주주 입장에서는 최대한 매수청구권 행사요건을 좁게 인정할 필요가 있다. 이를 위해서 가급적 행사요건을 구체화해서 어떤 조항을 위반한 경우로 한정할지, 같은 조항 내에서도 구체적으로 어떤 의무를 위반한 경우로 한정할지를 명시할 필요가 있다. 예시 조항에서 동반매도청구권 조항 전체를 위반한 경우가 아니라 소수주주가 동반매도 절차와 관련하여 합리적으로 요구하는 조치를 이행하지 않는 경우로 한정한 것, 상장 조항 전체를 위반한 경우가 아니라 상장 조항 중 중단 요청을 무시하거나 구주매출에 관한 권리를 침해한 경우로 한정한 것은 행사요건을 구체화한 것이다.

한편, 벤처기업 등 소규모회사에 대한 투자계약서를 보면 투자계약서상 지배주주나 대상회사의 의무 위반을 거의 전부 매수청구권 행사사유로 추가하여 매수청구권 행사사유를 상당히 넓게 규정하는 경향이 있다. 그러나 모든 주주간계약 위반에 대한 구제수단으로 매수청구권을 반드시 부여해야 하는 것은 아니다. 소수주주는 주주간계약 위반에 대해 다양한 구제수단을 행사할 수 있다. 주주간계약에서 정하고 있는 특정한 행위의 이행을 청구할 수도 있고, 일반적인 구제수단으로서 손해배상을 청구할 수도 있는데 그런 경우에는 가능한 매수청구권 행사사유에서 제외하도록 협상해야 할 것이다. 가령, 우선매수권이나 매도청구권은 소수주주가 이를 행사하고 지배주주가 이에 응하지 않으면, 직접 법원에 이행청구를 하는 것이 가능하고 그 집행에 이르는 것이 상대적으로 용이하기 때문에 매수청구권 행사사유에서 제외하는 것을 고려할 수 있다.

소수주주에게 원금을 넘어 일정한 수익을 보장하는 것은 그럴만한 특별한 사정이 인정

177) 서울고등법원 2024. 4. 17. 선고 2023나2037798 판결.

되어야 할 것이다. 따라서 지배주주의 의무 위반에 대해 소수주주가 손해배상만으로는 충분히 회복하기 어려운 손해를 입는 경우, 소수주주에게 인정되는 구제수단을 사용하는 것이 시간과 비용이 많이 소요되어 현실적으로는 무용한 경우, 손해배상을 받을 수는 있으나 손해액 입증이 어려운 경우 등으로 한정되어야 한다고 주장할 수 있다.

소수주주 tip: 소수주주 입장에서는 최대한 매수청구권 행사사유를 넓게 규정할 필요가 있다. 특히 소수주주는 계약서를 전반적으로 살펴보아서 주주간계약에 규정된 권리가 침해된 경우에 구제받을 수 있는 수단이 무엇인지 개별 권리마다 검토해 볼 필요가 있다. 통상 소수주주 입장에서는 법적으로는 특정이행을 구하거나, 손해배상을 청구하거나, 가처분을 신청할 수 있고, 조금 더 강화된 수단으로 계약상 매수청구권이나 위약벌을 규정하여 보호받을 수 있다. 특히, 매수청구권이나 위약벌은 실제로 자신이 가진 주식을 매각하거나 위약벌 금액을 지급받음으로써 금전적인 손해를 전보하는 기능 외에도 상대방으로 하여금 어떤 행위를 하지 않도록 억제하는 효과도 있다. 따라서 지배주주의 의무 위반에 대해서 손해배상을 청구하는 등 마땅한 구제수단이 존재하는 경우에도 만일 그러한 의무 위반을 원천적으로 봉쇄할 필요가 있다면 이를 매수청구권 행사사유로 추가하는 것을 고려할 수 있다.

매수청구권 조항에 매수청구권 행사기간을 기재할 수도 있으며, 그와 같이 기재된 행사기간은 제척기간에 해당하므로 그 기간 내에 매수청구권이 행사되지 않으면 소멸한다.[178] 그런데 실무상으로는 매수청구권 행사기간을 기재하지 않는 경우가 더 많은데 이런 경우에 행사기간이 언제까지인지 문제 될 수 있다.

대법원은 "주식매수청구권의 행사기간에 관한 약정이 없는 때에는 그 기초가 되는 계약의 성격, 주식매수청구권을 부여한 동기나 그로 말미암아 달성하고자 하는 목적, 주식매수청구권 행사로 발생하는 채권의 행사기간 등을 고려하여 주식매수청구권의 행사기간을 정해야 한다"고 하면서, 투자 관련 계약에서 정한 매수청구권과 관련해서는 투자 관련 계약이 상행위에 해당하고 매수청구권 행사로 성립하는 매매계약도 상행위에 해당하므로, 이때 매수청구권은 상사소멸시효에 관한 상법 제64조를 유추적용하여 5년의 제척기간이 경과하면 소멸한다고 판시한 바 있다.[179] 이때 제척기간을 기산하는 기산점과 관련해서는 투자 관련 계약에서 투자대상회사 등의 의무불이행이 있는 때에 투

178) 대법원 2022. 7. 14. 선고 2019다271661 판결.

179) *Id.*

자자가 형성권인 주식매수청구권을 행사할 수 있다고 정한 경우 특별한 사정이 없는 한 그 행사기간은 투자대상회사 등의 의무불이행이 있는 때부터 기산한다고 보았다.

대법원에서 판시한 바와 같이 매수청구권 행사기간을 정하기 위해서는 계약의 성격이나 매수청구권을 부여한 목적 등을 고려해야 한다. 그런데 위와 같이 법에서 정한 소멸시효 기간을 유추적용해서 제척기간을 정하기에 앞서 당사자의 의사 해석을 통해서 당사자가 합의한 행사기간이 무엇인지 먼저 살펴볼 필요가 있다. 매수청구권 조항뿐만 아니라 주주간계약의 다른 조항들도 권리 행사기간을 명시하지 않은 경우가 많은데, 그 경우 당사자들은 해당 주주간계약이 존속하는 한 그 권리를 계속 행사할 수 있고 주주간계약이 해지되면 그 권리도 소멸시키려는 의사인 경우가 많을 것이다. 가령, 투자자의 원금 보장을 위해서 부여되는 매수청구권의 경우에는 해당 투자자가 주주로 남아 있는 한 언제든지 행사할 수 있도록 하고, 투자를 회수하는 등의 이유로 주주간계약이 해지되면 바로 소멸한다는 의사하에 매수청구권 행사기간을 별도로 명시하지 않을 것이다. 이런 경우 법률관계를 명확하게 하고 당사자 간 다툼을 방지한다는 차원에서 계약서에 명시적으로 "본 계약이 존속하는 기간 동안" 매수를 청구할 수 있다고 기재하는 것을 고려할 수 있다.[180]

다만, 매수청구권 행사사유가 따로 규정되어 있는 경우 위와 같이 주주간계약이 존속하는 한 계속 매수청구권을 행사할 수 있다고 해석할 경우 매수청구권 행사사유가 진작에 발생하였는데 소수주주가 이를 알면서도 장기간 행사하지 않다가 나중에 행사하는 것도 허용되는지 의문이 있을 수 있다. 특히, 매수청구권의 매매가격을 소수주주의 투자원금에 일정한 수익을 가산하여 산정하도록 하는 경우 소수주주 입장에서는 매수청구권을 늦게 행사할수록 더 많은 이익을 얻을 수 있게 된다. 따라서 지배주주 입장에서는 "행사사유가 발생한 때로부터 일정한 기간 내" 또는 "소수주주가 행사사유가 발생한 것을 안 때로부터 일정한 기간 내"에 매수청구권을 행사할 수 있도록 명시하는 것을 고려하여야 할 것이다. 설령 계약서에 명시적인 기간 제한이 없더라도, 만일 소수주주가 행사사유가 발생한 것을 알면서도 장기간 행사하지 않고 이에 반하는 행동을 하였다면, 묵시적으로 매수청구권 행사를 포기하였다고 해석되거나 신의칙에 의해 권리 행사가 제한되는 예외적인 상황도 있을 수 있다.

180) 참고로 당사자 사이에 약정하는 매수청구권의 행사기간에는 특별한 제한이 있다고 볼 수 없다. 예약완결권에 관한 대법원 2017. 1. 25. 선고 2016다42077 판결 참고.

3) 매수청구 대상주식 및 그 매매가격 설정

매수청구 대상주식은 소수주주가 소유하고 있는 주식 일부로 규정할 수도 있지만, 일반적으로는 소수주주가 소유하고 있는 주식 전부로 규정한다.

매매가격은 원금 보장을 위한 매수청구권은 소수주주가 매수청구 대상주식을 취득한 가격으로 규정하고, 일정한 수익 보장을 위한 매수청구권은 어느 정도 수익을 보장할지를 규정한다. 지배주주의 계약 위반에 대한 제재로서 소수주주가 투자를 회수할 수 있는 기회는 보장하되 반드시 일정한 수익을 보장하고 싶지 않은 경우에는 매매가격을 매수청구 대상주식의 공정시장가액, 아니면 투자원금과 공정시장가액 중 높은 금액으로 규정하는 경우도 있다. 이처럼 규정할 경우 공정시장가액을 누가 어떻게 정하는지에 대해서도 명확하게 기재해야 할 것이다.[181]

일정한 수익을 보장한 매매가격을 설정할 때에는 투자원금을 기준으로 일정한 기간 동안 일정한 이율을 곱한 이자를 가산한 금액으로 규정하거나 소수주주가 일정한 IRR을 달성할 수 있는 금액으로 규정하는 경우가 많다. 단순히 단리나 복리의 이자를 가산한 금액으로 규정할 경우 그 사이에 소수주주가 배당금 등을 지급받아 일부 투자를 회수한 금액이 반영되지 않기 때문에 이를 반영하려면 구체적으로 어떤 금액을 공제 내지 차감할 것인지 규정하여야 한다. 투자원금이나 IRR이 무엇을 의미하는지 정의 조항이나 매수청구권 조항에서 구체적으로 기재하기도 한다.

4) 매수인

지배주주와 소수주주 사이에 주주간계약을 체결하고 대상회사는 주주간계약 당사자에서 제외된 경우 매수청구권 행사의 상대방, 즉 매수청구 대상주식의 매수인은 지배주주가 되는 것이 일반적이다. 특히 소수주주가 지배주주로부터 대상주식을 취득했다가 되파는 경우라면 지배주주가 다시 그 주식을 취득하는 것이 문제 될 가능성은 높지 않고, 이는 일반적인 경영판단에 따라 결정할 사항이다.

다만, 소수주주가 대상회사의 제3자 배정 유상증자를 통해 대상주식을 취득하였는데 지배주주가 그 주식을 취득하는 경우에는 자세한 검토가 필요하다.[182] 특히, 법인인 지배주주가 대상회사와 동일 기업집단에 속해 있고, 지배주주가 자신에게는 별다른 이

---

181) 전문가 결정 절차에 대해서는 위 74면 '매매대금 조정 절차' 부분 참고.

182) 자세한 내용은 우호적 M&A의 이론과 실무 1(이제원, 권철호 집필부분), 438면 이하 참고.

익이 없으면서 대상회사나 다른 계열회사를 지원할 목적으로 소수주주에게 매수청구권을 부여하고 이에 따라 대상회사 주식을 매수하였다면, 지배주주는 대상회사나 계열회사를 위해 공정거래법상 부당지원행위를 한 것이 문제 될 수 있고, 그러한 매수 약정 및 결정을 한 지배주주 또는 그 계열회사 임원들은 선관주의의무 위반이 문제 될 수 있다.[183] 그런데 판례나 공정거래위원회 의결에서 문제 된 사안들은 대부분 대상회사가 긴급하게 자금을 조달할 필요가 있으나 지배주주 또는 계열회사는 대상회사에 자금 대여든 투자든 자금을 조달해 줄 합리적인 이유가 없거나 자금 조달이 제한되는 특수한 상황에서 발생한 것이다. 이러한 상황에서 다른 투자자로 하여금 대상회사의 유상증자에 참여하여 대상회사에 자금을 조달하도록 하고, 대신 그 투자자는 매수청구권을 가져 언제든지 지배주주 또는 계열회사에게 높은 가격으로 되팔 수 있도록 한 것이다. 반면, 지배주주 역시 대상회사에 자금 조달을 할 합리적인 이유가 있거나 소수주주의 매수청구권 행사가격이 소수주주에게 일방적으로 유리하게 설정되어 있지 않고 지배주주 역시 일정한 이익을 얻을 수 있는 구조(가령, 지배주주도 낮은 가격의 매도청구권을 보유하고 있는 경우)로 되어 있다면 문제 될 가능성은 낮아질 것이다.

대상회사를 상대로 한 매수청구권을 부여할 수 있는지와 관련해서는 주주평등의 원칙, 상법에 따른 자기주식 취득 규제, 대상회사 이사의 선관주의의무를 모두 고려해야 한다. 특히 대상회사가 주주간계약의 당사자로 포함되어 있고 소수주주가 대상회사를 상대로 매수청구권을 행사하여 언제든지 투하자본을 회수할 수 있다면 이는 회사가 모든 주주를 평등하게 대우해야 한다는 주주평등의 원칙에 위배될 소지가 있다.[184] 그런데 대상회사가 주주간계약의 당사자에 포함되어 있지 않고 단지 소수주주가 지배주주를 상대로 매수청구권을 행사하되 지배주주가 대상회사를 포함한 제3자로 하여금 소수주주가 소유한 대상회사 주식을 매수하게 하는 약정까지 주주평등의 원칙에 반하는지는 논란이 있다. 주주평등의 원칙은 "회사"가 모든 주주를 평등하게 대우해야 한다는 원칙이기에 "지배주주"가 소수주주와 약정하여 대상회사든 제3자든 소수주주의 주식을 매수하도록 의무를 부담하는 것까지 금지된다고 보기는 어렵기 때문이다. 물론 실질에 있어서는 지배주주가 대상회사의 이사회를 장악하고 있을 가능성이 높기에 지배주주가 대상회사로 하여금 소수주주의 주식을 매수하도록 약정하는 것은 대상회사가 직접 약정하는

183) 공정거래위원회 2003. 7. 7. 의결 제2003-108호 2003기업0585 및 대법원 2008. 5. 29. 선고 2005도4640 판결 참고.

184) 대법원 2007. 6. 28. 선고 2006다38161, 38178 판결 참고.

것에 준하여 주주평등의 원칙에 반한다고 볼 여지도 있으나, 대상회사 이사들은 아래에서 살펴보는 바와 같이 선관주의의무에 따른 제약을 받고 그에 따라 행동하여야 하므로 지배주주의 약정을 곧바로 대상회사의 약정과 같게 볼 것은 아니다.

회사가 일부 주주를 선정해 자기주식을 취득한다면 그 선정에서 소외된 주주들은 투하자본을 회수할 수 있는 기회에 참여하지 못하는 불공평이 생기고, 취득 가격에 따라서는 주주 간에 이윤배분을 차별하는 결과가 될 수 있다.[185] 이에 상법 제341조는 거래소에서 취득하는 방법 또는 모든 주주가 가진 주식 수에 따라 균등한 조건으로 취득하는 방법만 허용하고, 배당가능이익 범위 내에서만 자기주식을 취득할 수 있도록 규정하고 있다. 따라서 대상회사가 상법상 자기주식 취득 방법이나 요건을 지키지 않고 소수주주의 매수청구에 응하여 자기주식을 취득하기로 하는 약정은 무효다.[186] 이를 반대로 해석하면 상법에서 정한 자기주식 취득 방법과 요건을 준수한다면 대상회사가 소수주주의 매수청구에 응하여 자기주식을 취득하는 것도 허용된다는 것이므로, 계약서에서도 대상회사가 매수청구 대상주식을 취득하고자 하는 경우에는 “상법에서 정한 방법과 요건을 따라야 한다”는 것을 명시해 두는 것이 바람직하다.[187] 참고로 상법에서 회사가 모든 주주가 가진 주식 수에 따라 균등한 조건으로 취득하라는 것은 반드시 모든 주주의 주식을 취득해야만 한다는 것은 아니고 모든 주주에게 균등하게 주식을 매도할 기회를 주라는 것에 불과하다. 따라서 대상회사가 지배주주를 포함한 모든 주주에게 자기주식 취득 통지 또는 공고를 하고 소수주주만 이에 응하여 대상회사에 주식을 매도하는 식으로 거래를 진행하면 자기주식 취득 방법을 준수하는 것이 된다.[188] 이러한 점을 고려하면 대상회사가 소수주주의 주식을 매수하는 것은 주주가 지배주주와 소수주주로만 이루어져 있거나 지배주주가 다른 주주들을 설득하여 자기주식 취득 청약에 응하지 않을 경우에 가능할 것이고, 그렇지 않을 경우 지배주주 및 대상회사는 다른 주주의 주식까지 매수할 위험을 부담하게 될 것이다. 한편, 자기주식 취득은 배당가능이익 범위 내

185) 주식회사법대계 III(손영화 집필부분), 450면.

186) 대법원 2021. 10. 28. 선고 2020다208058 판결; 대법원 2022. 7. 14. 선고 2019다271661 판결.

187) 한국벤처캐피탈협회 등에서 배포한 투자계약서도 일정한 사유 발생 시 투자자가 회사에게 주식을 매수할 것을 청구할 수 있는 주식매수청구권을 규정하고 있는데, 이 역시 상법상 자기주식 취득 요건과 절차를 준수한다는 전제하에 유효하다.

188) 대법원 2021. 7. 29. 선고 2017두63337 판결. 회사가 모든 주주에게 자기주식 취득 통지를 하는 등 제반 사정에 비추어 일부 통지사항을 누락하였다 하더라도 주주들의 공평한 주식양도 기회가 침해되었다고 보기 어렵고 자기주식 취득 거래를 무효로 볼 수 없다고 판시하였다.

에서만 가능하므로 대상회사에 배당가능이익이 없는 경우에는 대상회사가 자기주식을 취득할 수 없게 된다. 따라서 계약서에도 대상회사의 배당가능이익이 없는 경우에는 대상회사로 하여금 법적으로 가능한 범위 내에서 배당가능이익을 만들도록 하거나,[189] 지배주주가 직접 소수주주의 주식을 취득하거나 다른 제3자로 하여금 매수할 수 있게 하는 등의 방법을 따로 규정해 두는 것을 고려해 볼 수 있다.

마지막으로 주주평등의 원칙이나 상법상 자기주식 취득 규제가 모두 문제 되지 않더라도 대상회사 이사의 선관주의의무 관점에서 대상회사가 소수주주 소유 주식을 취득하는 것이 타당한지 검토해 볼 필요가 있다. 만일 소수주주가 지배주주로부터 대상회사 주식을 취득했던 것이라면, 대상회사 입장에서는 소수주주의 주식 취득 과정에서 자금이 유입되는 것이 없기 때문에 대상회사가 소수주주의 주식을 취득하는 것은 대상회사의 이익이라기보다는 소수주주의 이익을 위한 것으로 볼 수 있다. 또한 지배주주가 대상회사의 경영권을 인수하는 buyout 거래에서 소수주주가 일부 지분을 취득했다가 이를 대상회사에 되파는 것이라면 역시 대상회사의 이익이라기보다는 지배주주의 이익을 위한 것으로 볼 수 있다. 이러한 경우에는 대상회사가 소수주주의 주식을 취득하도록 결정하는 것이 대상회사 이사들의 선관주의의무 위반에 해당할 여지가 있다.[190] 따라서 만일 대상회사가 소수주주의 주식을 취득하는 것이 정당화되려면 취득가격이 낮게 설정되어 있다거나, 최초에 소수주주의 주식 취득 과정에서 대상회사가 다른 대가를 받은 것이 있다거나, 대상회사가 소수주주의 주식을 취득하는 대신 소수주주 또는 지배주주로부터 다른 경제적 이익을 받는 등과 같은 사정들이 존재해야 할 것이다. 이와 같이 대상회사가 소수주주의 주식을 취득하는 것이 문제 되는지 여부는 그 취득 시점의 구체적인 상황에 따라 판단될 것이므로, 주주간계약에서 소수주주의 매수청구권 행사에 응하여 대상회사가 소수주주의 주식을 취득할 가능성을 열어두는 것만으로 문제 된다고 보기는 어렵다.

189) 실무상 회사가 유상증자를 할 때 발생하는 주식발행초과금을 잉여금으로 전환하는 방법을 종종 사용한다.

190) 우호적 M&A의 이론과 실무 1(이제원, 권철호 집필부분), 438면, 441면 참고.

5) 매수청구권 행사절차

§12(2) – 매수청구권

(2) 주주B가 매수청구를 하고자 하는 경우, 주주A에게 매수청구 사유, 매수청구 대상주식의 수, 1주당 매매가격, 매매대금 총액, 매매종결일(매수청구를 한 날로부터 10일이 경과하고 30일이 경과하기 전의 날이어야 함) 및 매수청구 대상주식의 매수를 청구한다는 취지를 기재하여 서면으로 통지(이하 **"매수청구통지"**)하여야 한다. 매수청구통지가 주주A에게 도달된 때 주주A와 주주B 사이에 매수청구통지에 기재된 거래조건으로 매수청구 대상주식에 대한 매매계약이 체결된 것으로 본다.

소수주주가 매수청구권을 행사하고자 하는 경우 지배주주에게 매수청구 사유, 매수청구 대상주식의 수, 매매대금, 매매종결일과 함께 매수청구권을 행사한다는 취지를 기재하여 매수청구통지를 하여야 한다.

매수청구권 행사와 관련해서는 특히 매수청구권 행사사유에 해당하는지 여부에 대해서 당사자들 사이에 다툼이 자주 발생한다. 따라서 매수청구통지에 매수청구 사유를 기재할 때에는 주주간계약에서 정하고 있는 매수청구권 행사사유 근거조항을 명시하고, 그 근거조항에 부합하는 사실도 가능한 자세하게 기재할 필요가 있다. 이와 함께 그러한 사실을 뒷받침하는 증빙자료도 함께 제공할 것을 요구하기도 하나, 이러한 증빙자료까지 제공하도록 할 경우 소수주주가 매수청구권을 행사하는 데 지나친 부담이 될 수 있고, 또 그 증빙자료가 충분한지에 대해서 다툼이 발생할 가능성이 있다는 점을 염두에 두어야 한다.

매도청구권과 마찬가지로 매수청구권 역시 행사 즉시 당사자 사이에 매매계약이 체결되는 효과가 발생하는 것으로 약정하는 경우가 많은데 그 경우 이 권리는 형성권으로 볼 수 있다.[191] 따라서 매매계약이 체결되기에 충분할 정도로 매매목적물인 매수청구 대상주식, 그 대가인 매매대금이 특정되어야 하고, 거래가 완료되는 매매종결일도 함께 명시하도록 한다.

191) 대법원 2022. 7. 14. 선고 2019다271661 판결; 그러나 모든 매수청구권 조항이 항상 형성권이라고 볼 수는 없고 행사방법이나 효과를 모두 고려하여 결정된다. 가령, 대법원 2014. 6. 26. 선고 2012다72452 판결에서는 주식매수를 청구하는 것만으로 당사자들 사이에 곧바로 매매계약이 성립하는 것이 아니라 협의를 통한 별도의 매매계약 체결을 예정하고 있다는 이유로 주식매수청구 사실만으로 매매계약이 성립되었다고 볼 수 없다고 한 원심 판단이 정당하다고 하였는데 이런 경우에는 형성권이라 하기 어려울 것이다. 연도별/4개년 민사판례해설, 2343면 참고.

6) 매수청구권 행사효과

§12(3)-(4) - 매수청구권

(3) 주주A는 매수청구통지에 기재된 매매종결일에 매수청구 대상주식에 대한 매매대금을 주주B에게 지급하여야 하며, 주주B는 매매대금을 지급받음과 동시에 매수청구 대상주식을 주주A에게 양도하여야 한다.

(4) 본조에 의한 매수청구는 주주B의 주주A에 대한 손해배상청구권에 영향을 미치지 않는다.

매수청구통지를 하고 만일 지배주주가 직접 매수하는 것만 상정하고 있다면, 매수청구통지가 지배주주에게 도달한 때에 지배주주와 소수주주 사이에 매매계약이 체결되는 것으로 보고, 그 매매계약에 따라 지배주주는 매매대금을 지급하고 소수주주는 매수청구 대상주식을 양도하면 된다.[192] 매매계약이 체결되면 그 계약의 효과로 당사자들은 대금을 지급하고 주식을 양도할 의무를 부담하지만 이를 명확하게 하기 위해 주주간계약에도 매매계약의 이행에 관한 내용을 기재하는 것이 일반적이다. 매도청구권과 동일하게 이미 대상회사의 주식을 거래하였던 당사자들 사이에 동일 목적물을 대상으로 거래하는 것이므로 매매의 핵심인 주식의 양도와 매매대금의 지급에 대해서만 규정하고 다른 의무나 책임(가령, 대상회사에 대한 진술 및 보장)을 추가로 부담하거나 상대방에게 요구하는 경우는 드물다.

만일 지배주주가 대상회사나 다른 제3자로 하여금 매수할 수 있도록 약정하였다면, 지배주주가 매수청구통지를 받더라도 아직 매수인이 확정되지 않았기 때문에 바로 매매계약이 체결된다고 볼 수 없다. 이 경우에는 지배주주가 매수청구통지를 받으면 대상회사나 다른 제3자 등 매수인이 될 자를 지정하도록 하고, 그 지정된 자로 하여금 소수주주가 소유한 매수청구 대상주식을 매수하도록 할 의무를 부담시키는 방법(의무부담형)으로 규정한다.

한편, 지배주주의 의무 위반을 매수청구권 행사사유로 규정할 경우 소수주주는 지배주주의 의무 위반에 대해서 매수청구권을 행사할 수도 있지만 그 의무 위반으로 발생한 손해배상을 청구할 수도 있고, 채무불이행을 이유로 계약을 해제할 수도 있다. 이때

192) 원매도인에게 되파는 매수청구권(put-back option) 행사로 인하여 주식을 재양도하는 경우 그 실질이 기존의 주식매매계약이 해제되는 것인지 아니면 새로운 주식매매계약이 체결되는 것인지 여부에 대해서 논란이 있고, 이는 양도소득세 부과 여부에 영향을 미칠 수 있다. 대법원 2015. 8. 27. 선고 2013두12652 판결; 심규찬(2016), 151-169면; 김병연(2014), 49-76면 참고.

소수주주가 매수청구 대상주식을 일정한 수익을 보장받으면서 매도한 경우 소수주주에게 발생한 손해가 모두 전보되었다고 보거나 그 수익만큼 일정한 이익을 보았으므로 손익상계를 해야 하는 것 아닌지 의문이 제기될 수 있다. 매수청구권은 지배주주의 의무위반에 대한 유일한 구제수단이라기보다 소수주주가 조기에 투자를 회수하고 다른 구제수단이 용이하지 않기 때문에 추가적으로 부여하는 경우가 많을 것이므로 계약서에도 매수청구가 손해배상청구권에 영향을 미치지 않는다는 점을 명시하는 것이 바람직하다.

7) 매수청구권 침해 시 구제수단

매수청구권은 그 자체로 주주간계약상 다른 권리 침해에 대한 최종적인 구제수단으로서 기능하는 경우가 많다. 따라서 소수주주가 매수청구권을 행사하였고 지배주주가 이에 불응할 경우에는 소수주주가 매수청구권 행사에 따라 체결된 매매계약의 이행을 청구할 수 있어야 하고, 그와 같은 특정이행이 가능하도록 계약서상 매수청구권 행사로 인한 매매계약의 체결과 각 당사자의 매매계약 이행 의무를 명확하게 규정해 둘 필요가 있다.

위와 같이 매수청구권 행사에 따른 매매계약의 이행을 청구할 수도 있으나, 그러한 매매계약의 이행을 간접적으로 강제하기 위해서 매수청구권 침해에 대해 위약벌을 지급하도록 규정하는 경우도 있다.[193]

다. 기타

1) 자본금 감소

자본금 감소는 대차대조표에 기재된 자본금(발행주식의 액면총액)을 일정한 방법에 의하여 수치상으로 감소시키는 행위로서 회사의 재산이 감소하는지 여부 또는 주주에게 그 대가를 지급하는지 여부는 개념요소가 아니다.[194] 자본금 감소는 실제로 회사 재산이 외부로 유출되는 실질적 자본금 감소(유상감자)와 회사 재산이 유출되지 않고 결손보전을 위해 명목상 자본금만 줄어드는 형식적 자본금 감소(무상감자)로 나뉜다. 이때 실질적 자본금 감소는 주주가 가진 주식을 소각하면서(상법 제343조) 그 주식의 가액에 상응하는 재산을 주주에게 반환하는 것이므로 투자 회수의 방법으로도 활용된다.[195]

---

193) 대법원 2022. 3. 17. 선고 2021다231598 판결 참고.

194) 주식회사법대계 I(김동민 집필부분), 222면.

195) 주식회사법대계 I(김동민 집필부분), 226면.

주주는 배당을 받거나 주주가 소유한 주식을 회사에 매도하는 매수청구권을 행사함으로써 투자를 회수할 수 있다. 그러나 회사가 배당을 하거나 주주의 매수청구권 행사로 회사가 자기주식을 취득하려면 회사에 배당가능이익이 있어야 한다(상법 제341조 제1항 단서, 제462조 제1항). 반면, 자본금 감소는 배당가능이익이 있을 것을 요건으로 하지 않고, 다만 실제로 환급해 줄 회사의 재산이 있으면 가능하다. 또한 상법은 자본금 감소의 방법과 절차에 관하여 정하고 있을 뿐 그 목적에 대하여는 별다른 제한을 두고 있지 않다. 따라서 일반적으로는 자본금 감소가 그 재원이나 목적 관련해서는 다른 투자 회수 수단에 비해서 제약이 적은 편이다.

다만, 자본금 감소를 하려면 주주총회 특별결의(상법 제438조 제1항, 제434조)와 채권자보호절차(상법 제439조 제2항, 제232조)를 거쳐야 한다. 특히 자본금 감소를 통해 특정 주주에 대해서만 투하자본을 회수할 수 있게 할 경우 회사 채권자들의 반발을 살 가능성이 상당하고, 자칫 회사가 채무를 조기에 변제하거나 담보를 추가로 제공해야 하는 불이익을 입을 수 있다. 이에 주주의 요청이 있다고 하여 무조건 자본금 감소를 할 경우 회사의 재무상태에 악영향을 미칠 수 있고 회사의 재무상태에 비추어 과다한 규모의 자산이 유출되고 이로 인해 통상적인 기업활동을 위한 채무변제가 어려워지는 등 회사의 경영과 자금 운영에 위험이 초래된다면 자본금 감소를 결정한 이사들의 선관주의의무 위반이 문제 될 수도 있다.[196] 이러한 이유로 실무상 자본금 감소만 단독으로 주주의 투자 회수 방안 중 하나로 규정하는 경우는 많지 않고, 다른 투자 회수 방안에 대한 대안으로 자본금 감소를 규정하는 경우가 많다. 아래는 대상회사가 주주간계약의 당사자로 포함되어 있고 투자자가 대상회사를 상대로 매수청구권을 행사할 수 있는 경우에 자본금 감소를 대안으로 규정한 예시 조항이다.

대상회사는 그 선택에 따라 제O항에 따라 매수청구 대상주식을 매수하는 대신 법령이 허용하는 범위 내에서 자본금 감소의 방법을 취하거나 다른 제3자로 하여금 매수청구 대상주식을 매수하도록 하는 방법으로 위 매매대금 상당 금원을 주주B에게 지급할 수 있다.

한편, 자본금 감소에도 주주평등의 원칙은 적용된다. 따라서 원칙적으로 회사는 자본금 감소를 할 때 모든 주식을 평등하게 취급하여 그 지분율에 따라 균등하게 진행

196) 대법원 2025. 10. 16. 선고 2020도17272 판결.

해야 한다.[197] 다만, 자본금 감소를 위해 주식을 소각할 때 강제소각이 아니라 임의소각 절차로 진행할 경우 회사와 주주 사이의 자유로운 계약에 의해 유상소각 형태로 주식 소각이 이루어지는데, 불이익을 받는 주주가 동의를 하면 주주평등의 원칙 위반의 하자는 치유되므로 특정 주주의 주식만 소각하는 차등감자도 허용된다.[198] 따라서 이와 같은 자본금 감소를 통한 투자 회수는 주주간계약의 당사자 외에 다른 주주가 없거나 그러한 주주가 있을 경우 그 주주들의 동의를 모두 얻는다는 전제하에 진행이 가능할 것이다.

2) 상환전환우선주식의 활용

회사에 투자할 때 종류주식 중 상환전환우선주식(redeemable convertible preference share; RCPS)을 자주 활용한다.[199] 주주가 상환권을 갖고 있을 경우(상법 제345조 제3항) 투자자는 상법에서 정하 절차에 따라 일정한 기간이 경과하면 상환권을 행사하여 용이하게 투자를 회수할 수 있게 된다. 여기에 배당이나 잔여재산분배에 관하여 우선할 수 있는 내용을 덧붙일 경우 상환을 기다리지 않고 중간에 조금씩 수익을 얻을 수도 있다. 게다가 지배주주가 경영권을 이전할 때 동반매도를 하거나 대상회사가 상장을 하는 경우에는 보통주식으로 전환할 필요도 있다. 이에 결국 상환권, 우선권, 전환권에 관한 내용을 모두 포함하는 종류주식을 활용하는 것이다.

만일 투자자가 대상회사로부터 신주를 인수하는 M&A 거래라면 처음부터 RCPS를 인수하는 거래를 진행하면 된다. 반면 이미 발행된 구주를 매수하는 M&A 거래라면 기존 구주의 형태를 그대로 매수할 수밖에 없는데, 만일 구주가 보통주식이라면 이를 RCPS로 변경하는 절차를 진행해야 한다. 이 경우 주주간계약에는 대상회사로 하여금 어떤 주주가 소유한 주식을 언제까지 어떠한 내용을 가진 종류주식으로 변경하도록 하고, 이를 위해서 당사자들이 종류변경에 필요한 절차에 협조하여야 한다고 규정한다. 또한 주주가 소유하게 될 종류주식의 구체적인 내용을 별지로 작성하여 이를 주주간계약에 첨부하는 경우도 많다.

---

197) 주식회사법대계 I(김동민 집필부분), 234면. 김/노/천, 908면.

198) 주식회사법대계 I(김동민 집필부분), 252면. 김/노/천, 908면.

199) 특히 벤처기업에 대한 투자를 주목적으로 하는 벤처캐피탈의 주요 투자방법은 보통주 투자보다는 우선주 투자가 더 큰 비중을 차지하고, 그중 가장 선호하는 투자방법은 RCPS에 대한 투자이다. 노승민(2018), 54, 55면 참고.

주주A는 거래종결일로부터 O일 내에 대상회사로 하여금 주주B가 소유한 대상회사 발행 주식 전부를 별지O에 기재된 내용을 가진 종류주식으로 변경하도록 하여야 한다. 당사자들은 정관 변경을 포함하여 위 종류주식으로의 변경에 필요한 절차에 협조하여야 한다.

보통주식을 다른 종류주식으로 변경할 수 있는지에 관해서 상법은 별도 규정을 두고 있지 않다. 이에 대해서 등기선례는 "이미 발행한 보통주식을 우선주식으로 변경함에는 회사와 우선주식으로 변경을 희망하는 주주와의 합의 및 보통주식으로 남는 주주 전원의 동의가 있으면 가능할 것이며, 그 변경등기신청서에는 그러한 합의 및 동의가 있음을 증명하는 서면과 정관을 첨부하여야 할 것"이라고 하여,[200] 종류주식으로의 변경을 허용하고 있지만 결국 다른 주주 전원의 동의가 있어야 하기에 변경 절차가 번거롭다는 점을 주의해야 한다.[201]

이와 같이 특수한 내용을 가진 종류주식으로의 변경은 통상 M&A 거래 직후에 진행하는 경우가 많다. 물론 매수청구권 조항처럼 지배주주가 계약을 위반한 경우에 소수주주의 투자 회수를 용이하게 하기 위해서 소수주주가 소유한 보통주식을 종류주식으로 변경하도록 규정할 수도 있다. 그러나 앞서 살펴본 바와 같이 종류주식으로 변경하는 절차가 까다롭고, 매수청구권 행사 시 적용되는 여러 제약(가령, 회사는 배당가능이익 범위 내에서만 금원을 지급할 수 있고, 주주평등의 원칙이 적용되며, 특정 주주의 투하자본만 회수할 수 있도록 하는 것이 대상회사 이사의 선관주의의무 위반 소지가 있다는 점)이 종류주식 변경 및 상환권 행사 시에도 그대로 적용되기 때문에 굳이 사후적으로 종류주식으로 변경할 실익이 적기 때문이다.

3) 회사 재산의 매각

벤처기업 등 소규모 회사에 대한 투자계약서를 보면 간혹 투자자의 투자 회수를 위해 일정한 경우 투자자가 직접 대상회사의 자산이나 영업을 매각하고, 그 매각대금에서 투자금을 회수하도록 규정하는 경우가 있다. 나아가 미국의 벤처투자계약의 내용을 가

200) 2000. 7. 13. 등기 3402-490 질의회답.

201) 주주 전원의 동의를 얻을 수 없으면 해당 주식을 소각하고 새로 종류주식을 발행해야 같은 결과를 얻을 수 있을 텐데, 해당 주식만 소각하는 것은 주주평등의 원칙에 반하여 불가능하게 되어 지나치게 엄격하고, 주식 종류를 변경하려는 주주들의 종류주주총회 결의 및 해당 주주를 제외한 주주들의 주주총회 특별결의가 있다면 그러한 종류 변경이 가능하다는 견해도 있다. 김/노/천, 156, 157면.

져와 영업양수도 등과 같은 경영권 이전 거래가 이루어지는 경우 회사가 해산 및 청산한 것으로 간주하고(이른바 청산간주조항) 회사 재산에서 수익을 분배하도록 규정하는 경우도 있다. 투자자가 협상력이 매우 강하거나 투자를 받는 회사가 자금 조달의 필요성이 높거나 법적인 자문을 받지 않는 경우에 자주 포함되는 것으로 보이는데 이러한 내용은 회사에 지나치게 불리한 독소조항일 뿐만 아니라 궁극적으로 집행이 불가능할 수도 있으므로 주의를 요한다.

우선 앞서 설명한 바와 같이 오로지 특정 주주의 투하자본만을 회수할 수 있도록 하기 위한 수익 보장 약정은 주주평등의 원칙을 위반한 것일 뿐만 아니라 이를 위해서 회사의 재산을 처분하는 것은 회사가 아닌 제3자의 이익을 위해서 행동하는 것이어서 이사들의 선관주의의무 및 충실의무 위반이 문제 될 가능성이 높다. 회사가 직접 경영이 어려울 정도로 긴박한 상황에서 전문성이나 자금력을 가진 투자자가 회사의 재건이나 회생을 위해서 회사의 경영 위임을 받거나 특정 자산이나 영업의 처분행위를 대리할 수는 있겠으나, 이는 어디까지나 회사를 위한 행위로서 허용되는 것이지 특정 주주의 투자 회수를 위해서 허용되지는 않을 것이다.

다음으로 회사의 자산이나 영업을 매각한 이후에 그 대금을 주주에게 지급하는 것 역시 문제 된다. 회사가 가진 재산을 매각한 대금은 회사에 귀속하지 주주에게 귀속되는 것이 아니다. 이 매각대금을 주주에게 환원하는 방법은 회사가 주주로부터 자기주식을 취득하거나, 자본금 감소를 하거나, 아니면 회사를 청산하면서 회사의 재산을 분배하는 것 등이 있으므로 법이 허용하는 방법과 절차를 통해서 주주에게 지급할 수 있고, 실제로 회사가 청산하지도 않았으면서 청산한 것으로 간주하면서 회사 재산을 분배할 수는 없다.[202] 실무상 상법상 인정되는 투하자본 회수 방법을 따르지 않고 회사 재산 매각대금에서 일정 부분을 투자자에게 지급한다고 규정하고 이를 약정채권처럼 취급하는 경우도 있는데, 그 경우 회사는 아무런 대가도 지급받지 않은 채(즉, 투자자는 계속 회사에 대한 주식도 소유하고 있음) 투자자에게 금전을 지급하는 것이 되어 지나치게 불공정한 약정으로서 그 효력이 다투어질 수 있을 것이다.

202) 같은 견해: 박상철(2018), 404면; 정호석 등(2023), 22면.

7. 손해배상 등

가. 손해배상

§13(1) – 손해배상

제13조 (손해배상) (1) 각 당사자는 본 계약에 규정된 자신의 의무를 위반한 경우 이로 인하여 상대방에게 발생한 손해를 배상하여야 한다.

어느 당사자가 주주간계약을 위반하여 상대방에게 손해가 발생한 경우 당사자는 상대방에게 손해를 배상하도록 규정한다. 주식매매계약에서 진술 및 보장 위반에 따른 손해배상책임의 법적 성격이 채무불이행 책임인지, 하자담보책임인지, 약정 책임인지 등에 관한 견해 대립이 있는 것과는 달리 주주간계약에서 규정한 손해배상책임의 법적 성격에 대해서는 별다른 논란이 없다.[203] 주주가 이행하여야 할 의무를 위반한 책임은 민법상의 채무불이행에 따른 손해배상책임에 해당하고 손해배상 조항은 이를 주의적으로 다시 규정한 것으로 볼 수 있다.

이처럼 민법상의 채무불이행 책임인 경우에도 당사자들이 합의하여 배상하는 손해의 범위를 확대하거나 소멸시효 기간을 단축하거나 별도의 손해배상청구 절차를 준수하도록 하거나 손해배상액을 제한하는 등의 특별한 합의를 할 수 있다. 그러나 실무상 그와 같은 합의를 하는 경우가 많지 않은데, 이는 주주간계약에 대한 구제수단으로서 손해배상이 큰 역할을 하지 못하고 이에 따라 당사자들도 손해배상 조항을 두고 협상할 실익이 적기 때문이다.

당사자들이 주주간계약 위반에 대한 구제수단으로서 일반적인 손해배상에 기대지 않는 가장 큰 이유는 손해 발생을 입증하거나 손해액 산정이 어렵기 때문이다. 가령, 소수주주가 대상회사의 특정 행위에 대해 사전동의권을 보유하고 있는데 지배주주가 소수주주의 동의 없이 그러한 행위를 하였다 하더라도 소수주주에게 직접 손해가 발생하지 않는 경우가 대다수이다.[204] 일방 당사자가 다른 주주의 동의 없이는 주식을 처분하지

---

203) 주식매매계약에서의 손해배상 조항의 법적 성격에 대해서는 위 207면 '손해배상 또는 면책의 의의 및 법적 성격' 부분 참고.

204) DICC 사건의 파기환송심(서울고등법원 2022. 11. 10. 선고 2021나2003364 판결)은 피고의 지분 유지의무 위반을 인정하면서도 그로 인하여 원고에게 손해가 발생하였다고 보기 어렵다고 판시하였다. 상고심(대법원 2023. 4. 13. 선고 2022다307409 판결)에서 상고기각 확정.

않기로 하고 처분 시 다른 주주에게 동반매도할 수 있는 권리를 부여하였는데 단독으로 처분한 경우에 다른 주주는 동반매도할 수 있는 기회를 상실한 손해를 입었다고 볼 수 있으나 그 기회 상실로 인한 손해액이 무엇인지 산정하기 쉽지 않다. 이러한 이유로 일반 손해배상 조항에 손해배상액 예정에 관한 내용을 추가하기도 하나, 워낙 손해 발생 여부 자체나 손해액 산정의 기준에 대해서도 이견이 많아 당사자들 사이에 적절한 예정액을 합의하는 것조차 어려울 수 있다.

또 주주간계약은 한 번 위반되면 손해배상만으로는 완전히 손해를 회복하기 어려운 경우도 많다. 어떤 투자자가 지배주주가 계속 경영할 것으로 믿고 회사의 소수주주가 되었고 지배주주의 주식 처분을 제한하였는데 지배주주가 단독으로 주식을 처분하여 경영권을 이전하였다면, 투자자는 투자의 전제였던 지배주주의 경영이 중단되었을 뿐만 아니라 본인이 보유한 지분도 매각해서 투자 회수를 하는 것이 매우 어렵게 된다. 따라서 이런 경우에는 애초에 가처분을 통해 주식 처분 자체를 금지시키거나 지배주주에게 자신이 소유한 주식을 매도할 수 있는 권리를 보장하는 것이 더 효과적인 구제수단이 된다.

위와 같은 이유로 주주간계약에 포함되는 일반 손해배상 조항은 매우 일반적인 내용으로 규정하고, 특별히 추가되는 내용이 많지 않다. 만일 당사자가 둘 이상이고 지배주주 측 또는 소수주주 측으로 구분되는 경우에는 지배주주 측 주주 또는 소수주주 측 주주가 손해배상책임을 연대하여 부담하는지 여부에 대해서 규정하기도 한다. 주주는 아니지만 지배주주 또는 대상회사의 이익을 대변하기 위해서 경영진 또는 이해관계인이 계약 당사자로 추가되는 경우 지배주주의 손해배상책임에 대해서 보증하거나 연대책임을 부담하는 경우도 종종 볼 수 있다. 다만, 벤처투자에서는 원칙적으로 대상회사가 부담하는 의무를 경영진 등 제3자가 연대하여 부담하게 하는 것이 제한되고 예외적으로만 허용되므로(벤처투자 촉진에 관한 법률 제14조 제2항 제4호의2 등), 벤처투자 관련 계약서를 작성할 때에는 이 점을 유의하여야 한다.

나. 위약벌

§13(2) – 손해배상 – 위약벌

(2) 당사자는 아래 각호의 사유가 발생한 경우 O원을 상대방에게 위약벌로 지급하여야 한다. 단, 상대방에게 발생한 손해액이 위 위약벌을 초과하는 경우 그 초과분 손해를 상대방에게 추가로 배

상하여야 한다.

1. 제2조 제3항을 위반하여 주주A가 주주B측 이사의 선임, 사임, 해임 또는 교체가 이루어질 수 있도록 주주총회에서 자신의 의결권을 행사하지 않거나 대상회사가 필요한 조치를 취하지 않은 경우 주주A가 주주B에게 지급
2. 제4조를 위반하여 주주A 또는 대상회사가 주주B의 사전 서면 동의 없이 별지 4 기재 행위를 한 경우 주주A가 주주B에게 지급
3. 제6조를 위반하여 주주A 또는 주주B가 상대방의 사전 서면 동의 없이 대상회사 발행 주식을 처분한 경우 위반 당사자가 상대방에게 지급

앞서 설명한 일반 손해배상을 통한 구제수단의 취약점을 극복하기 위해서 위약벌 또는 손해배상액 예정 조항을 두는 경우가 많다. 이 책에서는 위약벌 조항을 두는 것을 전제로 설명한다. 위약벌은 주주간계약 위반에 대한 강력한 구제수단 중 하나이다. 매수청구권도 당사자가 사용할 수 있는 구제수단 기능을 하기는 하나, 매수청구권은 주주로 하여금 주식을 매도하고 투자 회수를 할 수 있게 해 주는 반면, 위약벌은 금전적인 보상만 받고 주식은 계속 소유하고 있게 된다는 점에서 차이가 있다. 이 때문에 위약벌은 당사자에게 발생한 손해를 보전해 주는 데 주된 목적이 있기보다 주주간계약 위반에 대해서 제재를 가하여 그 이행을 확보하는 데 주된 목적이 있다고 볼 수 있다.

계약서에서 계약 위반에 대해서 일정한 금원을 지급하도록 정하고 있는 경우에 손해배상액 예정인지 위약벌인지 항상 논란이 된다.[205] 이에 만일 위약벌로서 성격을 부여하고 추가 손해배상이 제한되지 않도록 하기 위해서는 계약서에 명시적으로 "위약벌"이라고 명시하고, 위약벌 지급 외에 추가로 손해배상도 받을 수 있다는 점을 명확하게 규정하는 것이 바람직하다. 위약벌 금액을 상당히 높게 정한 경우 당사자들로서는 추가로 손해배상을 청구할 실익이 없을 것이고 오히려 위약벌 지급으로써 관련 분쟁을 최종적으로 종결시키고자 하는 경우도 있을 것이다. 이런 경우에는 위약벌을 지급한 이후에는 손해배상을 청구하거나 다른 구제수단은 취할 수 없다고 명시할 필요가 있다.

위약벌 조항은 위약벌을 지급받는 것보다는 궁극적으로는 계약 위반을 방지하려는 데 주된 목적이 있기 때문에 어떤 조항 위반 내지 권리 침해로 실제 발생할 수 있는 손해액과는 무관하게 상당히 높은 금액을 위약벌로 정하는 경우가 많다. 위약벌이 과도하

205) 자세한 내용은 위 249면 '손해배상액 예정, 위약벌, 특별손해배상' 부분 참고.

게 무거울 때에는 민법 제103조의 반사회질서 행위로서 일부무효에 해당하여 감액될 수 있는데,[206] 이러한 감액을 최대한 막기 위해서 해당 위약벌 금액을 산정한 기준을 함께 명시하거나(가령, "소수주주가 대상주식을 취득한 매매대금의 O배 상당인 O원"), 해당 위약벌 금액이 당사자들 간의 관계, 거래의 목적, 협상 경과 등에 비추어 상당하고 합리적인 수준이라는 점에 대해서 양 당사자가 확인한다는 문구를 추가하기도 한다. 손해배상액을 예정한 경우에도 그 예정액이 부당히 과다할 경우 법원이 직권으로 감액할 수 있으나(민법 제398조 제2항), 그 감액이 형평의 원칙에 비추어 현저히 불합리하게 이루어져서는 안 된다는 제한을 받는다.[207]

회사가 계약 당사자로 포함되어 위약벌을 지급하는 약정을 하는 경우에는 주주평등의 원칙 위반 문제가 없는지 검토하여야 한다. 특정 주주와만 다른 주주들에게 지급되지 않는 위약벌 지급을 약정한다면 주주평등의 원칙 위반일 수 있으므로, 주주 사이에 차등적 취급을 정당화할 수 있는 특별한 사정이 있는지 여부를 사전에 검토할 필요가 있다.

한편, 위약벌로서 납입금을 전액 보전해 주는 약정이라면 주주평등의 원칙과는 별개로 자본충실의 원칙 위반이라는 지적도 있다.[208] 자본충실의 원칙은 회사에 자본금에 상응하는 재산이 유입되어야 하고 그 재산이 회사 밖으로 부당하게 유출되어서는 안 된다는 원칙인데, 상법에서는 배당가능이익 규제(상법 제462조)나 자기주식 취득 규제(상법 제341조) 등으로 구체화되어 있다. 대법원은 회사가 주식 인수인에게 위약벌로 주식 인수대금으로 납입한 돈을 전액 보전해 주거나 법률에 의한 배당 외에 다른 주주들에게 지급되지 않는 별도 수익을 지급하는 것이 "배당가능이익이 없어도 회사의 재산으로 사실상 출자를 환급하여 주는 것이어서 자본충실의 원칙 등 상법이 허용하는 한도를 벗어나는 것"이라며 다른 주주 전원이 동의하였다 하더라도 무효라고 판시하였다.[209] 계약의 자유와 자본충실의 원칙의 관계가 문제 되는 부분이고 계약을 통한 주금환급을 어디까지 허용할 것인지 논란의 여지가 있다.[210] 그러나 자본충실의 원칙이 절대적인 원칙

206) 대법원 2022. 7. 21. 선고 2018다248855 전원합의체 판결.

207) 대법원 2023. 8. 18. 선고 2022다227619 판결. 손해배상액 예정액을 투자원금의 2배로 정하였는데 원심이 예정액을 투자원금으로 감액한 사안에서 이러한 감액은 손해배상액으로 당사자가 상대방의 채무불이행을 이유로 계약을 해제할 경우 원상회복으로 반환받을 여지가 있는 금원만을 인정하는 것에 불과하여 결과적으로 손해배상액 예정에 관한 약정 자체를 전면 부인하는 결과가 된다는 이유로 형평의 원칙에 비추어 현저히 불합리하다고 판시하였다.

208) 노혁준(2024), 520면.

209) 대법원 2023. 7. 13. 선고 2022다224986 판결.

210) 김정연(2024), 120-127면.

인지에 대해서 의문이 있고,[211] 통상 위약벌은 계약 당사자가 주주인지 여부를 불문하고 계약 위반에 대한 제재 수단으로 도입되는 것인데, 회사가 계약을 위반하는 경우 지급되는 금액이 반드시 배당가능이익이나 일정한 범위 내로 한정되어야 할 이유는 없다. 따라서 이러한 약정이 자본충실의 원칙 위반으로 인정되려면, 위법한 행위에 대한 손해배상이나 계약 위반에 대한 제재 수단으로서 금전이 지급되는 것이 아니라 실질적으로 주주에게 투하자본 회수를 항상 보장하고 회사의 재산이 부당하게 유출되는 경우로 제한되어야 할 것이다.[212]

위약벌 지급사유는 당사자들이 협의하여 정할 문제이고 개별 거래에 따라 천차만별이다. 이때 위약벌은 통상 매우 높은 금액으로 정해지고 당사자들에게 상당한 부담이 되기 때문에 그 지급사유도 다툼의 여지가 없도록 구체적으로 기재할 필요가 있다.

서울고등법원 2017. 11. 30. 선고 2016나2000033 판결

> 주주간 협약에서 "기존 PF 리파이낸싱 등 주요 의사결정 사항"에 대해서 주주 전원의 동의를 받도록 하고 본 협약을 위반한 경우 위약벌 40억원을 지급하도록 규정하였는데 무엇이 주요 의사결정 사항인지 구체적으로 명시하지 않은 사안에서 어느 주주가 다른 주주의 동의를 받지 않고 투자금 약 24억원을 지출한 행위는 주주간 협약 위반에 해당하지 않아 위약벌 지급의무가 없다고 판시하였다.

예시 조항은 최대한 제한적으로 사유를 열거한 것인데, 특정이행을 구하거나 손해배상을 받기 용이한 경우는 제외하고, 또 매수청구권 행사사유와 중복되지 않도록 하였다. 그러나 매수청구권 조항과 위약벌 조항은 그 목적이 다를 수 있으므로 매수청구권 행사사유로 포함되어 있는 계약상 의무 위반을 위약벌 지급 사유로 중복해서 포함시키는 것도 가능하다.

상대방이 어떤 계약상 의무를 위반한 경우 당사자가 매수청구권을 행사할 수도 있고, 위약벌을 청구할 수도 있고, 계약을 해지할 수도 있는 등 다양한 구제수단이 마련되어 있는 경우 당사자들이 명시적으로 달리 합의하지 않은 이상 당사자는 위 구제수단

---

211) 송옥렬(2024), 69, 70면.

212) 자세한 논의는 김성민 게시글(2025. 10. 15.) 참고; 노혁준(2024), 179, 180면은 투하자본의 회수를 절대적으로 보장하는 것인지 판단함에 있어 투자금 반환 요건에 회사 측 귀책사유가 있는지, 투자금 반환 형태가 투자금 자체를 직접 반환하는 것인지 등을 고려할 수 있다고 한다.

중 자신에게 가장 유리한 것을 선택하여 권리를 행사할 수 있다.[213] 만일 권리 행사 순서에 우선순위를 두고자 한다면(가령, 계약을 해지하기 위해서는 먼저 위약벌 지급을 청구해야 한다든지) 그러한 점을 계약서에 명확하게 기재해야 할 것이다.

다. 대체 구제수단

앞서 설명한 손해배상과 위약벌이 실무상 가장 많이 사용되는 구제수단들이나 이 외에 다른 구제수단이 사용되기도 한다.

먼저 회사의 경영과 관련된 조항을 상대방이 위반하는 경우에는 그에 상응하여 당사자의 경영에 관한 권한을 확대하는 방법이 있다. 가령, 대상회사가 어떤 행위를 하기 전에 소수주주의 동의를 받아야 함에도 불구하고 동의 없이 행위를 하였고 이에 대해 소수주주의 시정 요구에도 불응하는 경우에는 장차 동일한 일이 반복되는 것을 방지하기 위해서 소수주주가 지명할 수 있는 이사의 수를 늘려서 소수주주의 이사회 장악력을 높이는 방안이 사용되기도 한다. 또, 상대방이 위반한 사항이 주주총회 결의사항이라면, 상대방의 의결권을 당사자에게 위임하도록 하여 주주총회 장악력을 높이고 위반을 시정하는 결의를 할 수도 있다.[214]

조금 더 창의적으로 대상회사의 예산이나 사업계획을 결정하거나 집행할 수 있는 권한을 부여하거나, CFO와 같은 미등기임원 또는 재무, 회계, 투자 등 부서의 장을 선임할 수 있는 권한을 부여하거나, 내부통제나 준법감시를 위한 위원회나 부서를 창설하여 회사의 주요한 업무집행 권한을 가져오거나 업무집행을 감시할 수 있도록 하는 방법도 생각해 볼 수 있다. 단순히 일부 권한을 확대하는 것에서 더 나아가 상대방으로 하여금 보유한 지분을 무상으로 양도하도록 하여 경영권을 가져오는 약정을 하는 경우도 있는데,[215] 상대방 입장에서 단순히 계약 위반을 하였다는 이유로 지분을 전부 박탈당하는 것은 지나치게 가혹할 수 있으므로 그러한 약정을 함에는 신중하여야 할 것이다.

다음으로 재무적 투자자들이 많이 사용하는 구제수단으로 이율 또는 수익률 상향 조정이 있다. 일반적인 보통주식을 인수하는 거래보다는 RCPS나 전환사채, 신주인수권부사채와 같은 주식연계사채를 인수하는 메자닌 투자(mezzanine investment)에서 상대적

213) 대법원 2022. 3. 17. 선고 2021다231598 판결.

214) 의결권위임계약의 효력에 대해서는 위 324면 '주주총회의 운영' 부분 참고.

215) 서울동부지방법원 2023. 4. 7. 선고 2021가단145902 판결. 이에 대한 자세한 논의는 정호석 등(2023), 19-21면 참고.

으로 더 많이 볼 수 있는데, 상대방이 주주간계약을 위반하는 경우 상환가액에 적용되는 이율을 높여서 투자수익을 늘리는 것이다.

이때 유의할 점으로는 계약서에서 단순히 어떤 의무를 위반한 경우 이율을 몇 퍼센트 올린다고 규정되어 있는 것만으로 자동적으로 이율 상향조정이 되지는 않는다는 것이다. RCPS, 전환사채, 신주인수권부사채 모두 증권에 그 내용이 화체되어 있는 것이기 때문에 그 내용을 변경하는 데 주주 또는 투자자들 사이의 약정만으로는 부족하다. 가령, RCPS가 이미 발행되었는데 상환가액을 변경하고자 한다면 회사 정관 변경과 이를 위한 주주총회 결의, 회사와 RCPS 주주 사이의 합의, RCPS 내용 변경을 위한 변경등기, 주권 재발행 등의 절차를 거쳐야 한다. 따라서 애초에 RCPS를 발행할 때 계약 위반의 경우 상환가액을 조정하는 조건을 포함시키는 것이 가장 간편하고, 만일 RCPS 조건에 포함되어 있지 않다면 주주간계약에서 위와 같은 내용 변경 절차에 대해서 구체적으로 명시할 필요가 있다.

보통주식을 인수한 거래에서도 어떤 의무 위반이 있는 경우 동반매도청구권 행사로 매각대금을 분배할 때 적용되는 투자자의 수익률, 적격상장으로 인정되기 위한 공모가격 산정 시 적용되는 투자원금 대비 수익률을 높일 수 있다. 이러한 수익률은 주주간계약에서 약정한 것이고 증권에 화체된 것이 아니므로, 의무 위반이 있을 경우 자동으로 상향조정된다고 약정할 수도 있다. 다만, 당사자들 사이에 상향조정이 되었는지 여부에 대해서 다툼이 있을 수 있으므로, 상대방의 계약 위반 사실을 알게 된 때로부터 일정한 기간 이내에 수익률 상향조정에 관한 통지를 하도록 규정할 수 있을 것이다.

RCPS 투자의 경우에는 주주간계약 위반을 조기상환사유로 규정하는 방법도 종종 사용한다. 일정한 기간이 경과한 후에 행사할 수 있는 일반 상환권과 구분하여 주주간계약 특정 조항을 위반하는 경우에 즉시 행사할 수 있는 조기 상환권을 규정하는 것이다. 이때 조기 상환권의 상환가액을 일반 상환권의 상환가액보다 더 높게 설정하면 상대방의 계약 위반에 대한 효과적인 구제수단이 된다. 다만, 회사에 배당가능이익이 없는 경우에는 상환받을 수 없다는 점은 고려해야 한다(상법 제345조 제1항). RCPS의 상환사유나 상환가액은 모두 주식에 화체된 조건이라는 점에서 주식과 무관하게 당사자들 사이에 체결한 계약 위반을 상환사유로 추가하는 것이 가능한지에 대해서는 논란의 여지가 있다. 통상 주식이나 회사에 발생하는 사건을 상환사유로 열거하지만, 주주 사이의 채권적 합의나 그 위반을 상환사유로 두는 것이 법적으로 제한된다고 보기는 어렵다. 하지만 주식이 양도되면서 주주간계약이 함께 이전되지 않거나 효력을 상실한다면 주식 소유자는 그 주주간계약 위반을 이유로 조기 상환권을 주장하지 못할 수 있으므로, 이 경우 주식의 양도와 함께 주주간계약도 함께 이전되는지 확인할 필요가 있다.

8. 계약의 효력

가. 계약의 효력 발생

§14(1) – 계약의 효력

제14조(계약의 효력) (1) 본 계약은 거래종결일부터 효력이 발생한다.

주식매매계약은 통상 계약을 체결하는 때 즉시 계약의 효력이 발생하고 따로 계약의 효력 발생 시기를 규정하지는 않는다. 주주간계약도 주식매매 거래종결 이후에 체결하는 경우도 있고 그 경우에는 주식매매계약과 같이 체결 즉시 계약의 효력이 발생하도록 하는 것이 일반적이므로 따로 계약의 효력 발생 시기를 규정하지 않는다. 그러나 주주간계약을 주식매매 거래종결 이전에 체결하는 때에는 아직 매수인은 주주가 되지도 않았고 또 주식매매 거래종결이 이루어질지 확신할 수 없기 때문에 즉시 계약의 효력이 발생해서는 안 된다. 따라서 그 경우에는 계약의 효력 발생 시기를 규정하거나 계약의 효력 발생 조건을 규정한다.

예시 조항에서는 주식매매계약과 주주간계약이 동시에 체결되고 아직 거래종결이 이루어지기 전인 상황을 전제로 하여 주식매매 거래종결일부터 주주간계약의 효력이 발생하는 것으로 규정하였다. 이 외에도 다수의 투자자가 존재하는 경우에는 최종적으로 투자가 마무리되는 시점을 계약 효력 발생 시기로 규정할 수도 있고, 매수인이 주식을 취득한 이후에 대상회사가 중요한 인허가를 취득하여야지 사업을 수행할 수 있는 경우에는 그러한 인허가 취득을 조건으로 계약의 효력이 발생한다고 규정할 수도 있다.

나. 계약의 자동 효력 상실

§14(2) – 계약의 효력 – 자동 효력 상실

(2) 본 계약은 아래 각호의 어느 하나의 사유가 발생한 경우 자동으로 효력을 상실한다.

1. 당사자가 소유한 대상회사 발행 주식이 대상회사의 발행주식총수 기준 0% 미만이 되는 경우
2. 대상회사의 적격상장이 완료된 경우

주주간계약은 당사자들이 대상회사의 주주로 있을 때 회사의 경영이나 주식의 처분에 관한 사항 등을 규율하기 위해서 체결하는 것이기에 당사자들이 대상회사의 주주로 있는 한 계속해서 효력이 있는 계속적 계약에 해당한다.

이와 같은 계속적 계약에서 존속기간을 정하고 있는 경우에는 그 존속기간이 만료하면 종료한다.[216] 그런데 주주간계약에서는 특정한 기간을 정하는 경우는 많지 않고, 대신 그 목적에 반하거나 목적을 달성하면 계약의 효력이 자동으로 상실한다고 약정하는 경우가 많다.

자주 볼 수 있는 계약 효력 상실 사유는 주주의 지분율이 일정한 비율 미만으로 되는 경우이다. 주주간계약에는 회사의 운영에 관한 내용, 주식의 처분에 관한 내용, 투자회수에 관한 내용이 포함되며, 특히 소수주주가 자금을 조달해 주는 등 지배주주나 대상회사에 일정한 이익을 주는 대신 법률에서 인정되지 않는 다양한 권리를 부여하는 경우가 많다. 그러나 소수주주가 지분을 매각하여 그 지분율이 극소수로 낮아진 경우에는 이러한 추가적인 권리를 인정해 주는 것이 균형에 맞지 않게 된다. 이에 당사자들은 지분율이 일정한 비율(주로 5%보다 작은 비율로 정함)보다 낮아지는 경우 자동으로 주주간계약의 효력도 상실되는 것으로 약정한다. 소수주주 입장에서는 자신이 주식을 매도하여 지분율이 낮아지는 경우에 주주간계약의 효력이 소멸하는 것은 수용할 수 있더라도 자신의 행위와 무관한 사유로 자신의 지분율이 낮아지는 경우(가령, 대상회사가 제3자 배정을 하거나 스톡옵션을 발행하여 지분율이 희석되는 경우)는 자동 효력 상실 사유에서 제외되어야 한다고 주장할 수 있을 것이다.

다음으로 자주 볼 수 있는 계약 효력 상실 사유는 대상회사가 상장한 경우이다. 대상회사가 상장할 경우 주주간계약의 많은 내용이 준수하기 어렵거나 무의미하게 된다. 가

216) 대법원 2010. 7. 15. 선고 2010다30041 판결.

령, 이사회 구성만 하더라도 상장회사의 이사를 3명과 같이 소규모로 구성하는 것은 거의 불가능하고(상장회사는 규모에 따라 일정 수 이상의 독립이사를 선임하게 되어 있다. 상법 제542조의8) 주식의 분산 정도에 따라 이사 일부를 반드시 특정 주주가 지명한 자로 선임하는 것도 어려울 수 있다. 회사에 설치된 위원회도 상장회사에 요구되는 위원회를 설치하고 불필요한 위원회(상장을 준비하기 위한 상장준비위원회)는 폐지되어야 한다. 정보제공 관련해서도 상장회사가 직접 또는 지배주주를 통해서 영업에 관한 정보를 특정 주주에게 먼저 제공하는 것은 공정공시의무 위반에 해당할 수 있다(유가증권시장 공시규정 제15조). 또 소수주주 입장에서도 대상회사가 상장하면 공개된 시장에서 자유롭게 주식을 매도하여 투자를 회수할 수 있게 되기 때문에 주주간계약이 계속 유지될 필요가 적어진다. 다만, 주주간계약이 적격상장 개념을 도입하고 있다면 소수주주 입장에서는 지배주주가 적격상장 요건을 충족하지 못하는 상장을 강행했을 때 주주간계약상 다른 권리를 계속 행사할 필요가 있으므로 적격상장이 이루어진 경우로 계약 효력 상실 사유를 한정할 필요가 있다.

참고로 실제로는 이와 같이 대상회사의 상장이 완료된 때에 주주간계약의 효력이 자동으로 소멸하기보다는 상장 절차가 진행되는 과정에서 주주간계약을 주주들 간에 합의하여 해지하고 필요시 새로운 주주간계약을 체결하는 것을 더 자주 볼 수 있다. 상장을 준비하면서 상장 주관사는 한국거래소와 상장 요건을 충족하는지 등을 지속적으로 협의하는데 이때 한국거래소에서 대상회사의 독립적인 경영에 방해가 되거나 상장회사로 존속하는 데 방해가 되는 내용(이사회 및 위원회 구성, 회사 운영에 대한 동의권, 자료제공 등)[217]이 포함된 주주간계약에 대해서는 해지하거나 변경할 것을 권고하고, 대상회사의 성공적인 상장을 위해서 주주들도 그러한 권고를 가능한 따르고 있다. 특히, 대상회사가 주주간계약의 당사자로 포함되어 있으면 대상회사를 당사자에서 제외하거나 주주간계약을 해지하는 것이 일반적이다.

217) 노미은 등(2018), 50면은 i) 최대주주의 변동 위험으로 인해 대상회사의 경영의 안정성을 저해할 수 있는 조항, ii) 대상회사의 기업공개 후 주주평등이나 일반 투자자 보호를 저해할 수 있는 조항, iii) 대상회사의 기업공개 실행 자체에 장애가 될 수 있는 조항, iv) 대상회사의 상장 후 법규 위반을 초래할 수 있는 조항이 문제가 될 수 있다고 한다.

tip **소수주주 tip:** 최근 들어 한국거래소에서 주주간계약을 자세히 검토하고 해지를 권고하는 경향이 강한 것으로 보인다. 특히 대상회사가 주주간계약의 당사자로 포함되어 있는 경우에는 예외 없이 대상회사를 당사자에서 제외하도록 요구하고, 대상회사가 당사자로 포함되어 있지 않은 경우에도 특정 주주에게 법에서 정하고 있지 않은 권리나 이익을 부여하는 약정은 문제라는 인식하에 관련 조항의 삭제나 변경을 요구한다. 그러나 모든 주주간계약이 반드시 해지되어야 하는 것은 아니고 대상회사의 독립적인 경영에 방해가 되거나 상장회사로 존속하는 데 방해가 되는 내용이 있는지는 개별적인 주주간계약 내용을 검토해야 할 것이다. 가령, 소수주주가 기타비상무이사 1명을 지명할 수 있는 권리를 갖고 있는 경우에 그러한 권리는 상장회사로서 필요한 이사회를 구성하면서도 얼마든지 보장해 줄 수 있는 내용이다. 또한 주주간계약에서 소수주주에게 회사의 업무에 대한 추가적인 감사 권한이나 시정요구 권한을 부여하고 있는 경우에 이는 오히려 소수주주를 통한 지배주주의 감독 내지 견제를 가능하게 하는 내용으로서 상장에 방해가 되지 않는 내용이라 할 것이다.

주주간계약을 해지하거나 변경하기로 결정하였더라도 상장을 진행하는 중에 미리 확정적으로 주주간계약을 해지 또는 변경하였다가 최종적으로는 상장이 완료되지 않는 경우도 발생할 수 있고 그 경우에는 소수주주는 본래 주주간계약에 따른 권리를 다시 행사할 수 있어야 할 것이다. 따라서 주주간계약의 해지에 대한 합의를 할 때에는 상장이 완료되는 것을 조건으로 해지하거나, 상장이 완료되지 않으면 다시 효력을 부활하는 것으로 합의할 필요가 있다.

주주간계약을 체결한 당사자들이 대등한 지분율을 갖고 있는 경우에 중요한 의사결정에 관하여 deadlock에 빠진 경우 이를 해소하기 위하여 계약을 종료시키는 경우도 있다. 다만, 이와 같이 계약을 종료시킬 때에는 회사를 그대로 존속시킬지, 당사자들이 소유한 주식을 어떻게 처리할 것인지를 정해야 한다. 회사를 해산하고 잔여재산을 주주들이 분배받도록 할 수도 있지만, 어느 주주가 다른 주주의 주식을 취득하도록 할 수도 있다.[218]

218) 러시안 룰렛, 텍사스 슛아웃, 콜/풋옵션 등 구체적인 방법에 대해서는 우호적 M&A의 이론과 실무 2(이동건, 류명현, 이수균 집필부분), 356-359면 참고.

다. 계약의 해지

§14(3) – 계약의 효력 – 해지

(3) 어느 당사자가 본 계약을 중요한 측면에서 위반하고, 그 위반이 시정 불가능하거나 상대방으로부터 시정을 요구받은 날로부터 10영업일 내에 시정하지 않은 경우, 상대방은 위 위반 당사자에게 서면으로 통지함으로써 본 계약을 해지할 수 있다. 단, (i) 본 계약의 해지는 본 계약의 해지 이전에 본 계약의 위반으로 당사자가 부담하는 책임에는 영향을 미치지 않으며, (ii) 본 계약의 해지에도 불구하고 제1조, 제13조 내지 제15조는 계속하여 효력을 유지한다.

당사자가 계약을 해지할 수 있는 권리에 관한 조항이다. 계약서 중에서 계약의 "해제"라고 명시하는 경우도 있으나, 주주간계약은 계속적 계약으로서 통상 장래를 향해서 그 효력을 상실시키려 하는 것이지 주주간계약 체결 이전의 상태로 소급적으로 효력을 상실시키려 하는 것이 아니므로 "해제"보다는 "해지"라는 용어를 사용하는 것이 더 적절할 것이다.

당사자가 계약을 위반한 경우에 상대방이 계약을 해지할 수 있다고 규정한다. 다만, 사소한 계약 위반을 이유로 계약을 해지하는 것을 방지하기 위해서 materiality qualification을 추가하고[219] 시정이 가능한 경우 일정 기간 시정할 수 있는 기회를 부여하는 것이 일반적이다.

주식매매계약의 해제 조항과는 달리 주주간계약의 해지 조항은 상당히 단순하게 규정하고 당사자 간에 크게 협상이 이루어지지 않는다. 이는 실제로 이 조항에 따라 해지하는 경우가 많지 않기 때문인데, 특히 소수주주 입장에서는 지배주주가 계약을 위반하더라도 주주간계약을 유지함으로써 얻는 이익이 더 크고, 또 주주간계약 자체에서 인정하고 있는 구제수단(매수청구권, 위약벌 등)을 이용하는 것이 더 유리하기 때문이다. 동일한 계약 위반 사실에 대해서 소수주주에게 매수청구권도 인정되고 계약 해지권도 인정되는 경우 소수주주는 그 선택에 따라 매수청구권만 행사할 수 있고 계약을 계속 유지하려 할 것이다.[220] 혹시 주주간계약에 소수주주의 의무에 관한 조항이 있으면, 지배주주가 계약을 위반하는 경우 그 조항만 해지하여 효력을 상실시키고 지배주주는 계속 의무를 부담하도록 하는 방안도 고려할 수 있다.

---

219) "중요한 측면"의 의미에 대해서는 위 261면 '계약의 중대한 위반' 부분 참고.

220) 대법원 2022. 3. 17. 선고 2021다231598 판결.

한편, 이와 같은 해지 조항을 두지 않은 경우에도 판례는 계속적 계약에 대해 일정한 경우 당사자의 해지권을 인정한다. 대법원은 "계속적 계약은 당사자 상호간의 신뢰관계를 기초로 하는 것으로서, 당해 계약의 존속 중에 당사자 일방의 부당한 행위 등으로 인하여 계약의 기초가 되는 신뢰관계가 파괴되어 계약의 존속을 기대할 수 없는 중대한 사유가 있는 때에는 상대방은 그 계약을 해지함으로써 장래에 향하여 그 효력을 소멸시킬 수 있다"고 판시한 바 있다.[221] 어떤 경우에 계약의 기초가 되는 신뢰관계가 파괴되었다고 볼 수 있는지는 개별 사례에 따라 달라질 것이다.

계약이 해지되면 장래를 향해 효력을 상실하기 때문에 당연히 해지 전에 이미 발생한 책임에는 영향이 없지만 주의적으로 이러한 사실을 다시 기재하기도 한다. 계약이 장래를 향해 효력을 상실하더라도 일부 효력이 유지될 필요가 있는 조항들은 예외로 두어야 한다. 이러한 예외로 두는 대표적인 조항이 정의 조항, 손해배상 조항, 해지 조항, 기타 조항이다.

9. 기타

이하 기타 조항에 대한 설명은 주식매매계약에 포함되는 기타 조항에 대한 설명과 상당 부분 중복된다. 자세한 설명은 주식매매계약의 기타 조항에 대한 설명을 참고하기 바라고,[222] 이곳에서는 주주간계약에 특수한 내용들만 추가로 언급하기로 한다.

가. 비밀유지

§15(1) – 기타 - 비밀유지

제15조 (기타) (1) 당사자는 본 계약의 내용과 본 계약의 협상 내용을 비밀로 유지하고, 언론에 발표하는 등 외부에 공개하여서는 안 된다. 단, 아래 각호의 경우에는 공개할 수 있다.

1. 관련 법령에 따라 공개가 요구되는 경우 관련 법령에서 요구하는 범위 내에서
2. 본 계약으로부터 발생하거나 본 계약과 관련하여 발생한 사법절차 또는 행정절차에서 공개 또는 이용이 필요한 경우

221) 대법원 2013. 4. 11. 선고 2011다59629 판결.

222) 위 275면 이하 '기타' 부분 참고.

3. 본 계약의 이행을 위하여 필요한 범위 내에서 당사자의 대리인, 자문사, 주주, 특수관계인에게 제공하는 경우

본 계약의 내용과 그 협상 내용을 비밀로 유지하고 외부에 공개하지 않아야 한다는 내용이다. 이 조항으로 인하여 주주간계약이 외부에 공개되는 경우는 흔치 않다. 주식매매계약서, 합병계약서, 인수계약서 등 주식 거래에 관한 계약서는 자본시장법에 따른 주요사항보고서나 증권신고서를 제출할 때 첨부서류로 공개되는 경우가 있지만, 주주간계약서는 그와 같이 법률에 따라 공개되는 경우가 많지 않다.

M&A 거래 과정에서는 매수인이 인수금융을 할 때 여신기관에서 주주간계약의 내용을 공개할 것을 요구하기도 한다. 여신기관 입장에서는 자신이 대여해 준 자금이 정해진 용도로 사용되는지 확인하고, 또 궁극적으로는 주주가 된 매수인이 대상회사의 경영을 통하여 수익을 창출하거나 아니면 투자 회수를 하여야 대출을 상환할 수 있기 때문에 그러한 대출 상환이 원활하게 이루어질 수 있는지, 다른 제약이 없는지 주주간계약의 내용을 검토할 필요가 있을 수 있다. 주주간계약이 체결되기 전에는 별도의 비밀유지계약을 통해, 주주간계약이 체결된 후에는 비밀유지 조항을 통해 비밀유지 의무가 부과되므로 상대방의 동의를 얻은 후에 주주간계약 내용을 공개하는 것이 일반적이다.

대상회사가 상장을 준비할 때에도 주주간계약의 공개와 관련해서 당사자들 간에 다툼이 있는 경우가 종종 있다. 주주간계약 공개가 법적으로 반드시 필요한 것은 아니지만, 앞서 설명한 바와 같이 감독당국에서 상장 요건 충족 여부 등을 확인하기 위해 주주간계약을 살펴보고, 상장 주관사와 법률자문사가 사전에 대상회사에 대한 실사를 할 때에도 대상회사에 존재하는 위험을 파악하고 증권신고서를 작성하기 위해 주주간계약 내용을 살펴볼 필요가 있다. 그러나 이러한 필요는 통상 주주간계약의 비밀유지 조항에서 규정하는 예외에 해당하지 않기 때문에 주주간계약을 공개하기 위해서는 주주간계약 당사자들 전원으로부터 동의를 받아야 한다. 주주들 역시 대상회사의 성공적인 상장이 자신들에게 이익이 되므로 동의하는 경우가 많으나, 주주간계약에 존재하는 대상회사에 대한 통제나 수익분배에 관한 내용은 외부에 공개되지 않기를 원하여 주주간계약 내용 중 중요한 내용은 가리고 공개하거나 요약본을 만들어 공개하기도 하고, 아니면 주주간계약이 다수의 사람에게 쉽게 배포되지 않도록 사본을 제공하지 않고 현장에서 열람만 허용하는 경우도 있다.

당사자들은 추후 신규 투자를 유치하거나 주식을 양도할 때 주주간계약을 공개할 필요가 있을지에 대해서도 검토해야 한다. 가령, 지배주주가 신규 투자 유치를 받을 때 신규 투자자가 실사하면서 기존 주주들 사이의 약정을 보기를 원한다. 그런데 잠재적 투자자에 대한 주주간계약 제공을 미리 비밀유지의 예외로 두지 않는다면 상대방의 의사에 따라 주주간계약 제공이 불가능하고 신규 투자 유치에 장애가 발생할 수도 있다. 이런 상황은 지배주주나 소수주주가 자신의 지분을 제3자에게 양도하는 경우에도 동일하게 발생할 수 있다. 잠재적 투자자에게 주주간계약의 모든 조건을 공개하는 것은 양쪽 당사자에게 부담이 될 수 있으나, 일부 내용을 삭제하거나 요약본만 제공하고, 공개 전에 상대방과 협의하도록 하는 등 최소 필요한 범위 내에서 제공할 수 있는 방안을 고려해 볼 수 있다.

한편, 비밀유지 조항은 통상 주주간계약의 내용이나 협상 내용, 주주간계약 체결 과정에서 알게되거나 제공받은 정보를 대상으로 하고, 주주간계약 체결 이후 자료제공 조항에 따라 제공받은 대상회사의 정보는 포함되어 있지 않은 것이 일반적이다. 만일 대상회사에서 보호해야 할 영업비밀 등 비밀정보가 있다면 대상회사가 그러한 정보를 제공할 때 따로 비밀유지계약을 맺어야 할 것이다.

나. 완전합의

§15(2) – 기타 – 완전합의

(2) 본 계약은 당사자들 사이의 대상회사 주주로서의 권리 및 의무에 관한 당사자들의 최종적이고 완전한 합의이며, 본 계약의 체결로 본 계약 체결 전에 있었던 모든 서면 또는 구두의 합의, 양해, 진술은 그 효력을 상실하고 본 계약으로 대체된다.

본 계약이 본건 거래에 관하여 당사자들의 최종적이고 완전한 합의(entire agreement)이고, 이 외에 다른 합의 내용은 효력이 없다는 내용이다. 투자자로부터 투자를 유치하는 과정에서 협의와 협업을 바탕으로 대상회사를 경영할 것이고, 투자 회수가 문제 없이 이루어질 수 있을 것이라는 취지의 언급이 이루어질 수 있다. 그러나 대상회사의 경영에 대한 주주의 권한이 어디까지 미치는지, 투자 회수 수단이 실제로 원활하게 작동할 수 있는지 여부는 각 당사자가 자신의 책임과 위험하에 검토하고 계약서에 반영해야 할 사항이며, 계약서에 반영되지 않은 내용은 위 완전한 합의 조항에 따라 계약 내용에서 제외될 것이다.

완전한 합의의 범위가 어디까지인지 살펴볼 필요가 있으며, 동일 당사자들 사이에 주주간계약 체결 전에 체결된 다른 계약이 있거나 다수 당사자들 중 일부 사이에서만 체결된 계약이 있다면 주주간계약과 기존 계약의 관계에 대해서 신중하게 검토하고 우선순위를 정할 필요가 있다. 예를 들면, 주주들 사이에 비밀유지계약을 이미 체결하였고 그 내용이 주주간계약의 비밀유지 조항보다 더 포괄적이고 구체적이라면 해당 비밀유지계약은 주주간계약으로 대체되지 않고 계속 유지될 필요가 있다. 또 만일 주주 2명이 이미 주주간계약을 체결하였는데 새로운 주주가 추가되어 주주 3명이 새로 주주간계약을 체결하였다면 기존 주주 2명이 기존에 체결한 주주간계약의 내용을 새로운 주주간계약에 모두 편입시켜서 기존 주주간계약의 효력을 상실시킬 수도 있고, 아니면 기존 주주 2명 사이에서는 기존 주주간계약의 내용을 우선시킬 수도 있고, 아니면 기존 주주간계약은 유효하되 새로운 주주간계약의 내용과 충돌하지 않는 범위 내에서만 유효한 것으로 규정할 수도 있다.

다. 비용

§15(3) – 기타 – 비용

(3) 각 당사자는 본 계약에서 명시적으로 달리 규정하고 있는 경우를 제외하고 본 계약의 체결 및 이행과 관련하여 각자에게 발생하는 비용, 수수료, 조세를 각자 부담한다.

본 계약의 체결 및 이행과 관련하여 각자에게 발생한 비용, 수수료, 조세는 각자 부담한다는 내용이다. 주식의 처분이나 투자 회수에 관한 조항에 따라 대상회사의 주식에 대한 거래가 이루어지는 경우 그러한 거래에서 비용이나 조세가 발생할 수 있으며, 이는 각 거래의 이행과 관련하여 발생하는 비용 등으로서 각자 부담하게 된다. 다만, 주식의 처분이나 투자 회수에 관한 조항에서 주의적으로 이러한 각자 부담 원칙을 다시 명시하는 경우도 많으며, 만일 이와 다르게 비용 등을 부담하고자 한다면 명시적으로 달리 약정해야 할 것이다.

라. 통지

§15(4) – 기타 – 통지

(4) 본 계약에 따른 통지 기타 연락은 서면으로 하여야 하고, 아래 주소, 팩스 번호, 이메일 주소로 등기우편, 배달증명우편, 특송우편(express courier), 팩시밀리, 전자우편으로 이루어져야 한다. 본 계약에 따른 통지 기타 연락은 상대방에게 도달한 때에 효력이 발생한다. 당사자는 아래 주소, 팩스 번호, 이메일 주소가 변경된 경우 변경된 정보를 즉시 상대방에게 통지하여야 한다.

[주주A]
주소:
팩스:
이메일:
참조:

[주주B]
주소:
팩스:
이메일:
참조:

본 계약에 따라 통지, 고지 기타 의사연락(이하 "통지"라고만 함)을 해야 하는 경우 그 방법을 정하는 내용이다. 주주간계약에서 약정한 우선매수권, 동반매도권, 동반매도청구권, 매도청구권, 매수청구권 등 여러 권리를 행사하기 위해서 사전에 상대방에게 통지해야 하는 경우가 많은데 이 통지 조항에서 정한 방법으로 통지해야지만 유효하다. 다만, 당사자가 통지 조항에서 정한 방법을 벗어나 통지하였음에도 상대방이 실제로 어떤 의사표시를 수령하였고 통지 방법의 하자에 대해서 다투지 않은 채 응답하였다면 통지 방법의 하자는 치유되었다고 볼 수도 있을 것이다.

주주간계약은 계속적 계약이고 수년 동안 효력이 있는 장기 계약이다. 따라서 중도에 당사자에게 어떤 변화가 생길지 알 수 없고, 당사자가 법인인 경우 그 법인 임직원이 퇴사할 수도 있다. 따라서 회사의 주소가 변경되거나 주주간계약을 관리하거나 담당하는 부서나 담당자의 팩스나 이메일 주소가 변경되는 일이 빈번하게 발생하므로, 가능하면 통지 주소를 기재할 때 변경이 적은 회사 대표 주소와 번호를 기재해야 할 것이고, 모든 계약서의 통지처를 일관되게 통일적으로 관리하고 정기적으로 최신 정보인지 확인하여야 할 것이다.

통지처가 변경된 경우 즉시 상대방에게 변경된 정보를 통지하여야 하며, 이때 변경된 정보의 통지 방법도 통지 조항에서 정한 방법을 따른다. 당사자가 이와 같이 변경된 통지처를 상대방에게 알리지 않은 경우 상대방이 변경 전 통지처로 통지하더라도 유효한 것으로 간주하거나 발송만으로 통지된 것으로 간주하는 조항을 두기도 한다.

마. 변경

§15(5) – 기타 – 변경

(5) 본 계약은 당사자들의 서면 합의에 의해서만 변경될 수 있다.

본 계약 내용을 수정하거나 변경할 때 당사자 전원의 서면 합의로 해야 한다는 내용이다. 주식매매계약은 당사자가 매도인과 매수인으로 단순하지만 주주간계약은 당사자가 다수의 주주일 수 있다. 이때 계약 내용 변경을 위해서 계약 당사자 전원의 합의를 요구할지, 아니면 일부 주주의 동의만 있으면 충분한지를 정할 수 있다. 국내에서는 계약 내용을 변경하기 위해서 당사자 전원의 합의가 있을 것을 요구하는 것이 일반적이지만, 영미에서는 과반수 지분을 가진 주주(및 대상회사가 당사자인 경우 대상회사)의 동의만으로도 계약 내용을 변경할 수 있도록 약정하는 경우도 있고, 그와 같이 하는 것이 더 일반적이라고 한다.[223] 새로운 투자자로부터 좋은 조건으로 투자를 받을 수 있는데 그 투자자가 주주간계약의 당사자로 참가하면서 주주간계약의 내용 일부 수정을 요구하는 경우 극소수의 지분을 가진 주주의 반대로 투자를 못 받는 상황을 방지하기 위한 것이다.[224] 이때 어느 정도 지분을 가진 주주의 동의가 요구되는지는 당사자들이 협의하여 정할 사항이다.

위와 같이 일부 주주의 동의만으로 계약 변경이 가능하더라도 일정한 경우에는 특정한 주주의 동의를 반드시 받도록 규정할 필요가 있다. 가령, 모든 주주에게 불이익을 가하는 것이 아니라 다른 주주들에 비해 특정 주주에게 불리한 내용(권리를 제한하거나 특별한 의무를 부담시킴)으로 변경되는 경우에는 그와 같은 불이익을 받는 특정 주주의 동의를 반드시 받도록 하는 것이다.

223) Patt & Giles, 144면.

224) *Id.*

바. 포기

§15(6) – 기타 – 포기

(6) 본 계약상 권리의 포기는 그 권리를 가진 당사자가 서면으로만 포기할 수 있다. 당사자가 본 계약상 권리를 행사하지 않는 경우에도 이는 권리의 포기에 해당하지 않으며, 당사자가 서면으로 본 계약상 권리를 포기하더라도 그 서면에 명시적으로 특정되지 않은 다른 권리에는 영향을 미치지 않는다.

본 계약상 당사자가 가진 권리를 포기할 때에도 서면으로 해야 하고, 단순히 권리를 행사하지 않는 것만으로는 권리를 포기한 것으로 간주되지 않고, 어떤 권리의 포기가 다른 권리의 행사에는 영향을 미치지 않는다는 내용이다. 계약의 변경과 동일하게 일부 주주의 동의만으로 포기할 수 있도록 규정하는 경우도 있으나,[225] 계약 변경의 경우 변경된 내용이 모든 당사자에게 적용되는 것인 반면 권리의 포기는 그 포기 당사자에게만 영향을 미치는 것이기에 해당 권리자가 아닌 제3자로 하여금 포기 여부를 결정하도록 하는 것은 매우 이례적이고, 따라서 포기는 해당 권리자가 직접 하는 것으로 규정하는 것이 적절할 것이다.

사. 양도

§15(7) – 기타 – 양도

(7) 당사자는 상대방의 사전 서면 동의 없이 본 계약상 지위 및 본 계약에 따른 권리나 의무를 제3자에게 양도하거나 이전할 수 없다. 단, 주주A가 자신이 소유하고 있는 대상회사 발행 주식 전부를 주주A의 계열회사에게 양도하는 경우에는 예외로 하며, 이 경우 주주A는 주주B에게 서면 통지함으로써 본 계약상 지위를 자신의 계열회사에게 이전할 수 있고, 주주B는 이에 동의한 것으로 본다.

상대방의 서면 동의가 없는 한 계약상 지위와 계약상 권리·의무를 타인에게 양도할 수 없다는 내용이다. 주주간계약은 당사자들 사이에 효력이 있는 채권적 합의에 불과하므로 주식이 양도된다고 하여 당연히 주식 양수인에게 효력이 미치는 것은 아니며, 기존 계약 당사자들과 주식 양수인 사이에 계약상 지위 이전 또는 계약 인수에 대한 합

225) Patt & Giles, 146면.

의가 있어야 한다.[226)]

주식매매계약과 마찬가지로 상대방의 서면 동의를 받지 않고도 당사자의 계약상 지위 이전을 인정하는 예외를 두기도 한다. 가령, 사모펀드가 M&A를 하는 경우에 GP가 먼저 계약을 체결한 후에 PEF 나 SPC가 설립되면 PEF나 SPC가 그 GP의 지위를 승계하도록 하는 것이다. 이때 주식을 취득하는 자가 주주간계약상 지위를 승계해야 하므로 통상 주식매매계약상 지위와 함께, 주식매매계약상 지위가 이전되는 것을 조건으로 주주간계약상 지위를 승계하는 것으로 규정해야 할 것이다.

기타 조항에 포함되는 계약상 지위 양도에 관한 조항은 주식처분제한 조항 및 주식양도와 관련된 조항들과 함께 살펴보아야 하고, 작성할 때에도 이 점을 염두에 두고 작성하여야 한다. 통상 주식처분제한 조항에서 당사자가 상대방의 동의 없이 주식을 처분할 수 없도록 제한하고 예외적인 경우에만 상대방 동의 없이 처분할 수 있도록 규정하는데, 이와 같이 예외적으로 상대방 동의 없는 처분이 인정되는 경우에 주주간계약상 권리 및 의무도 함께 승계되도록 할지를 정하여 주식처분제한 조항이나 이 조항에 명확하게 규정할 필요가 있다. 또 우선매수권 조항에서 상대방이 우선매수권을 행사하지 않는 경우 당사자는 자유롭게 주식을 처분할 수 있게 되는데, 이때에도 주주간계약상 지위를 이전 및 승계하는 것을 조건으로 처분하는 것만 허용할 수도 있다.

아. 일부 무효

§15(8) – 기타 – 일부 무효

(8) 본 계약의 어느 조항이 전부 또는 일부 무효이거나 집행이 불가능하더라도 본 계약의 다른 조항 또는 해당 조항의 나머지 부분의 효력 또는 집행가능성에는 영향을 미치지 않는다.

민법상 법률행위의 일부무효에 관한 조항에서 일부무효인 경우 전부무효를 원칙으로 규정한 것(민법 제137조)과 달리 주주간계약 일부분이 무효이거나 집행이 불가능하더라도 나머지 부분은 그대로 유효하거나 집행이 가능한 것으로 약정하는 내용이다. 특히 주주간계약에 주주평등의 원칙 위반이나 주식양도제한 조항과 같이 법률에 명시되어 있지 않고

226) 주식이 양도되었다고 하여 양해각서에 따른 풋옵션도 함께 양도되었다고 보기 어렵다고 한 사례로 대법원 2005. 5. 26. 선고 2003다8923 판결.

구체적인 사정에 따라 위법하다고 판단될 수 있는 내용이 포함되어 있을 수 있는데, 그 경우 다른 조항의 유효성에는 영향을 미치지 않도록 이 조항이 추가될 필요가 있다.

자. 준거법

§15(9) – 기타 – 준거법

(9) 본 계약의 준거법은 대한민국 법률로 한다.

계약의 해석, 집행 등에 적용되는 준거법을 정하는 조항이고, 국내 당사자들 간에 체결되는 계약의 준거법은 통상 대한민국 법률로 약정한다. 주주가 다수이고 외국 당사자가 포함되어 있는 경우에도 대상회사가 국내회사이고 다른 당사자들이 내국인이라면 통일적인 법률관계를 위해 준거법을 대한민국 법률로 정하는 것이 일반적이다. 만일 외국법을 준거법으로 지정하고자 한다면 그러한 외국법에 의하여 효력이 다투어지거나 집행이 불가능한 조항이 없는지 해당 국가의 법률자문사를 통해 확인할 필요가 있다.

법률자문사가 관여하는 거래에서 준거법에 대해서 규정을 두지 않는 경우란 상정하기 어렵지만, 만일 준거법 조항을 두지 않는다면 국제사법에 따라 준거법을 결정하게 되는데, 주주간계약에서 정하고 있는 대부분의 사항들은 회사와의 법률관계에 대한 것이어서 회사 설립의 준거법이 적용되는 경우가 많을 것이다(국제사법 제30조).[227]

차. 분쟁해결

§15(10) – 기타 – 분쟁해결

(10) 본 계약과 관련하여 발생하는 모든 분쟁의 해결은 서울중앙지방법원을 1심의 전속적 관할 법원으로 하는 소송절차에 의한다.

(기명날인을 위하여 이하 여백)

당사자 사이에 분쟁이 발생하는 경우 해결하는 절차 및 해결하는 기관에 대한 내용이다. 국내 법원 또는 외국 법원에서의 소송절차로 분쟁을 해결할 수도 있고 당사자들이 지정한 중재인에 의한 중재절차로 분쟁을 해결할 수도 있다. 중재로 진행하고자 할

227) 이에 대한 자세한 논의는 정준혁(2021), 299–302면 참고.

경우 중재지, 중재절차에 적용될 규칙, 중재인 선임방법, 중재의 효과, 중재비용의 부담에 대해서 명확하게 정하여야 한다.

카. 기타

연대책임, 약정이율, 제3자 이익, 언어, 복본 및 부본, 조항 제목에 관한 조항에 대한 설명은 주식매매계약의 기타 조항에 관한 부분을 참고하기 바라며,[228] 여기서는 주주간계약에 자주 포함되는 조항으로 계약참가 조항과 추가 조치 조항을 살펴본다.

i) **계약참가:** 주주간계약은 계약을 체결한 당사자들 사이에서만 효력을 미친다. 따라서 주주간계약을 체결하지 않은 주주나 주주간계약을 체결한 후에 주주가 된 자에 대해서는 주주간계약의 효력이 미치지 않고 이들은 주주간계약에 구속되지 않는 것이 원칙이다. 그런데 어떤 경우에는 투자자가 M&A를 하면서 다른 투자자를 데려오는데 사정이 있어 그 다른 투자자는 나중에 들어오는 경우도 있고, 전혀 관련이 없는 다른 투자자가 대상회사에 투자하면서 기존 주주들이 체결한 주주간계약의 내용을 검토한 후에 그 이익을 함께 누리기를 희망하는 경우도 있다. 이와 같이 새로 주주가 된 자가 기존 주주간계약의 당사자가 되기 위해서 필요한 절차와 그 효력에 관한 사항을 정한 것이 계약참가 조항이다.

일반적으로 새로운 주주가 계약 당사자가 되기 위해서 계약참가확약서(joinder)를 제출하도록 규정하고, 계약참가확약서 양식을 주주간계약서에 첨부한다. 주주간계약에서 기존 당사자들은 그러한 계약참가확약서를 제출함으로써 주주간계약의 당사자가 되는 것에 동의한다고 규정함으로써 기존 당사자들과 새로운 주주 사이에 계약이 체결되는 것으로 볼 수 있다. 다만, 보다 확실하게 계약이 체결되었음을 입증하기 위해서 계약참가확약서 말미에 기존 계약 당사자들도 서명하는 란을 따로 두기도 한다.

주주간계약이나 계약참가확약서에는 새로운 당사자가 주주간계약에 따라 보유하거나 부담하게 되는 권리, 의무, 책임에 대해서 간단하게라도 규정할 필요가 있다. 특히 주주간계약은 많은 경우 대상회사를 지배하거나 경영하는 지배주주 측과 소수의 지분만 갖고 지배주주를 견제하거나 투자 회수만을 목적으로 투자한 소수주주 측으로 나뉘는데, 새로운 당사자에게 지배주주 측 권리와 의무에 관한 내용이 적용되는지 소수주주 측 권리와 의무에 관한 내용이 적용되는지 정할 필요가 있다.

---

228) 위 286면 '기타' 이하 부분 참고.

다만, 구체적으로 살펴보면 위와 같이 계약의 당사자로 참가하고, 어느 한쪽 당사자가 갖는 권리와 의무가 그대로 적용된다고 명시하는 것만으로는 법률관계가 불명확한 경우가 많다. 가령, 이사 지명권과 관련해서 소수주주가 1인의 이사 지명권을 갖고 있던 경우 새로운 주주가 계약에 참가하여 소수주주가 갖는 권리를 보유한다는 규정을 어떻게 해석할 것인가? 기존 소수주주가 갖는 1인의 이사 지명권에 더하여 새로운 당사자가 1인의 이사 지명권을 추가로 갖는다고 해석하게 될 경우 지배주주가 의도치 않게 이사회 과반수 지명권을 박탈당할 수 있게 된다. 그렇지 않고 기존 소수주주와 새로운 당사자가 함께 1인의 이사 지명권을 갖는다고 해석될 경우 그렇다면 기존 소수주주와 새로운 당사자 사이에서는 누가 지명권을 갖는지, 의견 일치가 이루어지지 않을 경우 어떤 방법으로 정하는지 불명확하게 된다. 우선매수권, 동반매도권, 동반매도청구권 등 주식의 처분에 관한 조항도 당사자가 추가되면 어떻게 해석해야 하는지 불명확한 부분들이 발생한다. 가령, 위와 같은 권리를 기존 소수주주와 새로운 당사자가 반드시 함께 행사해야 하는지, 아니면 개별적으로 행사할 수 있는지 명확하지 않다. 만일 우선매수권을 기존 소수주주는 행사하고 싶지 않고 새로운 당사자는 행사하고 싶은 경우 새로운 당사자는 자기 지분 비율에 상응하는 지배주주의 주식만을 매수하면 충분한지, 기존 소수주주 지분 비율에 상응하는 지배주주의 주식도 반드시 매수해야 하는지, 아니면 이를 선택할 수 있는지 등이 달라질 수 있다.

이와 같이 새로운 당사자가 참가할 경우 주주간계약에 포함된 조항들이 그대로 적용될 수 있는지, 아니면 다수 당사자 계약으로서 내용이 조정되어야 하는지 자세하게 검토하여 주주간계약이나 계약참가확약서에 반영할 필요가 있으며, 실무상 이와 같이 반영해야 할 내용이 지나치게 많고 번거로운 경우에는 계약참가확약서를 통해 계약참가를 하지 않고 완전히 새로 주주간계약서를 작성하여 계약을 체결하는 방법을 택하기도 한다.

ii) **추가 조치:** 주주간계약에서 정한 사항을 이행하거나 그 목적을 달성하기 위해서 정관 변경, 추가 문서 작성, 부수계약 체결 기타 상대방이 요구하는 합리적인 조치를 취한다는 조항이다. 이는 주식매매계약의 거래 완수 노력 확약과 유사한 조항이다.[229)]

주주간계약에는 대상회사의 경영에 관한 내용으로서 정관에 반영될 수 있는 것들도 있고(주식양도제한, 종류주식의 발행, 위원회 설치, 배당 원칙 등), 상대방의 권리를 실현시키기 위해서 주주총회나 이사회, 위원회에서 일정한 방향으로 의결권을 행사해야 하는

229) 위 181면 '거래 완수 노력' 부분 참고.

것들도 있고(이사 기타 임원의 선임), 자신의 권리를 실현시키기 위해서 상대방이 어떤 행위를 해야 하는 경우도 있고(동반매도청구권 행사 시 회사에 대한 실사), 상대방에게 의무를 부담시키기 위해서 일정한 정보를 제공하거나 통지를 해야 하는 것들도 있다(매도청구권이나 매수청구권 행사). 이와 같이 계약에서 정한 다양한 내용을 이행하기 위해서 필요한 부수적인 조치들이 있으면 이를 이행해야 한다고 규정하는 것이다.

그런데 당사자들은 이 조항을 추가할 때에도 신중하게 검토할 필요가 있다. 회사에 관한 법률관계는 정관에 반영하여 대상회사도 구속시킬 수 있는 반면, 단순히 주주들 사이에 채권적 합의를 하여 주주들만 구속될 수 있다. 그런데 만일 이와 같이 "계약의 목적을 달성하기 위해 필요한 조치"를 모두 이행한다고 규정하면, 과연 어느 정도 수준의 조치가 계약의 목적을 달성하기 위해 필요한 것인지, 그러한 행위를 이행하기 위해서 과도한 비용이 발생한다면 그 비용은 누가 부담할 것인지 등에 대해서 당사자들 사이에 다툼이 발생할 수 있다.

이러한 이유 때문에 가능하면 당사자가 취해야 하는 조치가 있으면 이는 계약 본문의 개별 조항에서 구체적으로 기재하는 것이 더 바람직하고, 굳이 이 조항을 추가한다면 주식매매계약에서와 유사하게 단순한 노력 의무로 규정함으로써 부담을 낮추는 것을 고려해 볼 수 있다.[230]

10. 기명날인

기명날인

본 계약의 체결을 증명하기 위하여 당사자들은 본 계약서를 2부 작성하여 각각 기명날인하였다.

[주주A]

주식회사 OOO

주소:

대표이사 O O O (인)

[주주B]

주식회사 OOO

주소:

대표이사 O O O (인)

230) Patt & Giles, 156면.

각 당사자가 계약을 체결하기 위해 기명날인 또는 서명을 하는 것이다. 당사자인 회사 또는 자연인이 기명날인을 어떻게 해야 하는지에 대해서는 주식매매계약의 기명날인 부분을 참고하기 바란다.[231)]

11. 첨부

마지막으로 계약서 본문에서 인용하고 있는 별지, 첨부, 별첨 등 서류들을 계약서 뒤에 첨부하여야 한다.

주주간계약서의 별지로 주로 작성되는 것으로는 주주 구성이 복잡하게 되어 있는 경우 주주 및 보유주식에 관한 정보, 주주간계약 체결 후 정관 개정이 예정되어 있는 경우 정관 개정안, 향후 종류주식이나 주식연계사채가 발행되거나 내용 변경이 예정되어 있는 경우 그 종류주식이나 주식연계사채의 조건, 대상회사 운영 사전 동의 항목, 투자금의 용도가 지정되어 있는 경우 투자금 용도 등이 있다.

첨부 서류로는 의결권 위임 약정을 하는 경우 위임장 양식을 첨부하기도 하고, 계약 참가를 허용하는 경우 계약참가확약서 양식을 첨부하기도 한다. 또 당사자 기명날인 또는 서명의 진정성을 입증하기 위한 가족관계증명서, 법인인감증명서 등을 첨부하기도 한다.

231) 위 289면 '기명날인' 부분 참고.

계약서 샘플

[주식매매계약서 샘플]

주식매매계약

본 주식매매계약(이하 "**본 계약**")은 O년 O월 O일(이하 "**본 계약 체결일**") 아래 당사자들 사이에 체결되었다.

1. OOO에 본점을 두고 있는 주식회사 OOO (이하 "**매도인**")
2. OOO에 본점을 두고 있는 주식회사 OOO (이하 "**매수인**")

(이하 매도인 및 매수인을 개별적으로 "**당사자**", 총칭하여 "**당사자들**")

전 문

주식회사 OOO(이하 "**대상회사**")는 OOO에 본점을 두고 있으며, OO을 주된 사업으로 영위하고 있다.

매도인은 본 계약 체결일 현재 대상회사 발행 기명식 보통주식 O주(발행주식총수 기준 O%; 이하 "**대상주식**")를 소유하고 있다.

본 계약에서 정한 조건에 따라 매도인은 대상주식을 매수인에게 매도하고자 하며, 매수인은 대상주식을 매도인으로부터 매수(이하 "**본건 거래**")하고자 한다.

이에 당사자들은 아래와 같이 합의한다.

제1조 (정의) 본 계약에서 사용하는 아래 용어는 본 계약에서 달리 정의하지 않는 한 아래와 같은 의미를 가진다.

"**기준재무제표**"는 대상회사의 O년 O월 O일 현재 및 O년 O월 O일부터 O년 O월 O일까지 사이의 연결재무제표를 의미한다.

“**법령**”은 법규성을 가지는 대한민국 또는 외국의 헌법, 법률, 시행령, 시행규칙, 조약, 협약, 명령, 규칙, 조례를 의미한다.

“**소송**”은 정부기관에서 진행 중인 소송, 신청, 보전, 집행, 중재, 행정심판, 조사, 수사 및 이에 부수하는 제반 절차를 의미한다.

“**알고 있는**”은 부장급 이상 임직원이 알고 있는 것을 의미한다.

“**영업일**”은 토요일, 일요일이나 대한민국의 공휴일을 제외한 날을 의미한다.

“**우려**”는 소송의 원인이나 기타 문제들이 서면(전자문서를 포함)으로 주장 또는 제기되었거나 주장 또는 제기될 것이라는 점을 기재한 서면통지가 있는 경우를 의미한다.

“**정부기관**”은 대한민국 또는 외국의 행정기관, 사법기관, 입법기관과 그로부터 법령에 따라 권한을 위임받은 자를 의미한다.

“**정부승인**”은 관련 법률에 따라 요구되는 정부기관에 의한 승인, 허가, 인가, 면허, 동의, 정부기관에 대한 등록, 보고, 신고, 통지를 의미한다.

“**제3자승인**”은 본 계약의 체결 및 이행과 관련하여 대상회사가 체결한 계약상 요구되는 제3자로부터의 동의, 승인 또는 제3자에 대한 통지를 의미한다.

“**제한부담**”은 소유권, 수익권, 사용권, 의결권, 처분권 등 각종 권리에 대한 법령상 또는 계약상 부담, 제약, 제한 또는 유보를 의미한다.

“**조세**”는 정부기관이 부과하거나 정부기관에 납부하는 국세, 지방세, 관세 기타 모든 종류의 세금, 가산금, 공과금, 부담금, 수수료 및 이와 관련된 부대비용을 의미한다.

“**중대한 부정적 영향**”은 개별적으로 또는 다른 사유와 함께 전체적으로, 대상회사의 영업, 자산, 부채, 재무상태, 경영상태에 중대한 부정적인 영향을 초래하거나 초래할 것으로 합리적으로 예상되어 당사자의 거래 여부 판단에 영향을 미칠 수 있는 일체의 사유, 사건, 영향 또는 변경을 의미한다.

“**중요계약**”은 대상회사가 당사자인 계약으로서 아래 계약을 의미한다.

1. OOO

"**통상적인 사업과정**"은 대상회사의 과거 사업 관행에 부합하는 사업과정을 의미한다.

"**특수관계인**"은 상법 시행령 제34조 제4항에 따른 특수관계인을 의미한다.

제2조 (매매목적물과 매매대금) (1) 본 계약에서 정한 조건에 따라 매도인은 대상주식을 매수인에게 매도하고 매수인은 대상주식을 매도인으로부터 매수한다.

(2) 매수인이 매도인에게 지급해야 할 대상주식의 매매대금은 OOO원(이하 "**매매대금**")이다.

(3) 매수인은 본 계약 체결일에 매매대금의 10%에 해당하는 OOO원(이하 "**계약금**")을 매도인이 지정한 은행계좌에 즉시 결제가능한 원화로 송금하는 방법으로 매도인에게 지급한다. 계약금은 거래종결 시 매매대금으로 충당된다. 계약금은 민법 제565조에 따른 해약금이 아니며, 매수인은 이를 포기하고 본 계약을 해제할 수 없고 매도인은 매수인에게 그 배액을 상환하고 본 계약을 해제할 수 없다.

제3조 (거래종결) (1) 본건 거래의 종결(이하 "**거래종결**")은 제4조에서 정한 거래종결의 조건이 모두 성취되었음을 전제로 O년 O월 O일(단, 이때까지 거래종결의 조건이 모두 성취되지 않은 경우에는 거래종결의 조건이 모두 성취된 날로부터 O영업일이 경과한 날) 오전 O시에 OOO에서 이루어진다. 이하 거래종결이 이루어지는 날을 "**거래종결일**"이라 한다.

(2) 매도인은 거래종결일에 매수인이 아래 제3항에 따른 이행을 함과 동시에 아래 각 호의 사항을 이행하여야 한다.

1. 대상주식을 표창하는 주권을 매수인에게 교부하는 방법으로 대상주식을 제한부담이 없는 상태로 매수인에게 이전
2. 매수인이 대상주식을 소유한 대상회사의 주주임을 명시한 주주명부를 매수인에게 교부
3. 매매대금에 대한 영수증을 매수인에게 교부

4. 본 계약의 체결 및 이행을 승인하는 내부수권서류를 매수인에게 교부
5. 대상회사의 이사 및 감사의 사임서 및 사임등기에 필요한 서류를 매수인에게 교부
6. 매수인이 지정한 자를 이사 및 감사로 선임하는 내용의 공증된 주주총회 의사록 사본 및 기타 선임등기에 필요한 서류를 매수인에게 교부

(3) 매수인은 거래종결일에 매도인이 위 제2항에 따른 이행을 함과 동시에 아래 각호의 사항을 이행하여야 한다.

1. 매매대금에서 계약금을 차감한 금액을 매도인이 지정한 은행계좌에 즉시 결제 가능한 원화로 송금하는 방법으로 매도인에게 지급(매도인은 거래종결일 3영업일 전까지 매수인에게 매도인 명의의 은행계좌 정보를 제공하여야 함)
2. 대상주식을 표창하는 주권의 수령을 확인하는 영수증을 매도인에게 교부
3. 본 계약의 체결 및 이행을 승인하는 내부수권서류를 매도인에게 교부

제4조 (거래종결의 조건) (1) 매수인이 거래종결을 할 의무는 아래 각호의 조건이 모두 성취되는 것을 조건으로 한다.

1. 제5조에 규정된 매도인의 각 진술 및 보장이 중요한 측면에서 본 계약 체결일 및 거래종결일 현재(단, 진술 및 보장이 특정 시점 또는 기간에 관한 것일 경우에는 그 시점 또는 기간 현재) 정확할 것
2. 매도인이 본 계약에 따라 거래종결일 이전까지 이행하여야 하는 의무를 중요한 측면에서 이행할 것
3. 본 계약에 따른 의무 이행이나 거래종결을 제한하거나 금지하는 법령, 소송, 처분, 명령 기타 정부기관의 조치가 존재하지 않을 것
4. 본건 거래에 관한 기업결합신고가 공정거래위원회로부터 승인되었을 것
5. 별지 4(1)에 기재된 중요한 제3자승인이 완료되었을 것
6. 본 계약 체결일 이후 중대한 부정적 영향이 발생하지 않았을 것

(2) 매도인이 거래종결을 할 의무는 아래 각호의 조건이 모두 성취되는 것을 조건으로 한다.

1. 제5조에 규정된 매수인의 각 진술 및 보장이 중요한 측면에서 본 계약 체결일 및 거래종결일 현재 정확할 것
2. 매수인이 본 계약에 따라 거래종결일 이전까지 이행하여야 하는 의무를 중요한 측면에서 이행할 것
3. 본 계약에 따른 의무 이행이나 거래종결을 제한하거나 금지하는 법령, 소송, 처분, 명령 기타 정부기관의 조치가 존재하지 않을 것
4. 본건 거래에 관한 기업결합신고가 공정거래위원회로부터 승인되었을 것

제5조 (진술 및 보장) (1) 매도인은 본 계약 체결일 현재(단, 각호에서 시점 또는 기간을 달리 명시한 경우에는 그 시점 또는 기간 현재) 아래 각호와 같이 매수인에게 진술하고 보장한다.

1. **적법한 체결**: 매도인은 본 계약을 체결하고 그에 따른 의무를 이행하기 위하여 필요한 권한과 능력을 가지고 있다. 매도인은 본 계약을 체결하고 본 계약에 따른 의무를 이행하기 위하여 필요한 이사회결의 등 적법하고 유효한 내부수권 절차를 거쳤다. 본 계약은 매도인에 의하여 적법하게 체결되었으며, 매도인에 대하여 본 계약의 조건들에 따라 집행할 수 있다.
2. **법령 등 위반 없음**: 매도인이 본 계약을 체결하고 그에 따른 의무를 이행하는 것은 매도인에게 적용되는 대한민국 법령, 매도인의 정관, 매도인이 당사자인 계약에 위반되지 않는다.
3. **정부승인**: 매도인이 본 계약을 체결하고 그에 따른 의무를 이행하기 위하여 매도인이 받아야 하는 정부승인은 없다.
4. **주식 소유권**: 매도인은 대상주식을 적법하고 유효하게 소유하고 있고, 대상주식에 어떠한 제한부담도 설정되어 있지 않다.
5. **소송 없음**: 매도인에 대하여 본건 거래를 금지하거나 제한하는 소송이 존재하

지 않고, 그러한 소송이 제기될 우려도 없다.

6. **자료의 정확성**: 매도인은 매수인이 합리적으로 요청한 매도인 및 대상회사에 관한 중요한 자료 및 정보를 누락 없이 완전하게 제공하였고, 매도인이 매수인에게 제공한 자료 및 정보는 중요한 측면에서 거짓의 기재 또는 표시가 없다.

7. **회사의 설립 및 존속**: 대상회사는 대한민국 법률에 따라 적법하게 설립되고 유효하게 존속하는 주식회사이다.

8. **자본구성**: 대상회사의 수권주식 총수는 O주, 발행주식 총수는 보통주식 O주, 1주의 액면금액은 O원이다. 대상주식은 적법하게 발행되었고 그 주금이 전액 납입되었다. 공개목록 5(1)8. 기재사항을 제외하고 대상회사는 전환사채, 신주인수권부사채 기타 대상회사의 주식으로 전환 또는 교환될 수 있는 증권을 발행하지 않았고, 주식매수선택권을 포함하여 주식 또는 위 증권의 발행을 청구할 수 있는 권리를 제3자에게 부여하거나 부여할 의무를 부담하고 있지 않다.

9. **법령 등 위반 없음**: 매도인이 본 계약을 체결하고 그에 따른 의무를 이행하는 것은 대상회사에 적용되는 대한민국 법령, 대상회사의 정관, 대상회사가 당사자인 계약에 위반되지 않는다.

10. **재무제표**: 기준재무제표는 한국채택국제회계기준(K-IFRS)에 따라 작성되었으며, O년 O월 O일 현재 대상회사의 재무상태 및 O년 O월 O일부터 O년 O월 O일까지 기간 대상회사의 재무성과 및 현금흐름을 중요성의 관점에서 공정하게 표시하고 있다. (i) 기준재무제표에 반영된 것과 (ii) O년 O월 O일 이후에 통상적인 사업과정으로 인하여 발생한 것 외에는 대상회사의 회계처리기준에 따라 재무제표에 반영되거나 주석사항에 기재되었어야 하나 기재되지 않은 부채나 채무는 존재하지 않는다.

11. **변경사항 없음**: O년 O월 O일부터 본 계약 체결일까지 대상회사는 통상적인 사업과정에 따라 사업을 영위하였으며, 중대한 부정적 영향이 발생하지 않았다.

12. **법령준수**: 대상회사는 과거 5년간 사업을 영위함에 있어 관련 법령을 중요한 측면에서 준수하였으며, 정부기관으로부터 법령 위반에 대한 통지를 받지 않았다.

13. **정부승인**: 대상회사는 사업 영위에 필요한 정부승인을 적법하게 취득하여 보유하고 있으며, 매도인이 알고 있는 한 위 정부승인의 취소, 철회, 결격, 무효, 정지, 변경을 초래할 수 있는 사유는 존재하지 않는다.

14. **소송**: 공개목록 5(1)14. 기재사항을 제외하고 대상회사를 상대로 진행 중인 소송은 존재하지 않고, 매도인이 알고 있는 한 그러한 소송이 진행될 우려도 없다.

15. **유형자산**: 대상회사는 소유하거나 사용하는 유형자산에 대하여 적법한 소유권 또는 사용권을 가지고 있으며, 공개목록 5(1)15. 기재사항을 제외하고 위 유형자산에 제한부담이 설정되어 있지 않다.

16. **계약준수**: 대상회사는 중요계약을 준수하고 있으며, 매도인이 알고 있는 한 중요계약의 위반, 해제, 해지, 취소, 무효를 초래할 수 있는 사유는 존재하지 않는다.

17. **특수관계인 거래**: 대상회사와 그 특수관계인 사이의 계약 또는 거래는 특수관계 없는 제3자와의 거래에서와 같은 공정한 조건(arm's length)으로 체결되거나 이루어졌다.

18. **조세**: 대상회사는 적법하게 기한 내에 납세신고를 하였고, 법령상 납부하여야 하는 조세를 모두 납부하였으며, 법령상 원천징수하여야 하는 조세를 원천징수하여 모두 납부하였다. 대상회사는 세무조사 기타 조세 관련 절차가 진행 중이지 않고, 매도인이 알고 있는 한 그러한 우려도 없다.

19. **인사노무**: 대상회사는 인사노무 관련 법령, 취업규칙을 포함한 내규, 근로계약을 중요한 측면에서 준수하고 있으며, 그에 따라 근로자에게 제공할 의무가 있는 임금, 수당, 상여금, 성과급, 퇴직금 등 금원을 모두 지급하였거나 법령에 따라 요구되는 바에 따라 적립하고 있다. 대상회사 소속 근로자 외에 대상회사 근로자로 간주되거나 대상회사가 고용의무를 부담하는 자는 존재하지 않는다. 대상회사에는 노동조합이 없고, 근로자들과 단체협약을 체결하지 않았다. 대상회사는 본건 거래로 인하여 근로자에게 퇴직, 위로, 보상 기타 명목으로 금원을 지급할 의무가 없다.

20. **지식재산**: 대상회사는 사업 영위에 필요한 특허권, 상표권, 저작권, 서비스표권, 디자인권, 컴퓨터 프로그램 저작권 등 지식재산권에 대하여 적법하고 유효한

소유권 또는 사용권을 가지고 있으며, 위 지식재산권에 제한부담이 설정되어 있지 않다. 매도인이 알고 있는 한 대상회사는 타인의 지식재산권을 침해하고 있지 않다.

21. **보험**: 대상회사는 사업 영위를 위하여 법령상 가입이 요구되는 보험에 가입하였고, 그에 따른 보험료를 모두 지급하였다.

22. **환경**: 대상회사는 환경(유해물질 관리, 대기, 수질, 폐기물, 토양, 진동, 악취, 소음 등), 보건, 위생, 안전 관련 법령 및 정부기관의 처분, 명령 기타 조치를 중요한 측면에서 준수하고 있다.

23. **개인정보**: 대상회사는 개인정보 보호 관련 법령, 정부기관의 권고사항, 개인정보처리방침 등 회사 내부 규정을 중요한 측면에서 준수하고 있다. 대상회사는 개인정보를 수집, 이용, 제공, 위탁, 공개, 국외이전 등 처리함에 있어 정보주체의 동의를 받는 것을 포함하여 적법한 처리 근거를 구비하고 있다. 대상회사는 개인정보가 분실, 도난, 유출, 위조, 변조 또는 훼손되지 않도록 법령상 요구되는 안전성 확보에 필요한 기술적, 관리적, 물리적 조치를 취하고 있다. 과거 5년간 대상회사는 개인정보 유출사고가 발생하지 않았다.

(2) 매수인은 본 계약 체결일 현재 아래 각호와 같이 매도인에게 진술하고 보장한다.

1. **적법한 체결**: 매수인은 본 계약을 체결하고 그에 따른 의무를 이행하기 위하여 필요한 권한과 능력을 가지고 있다. 매수인은 본 계약을 체결하고 본 계약에 따른 의무를 이행하기 위하여 필요한 이사회결의 등 적법하고 유효한 내부수권 절차를 거쳤다. 본 계약은 매수인에 의하여 적법하게 체결되었으며, 매수인에 대하여 본 계약의 조건들에 따라 집행할 수 있다.

2. **법령 등 위반 없음**: 매수인이 본 계약을 체결하고 그에 따른 의무를 이행하는 것은 매수인에게 적용되는 대한민국 법령, 매수인의 정관, 매수인이 당사자인 계약에 위반되지 않는다.

3. **정부승인**: 제4조 제1항 제4호에 기재된 정부승인을 제외하고 매수인이 본 계약을 체결하고 그에 따른 의무를 이행하기 위하여 매수인이 받아야 하는 정부승인은 없다.

4. **소송 없음**: 매수인에 대하여 본건 거래를 금지하거나 제한하는 소송이 존재하지 않고, 그러한 소송이 제기될 우려도 없다.

5. **충분한 자금**: 매수인은 본 계약에 따른 계약금 및 매매대금을 지급하기 위하여 필요한 충분한 자금을 보유하고 있다.

6. **독자적인 조사**: 매수인이 대상주식을 매수하기로 한 결정은 대상회사, 대상주식 및 그 가치에 대한 매수인의 독자적인 검토 및 평가에 기초한 것이다. 매수인은 본 계약을 체결함에 있어 위 제1항에 규정된 매도인의 진술 및 보장을 제외하고는 매도인, 매도인의 주주, 이사, 임직원, 대리인, 자문사 등으로부터 받은 어떠한 구두 또는 서면 정보에도 의존하지 않았다.

제6조 (기타 의무) (1) 당사자들은 제4조에서 정한 거래종결의 조건을 성취시키는 것을 포함하여 본 계약에 예정된 거래를 완수하기 위하여 최선의 노력을 다하고, 이를 위하여 상호 성실하게 협력하기로 한다.

(2) 당사자들은 본 계약에 기재된 진술 및 보장이 부정확하게 되는 사유가 발생하거나, 당사자가 본 계약에 따라 준수하거나 성취하여야 하는 의무나 조건 기타 합의를 준수하지 못하거나 성취하지 못하게 되는 경우 상대방에게 즉시 서면으로 통지하여야 한다.

(3) 매도인은 매수인의 사전 서면 동의가 없는 한, (i) 본 계약 체결일부터 거래종결일까지 사이에 대상회사가 통상적인 사업과정과 다르게 운영되지 않도록 하고, (ii) 별지 6(3) 기재 행위를 하지 않고, 대상회사로 하여금 별지 6(3) 기재 행위를 하지 않도록 하여야 한다. 단, 매수인은 합리적인 사유 없이 동의를 거부하거나 지체하여서는 안 된다.

(4) 매도인은 직접 또는 간접적으로 본건 거래와 유사하거나 양립불가능한 여하한 거래에 관하여 매수인 이외의 자와 논의, 협상, 제안, 권유, 유인 기타 연락을 하거나, 이와 관련하여 매도인이나 대상회사에 대한 정보나 자료를 제공하여서는 안 되고, 매도인의 특수관계인, 임직원, 주주, 대리인으로 하여금 위 행위를 하지 않도록 하여야 한다.

(5) 매도인은 본 계약 체결일부터 거래종결일까지 사이에 매수인이 사전에 합리적으로 요청한 경우 (i) 매수인이 합리적으로 필요한 범위 내에서 요청하는 매도인 및 대

상회사에 관한 자료를 제공하고, (ii) 매수인 또는 그 대리인이 대상회사의 사무실을 방문하여 대상회사 임직원과 면담하거나 대상회사의 장부, 기록, 계약서 기타 문서를 열람할 수 있도록 하여야 한다. 단, 매도인은 관련 법령 또는 매도인이나 대상회사가 체결한 계약을 위반할 소지가 있는 경우에는 매수인의 요청을 거절할 수 있으며, 매수인 또는 그 대리인의 대상회사 사무실 방문은 대상회사의 영업시간 중 일상적인 영업을 방해하지 않는 범위 내에서 이루어져야 한다.

(6) 매수인은 매도인이 본건 거래에 관한 기업결합신고서 작성을 위한 정보를 제공하였음을 전제로 본 계약 체결일로부터 10영업일 내에 본건 거래에 관한 기업결합신고서를 공정거래위원회에 제출하여야 하고, 공정거래위원회로부터 추가 자료 또는 정보 제출을 요구받는 경우 신속하게 제출하여야 한다. 매도인은 매수인의 기업결합신고서 작성을 위해 필요한 정보와 자료를 매수인에게 신속하게 제공하고 대상회사로 하여금 제공하도록 하는 등 합리적으로 필요한 협조를 하여야 한다.

(7) 매도인은 대상회사로 하여금 거래종결일 전까지 제3자승인을 완료하도록 해당 제3자에 대하여 연락, 설명 또는 설득을 하는 것을 포함하여 최선의 노력을 다하여야 한다.

(8) 매수인은 거래종결일 10영업일 전까지 매도인에게 대상회사의 이사 및 감사로 선임될 자들을 통지하여야 한다. 매도인은 거래종결이 이루어지는 것을 전제로 대상회사로 하여금 거래종결일에 이사 및 감사를 선임하는 주주총회를 개최하도록 하고, 위 주주총회에서 위 매수인이 통지하는 자들을 이사 및 감사로 선임하는 안건에 찬성하는 내용으로 의결권을 행사하여야 한다.

(9) 매도인은 거래종결일로부터 5년간 직접 또는 간접적으로 국내 또는 국외에서 (i) 대상회사가 거래종결일 현재 영위하는 사업과 직접 또는 간접적으로 경쟁이 되는 사업을 영위하여서는 안 되고, (ii) 그와 같이 경쟁이 되는 사업을 영위하는 회사의 지분을 취득 또는 보유하여서는 안 된다.

(10) 매도인은 거래종결일로부터 5년간 직접 또는 간접적으로 (i) 대상회사의 임직원을 고용 목적으로 유인하거나 고용하거나 퇴직을 권유하여서는 안 되고, (ii) 대상회사의 고객을 유인하거나 고객에게 대상회사와의 거래를 축소 또는 중단하도록 권유하여서는 안 된다.

(11) 매수인은 거래종결일로부터 3년간 대상회사로 하여금 거래종결일 현재 대상회사의 근로자와 맺은 고용관계를 정당한 사유 없이 해지, 변경, 중단 또는 정지하거나 그 근로조건을 불이익하게 변경하지 않도록 하여야 한다.

(12) 매수인은 거래종결일에 사임하는 대상회사의 이사 및 감사가 대상회사 재임 시 그 직무와 관련하여 행한 행위로 인하여 대상회사에 발생시킨 손해에 대하여 위 이사 및 감사를 면책하고, 직접 또는 대상회사를 통하여 위 이사 및 감사를 상대로 민·형사상의 책임을 구하거나 일체의 소를 제기하여서는 안 된다. 단, 위 이사 및 감사에게 고의 또는 중과실이 있는 경우는 제외한다.

제7조 (손해배상) (1) 각 당사자(이하 "**배상의무자**")는 (i) 제5조에 규정된 자신의 진술 및 보장이 부정확하거나 이를 위반한 경우(이하 "**진술 및 보장 위반**") 또는 (ii) 본 계약에 규정된 자신의 의무를 위반한 경우 이로 인하여 상대방(이하 "**배상권리자**")에게 발생한 손해를 배상하여야 한다.

(2) 본조에서 손해는 손해, 손실, 비용(변호사 보수 및 비용을 포함)을 포함하나, 특별한 사정으로 인한 손해와 사업기회의 상실 등을 포함한 일실이익 상당의 손해는 포함하지 않는다. 매도인의 진술 및 보장 위반 또는 의무 위반으로 인하여 대상회사에 손해가 발생하는 경우 대상회사에 발생한 손해액에 ○%를 곱한 금액을 매수인에게 발생한 손해액으로 본다.

(3) 제5조에 규정된 진술 및 보장은 거래종결일로부터 2년이 되는 날까지 존속한다. 단, (i) 제5조 제1항 제1호 내지 제5호, 제7호, 제8호 및 제5조 제2항 제1호 내지 제4호에 규정된 진술 및 보장은 영구히, (ii) 제5조 제1항 제18호, 제19호, 제22호에 규정된 진술 및 보장은 관련 소멸시효 또는 제척기간 만료일로부터 3개월이 되는 날까지 존속한다.

(4) 진술 및 보장 위반으로 인한 손해배상청구의 경우 배상권리자는 제3항에서 정한 존속기간 내에 진술 및 보장 위반의 구체적인 항목, 내용, 항목별 근거자료, 예상 손해액을 배상의무자에게 서면으로 통지한 경우에 한하여 손해배상을 청구할 수 있다. 그러한 통지가 없는 경우에는 해당 부분에 대한 손해배상청구권은 소멸하며, 그러한

통지가 있는 경우에는 해당 부분에 대한 손해배상청구권은 존속기간이 경과한 이후에도 소멸하지 않으나 통지일로부터 3개월 내에 재판상 청구하지 않으면 소멸한다.

(5) 배상권리자는 배상의무자에게 손해배상을 청구할 수 있는 사유를 알게 된 경우 손해를 최소화하기 위한 합리적인 조치를 취하여야 하며, 그러한 조치를 취하지 않음으로써 발생하거나 추가된 손해에 대해서는 배상의무자에게 손해배상을 청구할 수 없다.

(6) 배상권리자가 본 계약에 따라 배상되는 손해에 대하여 제3자로부터 보험금 등의 금전이나 이익(이하 "**공제대상이익**")을 지급받을 권리를 갖게 되는 경우, 배상권리자는 배상의무자에 대한 손해배상청구를 하기 전에 공제대상이익을 지급받기 위한 합리적인 노력을 다하여야 한다. 배상의무자가 본 계약에 따른 손해배상을 하기 전에 배상권리자가 제3자로부터 공제대상이익을 지급받은 경우 공제대상이익의 금액만큼 배상의무자가 배상권리자에게 지급할 손해배상액은 감액된다. 배상의무자가 본 계약에 따른 손해배상을 한 후에 배상권리자가 제3자로부터 공제대상이익을 지급받는 경우 배상권리자는 지체없이 배상의무자로부터 배상받은 금액과 제3자로부터 지급받은 금액의 합계에서 배상권리자에게 발생한 손해를 초과하는 금액을 배상의무자에게 지급하여야 한다. 대상회사에 공제대상이익이 발생한 경우 그 금액에 O%를 곱한 금액 상당의 공제대상이익이 매수인에게 발생한 것으로 본다.

(7) 본 계약에 따른 손해배상책임은 손해배상을 초래하는 사실관계가 하나 이상의 진술 및 보장 위반 또는 의무 위반을 구성한다는 이유로 중첩적으로 발생하지 않는다.

(8) 매도인의 진술 및 보장 위반에 따른 손해배상책임은 아래 각호와 같이 제한된다. 단, 매도인의 사기 또는 의도적인 은폐행위가 있는 경우에는 그렇지 않다.

1. 개별 항목별 매수인에게 발생한 손해액(여기서 개별 항목이란 그 자체로 손해배상청구를 가능하게 하는 각 사건을 의미하되, 각 사건의 기초가 되는 사실이나 원인이 동일하거나 상호 관련성이 있으면 합하여 하나의 사건으로 보아 관련 손해액을 합산함)이 OOO원 미만인 경우에는 본 계약상 손해액 산정에서 제외한다.

2. 매도인은 매수인에게 발생한 손해액의 총액이 OOO원을 초과하는 경우에만 그 초과한 손해액에 대해 손해배상책임을 부담한다.

3. 매도인이 매수인에게 배상하여야 하는 손해배상액 총액은 매매대금의 O%를 한도로 한다.

(9) 매수인이 본 계약의 체결 전후를 불문하고 매도인의 진술 및 보장 위반 사실 또는 그 위반 가능성을 알았거나 알 수 있었다는 사정은 매수인의 손해배상청구 및 그 손해액 산정에 영향을 미치지 않는다.

(10) 제3자가 배상권리자 또는 대상회사를 상대로 어떠한 청구(정부기관에 의한 금전적 부담의 부과를 포함)를 하고 이러한 청구로 인하여 배상의무자가 배상권리자에게 손해배상책임을 부담하게 될 가능성이 있다고 합리적으로 예상되는 경우, 배상권리자는 위 청구를 알게 된 후 지체없이 배상의무자에게 그 사실을 통지하고 위 청구와 관련하여 제3자로부터 받은 자료를 배상의무자에게 제공하여야 한다. 배상의무자는 배상권리자로부터 위 통지를 받은 경우 자신의 비용으로 위 청구 또는 관련 소송의 방어를 담당할 수 있으며, 배상권리자는 자신의 비용으로 그 방어에 참여할 수 있다. 단, 배상권리자의 사전 서면 동의가 있는 경우를 제외하고, 배상의무자는 위 청구 또는 소송의 방어 절차에서 배상권리자 또는 대상회사에 영향을 미치는 비금전적 의무를 포함하는 내용 또는 배상권리자 또는 대상회사를 위 청구 또는 소송과 관련된 모든 책임으로부터 완전히 면책하지 않는 내용의 조정, 인낙 또는 화해를 할 수 없다. 배상의무자가 배상권리자로부터 위 통지를 받은 날로부터 15일 내에 위 청구 또는 관련 소송의 방어를 담당하겠다는 통지를 배상권리자에게 하지 않거나 위 청구 또는 관련 소송의 방어를 담당하지 않겠다는 통지를 한 경우 배상권리자는 단독으로 위 청구 또는 소송의 방어를 담당한다. 단, 배상의무자의 사전 서면 동의가 있는 경우를 제외하고, 배상권리자는 위 청구 또는 소송의 방어 절차에서 배상권리자 또는 대상회사를 위 청구 또는 소송과 관련된 모든 책임으로부터 완전히 면책하지 않는 내용의 조정, 인낙 또는 화해를 할 수 없다. 배상의무자와 배상권리자는 위 청구 또는 소송의 방어를 위해 자신이 보유한 자료에 대해 상대방에게 합리적인 접근을 허용하는 것을 포함하여 합리적인 범위에서 상호 협조하여야 한다.

(11) 본조에 따른 배상권리자의 손해배상을 받을 권리는 배상의무자의 진술 및 보장 위반 또는 의무 위반에 대한 배상권리자의 유일하고 배타적인 구제수단이다. 단, (i) 당사자의 의무 위반에 대하여 가처분 기타 강제이행을 구하는 경우 또는 (ii) 진술 및 보장 위반에 관하여 매도인에게 사기 또는 의도적인 은폐행위가 있는 경우에는 그렇지 않다.

(12) 매도인은 본조에 따른 손해배상책임을 이행하였음을 이유로 대상회사 및 그 임직원에게 구상권을 행사하거나 손해배상을 청구할 수 없다.

(13) 본조에 따른 매도인의 매수인에 대한 손해배상은 조세 목적상 관련 법령이 허용하는 한도 내에서 매매대금의 조정으로 본다.

제8조(해제) (1) 본 계약은 아래 각호의 어느 하나의 사유가 발생한 경우 아래 각호에 기재된 자가 상대방에게 서면으로 통지함으로써 해제할 수 있다. 단, 각 사유 발생에 책임 있는 자는 그 사유를 이유로 본 계약을 해제할 수 없으며, 당사자들은 거래종결 이후에는 어떠한 사유로도 본 계약을 해제할 수 없다.

1. 거래종결이 O년 O월 O일까지 이루어지지 않은 경우, 각 당사자에 의하여
2. 어느 당사자가 본 계약상 진술 및 보장이나 의무를 중요한 측면에서 위반하고, 그 위반이 시정 불가능하거나 상대방으로부터 시정을 요구받은 날로부터 10영업일 내에 시정하지 않은 경우, 상대방에 의하여
3. 어느 당사자에 대하여 청산, 회생, 파산 또는 이와 유사한 절차가 개시된 경우, 상대방에 의하여
4. 정부기관이 거래종결을 금지하는 조치를 취하고 그 조치가 최종적인 것으로서 절차상 더 이상 다툴 수 없는 경우, 각 당사자에 의하여
5. 중대한 부정적 영향이 발생한 경우, 매수인에 의하여

(2) 본 계약이 해제되는 경우 본 계약은 효력을 상실한다. 단, 제1조, 제7조 내지 제9조는 그 효력을 유지한다.

(3) 본 계약의 해제는 본 계약의 해제 이전에 본 계약의 위반으로 인하여 당사자가 부담하는 책임에 영향을 미치지 않는다.

(4) 본 계약이 해제되는 경우 각 당사자는 본 계약의 체결 전후로 본건 거래와 관련하여 상대방, 대상회사, 이들의 대리인 및 자문사로부터 제공받은 모든 자료를 상대방에게 반환하거나 폐기하여야 한다.

(5) 본 계약이 해제되는 경우 매수인이 제2조 제3항에 따라 매도인에게 지급한 계약금은 아래와 같이 처리한다.

1. 매도인이 본 계약을 제1항 제2호에 따라 해제하는 경우 계약금은 위약벌로서 매도인에게 귀속된다.
2. 매수인이 본 계약을 제1항 제2호에 따라 해제하는 경우 매도인은 해제일로부터 3영업일 내에 계약금의 배액을 위약벌로서 매수인에게 지급하여야 한다.
3. 본 계약이 제1항 제2호 이외의 사유로 해제되는 경우 매도인은 계약금을 해제일로부터 3영업일 내에 매수인에게 반환하여야 한다.
4. 당사자들은 본항의 위약벌이 상당하고 합리적인 금액임을 인정하고, 이에 관하여 감액청구 등 어떠한 이의도 제기하지 않기로 한다.

제9조 (기타) (1) 당사자는 본 계약 및 본건 거래의 내용, 본 계약의 협상 내용을 비밀로 유지하고, 언론에 발표하는 등 외부에 공개하여서는 안 된다. 단, 아래 각호의 경우에는 공개할 수 있다.

1. 관련 법령에 따라 공개가 요구되는 경우 관련 법령에서 요구하는 범위 내에서
2. 본 계약으로부터 발생하거나 본 계약과 관련하여 발생한 사법절차 또는 행정절차에서 공개 또는 이용이 필요한 경우
3. 본 계약의 이행을 위하여 필요한 범위 내에서 당사자의 대리인, 자문사, 주주, 특수관계인에게 제공하는 경우

(2) 본 계약은 본건 거래에 관한 당사자들의 최종적이고 완전한 합의이며, 본 계약의

체결로 본 계약 체결 전에 있었던 모든 서면 또는 구두의 합의, 양해, 진술은 그 효력을 상실하고 본 계약으로 대체된다.

(3) 각 당사자는 본 계약에서 명시적으로 달리 규정하고 있는 경우를 제외하고 본 계약의 체결 및 이행과 관련하여 각자에게 발생하는 비용, 수수료, 조세를 각자 부담한다.

(4) 본 계약에 따른 통지 기타 연락은 서면으로 하여야 하고, 아래 주소, 팩스 번호, 이메일 주소로 등기우편, 배달증명우편, 특송우편(express courier), 팩시밀리, 전자우편으로 이루어져야 한다. 본 계약에 따른 통지 기타 연락은 상대방에게 도달한 때에 효력이 발생한다. 당사자는 아래 주소, 팩스 번호, 이메일 주소가 변경된 경우 변경된 정보를 즉시 상대방에게 통지하여야 한다.

[매도인]

주소:

팩스:

이메일:

참조:

[매수인]

주소:

팩스:

이메일:

참조:

(5) 본 계약은 당사자들의 서면 합의에 의해서만 변경될 수 있다.

(6) 본 계약상 권리의 포기는 그 권리를 가진 당사자가 서면으로만 포기할 수 있다. 당사자가 본 계약상 권리를 행사하지 않는 경우에도 이는 권리의 포기에 해당하지 않으며, 당사자가 서면으로 본 계약상 권리를 포기하더라도 그 서면에 명시적으로 특정되지 않은 다른 권리에는 영향을 미치지 않는다.

(7) 당사자는 상대방의 사전 서면 동의 없이 본 계약상 지위 및 본 계약에 따른 권리나 의무를 제3자에게 양도하거나 이전할 수 없다.

(8) 본 계약의 어느 조항이 전부 또는 일부 무효이거나 집행이 불가능하더라도 본 계약의 다른 조항 또는 해당 조항의 나머지 부분의 효력 또는 집행가능성에는 영향을 미치지 않는다.

(9) 본 계약의 준거법은 대한민국 법률로 한다.

(10) 본 계약과 관련하여 발생하는 모든 분쟁의 해결은 서울중앙지방법원을 1심의 전속적 관할 법원으로 하는 소송절차에 의한다.

(기명날인을 위하여 이하 여백)

본 계약의 체결을 증명하기 위하여 당사자들은 본 계약서를 2부 작성하여 각각 기명날인하였다.

매도인

주식회사 OOO

주소:

대표이사 O O O (인)

매수인

주식회사 OOO

주소:

대표이사 O O O (인)

[주주간계약서 샘플]

주주간계약

본 주주간계약(이하 "**본 계약**")은 O년 O월 O일(이하 "**본 계약 체결일**") 아래 당사자들 사이에 체결되었다.

1. OOO에 본점을 두고 있는 주식회사 OOO (이하 "**주주**A")

2. OOO에 본점을 두고 있는 주식회사 OOO (이하 "**주주**B")

(이하 주주A 및 주주B를 개별적으로 "**당사자**", 총칭하여 "**당사자들**")

전 문

본 계약 체결일 현재 OOO에 본점을 두고 있는 주식회사 OOO(이하 "**대상회사**")의 발행 주식총수는 기명식 보통주식 O주이다.

주주A는 본 계약 체결일 현재 대상회사 발행 보통주식 O주(발행주식총수 기준 O%)를 소유하고 있다.

주주A와 주주B는 O년 O월 O일 주주A가 소유한 대상회사 발행 보통주식 O주(발행주식총수 기준 O%)를 주주B가 매수하는 내용의 주식매매계약(이하 "**본건 주식매매계약**", 그에 따른 주식매매 거래를 "**본건 거래**")을 체결하였다.

이에 당사자들은 대상회사의 경영과 당사자들 간의 권리 및 의무에 관하여 아래와 같이 합의한다.

제1조 (정의) 본 계약에서 사용하는 용어는 본 계약에서 달리 정의하지 않는 한 본건 주식매매계약에서 정의한 의미를 가진다.

제2조 (이사 지명권) (1) 당사자들은 대상회사의 이사회를 이사 3명으로 구성하기로 한다.

(2) 주주B는 이사 1명을 지명할 권리를 가지며, 자신이 지명한 이사(이하 "**주주B측 이사**")가 임기만료, 사임, 해임 기타 사유로 결원이 되는 경우 그 후임자를 지명할 수 있으며, 주주B측 이사의 임기 중에도 다른 자로 교체할 수 있다.

(3) 주주A는 제2항에 따른 주주B측 이사의 선임, 사임, 해임 또는 교체가 이루어질 수 있도록 주주총회에서 자신의 의결권을 행사하여야 하고, 대상회사로 하여금 이사회 및 주주총회의 소집 및 개최, 등기를 포함하여 필요한 조치를 취하도록 하여야 한다.

(4) 본 계약이 제14조 제2항 및 제3항에 따라 효력을 상실하는 경우 주주B는 주주B측 이사로 하여금 지체없이 사임하도록 하여야 한다.

(5) 주주B측 이사의 임기 만료 전 해임 또는 교체로 인하여 대상회사가 주주B측 이사에 대하여 여하한 손해배상책임을 지게 되는 경우 주주B는 그로부터 대상회사를 면책하여야 한다.

제3조 (상장준비위원회의 설치 및 운영) (1) 주주A는 본 계약 체결일부터 1개월 내에 대상회사의 상장을 준비하고 추진하기 위한 상장준비위원회를 설치하여야 한다.

(2) 상장준비위원회는 대상회사가 선임하는 위원 2명, 주주A가 선임하는 위원 2명, 주주B가 선임하는 위원 2명으로 하여 총 6명으로 구성한다.

(3) 상장준비위원회는 매 분기 최소 1회 개최하기로 하며, 대상회사의 상장을 위한 준비, 상장 일정, 상장 시장, 상장 주관사 및 대리인의 선정 등 상장에 관한 일체의 사항을 협의한다. 당사자들은 상장준비위원회에서 협의된 사항을 이행하기 위하여 최선의 노력을 다하여야 한다.

(4) 기타 상장준비위원회의 설치 및 운영에 관하여는 <u>별지 3</u>의 규정에 따른다.

제4조 (대상회사의 운영에 대한 동의권) 주주A는 주주B의 사전 서면 동의가 없는 한, <u>별지 4</u> 기재 행위를 하지 않고, 대상회사로 하여금 <u>별지 4</u> 기재 행위를 하지 않도록

하여야 한다. 단, 주주B는 합리적인 사유 없이 동의를 거부하거나 지체하여서는 안 된다.

제5조 (자료제공) (1) 주주A는 대상회사로 하여금 (i) 매 사업연도 종료 후 90일 내에 대상회사의 감사받은 재무제표, 영업보고서 및 사업계획서를, (ii) 매 반기 종료 후 45일 내에 대상회사의 감사받지 않은 반기 재무제표 및 사업계획 대비 실적을, (iii) 매 분기 종료 후 30일 내에 대상회사의 감사받지 않은 분기 재무제표 및 사업계획 대비 실적을 주주B에게 각각 제공하도록 하여야 한다.

(2) 주주A는 주주B가 합리적으로 요청하는 대상회사의 경영 관련 자료를 관련 법령이 허용하고 대상회사의 사업에 지장을 초래하지 않는 범위 내에서 주주B에게 제공하여야 한다.

제6조 (주식처분의 제한) 주주A 및 주주B는 상대방의 사전 서면 동의 없이 자신이 소유하고 있는 대상회사 발행 주식 전부 또는 일부를 제3자(본 계약상 당사자 이외의 자를 의미함)에게 양도, 담보제공, 수익권 양도, 의결권 위임 기타 처분(총칭하여 "**처분**")할 수 없다. 단, 아래 각호의 경우에는 그렇지 않다.

1. 주주A가 본 계약상 지위를 자신의 계열회사에 이전하는 것과 함께 자신이 소유하고 있는 대상회사 발행 주식을 전부 양도하는 경우
2. 주주A가 누적하여 본 계약 체결일 기준 대상회사의 발행주식총수 기준 O% 한도 내에서 대상회사 발행 주식을 처분하는 경우
3. 주주B가 본건 거래의 매매대금 조달을 위하여 인수금융을 하면서 대상회사 발행 주식을 담보로 제공하는 경우
4. 주주A 및 주주B가 제9조에서 정한 방법과 절차에 따라 자신이 소유하고 있는 대상회사 발행 주식 전부를 제3자에게 처분하는 경우

제7조 (우선매수권) (1) 주주A가 제6조에 따라 동의를 받은 후 자신이 소유하고 있는 대상회사 발행 주식 전부 또는 일부(이하 "**매도예정주식**")를 제3자(이하 "**매수예정**

자")에게 매도하고자 하는 경우, 주주B는 매수예정자에 우선하여 매도예정주식을 매수할 수 있다.

(2) 주주A는 매도예정주식을 제3자에게 매도하기 전에 주주B에게 매수예정자의 신원 및 매수예정자와 정한 구체적인 거래조건(매도예정주식의 수, 1주당 매매예정가격, 매매예정일, 매수인 측 의무, 기타 주요 거래조건)을 기재하여 서면으로 통지(이하 "**매도예정통지**")하여야 한다. 주주A는 매도예정주식에 대한 대가로 현금 이외의 것을 지급받는 것으로 매수예정자와 협의하여서는 안 된다.

(3) 주주B는 매도예정통지를 받은 날로부터 30일(이하 "**우선매수기간**") 내에 주주A에게 매도예정통지에 기재된 것과 동일한 거래조건으로 매도예정주식을 매수하겠다는 의사를 통지(이하 "**우선매수통지**")할 수 있다. 우선매수통지가 주주A에게 도달된 때 주주A와 주주B 사이에 매도예정통지에 기재된 것과 동일한 거래조건으로 매도예정주식에 대한 매매계약이 체결된 것으로 본다.

(4) 매도예정통지에 기재된 매매예정일에도 불구하고, 주주B는 제3항 기재 매매계약이 체결된 날로부터 30일 내에 매도예정주식에 대한 매매대금을 주주A에게 지급하여야 하며, 주주A는 매매대금을 지급받음과 동시에 매도예정주식을 주주B에게 양도하여야 한다.

(5) 주주B가 우선매수기간 내에 우선매수통지를 하지 않거나 확정적으로 매도예정주식을 매수하지 않겠다는 의사를 통지한 경우, 주주A는 위 우선매수기간이 경과한 날로부터 60일 내에 매도예정주식을 매도예정통지에 기재된 매수예정자에게 처분할 수 있다. 이때 주주A는 매도예정통지에 기재된 매도예정가격보다 낮은 가격 또는 매수예정자에게 유리한 거래조건으로 매수예정자에게 처분할 수 없다. 주주A가 위 60일 내에 매도예정주식을 처분하지 못한 경우 또는 매도예정통지에 기재된 매도예정가격보다 낮은 가격 또는 매수예정자에게 유리한 거래조건으로 처분하고자 하는 경우 제2항 내지 제5항에서 정한 절차를 다시 거쳐야 한다.

제8조 (동반매도권) (1) 주주A가 제6조에 따라 동의를 받은 후 자신이 소유하고 있는 대상회사 발행 주식 전부 또는 일부(이하 "**매도예정주식**")를 제3자(이하 "**매수예정**

자")에게 매도하고자 하는 경우, 주주B는 자신이 소유하고 있는 대상회사 발행 주식 전부 또는 일부(이하 "**동반매도주식**")를 매도예정주식과 함께 매수예정자에게 매도(이하 본조에서 "**동반매도**")할 수 있다.

(2) 주주A는 매도예정주식을 제3자에게 매도하기 전에 제7조 제2항에 따라 주주B에게 매도예정통지를 하여야 한다.

(3) 주주B는 매도예정통지를 받은 날로부터 30일 내에 주주A에게 주주B가 매도하고자 하는 동반매도주식의 수량 및 매도예정통지에 기재된 것과 동일한 거래조건으로 동반매도주식을 함께 매도하겠다는 취지를 기재하여 서면으로 통지(이하 본조에서 "**동반매도통지**")할 수 있다.

(4) 주주A는 동반매도통지를 받은 경우, 주주A의 매도예정주식에 대한 매매계약이 체결되는 것을 조건으로 그와 동시에, 동반매도주식을 매도예정통지에 기재된 것과 동일한 거래조건(단, 주주B는 주식 소유권 등 근본적 진술 및 보장만 할 뿐 대상회사의 영업에 관한 진술 및 보장은 하지 않음)으로 매수예정자에게 매도하는 내용으로 주주B와 매수예정자 사이에 매매계약이 체결되도록 하여야 한다. 이때 매도예정주식 및 동반매도주식 수의 합계가 매수예정자가 매수하고자 하는 대상회사 주식의 수를 초과하는 경우 주주A는 매수예정자로 하여금 주주A와 주주B의 지분 비율에 따라 안분하여 주식을 매수하도록 하여야 한다.

(5) 제7조 제5항은 본조에 준용한다.

제9조 (주주A의 동반매도청구권) (1) 주주A가 자신이 소유하고 있는 대상회사 발행 주식 전부를 제3자(이하 "**경영권 매수인**")에게 매도하고 이로 인하여 주주A가 대상회사에 대한 과반수 지분을 상실하게 되는 경우(이하 "**경영권 이전**"), 주주A는 자신이 소유하고 있는 대상회사 발행 주식 전부와 함께 주주B가 소유하고 있는 대상회사 발행 주식 전부를 경영권 매수인에게 매도(이하 본조에서 "**동반매도**")할 것을 주주B에게 청구할 수 있다. 주주A가 본조에 따라 동반매도를 청구한 경우 주주B는 제7조의 우선매수권과 제8조의 동반매도권을 행사할 수 없다.

(2) 주주A가 동반매도를 청구하고자 하는 경우, 주주A는 경영권 이전 거래에 관한 계

약을 경영권 매수인과 체결한 후 그 거래가 완료되기 30일 전까지 주주B에게 경영권 매수인의 신원, 경영권 매수인과 정한 구체적인 거래조건(매도예정주식의 수, 1주당 매매예정가격, 매매예정일, 매도인 측 의무, 기타 주요 거래조건) 및 주주B 소유 대상회사 발행 주식의 동반매도를 청구한다는 취지를 기재하여 서면으로 통지(이하 본조에서 "**동반매도통지**")하여야 한다.

(3) 주주B는 동반매도통지를 받은 날로부터 10영업일 내에 주주B 소유 대상회사 발행 주식 전부를 동반매도통지에 기재된 것과 동일한 매매예정일에 동일한 1주당 매매예정가격으로 경영권 매수인에게 양도하는 계약을 체결하고, 그 계약을 이행하고 경영권 이전 거래가 원활하게 완료되기 위하여 필요한 모든 조치를 취하여야 한다. 단, 본항에 따른 주주B의 의무는 아래 각호의 조건이 성취되는 것을 조건으로 한다.

1. 매매예정가격은 주주A가 특수관계 없는 제3자와의 거래에서와 같이 공정하게 협상하여 공정시장가액으로 정하였을 것
2. 주주B가 대상회사에 대한 진술 및 보장을 하지 않을 것
3. 주주B가 주주A의 진술 및 보장 위반 또는 의무 위반으로 인한 책임에 대해서 연대하여 책임을 부담하지 않을 것

(4) 주주A와 주주B는 경영권 이전을 위하여 각자 소유하고 있는 대상회사 발행 주식을 매도함에 따라 발생하는 비용을 각자 부담한다.

(5) 주주B가 본조를 위반하여 주주A가 경영권 매수인에 대하여 여하한 손해배상책임을 지게 되는 경우 주주B는 그로부터 주주A를 면책하여야 한다.

제10조 (매도청구권) (1) 주주B는 거래종결일로부터 1년이 경과한 날로부터 6개월 내에 주주B의 지분율이 대상회사 발행주식총수 기준 ○%에 이를 때까지 주주A가 소유하고 있는 대상회사 발행 주식(이하 "**매도청구 대상주식**")을 매도할 것을 주주A에게 청구(이하 "**매도청구**")할 수 있다. 이때 매도청구 대상주식의 1주당 매매가격은 ○원(이하 "**1주당 매매가격**")으로 하되, (i) 대상회사의 증자, 주식 분할 또는 병합, 주식배당, 준비금의 자본전입 등으로 인하여 발행주식총수가 변경될 경우 주주B가 매도청구를 통하여 가질 수 있는 경제적 이익이 동일하게 유지되도록 증가 또는 감소한 발행

주식총수에 비례하여 1주당 매매가격이 조정되며, (ii) 대상회사가 신주, 전환사채, 신주인수권부사채, 주식매수선택권을 1주당 매매가격보다 낮은 가격으로 발행할 경우에는 1주당 매매가격은 위 발행가격으로 조정된다.

(2) 주주B가 매도청구를 하고자 하는 경우, 주주B는 주주A에게 매도청구 대상주식의 수, 1주당 매매가격, 매매대금 총액, 매매종결일(매도청구를 한 날로부터 10일이 경과하고 30일이 경과하기 전의 날이어야 함) 및 매도청구 대상주식의 매도를 청구한다는 취지를 기재하여 서면으로 통지(이하 "**매도청구통지**")하여야 한다. 매도청구통지가 주주A에게 도달된 때 주주A와 주주B 사이에 매도청구통지에 기재된 거래조건으로 매도청구 대상주식에 대한 매매계약이 체결된 것으로 본다.

(3) 주주B는 매도청구통지에 기재된 매매종결일에 매도청구 대상주식에 대한 매매대금을 주주A에게 지급하여야 하며, 주주A는 매매대금을 지급받음과 동시에 매도청구 대상주식을 주주B에게 양도하여야 한다.

(4) 주주A는 주주B의 매도청구에 응하여 매도청구 대상주식을 매도할 수 있도록 충분한 수의 대상회사 발행 주식을 일체의 제한부담이 없는 상태로 소유하고 있어야 한다.

제11조 (대상회사의 적격상장) (1) 주주A는 거래종결일로부터 O년 내(이하 "**상장기한**")에 대상회사가 한국거래소의 유가증권시장 또는 코스닥시장에 아래 조건을 충족하는 1주당 공모가격으로 대상회사의 주식을 상장(이하 "**적격상장**")하도록 최선의 노력을 다하여야 한다. 1주당 공모가격은 주주B가 소유한 대상회사 발행 주식을 전부 매출할 경우 주주B가 본건 주식매매계약에 따른 매매대금(이하 "**투자원금**") 기준으로 거래종결일부터 상장일까지의 기간 동안 IRR O%를 달성할 수 있는 가격 이상이어야 한다.

(2) 주주B는 대상회사가 상장기한 내에 한국거래소의 관련 규정에 따른 양적 및 질적심사요건을 모두 충족하고 있는 경우 상장 절차를 개시할 것을 주주A에게 요청할 수 있으며, 주주A는 위 요청을 받은 때로부터 O월 내에 대상회사로 하여금 상장 주관사를 선임하고 상장 절차를 개시하도록 하여야 한다.

(3) 주주A는 양적 및 질적심사요건을 충족하지 못하거나 1주당 공모가격이 제1항에 기재된 조건을 충족하지 못할 것으로 명백히 예상되는 경우가 아닌 한 제2항에 따라 개시한 상장 절차를 중단하여서는 안 된다. 주주B는 수요예측 후 공모가격이 확정된 때 1주당 공모가격이 제1항에 기재된 조건을 충족하지 못하게 된 경우 상장 절차의 중단을 주주A에게 요청할 수 있고, 주주A는 위 요청을 받는 즉시 상장 절차를 중단하여야 한다.

(4) 주주A는 대상회사의 상장 시 주주B가 소유한 대상회사 발행 주식을 주주A가 소유한 대상회사 발행 주식에 우선하여 구주매출할 수 있도록 하여야 한다.

제12조 (매수청구권) (1) 주주B는 아래 각호의 사유가 발생한 경우 주주A에게 주주B가 소유하고 있는 대상회사 발행 주식 전부(이하 "**매수청구 대상주식**")를 매수할 것을 청구(이하 "**매수청구**")할 수 있다. 이때 매수청구 대상주식의 1주당 매매가격(이하 "**1주당 매매가격**")은 매수청구 대상주식을 전부 매도할 경우 주주B가 투자원금 기준으로 거래종결일부터 매수청구 대상주식에 대한 매매대금 수령일까지의 기간 동안 IRR ○%를 달성하도록 하는 금액으로 한다.

1. 제8조를 위반하여 주주A가 단독으로 주주A 소유 대상회사 발행 주식을 매도한 경우
2. 제11조 제3항 제2문을 위반하여 상장 절차 중단을 요청받았음에도 불구하고 상장을 완료한 경우
3. 제11조 제4항을 위반하여 주주A 소유 대상회사 발행 주식을 주주B 소유 대상회사 발행 주식에 우선하여 구주매출을 한 경우

(2) 주주B가 매수청구를 하고자 하는 경우, 주주A에게 매수청구 사유, 매수청구 대상주식의 수, 1주당 매매가격, 매매대금 총액, 매매종결일(매수청구를 한 날로부터 10일이 경과하고 30일이 경과하기 전의 날이어야 함) 및 매수청구 대상주식의 매수를 청구한다는 취지를 기재하여 서면으로 통지(이하 "**매수청구통지**")하여야 한다. 매수청구통지가 주주A에게 도달된 때 주주A와 주주B 사이에 매수청구통지에 기재된 거래조건으로 매수청구 대상주식에 대한 매매계약이 체결된 것으로 본다.

(3) 주주A는 매수청구통지에 기재된 매매종결일에 매수청구 대상주식에 대한 매매대금을 주주B에게 지급하여야 하며, 주주B는 매매대금을 지급받음과 동시에 매수청구 대상주식을 주주A에게 양도하여야 한다.

(4) 본조에 의한 매수청구는 주주B의 주주A에 대한 손해배상청구권에 영향을 미치지 않는다.

제13조 (손해배상) (1) 각 당사자는 본 계약에 규정된 자신의 의무를 위반한 경우 이로 인하여 상대방에게 발생한 손해를 배상하여야 한다.

(2) 당사자는 아래 각호의 사유가 발생한 경우 O원을 상대방에게 위약벌로 지급하여야 한다. 단, 상대방에게 발생한 손해액이 위 위약벌을 초과하는 경우 그 초과분 손해를 상대방에게 추가로 배상하여야 한다.

1. 제2조 제3항을 위반하여 주주A가 주주B측 이사의 선임, 사임, 해임 또는 교체가 이루어질 수 있도록 주주총회에서 자신의 의결권을 행사하지 않거나 대상회사가 필요한 조치를 취하지 않은 경우 주주A가 주주B에게 지급
2. 제4조를 위반하여 주주A 또는 대상회사가 주주B의 사전 서면 동의 없이 <u>별지 4</u> 기재 행위를 한 경우 주주A가 주주B에게 지급
3. 제6조를 위반하여 주주A 또는 주주B가 상대방의 사전 서면 동의 없이 대상회사 발행 주식을 처분한 경우 위반 당사자가 상대방에게 지급

제14조(계약의 효력) (1) 본 계약은 거래종결일부터 효력이 발생한다.

(2) 본 계약은 아래 각호의 어느 하나의 사유가 발생한 경우 자동으로 효력을 상실한다.

1. 당사자가 소유한 대상회사 발행 주식이 대상회사의 발행주식총수 기준 O% 미만이 되는 경우
2. 대상회사의 적격상장이 완료된 경우

(3) 어느 당사자가 본 계약을 중요한 측면에서 위반하고, 그 위반이 시정 불가능하거나 상대방으로부터 시정을 요구받은 날로부터 10영업일 내에 시정하지 않은 경우, 상

대방은 위 위반 당사자에게 서면으로 통지함으로써 본 계약을 해지할 수 있다. 단, (i) 본 계약의 해지는 본 계약의 해지 이전에 본 계약의 위반으로 당사자가 부담하는 책임에는 영향을 미치지 않으며, (ii) 본 계약의 해지에도 불구하고 제1조, 제13조 내지 제15조는 계속하여 효력을 유지한다.

제15조 (기타) (1) 당사자는 본 계약의 내용과 본 계약의 협상 내용을 비밀로 유지하고, 언론에 발표하는 등 외부에 공개하여서는 안 된다. 단, 아래 각호의 경우에는 공개할 수 있다.

1. 관련 법령에 따라 공개가 요구되는 경우 관련 법령에서 요구하는 범위 내에서
2. 본 계약으로부터 발생하거나 본 계약과 관련하여 발생한 사법절차 또는 행정절차에서 공개 또는 이용이 필요한 경우
3. 본 계약의 이행을 위하여 필요한 범위 내에서 당사자의 대리인, 자문사, 주주, 특수관계인에게 제공하는 경우

(2) 본 계약은 당사자들 사이의 대상회사 주주로서의 권리 및 의무에 관한 당사자들의 최종적이고 완전한 합의이며, 본 계약의 체결로 본 계약 체결 전에 있었던 모든 서면 또는 구두의 합의, 양해, 진술은 그 효력을 상실하고 본 계약으로 대체된다.

(3) 각 당사자는 본 계약에서 명시적으로 달리 규정하고 있는 경우를 제외하고 본 계약의 체결 및 이행과 관련하여 각자에게 발생하는 비용, 수수료, 조세를 각자 부담한다.

(4) 본 계약에 따른 통지 기타 연락은 서면으로 하여야 하고, 아래 주소, 팩스 번호, 이메일 주소로 등기우편, 배달증명우편, 특송우편(express courier), 팩시밀리, 전자우편으로 이루어져야 한다. 본 계약에 따른 통지 기타 연락은 상대방에게 도달한 때에 효력이 발생한다. 당사자는 아래 주소, 팩스 번호, 이메일 주소가 변경된 경우 변경된 정보를 즉시 상대방에게 통지하여야 한다.

[주주A]

주소:

팩스:

이메일:

참조:

[주주B]

주소:

팩스:

이메일:

참조:

(5) 본 계약은 당사자들의 서면 합의에 의해서만 변경될 수 있다.

(6) 본 계약상 권리의 포기는 그 권리를 가진 당사자가 서면으로만 포기할 수 있다. 당사자가 본 계약상 권리를 행사하지 않는 경우에도 이는 권리의 포기에 해당하지 않으며, 당사자가 서면으로 본 계약상 권리를 포기하더라도 그 서면에 명시적으로 특정되지 않은 다른 권리에는 영향을 미치지 않는다.

(7) 당사자는 상대방의 사전 서면 동의 없이 본 계약상 지위 및 본 계약에 따른 권리나 의무를 제3자에게 양도하거나 이전할 수 없다. 단, 주주A가 자신이 소유하고 있는 대상회사 발행 주식 전부를 주주A의 계열회사에게 양도하는 경우에는 예외로 하며, 이 경우 주주A는 주주B에게 서면 통지함으로써 본 계약상 지위를 자신의 계열회사에게 이전할 수 있고, 주주B는 이에 동의한 것으로 본다.

(8) 본 계약의 어느 조항이 전부 또는 일부 무효이거나 집행이 불가능하더라도 본 계약의 다른 조항 또는 해당 조항의 나머지 부분의 효력 또는 집행가능성에는 영향을 미치지 않는다.

(9) 본 계약의 준거법은 대한민국 법률로 한다.

(10) 본 계약과 관련하여 발생하는 모든 분쟁의 해결은 서울중앙지방법원을 1심의 전속적 관할 법원으로 하는 소송절차에 의한다.

(기명날인을 위하여 이하 여백)

본 계약의 체결을 증명하기 위하여 당사자들은 본 계약서를 2부 작성하여 각각 기명날인하였다.

[주주A]

주식회사 OOO

주소:

대표이사 O O O (인)

[주주B]

주식회사 OOO

주소:

대표이사 O O O (인)

참고문헌

1. 도서

도서 정보	본문 표기
• 곽윤직 · 김재형, 민법총칙(민법강의 I), 박영사(2014)	곽/김, 민법총칙
• 곽윤직 · 김재형, 채권총론(민법강의 III), 박영사(2023)	곽/김, 채권총론
• 권영준 · 조인영 편저, 미국사법의 이해, 박영사(2023)	미국사법의 이해([집필자명] 집필부분)
• 김건식 · 노혁준 · 천경훈, 회사법, 박영사(2025)	김/노/천
• 박용린, 국내 M&A의 특징 분석과 시사점: 인수자 관점에서, 자본시장연구원(2023)	박용린
• 삼일회계법인 M&A지원센터, "M&A ESSENCE", 중소벤처기업부, 한국벤처캐피탈협회(2020) (출처: https://www.kvca.or.kr/Program/board/listbody.html?a_gb=board&a_cd=12&a_item=0&sm=4_3&page=1&tm_num=11&po_no=6146)	M&A ESSENCE
• 서울고등법원 판례공보스터디, 연도별/4개년 민사판례해설 (2019. 7. 1.자 공보 ~ 2023. 6. 15.자 공보) (2023) (출처: https://slgodung.scourt.go.kr/dcboard/new/DcNewsViewAction.work?seqnum=9&gubun=342&cbub_code=&searchWord=&pageIndex=1)	연도별/4개년 민사판례해설
• 이철송, 회사법강의, 박영사(2025)	이철송
• 송종준, M&A 판례노트, 진원사(2012)	송종준
• 정영철, 기업인수 5G, 박영사(2015)	정영철
• 정준혁, M&A와 주주 보호, 경인문화사(2019)	정준혁
• 천경훈 편저, 우호적 M&A의 이론과 실무(제1권), 소화(2017)	우호적 M&A의 이론과 실무 1([집필자명] 집필부분)
• 천경훈 편저, 우호적 M&A의 이론과 실무(제2권), 소화(2017)	우호적 M&A의 이론과 실무 2([집필자명] 집필부분)

• 한국상사법학회 편, 주식회사법대계 I, 법문사(2022)	주식회사법대계 I([집필자명] 집필부분)
• 한국상사법학회 편, 주식회사법대계 II, 법문사(2022)	주식회사법대계 II([집필자명] 집필부분)
• 한국상사법학회 편, 주식회사법대계 III, 법문사(2022)	주식회사법대계 III([집필자명] 집필부분)
• American Bar Association Mergers and Acquisitions Committee, Model Stock Purchase Agreement with Commentary, 2nd Ed., Volume I: Stock Purchase Agreement(2010)	ABA
• Adams, Kenneth A., The Structure of M&A Contracts, Thomson Reuters(2016)	Adams
• Brown, Jaron/Giles, Tyler E., Stock Purchase Agreements Line By Line, Aspatore(2014)	Brown & Giles
• Harrison, Christopher S., Make The Deal, Bloomberg Press(2016)	Harrison
• Patt, Jeffery R./ Giles, Brooks T., Stockholders' Agreements Line By Line, Aspatore(2011)	Patt & Giles

2. 논문

논문 정보	본문 표기
• 강채원, "M&A에서 진술보장보험의 주요 내용 및 쟁점", BFL 제105호, 서울대학교 금융법센터(2021. 1)	강채원(2021)
• 고홍석, "주주총회, 주식 관련 가처분에 관한 최근의 실무상 쟁점", 민사판례연구 제45호, 민사판례연구회(2023)	고홍석(2023)
• 권영준, "최선노력조항(best efforts clause)의 해석", 서울대학교 법학 제55권 제3호, 서울대학교 법학연구소(2014. 9)	권영준(2014)
• 권영준, "2021년 민법 판례 동향", 서울대학교 법학 제63권 제1호, 서울대학교 법학연구소(2022. 3)	권영준(2022)
• 권오성, "주주간 계약의 효력에 관한 연구", 홍익법학 제10권 제3호, 홍익대학교 법학연구소(2009. 10)	권오성(2009)

- 기영석, "기업인수와 관련하여 발생하는 몇 가지 노동법적 쟁점", BFL제 73호, 서울대학교 금융법센터(2015. 9) 기영석(2015)
- 김건식, "이사회 업무집행에 관한 주주간계약", 비교사법 제26권 제1호, 한국비교사법학회(2019. 2) 김건식(2019)
- 김병연, "풋백 옵션(put back option)이 포함된 주식양도계약의 법적 성질", 상사판례연구 제27집 제1권, 한국상사판례학회(2014. 3) 김병연(2014)
- 김상곤, "진술 및 보장 조항의 새로운 쟁점", 상사법연구 제32권 제2호, 한국상사법학회(2013. 8) 김상곤(2013)
- 김성민, "계약상 중대한 위반 조항의 해석", 저스티스 통권 제157호, 한국법학원(2016. 12) 김성민(2016)
- 김성민, "기업인수합병에서의 개인정보 관련 법적 쟁점", 저스티스 통권 제165호, 한국법학원(2018. 4) 김성민(2018)
- 김성민, "위험한 거래와 착오 취소", 법조 통권 제770호, 법조협회(2025. 4) 김성민(2025)
- 김연미, "의결권 포괄위임의 효력 - 대법원 2014. 1. 23. 선고 2013다56839 판결과 관련하여 -", 기업법연구 제28권 제4호, 한국기업법학회(2014. 12) 김연미(2014)
- 김우성, "손해보전 조항(indemnity Clause)의 해석", 서울대학교 법학 제58권 제1호, 서울대학교 법학연구소(2017. 3) 김우성(2017)
- 김재범, "주식양수를 위한 임원추천권과 금전지급 약정(주주간 계약)의 효력", 상사판례연구 제32집 제4권, 한국상사판례학회(2019. 12) 김재범(2019)
- 김정연, "투자자 보호 약정상 위약벌/손해배상액의 예정과 주금 환급의 한계", 증권법연구 제25권 제3호, 한국증권법학회(2024. 12) 김정연(2024)
- 김지환, "주주간 계약과 정관자치법리에 관한 연구", 상사판례연구 제26집 제3권, 한국상사판례학회(2013. 9) 김지환(2013)
- 김지환, "우호적 기업매수에 있어서의 이사에 대한 규제 법리", 증권법연구 제17권 제2호, 한국증권법학회(2016. 8) 김지환(2016)
- 김태정, "합작투자회사의 지배구조와 주주간 계약", BFL 제88호, 서울대학교 금융법센터(2018. 3) 김태정(2018)
- 김태진, "M&A 계약에서의 진술 및 보장 조항 및 그 위반", 저스티스 통권 제113호, 한국법학원(2009. 10) 김태진(2009)
- 김태진, "M&A계약의 진술 및 보장 조항에 관한 최근의 하급심 판결 분석", 고 김태진(2014)

려법학 제72호, 고려대학교 법학연구원(2014. 3)

- 김태진, “M&A계약 체결시 고지의무 위반에 관한 고찰”, 민사판례연구 제37호, 민사판례연구회(2015) 김태진(2015)
- 김홍기, “M&A계약 등에 있어서 진술보장조항의 기능과 그 위반시의 효과 - 대상판결: 서울고법 2007. 1. 24. 선고 2006나11182 판결”, 상사판례연구 제22집 제3권, 한국상사판례학회(2009. 9) 김홍기(2009)
- 김화진, “경영권 이전과 주식가액 프리미엄”, 인권과 정의 제427호, 대한변호사협회(2012. 8) 김화진(2012)
- 노미리, “미국의 M&A 관련 법제 - 벤처 캐피탈의 자본 회수 관련하여 -”, 상사법연구 제39권 제2호, 한국상사법학회(2020. 8) 노미리(2020)
- 노미은, 박철홍, 홍승일, “Pre-IPO 투자 시 주주간 계약의 실무상 쟁점”, BFL 제88호, 서울대학교 금융법센터(2018. 3) 노미은 등(2018)
- 노승민, “벤처투자계약의 실무상 쟁점”, BFL 제88호, 서울대학교 금융법센터(2018. 3) 노승민(2018)
- 노혁준, “주주인 이사에 대한 주주간 계약의 구속력 - 대법원 2013. 9. 13. 선고 2012다80996 판례 평석 -”, 외법논집 제42권 제1호, 한국외국어대학교 법학연구소(2018. 2) 노혁준(2018)
- 노혁준, “2023년 회사법 중요판례평석”, 인권과 정의 제520호, 대한변호사협회(2024. 3) 노혁준(2024)
- 박상철, “벤처투자계약의 국내법상 수용과 관련한 쟁점 - 상환전환우선주 조항의 효력을 중심으로”, 상사법연구 제37권 제2호, 한국상사법학회(2018. 8) 박상철(2018)
- 박정제, “기업인수합병과정에서 이행보증금의 법적 성격에 관한 고찰 -대상판결 : 대법원 2016. 7. 14. 선고 2012다65973 판결-”, BFL 제90호, 서울대학교 금융법센터(2018. 7) 박정제(2018)
- 백숙종, “주주간 계약과 가처분”, BFL 제88호, 서울대학교 금융법센터(2018. 3) 백숙종(2018)
- 백숙종, “강행법규 위반과 진술·보장조항의 관계 : 대법원 2019. 6. 13. 선고 2016다203551 판결”, 김재형 대법관 재임기념 논문집 I, 사법발전재단(2022) 백숙종(2022)
- 서완석, “미국의 진술 및 보장 조항에 관한 최근 동향”, 선진상사법률연구 통권 제67호, 법무부(2014. 7) 서완석(2014)
- 송옥렬, “옵션(option)과 법”, 민사판례연구 제37호, 민사판례연구회(2015) 송옥렬(2015)

- 송옥렬, "주주간 계약의 회사에 대한 효력 - 회사법에 있어 사적 자치의 확대의 관점에서 -", 저스티스 통권 제178호, 한국법학원(2020. 6) 송옥렬(2020)
- 송옥렬, "동반매도요구권과 대주주의 실사 협조의무 : 대법원 2021. 1. 14. 선고 2018다223054 판결", 김재형 대법관 재임기념 논문집 I, 사법발전재단(2022) 송옥렬(2022)
- 송옥렬, "2023년 회사법 판례 회고", 상사판례연구 제37권 제1호, 한국상사판례학회(2024. 3.) 송옥렬(2024)
- 심규찬, "투자금 회수를 위한 주식 환매와 양도소득세", 대법원판례해설 제106호 2015년 하, 법원도서관(2016) 심규찬(2016)
- 안태준, "주식양도제한약정의 효력 및 그 약정에 위반한 주식양도행위에 따른 법률관계 - 대법원 2022. 3. 31. 선고 2019다274639 판결에 대한 평석을 포함하여", 사법 64호, 사법발전재단(2023. 6) 안태준(2023)
- 양창수, "민법 제150조의 입법 목적과 유추적용 -우리 민법의 숨은 조항-", 사법 51호, 사법발전재단(2020. 3) 양창수(2020)
- 윤석준, "국제 M&A에서의 Ordinary Course of Business 확약 -미국 델라웨어 주법에 따른 해석론을 중심으로", 국제거래법연구 제31집 제1호, 국제거래법학회(2022. 7) 윤석준(2022)
- 윤진수, "정지조건 성취 방해로 인한 조건 성취의 의제 여부 - 대법원 2021. 1. 14. 선고 2018다223054 판결 -", 민사법학 제96호, 한국민사법학회(2021. 9) 윤진수(2021)
- 이동건, 류명현, 이수균, "주주간 계약상 주식양도의 제한 -주식양도제한조항에 관한 실무상 쟁점을 중심으로-", BFL 제88호, 서울대학교 금융법센터(2018. 3) 이동건 등(2018)
- 이동진, "교섭계약의 규율 - 기업인수 교섭과정에서 교환된 「양해각서」를 중심으로 -", 법조 통권 제665호, 법조협회(2012. 2) 이동진(2012)
- 이동진, "기업인수계약상 진술·보증약정 위반과 인수인의 악의", 서울대학교 법학 제57권 제1호, 서울대학교 법학연구소(2016. 3) 이동진(2016)
- 이상헌, "기업인수계약상의 진술 및 보장에 따른 하자담보책임", 법학연구 제23집 제3호, 인하대학교 법학연구소(2020. 9) 이상헌(2020)
- 이재규, "M&A계약에서 가격조정과 진술 및 보증 위반으로 인한 손해배상책임의 관계", 사법 67호, 사법발전재단(2024) 이재규(2024)
- 이중기, "주주간계약의 회사규범성과 그 한계: 사적자치와 보충성의 원칙, 계약에 기한 특정이행청구의 가부를 중심으로", 홍익법학 제20권 제2호, 홍익대학 이중기(2019)

교 법학연구소(2019. 6)

• 이철송, “주주간계약의 회사법적 효력론의 동향”, 선진상사법률연구 통권 제86호, 법무부(2019. 4) 이철송(2019)

• 임철현, “진술보장 위반책임의 본질 - 대법원 2018. 10. 12. 선고 2017다6108 판결 등을 중심으로 -”, 법학연구 제30권 제3호, 충남대학교 법학연구소(2019. 8) 임철현(2019)

• 전준영, “약정에 의한 주주의 사전동의권에 관한 검토”, 상사법연구 제42권 제1호, 한국상사법학회(2023. 5) 전준영(2023)

• 정준우, “상법상 이익공여금지규정의 주요쟁점 검토 -최근의 대법원 판례를 중심으로”, 상사판례연구 제30집 제2권, 한국상사판례학회(2017. 6) 정준우(2017)

• 정준혁, “국제 M&A 거래의 준거법에 관한 시론”, 국제사법연구 제27권 제1호, 한국국제사법학회(2021. 6) 정준혁(2021)

• 정준혁, “주주평등원칙의 발전적 해체와 재정립”, 상사판례연구 제35권 제4호, 한국상사판례학회(2022. 12) 정준혁(2022)

• 정호석, 심건욱, “스타트업의 주주간 주요 분쟁 유형과 법적 쟁점”, BFL 제121호, 서울대학교 금융법센터(2023. 9) 정호석 등(2023)

• 천경훈, “진술보장조항의 한국법상 의미”, BFL 제35호, 서울대학교 금융법센터(2009. 9) 천경훈(2009)

• 천경훈, “한국 M&A의 특성과 그 법적 시사점에 관한 시론”, 선진상사법률연구 통권 제56호, 법무부(2011. 10) 천경훈(2011)

• 천경훈, “주주간계약의 실태와 법리-투자촉진 수단으로서의 기능에 주목하여-”, 상사판례연구 제26집 제3권, 한국상사판례학회(2013. 9) 천경훈(2013)

• 천경훈, “회사와 신주인수인 간의 투자자보호약정의 효력”, 상사법연구 제40권 제3호, 한국상사법학회(2021. 11) 천경훈(2021)

• 천경훈, “2022년 회사법 판례 회고”, 상사판례연구 제36권 제1호, 한국상사판례학회(2023. 3) 천경훈(2023)

• 천경훈, “기관구성에 관한 주주간계약의 효력과 집행”, 선진상사법률연구 통권 제108호, 법무부(2024. 10) 천경훈(2024)

• 최문희, “이사회의 권한에 관한 주주간 계약의 논점-대표이사 선임에 관한 주주간 계약의 채권적 효력을 중심으로-”, 증권법연구 제25권 제3호, 한국증권법 최문희(2024)

학회(2024. 12)

• 허영만, "M&A계약과 진술보장 조항", BFL 제20호, 서울대학교 금융법센터(2006. 11)	허영만(2006)
• 홍순건 "의결권구속계약의 효력과 쟁송 방법에 관한 고찰", 사법 69호, 사법발전재단(2024. 9)	홍순건(2024)
• Blair, Allen, "A Matter of Trust: Should No-Reliance Clauses Bar Claims for Fraudulent Inducement of Contract?", Marquette Law Review Vol. 92 Issue 3 (Spring 2009)	Blair(2009)
• Coates, John C., "M&A Contracts: Purposes, Types, Regulation, and Patterns of Practice", Research Handbook on Mergers and Acquisitions, ECGI - Law Working Paper No. 292/2015 (May 2015)	Coates(2015)
• Miller, Robert T., "Pandemic Risk and the Interpretation of Exceptions in MAE Clauses", Journal of Corporation Law 2021, U Iowa Legal Studies Research Paper No. 2021-32 (March 2021)	Miller(2021)
• Quaintance, Jr., Robert, "Can You Sandbag? When a Buyer Knows Seller's Reps and Warranties Are Untrue", The M&A Lawyer Vol. 5 (March 2002)	Quaintance, Jr.(2002)
• Subramanian, Guhan/Petrucci, Caley, "Deals in the Time of Pandemic", Columbia Law Review Vol. 121 No. 5 (June 2021)	Subramanian et al.(2021)
• West, Glenn D./Shah, Kim M., "Debunking the Myth of the Sandbagging Buyer: When Sellers Ask Buyers to Agree to Anti-Sandbagging Clauses, Who is Sandbagging Whom?", The M&A Lawyer Vol. 11 No. 1 (January 2007)	West et al.(2007)

3. 블로그 게시글

게시글 정보	본문 표기
• 김성민, "코로나 시기의 M&A 계약 이행거절-대법원 2025. 3. 13. 선고 2024다234796 등 판결" Lawwave Lecture (2025. 4. 30.) (출처: https://www.law-wave.kr/learn/728?category=lecture)	김성민 게시글(2025. 4. 30.)
• 김성민, "이사회 구성에 관한 주주간계약 위반 시 어떻게 구제받을 수 있을까-대법원 2025. 6. 12. 선고 2020다219577 판결" Lawwave Lecture (2025.	김성민 게시글(2025. 8. 6.)

8. 6.) (출처: https://lawwave.kr/learn/851)

- 김성민, “주주는 손해배상의 방법으로 투자금을 회수할 수 있을까-서울고등법원 2024. 6. 28. 선고 2023나2029599 판결” Lawwave Lecture (2025. 10. 15.) (출처: https://www.lawwave.kr/learn/904) 김성민 게시글(2025. 10. 15.)
- 이재욱, “IPO 분쟁: ”상장하도록 하여야 한다“와 ”상장하여야 한다“는 서로 다른 의미인가?-서울중앙지방법원 2024. 7. 11. 선고 2022가합536943 판결” Lawwave Lecture (2024. 11. 20.) (출처: https://www.lawwave.kr/learn/481?category=lecture&page=3) 이재욱 게시글(2024. 11. 20.)
- Amy L. Simmerman, David J. Berger, and Ryan J. Greecher, “Drag-Along Provisions and Covenants Not to Sue in the Private Company M&A Context”, Harvard Law School Forum on Corporate Governance (2023. 6. 10.) (출처: https://corpgov.law.harvard.edu/2023/06/10/drag-along-provisions-and-covenants-not-to-sue-in-the-private-company-ma-context/#1) Simmerman et al. posting(2023. 6. 10.)
- Edward B. Micheletti, Jenness E. Parker, and Lauren N. Rosenello, “Recent Delaware Corporate Law Trends and Developments”, Harvard Law School Forum on Corporate Governance (2022. 5. 23.) (출처: https://corpgov.law.harvard.edu/2022/05/23/recent-delaware-corporate-law-trends-and-developments/#more-146043) Micheletti et al. posting (2022. 5. 23.)
- Edward D. Herlihy, “Addressing Market Volatility and Risk in M&A Agreements”, Harvard Law School Forum on Corporate Governance (2022. 5. 15.) (출처: https://corpgov.law.harvard.edu/2022/05/15/addressing-market-volatility-and-risk-in-ma-agreements/#more-146184) Herlihy posting (2022. 5. 15.)
- Frank Favia, Jonathan Dhanawade, and Andrew Stanger, “What to Keep in Mind for Your Next Purchase Price Adjustment Provision”, Harvard Law School Forum on Corporate Governance (2025. 9. 17.) (출처: https://corpgov.law.harvard.edu/2025/09/17/what-to-keep-in-mind-for-your-next-purchase-price-adjustment-provision/#5b) Favia et al. posting (2025. 9. 17.)
- Gail Weinstein, Amber Banks (Meek), and Maxwell Yim, “Chancery Court Decision on the “Effect of Termination” Provision”, Harvard Law School Forum on Corporate Governance (2021. 10. 2.) (출처: Weinstein et al. posting(2021. 10. 2.)

https://corpgov.law.harvard.edu/2021/10/02/chancery-court-decision-on-the-effect-of-termination-provision/#more-140387)

- Gail Weinstein, Brian T. Mangino, and Randi Lally, "Important Earnout/Milestone Drafting Points Arising from Recent Pacira and Shire Decisions", Harvard Law School Forum on Corporate Governance (2021. 11. 30.) (출처: https://corpgov.law.harvard.edu/2021/11/30/important-earnout-milestone-drafting-points-arising-from-recent-pacira-and-shire-decisions/#more-141632) — Weinstein et al. posting(2021. 11. 30.)
- Gail Weinstein, Robert C. Schwenkel, and Andrea Gede-Lange, "PE Seller May Have Liability for Portfolio Company Concealing Steep Earnings Decline Post-Signing", Harvard Law School Forum on Corporate Governance (2020. 9. 1.) (출처: https://corpgov.law.harvard.edu/2020/09/01/pe-seller-may-have-liability-for-portfolio-company-concealing-steep-earnings-decline-post-signing/#more-132334) — Weinstein et al. posting(2020. 9. 1.)
- Gail Weinstein, Steven Epstein, and Philip Richter, "Chancery Court Rules Target's Pandemic Responses Did Not Breach Ordinary Course Covenant", Harvard Law School Forum on Corporate Governance (2022. 4. 10.) (출처: https://corpgov.law.harvard.edu/2022/04/10/chancery-court-rules-targets-pandemic-responses-did-not-breach-ordinary-course-covenant/#more-144649) — Weinstein et al. posting(2022. 4. 10.)
- Gail Weinstein, Philip Richter, and Steven Epstein "Delaware Supreme Court Decision Suggests Drafting Points for Indemnification Notice Provisions - Thompson v. Sonova", Harvard Law School Forum on Corporate Governance (2025. 5. 16.) (출처: https://corpgov.law.harvard.edu/2025/05/16/delaware-supreme-court-decision-suggests-drafting-points-for-indemnification-notice-provisions-thompson-v-sonova/) — Weinstein et al. posting(2025. 5. 16.)
- Guhan Subramanian and Caley Petrucci, "Deals in the Time of Pandemic", Harvard Law School Forum on Corporate Governance (2021. 3. 31.) (출처: https://corpgov.law.harvard.edu/2021/03/31/deals-in-the-time-of-pandemic/#more-137130) — Subramanian et al. posting(2021. 3. 31.)

• Jonathan Dhanawade, Frank Favia, and Andrew Stanger, "When Term Sheet Provisions Survive the Execution of Definitive Agreements", Harvard Law School Forum on Corporate Governance (2025. 7. 30.) (출처: https://corpgov.law.harvard.edu/2025/07/30/when-term-sheet-provisions-survive-the-execution-of-definitive-agreements/)	Dhanawade et al. posting(2025. 7. 30.)
• Mark Metts, Katy Lukaszewski, and Stephen Chang, "No Damages in Dispute Over Failed Anthem/Cigna Merger", Harvard Law School Forum on Corporate Governance (2020. 9. 29.) (출처: https://corpgov.law.harvard.edu/2020/09/29/no-damages-in-dispute-over-failed-anthem-cigna-merger/#more-133136)	Metts et al. posting (2020. 9. 29.)
• Matthew Salerno, Mark McDonald, and Jim Langston, "Delaware Court Orders Up Prevention Doctrine to Require Reluctant Buyer to Close", Harvard Law School Forum on Corporate Governance (2021. 5. 27.) (출처: https://corpgov.law.harvard.edu/2021/05/27/delaware-court-orders-up-prevention-doctrine-to-require-reluctant-buyer-to-close/#2b)	Salerno et al. posting (2021. 5. 27.)
• Robert B. Little & Joseph A. Orien, "Issues and Best Practices in Drafting Drag-Along Provisions", Harvard Law School Forum on Corporate Governance (2016. 12. 14.) (출처: https://corpgov.law.harvard.edu/2016/12/14/issues-and-best-practices-in-drafting-drag-along-provisions/)	Little et al. posting (2016. 12. 14.)
• Robert T. Miller, "Bardy Diagnostics v. Hill-Rom: New Lessons on Material Adverse Effect Clauses", Harvard Law School Forum on Corporate Governance (2021. 12. 21.) (출처: https://corpgov.law.harvard.edu/2021/12/21/bardy-diagnostics-v-hill-rom-new-lessons-on-material-adverse-effect-clauses/#more-142248)	Miller posting (2021. 12. 21.)
• Stephen Fraidin, Joel Mitnick, and Ross Steinberg, "Hell or High Water Provisions in Merger Agreements: A Practical Approach", Harvard Law School Forum on Corporate Governance (2022. 5. 25.) (출처: https://corpgov.law.harvard.edu/2022/05/25/hell-or-high-water-provisions-in-merger-agreements-a-practical-approach/#2b)	Fraidin et al. posting(2022. 5. 25.)

4. 신문기사 등

- 더벨 2025. 7. 25.자 기사 "하이브 언아웃 계약 미공개, 자본시장법 '위반 vs 준수'"(출처: https://www.thebell.co.kr/free/content/ArticleView.asp?key=202507231125407760103377)
- 매일경제 2021. 12. 14.자 기사 "美 제동에…매그나칩 中매각 결국 무산"(출처: https://www.mk.co.kr/news/business/10137762)
- 매일경제 2024. 10. 18.자 기사 ""재수도 실패해 삼수로?"...케이뱅크 상장 철회시킨 논란들"(출처: https://www.mk.co.kr/news/economy/11143958)
- 서울신문 2014. 1. 21.자 기사 "세계 최대 맥주회사 '앤호이저 부시 인베브' 오비맥주 6조 1700억원에 재인수"(출처: https://n.news.naver.com/article/081/0002392879?sid=101)
- 연합뉴스 2009. 5. 7.자 기사 "인베브, 오비맥주 KKR에 매각 공식발표(종합)"(출처: https://n.news.naver.com/article/001/0002648706?sid=101)
- 한국벤처캐피탈협회 웹사이트 일반자료실 "개정 벤처투자 계약서(CN 계약서 포함) 자료('23.12)" (출처: https://www.kvca.or.kr/Program/board/listbody.html?a_gb=board&a_cd=12&a_item=0&sm=4_3&tm_num=1&page=1&tm_num=1&po_no=6553)

판례색인

1. 국내 판례

2. 외국판례

찾아보기

ㄱ

ㅊ

ㅋ

ㅌ

ㅍ

ㅎ

E

F

G

H

I

J

K

L

M

T

V

W

저자약력

김성민

서울대학교 법과대학 졸업

서울대학교 법학박사

Harvard Law School LL.M.

제47회 사법시험 합격

사법연수원 제38기 수료

변호사 대한민국(2009), 뉴욕 주(2020)

현) 김·장 법률사무소 변호사

제2판
M&A 계약의 해부

초판발행 2024년 8월 5일
제2판발행 2026년 1월 25일

지은이 김성민
펴낸이 안종만·안상준

편 집 이지원
기획/마케팅 조성호
표지디자인 권아린
제 작 고철민·김원표

펴낸곳 (주) 박영사
서울특별시 금천구 가산디지털2로 53, 210호(가산동, 한라시그마밸리)
등록 1959. 3. 11. 제300-1959-1호(倫)
전 화 02)733-6771
f a x 02)736-4818
e-mail pys@pybook.co.kr
homepage www.pybook.co.kr
ISBN 979-11-303-9923-2 93360

정 가 69,000원